Rom im 19. und 20. Jahrhundert

Franz J. Bauer

Rom

im 19. und 20. Jahrhundert

Konstruktion eines Mythos

Verlag Friedrich Pustet
Regensburg

Bibliografische Information der Deutschen Nationalbibliothek

Die Deutsche Nationalbibliothek verzeichnet diese Publikation
in der Deutschen Nationalbibliografie; detaillierte bibliografische
Angaben sind im Internet über http://dnb.d-nb.de abrufbar.

www.pustet.de

ISBN 978-3-7917-2171-2

Satz: Vollnhals Fotosatz, Neustadt a. d. Donau
Druck und Bindung: Friedrich Pustet, Regensburg
Printed in Germany 2009

Inhalt

Prolog: Das neue und das ‚ewige' Rom

Rom ist nicht einfach eine *alte* Stadt – es ist die ‚Ewige' nach bekanntem Diktum, *Roma aeterna.*[1] Und in der Tat: Nirgendwo sonst in Europa findet sich ein vergleichbarer Reichtum an Spuren und Zeugnissen tief geschichteter Vergangenheiten bis weit zurück in die Antike, ist städtisches Leben in solcher Dichte und Dauer belegt wie im Gebiet um das Tiberknie, die Tiberfurt und die mythischen ‚sieben' Hügel. Aber der Topos von der ‚Ewigen Stadt' meint mehr und will mehr. Aus der Beschwörung des Unvergangenen gewinnt er die Verheißung der Unvergänglichkeit, suggeriert zeitenthobene Präsenz, dinglich wie ideell, postuliert mit dem *imperium sine fine* auch ein ungebrochenes urbanes Kontinuum: Rom war immer Rom, die Stadt schlechthin, deren einmal gewordene Physiognomie sich durch die Zeiten bewahrt hat bis in die Gegenwart, wiedererkennbar für alle Nachwelten, erlebbar, begehbar.

Die literarische Schöpfungsurkunde des lateinischen Rom-Mythos und des religiösen Glaubens an die Ewigkeit Roms ist Vergils *Aeneis*, in welcher der Dichter, ältere Vorstellungstraditionen aufgreifend, dem auf dem Kapitol verehrten Jupiter den berühmten Vers in den Mund legt: *his ego nec metas rerum nec tempora pono, imperium sine fine dedi* – „… Herrschaft ohne Ende gab ich".[2] Als das antike Imperium dann dennoch versank, erfuhr die Idee vom ewigen Bestand Roms eine Wiederbelebung ausgerechnet durch die Christen des Imperiums. Sie verbanden die Prophezeiung des Vergil mit der des Daniel zu einer Geschichtsteleologie, die später mit der ‚Erneuerung' des Reiches bzw. seiner ‚Übertragung' auf die Franken – *renovatio* oder *translatio imperii* – eine neue, das ganze Mittelalter hindurch tragende Perspektive erhielt.[3] An dessen Ende konnte die perennale Rom-Idee von den Humanisten aufgenommen und neu ausgedeutet und über die Renaissance weitergegeben werden, von wo aus sie schließlich über das Frankreich der Revolution und Napoleons mühelos ihren Weg in die Moderne fand.[4] Eine mythische Konstruktion – und doch so bestandskräftig und suggestiv, dass selbst die Skeptiker und Kritiker dieser Rom-Idee vom Ewigkeitstopos nicht lassen wollten. Man müsse gestehen, schrieb etwa der nüchterne Massimo d'Azeglio, ein Liberaler fern aller Rom-Berauschtheit, dass die ‚ewige Stadt', so sehr die Vernunft diesen Titel belächeln wolle, ihren Namen auf geradezu schicksalshafte Weise zu rechtfertigen scheine. Rom sei schon vor Romulus gewesen, so wenig man davon auch wisse. Dann das Rom der frühen Könige, das erhabene Rom der Republik, das grausame Rom der Cäsaren und Imperatoren und so immerfort: Rom war, und es war mächtig. Und als es verfiel, rettete das Christentum es aus seinem Verfall, und reichte es weiter, an Karl den Großen und die deutschen Kaiser … weiter und weiter: *Tutto passa e Roma sola sta.* – „Alles vergeht, nur Rom bleibt bestehen."[5]

Mit einem materiellen Stadtbegriff, wie wir ihn unserer Geschichte Roms in der Moderne zugrundelegen, fasst man vornehmlich den Bestand an Bauten und Einrichtungen in den Blick, der einem lokalen Gemeinwesen als Gehäuse seiner Existenz dient.

Roms *forma urbis* hat im Laufe der 27 oder mehr Jahrhunderte ihrer uns bekannten Geschichte tiefe Einschnitte und radikale Umbrüche erfahren. Wann immer sich eine neue Macht in der Stadt etablierte, gebrauchte oder gestaltete sie das Vorgefundene, soweit die Kräfte dazu reichten, nach ihren eigenen Ideen und Prinzipien. So folgte Rom auf Rom – „durch den Wechsel der Zeiten so mannigfaltig und von Grund auf verändert und doch noch derselbe Boden“[6]: Auf die heidnische *urbs* der Cäsaren, Weltstadt und Zentrum eines Weltreichs, *caput mundi*, Inbegriff von Glanz, Größe, Ordnung und Macht, folgte nach dem Untergang der antiken Zivilisation die Kümmerform des christlich-mittelalterlichen Rom, ehe dann in Renaissance und Barock das Rom der Päpste wieder einen Abglanz der einstigen Glorie zurückgewann. Die letzte und radikalste dieser Metamorphosen begann mit dem Jahr 1870, als die Italiener im Windschatten der Weltgeschichte die Stadt am Tiber der päpstlichen Herrschaft entrissen, um sie zur Hauptstadt ihres jungen Nationalstaats zu machen. Mit alten Ideen, die viele Anleihen beim Mythos des ersten, des imperialen Rom aufnahmen, und neuen Bedürfnissen, den Bedürfnissen einer politisch wie ökonomisch ‚verspäteten‘ und daher zu beschleunigter Modernisierung gezwungenen Nation, machte sich Italien daran, das von den Päpsten geerbte Rom zur zeitgemäßen Hauptstadt um- und auszubauen, zu einer Kapitale, die den Vergleich mit den Hauptstädten der anderen großen europäischen Nationalstaaten – Paris, London, Berlin – nicht sollte scheuen müssen.

Roma Capitale war das emphatische Programmwort, unter dem die liberalen Eliten des italienischen Königreichs in den Jahrzehnten nach 1870 dieses große, ideologisch hoch befrachtete Projekt vorantrieben. Von der außeritalienischen Welt wurden sie dabei mit Misstrauen und Argwohn beobachtet. Zu tief war in den humanistisch geprägten Bildungseliten Europas der Gedanke verwurzelt, Rom, Zentrum des antiken Imperiums und dann der weltumspannenden, eben ‚katholischen‘, Kirche sei die schlechthin *universale* Stadt, Menschheitsbesitz oder doch jedenfalls gemeinsames, unveräußerliches und sakrosanktes Erbe des Abendlandes, und habe dies auch zu bleiben; befremdlich, ja geradezu unvereinbar mit dieser erhabenen Idee von Rom als Welt-Stadt, Stadt für die *ganze* Welt, erschien seine Vereinnahmung als ausschließlicher Besitz und Identitätsort für *eine* Nation, und wäre es selbst die italienische. Dass die Italiener nur hier, inmitten der monumentalen Hinterlassenschaft der Antike und der Zeugnisse der noch kaum vergangenen Vergangenheit der päpstlichen Herrschaft, den Mittel- und Ruhepunkt ihrer neu errungenen nationalen Existenz glaubten finden zu können, erschien den ausländischen Freunden des alten Rom – vielleicht ein wenig naiv in jenem Europa des allgegenwärtigen Nationalismus – als anmaßend und frevelhaft.

Man besorgte mangelnden Respekt im Umgang mit der Überlieferung und beklagte laizistischen Furor und modernistischen Übereifer, als die neuen Herren darangingen, mit massiven Eingriffen in die alte Struktur und den überkommenen Baubestand dem hochgestimmten Selbstgefühl einer Nation steinerne Gestalt zu verleihen, die eben erst das lang ersehnte Ziel staatlicher Einheit erreicht hatte und sich nun im

Kreise der großen, modernen Mächte ebenbürtig behaupten musste. Die Umdeutung und Umgestaltung der *Roma papale* zur Bühne nationalitalienischer Selbsterhöhung vollzog sich mit einer Radikalität und Schnelligkeit, die das Wort von der ‚ewigen' Stadt als leere Formel erscheinen ließ. Binnen weniger Jahrzehnte verschwand die vertraute, beschauliche Kirchen-, Ruinen- und Tavernenstadt mit ihrer Atmosphäre halkyonischer Zeitlosigkeit, wurde verdrängt von einer lärmenden, in beständigem Umbruch befindlichen, fieberhaft expandierenden Großstadt. Dieses neue, säkulare Rom, die *Terza Roma*, gestaltet nach den liberalen und rationalen Maximen der Zeit, sollte in Modernität und Monumentalität Zeugnis geben von der Größe und der Zuversicht der geeinten und souveränen italienischen Nation, die sich nach vollbrachtem Risorgimento auf dem Weg des Fortschritts wähnte in eine strahlende Zukunft.

Ihre Apotheose fand die symbolische Besetzung der Hauptstadt durch die italienische Nation schließlich in dem gewaltigen Denkmal für den ersten König, den „Vater des Vaterlandes", das in jahrzehntelanger Bauzeit am Fuße des Kapitols errichtet und zur Feier des fünfzigjährigen Bestehens des Königreichs 1911 eingeweiht wurde. Man hatte dafür ein mittelalterliches Stadtviertel niedergelegt (zugegebenermaßen kein besonders ansehnliches), ein Stück des heiligen Kapitolshügels abgetragen und einen Teil des ehrwürdigen Palazzo Venezia versetzt, weil er dem freien perspektivischen Blick auf das neue Wunderwerk im Wege stand. In der Maßlosigkeit seiner Dimensionen erschien dieses Denkmal – das größte, welches das denkmalfreudige 19. Jahrhundert in Europa hervorbrachte – vielen ausländischen Beobachtern, die noch dem verschwundenen Rom ihrer Jugendzeit nachtrauerten, als die monströse Ausgeburt jenes Ungeists nationaler Hybris und parvenühaften Größenwahns, den sie seit 1870 in der ‚heiligen' Stadt am Werke sahen. Diese Kritik ist bis heute nicht mehr verstummt. Es gehört inzwischen beinahe zum guten Ton post-nationaler Empfindsamkeit auch unter Römern selbst, den weißen Marmorkoloss, der sich da in spätantikisch-hellenistischem Stileklektizismus wie ein Gebirge vor dem Kapitol emportürmt, mit einer gesucht abwertenden Banal-Metaphorik (von der ‚Schreibmaschine' bis zum ‚Elefantenklosett') zu schmähen.

Nun muss man das Denkmal für Vittorio Emanuele II. weder für eine bedeutende städtebauliche Errungenschaft halten noch braucht man es ‚schön' zu finden, um gleichwohl seinen spezifischen Sinn zu verstehen und seine zeitbedingte Notwendigkeit als nationales Großsymbol gelten zu lassen; den allzu strengen Rom-Ästheten aber könnte man das nüchterne Urteil des großen Rom-Kenners Richard Krautheimer entgegenhalten, demzufolge der große Schaubezirk der antiken *urbs* zwischen Kapitol, Forum und Palatin „im Gesamteindruck wohl leider nicht allzu verschieden von dem des heutigen Monumento Vittoriano auf der Piazza Venezia"[7] gewesen ist.

Diese Piazza Venezia, symbolisches Zentrum der *Roma Capitale*, wurde dann nicht von ungefähr auch zum Brenn- und Ausgangspunkt der umfangreichen urbanistischen Planungen und Eingriffe des faschistischen Regimes. Was die Hauptstadtpolitik des liberalen Italien als hochgemutes Projekt der Modernisierung und Monumentalisierung begonnen hatte, führte das faschistische Italien fort. Eines regelrechten Bruchs, eines revolutionären Neuansatzes bedurfte es dabei nicht. Die Rom-Politik der Faschisten folgte im wesentlichen der großen Linie der liberalen Ära, freilich, den ins Imperiale gesteigerten Machtvisionen Mussolinis gemäß, mit forciertem ideologischem Impetus und noch weiter ausgreifenden Ambitionen. Mehr denn je berauschte sich die Hauptstadtplanung der faschistischen Ära an der Rom-Idee, genauer an bestimmten grandiosen Vorstellungen, die man sich von der Vergangenheit machte und aus denen man Legitimation und Verpflichtung für die eigene Zeit ableitete. Das Goldene Rom der Antike wurde zum alles beherrschenden Vorbild und Maßstab für die *Grande Roma* Mussolinis, und „der Schatten der Cäsaren", um eine Formulierung Federico Chabods aufzugreifen, legte nun sich noch machtvoller über die Stadt als in den Jahrzehnten nach 1870.[8]

Der öffentliche Raum der Stadt ist das gebaute Habitat des Menschen, der in Gesellschaft lebt. Mit seinen Gebäuden, Straßen und Plätzen stellt der Stadtraum über seine primären, den sachlichen Erfordernissen menschlichen (Zusammen)Lebens dienenden Funktionen hinaus auch die materielle Objektivation des kollektiven Gedächtnisses, also der Kultur dar und den Ort der symbolischen Kommunikation, in der sich eine soziale Gruppe der tragenden Elemente ihres Selbstbildes immer wieder von neuem vergewissert.[9] Dieses Wissen um den „Zeichenwert" urbaner Bauten und Strukturen und um die bewusstseinsprägende Kraft des Bildes, das eine Stadt ihren Bewohnern und Besuchern darbietet, ist nicht neu; es begleitet den Städtebau von den Frühzeiten menschlicher Kultur an, und auch für Rom lässt sich schon seit den Tagen des Kaisers Augustus aufweisen, dass das Bild der Stadt als „Spiegel des Zustandes von Staat und Gesellschaft" verstanden wurde.[10]

Was also in einem ganz elementaren Sinne zum Wesen des Kulturphänomens Stadt gehört, gilt nun in zugespitztem Maße für den urbanen Spezialfall der ‚Hauptstadt'. Die Hauptstadt ist vor allen anderen Stadttypen ausgezeichnet durch ihren singulären Status als Zentralort der politischen Macht: Hier versammelt ein Staat die wichtigsten Institutionen seiner Herrschaftsorganisation, hier inszeniert er seine Majestät, Zustimmung heischend, Loyalität fordernd, nicht selten auch einschüchternd, in einem komplexen System von Identität vermittelnden Symbolen.[11] Jedes Regime besetzt den öffentlichen Raum mit den architektonischen Zeichen seines Geltungsanspruchs, und wo es neue nicht errichten kann, sucht es sich die vorgefundenen durch Umdeutung anzueignen. Zugleich aber ist festzuhalten: Auch die symbolträchtigsten Kapitalen verdanken ihre Physiognomie nicht allein dem planenden Gestaltungswillen der regierenden Eliten. Stets sind in ihnen auch die ökonomischen Bedürfnisse der Gesellschaft wirksam, tritt der Markt mit seinen Kräften und Interessen als treibendes und gestaltendes Prinzip in Konkurrenz zu den Repräsentationsbedürfnissen der politischen Macht. Selbst in Paris, der Kapitale *par excellence* und *sans pareille*, hätte das stadtplanerische Titanenwerk des Barons Haussmann schwerlich gelingen können, wäre nicht seine Realisierung den wirtschaftlichen Interessen einer finanzstarken Spekulantenschicht entgegengekommen.[12]

Dieses Neben- und Gegeneinander von *Macht* und *Markt* lässt sich auch in der Entwicklung Roms nach 1870 gut beobachten. Gewiss, dass Rom zur Hauptstadt Italiens wurde, war ein politisches Faktum, und nichts sonst. Doch sobald die politische Entscheidung mit der Einnahme der Stadt durch die Italiener am 20. September 1870 gefallen war, setzte sie soziale und ökonomische Triebkräfte frei, welche trotz gelegentlicher Verzögerungen letztlich unaufhaltsam und mit bemerkenswerter Dynamik den Ausbau der Kapitale durch die Expansion zur Metropole begleiteten. Der Basisprozess, der allem Wachstum und Wandel zugrundelag, war dabei denkbar elementar. Es strömten Menschen in die Stadt, viele Menschen, Menschen mit einfachen und mit gehobenen Bedürfnissen: Die Eliten und Funktionsträger des neuen Regimes zunächst, von den Römern skeptisch-abschätzig ‚Piemontesen' oder *buzzurri* genannt, Leute aus Nord- und Mittelitalien von zumeist bürgerlichem Hintergrund und Habitus und entsprechenden Erwartungen und Ansprüchen; in ihrem Gefolge sodann arme Landbewohner aus dem näheren und ferneren Hinterland Roms, und später auch aus dem *Mezzogiorno*, die es in großen Scharen in die neue Hauptstadt zog in der Hoffnung, hier als Bauarbeiter und Dienstboten ein Auskommen zu finden.

Für die einen, die bürgerlichen Neuankömmlinge, entstanden neue Wohnquartiere in anspruchsvoller Bebauung, die an die wohlhabenden Städte des italienischen Nordens erinnerten; der Zustrom besitzloser Landbewohner, um deren Unterbringung sich zunächst kaum jemand kümmerte, ließ nach und nach in konzentrisch wachsenden Ringen eine Peripherie aus regellos wuchernden Vorstädten entstehen, wie sie in industrialisierenden Gesellschaften die kennzeichnende Begleiterscheinung der Urbanisierung ist. Die Hauptstadtpolitik des faschistischen Regimes vor allem, die im alten Zentrum Roms dem Gestaltungsprinzip der ‚monumentalen Leere' huldigte[13], hat diese Entwicklung vorangetrieben. Gemäß Mussolinis herrischer Maxime, dass die großen Monumente der Antike „in gebührender Einsamkeit" zur Geltung gebracht werden müssten, wurden dichtbesiedelte Quartiere im Zentrum freigeräumt und ihre armen Bewohner in notdürftigen Barackensiedlungen am Rande der Stadt untergebracht. Diese *borgate* wurden im folgenden zu den heißen Kernen einer wilden Bautätigkeit, die in der römischen *Campagna*, dem romantisch ruinenbestückten, vormals kaum besiedelten und landwirtschaftlich nur extensiv genutzten Umland der Stadt, weder an rechtliche noch an natürliche Grenzen stieß.

Für das republikanische Italien nach dem Zweiten Weltkrieg kann man dann von einer aktiven Hauptstadtpolitik im eigentlichen Sinne kaum noch sprechen. Der Machtstaat war durch den Faschismus diskreditiert, und mit ihm auch dessen auf die Spitze getriebener Hang, die Hauptstadt mit immer neuen baulichen Eingriffen zu einem Parcours nationaler Machtdemonstration auszustaffieren. Der demokratische

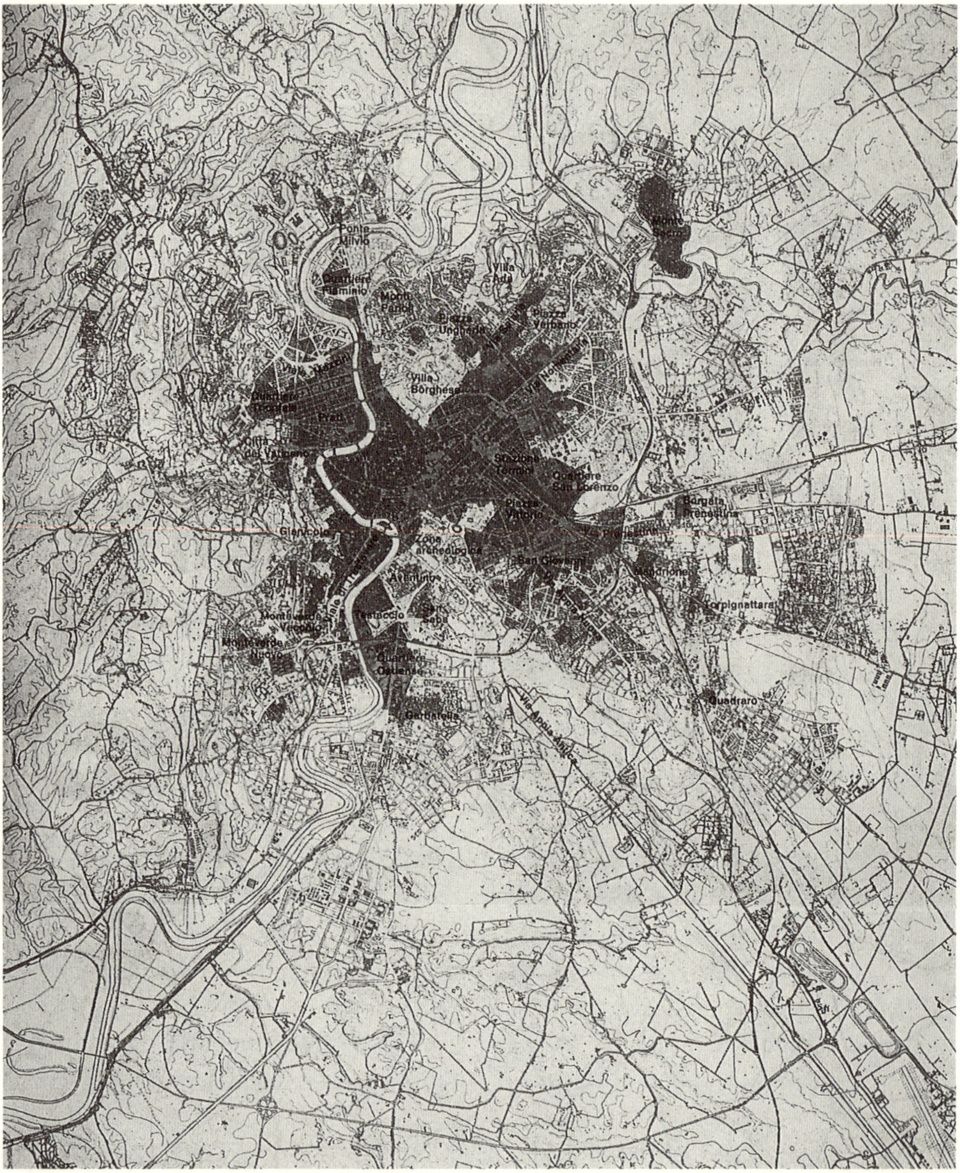

Rom 1930 – die Stadt hat 1 Million Einwohner.

Staat verzichtete nun weitgehend darauf, in der *urbs* als planender Gestalter aufzutreten, und begnügte sich mit der Rolle des Bewahrens einerseits und des Gewährenlassens andererseits in einer strikt zweigeteilten Stadt: Das ‚historische' Zentrum wurde so, wie es das liberale und das faschistische Italien geschaffen hatten, gleichsam museal konserviert, und Europa und die ganze Welt nahmen mit den Millionenströmen

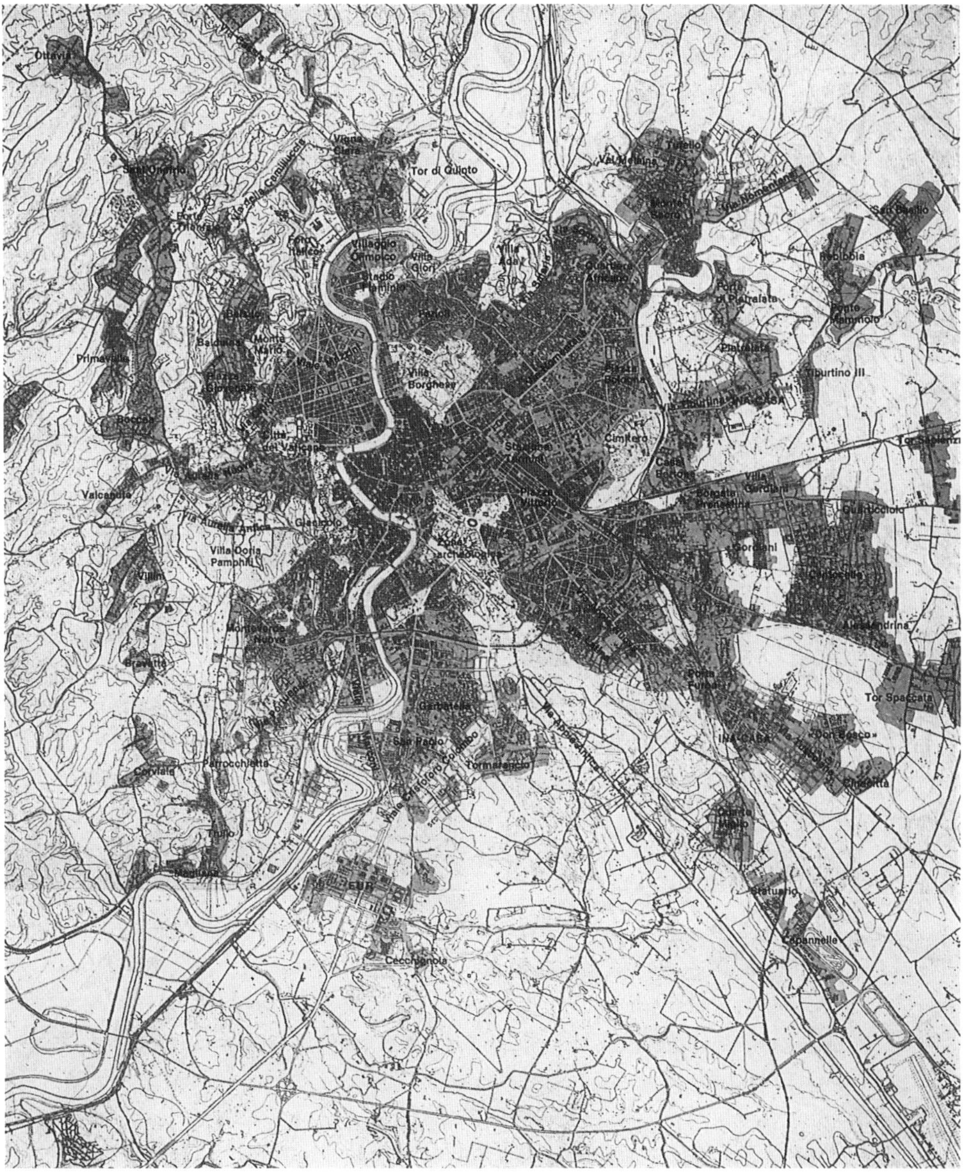

Rom 1960 – die Stadt hat 2 Millionen Einwohner.

von Touristen und Pilgern wieder von ihm Besitz. Die Vorstädte und Außenbezirke indes wurden in den Jahren des Wirtschaftswunders, das es auch in Italien gab, dem ungezügelten Wachsen und Wuchern der Spekulation und des abusiven Bauens preisgegeben, mit dem Ergebnis, dass der *Agro Romano* heute verschwunden ist und eine formlos zersiedelte Peripherie sich bis zum metropolitanen Autobahnring des *Grande*

Raccordo Anulare (und an manchen Stellen schon über diesen hinaus) ausgedehnt hat, der die Stadt mit einem Radius von elf Kilometern umschließt.

Wer heute Rom besucht, wird diesen breiten Gürtel urbanistischer Verwahrlosung allenfalls flüchtig zur Kenntnis nehmen, wenn er ihn anreisend mit dem Zug oder dem Airport-Shuttle oder im eigenen Auto zu durchqueren hat. Im *centro storico* aber, dem allein Neugier und Interesse des Besuchers gelten, begegnet er den berühmten Monumenten der Antike und den ehrwürdigsten Kirchen der Christenheit, perfekt konserviert, unverändert und unveränderlich, eingebettet in ein urbanes Ambiente, das mit seinen Hotels und Cafés, Restaurants und Geschäften allen Anforderungen eines internationalen Erlebnisparks mit südlicher Grandezza genügt. Wer nach erstem Besuch wiederkehrt, und immer wieder wiederkehren wird, findet die Stadt jedesmal vor, wie er sie verlassen hat. Kein Abriss, kein moderner Neubau stört das in der Erinnerung bewahrte Bild, und mehr denn je mag dem Besucher diese Stadt dann tatsächlich als ‚ewig' erscheinen in der Beständigkeit ihrer baulichen Gestalt. Und doch ist dieses Rom, wie es uns heute begegnet, allen Unvergänglichkeitsanmutungen seiner Monumentalkomplexe zum Trotz, eine ziemlich junge Stadt, kaum einhundertfünfzig Jahre alt, rezentes Produkt weitreichender urbanistischer Planungen und Eingriffe ebenso wie der selbstläufigen Entwicklungen einer modernen Gesellschaft.

Um die Mitte des 19. Jahrhunderts hatte Rom gut 170 000 Einwohner. 1871, ein Jahr nach der Inbesitznahme durch das Königreich Italien, wurden 213 000 gezählt, die hier fest ansässig waren, und 245 000 mit den temporär Zugezogenen. Im Jubiläumsjahr 1911 hatte die Einwohnerzahl bereits die halbe Million überschritten, und in der ersten Hälfte der 1930er Jahre schaffte Rom den Sprung zur Millionenstadt. Dreißig Jahre später, zu Beginn der 1960er, hatte sich diese Million neuerlich verdoppelt und im Jahr 2000 war dann auch die dritte Million überschritten – eine Verfünfzehnfachung der Einwohnerschaft also in dem Zeitraum von wenig mehr als hundert Jahren, den unsere Geschichte Roms zum Gegenstand hat. Vor allen urbanistischen Analysen machen uns schon die nüchternen Zahlen deutlich, dass die Stadt, wie sie uns heute begegnet, das Rom der Italiener, diese lärmende, von der Motorisierung überwältigte Metropole, ein junges, spätes und eben durch und durch modernes Phänomen ist. Das Wachstum, vollends in den Jahren des Wirtschaftswunders nach dem Zweiten Weltkrieg weithin ungezügelt, regellos und spekulativ, hat die romantische Ödnis des *Agro Romano* in einen Siedlungsbrei aus *suburbs* und Satellitenstädten verwandelt, eine *banlieu*, die an vielen Stellen von Verwahrlosung und Chaos geprägt ist. Aber auch in der Altstadt, im *centro storico*, das wie zum Ausgleich für diese Preisgabe mit bemerkenswerter Konsequenz musealisiert wurde, hat sich das Stadtbild seit 1870 von Grund auf verändert. Uns das zu vergegenwärtigen, hülfe allein ein Gedankenexperiment: Könnten wir in unserer visuellen Vorstellung für einen Augenblick rückgängig machen, was das liberale, das faschistische und das republikanische Italien in ihrer Hauptstadt zerstört und neu gebaut haben (und wichtiger vielleicht noch: was sie an Veränderungen einfach so haben geschehen lassen), wir würden in dem sich dann ergebenden Bild das ‚ewige' Rom nicht wiedererkennen.

Zu zeigen, wie das heutige Rom entstanden ist, als urbaner Organismus wie als Ort kollektiver Erinnerung und symbolischer Konstruktion von Identität, mitsamt den hohen Idealen und hohlen Ideologien, die dabei im Spiele waren, ist das Thema dieses Buches. Nicht „das alte Rom aus dem neuen herauszuklauben" also ist es, was wir uns vorgenommen haben – „ein saures und trauriges Geschäft", wie Goethe sagte, „aber man muss es denn doch tun"[14] (und die Deutschen haben es, wie ihre reiche Rom-Literatur ausweist, ja auch redlich getan) –, sondern das moderne, lebendige Rom der Italiener auf dem unendlich fruchtbaren Kulturboden des alten emporwachsen und sich ausbreiten zu sehen zu einer neuen Schöpfung von Glanz und von Hässlichkeit, wunderbar und widersprüchlich wie alles, was lebt.

I

Die Welt-Stadt – *Roma caput mundi*

Rom folgt auf Rom: Die Stadt der Kaiser, der Kirche, der Päpste

Roma Aurea – Das Goldene Rom der Cäsaren

Rom folgt auf Rom, und so durch die Zeiten, und dass sich Gesicht und Gestalt der *urbs* dabei von Mal zu Mal tiefgreifend verändern, gehört wie aller Wandel zur Normalität der Geschichte. Mit Kaiser Augustus, der sich rühmte, eine Stadt aus Ziegeln vorgefunden und eine aus Marmor hinterlassen zu haben, wurde Rom auch in seinem äußeren Erscheinungsbild zur Hauptstadt eines Weltreichs und zum Inbegriff urbaner Herrlichkeit.[15] Der Architekt Vitruv, ein Zeitgenosse des Augustus, pries in der Vorrede zu seinem Grundlagenwerk über die Architektur den Imperator, weil der nicht nur für die Mehrung des Reiches und der allgemeinen Wohlfahrt Sorge trage, sondern auch die Majestät des Imperiums durch die hohe Würde seiner öffentlichen Gebäude zum Ausdruck bringe.[16] Darin nur die Schmeichelei eines auftragheischenden Baumeisters zu sehen, der die Gunst des allerhöchsten Bauherrn gewinnen wollte, wäre ein unbegründeter Verdacht, denn auch die heutigen Kenner der augusteischen Baupolitik bestätigen Vitruvs Lob: Im direkten Vergleich mit dem Rom der späten Republik grenze „die Verwandlung der Stadt im Leben einer einzigen Generation ans Wunderbare".[17]

Unter den Kaisern Trajan und Hadrian erreichte Rom dann im 2. nachchristlichen Jahrhundert neue Höhepunkte seiner Entwicklung und Ausdehnung, mit einer Einwohnerzahl von wohl über einer Million.[18] Die Großartigkeit dieser Stadt mit ihren Tempeln und Foren, Thermen und Theatern, Palästen und Gärten, die monumentale Majestät ihrer baulichen Gestalt begründeten einen Mythos, der alle Niedergänge überdauerte und etliche Wiedergeburten inspirierte.[19] Im Rom des Imperiums waren, wie es der Soziologe Richard Sennett formuliert hat, „visuelle Ordnung und kaiserliche Macht untrennbar miteinander verbunden": „Macht brauchte Stein." Wenn

Das antike Rom im plastischen Modell des *Museo della Civiltà Romana.*

sich demnach für die Römer das Wesen der *urbs* im Gesamteindruck ihrer Bauten manifestierte, so konnte ihnen das Zentrum ihrer Stadt mit seiner beispiellosen Anhäufung grandioser Monumentalkomplexe als Welttheater unwandelbarer Herrschaft und Sinnbild für den ‚ewigen' Bestand ihres Gemeinwesens erscheinen.[20] Eine Ahnung von der erhabenen Größe dieser antiken Metropole eröffnet sich heute noch jedem, der sich mit visueller Vorstellungsgabe in die Betrachtung jener minutiösen plastischen Rekonstruktion des kaiserzeitlichen Roms versenkt, die als Modell im *Museo della Civiltà Romana* ausgestellt ist.

Als Kaiser Aurelianus gegen Ende des 3. nachchristlichen Jahrhunderts um die Stadt mit ihrer Gesamtfläche von 1400 Hektar geschlossener Bebauung eine Mauer errichten ließ, 20 Kilometer lang, mit 14 Toren und 380 Türmen, hatte Roms Macht ihren Zenit bereits überschritten. So beeindruckend dieses Bauwerk, mehrfach erweitert und restauriert und bis heute in großen Teilen erhalten, noch einmal die ökonomische und die technische Leistungsfähigkeit der Römer demonstrierte, war es in seiner schieren Notwendigkeit doch bereits Symptom der politisch-militärischen Krise eines Imperiums, das seine Feinde nicht mehr zuverlässig an seinen fernen Grenzen abwehren und somit daran hindern konnte, seine Hauptstadt aus unmittelbarer Nähe zu bedrohen.[21] Die Aurelianische Mauer hat denn auch in der Folgezeit weder die wiederholte Eroberung Roms durch ‚Barbaren' noch den Untergang des Weltreiches selbst verhindern können. Aber als Merkzeichen einstiger Macht und Größe bezeugte die Mauer in der verlassenen römischen Campagna noch für mehr als tausend Jahre die einstmals gigantische Dimension dieser Stadt, als deren bewohnter Kern schon längst auf einen kläglichen Rest geschrumpft war.

Einen Einschnitt von epochaler Bedeutung für die Zukunft Roms markiert im historischen Rückblick die Regierungszeit Kaiser Konstantins zu Beginn des 4. Jahrhunderts n. Chr.[22] Unter seinen Vorgängern waren noch einmal große öffentliche Bauvorhaben in der klassischen Tradition in Angriff genommen worden, so die Thermen des Diokletian auf dem Viminal, die heute die Antikensammlung beherbergen, so auch die unter Mussolini aus der Kirche S. Adriano herausgeschälte *Curia Senatus* auf dem Forum und die Basilika des Maxentius, die Konstantin vollenden ließ und deren gewaltiges Ruinengewölbe jetzt die Via dei Fori Imperiali überragt. Konstantins Hinwendung zum Christentum aber sollte schon mittelfristig das Gesicht Roms ebenso nachhaltig verändern wie seine Entscheidung, die Hauptstadt des Weltreichs nach Osten zu verlegen, ins griechische Byzanz, das fortan den Namen des Kaisers trug – Konstantinopel, das Neue, das Zweite Rom.[23] Zwar verlor die einstige Hauptstadt der Welt mit der Verlegung der Kaiserresidenz nicht schlagartig alle Zentralfunktionen; immerhin blieb der Senat mitsamt der dazugehörigen Verwaltung in Rom, und die den Senat tragende Aristokratie hielt noch lange an den heidnisch-antiken Kulturnormen fest und widersetzte sich hartnäckig dem Bestreben des Kaisers, sein Christentum

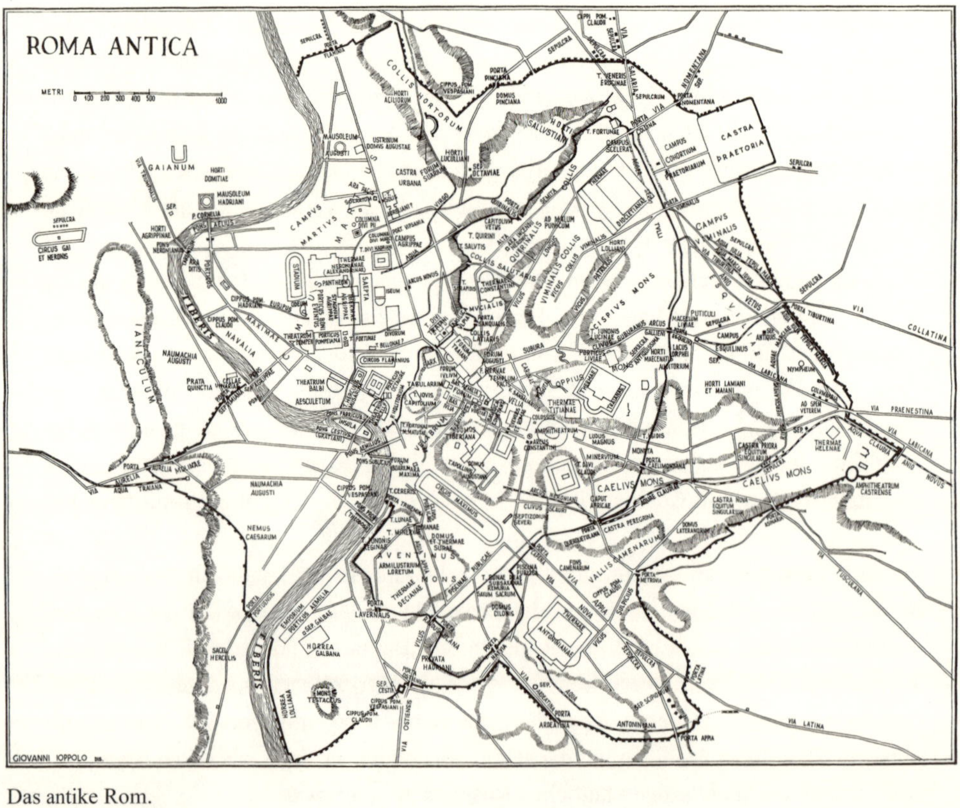

Das antike Rom.

auch im öffentlichen Raum der Hauptstadt monumental sichtbar zu machen. So blieb Konstantins Baupolitik zunächst noch ambivalent: Mit Rücksicht eben auf diese mächtige Oberschicht ließ er einige profane Monumentalbauten ausführen, wie sie die Römer traditionell von ihren Imperatoren erwarteten – die nach Konstantin benannten Thermen etwa am Südwesthang des Quirinals oder den mächtigen vierseitigen Bogen des *Janus Quadrifrons* auf dem *Forum Boarium*; auch der 315 in unmittelbarer Nähe des Kolosseums zu Konstantins Ehren errichtete Triumphbogen, eine teilweise aus älteren Fragmenten zusammengestückte Stiftung des Senats, gehörte noch in diese Tradition antik-imperialer Baukultur.

Konstantins eigentliches Bauanliegen aber galt der Präsenz des christlichen Kultus. Seine Absicht, die christliche Religion auch als politischen Faktor zu etablieren, fand ihren Niederschlag in einem umfassenden Programm zum Bau großartiger, reich ausgestatteter Kirchen, dessen Ausführung vom Kaiser selbst und den Mitgliedern seiner Familie vorangetrieben wurde. Die erste kaiserliche Gründung war die zwischen 311 und 314 errichtete Basilica *S. Salvatoris* (später *S. Iohannis*) *in Laterano* als Kathedralkirche und Residenz für den Bischof von Rom. Begräbniskirchen für Märtyrer und Heilige folgten – die erste Petruskirche über dem Grab des Apostelfürsten auf dem Vatikanhügel, Grabkirchen für den heiligen Laurentius an der Via Tiburtina auf dem Gelände einer ehemals dem Lucius Verus, Mitkaiser Marc Aurels, gehörenden Villa, dem Campo Verano, wo sich noch heute der größte und populärste Friedhof Roms befindet, sodann für den heiligen Sebastian bei den Katakomben an der Via Appia und für die heilige Agnes an der Via Nomentana, ferner *S. Croce in Gerusalemme* für die von der Kaiserinmutter Helena aus dem Heiligen Land herbeigeholten Reliquien vom Wahren Kreuz.

Für dieses Kirchenprogramm bedienten sich der Kaiser und seine Architekten eines weit verbreiteten Typus öffentlicher Monumentalbauten, der *basilica*, einer mehrschiffigen, von Säulen getragenen königlichen Audienz- und Gerichtshalle, die damit auch zum Grundmuster des christlichen Kirchenbaus wurde. Es waren höchst eindrucksvolle Bauten, gewaltig in ihren Ausmaßen – die Laterankirche war fast 100 Meter lang – und im Innern prachtvoll ausgestattet. Nach außen aber wirkten sie schlicht und allein durch ihre Größe, doch blieb ihre Wirkung auf diejenigen beschränkt, die diese Kirchen zu Kultzwecken aufsuchten. Denn alle diese Basiliken, mit denen Konstantin die Macht seines neuen Gottes zum Ausdruck bringen wollte, waren fern vom zentralen Schaubezirk Roms angesiedelt, am Rande der Stadt, zwischen Villen und Weinbergen, und mit Ausnahme von S. Giovanni in Laterano und S. Croce in Gerusalemme sogar sämtlich außerhalb der Mauern, dort, wo nach altem römischem Recht die Toten bestattet wurden.[24] Und, auch das ist signifikant, sie waren nicht auf öffentlichem Grund errichtet, sondern auf Gelände, das dem Kaiser und seiner Familie gehörte und über das er daher beliebig verfügen konnte – so wie überhaupt in dieser Zeit die meisten der frühen christlichen Kirchen in Rom als Stiftungen von reichen Gemeindemitgliedern auf deren privaten Grundstücken entstanden.[25]

Wer sich Rom aus der Ferne näherte, dem wurden im Panorama der Stadt die Zeichen der aufsteigenden Macht des Christentums in Gestalt seiner peripheren Basiliken bereits deutlich erkennbar. Der öffentliche Raum im Zentrum der Stadt mit all seinen profanen und sakralen Herrschaftsmalen aus glorreicher Vergangenheit aber bewahrte noch lange seinen gewohnten Anblick, auch wenn neue Kirchen allmählich mehr ins Stadtinnere vordrangen. Für die Besucher blieb Rom, wie Richard Krautheimer feststellt, während des ganzen 4. Jahrhunderts „eine im wesentlichen klassische, säkulare und heidnische Stadt".[26] Noch immer machte das, was Krautheimer den „Schaubezirk" nennt, also der Raum der Machtmanifestation und der ostentativ dargestellten Öffentlichkeit, die Hälfte der Stadt aus, vom Marsfeld im Tiberknie über das Kapitol und die Foren zu den Palästen des Palatin und der anderen Hügel, auch die gigantischen Thermenkomplexe nicht zu vergessen. Die engen Wohnviertel der *plebs* mit ihren *insulae*, mehrstöckigen Häuserblocks, die sich um das Zentrum herum drängten, waren wohl nicht mehr ganz so dicht bevölkert wie im Jahrhundert davor, denn die Einwohnerzahl Roms hatte bereits einen gewissen Rückgang erfahren. Der Verlust der Hauptstadtfunktion konnte nicht folgenlos bleiben für eine Stadt, die ihre einzigartige Größe und Gestalt gerade als *caput mundi*, Hauptstadt der Welt oder jedenfalls eines Weltreichs gewonnen hatte. Nachdem Konstantin es für Konstantinopel preisgegeben hatte, war Rom nie wieder die dauerhafte Residenz eines Kaisers.

Indessen schritt auch gegen den Willen der Senatsoligarchie die Christianisierung der Stadt voran. Während die kaiserliche Politik das Christentum in jeder nur denkbaren Hinsicht zu fördern suchte, beengte und bedrängte sie die heidnischen Kulte, verbannte sie zunächst aus der Öffentlichkeit, schloss zuletzt gar ihre Tempel und beschlagnahmte ihre Vermögen.[27] Mit der Zwangsbekehrung der letzten großen Adelsgeschlechter war das Heidentum Ende des 4. Jahrhunderts erledigt – und mit ihm die großartige pagane Kultur, welche das antike Rom zum Staunen der Welt hervorgebracht hatte. Großes Bauen beschränkte sich seit Konstantin fast nur noch auf die christlichen Kirchen. 408 n. Chr. wurden die Tempel für neue Nutzungen freigegeben, allerdings gleichzeitig auch als staatseigene öffentliche Denkmäler unter Schutz gestellt, was aber, trotz gelegentlicher Restaurationsanstrengungen, auf Dauer ihre Erhaltung nicht garantieren konnte.

Roms Niedergang hatte unwiderruflich begonnen, auch wenn die neuere Geschichtsschreibung geltend macht, dass es schwerfalle, diesen Niedergang im Übergang von der Spätantike zum Mittelalter in seinen einzelnen Phasen genau zu bestimmen. Wir wissen nicht, so schreibt einer dieser jüngeren Historiker, wieviele Herdfeuer für immer erloschen waren, wieviele Fenster dunkel blieben und wieviele Türen auf Dauer verriegelt.[28] Wir wissen nicht, welche Gegenden der Stadt als erste verlassen, wieviele Straßenzüge aufgegeben wurden in diesem unvermeidlichen Prozess der ‚Anpassung' des städtischen Lebens an die geminderten ökonomischen Ressourcen der Stadt und bei deutlich verringerter Bevölkerung. Von einem regelrechten Kollaps jedenfalls kann für das 5. Jahrhundert keinesfalls die Rede sein, und auch über das Ende des Westreichs 476 hinweg erhielt der Senat unter dem Germanen Odoaker die wesentlichen Funktionen des städtischen Lebens aufrecht. Die Wasserversorgung über die Aquädukte, der vielleicht großartigste Beitrag des antiken Rom zur Geschichte städtischer Zivilisation überhaupt[29], blieb noch bis zum byzantinisch-gotischen Krieg 537/538 gewährleistet. Gerade unter dem gotischen Herrscher Theoderich wurde einiges für den Erhalt der antiken Monumente getan, und so können wir heute davon ausgehen, dass das monumentale Zentrum Roms den politischen Untergang des römischen Reiches in seiner Substanz weitgehend unzerstört überstanden hat, selbst wenn an vielen Stellen die Spuren des Verfalls aufgrund von Vernachlässigung nicht verborgen blieben. Für den allerletzten Akt der Antike zeigen uns die Historiker in einem unaufgeregten, ja beinahe friedlichen Schlussbild die Stadt Rom in einem Zustand ruhiger Verlassenheit – *tranquillo abbandono*[30], der eher an ein Hinüberdämmern denken lässt denn an quälende Agonie und gewaltsamen Tod.

Das christliche Rom des Mittelalters

Das Ende der Antike in Rom kam demnach nicht abrupt, sondern als ein lange sich hinziehender Prozess der Anpassung an eine im Großen veränderte politisch-ökonomische Gesamtlage, zeitweise durch kriegerische Einwirkungen dramatisch beschleunigt, aber dazwischen auch mit Phasen der Konsolidierung. In seinem Ergebnis bleibt dieser Übergang vom heidnischen zum christlichen Rom, vom Rom der Kaiser zum Rom der Kirche, gleichwohl ein traumatischer Einschnitt, und er endet, was die Stadt als gebauten und belebten Organismus betrifft, in der Katastrophe.[31]

Die Bischöfe von Rom als Inhaber der einzigen noch funktionsfähigen Autorität waren bemüht, den Primat der Stadt als des alten Kaisersitzes und als neuen Zentrums des apostolischen Christentums hochzuhalten; das mochte den Niedergang verzögern, konnte ihm aber nicht Einhalt gebieten. Die Zeit des kirchengeschichtlich so bedeutenden Papstes Gregor des Großen an der Wende vom 6. zum 7. Jahrhundert markiert stadtgeschichtlich einen kaum auslotbaren Tiefpunkt: Die Bevölkerung der Stadt gegenüber der Million ihrer Blütezeit auf ein Zehntel, vielleicht sogar nur noch ein Zwanzigstel eingebrochen – zwischen 50 000 und 90 000 schwanken hier die Zahlenangaben[32]; die grandiosen öffentlichen Anlagen aus Tempeln und Thermen, Foren und Palästen verwaist und preisgegeben dem Verfall; große Areale des Zentrums unbewohnt, infolge der Zerstörung der Infrastrukturen wohl auch unbewohnbar. Von vielen der einst so belebten Straßen und Plätze hat die mediterrane Vegetation Besitz ergriffen, und aus Gründen der Sicherheit und Bequemlichkeit betreibt die Restbevölkerung den für die eigene Bedarfsdeckung nötigen Ackerbau nur noch innerhalb der Mauern – die großen Güter außerhalb der Mauern lagen schon lange brach und der *Agro Romano* hatte sich allmählich in jene von Sümpfen durchzogene, malariaverseuchte Ödnis verwandelt, die er bis ins späte 19. und frühe 20. Jahrhundert bleiben sollte.

Wenn neue Kirchen errichtet oder Gebäude für private Zwecke instandgesetzt werden, so geschieht das zumeist auf Kosten der antiken Monumente. Es beginnt, was für ein ganzes Jahrtausend die charakteristische Begleiterscheinung römischen Bauens bleiben wird – die Plünderung der immensen Hinterlassenschaft der Antike. Man bedient sich ohne Skrupel der in unerreichbarer Vollendung gearbeiteten Säulen und der sonstigen Hervorbringungen der hochentwickelten Materialkultur der Römer. Rom wird zur Ruinenlandschaft, das Skelett der einstigen Weltstadt zum schier unerschöpflichen Steinbruch. Dabei ist die Wiederverwendung antiker Relikte als ‚Spolien' noch nicht einmal das Schlimmste; hier bleibt wenigstens das Einzelstück erhalten, auch wenn das Ensemble, der Zusammenhang, dem es angehörte, zerstört oder zerstreut wird.[33] Viel größer und schmerzlicher noch in ihrer Endgültigkeit sind die Verluste, die auf das Konto eines anderen, gleichfalls jahrhundertelang ungeniert geübten römischen Missbrauches gehen – aus dem zertrümmerten Marmor antiker Gebäude und Kunstwerke ... Kalk zu brennen für neue Bauvorhaben. Bei allen großen Ruinenkomplexen rauchten bis in die Neuzeit marmor- und travertinfressend die Kalköfen.

„Das christliche Rom war", wie Richard Krautheimer lakonisch feststellt, „aus den Ruinen der antiken Welt erbaut."[34] Nun kann man, wenn man will, für diesen so ‚barbarisch' anmutenden und doch von den Römern selbst zu verantwortenden Umgang mit dem antiken Erbe dem frühen Mittelalter noch gewisse mildernde Umstände zubilligen. Die materiellen wie technisch-kulturellen Möglichkeiten dieser Epoche waren ja äußerst beschränkt – noch sind wir weit entfernt von der großartigen Kunst der gotischen Kathedralen –, und so mochte es im Wahrnehmungshorizont dieser dürftigen Zeit ganz pragmatisch naheliegend erscheinen, sich der in unermesslicher Fülle vorhandenen Hinterlassenschaften des paganen Roms zu bedienen. Mentalitätsgeschichtlich haben wir es hier ohnehin mit einem Phänomen zu tun, welches charakteristisch ist für epochale Umbrüche: Wenn eine vormals dominante Kultur kollabiert, schwindet naturgemäß die Überzeugungs- und Bindungskraft der sie tragenden Werte und Werke. Die Bauten und Anlagen, in denen sich die überwundene Kultur zum Ausdruck brachte, büßen mit ihren politischen oder sakralen Funktionen auch ihre symbolische Bedeutung, ihren ursprünglichen ‚Sinn' ein – sie werden nutzlos und schutzlos. Eine neue schützende Aura kann den Bauwerken der abgestorbenen Ära nur mit neuen Sinnverleihungen durch die nunmehr herrschende Kultur zuwachsen. So geschah es seit dem 6. Jahrhundert n. Chr. in Rom mit einigen heidnischen Tempeln, die ihre Erhaltung dem Umstand verdanken, dass sie in christliche Kirchen umgewandelt wurden; das Pantheon, 609 unter Papst Bonifatius IV. als S. Maria ad martyres geweiht, ist für diesen Vorgang das wohl prominenteste Beispiel. Etwas völlig anderes ist im übrigen die für unsere eigene Zeit kennzeichnende ‚antiquarische' Überzeugung, dass markante Bauten vergangener Zeiten, auch wenn sie längst funktionslos und sinnleer geworden sind, es in jedem Falle verdienen, als historische Zeugnisse – eben als ‚Monumente' – erhalten zu werden.

Es ist gewiss ein Verdienst der modernen Geschichtsschreibung, das einseitig negative Bild, das die Humanisten durch ihre hyperkritische Brille vom nachantiken Rom gezeichnet hatten, in einigen Punkten relativiert und korrigiert zu haben. Auch für das Rom des Mittelalters muss die Grundregel historischer Analyse gelten, wonach jede Zeit und jedes Phänomen aus den eigenen Voraussetzungen und Möglichkeiten zu verstehen und zu beurteilen ist. Gleichwohl ändert das differenziertere Bild, über das wir heute verfügen, nichts an dem Befund, dass Rom im frühen Mittelalter auf einen Zustand herabgesunken war, den man vor der Kontrastfolie seiner Blüte in klassischer Zeit nur als abgrundtiefen Niedergang wahrnehmen kann – ein Zustand, an dem sich für beinahe tausend Jahre nichts wesentliches ändern sollte. Selbst wenn die Stadt in diesen ‚dunklen' Jahrhunderten sich als Zentrum der abendländischen Christenheit behauptete und das Papsttum durch eine zukunftsträchtige Allianz mit dem fränkischen Königtum sich als Treuhänder imperialer Autorität zu etablieren verstand, blieb Rom als Stadt in dieser ganzen Zeit doch ein äußerst dürftiges und prekäres Gebilde. An dieser Grundtatsache ändern die ‚Wiedergeburten' nichts, welche die Mediävisten in ihrer Epoche noch vor der eigentlichen ‚Renaissance' zu erkennen meinen.

An den Tiefpunkten städtischen Lebens wie gegen Ende des 11. Jahrhunderts fiel die Einwohnerzahl Roms bis auf 20 000 ab. Mehr als 30 000 erreichte sie auch in Phasen relativen Aufschwungs und verhaltener Expansion wohl kaum, und selbst optimistische Schätzungen erachten für die Zeit um 1300, den Höhepunkt ihrer Entwicklung im Mittelalter, äußerstenfalls 40 000 Einwohner für möglich. Angesichts der dramatischen Entvölkerung haben sich städtische Strukturen im mittelalterlichen Rom nur noch in einigen Inseln des einstigen Stadtraums erhalten. Jede topographische Kontinuität zur *Roma aurea* der Kaiserzeit war gebrochen, das vormalige politische und kultische Zentrum, der Bezirk des Kapitols und der Foren, in Verfall und Bedeutungslosigkeit versunken. Das Leben der Stadt bündelte sich entlang der mittelalterlichen Pilgerstraße, welche die beiden politisch-sakralen Pole des christlichen Roms verband, die Peterskirche im Nordwesten und die Lateranbasilika im Südosten.

Mit der Entstehung eines neuen Stadtviertels zwischen dem Vatikan und dem zur Festung ausgebauten Hadriansmausoleum (Castel S. Angelo) unter Papst Leo IV. (847–855), dem Leoninischen *Borgo*, verschob sich der Schwerpunkt auf dieser gedachten Achse nach Norden. Zwischen der Engelsburg und dem Campo Marzio im Tiberknie lagen denn auch die einzigen Kerne durchgängiger Besiedlung, die sich über die Zeiten des völligen Verfalls erhalten hatten. Der weitaus größte Teil der riesigen Fläche, welche die Aurelianische Mauer als bleibendes Zeugnis der vormaligen Größe Roms umschloss, war unbebaut, unbewohnt, von Ruinen bedeckt, landwirtschaftlich genutzt oder auch nur verwildert. Wer nicht im dichtbebauten Tiberknie wohnte, lebte inmitten der einstigen Weltmetropole jetzt beinahe dörflich auf dem Lande. Der noch bewohnte Teil, der *abitato*, machte um 1300 mit 350 bis 400 Hektar wenig mehr als ein Viertel der ummauerten Gesamtfläche aus und lag damit etwa in der Größenordnung anderer italienischer Städte in dieser Epoche wie Bologna oder Florenz.[35]

Rom war als städtischer Organismus mithin herabgesunken auf die Normalität mittelalterlicher Dürftigkeit, und dennoch bewahrte die Stadt selbst in diesen langen Jahrhunderten ihres materiellen Verfalls noch eine enorme Ausstrahlungskraft. Zwar dürfte sich nur bei wenigen Kundigen ein genaueres Wissen um ihre politische und kulturelle Bedeutung erhalten haben, aber der Name der Stadt blieb im Gedächtnis der Gebildeten ein Synonym für Ordnung, Größe und Macht. *Par tibi, Roma, nihil, cum sis prope tota ruina/Quam magni fueris integra, fracta doces* – „Nichts kommt dir gleich, Rom, auch wenn du fast ganz in Ruinen liegst, und noch zerbrochen lehrst du uns deine einstige Größe" – mit dieser emphatischen Anrufung beginnt das erste große Rom-Gedicht des Mittelalters. Der Verfasser dieser erstaunlich ‚klassisch' gestimmten Elegie *De Roma* aus dem ersten Jahrzehnt des 12. Jahrhunderts, der französische Bischof Hildebert von Lavardin (1056–1133), zeigt sich mit seinem Lobpreis der antiken Weltenbeherrscherin gleichsam als ein Humanist *avant la lettre*.[36]

Um das anhaltende Faszinosum der Stadt Rom für die Menschen dieser Zeit zu verstehen, muss man sich vergegenwärtigen, dass Europa nach dem Untergang des römischen Reiches auf eine zivilisatorische Stufe zurückgefallen war, die in der Antike vielleicht schon um 500 v. Chr. überwunden wurde. Was gab es denn im Europa des Mittelalters nördlich der Alpen noch an Städten, und was hatten sie an Bauten und öffentlichen Einrichtungen zu bieten? Für die Menschen eines kalten und rauhen Abendlandes, die in verstreuten, den Wäldern abgerungenen Siedlungen, in kleinen, schmutzigen Weilern unter düsteren Burgen hausten, ihr Wasser aus Brunnen schöpften, die in unmittelbarer Nähe der Abfallgruben lagen, oder aus Flüssen, in denen aller Unrat entsorgt wurde, für diese Bewohner einer rückständigen, primitiven, ärmlichen Welt blieb noch der Schatten des alten Roms ein Erinnerungsmal für höchste Lebenskultur und unfassbaren Luxus.

Den Pilgern und sonstigen Reisenden, die aus ihrer zivilisatorischen Wüstenei nach Rom kamen, musste diese Stadt noch unter dem Zeichen ihrer Zerstörung als etwas geradezu außerweltlich Großartiges und Wunderbares erscheinen – so wie es die *Narratio de mirabilibus urbis Romae* eines englischen Klerikers aus dem Jahre 1220 und ähnliche Beispiele einer eigenen Literaturgattung ausmalten, in welcher die Beschreibung christlicher und antiker Monumente mit Fabeln und Legenden eine zuweilen krude, aber in jedem Falle neugiererweckende Mischung eingingen.[37] Rom im Reichtum seiner Ruinen, die nach mittelalterlichen Maßstäben maßlose Ausdehnung der Stadt, wie sie durch die Aurelianische Mauer noch immer weithin sichtbar in der Landschaft markiert war, ihre unerschöpfliche Großartigkeit noch im bruchstückhaften Verfall bezeugten die vergangene Existenz einer fabelhaften, überlegenen Welt. Zugleich aber ist dem staunenden oder wehmütigen Blick auf dieses darniederliegende Rom immer auch die Dimension einer *renovatio* (Erneuerung) oder *resurrectio* (Wiederauferstehung) zu eigen, die Verheißung eines zukünftigen Wiedergewinnens jener gewesenen Wirklichkeit. Es ist dieses Rom der *mirabilia*, der Wunder, dieses kaleidoskopische Idealbild aus Erinnerung und Erwartung, welches den Stoff und die Kristallisationskerne liefert für den unzerstörbaren Mythos Roms, aus dessen kreativen Potentialen dann seit Humanismus und Renaissance die Erneuerer der Stadt schöpfen werden.[38]

Was jenseits des Mythos die Fragen der Macht betrifft, so ist festzustellen, dass das Schicksal dieser Stadt schon seit dem Ausgang der Antike – und mit dem Fortschreiten des Mittelalters immer unauflöslicher – mit dem des Papsttums verbunden war. Anknüpfend an die Weltmachtstellung des kaiserlichen Rom behaupteten die Päpste seit Damasus I. (366–384) unter Berufung auf das Petrusamt den römischen Primat auch für die Führung der Christenheit und untermauerten diesen Anspruch nicht zuletzt durch den Bau großer Kirchen wie S. Maria Maggiore, S. Stefano Rotondo und S. Sabina, von zahllosen kleineren gar nicht zu reden.[39] „Rom ist durch den Heiligen Stuhl Petri zum Haupt der Welt geworden."[40] *Caput orbis* – mit dieser Formel nahm Papst Leo I. (440–461) erkennbar Bezug auf klassische Autoren, die wie Lucanus und Livius von Rom als *caput mundi* oder eben als *caput orbis terrarum* gesprochen hatten. Je mehr das Papsttum den Charakter einer Monarchie annahm – mit dem Anspruch nicht nur der obersten geistlichen Autorität, sondern auch einer universalen weltlichen Oberherrschaft –, umso mehr musste das Bedürfnis wachsen, Rom mit dem Glanz und der Geltung einer Hauptstadt des Papsttums auszustatten. Machtideologie und Selbstdarstellung der Päpste beriefen sich dabei auf eine doppelte Legitimation, zum einen als Führer der weltumspannenden Christenheit, zum anderen aber auch als Treuhänder des Imperium Romanum, dessen Übertragung *(translatio)* auf die Franken Karls des Großen sie sanktioniert hatten.

Im Fortgang des 13. Jahrhunderts erlangt das Papsttum einen zuvor nie gekannten Status der Selbsterhöhung, und entsprechend gewinnt auch die Stellung Roms als Hauptstadt der Päpste. Der Reichtum der Kurie und der großen Familien, aus denen die Kardinäle kommen, beflügelt das Wirtschaftsleben der Stadt; an allen Ecken und Enden wird gebaut, vergrößert, verschönert, restauriert – Kirchen, Wohnhäuser, Residenzen. Das Stadtbild wird geprägt von den burgähnlich befestigten Sitzen der Adelsgeschlechter, die ganze Viertel beherrschen und untereinander um Macht und Einfluss am päpstlichen Hof wetteifern.[41] Rom schließt jetzt zu den anderen Zentren der aufblühenden mittelitalienischen Städtelandschaft auf, als da sind Florenz, Pisa, Siena – nicht mehr, aber auch nicht weniger, und auch das ist ja schon viel nach den elenden Zeiten des früheren Mittelalters.

Umso tiefer aber war neuerlich der Fall, den die Stadt erlitt, als das römische Papsttum zu Beginn des 14. Jahrhunderts in eine existentielle Krise stürzte. Mit dem Auszug des Papstes, seines gesamten Hofes und des kurialen Apparats 1308 ins südfranzösische Avignon, wo das Oberhaupt der Christenheit fortan quasi unter französischer Kuratel stand, verlor Rom dramatisch an politischer Bedeutung und fiel wieder weit hinter die anderen Städte Italiens zurück. Es büßte einen großen Teil seiner zahlungskräftigen Elite aus hohen Prälaten, Notaren und Juristen, Diplomaten, Bankiers und Kaufleuten ein – mit verheerenden Folgen für Handel, Wandel und Wirtschaft. Rom verlor, wie Krautheimer feststellt, „ohne das Papsttum seinen Lebenszweck", hörte auf, *caput mundi* zu sein, und das für ein ganzes Jahrhundert, denn an das ‚Avignonesische Exil' schloss sich von 1378 bis 1417 das ‚Große Abendländische Schisma' an, mit seiner Wirrsal von Päpsten und Gegenpäpsten. Auch was das Bauen in Rom betrifft, und auf die gebaute Stadt kommt es uns ja vor allem anderen an, war das 14. ein weitgehend verlorenes Jahrhundert. Es hat uns im öffentlichen Raum nur ein einziges Bauwerk von herausgehobener Bedeutung hinterlassen, die große Treppe am Kapitolshang, die zur Kirche *S. Maria in Aracoeli* hinaufführt. 1347 erbaut, verdankt sich die Treppe dem kurzlebigen Versuch unter dem Volkstribun Cola di Rienzo, in Abwesenheit der Päpste und von diesen unabhängig an die antike republikanische Tradition der Stadt anzuknüpfen und diese als Republik wiederherzustellen.[42]

La Roma dei Papi – Rom in Renaissance und Barock

Erst zu Beginn des 15. Jahrhunderts kann das Papsttum mit Martin V. dauerhaft an den Ort seines Ursprungs zurückkehren. Dann hebt auch für Rom – verspätet im Vergleich mit anderen Städten Italiens, und zumal mit Florenz – das Zeitalter der Renaissance an, und das Mittelalter muss weichen; ein Einschnitt, nicht minder epochal, was die langfristig daraus hervorgehenden Veränderungen der Stadtgestalt anlangt, als der Beginn des Principats unter Kaiser Augustus. Das Papsttum bildet sich nach seinem mühsamen Sieg über den Konziliarismus zu einer machtvollen Monarchie aus, mit dem Papst als absolutem Souverän, und dieser Souverän wird sich, ganz im Einklang mit dem allgemeinen Geist der Zeit, alle Attribute von Macht und Majestät zulegen, um seiner Herrschaft weltlichen Glanz zu verleihen. Die Mittel dazu liefern zum einen die schönen Künste, und zum andern sind es Architektur und Städtebau, die das titanische Selbstgefühl der Herrschenden dieser Epoche zur Darstellung bringen.

So fragwürdig und problematisch das Renaissancepapsttum in moralischer wie spiritueller Hinsicht erscheinen mag – es treibt schließlich sehenden oder besser: verblendeten Auges in die fundamentale Krise von Glaubens-, Kirchen- und Konfessionsspaltung hinein –, für die Stadt Rom werden die zwei Jahrhunderte zwischen den Pontifikaten Martins V. Colonna (1417–1431) und Pauls V. Borghese (1605–1621) zum Goldenen Zeitalter.[43] Mit bemerkenswerter Beharrlichkeit verfolgen die Päpste, bewegt vom humanistischen Ideal der wiedergefundenen und wiederzubelebenden Antike, über diese ganze Zeitspanne hin ein Bauprogramm des langen Atems und der großen Ambition. Es hat nicht weniger als die *renovatio urbis*, die Wiederherstellung Roms nach dem glanzvollen Vorbild seiner imperialen Vergangenheit zum Ziel[44] –, und es wird nach und nach das krüppelige und fragmentarische Rom des Mittelalters zum Verschwinden bringen und das Rom der Päpste als geschlossene, gut organisierte Hauptstadt von grandioser Erscheinung erstehen lassen.

Noch aber ist alles Mittelalter, und der Wendepunkt zeigt sich zunächst nur als Tiefpunkt, als Martin V. drei Jahre nach seiner Wahl, in den letzten Septembertagen des Jahres 1420, wieder von der *urbs* Besitz ergreift. Die Römer heißen den aus Avignon heimkehrenden Pontifex aus dem mächtigen Geschlecht der Colonna freudig willkommen, doch ihre Stadt bietet ein Bild des Jammers: entvölkert, heruntergekommen, verwahrlost – so jedenfalls schildert sie der drastische Bericht, den der Biograph der Päpste ein halbes Jahrhundert später vom Einzug des Colonna-Papstes gab: „Er fand die Stadt Rom so verfallen und wüst vor, dass überhaupt kein städtischer Anschein mehr an ihr zu erkennen war – die Häuser am Rande des Einsturzes, die Tempel zusammengebrochen, die Gassen leer und verlassen, verdreckt und vergessen die ganze Stadt, Mangel und Notdurft leidend an allen wichtigen Gütern. Was soll ich noch sagen? Keinerlei städtischer Anblick, nicht das geringste Anzeichen von Urbanität war in ihr wahrzunehmen.“[45]

Mag sein, dass dieser humanistische Gelehrte, Berater und Bibliothekar Sixtus' IV., den Zustand Roms am Ausgang des Mittelalters in besonders düsteren Farben gemalt hat, um das Erneuerungswerk seines päpstlichen Herrn in umso hellerem Licht erscheinen zu lassen; indes wissen wir auch aus anderen Quellen, wie tief die Stadt tatsächlich darniederlag. Mehr als 20 000 Einwohner dürfte Martin V. kaum vorgefunden haben, und das hieß, dass nur ein ganz kleiner Teil des riesigen Areals innerhalb der Aurelianischen Mauer noch bebaut und bewohnt war – in der Substanz also unverändert das Bild, welches Rom schon seit mehr als einem halben Jahrtausend bot: Geschlossene Besiedlung nur in der Leoninischen Vorstadt, im Knie des Tibers und auf dem gegenüberliegenden Ufer, im heutigen Trastevere; Kirchtürme und die düsteren Hausburgen der Adelsgeschlechter über einem Gewirr kleiner, verfallender Häuser, enge und winkelige Gassen, wenige offene Plätze; ansonsten Streusiedlung in eher dörflichen Kernen, und dazwischen immer wieder Ruinen und Grün – so zeigen uns die zeitgenössischen Veduten die ‚ewige‘ Stadt. Gäbe es auf diesen Blättern nicht auch die bekannten Basiliken und eine Handvoll Großmonumente der Antike – das Kolosseum, das Pantheon, Castel S. Angelo –, wir würden Rom kaum als Rom identifizieren können. Ein prominentes Beispiel mag die damalige Situation veranschaulichen: Noch als der venezianische Kardinal Pietro Barbo, der spätere Papst Paul II., um 1455 bei der Kirche San Marco seine Residenz zu errichten begann, den heutigen Palazzo Venezia vor dem Nationaldenkmal am Kapitol, befand sich dieser riesige Komplex quasi mitten auf dem Land.[46] Nicht weit davon entfernt, auf dem Forum Romanum – vulgo Campo Vaccino – weideten Rinder zwischen den Überresten der Antike.

Martin V., der zunächst ja vor der Herausforderung stand, die päpstliche Autorität in Rom wieder zur Geltung zu bringen, machte sich klugerweise an das Naheliegende, das Nötigste: Er räumte auf, sorgte für die Wiederherstellung der öffentlichen Ordnung und vor allem: er restaurierte – viele Kirchen, darunter S. Giovanni in Laterano und SS. Apostoli, die verfallenen Teile der Stadtmauern, die Milvische Brücke, über die der ganze Verkehr aus dem Norden in die Stadt kam, den Lateranpalast, das Kapitol – und vergaß dabei auch nicht, seinen Familienpalast zu erweitern.[47] Er rief die munizipale Institution der *magistri viarum* wieder ins Leben, die für den Unterhalt der Straßen in der Stadt zu sorgen hatten, und das erwies sich für die Zukunft als ein bedeutsamer Schritt. Denn die Nachfolger Martins bauten die Kompetenzen dieses Amtes aus und brachten es mehr und mehr unter päpstliche Kontrolle und gewannen damit ein schlagkräftiges Instrument zur Steuerung der urbanistischen Entwicklung.[48] Auch Papst Eugen IV. (1431–1447), der viel Energie auf den Kampf gegen die Familie seines Vorgängers, die Colonna, zu verwenden hatte, beschränkte sich in Rom noch auf punktuelle Verbesserungen und Restaurierungen.

Dann aber kam Nikolaus V. Parentuccelli (1447–1455) auf den Petersthron, und mit ihm der erste der großen Stadtplaner der römischen Renaissance. Hatten seine Vorgänger die Ruhe und Sicherheit wiederhergestellt und die schlimmsten Zeichen des Verfalls beseitigt, so setzte unter Nikolaus V. eine lebhafte Bautätigkeit nicht nur aus der Schatulle des Papstes selbst, sondern auch der kurialen Würdenträger ein. Wichtige Voraussetzungen dafür waren die Verbesserung der Wasserversorgung durch die Wiederherstellung der antiken *Acqua Vergine*, welche gutes Wasser über die östlichen Höhen heranführte, die Reparatur der Brücken und die Verstärkung der Befestigungen. Das Leben der Stadt, die wieder an die 40 000 Einwohner hatte, gravitierte um zwei Zentren – den Vatikan und das Kapitol, und beiden ließ Nikolaus seine Gunst und Obsorge als Bauherr angedeihen. Die Verbindung zwischen dem kurialen und dem kommunalen Zentrum erfolgte durch die Via Peregrinorum über den Campo de'Fiori, von der ein Abschnitt heute noch in der Via del Pellegrino fortlebt, und der Via Papalis, die der Pontifex benutzte, wenn er sich im feierlichen Ritual des *possesso*, der Inbesitznahme seines Amtes und seiner Stadt, vom Vatikan über das Kapitol zum Lateran begab. Diese beiden Straßen, links und rechts vom heutigen Corso Vittorio Emanuele verlaufend, bildeten gleichsam eine Achse in dem engmaschigen Wegenetz der Stadt, das im wesentlichen nur zwei geradlinige Straßen kannte: die *via recta*, heute Via dei Coronari, und die *via lata*, heute Via del Corso.

Durch Eugen IV. vorbereitet, war unter Nikolaus V. der Sitz des Papsttums endgültig vom Lateran an den Vatikan verlegt worden. Der Vatikan mit der Peterskirche, die angrenzende *città leonina*, auch *borgo* genannt, und das Castel S. Angelo, das beiden Schutz gab, bildeten zusammen mit dem Ponte S. Angelo das kuriale Herz der Stadt. Von hier nahmen denn auch die kühnen Zukunftsprojektionen eines neuen Stadtbauplans ihren Ausgang, den Nikolaus – vielleicht mit Hilfe des bedeutenden

Architekturtheoretikers Leon Battista Alberti – ausarbeiten ließ. Es war ein Programm für die *Roma Capitale dei Papi*, großartig jenseits aller damaligen Realisierbarkeit, das im Stadtbild zunächst nur fragmentarische Spuren hinterließ; aber es hat für die kommenden dreihundert Jahre wegweisend fortgewirkt, indem es der Stadt, vom dichtesten Besiedlungskern im Campo Marzio ausgehend, jene Entwicklungsrichtung gen Osten, zum heutigen Corso hin und über diesen hinaus zum Rione Monti, auf die Hügel des Viminal, Quirinal und des Esquilin vorzeichnete, wohin dann tatsächlich die weitere Expansion drängte. So darf Nikolaus V. mit Fug und Recht als der Begründer der neueren Rom-Urbanistik gelten. Als erster durchdrang und ergriff er die Leitidee des Renaissance- und Barockpapsttums, dass die Hauptstadt in ihrer Größe und ihrem Glanz im Wortsinne erbauend wirken müsse – bewusstseinbildend und glaubenstärkend, weil sie eine augenfällige, auch den Ungebildeten, der Masse des Volkes unmittelbar eingängige Demonstration der Macht Gottes und seiner Kirche vorstelle: die Hauptstadt gleichsam als *biblia pauperum*, als Bibel der Armen. Wenn dies galt, war kein Aufwand zu groß, keine Ausgabe zu hoch, dann waren Ausbau und Verschönerung der Stadt geradezu die Pflicht des Pontifex, zur Bestärkung und Ausbreitung des Glaubens, zur höheren Ehre Gottes – und so handelten denn auch die Päpste der Renaissance, schufen mit den Kardinälen gemeinsam ein neues Goldenes Rom von unerhörter, grandioser Pracht … und nahmen darüber – so könnte man, die Dinge ein wenig zuspitzend, sagen – die Reformation in Kauf.[49]

Unter den direkten Nachfolgern Nikolaus' V. trat zunächst zwar ein gewisser Stillstand des päpstlichen Bauprogramms ein, zum einen, weil das Geld fehlte, und zum andern, weil nach der Eroberung Konstantinopels durch die Türken 1453 die Gefährdung des Abendlandes aus dem Osten andere Prioritäten gebot. Dann aber kam Sixtus IV. (1471–1484) und mit ihm, den Zeitgenossen und Nachwelt bald als *renovator*, ja als *conditor urbis* – Neubegründer der Stadt – feierten, setzte der planvolle Ausbau Roms mit nie zuvor gekanntem Elan wieder ein. Nicht nur, dass dieser Papst aus dem Geschlecht *della Rovere* selbst zahlreiche Kirchen restaurieren und neue bauen ließ (und zwar im neuen, zeitgemäßen Stil) – S. Maria del Popolo, S. Maria della Pace, S. Pietro in Montorio oben auf dem Gianicolo –, auch der Neubau des Ospedale di S. Spirito ist sein Werk, und ebenso der Bau einer neuen Tiberbrücke, die den Campo de' Fiori mit dem florierenden Viertel Trastevere auf der rechten Seite des Flusses verband und bis heute seinen Namen trägt – Ponte Sisto.[50]

Mit systematischem, beinahe schon urbanistisch zu nennendem Eifer ging Sixtus vor, löste das Amt der *magistri viarum* aus munizipaler Zuständigkeit und unterstellte es direkt seinem Kardinalskämmerer. Er unterwarf das anarchische Stückelwerk mittelalterlicher Bauweise einer strengeren Ordnung, die für annähernd gleiche Frontlinien und Traufhöhen sorgen sollte, veranlasste, dass die wilden An-, Vor- und Überbauten an den Häusern, die die Straßen verdunkelten und verengten, entfernt und die Hauptstraßen gesäubert, erweitert, begradigt und gepflastert wurden, autorisierte die Räumung und Enteignung verwahrloster Häuser zugunsten bauwilliger Anrainer und beförderte auf diese Weise die Bautätigkeit seiner Kardinäle und Prälaten wie auch reicher Privatleute. So verlor Rom bis zum Ende des 15. Jahrhunderts schon viel vom Winkelig-Pittoresken des Mittelalters und nahm allmählich die regelhafteren, übersichtlicheren Züge einer Renaissancestadt an.[51]

Immer noch aber bietet sich dem Besucher und Betrachter um das Jahr 1500 die Stadt nicht mit einem geschlossenen Siedlungsbild. Mehr als in anderen europäischen Städten vergleichbarer Größe weist Rom, durch seine singuläre Geschichte bedingt, eine strukturelle Besonderheit auf: Die Stadt hat kein Zentrum, oder besser, sie hat nicht nur *ein* Zentrum, sondern deren mehrere. Zwar hat sich die jahrhundertlange Doppelpoligkeit des christlichen Roms mit S. Giovanni in Laterano im Süden und S. Pietro in Vaticano im Nordwesten insofern relativiert, als der Vatikan mit dem *Borgo* und der Engelsburg nunmehr eindeutig der Brennpunkt des päpstlichen Roms geworden ist; aber neben diesem existiert immer noch das Kapitol als Zentrum und Symbol kommunaler Autonomie, und dort, wo sich das päpstliche und das munizipale Kraftfeld in ihrer Expansion überschneiden, in einem Gebiet, das vom Campo de' Fiori bis zur Piazza Navona reicht, konzentriert sich das kommerzielle Leben der Stadt.[52]

Eine einigermaßen geschlossene Bebauung erkennen wir auf den reichen Stadtansichten, welche uns die graphischen Künstler des 15. und 16. Jahrhunderts von Rom hinterlassen haben, nur zwischen der *via lata* (heute Via del Corso) und dem Tiber (und im Viertel Trastevere auch an dessen jenseitigem Ufer). Östlich der *via lata* bis hinauf zu den Höhen von Viminal, Esquilin und Caelius ist noch offene *campagna*, und auch der Pincio und die Gegend von S. Trinità dei Monti sind unbebaut. Dort, wo heute die Spanische Treppe das pulsende Herz des touristischen Roms markiert (mit der Via Condotti als Flaniermeile des teuren ‚shopping'), war noch um 1500 ein böschig-steiler Abhang.[53] Die Entwicklungsproblematik Roms unterscheidet sich mithin grundsätzlich von der anderer neuzeitlicher Städte; denn sie erfolgt nicht als eine vom zentralen Kern ausgehende Expansion in wachsenden Ringen konzentrischer Peripherien, sondern innerhalb eines weitgefassten, aber in großen Teilen noch wüsten Stadtareals durch die Verdichtung bestehender *nuclei,* deren Verbindung mittels Straßen und deren allmähliches Zusammenwachsen zu einer geschlossenen urbanen Textur.

Nach dem ökonomischen und kulturellen Wiedererwachen und dem baulichen Aufschwung des 15. Jahrhunderts gelangt dieser Vorgang dann im 16. Jahrhundert unter den Nachfolgern von Nikolaus V. und Sixtus IV. zu größter Dynamik und voller Entfaltung. Das Papsttum ist, durchaus im Einklang mit den großen säkularen Entwicklungstendenzen der Epoche, auf dem Weg zum weithin ausstrahlenden, seine politische Souveränität gegen alle partikularen Autoritäten behauptenden Renaissancefürstentum, wie es – auch in seinen brutalen und hässlichen Aspekten – vor allem in Alexander VI. Borgia (1492–1503) verkörpert ist. Ebenso sinnfällig wie grandios wird

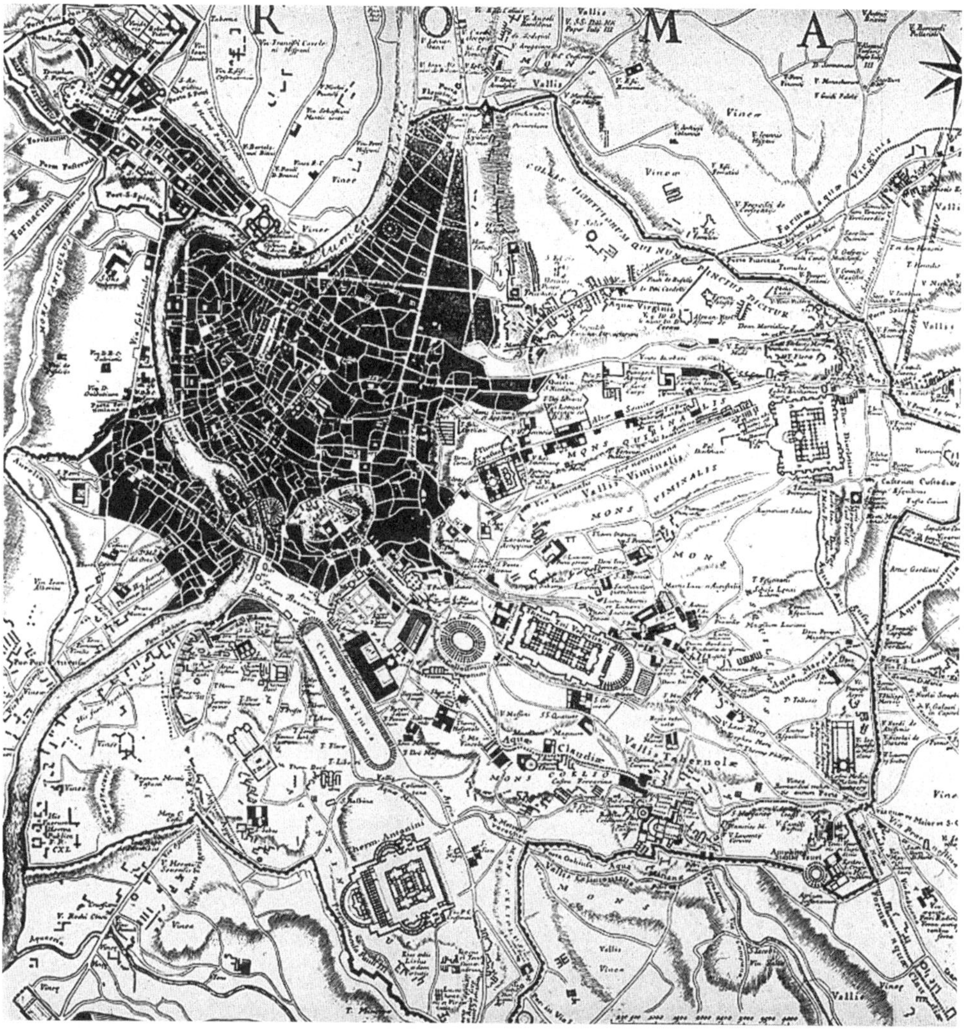

Rom 1551 nach dem Plan von Leonardo Bufalini in der Wiederaufnahme von Giovanni Battista Nolli.

dieses herrscherliche Selbstverständnis zur Darstellung gebracht im Bauprogramm für die *Roma Capitale dei Papi*, das mit einer staunenerregenden Konsequenz über alle kirchenpolitischen Wechselfälle hinweg von den Päpsten umgesetzt wird.

Das ‚Goldene Zeitalter' Roms, wie man insbesondere das 16. Jahrhundert genannt hat, beginnt mit Julius II. (1503–1513). Wie vor ihm nur Nikolaus V. war dieser Papst davon überzeugt, dass Macht und Glanz des Papsttums durch nichts besser befördert würden als durch den urbanistisch-monumentalen Ausbau und die künstlerische Ausschmückung seiner Hauptstadt. Große Namen der Kunstgeschichte verbinden sich mit diesem Papst als Anreger und Auftraggeber: Giuliano und Antonio da

Sangallo, Andrea Sansovino, Michelangelo und Raffael, und vor allem Bramante, der den titanischen Plan für einen völligen Neubau der Peterskirche entwarf.[54] In urbanistischer Hinsicht nahm Julius II. die Ansätze seines Onkels Sixtus' IV., des ersten Rovere-Papstes, mit neuer Energie und in großem Stil wieder auf. Mit zwei langen, schnurgerade trassierten Straßen schrieb er sich ins Erscheinungsbild Roms ein: mit der Via Giulia, auf 900 Metern Länge von S. Giovanni dei Fiorentini zum Ponte Sisto verlaufend, und parallel dazu auf der rechten Seite des Tibers mit der Via della Lungara. Beide mögen uns Heutigen, die wir ganz andere Straßendimensionen gewöhnt sind, nicht mehr sonderlich spektakulär erscheinen; zu damaliger Zeit aber stellten sie mit den schier endlosen Prospekten ihrer rücksichtslos das Siedlungsgewebe durchschneidenden Geradlinigkeit eine kühne Herausforderung an die Sehgewohnheiten und das Lebensgefühl von Menschen dar, die immer noch von der winkeligen Enge mittelalterlicher Städte geprägt waren.

Mit einer ganz ähnlichen Geste des Aufbrechens und der perspektivischen Durchdringung des geschlossenen Stadtraumes wird dann unter den Medici-Päpsten Leo X. (1513–1521) und Clemens VII. (1523–1534) durch die Anlage zweier weiterer schnurgerader Straßen, der Via Leonina (heute Via di Ripetta) rechts und der Via Clemenzia (Via del Babuino) links von der Via Flaminia (heute Via del Corso), jener berühmte „Dreizack" (*tridente*) geschaffen, der, von der Piazza del Popolo ausstrahlend, bis heute eines der spektakulärsten Motive der städtebaulichen Szenerie Roms geblieben ist.

Eine Art Volkszählung, die Clemens VII. 1526 anordnete, gibt uns eine interessante Momentaufnahme über die damalige Situation für die vierzehn Bezirke (*rioni*) der Stadt. Für Rom als Ganzes erbrachte diese *Descriptio Urbis* eine Einwohnerschaft von 55 000 (darunter eine erhebliche Zahl von ‚Ausländern' und Pilgern), die eine vergleichsweise ausgeglichene Sozialstruktur erkennen ließ[55]: Weder gab es exorbitant reiche Bezirke noch ausgesprochene Elendsviertel; vielmehr zeigte sich für die *rioni* und sogar in einzelnen Straßen jenes Grundmuster einer eng durchwirkten Kohabitation von Adeligen in stattlichen Palästen und den mittleren und unteren Volksklassen in ihren bescheideneren Behausungen, Werkstätten und Läden – eine glückliche Durchmischung unterschiedlichster Lebenslagen und Verhältnisse, die den lebendigen Zusammenhang dieser Stadt bis weit ins 19. Jahrhundert gekennzeichnet hat.[56]

Noch zu dem Zeitpunkt, als Rom die Hauptstadt Italiens wurde, unterschied es sich von den meisten anderen Städten dieses modernen, bürgerlichen Jahrhunderts durch die soziale Ausgewogenheit seiner Siedlungsstruktur: Vergeblich hätte man ein exklusives Viertel der Adeligen und der Reichen gesucht, und auch für die Bourgeoisie reservierte Wohnbezirke entstanden erst nach dem Einzug der Italiener, während im gleichen Zuge die ärmeren Schichten an die Peripherie abgedrängt wurden. In – freilich von Jahr zu Jahr schwindenden – Restbeständen ist das ungeschiedene Beieinanderwohnen der Gesellschaftsklassen aus den vormodernen Epochen der europäischen Stadt im historischen Zentrum Roms sogar noch heute anzutreffen. Die

Ergebnisse der Erhebung Clemens' VII. sind für den Historiker Roms auch deshalb so wertvoll, weil nur ein Jahr danach der berüchtigte *sacco di Roma* einen großen Teil der Aufbauarbeit des vergangenen Jahrhunderts wieder zunichte gemacht hat. 20 000 Soldaten Kaiser Karls V. drangen Anfang Mai 1527 in die Stadt ein und verbreiteten monatelang plündernd, brandschatzend, vergewaltigend und mordend einen unvorstellbaren Schrecken. Als sie wieder abzogen, war die Einwohnerzahl, auch infolge der von den Landsknechten eingeschleppten Pest, auf 30 000 eingebrochen und eine erhebliche Zahl öffentlicher und privater Gebäude beschädigt oder zerstört, so dass es die Kräfte eines ganzen Jahrzehnts in Anspruch nahm, Rom in seinem alten Glanz wiederherzustellen.

Papst Paul III. Farnese (1534–1549) war es dann, der nach dem Trauma des *sacco* der Rom-Urbanistik neue Impulse gab, und man könnte es als eine merkwürdige Ironie der Geschichte bezeichnen, dass ausgerechnet Kaiser Karl V. ihm hierzu einen prominenten Anlass bot, als er 1536 nach seinem Sieg von Tunis über die türkischen Seeräuber in Rom Einzug hielt. Die *via triumphalis* Karls V. führte, von der Via Appia Antica kommend, durch die Porta S. Sebastiano zum Kolosseum und über das Kapitol weiter zum Petersdom, wo der Papst im Prunkornat den Kaiser erwartete. Um die ideologischen und ikonographischen Bezüge zum Triumphgebaren der antiken Imperatoren zu unterstreichen, ließ der Papst den Zug auf einer neu angelegten Straße quer über das Forum Romanum durch die Triumphbogen des Konstantin, des Titus und des Septimius Severus führen. Dazu musste das verwahrloste Forum, das für allerlei landwirtschaftliche Zwecke genutzt wurde und, wie bereits erwähnt, im Volksmund entsprechend Campo Vaccino (Kuhweide) hieß, erst vom Unrat und den Scheunen und Ställen und anderen Behelfsbauten gesäubert werden, die sich in den Jahrhunderten populärer Aneignung dieses uralten Sakralbezirks hier angesammelt hatten.[57]

Stare a paragone con l'antico – „dem Vergleich mit der Antike standhalten" – war im 16. Jahrhundert zur Maxime päpstlicher Hauptstadtpolitik geworden. Wie sehr nun in der Tat auf dem Höhepunkt der Renaissance das Papsttum im Banne der Antike und des Mythos der *Roma Aurea* stand, macht auch die urbanistische Aufwertung sichtbar, die Paul III. dem Kapitol angedeihen ließ. Er beauftragte Michelangelo Buonarroti mit dessen Neugestaltung und veranlasste, dass das berühmte antike Reiterstandbild des Marc Aurel von seinem alten Standplatz neben der Lateranbasilika entfernt und in der Mitte des sternförmig gepflasterten Kapitolplatzes aufgestellt wurde; und auch die gewaltige Kuppel, mit der Michelangelo, von Paul III. mit der Fortführung des Dom-Projekts betraut, den Neubau von St. Peter krönte, entwirft eine neue Dimension des Gebauten, die der Monumentalität des imperialen Roms nicht mehr nachsteht. Alle Idealisierung und Nacheiferung haben freilich nicht verhindert – und das ist der große, schwer aufzulösende Widerspruch der antikenseligen römischen Renaissance –, dass die dinglichen Hinterlassenschaften des Altertums auch weiterhin gnadenlos geplündert und vernichtet wurden durch das erwähnte Spolienwesen und eine Kalkbrennerei von beinahe schon industriellem Umfang.[58] Was wir oben im Sinne historischen Verstehens ‚strafmildernd' für die Spolienverwendung des Mittelalters glaubten anführen zu können – die ideelle und spirituelle Distanz des Christentums zur heidnischen Antike –, kann für die Fortsetzung dieses zerstörerischen Missbrauchs in der frühen Neuzeit jedenfalls nicht mehr geltend gemacht werden.

Ein neues Element von großer Tragweite für die künftige Entwicklung der Stadt führte dann Pius IV. (1559–1565) aus dem Hause Medici in die Rom-Urbanistik ein. Erstmals nämlich wurde unter diesem Papst der planerische Akzent aus der bisherigen zentralen Siedlungszone zwischen Vatikan und Kapitol hinausverlegt in die noch weithin unbebauten Höhenregionen östlich der Stadt. Pius beauftragt Michelangelo, die Thermen des Diokletian oben auf dem Viminal zu restaurieren und in die Aula eine Kirche einzubauen – S. Maria degli Angeli. Er lässt zwischen den beiden Großbasiliken S. Maria Maggiore und S. Giovanni in Laterano eine schnurgerade Verbindung trassieren, die wir heute als Via Merulana kennen (und die durch Carlo Emilio Gaddas bizarren Dialekt-Roman *Quer pasticcaccio brutto de via Merulana*[59] auch zu literarischem Ruhm gelangt ist); und er zieht vom Montecavallo aus (wenig später entsteht hier unter Gregor XIII. der Quirinalspalast) entlang der Trasse der antiken *Alta Semita* wie mit dem Lineal eine Ausfallstraße in nordöstlicher Richtung. Dort, wo diese neue Via Pia die Aurelianische Mauer durchstößt, wird 1561 nach einem Entwurf Michelangelos ein Prunktor errichtet, die Porta Pia. Dieses periphere Bauwerk verdient sogleich ein kräftiges Merkzeichen in unserer Darstellung, denn es wird drei Jahrhunderte später zum mythischen Ausgangspunkt für die Geschichte des modernen Roms werden, wenn die Truppen des Königs Vittorio Emanuele II. am 20. September 1870 bei Porta Pia eine Bresche in die Aurelianische Mauer schießen, um die Stadt der Päpste gewaltsam als nationale Hauptstadt für den Staat der Italiener in Besitz zu nehmen.

Die von Pius IV. eingeleitete urbanistische Wende nach Osten hin wurde entschieden fortgeführt von Gregor XIII. Boncompagni (1572–1585), der in Vorbereitung auf das Heilige Jahr 1575 ein riesiges Programm von Bauaufgaben anpackte. In diesem Papst, von dem das schöne Wort überliefert wird, auch das Bauen sei eine Form des Almosens[60], verband sich die Leidenschaft für Städtebau und Stadtentwicklung mit dem Wissen des professionellen Juristen um die Bedeutung allgemeinverbindlicher und systematischer rechtlicher Regelungen. Mit seiner Bulle *Quae publice utilia et decora* von 1574, in der er 22 Bauvorschriften (*Constitutiones de aedificiis*) zusammenstellte, erließ Gregor XIII. die erste moderne Bauordnung für Rom. Sie eröffnete den päpstlichen Beamten, allen voran den *magistri viarum*, sehr weit gehende Kontroll- und Eingriffsbefugnisse für bauliche Verbesserungen und Verschönerungen im öffentlichen Raum bis hin zur Enteignung unansehnlicher oder einsturzgefährdeter Gebäude, erleichterte aber auch die Bauvorhaben besonders unternehmerischer Eigentümer auf Kosten ihrer weniger vermögenden Nachbarn. Das innovative rechtliche Regelwerk der Gregorianischen Bauordnung wurde dann auch zur Basis für das wahrlich pharaonische

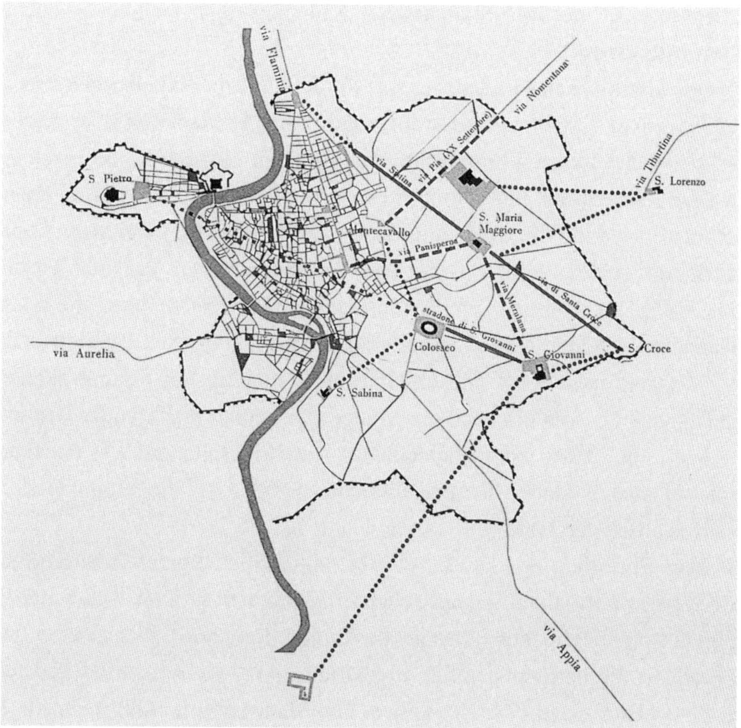

Das Rom Sixtus' V. (1585–1590).

Stadtbauprogramm, mit dem Gregors Nachfolger Sixtus V. Peretti in den nur fünf Jahren seines Pontifikats von 1585 bis 1590 den Um- und Ausbau Roms zu einer neuzeitlichen Metropole von grandioser Modernität und Monumentalität vollendete.[61]

Sixtus V. verfolgte die unter seinen unmittelbaren Vorgängern angebahnte Orientierung hin zur östlichen Peripherie mit radikaler Konsequenz. Seine wahrhaft ins Große zielende Konzeption ging nicht mehr vom alten Zentrum aus, sondern fasste gleichsam aus der Vogelperspektive das von der Aurelianischen Mauer umschlossene Stadtgebiet als einen urbanistisch zu gestaltenden Gesamtraum in den Blick. Zur ordnenden Erschließung dieses Raumes legte er darüber ein weitmaschiges Netz aus geradlinigen Straßen, mit den Pilgerkirchen und großen Plätzen als markanten Knotenpunkten. Das Zentrum dieses Netzes bildete die von Sixtus besonders geschätzte Basilika S. Maria Maggiore oben auf dem Viminal, von der sternförmig Straßenachsen zur Trajanssäule (Via Panisperna), zu S. Croce in Gerusalemme und zu S. Lorenzo fuori le Mura ausstrahlten. Die Magistrale des neuen Straßensystems aber bildete die nach dem Papst selbst benannte Via Felice/Via Sistina, die unter souveräner Missachtung aller Höhenunterschiede in schnurgerader Trassierung von S. Maria Maggiore zu S. Trinità dei Monti und von dort zur Piazza del Popolo projektiert wurde –

ein Straßenprospekt, der an urbanistischer Kühnheit auch im heutigen Rom nicht leicht übertroffen wird.

Mit dem sixtinischen Straßennetz war für die künftige Expansion Roms ein neues Besiedlungsareal erschlossen, das aufgrund seiner Erstreckung über die östlichen Hügel sehr viel gesündere klimatische Bedingungen bot als die feuchten und von häufigen Überschwemmungen heimgesuchten Niederungen entlang des Tibers. Eine weitere infrastrukturelle Voraussetzung für die Bebauung der Höhenlagen hatte Sixtus schon zu Beginn seines Pontifikats mit dem Bau eines neuen Aquädukts geschaffen. Die *Acqua Felice,* so benannt nach dem Vornamen des Papstes, führte die reichen und reinen Wasser einer schon in der römischen Kaiserzeit genutzten Quelle aus den Bergen von Palestrina nach Rom und erlaubte nicht nur die Versorgung der gesamten östlichen Höhenzone, sondern auch die Anlage zahlreicher prachtvoller Brunnen – für das neue Rom ein ebenso kennzeichnendes Gestaltungselement wie die Obelisken, die Sixtus auf verschiedenen herausgehobenen Plätzen als Angelpunkte des neuen Straßennetzes aufstellen ließ.[62]

Mit dem Pontifikat Sixtus' V., das in unglaublich kurzer Zeit eine staunenerregende Konzentration stadtplanerischer Eingriffe von größter Tragweite brachte, schließt im Grunde bereits das letzte große Kapitel der Rom-Urbanistik bis zum Eintritt der Stadt in die nationalstaatlich-industrielle Ära, der wir uns in den weiteren Kapiteln dieses Buches zuwenden werden. Die Stadt hat um 1600 mehr als 100 000 Einwohner. Die hygienischen und sanitären Bedingungen in ihr gestalten sich, nachdem Papst Paul V. Borghese (1605–1621) durch eine neue Wasserleitung vom Bracciano-See her (mit dem monumentalen Schaubrunnen der Fontana Paola auf dem Gianicolo) auch die Versorgung auf den westlichen Höhenlagen verbessert hat, so gut wie seit 1000 Jahren nicht mehr. Der Petersdom trägt seine riesige Kuppel, und nach ihrem Vorbild entstehen, in bescheidenerem Maßstab, immer mehr solcher Bekrönungen auch auf anderen Kirchen und verdrängen nach und nach die mittelalterlichen Glokkentürme aus dem Stadtbild. Am Ende des 16. Jahrhunderts ist mit dem Netz geradeliniger, dem Hang der Epoche zu langen perspektivischen Fluchten huldigender Hauptstraßen, die sich an spektakulären Plätzen mit monumentalen Gebäuden treffen und kreuzen, die moderne Struktur, das urbane Grundmuster schon vollständig ausgebildet und festgelegt, welches Rom kennzeichnen und seine weitere Entwicklung bestimmen wird bis weit ins 19. Jahrhundert, wenn die zu staatlicher Einheit gelangten Italiener daran gehen werden, die ‚ewige' Stadt in einem neuerlichen Umwälzungsprozess zur Hauptstadt ihrer Nation zu machen.

Dem 17. und teilweise auch noch dem 18. Jahrhundert bleibt es dann vorbehalten, den durch das Renaissancepapsttum geschaffenen städtebaulichen Rahmen nach dem Generalplan Sixtus' V. architektonisch weiter auszugestalten.[63] In dieser Epoche erfährt die Hauptstadt der Päpste dann jene stilistische Überformung, die sie zumindest in ihrem Zentrum noch heute im wesentlichen als eine Stadt des Barock mit der

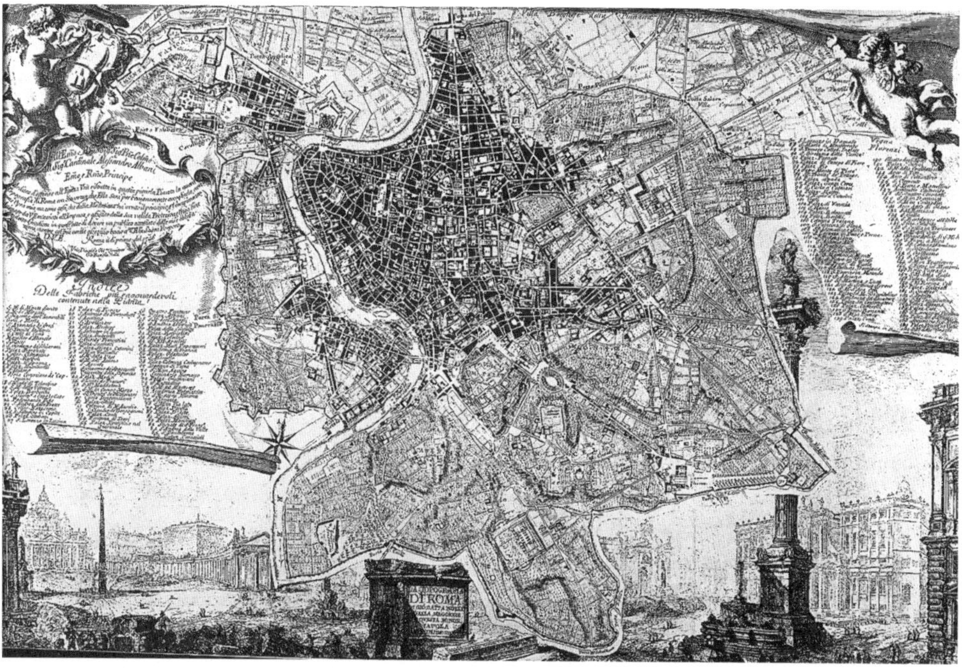

Plan des Giovanni Battista Nolli, 1748.

dieser Epoche eigentümlichen Freude an theatralen Kulissenwirkungen erscheinen lässt – eine Stadt, in deren barock dominiertem Gesamtaspekt noch einzelne Elemente der Renaissance und sorgsam herauspräparierte Reste der klassischen Antike, kaum aber bedeutendere Zeugnisse des Mittelalters gestaltprägend präsent sind.[64]

Rom im Risorgimento

Deutsch-italienische Parallelen

Man hat von Italien wie von Deutschland gleichermaßen als den ‚verspäteten' Nationalstaaten gesprochen, denn beide Nationen rangen noch um die Mitte des 19. Jahrhunderts gegen innere und äußere Widerstände um ihre staatliche Einheit, während Großmächte wie Frankreich und Großbritannien in ihrer nationalen Staatlichkeit schon lange konsolidiert waren und als souveräne Subjekte der Weltpolitik agierten.

Umso mehr faszinierte die Zeitgenossen einer Epoche, in der Hegels ‚Weltgeist' längst national geworden war, die augenscheinliche Parallelität der deutschen und italienischen Einigungsbestrebungen. Hier schien sich schlagend die Geschichtsmächtigkeit der nationalen Idee zu beweisen, die aus sich unwiderstehlich den Nationalstaat als finales Prinzip der Weltgeschichte hervortrieb. Solcherart Überlegungen bewegten auch den national-liberalen Historiker Heinrich v. Treitschke, wenn er 1869 hochgemut feststellte, das „Zusammentreffen der deutschen und der italienischen Revolution [werde] dereinst eine der fruchtbarsten Parallelen der Geschichtsphilosophie bilden."[65]

In der Tat wiesen die Vorgänge in Italien und Deutschland nach den gescheiterten Revolutionen von 1848/49 mancherlei Übereinstimmungen auf, verliefen in verwandten Formen und unter vergleichbaren Umständen. Die tief in der Geschichte verwurzelte partikularstaatliche Organisation und die polyzentrische Machtgeographie der nationalstaatlich zu einigenden Räume sind da zuvörderst zu nennen, sodann aber auch die in beiden Fällen ausschlaggebende Rolle eines die Einigung politisch und militärisch vorantreibenden Einzelstaates – in Italien des kleinen Königreichs Sardinien-Piemont unter dem Ministerpräsidenten Camillo Cavour, in Deutschland des Königreichs Preußen unter der Führung Bismarcks. Der Deutsche Nationalverein von 1859 hatte sich direkt nach dem Vorbild der *Società Nazionale Italiana* von 1857 konstituiert, um die liberal-monarchische Einigungsidee im Lande zu propagieren. Allerdings gelangten die Italiener dann 1860 mit der Errichtung eines Königreichs, das mit Ausnahme des noch unter österreichischer Herrschaft verbleibenden Venetiens und des Kerns des Kirchenstaates bereits die ganze Halbinsel umfasste, um ein Jahrzehnt früher ans Ziel als die Deutschen. Seine ersehnte Hauptstadt Rom aber gewann auch Italien erst 1870, und wenn man wollte, konnte man in der zeitgleichen Hauptstadterhebung Berlins und Roms noch einmal einen sinnfälligen Ausdruck der Synchronie beider Nationalgeschichten sehen – zumal ja auch ein direkter kausaler Zusammenhang bestand zwischen dem militärischen Sieg Preußen-Deutschlands über das Frankreich Napoleons III. und der Inbesitznahme Roms durch das Königreich Italien.[66]

Der nüchterne Blick des Historikers auf Rolle und Funktion der beiden Hauptstädte im jeweiligen Nationalstaat weist dann freilich sehr schnell auch die Grenzen der Gemeinsamkeiten auf. Rom sei, so hat man es in der Tradition der Risorgimento-Geschichtsschreibung formuliert, die „unvermeidliche Hauptstadt" für das neu errichtete Königreich Italien gewesen – *la Capitale inevitabile*[67]: ‚unvermeidlich' deshalb, weil nach der Überzeugung nicht allein der linken, republikanischen Protagonisten des Risorgimento, sondern auch vieler aus dem konstitutionell-monarchischen Lager nur in der mehr als zwei Jahrtausende umspannenden, gleichsam ‚ewigen' Präsenz dieser Stadt, in ihrer imperialen und universalen Aura die junge italienische Nation den gemeinsamen Ort und symbolischen Ausdruck der sie einigenden Idee finden konnte. In diesem Verständnis trafen sich letztlich sogar Mazzini und Cavour, so konträr auch sonst ihre Pläne und Ziele für das neue Italien waren.

Von ‚Unvermeidlichkeit' im historischen Sinne zu sprechen meint, dass es in einer konkreten Situation zu einer bestimmten Option oder Entwicklung keine Alternative gegeben habe. So verstanden ließe sich diese Kategorie freilich mit gleichem oder noch stärkerem Recht auch für die Hauptstadtwerdung Berlins in Anspruch nehmen.[68] Berlin avancierte 1870 mit geradezu fragloser Selbstverständlichkeit zur Hauptstadt des deutschen Kaiserreichs; eine lebhaft und emotional geführte Hauptstadtdebatte wie in Italien gab es in Deutschland nicht mehr, nachdem 1849 der Anlauf, Frankfurt am Main zum Zentrum eines kleindeutsch-konstitutionellen Nationalstaats zu machen, gescheitert war. Dieses Berlin besaß nichts von der mythischen Dignität Roms, wenig von der nationalgeschichtlichen Weihe von Paris, kaum etwas von der weltstädtischen Dynamik Londons.

Gewiss, Berlin war eine ziemlich große Stadt, die größte in Deutschland, ein blühendes Zentrum der Wissenschaft, weniger schon der Kunst, eine expandierende Industriestadt, eine moderne Stadt zweifellos; das mochten günstige Voraussetzungen sein, notwendige oder gar hinreichende Bedingungen für eine Karriere als nationale Hauptstadt waren das – wie das Beispiel Roms zeigt, wo all dies fehlte – aber ganz offensichtlich nicht. Berlin stand, trotz der ‚Märzgefallenen' von 1848, nicht für eine bewegende nationale oder freiheitliche Idee, Berlin trug keine höhere Symbolfracht, Berlin war – borussisch und prosaisch. Für Berlin wirkten Fakten von grauer, trivialer Sachlichkeit, machtpolitische Fakten. Berlin war die Haupt- und Residenzstadt der preußischen Monarchie, des bei weitem größten und militärisch stärksten deutschen Staates, der sich unter der Führung Bismarcks weniger aus nationalen denn aus dynastisch-einzelstaatlichen Motiven zum „Zwingherrn" der deutschen Einigung gemacht hatte, um ein Wort aus Fichtes ‚Reden an die deutsche Nation' von 1807/08 in unseren Zusammenhang zu übertragen. Der preußische König, der das Reichspräsidium mit dem Kaisertitel übernahm, blieb König von Preußen, das als Einzelstaat fortbestand. Dass er seine angestammte dynastische Residenzstadt wie sein italienischer Kollege Vittorio Emanuele II. aufgeben und mit seinem Hof in eine neue, neutrale Hauptstadt umziehen könnte, wäre wohl für keinen Preußen vorstellbar gewesen. Die Reichsverfassung verklammerte die etablierten preußischen Machtinstitutionen mit den zentralen Funktionen des neuen Reiches: das Königtum mit der Kaiserwürde, das Amt des preußischen Ministerpräsidenten mit dem des Reichskanzlers, den preußischen Generalstab und das preußische Kriegsministerium mit dem aus einzelstaatlichen Kontingenten zusammengestellten Reichsheer.

Das Reich, so könnte man sagen, wohnte in seiner Hauptstadt Berlin nur zur Untermiete. Ein großes und von nationalpolitischer Emphase getragenes Hauptstadtprogramm, wie wir es in Rom kennenlernen werden, gab es für Berlin nicht. Die Reichsnation trat in Berlin im Grunde nur einmal und reichlich spät mit einem veritablen Großprojekt auf den Plan, mit dem 1894 eingeweihten Reichstagsgebäude, dessen Errichtung überdies von Kaiser Wilhelm II. mit allerlei despektierlichen Sprüchen begleitet wurde. Berlin konnte und durfte aber auch gar nicht mit dem Anspruch auf konkurrenzlose Zentralität auftreten. Der deutsche Nationalstaat war ja aus militärischen Siegen über äußere Feinde entstanden und nicht wie Italien aus der Überwindung der prä-unitarischen Teilstaaten, die dann völlig von der politischen Landkarte getilgt wurden. Die deutschen einzelstaatlichen Fürsten waren und blieben offiziell Bundesgenossen des preußischen Königs und deutschen Kaisers, die eifersüchtig über ihre Partikularrechte wachten. Das Deutsche Reich war eben, anders als das unitarische Königreich Italien, seiner Verfassung nach ein *Bundes*staat, und auch die alten Residenzstädte behielten auf *sub*-nationaler Ebene durchaus ihre Hauptstadtfunktionen und suchten diese, wie etwa München und Dresden, in teilweise kaum verhüllter Konkurrenz zu Berlin zu behaupten und sogar auszubauen.

Die ‚unvermeidliche Hauptstadt'? – Ein Mythos und ein Diskurs

War Berlin 1870 wie beiläufig und selbstläufig die Hauptstadt des kleindeutschen Nationalstaates geworden, unbestritten und alternativenlos im Gang der Dinge, so musste Rom als Kapitale durch die Italiener mit dem Pathos des nationalen Befreiungskampfes erkämpft und erobert werden. Der italienische Nationalstaat, der 1859/60 als Produkt einer dynamischen Ereignisfolge aus einem piemontesisch-französischen Krieg gegen Österreich, einer liberal-nationalen Erhebung in Mittelitalien und der nationaldemokratischen Eroberung des Königreichs Beider Sizilien durch die von Giuseppe Garibaldi angeführte Freiwilligenschar der berühmten ‚Tausend' glücklich ins Leben getreten war, blieb noch für ein ganzes Jahrzehnt, bis zum September 1870, aus seiner „natürlichen" Hauptstadt Rom[69] gleichsam ausgesperrt. Denn Rom gehörte einer anderen Macht, einer Macht, die nur mit einem Teil ihres Wesens von dieser Welt war. Rom gehörte dem Papst, war immer noch das spirituelle und institutionelle Zentrum der universalen katholischen Kirche und zugleich die Hauptstadt eines weltlichen Staates, des kleinen, restlichen Kirchenstaates, der dem Pontifex als sein *dominium temporale*, sein weltlicher Herrschaftsbesitz, verblieben war.

Erst am 20. September 1870 konnte das Königreich Italien im Windschatten des deutsch-französischen Krieges von seiner ‚unvermeidlichen' Hauptstadt durch einen militärischen Handstreich Besitz ergreifen. Seither nahm dieser Tag einen Ehrenplatz im nationalen Gedenk- und Erinnerungskult der Italiener ein. 1895, zum 25. Jahrestag der Einnahme Roms, wurde der 20. September offiziell zum Feiertag erklärt, und eine Via XX Settembre findet sich heute noch in vielen Städten Italiens. Als 1905 der erste italienische Spielfilm produziert wurde, hatte er den legendären Durchbruch der italienischen Truppen bei der Bresche an der Porta Pia zum Gegenstand – *La presa di Roma*. Für die Aufnahmen stellte das Kriegsministerium die ganze Komparserie von Infanteristen, Kavalleristen und Artillerie zur Verfügung, und uraufgeführt wurde der

Film am Abend des 20. September 1905 an historischem Ort, dort, wo die Via Nomentana auf die Porta Pia trifft und wo heute das nationale Denkmal für die *Bersaglieri* den weiten, verkehrumtosten Platz ziert. Die Eröffnungssequenz des Films zeigte in einem ‚Tableau vivant' die Apotheose des Nationalstaats mit der ikonographisch kanonisierten Frauengestalt der *Italia* im Zentrum, eine Mauerkrone auf dem Haupt und die Trikolore in der Hand. Zu ihren Füßen gruppierten sich in patriotischer Ergriffenheit – und einträchtig wie im Leben nie – die vier Hauptstreiter des Risorgimento: Cavour, Vittorio Emanuele, Garibaldi und Mazzini.[70] Man mag versucht sein, über solche Ausblühungen einer massenwirksamen Nationalfolklore zu lächeln. Aber auch unter den Historikern, die ja zu kritischen Sachwaltern der Erinnerungskultur berufen sind, herrschte auf breiter, vom liberalen Idealisten Benedetto Croce bis zum Nachkriegslinken Alberto Caracciolo reichender Front die Überzeugung, dass die ‚Befreiung' Roms der notwendige Schlussakt des Risorgimento, die Krönung der nationalen Wiedergeburt gewesen sei.[71]

Nun hören die Historiker zuweilen den Vorwurf, sie hätten ein einseitig affirmatives, das Gegebene nur bekräftigendes Verhältnis zur Vergangenheit: Sie betätigten sich vorzugsweise als Lobredner des Geschehenen, die das, was eingetreten ist, allein schon deshalb für richtig und notwendig ansähen, weil es nun einmal eingetreten ist. Gegen solchen Generalverdacht kann man nicht allzu viel ausrichten, doch tut der Historiker schon aus Gründen der methodischen Sauberkeit gut daran, auch das anscheinend Evidente immer wieder in Frage zu stellen. Zu fragen wäre demnach: Warum nur Rom? Woher diese Fixierung auf die Stadt am Tiber, woher diese Ausschließlichkeit der Perspektive? Gab es denn nicht andere Städte in Italien, die der Hauptstadtrolle würdig gewesen wären, größere, und sogar besser ausgestattet mit urbanen Einrichtungen und modernen Errungenschaften? Städte, in denen jene Traditionen noch fortlebten oder wenigstens nachklangen, die Italiens kulturell-zivilisatorischen Primat vom ausgehenden Mittelalter bis zur Renaissance begründet hatten – die großen Traditionen der patrizischen Stadtrepubliken, führend in Land- und Seehandel, im Bank- und Finanzwesen, in Wissenschaft und Literatur, blühende Zentren von Gewerbe und Kunst? Gab es nicht Venedig und Mailand[72], vor allem aber Florenz, die Stadt Dantes und Machiavells, die ja in der Tat in einem kurzen Intermezzo von 1864 bis 1870 als Italiens Hauptstadt diente? Und schließlich war da doch auch noch Neapel, mit seinen 450 000 Einwohnern damals doppelt so groß wie Rom und die größte Stadt Italiens überhaupt, majestätisch gelegen an seinem Golf und mit langer Erfahrung als Hauptstadt eines großen Königreichs?

Fragen wie diese wurden in der Tat auch im großen Diskurs des Risorgimento erörtert.[73] Eine ernstzunehmende Antwort der Rombefürworter lag in der nur scheinbar paradoxen Feststellung, dass gerade in der Stärke ihres Anspruchs auf die Hauptstadtrolle zugleich auch die Schwäche aller dieser Aspiranten begründet sei. Alle diese Städte standen für die lange Dominanz regionaler und munizipaler Partikularidentitäten in der italienischen Geschichte – und damit für das genaue Gegenprinzip zur neuen Idee der einen und unteilbaren Nation im unitarischen Staat. Jede einzelne dieser Städte war Konkurrentin aller anderen. Eine von ihnen zur Hauptstadt zu erwählen, hätte Eifersucht und Verweigerung aller übrigen provozieren können. Allein Rom – „diese schwache, rückständige Stadt, die so weit entfernt war vom stets präsenten und gefürchteten Modell Paris" – stand außerhalb dieser Konkurrenz und war eben deshalb prädestiniert, die konkurrierenden regionalen Interessen auf höherer Ebene zu versöhnen und zusammenzuführen.[74] Nur das universale und daher gleichsam ‚neutrale' Rom, das als einzige der größeren Städte Italiens nicht die Geschichte und Eigenart einer bestimmten Region, eines Territorialstaates oder einer Stadtrepublik repräsentierte, konnte glaubhaft und unangefochten als Symbol für die alle partikularen Identitäten überwölbende und überwindende Einheit des Nationalstaates stehen.

Dieses Argument gleichsam *ex negativo*, das im Fehlen regionalspezifischer Sinnbesetzungen einen entscheidenden Vorteil Roms sah, konnten auch die gemäßigten norditalienischen Liberalen gelten lassen, die *Moderati*, die zumeist keine Romenthusiasten waren. Cavour selbst, der zeitlebens Rom nie gesehen hatte, bediente sich dieser Argumentationsfigur in seiner vielzitierten Parlamentsrede vom 25. März 1861, welche die offizielle Hauptstadtproklamation am 27. März 1861 begründete und einleitete. In Rom, so stellte der Ministerpräsident des neuen italienischen Staates fest, fielen alle historischen, intellektuellen und moralischen Umstände zusammen, die für die Hauptstadt eines großen Staates Voraussetzung seien. Rom sei die einzige Stadt Italiens, die nicht ausschließlich munizipale Erinnerungen habe; ihre ganze Geschichte von den Cäsaren bis auf den heutigen Tag sei die Geschichte einer Stadt, deren Bedeutung unendlich weit über ihr Territorium hinausreichte und sie daher bestimme, die Kapitale eines großen Staates zu sein.[75] Bei der nationalrepublikanischen Linken, die in Giuseppe Mazzini ihren Vordenker hatte[76], standen andere Überlegungen im Vordergrund, aber auch diese basierten letztlich auf der Einsicht in die Schwäche der italienischen Nationalidee und den offenkundigen Mangel an nationaler Integration. Wollte man dem jungen Nationalstaat, in dem sich nun plötzlich von Turin bis Palermo die unterschiedlichsten Traditionen, Kulturen und Identitäten mit Willkür zusammengeschnürt fanden, eine große einigende Idee mit auf den Weg geben, so konnte man auf den Mythos des antiken Roms und die einzigartige Aureole der Ewigen Stadt als Weltenherrscherin schlechterdings nicht verzichten. Da es eine politisch-institutionelle Kontinuität Italiens als solche nicht gab, erschien es umso notwendiger, für den neugeschaffenen Staat in einer überzeugenden Sinnkonstruktion Legitimation und Ermutigung aus den Tiefen einer großen Vergangenheit herzuleiten. So wurde etwa in den Schulbüchern des jungen Königreichs in einem kühnen Bogenschlag über zweieinhalb Jahrtausende die Unterwerfung der italischen Stämme durch die Stadt des Romulus zum weit vorausweisenden Schöpfungsakt der modernen italienischen Nation erklärt und verklärt[77]. In dieser Deutungsperspektive stellten sich die Italiener des Risorgimento, die das staatliche Einigungswerk zustandegebracht hatten, als die legitimen Nachfahren und würdigen Nachfolger der *Roma madre della nazione* dar.

Ein tragisches Heldengedicht: Die Römische Republik von 1849

Aber nicht nur im Reich der hehren Ideen herrschte Rom als mythisch überhöhtes Symbol der verlorengegangenen und wiederzuerringenden Einheit Italiens. Es gab einen historischen Moment im wechselvollen Verlauf des Risorgimento, in welchem diese Stadt auch ganz konkret zum Leitstern der nationalen Einigungsbestrebungen wurde. Dies war das Epochenereignis von 1848/49, mit dem auch das Risorgimento in eine Phase prozesshafter Beschleunigung und Verdichtung eintrat. – Nach dem Wiener Kongress von 1815, der viele nationale Hoffnungen enttäuscht hatte, war ‚Italien', wie Metternich, Kopf und lenkende Hand der österreichischen Politik in der sogenannten Restaurationszeit, es in einem vielzitierten Wort ausdrückte, nur ein *geographischer* Begriff, kein politischer. ‚Italien' als ein wie auch immer fassbares Gebilde existierte nicht auf der politischen Landkarte Europas; es war allenfalls eine vage Hoffnung und Zukunftsprojektion in den Köpfen einiger Patrioten. Ähnlich wie im deutschen Raum gab es auf der Apenninenhalbinsel eine Vielzahl von Territorialstaaten: das Königreich Sardinien-Piemont mit seiner Hauptstadt Turin im Nordwesten, das direkt von Österreich beherrschte Königreich Lombardo-Venetien nördlich und die kleinen Herzogtümer Parma-Piacenza und Modena südlich des Po, den Kirchenstaat, der von der Emilia Romagna mit Bologna und Ferrara über die Marken und Umbrien bis nach Mittelitalien reichte und das heutige Latium umschloss, mit dem Papst als weltlichem Souverän, dazwischen das Großherzogtum Toskana, regiert von der lothringischen Nebenlinie des Hauses Habsburg, und schließlich das große Königreich Neapel oder Beider Sizilien unter der Dynastie der Bourbonen, welches die ganze südliche Hälfte des heutigen Italien mitsamt Siziliens einnahm.

Wie aus diesem Konglomerat von Staaten und österreichisch beherrschten Territorien, das nicht einmal einen lockeren Dachverband nach Art des Deutschen Bundes kannte, ein gemeinsames Staatswesen entstehen und wie dieses aussehen könnte, darüber gab es unter den frühen Vordenkern und Vorkämpfern des Risorgimento recht unterschiedliche Vorstellungen. Noch am klarsten, wenn auch nicht gerade nah an den Möglichkeiten des politisch Realisierbaren, waren diesbezüglich die Ideen des radikaldemokratischen Genuesers Giuseppe Mazzini. Ihm schwebte eine nationalunitarische italienische Republik ohne Fürsten und Könige vor. Die gemäßigt liberalen Patrioten aus der Lombardei, der Emilia-Romagna und der Toskana hingegen wollten die Monarchien durchaus beibehalten und dachten für ihr Italien eher an staatenbündische oder bundesstaatliche Lösungen, eventuell sogar unter der symbolischen Oberhoheit oder ‚Präsidentschaft' des Papstes.[78]

Im europäischen Revolutionsjahr 1848[79] kam es, ähnlich wie im Deutschen Bund, auch in etlichen der italienischen Staaten zu Revolten gegen die fürstlichen Regime, die zum Erlass liberaler Verfassungen führten. Im März erhob sich Mailand, wie wenig später auch Venedig, gegen die habsburgische Fremdherrschaft, und das benachbarte Königreich Sardinien-Piemont begann zur Unterstützung der aufständischen Mailänder einen Krieg, um die Österreicher aus der Lombardei zu vertreiben. Und selbst Rom, Zentrum der weltumspannenden katholischen Kirche und Hauptstadt des Kirchenstaates, blieb von den ersten erregenden Erfolgen der nationalen Erhebung nicht unberührt. Auch die stille Stadt des Papstes erlebte die Revolution, erlebte sie nach moderaten Anfängen sogar radikaler – und am Ende tragischer – als irgendwo sonst in Italien. 1849 sollte Rom zum Brennpunkt des politischen Kampfes um Freiheit und Einheit der Halbinsel und zum Fanal seines heroischen Scheiterns werden.[80]

Am Anfang des hoffnungsfrohen Aufbruchs des ‚Völkerfrühlings' von 1848 aber stand hier, so könnte man sagen – ein Missverständnis. Die Römer und viele Italiener mit ihnen hielten den erst 1846 auf den Papstthron gelangten Giovanni Maria Mastai-Ferretti für einen Liberalen, und damit für einen Mann der Zukunft. Gleich zu Beginn seines Pontifikats hatte Pius IX. politische Amnestie und beschränkte Presse- und Versammlungsfreiheit gewährt. Als er im Februar 1848 in der Kirche S. Maria Maggiore auch noch den Segen Gottes für das ganze Italien erflehte und im März eine Verfassung erließ, wollten viele in ihm schon die Galionsfigur einer freien und föderativ geeinten Nation sehen.[81]

Das freilich war eine den Mann auf geradezu tragische Weise überfordernde Illusion. Sanft und harmoniebedürftig, wie er war, entsprach eine gewisse patriarchalische Liberalität durchaus seiner Wesensart. Behutsame Modernisierung der antiquierten Verhältnisse im Kirchenstaat – dazu war Pius IX. bereit; alles Revolutionäre jedoch lag gänzlich außerhalb seiner Welt. Er war zuerst und zuletzt eben – der Papst; seine Erziehung, sein Amtsverständnis und die in Jahrhunderten geformten Positionen der katholischen Kirche zogen seiner politischen Vorstellungskraft und seinem Bewegungsspielraum enge Grenzen.

Die patriotische Bewegung in Rom, zunächst noch gemäßigt und konstitutionell agierend in der Hoffnung, dass der Papst den italienischen Befreiungskampf gegen Österreich unterstützen werde, geriet rasch unter radikalere Einflüsse, als Pius IX. sich verweigerte. Der politische Kampf eskalierte, und als der liberale päpstliche Minister Rossi im November 1848 im Hof der *Cancelleria,* des Kanzleigebäudes in der Nähe des Campo de'Fiori, erdolcht wurde, floh Pius verkleidet in der Kutsche des bayerischen Gesandten beim Heiligen Stuhl aus seiner Hauptstadt und begab sich unter den Schutz des Königs von Neapel in die Festung Gaeta. Die römischen Revolutionäre antworteten darauf, indem sie die weltliche Herrschaft des Pontifex für beendet erklärten und die Republik ausriefen. Rom schien damit frei und bereit, Mittelpunkt eines neuen Italien zu werden. Aus allen Teilen des Landes eilten Patrioten herbei, um die Römische Republik zu stützen und vom Kapitol aus das italienische Einigungswerk voranzutreiben. Große Namen waren darunter wie Mazzini, der Vordenker der nationalen Revolution, und sein Anhänger Garibaldi, der sich im Befreiungskampf der südamerikanischen Völker mit militärischen Bravourtaten hervorgetan hatte und den man nach seiner Rückkehr in Italien wie einen zweiten Lafayette als ‚Held beider Welten' feierte.

Der Papst als Monarch abgesetzt, der Kirchenstaat eine Republik – damit war, wie sich bald zeigte, ein Rubikon der europäischen Politik überschritten. Rom, seit eineinhalb Jahrtausenden Zentrum der Christenheit, war eben nicht irgendeine italienische Stadt, deren Schicksal nur die Italiener anginge. Der universale Status Roms, die souveräne Stellung des Papstes als Oberhaupt der katholischen Kirche, die weltliche Herrschaft über den Kirchenstaat, – all das stand in einem fundamentalen Widerspruch zum nationalen Selbstbestimmungswunsch der Italiener, und aus diesem Antagonismus erwuchs die ‚Römische Frage' als ein brisanter Problemkomplex der europäischen Politik in der Mitte des 19. Jahrhunderts.[82] Im Februar 1849 rief Pius IX. von seinem bourbonischen Exil aus die katholischen Mächte Europas zur Intervention gegen die Römische Republik auf. Österreich, das inzwischen die Lombardei zurückerobert und Sardinien-Piemont besiegt hatte, schickte sich an, gegen Rom vorzugehen. Aber Frankreich, das seinem alten Rivalen auf der Halbinsel keinen Geländegewinn gönnte, kam dem Habsburgerreich zuvor. Ein Expeditionskorps unter dem General Oudinot rückte von Civitavecchia aus gegen Rom vor. Am 1. Juni 1849 begann die 30 000 Mann umfassende französische Streitmacht mit heftigem Artilleriebeschuss von Westen her den Angriff auf die Höhen des Gianicolo. Die Verteidiger der Römischen Republik, Freiwillige vor allem aus Norditalien, leisteten unter dem Kommando Garibaldis heldenhafte Gegenwehr. In militärisch aussichtsloser Lage hielten sie der Belagerung unter großen Verlusten drei Wochen lang stand. Erst am 30. Juni war der Kampf definitiv entschieden und der ganze Hügel über Trastevere in französischer Hand. Die Republik kapitulierte, die Stadt wurde besetzt, und die päpstliche Herrschaft am 14. Juli 1849 offiziell wiederhergestellt. Pius IX. allerdings, der dem Frieden nicht traute, kehrte erst 1850 aus Gaeta in seine Stadt zurück.

Von nun an war klar, dass es zwischen dem Papsttum und der nach Einheit und Unabhängigkeit strebenden Nationalbewegung keinen Kompromiss, keine Versöhnung mehr geben konnte. Die nationale Revolution war zwar zunächst gescheitert, in Italien nicht anders als in Deutschland. Rom aber hatte durch das heroische Drama der geschlagenen Republik seinem alten Mythos ein neues, glorreiches Kapitel hinzugefügt. Die Stadt am Tiber, die für Freiheit und Einheit ganz Italiens gestritten und gelitten hatte, war in den Augen der von Mazzini inspirierten nationalunitarischen Aktionspartei zur einzigen und unabweisbaren Kandidatin geworden, wenn es dereinst darum gehen würde, einem geeinten Italien eine Hauptstadt zu geben. Vor der Märtyreraura der Römischen Republik erschienen die Bedenken der Romskeptiker und Romzweifler des Risorgimento kleinlich und verzagt.

1860: Italien geeint – doch ohne Rom

Zehn Jahre nach dem Scheitern des ersten Anlaufs zur nationalen Revolution von 1849 trat das Risorgimento in seine zweite, entscheidende Aktionsphase. Wieder machte sich unter den italienischen Teilstaaten Sardinien-Piemont, geführt von König Vittorio Emanuele II. und seinem Ministerpräsidenten Cavour, zum Vorkämpfer der italienischen Einheit. Im Bündnis mit dem Zweiten französischen Kaiserreich unter Napoleon III. führte das kleine Piemont im Frühsommer 1859 Krieg gegen die Österreicher in Oberitalien. Dieser Zweite Unabhängigkeitskrieg der Italiener verlief dank der französischen Waffenhilfe erfolgreicher als jener von 1848/49. Österreich gab die Lombardei preis (behielt aber Venetien), die sich an das Königreich Sardinien-Piemont anschloss. Der geglückte französisch-piemontesische Feldzug gegen Österreich ermutigte in den padanischen Gebieten des Kirchenstaates mit den reichen Städten Bologna und Ferrara, aber auch in den Herzogtümern Modena und Parma-Piacenza sowie im Großherzogtum Toskana liberale und nationale Erhebungen und setzte so eine politische Dynamik in Gang, die im weiteren Verlauf die Vereinigung aller dieser Territorien mit dem schon um die Lombardei vergrößerten Königreich Sardinien-Piemont zur Folge hatte. So entstand bis zum Frühjahr 1860 der Kern eines italienischen Nationalstaates, der fast die ganze nördliche Hälfte der Halbinsel umfasste.

Im Mai dieses Jahres begann dann Giuseppe Garibaldi von Genua aus die berühmte *spedizione dei Mille*, den Zug der (anfänglich) tausend Freischärler, mit denen er im Hafen von Marsala an der Westküste Siziliens landete, um binnen weniger Monate von Palermo bis Messina die ganze Insel zu erobern und dann auch den festländischen Teil des bourbonischen Königreichs von Süden her aufzurollen. Anfang Oktober 1860 schlugen die Garibaldiner in einer letzten Schlacht das bourbonische Heer, und schon drei Wochen später entschied ein Plebiszit für die Annexion des Königreichs Beider Sizilien an Piemont. Legendär geworden im nationalen Erinnerungsschatz ist die frostige Begegnung von Teano, bei der Garibaldi – auf gleicher Höhe mit Vittorio Emanuele, denn beide saßen zu Pferd – in souveränem Verzicht die von ihm eroberte südliche Reichshälfte in die Hände des Königs legte. Und da das piemontesische Heer in der Zwischenzeit auch die zum Kirchenstaat gehörenden Gebiete Marken und Umbrien besetzt hatte, war ein großes, fast die gesamte Halbinsel vereinendes Königreich entstanden: das neue Italien.

Allein die Hauptstadtfrage blieb auch jetzt noch ungelöst. Die Zentralorgane des neuen Italien – König, Regierung und Parlament – saßen in Turin, der alten Residenzstadt der sabaudischen Dynastie Sardinien-Piemonts, weitab im äußersten Nordwesten der Halbinsel. In Rom aber behauptete sich mit der weltlichen Herrschaft des Papsttums über den nun auf den historischen Kern des Patrimonium Petri reduzierten Kirchenstaat weiterhin die universale Gegenmacht zum liberalen und nationalen Prinzip, und wenn der Papst auch nicht über viele Divisionen verfügte (sondern nur über eine kleine Streitmacht), so hatte er doch in Frankreich einen mächtigen Beschützer. Napoleon III., der Rücksicht nehmen musste auf die mächtige katholische Partei in Frankreich, garantierte die territoriale Integrität des Kirchenstaates in einer für das neue Italien geradezu demütigenden Weise, indem er in Rom eine französische Garnison zum Schutze des Papstes stationierte.[83] Die ‚römische Frage' war somit zu neuer internationaler Virulenz gelangt, und die italienische Regierung unter dem Grafen Cavour fand sich in keiner geringen Verlegenheit. Auf europäischer Ebene musste sie betont behutsam auftreten, um keiner Macht Anlass oder Vorwand zu liefern, zugunsten des bedrängten Papsttums zu intervenieren. Im Innern indes stand sie unter beständigem Druck seitens einer breiten und selbstbewussten nationalen Volksbewegung, die in Garibaldi ihren großen Helden und in Mazzini ihren hitzigen Ideologen hatte und die unter keinen Umständen bereit war, auf Rom als Hauptstadt zu verzichten.

Für diese nationalunitarische ‚Aktionspartei' war ein Italien ohne Rom schlechterdings nicht vorstellbar. Unter dem Schlagwort vom ‚Dritten Rom', der *Terza Roma*, propagierte Mazzini die suggestive Idee, dass nach dem Rom der Cäsaren und dem Rom der Päpste die Tiberstadt nun als *Roma del Popolo* ein drittes Mal berufen sei, eine welthistorische Idee zum Sieg zu führen – nämlich das säkulare Heils-Prinzip der freien, souveränen Nation als des höchsten Subjekts aller künftigen Geschichte. „Nur in Rom und mit Rom könnt ihr ein Vaterland haben", hatte Mazzini 1859 in einer aufrüttelnden Programmschrift an die Jugend Italiens geschrieben. „Ohne Rom ist Italien nicht möglich. Dort ist das Allerheiligste der Nation. Und ihr werdet keine Ruhe und keinen Frieden finden bevor nicht die Fahne Italiens in sieghaftem Stolz von allen Sieben Hügeln weht."[84] Gewiss, das war in seiner geschichtsphilosophischen Überhöhung typischer Ausdruck des mazzinianischen National-Chiliasmus und als solcher keineswegs repräsentativ für die Gesamtheit der Nationalbewegung. Umso bezeichnender ist es, dass auch Ministerpräsident Cavour mit beinahe identischen Formulierungen den prinzipiellen Anspruch Italiens auf die Ewige Stadt begründete, als er im März 1861 vom ersten gesamtitalienisch gewählten Parlament Rom zur Hauptstadt des Königreichs proklamieren ließ: Man habe das Recht und die Pflicht darauf zu bestehen, dass Rom mit Italien vereinigt werde; denn ohne Rom als Hauptstadt könne Italien nicht ins Leben treten – *senza Roma Capitale d'Italia, l'Italia non si può costituire*.[85] Wenn der nüchterne Cavour hier im gleichen hohen Ton nationaler Begeisterung von der schicksalhaften Bestimmung Roms zur Hauptstadt sprach wie Mazzini, so zeigte das, dass die Überzeugung von der Unverzichtbarkeit Roms nunmehr auch in den Köpfen, wenn schon nicht in den Herzen, der norditalienischen

Liberalen angekommen war. Cavour hatte damit einen zentralen Programmpunkt der nationalrevolutionären Linken adoptiert.

Es blieb freilich noch auf Jahre das Dilemma der regierenden *Moderati* in der Ära nach Cavour – der Architekt des italienischen Nationalstaats verstarb gänzlich unerwartet am 6. Juni 1861 –, dass das junge Königreich nicht in der Lage war, seine Ansprüche auf Rom machtpolitisch durchzusetzen. Cavour hatte die formelle Hauptstadtproklamation nach außen mit der beruhigenden Versicherung verbunden, dass Italien die römische Frage nur im Einverständnis mit Frankreich und nicht gewaltsam gegen den Papst lösen wolle.[86] Napoleon III. aber, innenpolitisch in dieser Phase nicht unangefochten, zeigte sich in der Angelegenheit gegenüber seinem italienischen Protégé gänzlich unnachgiebig.

Während die liberalen Regierungen des neugegründeten Staates ohnehin mit mannigfachen Konsolidierungsproblemen zu kämpfen hatten – die bedrohlichste Herausforderung für den Bestand des Königreichs in diesem ersten Jahrfünft war eine breite, bürgerkriegsähnliche Aufstandsbewegung der Landbevölkerung gegen die neue Zentralgewalt im südlichen Teil der Halbinsel, der sog. *brigantaggio*, der nur unter Einsatz von mehr als 100 000 Soldaten niedergeschlagen werden konnte –, wurden sie in der Hauptstadtfrage immer wieder von der nationalunitarischen ‚Aktionspartei' in Bedrängnis gebracht. Giuseppe Garibaldi, als Freiheitskämpfer und Eroberer des bourbonischen Königreichs bei weitem die populärste Figur des Risorgimento, rief im Juli 1862 im sizilianischen Marsala, dem legendären Ausgangspunkt des ‚Zugs der Tausend', die Losung *O Roma o morte* aus – ‚Rom oder der Tod'. Mit dem heroischen Pathos dieser Parole erlangte die Rom-Idee die Ausstrahlung eines Massen-Appells – zwar nicht gerade bei den Massen der eng an die katholische Kirche gebundenen Landbevölkerung, wohl aber im kleinen und mittleren Bürgertum, bei Wirten und Handwerkern, bei den Arbeitern in den Häfen und Manufakturen, und nicht zuletzt natürlich in jener laizistischen Intelligenz aus politisierenden Advokaten und Professoren, Journalisten und Schriftstellern, die seit je den risorgimentalen Diskurs dominierte.

Garibaldi sammelte Freiwillige in Sizilien und setzte mit ihnen im August auf das kalabrische Festland über, um von Süden her den Kirchenstaat anzugreifen und Rom zu ‚befreien'. Die Regierung in Turin, von Frankreich zum Einschreiten gedrängt, erklärte den Belagerungszustand über die südlichen Provinzen und setzte Truppen gegen die Aufrührer in Marsch. In den wilden Bergen des Aspromonte kam es am 29. August 1862 zum Gefecht, bei dem sieben Garibaldiner und fünf Bersaglieri fielen. Garibaldi selbst erhielt einen Schuss ins Bein und wurde gefangengenommen. Bilder des verwundeten Mannes mit geschientem Bein im Krankenbett, wie Devotionalien verbreitet, fügten dem garibaldinischen Epos ein neues, die Menschen tief ergreifendes, säkular-sakrales Ecce-Homo-Motiv hinzu: Sehet, der leidende Held, Märtyrer für das heilige Recht der italienischen Nation, Rom zu ihrer Hauptstadt zu machen! In vielen Städten des Landes kam es wegen des ‚Verrats' von Aspromonte zu heftigen Demonstrationen gegen die Turiner Regierung.

Immerhin aber wurde durch diese dramatischen Vorgänge die Sprengkraft der römischen Frage auch Napoleon III. wieder zu Bewusstsein gebracht. Politisch in Bedrängnis wegen seines Abenteuers in Mexiko, suchte der französische Kaiser in Verhandlungen mit Italien nach Wegen, das Problem, wenn es denn schon nicht lösbar schien, doch wenigstens zu entschärfen. Das Ergebnis war eine am 15. September 1864 unterzeichnete Vereinbarung, bekannt geworden als ‚September-Konvention': Italien verpflichtete sich darin, die territoriale Integrität des Kirchenstaates zu respektieren und zu schützen und erhielt im Gegenzug die Zusage, dass die französische Schutztruppe binnen zwei Jahren aus Rom abgezogen würde.

Problematischer als dieses ausgewogene Geben und Nehmen war eine geheime, im Vertrag selbst nicht erwähnte Zusatzverabredung, derzufolge die Italiener ihre Hauptstadt von Turin nach Florenz verlegen sollten. Dies war zweifellos ein heikler Punkt: König Vittorio Emanuele akzeptierte die Konvention mit Frankreich nur unter der Bedingung, dass die Wahl von Florenz als Hauptstadt keinesfalls als von außen diktiert, sondern allein durch die militärstrategisch sichere Lage im Herzen Italiens motiviert erscheinen dürfe; um dies glaubhaft zu machen, wurde eigens ein Gremium von Generälen einberufen, welches dann auch prompt zu der politisch gewünschten Empfehlung gelangte.

Dem Kalkül der Pariser Politik, dass das stolze Florenz mit seinem reichen künstlerischen und literarischen Erbe und seinem schönen, klaren Dialekt, aus dem die italienische Hochsprache hervorgegangen war, doch viel eher die Erwartungen der Italiener an eine nationale Kapitale erfüllen könne als das entlegene, strenge und französisch anmutende Turin, wird man eine gewisse Plausibilität nicht absprechen können. Die damit verbundene Hoffnung jedoch, dass mit dem Umzug nach Florenz de facto ein italienischer Verzicht auf die römische Hauptstadtoption impliziert sei, erwies sich als unrealistisch; denn auch wenn niemand so undiplomatisch war, dies offen auszusprechen, galt den Italienern die 1865 bezogene Hauptstadt Florenz doch allenfalls als eine Etappe auf dem Weg zur *Roma Capitale*.[87]

Die Verlegung der Hauptstadt an den Arno, die in Turin zu heftigen und gewaltsamen Protesten mit mehr als 50 Todesopfern führte, brachte nur scheinbar eine gewisse Beruhigung der politischen Lage. Die römische Frage wurde auf internationaler Ebene bald überlagert von dem heraufziehenden Konflikt zwischen Preußen und Österreich, der sich 1866 bekanntlich in einem deutsch-deutschen Krieg entlud und mit der Niederlage Habsburgs in der Schlacht bei Königgrätz den Weg zu Deutschlands Einigung unter preußischer Führung ebnete. In dieser Auseinandersetzung hatte sich Italien rechtzeitig auf die Seite Berlins geschlagen. Als Verbündeter Preußens eröffnete Italien im Juni 1866 die Feindseligkeiten gegen die Österreicher in Venetien, erlitt aber zu Lande (bei Custoza südwestlich von Verona) und zu Wasser (vor der dalmatischen Insel Lissa) schmachvolle Niederlagen. Wenn dieser ‚Dritte Unabhängigkeitskrieg' für die Italiener militärisch nicht in einem völligen Fiasko endete, so lag das zum einen an Preußen, zum anderen auch an Garibaldi, der als Kommandant einer Freiwilligendivision im Trentino immerhin einen Achtungserfolg gegen die Österreicher erzielt hatte. Ihr Kriegsziel aber erreichten die Italiener trotz ihrer Niederlagen, weil das geschlagene Österreich im Friedensvertrag mit Preußen die Abtretung Venetiens an Italien zugestehen musste.

Der Gewinn dieses Gebietes markierte eine weitere Etappe des Risorgimento und brachte eine erhebliche Abrundung des italienischen Nationalstaates im Nordosten – nur Trient und Triest mit ihrem Umland blieben noch unter österreichischer Herrschaft. Das befriedigte einerseits den nationalen Stolz, brachte aber andererseits den fortdauernden Ausschluss des Kirchenstaats aus der territorialen Souveränität des Königreichs Italien noch schmerzlicher zu Bewusstsein. In dieser Situation fühlte sich Giuseppe Garibaldi, durch seine Bravourtaten im Trentino als einziger Held des Dritten Unabhängigkeitskriegs in höchstem Ansehen stehend, einmal mehr aufgerufen, die Initiative zur Durchschlagung des römischen Problemknotens zu ergreifen. Wieder sammelte er Freiwillige um sich und rief zur Befreiung Roms auf. Die Regierung, durch die September-Konvention mit Frankreich zur Abwehr aller von italienischem Gebiet ausgehenden Angriffe auf den Kirchenstaat verpflichtet, ließ den charismatischen Volkshelden verhaften. Dass sie ihn auf heftige Straßenproteste in vielen Städten des Landes hin umgehend wieder auf freien Fuß setzen musste, diente gewiss nicht ihrer politischen Autorität. Im Oktober 1867 drang Garibaldi an der Spitze von 9000 Freischärlern in den Kirchenstaat ein und schlug bei Monterotondo ein päpstliches Truppenkontingent, das sich ihm entgegenstellte. Allerdings ließ er von seiner Absicht, sogleich weiter auf Rom zu marschieren, ab, weil ein dort von ihm erwarteter Aufstand pro-italienischer Patrioten ausblieb.

Die italienische Regierung befand sich einmal mehr in einer äußerst prekären Lage. Frankreich verlangte von ihr ultimativ, die Infiltration des Kirchenstaates zu unterbinden. Als sich Florenz dazu außerstande erklärte, wenn es nicht mit eigenen Truppen gegen die auf päpstlichem Gebiet stehenden Garibaldiner vorgehen dürfe, setzte Paris ein 2000 Mann starkes Kontingent zum Schutze des Papstes in Marsch. Anfang November vereinigte sich das französische Expeditionskorps mit den 3000 päpstlichen Soldaten und besiegte Garibaldi mit seinen Freischaren bei Mentana an der Via Salaria. Unter kaum verhüllten Kriegsdrohungen aus Paris gegen Italien musste die Regierung in Florenz ihre Truppen aus dem Kirchenstaat zurückbeordern, während Frankreich entgegen allen italienischen Wünschen die seinen in Rom beließ.[88]

Als wäre damit die Demütigung der italienischen Regierung nicht schon vollkommen, erklärte daraufhin der französische Staatsminister Rouher vor der Nationalversammlung, Italien müsse und könne ohne Rom auskommen. „Wir erklären, dass es sich *niemals* dieser Stadt bemächtigen wird. Niemals wird Frankreich diese Gewalttat gegen seine Ehre und den Katholizismus hinnehmen."[89] Dieses zweimalige hochfahrende „jamais" aus Paris sorgte für eine tiefgehende, lange nachwirkende Verletzung des italienischen Nationalgefühls und blieb nicht ohne Einfluss auf die Haltung der regierenden Elite, als sich kaum drei Jahre später das Blatt der Geschichte gegen das stolze Frankreich Napoleons III. wendete.

1870: Die Gunst der Stunde

Das 1860 entstandene Königreich Italien gehörte seinem Gebietsumfang und seiner Bevölkerungszahl (ca. 26 Millionen) nach durchaus zu den großen europäischen Staaten. Politisch freilich war es neben den etablierten Mächten der sogenannten ‚Pentarchie' – Frankreich, Großbritannien, Russland, Österreich und Preußen – kaum mehr als eine mittlere Ohnmacht. Der ganze Verlauf des Risorgimento gab Zeugnis von dieser Schwäche. Gerade die entscheidenden Erfolge auf dem Weg zur nationalen ‚Wiedergeburt' Italiens gelangen nur mit Hilfe von außen: durch Frankreich bei der ersten Etappe zur staatlichen Einigung 1859, durch Preußen der Gewinn Venetiens 1866. Und auch die langersehnte finale Lösung der Hauptstadtfrage, die Inbesitznahme Roms, ergab sich allein aus der Gunst einer singulären machtpolitischen Konstellation in Europa, welche ohne Zutun der Italiener eingetreten war.

Im Juli 1870 kam es über die Frage der Besetzung des spanischen Throns zum Krieg zwischen Frankreich und Preußen und den mit Preußen verbündeten süddeutschen Staaten. Die komplizierte Vorgeschichte dieser Entwicklung braucht uns hier nicht weiter zu interessieren; jedermann in Europa war damals klar, dass es bei diesem Krieg um sehr viel mehr ging als um eine strittige Thronfolge an der Peripherie Europas: Es ging um die Entscheidung über die Entstehung eines kleindeutschen Nationalstaates und damit einer neuen Großmacht im Herzen des Kontinents. Von Bismarck geschickt manipuliert und von der eigenen, national übererregten Öffentlichkeit massiv gedrängt, hatte sich die Regierung Napoleons III. in die Auseinandersetzung gestürzt, ohne allzuviel Bedacht auf die machtpolitischen Ausgangsbedingungen zu verwenden. Frankreich vertraute auf sich selbst, auf die Stärke seiner Armee, die den Zeitgenossen (nicht zuletzt wegen der überlegenen Feuerkraft des neuen Chassepot-Infanteriegewehrs) als die beste der Welt galt. Zwar hatte es noch im Frühjahr Sondierungen über ein Dreierbündnis Frankreichs mit Österreich und Italien gegeben; aber Österreich, das an seinen Ostgrenzen den Druck des Preußen freundlich gesinnten Russland spürte, zeigte wenig Neigung, sich dafür engagieren zu lassen; und Italien stellte für ein Bündnis die Bedingung, freie Hand gegen den Kirchenstaat zu bekommen, und sah sich mit dieser Forderung von Napoleon brüsk abgewiesen – das ‚Niemals' von 1867 hallte also immer noch nach. Italien wahrte eine Haltung der Neutralität.

So ging Frankreich ohne Verbündete in einen Krieg, der von Anfang an gänzlich anders verlief, als es erwartet hatte. Die französischen Heere wurden in mehreren Schlachten von den verbündeten Deutschen besiegt und zurückgedrängt. Nun wandte sich Napoleon wieder an Italien, ohne freilich in der römischen Frage substantielle Zugeständnisse zu machen. Die internationale Krise übertrug sich auf Italien in Form einer kaum verschleierten Verfassungskrise, denn König Vittorio Emanuele II. hatte sich gegenüber dem französischen Kaiser bereits persönlich darauf festgelegt, dass Italien an die Seite Frankreichs treten werde. Des Königs verfassungsmäßige Regierung mit dem selbstbewussten Ministerpräsidenten Giovanni Lanza und dem nicht minder standhaften Finanzminister Quintino Sella indes wollte davon nichts wissen. In realistischer Einschätzung der Situation war diesen erprobten Politikern nur allzu deutlich bewusst, dass Italien weder finanziell noch militärisch in der Lage sein würde, in dem europäischen Großkonflikt eine aktive Rolle zu spielen. Das Königreich balancierte seit seiner Gründung am Rande des Staatsbankrotts entlang und bedurfte dringend der inneren Konsolidierung. Aus diesem Grunde hatte man nach dem Debakel des zweiten Unabhängigkeitskrieges von 1866 sogar die nationalen Streitkräfte bis auf Kerneinheiten demobilisiert. Lanza und Sella hatten also starke Gründe, wenn sie unbeugsam blieben gegen die Nötigungen des Königs, der sein persönliches Regiment in dieser „Frage der Ehre“ mit allen Mitteln durchzusetzen versuchte. Die Minister der regierenden *Destra* hatten dabei auch die öffentliche Meinung bis weit hinein ins Lager der parlamentarischen Linken hinter sich, und dies umso mehr, als Frankreich noch immer keinerlei Bereitschaft zeigte, Rom und den Papst preiszugeben.[90]

Erst Anfang August kam Napoleon III. der Regierung in Florenz insofern ein Stück entgegen, als er das französische Schutzkorps aus Rom abzog und damit auf den Boden der September-Konvention zurückkehrte. Am 19. August verließ der letzte französische Soldat den päpstlichen Hafen von Civitavecchia, und die italienische Regierung sah sich veranlasst, an den Grenzen des Kirchenstaats ein Observationskorps gegen mögliche Angriffe nationaler Insurgenten zu stationieren. Inzwischen hatten die französischen Armeen am 18. August bei Gravelotte-St.Privat wiederum eine große Schlacht gegen die Deutschen verloren, und nun, vor dem Abgrund einer militärischen Niederlage seines Kaiserreichs stehend, entsandte Napoleon seinen Cousin Jérôme, der zugleich Schwiegersohn des italienischen Königs war, nach Florenz mit der verzweifelten Bitte um sofortige Waffenhilfe. Die Regierung Lanza lehnte ab. Nicht nur, dass Italien zu der erbetenen Hilfe – die Rede war von mindestens 60 000 Mann – mit seiner kleingesparten Armee gar nicht in der Lage war; durch den für Frankreich fatalen Verlauf des Krieges zeichnete sich immer klarer die Möglichkeit ab, dass Italien auch ohne das Einlenken Napoleons in der römischen Frage aus eigener Kraft an sein Ziel würde kommen können.[91]

Am 19. August beantragte die Regierung im Parlament einen militärischen Sonderetat von 40 Millionen Lire zur Mobilisierung von Truppen. Im Zuge der Debatte mach-

Porta Pia nach dem Beschuss durch die italienische Artillerie.

te Finanzminister Sella deutlich, dass man sich, wenn der Zeitpunkt gekommen sei, von niemandem werde hindern lassen zu handeln und das Hauptstadt-Problem im nationalen Sinne zu lösen.[92] Lange brauchte Italien auf seine Stunde nicht mehr zu warten. Am 1. September 1870 verlor Napoleon III. in der Schlacht von Sedan auch seine letzte Armee und geriet selbst dabei in deutsche Gefangenschaft. Als daraufhin in Paris das kaiserliche Regime des großen Protektors des Papstes gestürzt und die Republik ausgerufen wurde, war die Gelegenheit da: Der Weg nach Rom stand Italien offen.

In den ersten Tagen des Septembers entfaltete die Regierung von Ministerpräsident Lanza hektische diplomatische Initiativen, um die europäischen Mächte auf die Eventualität eines italienischen Vorgehens gegen den Kirchenstaat vorzubereiten und zugleich beruhigend zu versichern, dass auch bei einer Besetzung Roms die völlige religiöse Freiheit des Papstes gewährleistet und seine territoriale Souveränität auf dem Gebiet des Vatikans und der *Città Leonina* respektiert und garantiert würden. Die neue französische Regierung, auf deren Haltung es Italien besonders ankam, signalisierte ihr Desinteresse – sie hatte wahrlich andere Sorgen! – und gab damit den italienischen Aspirationen freie Bahn.[93] Am 8. September wandte sich König Vittorio Emanuele II. in einem Brief persönlich an Pius IX. – „mit der Liebe des Sohnes, dem Glauben des Katholiken, der Verbundenheit des Königs und dem Herzen des Italieners“ –, um dem Papst die unabdingbare Notwendigkeit einer Intervention im Kirchenstaat zu erläutern und ihm demütigst (aber natürlich vergeblich) nahezulegen, er möge sich ohne Widerstand in das Unvermeidliche fügen.[94]

Die konkreten Vorbereitungen einer militärischen Aktion begannen am 7. September. Das noch im August aufgestellte ‚Beobachtungskorps‘ wurde auf mehr als

Die von der Artillerie bei der *Porta Pia* in die Aurelianische Mauer geschossene Bresche, durch die am 20. September 1870 die italienischen Truppen in die Stadt eindrangen.

50 000 Mann aufgestockt und in ‚Viertes Heereskorps' umbenannt. Sein Hauptquartier befand sich in Spoleto, und seine fünf Divisionen waren in Städten des südlichen Umbrien und nördlichen Latium in einem Bogen von Orvieto über Narni und Terni bis Rieti disloziert. In der Nacht vom 11. zum 12. September wurden die Grenzen des Kirchenstaates überschritten, und die Kolonnen des italienischen Heeres begannen entlang der Via Cassia, der Via Flaminia und der Via Salaria ihren Vormarsch auf Rom, dessen Silhouette sie am Abend des 14. Septembers erstmals ansichtig wurden. Unter dem Oberbefehl des Generals Raffaele Cadorna waren als Divisionskommandeure auch zwei alte garibaldinische Haudegen mit von der Partie, Enrico Cosenz und Nino Bixio. Die improvisierte Streitmacht, die nicht sonderlich gut ausgerüstet und organisiert war, stand am 19. September unmittelbar vor den Mauern der Ewigen Stadt. Am nächsten Morgen begann die Artillerie mit der Beschießung und brach im Nordosten die so berühmt gewordene ‚Bresche an der Porta Pia', durch welche Infanterie und Bersaglieri in die Stadt eindrangen und sie binnen eines Tages bis auf den Vatikan und die Città Leonina auf der rechten Tiberseite besetzten.[95]

Die päpstlichen Truppen, etwa 14 000 Mann stark, hatten auf ausdrücklichen Befehl Pius' IX. nur gerade soviel Widerstand geleistet, wie politisch geboten schien, um den gewaltsamen Charakter der Inbesitznahme Roms vor der Weltöffentlichkeit deutlich zu machen.[96] Ein großer militärischer Sieg also war das nicht, wie auch ein gestandener Garibaldiner, Mitstreiter in Bixios 2. Division, einräumte, der in seinem nüchternen Erinnerungsbericht schrieb: „Militärisch waren an dem Unternehmen, welches uns die Tore Roms öffnete, nur die Mühen, das Spektakel und der Lärm;

Gefahren gab es keine, Schäden nur geringste, und dementsprechend war auch der Ruhm – *arida di allori* – bar des Lorbeers."[97] Aber was machte das? Rom, schon 1861 als Hauptstadt Italiens proklamiert und doch bislang unerreichbar, war endlich italienisch geworden.

Stadt ohne Zeit: Rom vor dem Ende der päpstlichen Herrschaft

Nicht das reale Rom aus Mauern und Menschen hatten die Italiener 1861, dem Gang der Geschichte vorgreifend, zu ihrer Hauptstadt erklärt, sondern einen Mythos: den Mythos von Rom der Ewigen, Beherrscherin des Erdkreises – *domina gentium*, Stadt der antiken Kaiser, Zentrum erst des Imperiums, dann der ganzen Christenheit, und schließlich glanzvolle Residenz des Renaissancepapsttums. Es war eine abstrakte Idee, die Idee von Größe und Macht, was die Italiener des Risorgimento bewegte, wenn sie nach Rom riefen; die Stadt selbst, ihre Bewohner und ihre Probleme, das weiß man heute, kannten sie kaum.[98] Was aber fanden sie vor, als sie nun, endlich am Ziel ihres nationalen Strebens, im September 1870 durch die zerschossene Porta Pia in Rom einzogen? Wie und was *war* diese Stadt, die das Plasma bieten sollte, um daraus die Hauptstadt des neuen, eines modernen Italiens zu bilden? Wir wollen, ehe wir uns dem Um- und Ausbau dieses päpstlichen Roms zur *Roma Capitale* zuwenden, noch einmal in einer Momentaufnahme den Zustand der Stadt vor dem 20. September 1870 festhalten, damit vor dieser Folie dann die Neuerungen und Veränderungen der folgenden Jahrzehnte in Art und Ausmaß umso deutlicher in Erscheinung treten. Die Metapher von der Momentaufnahme ist dabei, wie eben alle Metaphern, nicht ganz wörtlich zu nehmen. Es geht darum, in der Zusammenschau der wichtigsten Aspekte der baulichen, ökonomischen und sozialen Situation um die Mitte des 19. Jahrhunderts ein Bild der *Roma papale* vor ihrem Untergang, oder besser: vor dem Übergang in die neue Epoche des italienischen Roms zu gewinnen.

In der ersten Hälfte des 19. Jahrhunderts bot sich Rom – das ist die vorrangige Feststellung zur Kennzeichnung der urbanistischen Situation, und damit knüpfen wir dort wieder an, wo wir den Faden am Ende des zweiten Kapitels haben auslaufen lassen – noch immer im wesentlichen in derselben Struktur dar, die unter Sixtus V. am Ausgang des 16. Jahrhunderts geschaffen worden war. Visionäre Initiativen und Eingriffe ähnlicher Dimension hatte es seitdem nicht mehr gegeben. Die Bevölkerungsentwicklung war verhalten, und damit fehlte auch der Druck der Notwendigkeit, über den von Sixtus V. in kühnem Wurf gezogenen Rahmen städtebaulich hinauszugehen. An diesem grundlegenden strukturellen Befund ändert weder die überschäumende Bautätigkeit des 17. Jahrhunderts von Großkünstlern wie Bernini und Borromini etwas, durch die Roms Stadtbild die noch heute vielfältig ins Auge springende barocke Einkleidung erfahren hat, noch die Realisierung einzelner szenographisch so bedeutender Ensembles wie etwa der Spanischen Treppe im frühen 18. Jahrhundert.

Rom und Napoleon I.

Erst in napoleonischer Zeit begegnen uns wieder weiter ausgreifende Pläne für Rom, und der Kontext, in dem diese entstehen, bedarf einer kurzen Erläuterung. Wie in großen Teilen des kontinentalen Europas hatte die militärische Expansion Frankreichs auch auf der italienischen Halbinsel die politische Landkarte radikal verändert. Der Kirchenstaat war bereits 1798/99 einmal in französischer Hand gewesen. 1808 wurde er – wie zuvor schon das Königreich Sardinien-Piemont und das Großherzogtum Toskana – neuerlich von französischen Truppen besetzt, und 1809 verleibte ihn Napoleon kurzerhand seinem ‚Grand Empire' ein. Der Papst – es war Pius VII. Chiaramonti (1800–1823) – verlor mit der Annexion des Kirchenstaates sein weltliches Herrscheramt und wurde, als er dagegen allzu laut protestierte, 1809 in Frankreich unter Kuratel gestellt. Rom aber erhielt den Status einer *città imperiale e libera* und wurde von Napoleon neben Paris zur zweiten Hauptstadt seines Reiches erhoben.

Dabei mochte Bonaparte die Stadt gar nicht besonders, und er hat sie tatsächlich auch nie besucht. Aber er brauchte sie zu seiner Selbstdarstellung, zur symbolischen Erhöhung seines usurpatorischen Neukaisertums. Die Entfernung des Papsttums als der Verkörperung des christlichen Mittelalters schuf die erste Voraussetzung für den Zugriff auf die reiche Mythenfracht und das in Stein gebannte Prestige des imperialen Roms. Seine Formen- und Symbolsprache stand bei den kulturellen Eliten des Revolutionszeitalters hoch im Kurs. Sie bestimmte bis in Mode und Haartracht hinein den Stil des sogenannten ‚Empire', das mit Hingabe ‚römischen' Vorlieben huldigte. Und zumal für die Franzosen war das Römisch-Antike die Referenzkultur schlechthin, und Rom war das Herz dieser Kultur, von der man seit einem halben Jahrhundert so viel übernommen hatte: das Vorbild der Tugend vom Rom der Republik und das Ideal der Schönheit vom Rom des Augustus. Man könnte bei Napoleons Rückgriff auf den imperialen Nimbus Roms aber auch an eine säkularisierte Neuauflage jener abendländischen Geschichtsteleologie von der *translatio imperii* denken, der sich die deutschen Könige des Mittelalters bedienten, wenn sie sich in der Nachfolge Karls des Großen in Rom zu Kaisern krönen ließen. Napoleon Bonaparte hatte sich ja bekanntlich schon 1804 in einem demonstrativen Akt der Selbsterhöhung die Kaiserkrone mit eigener

Hand aufs Haupt gesetzt, und das Heilige Römische Reich war nach der Errichtung des Rheinbundes und der Niederlegung der Kaiserkrone durch den Habsburger Franz II. 1806 erloschen. Die Stadt Rom war vor diesem Hintergrund dazu bestimmt, Napoleons cäsarischem Machtanspruch die angemessene Kulisse von welthistorischer Dimension zu liefern und zugleich seine neu-dynastischen Aspirationen mit überzeitlicher Dignität zu adeln. So hat der französische Kaiser, als ihm schließlich 1811 von der österreichischen Prinzessin Marie Louise der langersehnte männliche Thronfolger geboren wurde, dem Prinzen den Titel eines ‚Königs von Rom' in die Wiege gelegt – als wollte er mit dieser Anrufung Roms nicht nur dessen Nimbus auf diesen ersten Spross seiner mit der Habsburgertochter neu begründeten Dynastie herabbeschwören, sondern auch etwas von der Aura seiner Unvergänglichkeit.[99]

Auch wenn der Papst aus Rom entfernt war, blieb die Stadt doch weiterhin in der kollektiven Wahrnehmung Europas die Hauptstadt der universalen katholischen Kirche – geprägt und beherrscht von allen Zeichen und Denkmälern, in denen das Papsttum über die Jahrhunderte hin sich selbst verherrlicht hatte. Wenn dieses Rom für die säkulare Macht des französischen Kaisertums stehen und sprechen sollte, bedurfte es einer Umpolung des ‚symbolischen Feldes', einer gründlichen ideologischen Umdeutung – und das war keine kleine Aufgabe in einer Stadt, in der sich historisch tiefgestaffelt wie an keinem anderen Ort Europas die mächtigsten Seins- und Sinnschichten übereinander legten. Die neuen französischen Herren standen vor der Herausforderung, in dieser Stadt des Mythos auch die Moderne gestaltprägend zur Geltung zu bringen. Wiederhergestellt im Glanz vergangener Größe, aber eingekleidet in ein neues, zeitgemäßes Gewand, sollte Rom monumentales Sinnbild kaiserlicher Autorität sein, zugleich aber auch den Charakter einer zukunftsoffenen Metropole annehmen gemäß den rationalistischen Idealen und bürgerlichen Erwartungen der Zeit. Die Statthalter des Kaisers ersannen dafür ein ganzes Bündel ehrgeiziger baulicher Maßnahmen, um im Zusammenspiel von funktionaler Modernisierung und symbolischer Erhöhung das Doppelprinzip napoleonischer Herrschaftslegitimation im Bild der Stadt sichtbar werden zu lassen: Majestät und Fortschritt – eine Botschaft in Stein, die bei den alten wie bei den neuen, bürgerlichen Eliten mit grandioser Gebärde um Zustimmung warb für den Machtanspruch eines selbsternannten ‚Empereurs', der nach eigenem Bekunden alles, was er war, dem ‚Glück' verdankte, und das hieß bei ihm: der Tugend der Tat.[100]

„Je restaurerai Rome", hatte Napoleon dem römischen Bildhauer Canova anvertraut, und umfassend und systematisch waren in der Tat die Planungen, welche tüchtige französische Administratoren in Zusammenarbeit mit einheimischen Künstlern und Architekten aufs Papier brachten; dort freilich, auf dem Papier, blieb auch das meiste dieser Pläne, denn die schrankenlose Überdehnung der imperialen Ambitionen und des Großen Kaisers jäher Fall haben nur Bruchstücke zur Ausführung gelangen lassen.[101] Gleichwohl sind die von Napoleons Planern ins Auge gefassten ‚Verschönerungen' für uns von ganz eigenem Interesse[102], nahmen sie doch, wie wir sehen werden, konzeptionell schon vieles von dem vorweg, was dann in den Jahrzehnten nach 1870 mit dem nationalitalienischen Projekt der *Roma Capitale* ins Werk gesetzt wurde.

Das urbanistische Programm, das Graf Camille de Tournon, von September 1809 bis Januar 1814 Napoleons engagierter Präfekt in Rom, im Juli 1811 seinem kaiserlichen Herrn unterbreitete, zielte tatsächlich weit über bloße ‚Verschönerungsmaßnahmen' hinaus.[103] Zwar plante man – von Ausnahmen wie der *spina del Borgo* abgesehen – keine großen Straßendurchbrüche wie im verkehrsreichen Paris – allenfalls sollten die zu engen Straßen begradigt und verbreitert werden; wichtiger erschien es dem Präfekten, den sie seiner Rom-Begeisterung wegen ‚Camillus Capitolinus' nannten, Plätze freizulegen und zu erweitern zu pathetischen Leerräumen, in denen das Augenmerk des Betrachters auf große, singuläre Baudenkmäler hin gesammelt würde.

Den Petersdom etwa mit dem Kolonnadenrund des Bernini davor wollte man schon von weitem in seiner Erhabenheit sichtbar und auch leichter erreichbar machen, indem man eine Straßenschneise durch den engbebauten *Borgo* schlug. Der Tiber sollte durch Kanäle bis hinauf nach Perugia schiffbar gemacht, innerhalb des römischen Stadtgebiets aber sollte der unberechenbare Fluss durch Kaimauern eingefasst und gezähmt und zugleich durch neue Hafenanlagen dem Verkehr erschlossen werden; zur Verbesserung der städtischen Infrastrukturen und der sanitären Verhältnisse waren neue Wasser- und Abwasserleitungen vorgesehen, die Anlegung von Märkten und Schlachthöfen sowie zwei neue Friedhöfe draußen vor den Toren der Stadt, die ihre Toten immer noch nach mittelalterlicher Gewohnheit bei oder gar in den Kirchen bestattete. Der Campo Verano bei S. Lorenzo fuori le Mura, noch heute Hauptfriedhof Roms, wurde 1814 eröffnet. Piazza del Popolo, Eingangspforte und Empfangssalon der Stadt für den von Norden kommenden Hauptstrom der Touristen und Pilger, sollte im modernen, und das hieß für diese Zeit: klassizistischen Stil großzügig neu geordnet werden – eine Aufgabe, mit der sich der Architekt Giuseppe Valadier schon seit dem Pontifikat Pius' VI. Braschi (1775–1799) beschäftigt hatte und die er unter Napoleon begann, dann aber erst in der Restaurationszeit unter dem zurückgekehrten Pius VII. abschließen konnte. Diese neue Piazza del Popolo bildete in der Vorstellung der französischen Planer auch das Herz eines weitläufigen Parks, des ‚Jardin du Grand-César', der den Pincio einschließen und sich auf der anderen Seite über den Tiber hinweg bis zu den ‚prés de Château' – uns geläufig als *Prati di Castello* – erstrecken und neben schönen botanischen Anlagen auch archäologische Denkmäler aufweisen würde.[104]

Das andere Projekt galt dem Kapitolshügel und dem Forum. Dort wollte Tournon das tieferliegende antike Bodenniveau wieder hervorholen, das jetzt unter zehn Metern Schutt der Jahrhunderte verborgen lag, und so wurde von 1811 bis 1813 tatsächlich ein erheblicher Teil des alten republikanischen Forums freigelegt bis hinunter zur Via Sacra. Mit ihr hatte Graf Tournon Großes vor: Sie sollte der zentrale, erhabenste Abschnitt einer großen Verkehrsader werden, welche den Norden Italiens mit dem Süden verband. Die Straße von Neapel her über die Via Appia Antica würde am Kolosseum vorbei unter dem Triumphbogen des Titus hindurch über das Forum führen, flankiert von den bis auf die Fundamente freigelegten Ruinen, um dann in geradem Lauf zum Kapitol zu gelangen – „ein würdiges Entrée für die zweite Stadt des Empire“. Es ist dies erkennbar schon die Idee einer via triumphalis, wie sie dann, weiter östlich über die ausgegrabenen Kaiserforen gelegt und Piazza Venezia mit dem Kolosseum direkt verbindend, in der Via dell'Impero – heute Via dei Fori Imperiali – von Mussolini realisiert wurde.[105]

Überhaupt galt der Archäologie, also der Ausgrabung, Erschließung und musealen Präsentation von Altertümern aus klassischer Zeit, das ganz besondere Augenmerk der Franzosen in Rom. Zwar hatte sich durchaus auch schon das 18. Jahrhundert in verstärkter Weise mit den dinglichen Hinterlassenschaften der Antike beschäftigt. Kardinäle und Päpste hatten Grabungen veranlasst und die Fundstücke in Privatkollektionen zusammengetragen, und der Deutsche Johann Joachim Winckelmann hatte dann als Kustos der päpstlichen Sammlungen eine erste, den Reichtum dieser Überlieferung erschließende Theorie dazu geliefert.[106] Napoleons Statthaltern aber ging es bei ihren großangelegten Ausgrabungen noch um anderes: Sie wollten die antiken Ruinen systematisch freilegen, um sie *in situ* als Zeugnisse für den großen Sinn der Alten und imposante Merkzeichen im Stadtbild aufbauend und erhebend auf den Geist der eigenen Zeitgenossen wirken zu lassen.[107] Dieses archäologisch-pädagogische Interesse war Teil eines städtebaulich kühnen Konzepts, das uns wiederum frappierend gegenwärtig anmutet: Die monumentalen Reste und Ruinen der politisch-sakralen Kernbezirke des alten Roms sollten zu einer *passeggiata*, einer weitläufigen Erbauungs- und Erholungszone verbunden werden, die vom Kapitol über die Foren bis zum Kolosseum reichen und, auch den Palatin mit seinen Kaiserpalästen einschließend, sich weiter über die Thermen des Caracalla bis zur Via Appia erstrecken würde. Unschwer sind in diesen Projektideen aus napoleonischer Zeit bereits die Umrisse jener *passeggiata archeologica* zu erkennen, deren Einrichtung dann gegen Ende des 19. Jahrhunderts begonnen und die von Mussolinis Archäologen mit neuem Impetus fortgeführt wurde.[108]

Was die Franzosen für Rom an ‚Verschönerungen' vorhatten, ließ bei allem Ehrgeiz kein geschlossenes urbanistisches Programm erkennen. Es ging nicht um Erweiterung und Ausbau der Stadt durch die systematische Anlage neuer Viertel. Und doch kann man in der Rückschau im Guten wie im Schlechten schon viele Ideenkeime künftiger Maßnahmen und Entwicklungen identifizieren, die heute Struktur und Bild Roms ganz selbstverständlich prägen. Wie dann in den Jahren nach 1870 die neuen piemontesischen Herren der Stadt, so gingen auch die Franzosen von den Gebäudekomplexen der Klöster und geistlichen Korporationen als Verfügungsmasse für die Unterbringung ihrer Behörden und Ministerien aus. Das allerdings schränkte von vorneherein die Planbarkeit ein, denn das Vorgefundene bestimmte weiterhin die funktionalen Strukturen der Stadt.[109] Die Einmauerung des Tibers zum Schutze der tiefer gelegenen Stadtteile vor seinen häufigen Hochwassern blieb zwar in der Kürze der napoleonischen Herrschaft unausgeführt; aber in der Idee kündigten sich bereits die gewaltigen *muraglioni* mit den baumbestandenen Uferpromenaden der *Lungoteveri* an, die dann im späten 19. Jahrhundert verwirklicht wurden und die bis in unsere Tage so entscheidend zur metropolitanen Erscheinung der Stadt beitragen.

Im Zentrum der französischen Absichten stand bei allem die monumentale Wirkung auf den Betrachter – die Stadt als Bühne großer Ideen und Geschichtsmächte. Die bedeutendsten Baudenkmäler des christlichen, vor allem aber natürlich des antiken Roms sollten herauspräpariert werden aus dem Schutt des späteren Verfalls und aus der regellosen Überbauung in den ‚dunklen' Jahrhunderten des Mittelalters; beispielhaft steht dafür die Freilegung des Pantheons und die Erweiterung des davorliegenden Platzes durch den Abriss zahlreicher Häuser in der Agenda, die sich Präfekt Tournon im ‚Dekret von Saint-Cloud' am 27. Juli 1811 vom Kaiser hatte genehmigen lassen. Die in einem zweiten Dekret vom 9. August 1811 ins Auge gefasste Freiräumung der *spina del Borgo* vor Berninis Petersplatz, die sich derselben Intention verdankte, erscheint geradezu als eine Vorwegnahme dessen, was dann nach dem Konkordat von 1929 durch Mussolini geplant und mit der Via della Conciliazione auch tatsächlich ausgeführt wurde; das gleiche ließe sich für die Vergrößerung der Piazza Venezia vor dem Kapitol durch den Abriss des Palazzetto Venezia sagen, deren Realisierung wir dann im Zusammenhang mit dem Bau des Nationaldenkmals für König Vittorio Emanuele II. Ende des 19. Jahrhunderts beobachten werden. Und auch das gigantomanische Projekt dieses Großdenkmals selbst mit der Platzanlage und den dazugehörigen Straßenachsen der Via dei Fori Imperiali und der Via del Teatro di Marcello hat in gewisser Weise einen Vorläufer im französischen Plan eines gewaltigen Kaiserpalastes auf dem Kapitol, dem ein Stück des heiligen Hügels mitsamt seiner alten Bebauung hätte zum Opfer fallen sollen.[110] Um von diesem kapitolinischen Kaiserpalast aus das Kolosseum sichtbar zu machen, sahen Tournons Planer auch die Durchtrennung und Abtragung des Hügelrückens der Velia bei der Maxentiusbasilika vor, wie sie dann unter Mussolini mit etwas veränderter Blickachse, die heute vom Palazzo Venezia ihren Ausgang nimmt, tatsächlich ausgeführt wurde. All das gibt den französischen Plänen ihre ganz eigene und zukunftweisende Bedeutung, auch wenn, wir sagten es schon, die Umsetzung in dem Jahrfünft bis zur Rückkehr des Papstes 1814 nicht allzu weit gediehen war.

Sieht man von den ausgedehnten Grabungen vor allem auf dem Kapitol und dem Forum Romanum, beim Kolosseum und auf dem Palatin oder von der Einrichtung des neuen Friedhofes bei S. Lorenzo einmal ab, so waren vor allem einzelne Gebäude restauriert worden – etwa der Quirinalspalast, der als kaiserliche Residenz vorgesehen war (und von Napoleon nie betreten wurde)[111], und auch die Arbeiten an der Piazza del Popolo waren vorangekommen, wenngleich längst nicht abgeschlossen; sie wurden dann als letztes urbanistisches Großprojekt im päpstlichen Rom von demselben Architekten Valadier in reduzierter Form 1820 zu Ende gebracht. Während des Pontifikats Leos XII. Della Genga (1823–1829) absorbierte dann der Wiederaufbau der 1823 durch einen Brand zerstörten Basilika St. Paul vor den Mauern den größten Teil der Mittel für öffentliche Bautätigkeit, und auch das Pontifikat Gregors XVI. Cappellari (1831–1846) hatte an dieser Aufgabe noch zu tragen.[112]

Rom in der Restauration: Bevölkerungsentwicklung und Sozialstruktur

Mit dem Wiener Kongress 1815 begann im ganzen vormals von Frankreich beherrschten oder beeinflussten Europa das sogenannte Zeitalter der Restauration. Zwar wurden kaum irgendwo die Verhältnisse des Ancien Régime so wiederhergestellt, wie sie vor der Französischen Revolution von 1789 bestanden hatten; aber die Uhren der Geschichte wurden doch in vielerlei Hinsicht wieder ein ganzes Stück zurückgedreht: Monarchen und Dynastien, die von den Franzosen abgesetzt worden waren, kehrten auf ihre Throne zurück, der Adel gewann viele seiner Privilegien wieder, Verfassungen wurden zurückgenommen oder ausgesetzt, die nach französischem Muster erlassenen Rechtssatzungen vielerorts aufgehoben, politische Bestrebungen liberaler und nationaler Tendenz unterdrückt. Auch im Kirchenstaat setzte nach der Rückkehr des Papstes aus der Verbannung unter dem gemäßigt konservativen Kardinalstaatssekretär Consalvi und dessen sehr viel strengerem, für die Innenpolitik zuständigen Stellvertreter Kardinal Pacca die sogenannte Restauration ein, und das bedeutete für Rom im wesentlichen die Wiederherstellung der politischen Prärogative des Papstes auf allen Gebieten sowie eine generelle Resakralisierung des Lebens nach dessen Säkularisierung und Laizisierung in der Zeit der französischen Herrschaft. Es bedeutete auch die zumindest schrittweise Rückführung des sozialen und wirtschaftlichen Lebens der Stadt in die alten Bahnen des Klientelismus und der paternalistischen Fürsorge für die unteren Volksschichten durch eine Reihe kirchlich-caritativer Einrichtungen. Diese Tendenz verstärkte sich noch, als nach dem Tod Pius' VII. 1823 mit Leo XII. ein Vertreter der strikt restaurativen Richtung im Kardinalskollegium zum Papst gewählt wurde.[113] Am politisch verordneten Stillstand des öffentlichen Lebens änderte sich im übrigen auch unter Leos Nachfolgern Pius VIII. Castiglioni (1829–1830) und Gregor XVI. nichts wesentliches. Erst mit der Wahl Pius' IX. 1846 kamen, wie an anderer Stelle schon dargelegt, Reformhoffnungen auf, doch waren nach dem dramatischen Zwischenspiel der Römischen Republik von 1849 auch diese rasch verflogen.

Von den Modernisierungsimpulsen der napoleonischen Zeit blieb unter diesen Umständen wenig erhalten. Die Einwohnerzahl war während der (zweimaligen) französischen Besatzungszeit sogar markant gefallen – von 179 000 im Jahr 1794 auf

123 000 im Jahr 1812. Verantwortlich dafür waren zum einen die Aufhebung der Orden und die Auflösung vieler Klöster, deren Angehörige ebenso emigrierten wie Teile der Aristokratie; und am andern Ende der sozialen Skala hatten unter dem disziplinierenden Druck der neuen Bettler- und Arbeitshäuser auch die schwächsten Gruppen der Unterschichten die Stadt verlassen, die vordem unter der päpstlichen Herrschaft als Tagelöhner und Gelegenheitsdiener, als Bettler und Almosenempfänger eine zwar äußerst dürftige, aber in den elementaren Bedürfnissen eben noch auskömmliche Existenz gefunden hatten.

Mit der allmählichen Wiederbelebung der überkommenen, für die Papststadt so typischen sozialen, politischen und ökonomischen Strukturen – der Klöster und der kirchlichen Stiftungen, des päpstlichen Hofes, der Prälatenhaushalte und der aristokratischen Klientelgeflechte – setzte auch wieder eine Zunahme der Bevölkerung ein: Schon 1831 zählte man 160 000 Einwohner, 1846 waren es 181 000. Darin zeigt sich zwar eine auf den ersten Blick beeindruckende demographische Erholung, doch taugt diese keineswegs als Indiz für einen allgemeinen Aufschwung. Zum einen war Rom ungeachtet dieses Zuwachses im Vergleich zu den meisten anderen großen Städten Italiens zurückgefallen – Neapel, die weitaus größte von ihnen, hatte um die Mitte des Jahrhunderts 450 000 Einwohner, Palermo 200 000, und Mailand lag etwa gleichauf mit Rom; zum anderen bestand die Zuwanderung großenteils aus Angehörigen der ärmsten Volksschichten des näheren und weiteren Umlandes, deren soziale Lage trotz der zahllosen Einrichtungen der traditionellen römischen Mildtätigkeit, die niemanden völlig vergaß und verkommen ließ, äußerst prekär war.[114] Die Armut blieb ein zentrales Problem im Rom der Restauration, auch wenn hier, anders als in vielen anderen europäischen Städten des frühen 19. Jahrhunderts, dank obrigkeitlicher Fürsorge die Armen kaum je Hunger litten. Der Anteil der römischen Bevölkerung, der in irgendeiner Weise von öffentlicher Unterstützung oder von Almosen der unterschiedlichsten Form lebte, wird bis zum Untergang des päpstlichen Regimes auf gleichbleibend etwa 30 Prozent veranschlagt.[115]

Wir haben damit einen kennzeichnenden Aspekt der römischen Sozialstruktur berührt[116]: den außerordentlich hohen Anteil der niederen Volksschichten an der Gesamtbevölkerung. Ob tatsächlich, wie noch in neuesten Studien angegeben, geradezu 90 Prozent der Römer der *plebe* zuzurechnen waren[117], lassen wir dahingestellt; unbestritten ist in der Tat, dass die römische Oberschicht aus hoher Aristokratie und Klerus zahlenmäßig sehr beschränkt war; dem Umfange nach ebenfalls nicht stark ins Gewicht fallend waren die Mittelschichten, die man im übrigen nach der Begrifflichkeit der klassischen deutschen Sozialtypologie überwiegend dem ‚alten', also vormodernen, vorindustriellen Mittelstand zuzuordnen hat: Gastwirte, kleine Gewerbetreibende, Handwerker, Ladenbesitzer, sodann noch die päpstlichen Beamten und die höheren Chargen der Bediensteten des Adels und des kurialen Klerus.[118] Wenn der preußische Gesandte beim Heiligen Stuhl Harry Graf Arnim 1871 seinem Chef

Bismarck von der „römischen Nation“ schrieb, dass sie „vorwiegend aus Fürsten, Gastwirten und Lohndienern besteht“, so hatte er, wie es seine Art war, spitzzüngig formuliert, aber im Grunde richtig beobachtet.[119]

Ein ‚modernes‘, das heißt politisch-weltanschaulich liberal und ökonomisch kapitalistisch orientiertes (Groß-)Bürgertum, also die klassische ‚Bourgeoisie‘, gab es in ganz Italien um 1850 allenfalls ansatzweise[120], und am allerwenigsten in Rom.[121] In der ersten Hälfte des 19. Jahrhunderts hatte sich aber eine schmale bürgerliche Elite herausgebildet aus vermögenden Akademikern und Freiberuflern, Großhändlern und Finanziers, den Besitzern wertvoller Immobilien in der Stadt sowie den wenigen gewerblichen Unternehmern; den Kern dieses sogenannten *generone* stellten allerdings die *mercanti di campagna*, ein besonders interessantes, weil spezifisch römisches Phänomen[122]: Es handelte sich um eine kleine Gruppe aufgestiegener Domänenpächter, kaum mehr als hundert an der Zahl, welche die großen Güter des ökonomisch desinteressierten stadtrömischen Adels im *Agro Romano* auf eigene Initiative und Rechnung profitorientiert bewirtschafteten und mit dieser Aktivität teilweise erhebliche Vermögen anhäuften, Kapitalien, die dann anlagesuchend auch andere Wirtschaftszweige hätten befördern können. Doch fehlte sowohl dem päpstlichen Regime wie dann nach 1870 auch der italienischen Regierung der politische Wille, dieses Potential für eine zeitgemäße wirtschaftliche Entwicklung zu erschließen und zu nutzen. Die *mercanti di campagna*, die als soziale Elite in den letzten beiden Jahrzehnten des päpstlichen Rom mehr und mehr Kontur annahmen, wären vielleicht zur Keimzelle einer genuin römischen Bourgeoisie geworden, hätte nicht mit der Ankunft der Norditaliener nach 1870 dann eine ganz neue Elite den Weg der Stadt in die Moderne bestimmt.[123]

Es kann angesichts dieser soziostrukturellen Gegebenheiten nicht überraschen, dass Rom auch in wirtschaftlicher Hinsicht einen Sonderfall unter den Städten seiner Zeit darstellte. Wie seit eh und je führte die *urbs* auch im 19. Jahrhundert eine parasitäre Existenz: Für die Hauptstadt des Kirchenstaates, Zentrum der katholischen Welt und Ziel ersten Ranges für Pilger des Glaubens und Jünger der Kunst, war das von außen hereingebrachte Geld als Wohlstandsquelle immer schon ungleich bedeutsamer als der *intra muros* produzierte Ertrag. Dieser basierte in erster Linie und in einem ganz weitgefassten Sinne auf Dienstleistungen jeglicher Art. Im produktiven Bereich dominierte die Erzeugung von Textilien, kleingewerblich-vorindustriell organisiert, nur rudimentär technisiert und mit minimalem Kapitaleinsatz, wobei die Rohstoffe von der extensiven Wollproduktion der Latifundien des *Agro Romano* geliefert wurden. Dieses ökonomische Grundmuster – schwache Ausbildung des sekundären Sektors und ein traditionell starker, ja hypertropher tertiärer Bereich der alten Art – spiegelte die Eigenheiten der Kapitalstruktur und des Kapitaleinsatzes in Rom.

Die Einkommen der großen Adelsfamilien mit ihrem ausgedehnten Grundbesitz im *Agro Romano* kamen überwiegend aus der Landwirtschaft und wurden meist unmittelbar konsumptiv verwendet. Die römische Aristokratie, ein Geflecht von etwa

60 Familien, untereinander vielfältig verwandt und verschwägert und eng gebunden an die kuriale Hierarchie und den päpstlichen Hof[124], war primär auf Repräsentation ausgerichtet, kunstbeflissen und mäzenatisch, an kapitalistischen und industriellen Entwicklungen aber kaum interessiert; sie war, mit einem Wort, ein Element der Beharrung, des Festhaltens am Status quo, der souveränen Verachtung ökonomischer Rationalität. Wenn die moderne Soziologie es als etwas Neues entdeckt zu haben glaubt, dass ‚conspicuous consumption', also ostentative Geldverschwendung, ein wichtiger Faktor im Kampf um Erringung und Behauptung von sozialem Status und Prestige ist, so wussten das die Beobachter der römischen Aristokratie schon längst: Ob reich oder arm – so schrieb der Franzose About 1861 nach Art eines ethnographischen Forschungsreisenden in seinen vielzitierten Impressionen aus der Abenddämmerung des päpstlichen Rom – ein römischer Fürst müsse vor allem seinen Rang behaupten. Den Schein zu wahren sei die erste seiner Pflichten. Die Empfangsräume seines Palastes müssten großartig sein, die Diener zahlreich, ihre Livréen prächtig, die Kutschen frischgestrichen und die Pferde gut genährt, auch wenn ihr Herr sich dafür eine Mahlzeit seines Diners absparen müsse.[125] Aber auch ein liberaler italienischer Zeitgenosse Abouts bestätigt uns diesen Eindruck, wenn er die römische Aristokratie mit kaustischer Schärfe glossiert: „Ohne Sinn für eine gemeinsame Geschichte, bar höherer Aspirationen, blieb sie müßig auf den Stufen des Papstthrons hocken wie ein Haufen Hühner".[126]

Unter diesen Umständen konnten auch von dem oben skizzierten Bevölkerungszuwachs keine nennenswerten ökonomischen Impulse ausgehen. Die Zuwanderer, die sich in den populären Vierteln Trastevere und Monti (mit den östlichen Höhen des Viminal, des Esquilin und des Caelius) konzentrierten, verstärkten die bestehende Wohnungsnot, denn sie verfügten über keinerlei Kaufkraft, die irgendwelche Investoren zur Errichtung von ordentlichen Unterkünften hätten animieren können. Noch um 1840 würde sich dem Betrachter, der Rom aus der Luft, etwa von einer Montgolfière aus, hätte überschauen können, das seit tausend Jahren faktisch unveränderte Siedlungsbild geboten haben: Von den 1400 Hektar des von der Aurelianischen Mauer umschlossenen Stadtgebiets war weniger als ein Drittel – genau 27,1 Prozent – bebaut; unbebaut – *disabitato*, das heißt von Weinbergen, Gärten oder auch nur Ödland bedeckt mit allenfalls vereinzelt eingestreuten Gehöften und Ruinen waren 55,2 %, weitere 13,6 Prozent entfielen auf die Straßen und 4,1 Prozent auf den Fluss, der sich in vier großen Bögen von Nord nach Süd freifließend durch das Stadtgebiet schlängelte.[127] Nicht verwunderlich also, dass dieses Rom des frühen 19. Jahrhunderts sich seinen zahlreichen Besuchern als ein Ensemble von Eindrücken vorstellte, dessen einzigartiger Reiz in den nirgendwo sonst in solchem Reichtum anzutreffenden Kontrasten zwischen dem Grandios-Monumentalen hier und dem elementar Einfachen gleich daneben, dem erhaben ‚Schönen' und dem Ärmlich-Erbärmlichen, den Zeugnissen höchster Kunst und Kultur und der sich selbst überlassenen, ‚wilden' oder romantisch verwilderten Natur bestand.

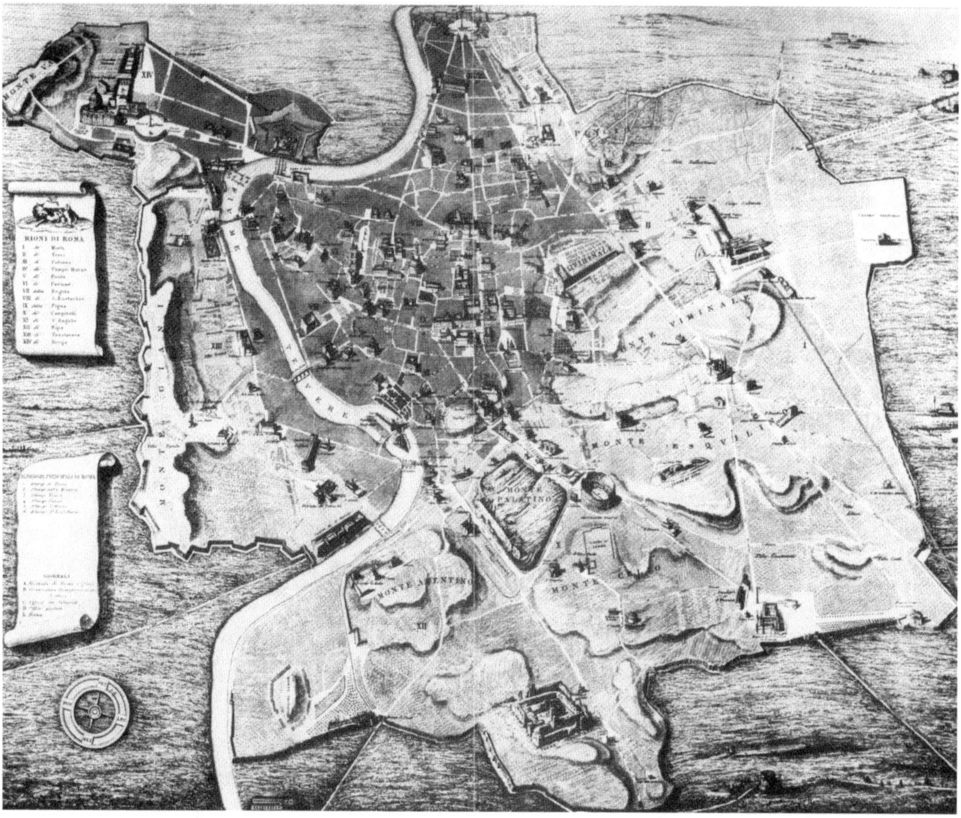

Rom gegen Ende der päpstlichen Ära: Die Karte von Ignazio Gigli aus dem Jahr 1867 markiert deutlich die Begrenztheit des bebauten Teils des Gebiets innerhalb der Mauern und lässt mit der Betonung der Höhenprofile gut die Hügel im Süden und Osten erkennen, auf denen das neue Rom des italienischen Nationalstaats erstehen wird.

Una città senza tempo: Rom und seine *Campagna*

Rom, das mit seiner zweieinhalbtausendjährigen Geschichte im kollektiven Gedächtnis Europas nachgerade als der Inbegriff der ‚Stadt', als die Stadt schlechthin eingeprägt war, hinterließ jetzt in der Wahrnehmung mancher weltläufigen Besucher den Eindruck eines ländlichen, beinahe bäuerlichen Orts, einer *Roma paesana.* Nicht wenige Reisebeschreibungen rufen vor unseren Augen eine bukolische Idylle herauf mit Hirten und Herden, welche durch die Straßen ziehen, mit Bauern, die auf dem Forum bei ihren Fuhrwerken und wiederkäuenden Ochsen lagern, mit Heuschobern und Ställen im Schatten antiker Monumente: „Des nachts wurde das Schweigen der Ewigen Stadt unterbrochen vom Krähen der Hähne, von Eselsgeschrei und Blöken der Schafe. Es schien eine Stadt von Ackerbauern zu sein, und dieser Eindruck wurde des tags noch bestätigt von den Schaf- und Ziegenherden, die sogar auf den Hauptstraßen sichtbare Zeichen ihres Durchzugs hinterließen." Einem französischen Reisenden erschien Rom gar „wie ein riesiges Landgut inmitten der fruchtbarsten Ebene"[128], und damit ist nun auch ein wichtiges kulturgeographisches Element angesprochen, welches viel zum Eindruck weltabgeschiedener Isolierung und Einsamkeit der *urbs* beigetragen hat.

Wer sich als Reisender Rom näherte, sei es in einer der teuren Postkutschen oder mit einer der noch viel teureren Eilposten, hatte nach quälend schwieriger und langwieriger Fahrt – allein die letzte große Etappe von Bologna bis Rom konnte fünfzig Stunden und mehr dauern – noch eine der bizarrsten Landschaften des Kontinents zu durchqueren, ehe er dann aus der Ferne der Kuppel von St. Peter ansichtig wurde: „Weite, steppenartige, leichtgewellte Weideflächen, von Ruinen großer Zeiten bedeckt, erfüllt von einem tiefmelancholischen Geiste, voll von Erinnerungen an Jahrtausende einer gewaltigen, historischen Vergangenheit, eine Gegend, in welcher kein hastendes Pulsieren des warmen Lebens unseres großen Jahrhunderts den Träumenden stört, sonnenbeglänzt wie zu den Zeiten ihrer größten Blüte, da sie tausendfältigen Reichtum in ihrem Schoße barg, jetzt aber müde der langen Vergangenheit, ungern einer Hand voll Menschen als Wohnstätte dienend, ergreifend durch die Kontraste des großen Einst und des jammervollen Jetzt – das ist die römische Campagna."[129]

Dieser *Agro Romano*, eine wellige Ebene von mehr als 2000 Quadratkilometern, unwegsam und vielfältig durchschnitten von den Tälern des Tibers und seinen zahlreichen kleinen Nebenflüssen, weites Gras- und wenig Ackerland, kahl bis auf kleine Wäldchen und Inseln dichten Gestrüpps, und dazwischen immer wieder ausgedehnte Sümpfe, wurde weithin nur zur Weidehaltung genutzt, kaum zum Ackerbau, denn er barg, zumal in den Sommermonaten, eine tödliche Gefahr: die Malaria. Der Reisende erblickte große Herden von Schafen, die schönen weißgrauen Rinder Latiums mit ihren ausladenden Hörnern, und in den Sumpfgebieten die schwarzen Büffel, sah aber, mit Ausnahme vereinzelter Schafhirten zu Fuß oder einiger berittener Kuhhirten – der *butteri* –, kaum Menschen und überhaupt, von ein paar Hütten und verfallenden Gehöften und gelegentlichen Ruinen antiker Grabmäler und Aquädukte abgesehen, keine Anzeichen menschlicher Präsenz; denn der *Agro* war entvölkert – eine schweigende, menschenleere Ödnis.[130] Nur ein paar tausend ständige Bewohner (1871 zählte man 3100) lebten in diesem riesigen Gebiet, und davon die meisten in dem wenige Kilometer breiten Band etwas intensiver kultivierten Landes, welches sich als *suburbio* um die Stadtmauer herumzog. Die Furcht vor Ansteckung hielt selbst die Ärmsten fern, und sie wurde alljährlich durch neue Todesfälle bestätigt.

Gleichwohl war der *Agro Romano* kein Niemandsland. Er war aufgeteilt in Landgüter – *tenute* – unterschiedlicher Größe (das größte umfasste 1870 7400 Hektar!) und befand sich zu 30 Prozent im Besitz der sogenannten ‚toten Hand', d.h. kirchlicher Körperschaften, zu 40 Prozent im Besitz der römischen Adelsfamilien, und

Ansicht des *Agro Romano* von Thomas Cole von 1843 mit den Ruinen eines antiken Aquädukts; im Hintergrund die Albanerberge. – Öl auf Leinwand, Wadsworth Atheneum, Hartford.

auch reich gewordene Bürgerliche hatten sich seit dem Ende des 18. Jahrhunderts hier eingekauft (ihr Anteil betrug etwa 30 Prozent), denn nichts verlieh in Italien traditionell mehr soziales Prestige als der Besitz von Land. Im Jahr 1870 war nach der von Sombart herangezogenen Statistik der *Agro Romano* in der Hand von nur 204 Grundeigentümern. Den acht größten von ihnen gehörte beinahe die Hälfte der Gesamtfläche.[131] Im *Agro* herrschte die klassische ‚absentistische' Latifundienwirtschaft – überwiegend extensive Weidewirtschaft, wegen der Malaria beschränkt auf das Winterhalbjahr –, welche die Besitzer einer kleinen Zahl von Pächtern überließen, den erwähnten *mercanti di campagna.*

Der Anblick dieser menschenverlassenen Landschaft von melancholischer Strenge und archaischer Primitivität, ihrer immensen Weite, aus der sich umso unvermittelter dann die Masse der Mauern und Monumente Roms erhob, prägte ganz wesentlich die Wahrnehmung auch der Stadt selbst, ja mehr noch: er war untrennbarer Teil ihres Mythos. Nun ist, wie wir wissen, zwischen der ‚Wirklichkeit' und ihrer Wahrnehmung zu unterscheiden: Die bloße Projektion dessen, was sich dem Auge, dem menschlichen wie dem mechanischen, in optisch-photographischer Funktion als ‚Gegenstand' darbietet, hat für sich genommen weder Bedeutung noch Sinn. Das im Sinneseindruck visuell Gegebene wird zum bedeutungtragenden ‚Bild' erst durch die Assoziationen und Stimmungen, Erinnerungen und Gefühle, durch die emotiven ‚Valeurs', die es im Betrachter heraufruft, durch die Vorstellungen, die dieser beim

Sehen, oder dem Gesehenen nach*sinn*end, es interpretierend und damit seinem eigenen Sinnhorizont einfügend, daran knüpft, damit verbindet. Nur die wenigsten Menschen freilich verfügen über die geistige Autonomie, um über die Vorstellungen, die den Dingen ihre Bedeutungen zuweisen, souverän bestimmen zu können. Für die meisten erledigt dies, ohne dass sie dessen auch nur gewahr würden, ein schwer zu fassendes, gestaltloses, anonym-kollektives und dabei außerordentlich mächtiges Phänomen: der Zeitgeist, der jeweils herrschende ‚Stil', oder, ganz banal: die Mode.

Wer nach Rom fuhr, führte die Kategorien (wir könnten auch sagen Schablonen), mit deren Hilfe Gesehenes zum Bild ausgedeutet wird, gleichsam im Reisegepäck mit und näherte sich dem großen Ziel mit vorgeformten Erwartungen hinsichtlich dessen, was er nun sehen, und mehr noch, was er dabei empfinden würde. Die europäischen Rom-Reisenden jener Tage, überwiegend gebildete oder jedenfalls bildungsbeflissene Menschen, waren durch ihre Lektüren und ihren ganzen soziokulturellen Kanon bestens vertraut mit dem Rom-Diskurs der Romantik, und nicht wenige von ihnen waren ja auch selbst Teil dieses Diskurses.[132] Die romantischen Künstler und Schriftsteller präsentierten ihrer Zeit die Ansichten der römischen *Campagna* und den Anblick Roms in einer Metaphorik des Moribunden – „toute l'horreur et la grandeur du sépulcre" – „der ganze Schrecken und die Größe des Grabes"[133] – Tragik und Tristesse von Untergang und Verfall erhabener Größe. Es war, wie auch das folgende Zitat des englischen Schriftstellers Charles Dickens von 1846 es exemplarisch veranschaulicht, geradezu ein Gemeinplatz, von der römischen *Campagna* als einem großen Friedhof zu reden und von Rom als einem Grab: Nachdem seine Reisegruppe Ronciglione (ein notorischer Etappenort der Romfahrer beim Lago di Vico an der Via Cassia, den Dickens kurz und bündig als „Schweinestall" charakterisiert) verlassen hatte, berichtet unser Gewährsmann, „kamen wir in die *Campagna romana*, eine gewellte Ebene, in der nur wenige Menschen leben können und wo es auf Meilen hin nichts gibt, was die schreckliche Monotonie und Trostlosigkeit unterbricht. Von allen denkbaren Landschaften, die vor den Toren Roms liegen könnten, ist diese der passendste Friedhof für die Tote Stadt. So traurig, so still, so finster, so geheimnistuerisch im Verdecken und Verstecken großer Massen von Ruinen; so ganz wie die wüsten Stätten, in die sich in den alten Tagen Jerusalems die von Dämonen Besessenen zurückzogen, um sich heulend zu zerfleischen. Wir mussten dreißig Meilen dieser *Campagna* durchqueren, und während langer zweiundzwanzig Meilen sahen wir nichts als hie und da ein einsames Haus und einen schurkig dreinschauenden Schafhirten."[134]

Die Atmosphäre, die der empfindsame ausländische Besucher, durch solcherart Lektüren eingestimmt, dann in Rom vorfand, in die er sich eintauchen fühlte, sobald er durch die Porta del Popolo römischen Boden betreten hatte, mochte in der Tat in vielerlei Hinsicht dazu angetan erscheinen, dieses Klischee der *Roma morta*, *Roma tomba* etc. zu bestätigen. Nicht dass es hier an Äußerungen des lustvoll gelebten Lebens gefehlt hätte, ganz im Gegenteil! – das römische Volk in allen seinen Schichten war immer, und zu Recht, berühmt für seine heftig bewegte Vitalität und eine bis ins Pomphafte ausdrucksstarke Lebensfreude. Gleichwohl ist es auffällig, wie viele zeitgenössische Berichte und Schilderungen uns in ihrem Grundton das Rom der Restaurationsepoche ebenso wie das Rom Pius' IX. als einen Ort der Stille und des Stillstands zeichnen; der Zeit enthoben und der Welt entrückt, wie abgestorben erschien diesen Beobachtern die Stadt, in der von den großen, vorwärtstreibenden Kräften und Tendenzen des 19. Jahrhunderts – Liberalismus, Nationalismus, Kapitalismus, wissenschaftlicher Rationalismus – keine prägend zur Geltung kam. Man konnte den Eindruck gewinnen, die weltliche Herrschaft des Papsttums im Kirchenstaat in allen ihren Manifestationen sei nur darauf ausgerichtet, Rom als letztes Bollwerk des Ancien Régime der stürmisch heraufziehenden Moderne entgegenzustellen. Der Rhythmus der Geschichte, der so sprunghaft und schnell geworden war seit der großen Revolution in Frankreich – an den Mauern Roms schien er sich zu brechen und totzulaufen. Hier war von den dynamisch bewegten Zeitläuften draußen in der Welt nichts zu spüren – Rom, erstarrt in seiner Ewigkeit, stand außerhalb der Geschichte.[135]

Im unmittelbaren Erleben dieser römischen Entrücktheit aber verfielen nun auch glühende Verfechter der modernen Zeiten nicht selten einem merkwürdigen Zwiespalt. Da registrieren wir einerseits die vibrierende Empörung der liberalen Fortschrittsjünger (zuweilen noch akzentuiert durch einen antipapistischen protestantischen Reflex) über Schmutz und Unordnung, Müßiggang und Misswirtschaft, Armut und Aberglauben – kurz, die ganze heillose Rückständigkeit in der Hauptstadt eines Staates, der, nur von Pfaffen und Prälaten regiert, sich obstinat allen lichtbringenden Zukunftsmächten verschloss. Nur die wenigsten dieser liberalen Zeit-Geister waren unvoreingenommen genug, wie der Reiseschriftsteller Francis Wey auch die buchstäblich schönen Seiten dieser unzeitgemäßen Kultur zu erkennen und anzuerkennen. „Rom“, so schrieb er 1870 in dem bekannten Pariser Reisejournal *Le Tour du Monde*, „ist die letzte Stadt in unserem utilitaristischen Jahrhundert, in welcher die Enthaltsamkeit von der Arbeit sich ihre ursprüngliche Würde behalten hat. Befreit vom Durst des Anhäufens und vom Verlangen nach Luxus, von seiner souveränen Nichtstuerei bewahrt vor der Entstellung durch die Industriearbeit, ohne die Last der Wehrpflicht und unserer beschwerenden Steuern und unbeschwert von den neidvollen Anwandlungen, welche die politischen Partizipationsrechte mit sich bringen – also im Besitz von lauter Wohltaten, die es unter italienischer Herrschaft verlieren würde, hat sich das Volk des Kirchenstaates, das im Sonnenschein völliger Freiheit lebt, seine ursprüngliche Schönheit, seine stolze Haltung und seine herrischen Gesten bewahrt.“[136] Selbst ein Hippolyte Taine, der den habituellen Müßiggang des Römers, den vollständigen Mangel an Initiative und Aktivität im Sinne einer bürgerlichen Tüchtigkeit hart geißelte, kam nicht umhin, auch andere Seiten am römischen Wesen zu registrieren – Dinge und Haltungen, die der rückständige Römer noch selbstverständlich besaß und die dem ‚modernen‘ Europäer längst abhanden gekommen waren: „Die Leute hier sind nicht anspruchsvoll, was das Glück betrifft: ein Sonntagsspaziergang im guten Gewand in der Villa Borghese, ein Abendessen in einer Trattoria auf dem Land, das sind schon Aussichten, die ihnen für eine Woche Anlass zu träumen geben. Sie verstehen zu flanieren, zu plaudern und sich mit dem zu begnügen, was sie haben, sie genießen einen frischen Salat, erfreuen sich an einem Glas guten, reinen Wassers im Angesicht eines schönen Beleuchtungseffekts. Zudem sind sie im Grunde von guter Stimmung; sie meinen, dass man seine Zeit angenehm verbringen müsse, dass die Entrüstung eine Dummheit sei und die Traurigkeit eine Krankheit; ihr Temperament geht nach der Freude wie die Pflanze nach der Sonne."[137]

So spüren oder erahnen wir auch bei nicht wenigen der harschesten Kritiker römischen Schlendrians und römischer Verwahrlosung zugleich eine kaum verhohlene Faszination: Vielleicht sogar – durfte man sich's eingestehen? – ein aus dem Gemüt heraufsteigendes Entzücken angesichts dieser so irritierend ‚anderen', unzeitgemäßen, längst überwundenen Lebensgesetzen gehorchenden, aus der Zeit gefallenen Oase von Tradition und Beharrung, die sich den verwerflichen und typisch ‚katholischen' Luxus leistete, den welterobernden Geist des 19. Jahrhunderts, den Fortschritt aus Wissenschaft, Wettbewerb und Wohlstand auszusperren und sich seinen Segnungen zu versagen. Es war eine Erfahrung und eine Welt, angesichts deren der aufgeklärte, liberal-demokratische Zeitgeist seine Verblüffung und nostalgische Bezauberung mit den Prädikaten des ‚Fremden' und ‚Pittoresken' nur unzureichend in einen Begriff zu bannen vermochte.[138]

Ferdinand Gregorovius, der deutsche Geschichtsschreiber, der mit seinem monumentalen Werk das Rom des Mittelalters erst ins wissenschaftliche Bewusstsein gehoben hat[139], ist vielleicht das beste Beispiel für diese merkwürdige Ambivalenz. Als entschiedener Liberaler hatte er sich Anfang der 1850er Jahre mit all der Resignation des enttäuschten Achtundvierzigers aus der preußischen Reaktionszeit nach Italien geflüchtet und in Rom niedergelassen. Und obwohl Gregorovius auf römischem Boden seinen weltanschaulichen Idealen treu blieb, die nationalen Zukunftshoffnungen der Deutschen wie der Italiener mit Sympathie und das Papsttum mit aufgeklärter Kritik begleitete, erlag doch auch er sogleich der halkyonischen Stimmung der päpstlichen Stadt, die ihre sensiblen Besucher gleichsam in einen Kokon der Zeitlosigkeit einschloss und gegen die Wirren der Welt da draußen abschirmte. Wenige Monate nach seiner Ankunft schon schrieb er in unverkennbarem mentalem Wohlbehagen in sein Tagebuch: „Rom ist so tief still, dass man hier in göttlicher Ruhe empfinden, denken und schaffen kann."[140] Und im Frühjahr 1859, während in der Lombardei der Krieg zwischen Piemontesen, Franzosen und Österreichern tobte und die nationale Erhebung in den Städten der Emilia-Romagna und in der Toskana in vollem Gange war, notierte Gregorovius tief beeindruckt, das von alledem völlig unbewegte Rom sei „wie aus der Welt verloren, wie in sich eingesponnen und verzaubert": „Die aufgeregtesten Momente der Zeit fallen hier wie tonlos in die Ewigkeit nieder."

Und sie bewegt sich doch: Rom in den letzten Jahren des Kirchenstaats

Das Bild vom ‚toten' Rom, vom Rom der Friedhofs- und Grabesmetaphorik, so geläufig es als literarischer Topos in dieser Zeit war, erfasste doch nur *einen* Aspekt der Wahrnehmung von außen. „Obschon das Beharren auf der Immobilität Roms und die Tendenz, die Stadt nur als stummes Zeugnis der Vergangenheit gelten zu lassen, einen der charakteristischen Züge der Romliteratur darstellen", so hat kürzlich wieder ein Kenner der Materie festgestellt, „dürfen sie zweifellos nicht als historische Urteile genommen werden." Genau als solche wurden sie aber noch lange Zeit in der Deutungsperspektive der Sieger kanonisiert und weitergetragen: Eine von den liberal-laizistischen Zeitgenossen durchaus zutreffend beobachtete Grundtendenz wurde in der offiziösen Risorgimento-Geschichtsschreibung des neuen Italien dann zuweilen ideologisch überzeichnet. Die römische Wirklichkeit war auch in dem halben Jahrhundert vor 1870 „vielschichtig und wechselvoll", und die meisten Römer dürften ihre Stadt in diesen Jahrzehnten durchaus als lebendig und im Umbruch befindlich wahrgenommen haben, selbst wenn die Veränderungen sich hier tatsächlich in einem „langsameren Rhythmus" vollzogen als anderswo.[141] Auch passt es schlecht zum Klischee eines ‚toten' Rom, dass die demographische Dynamik in der Hauptstadt des Kirchenstaats der von ‚modernen' norditalienischen Städten wie Mailand und Turin in nichts nachstand.[142]

Auch in der Abenddämmerung des Kirchenstaates war nicht alles nur blinde Verweigerung der Moderne. So hatten ein sich verschärfender Mangel an Wohnraum und das Auflaufen anlagesuchenden Kapitals in den Händen der traditionellen städtischen Eliten schon in den 1830er Jahren erste Pläne reifen lassen, ein neues, bürgerlichen Bedürfnissen genügendes Stadtviertel mit Wohnhäusern, Geschäften, Handwerksbetrieben, Kirchen und kulturellen Einrichtungen auf den Prati di Castello zu errichten. Damals allerdings waren die unternehmerischen Impulse noch nicht stark genug gewesen, um die politischen Vorbehalte und die bürokratische Indolenz des päpstlichen Regimes gegen große urbanistische Projekte dieser Art zu überwinden. Das Pontifikat Gregors XVI. war in der Tat von allgemeiner und auch politisch gewollter Stagnation gekennzeichnet. Unter Pius IX. nahm die Bevölkerungszahl Roms durch Zuwanderung noch einmal sprunghaft zu – von 170 000 auf 226 000 Einwohner –, und es wäre falsch zu behaupten, dass das päpstliche Regiment sich den Herausforderungen der Zeit gar nicht gestellt hätte.

In den letzten Jahrzehnten der *Roma papale* vor der italienischen Eroberung von 1870 regten sich auch stärker die Kräfte der Veränderung in der stadtrömischen Gesellschaft, und in der kurialen Hierarchie war die Bereitschaft gewachsen, solchen Initiativen in gewissem Umfang Raum zu geben und selbst behutsame Modernisierungsmaßnahmen einzuleiten.[143] So führte man die technische Innovation der Gasbeleuchtung auf den wichtigsten Straßen und Plätzen ein und errichtete dafür eine Gasfabrik beim *Circus maximus*. Pius IX. ließ neue Gefängnisse, aber auch neue Hospitäler bauen, zusätzliche Brücken über den Tiber schlagen und viele andere verdienstvolle Bauvorhaben realisieren, denen zwar kein zusammenhängender urbanistischer Gestaltungswille zugrunde lag, die aber im einzelnen durchaus das Stadtbild und die Lebensqualität verbesserten. Der neue, monumentale Eingang zum Hauptfriedhof Campo Verano etwa ist da zu nennen und die große Tabakfabrik an der Piazza Mastai in Trastevere, das Hauptwerk des späten Klassizismus in Rom. Ein veritabler Meilenstein in der Hebung der sanitären Verhältnisse war die Neukonstruktion eines Aquädukts, welches die gesunden Wasser der antiken *Aqua Marcia* aus dem Oberlauf des Flusses Aniene auf die östlichen Höhen der Stadt führte. Diese *Acqua Pia* schuf eine wichtige Voraussetzung für die vom Kardinal De Mérode betriebene Errichtung neuer Stadtviertel auf dem Quirinal, dem Viminal und dem Esquilin. Die feierliche Einweihung der Wasserleitung durch Eröffnung eines Schaubrunnens auf der Piazza Termini fand am 10. September 1870 statt – zehn Tage vor dem Einmarsch der Italiener. Sie war eine der allerletzten Gelegenheiten, bei denen der Papst noch als Pontifex und weltlicher Herr seiner Stadt öffentlich in Erscheinung trat.[144]

Unter Pius IX. kam schließlich auch die neue Verkehrstechnik der Eisenbahn zum Zuge, die sein Vorgänger Gregor XVI. noch abgelehnt hatte. In den 1850er Jahren konzessionierte die päpstliche Administration die ersten Eisenbahngesellschaften, und 1857 konnte die Verbindung von Rom nach Frascati eingeweiht werden; weitere folgten, so dass der Kirchenstaat 1870 immerhin schon über ein Streckennetz von 319 Kilometern verfügte, das, wie sollte es anders sein, ganz auf den Mittelpunkt Rom ausgerichtet war. Dieser Einstieg ins Eisenbahnzeitalter gab schließlich noch in den letzten Jahren der päpstlichen Herrschaft auch den Anstoß zu einer folgenreichen verkehrspolitischen Strukturentscheidung mit der Schaffung eines römischen Zentralbahnhofs. Die Ausgangsstationen der ersten Linien nach Frascati, Orte und Civitavecchia waren noch außerhalb der Stadtmauern angelegt worden – vor Porta Maggiore und Porta Portese. Der Bahnhof für die wichtige Verbindung über Ceprano und Cassino nach Neapel aber erhielt seinen Platz innerhalb der Mauern, oben auf dem Esquilin im Osten der Stadt, zwischen den Thermen des Diokletian und der Basilica S. Maria Maggiore. Mit der Zusammenführung auch der anderen Linien entstand dort die Stazione Termini. Der Bau einer großzügigen dreiflügeligen Anlage wurde noch unter päpstlicher Ägide 1867 begonnen, aber erst 1874 fertiggestellt.[145]

Nun haben im 19. Jahrhundert gerade die Bahnhöfe die Struktur und Expansion der Städte revolutioniert wie wohl kein anderer städtebaulicher Faktor. Sie haben die bis dahin eingeschliffenen Muster der Transport- und Kommunikationswege zur Verbindung des städtischen Mikrokosmos mit der äußeren, der ‚großen‘ Welt außer Kraft gesetzt und mit der Zeit durch eine völlig neue Geometrie der Bewegungsströme von Menschen und Gütern ersetzt, die dann natürlich auch ihren Niederschlag fand in der gebauten Struktur der Stadt. In Rom zeigten sich diese Umpolungen noch einschneidender als anderswo, weil hier die traditionellen Wege in die Stadt durch die altehrwürdigen, seit der Antike existierenden Tore in der ringsum geschlossenen Mauer fortan nur noch für den kleinen Verkehr mit dem Umland von Bedeutung waren.

Mit der Lokalisierung des Zentralbahnhofs bei den Diokletiansthermen hat das Papsttum gleichsam in den allerletzten Stunden seiner Herrschaft über Rom ein städtebauliches Vermächtnis hinterlassen, welches dem folgenden Ausbau der *urbs* zur Kapitale des geeinten Italiens dann auf Jahrzehnte hin den Entwicklungsschwerpunkt und die Entwicklungsrichtung vorgeben sollte. Und noch ein weiteres Element drängt sich an dieser Nahtlinie zweier Epochen der römischen Stadtgeschichte in unseren Blick, das im Guten wie im Schlechten weit in die Geschichte des modernen Roms vorausweist. Dieses Element verbindet sich mit dem Namen eines hohen Würdenträgers des päpstlichen Regimes, des belgischen Kardinals François-Xavier De Mérode. Der 1820 in Brüssel geborene De Mérode hatte in der Kurie herausgehobene Funkti-

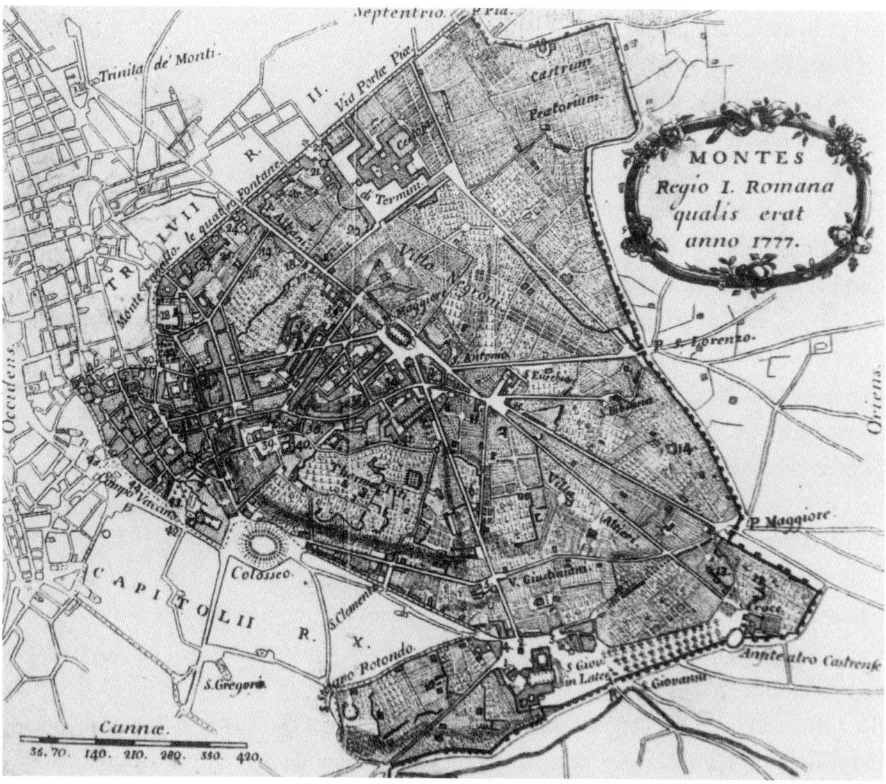

Kartographische Darstellung des *Rione Monti* von D. Magnan aus dem Jahr 1777 mit der Basilika *S. Maria Maggiore* im Mittelpunkt; in diesem Gebiet werden ab den 1860er Jahren der Zentralbahnhof *Termini* und die ersten Viertel der *Roma capitale* entstehen.

onen inne – u.a. war er von 1860–64 für das päpstliche Militär zuständig – und galt als Gegenspieler des Kardinalstaatssekretärs Antonelli. De Mérode hielt dessen unnachgiebigen Konservatismus für zukunftslos und trat dafür ein, den Kirchenstaat durch strukturelle Modernisierung für die Herausforderungen der neuen Zeit zu rüsten. Als er die Vergeblichkeit dieser Bemühungen erkennen musste, lenkte er seine beachtlichen unternehmerischen Energien auf die Entwicklung der Stadt, überzeugt, dass diese, gleich ob unter dem Papst oder unter einem italienischen König, sich dem dynamischen Wandel, der längst alle größeren Städte Europas erfasst hatte, nicht auf Dauer würde verschließen können. Unter diesen Auspizien hielt es der Kardinal für dringend geboten, die Stagnation der Stadt aufzubrechen und die unausweichlichen Veränderungen nicht nur zu erleiden, sondern sie vorteilbringend mitzugestalten.[146]

Mit seiner mentalen Offenheit für die Bewegungskräfte der heraufziehenden Moderne und seinem Interesse für städtische Entwicklung und Planung hatte De Mérode frühzeitig erkannt, welche Bedeutung den Höhen östlich des Quirinals für die künftige Expansion Roms zukommen musste, und so hatte er bereits 1859 dort oben das Areal der Villa Strozzi für die Kurie erworben. Die Zusammenführung aller Bahnlinien in der Stazione Termini bestätigte seine Voraussicht und beflügelte seine unternehmerische Phantasie. In den folgenden Jahren kaufte der Kardinal weitere Ländereien von religiösen Korporationen und adeligen Familien zusammen, und als dann im September 1870 die Italiener von ihrer Hauptstadt Besitz ergriffen, war Monsignore De Mérode wohl der mit Abstand größte Grundeigentümer in der riesigen Zone zwischen Quirinal, Via Venti Settembre, Castro Pretorio und der späteren Piazza Vittorio Emanuele II. Weitere ausgedehnte Flächen besaß er in der Gegend des Laterans und bei den Prati di Castello.

Dass dies nicht mehr der von den Liberalen so heftig und mit ideologischem Eifer verdammte Besitz der ‚toten Hand' der Kirche war, einer ‚nutzbringenden' (will sagen: spekulativen) Verwendung entzogen, wurde deutlich, noch bevor die weltliche Herrschaft des Papsttums untergegangen war. De Mérode begann umgehend, die Filetstücke seines ausgedehnten Grundbesitzes für die Bebauung zu erschließen. Er ließ dort Straßen trassieren und die Areale dazwischen in Baugrundstücke einteilen und schuf so die Grundlagen für die ersten neuen Viertel der künftigen Hauptstadt der Italiener. 1867 griff De Mérode zu dem höchst ‚modernen', damals in anderen europäischen Städten längst gebräuchlichen Instrument einer Konvention mit der Kommune. Gegen die schenkungsweise Überlassung der Flächen der von De Mérode gezogenen Straßen und Wege an die Stadt übernahm diese auf ihre Kosten die Erstellung der Infrastruktur, also der Wasserleitungen, der Abwasserkanäle und der Gasbeleuchtung, ließ aber im übrigen dem Immobilienunternehmer völlig freie Hand bei der Verwertung seines Terrains gemäß dem von ihm erstellten Bebauungsplan. Es ist De Mérode, der die neue Magistrale Via degli Angeli oder Via Nuova Pia von der Piazza dell'Esedra bei den Diokletiansthermen herab zur Piazza Venezia und zum Kapitol

Via Nazionale in Blickrichtung zur *Piazza dell'Esedra*, Ende des 19. Jahrhunderts; links der 1883 fertiggestellte *Palazzo delle Esposizioni.*

erfindet, die dann nach 1870 Via Nazionale heißen und mit ihren Grands Hotels und prächtigen bürgerlichen Repräsentationsbauten das Herzstück und der Stolz der jungen Kapitale des Königreichs sein wird. Der Kardinal plant sein neues Stadtviertel, das der Volksmund damals zutreffend *Quartiere De Mérode* nannte, als Scharnier zwischen dem Bahnhof Termini als dem Einfallstor der Moderne und dem Kerngebiet der alten Stadt. Der 1873 fertiggestellte Hauptbahnhof mit dem vorgelagerten großen Platz bildet ein symbolisches Gegengewicht zur römischen Vergangenheitslast; von hier „stürzt sich", wie ein begeisterter Zeitgenosse es etwas später ausdrückte, „die *Italia* hinab in ihre Hauptstadt".[147]

Dieser urbanistische Brennpunkt des neuen, modernen, säkularen Roms also geht – man möchte das einen Ironiestreich oder gar eine diabolische List der Geschichte nennen – ausgerechnet auf den planenden Geschäftssinn eines päpstlichen Prälaten zurück. In der bemerkenswerten Gestalt des Monsignore De Mérode, des Kapitalisten im Purpur des Kardinals, begegnet uns nicht nur der „Gründervater" und „erste Stadtplaner des modernen Rom"[148], sondern auch die ebenso problematische wie zukunftsweisende Figur des Grundstücksspekulanten und Baulöwen, und damit ein Faktor, der jenseits aller tönenden nationalpatriotischen Planungsrhetorik der offiziellen Hauptstadtpolitik die Entwicklung Roms im 19. und 20. Jahrhundert stärker prägen und lebendiger verkörpern wird als irgendetwas sonst.

II

Die Hauptstadt Rom und das liberale Italien

L'Italia va in Campidoglio: Die ersten Schritte in der neuen Hauptstadt

Heimsuchungen und Erscheinungen: Der Tiber und der König

1849 hatte sich Rom mit leuchtenden Lettern ins große Heldengedicht des Risorgimento eingeschrieben: die Ausrufung der Republik, ihre tapfere Verteidigung in aussichtsloser Lage und schließlich die Tragödie ihrer Niederschlagung durch die Übermacht der französischen Interventionstruppen – Schicksalstaten und Schicksalsdaten, welche die Stadt für eine herausgehobene Rolle in der nationalen Bewegung zu prädestinieren schienen. Damit aber war die patriotische Aufwallung der Römer schon wieder verflogen – der Prozess der staatlichen Einigung lief ohne Rom weiter, und er lief zunächst an Rom vorbei. Auch noch im ersten Jahrzehnt nach der gelungenen Errichtung eines Königreichs Italien 1860 sah alles danach aus, dass sich der altbekannte römische Quietismus mit der Herrschaft des Papstes wieder arrangiert hatte. Während Giuseppe Garibaldi mit seinen Freiwilligenscharen unter der Losung *O Roma, o morte!* 1862 und 1867 zweimal – und zweimal vergeblich – dazu ansetzte, die Stadt des Papstes von außen für Italien zu erobern, blieb das erhoffte unterstützende Fanal einer nationalpatriotischen Volkserhebung gegen den Papst innerhalb der Mauern aus. Kein Wunder, dass immer wieder der Vorwurf laut wurde, die Römer seien in für sie typischer Indolenz letztlich lau und gleichgültig gewesen gegenüber dem heißen Wunsch der italienischen Nation, Rom als ihre Hauptstadt zu gewinnen.[1]

Nun mag ein Pragmatismus, der zuallererst den elementaren Imperativen des täglichen Lebens gehorcht, in der Tat der bestimmende Charakterzug des römischen Volkes gewesen sein – eine gewisse achselzuckende Wurstigkeit, wie sie in der Zeit, als noch Franzosen und Spanier um die Vorherrschaft auf der Halbinsel rangen, in dem erdnahen Wort zum Ausdruck kam: *Francia o Spagna purché se magna.*[2] Gänzlich unverständlich jedenfalls wäre eine solche Einstellung nicht angesichts einer mehr als zweitausendjährigen Geschichte voll der politischen Wechselfälle; nachvollziehbar erschiene aber auch eine auf Tradition und Gewöhnung, wenn schon nicht auf Glaubensstärke basierende Anhänglichkeit der Römer an den Papst und sein Regime, das bei allen seinen Gebrechen mit einem weitverzweigten System von Wohltätigkeitseinrichtungen für das Notwendigste doch stets gesorgt hatte.

Dem aufgeklärt-liberalen Zeitgeist des Besitz- und Bildungsbürgers freilich blieb solcherart ideologiefreies Nach-dem-Brot-Gehen stets ein Stein des Anstoßes, und so gab es im Inland wie im Ausland kritische Beobachter genug, die von der Warte moralischer Entrüstung herab streng mit dem Schlendrian und der Teilnahmslosigkeit der römischen Bevölkerung ins Gericht gingen. Der französische Historiker Hippolyte Taine etwa ist hierfür ein prominenter Gewährsmann[3], aber auch den gefeierten Nationaldichter und Großrhetor des Risorgimento, Giosué Carducci, kann man hier anführen, der noch 25 Jahre nach dem Anschluss Roms an Italien die römische Gesellschaft mit bitterem Hohn und schneidender Verachtung porträtierte: „Ein Volk von Bettlern, das jedem Despoten zujubelt, ein Bürgertum von Zimmervermietern, Devotionalienhändlern und Antiquaren, dem alles verkäuflich ist: Gewissen, Heiligkeit, Bildung, falsche Reliquien von Märtyrern und Scipionen, und echte Frauen; dazu eine Schicht von Pfaffen und Monsignori in vielfarbigen Umhängen, die ebenfalls alles kauft und alles verkauft und sich über alles lustig macht, und eine Aristokratie von Türstehern – kurz, eine Gesellschaft, die oben wie unten, im Heiligen wie im Profanen, in der Kirche wie im Gerichtssaal, in der Familie wie in der Schule genauso lebt, wie die literarische Satire eines Settano und eines Belli es gezeichnet hat – unverschämt skeptisch, ausgesucht unmoralisch, von gelassenster Ungläubigkeit und völlig gefühllos gegenüber allem, was andere Völker je an Erhabenem, Vornehmem, Menschlichem je geglaubt, ersonnen und erträumt haben [...].“[4]

Am 20. September 1870 aber und in den Tagen und Wochen danach haben es die vielgescholtenen Römer den zahlreichen Zeitzeugenberichten zufolge am schuldigen Enthusiasmus und an Bekundungen der Dankbarkeit für ihre nationale ‚Befreiung‘ nicht fehlen lassen. Die einmarschierenden italienischen Truppen wurden begrüßt, gefeiert, bewirtet, und aus den Fenstern entlang den Hauptstraßen hingen auf einmal die Trikoloren. Auf der anderen Seite überließen sich auch die siegreichen Söhne der *Italia* mit gebührender Ergriffenheit dem erhebenden Eindruck des Moments und der großartigen Monumente der Ewigen Stadt: – das Kolosseum! das Pantheon! – erregten genauso die Bewunderung der Neu-Römer wie St. Peter, *il Cupolone!*[5] Aufmerksamen Beobachtern allerdings konnte es nicht ganz verborgen bleiben, dass es unter der rauschhaft bewegten Oberfläche aus nationaler Begeisterung und triumphalem Pathos auf beiden Seiten durchaus auch Skepsis und Zweifel gab, ob denn aus der Vereinigung Roms mit Italien nur Ersprießliches hervorgehen würde. Der von Einfühlungsvermögen und scharfer Beobachtungsgabe gleichermaßen zeugende Bericht, den der populäre Schriftsteller

Edmondo De Amicis (1806–1908) von seinen ersten Begegnungen mit dem idealtypischen ‚kleinen Mann' aus dem römischen Volk, einem Barbier und einem Schuster, am Tage nach dem Einzug der Italiener hinterlassen hat, macht diese Stimmung dem Leser noch heute plastisch nacherlebbar: Der Römer, so De Amicis' Eindruck, will sich jetzt als guter Italiener zeigen, auch wenn – oder gerade weil – er gestern noch dem Papst die Treue schwor. Was aber werden die ‚Piemontesen' den Römern bringen? Höhere Steuern? Höhere Preise? Teurere Mieten? Die allgemeine Wehrpflicht – und überhaupt mehr Pflichten als Rechte, mehr Opfer als Geschenke? Und, wer weiß, vielleicht sogar eine Bürokratie, die auf den Buchstaben pocht und nicht mehr mit sich reden lässt? Wird der Sohn, der Schwiegersohn seine Arbeit (oder richtiger: seinen Versorgungsposten) in der päpstlichen Administration jetzt verlieren (und in der neuen italienischen keinen mehr erhalten), weil nach aller Lebenserfahrung die Neuankömmlinge für ihre Verdienste belohnt und versorgt werden müssen? Oder werden doch die Chancen überwiegen, die der Anbruch neuer Zeiten allemal ja auch mit sich bringt – neue Nachfrage, neues Geld?[6] Dies sind die Sorgen der kleinen Leute, denen das familiäre Hemd allemal näher ist als der nationale Rock, und die sich – was bleibt ihnen auch anderes? – mit den neuen Verhältnissen arrangieren werden, so wie ihre Vor- und Vorvorfahren es seit je getan haben durch die Generationen und die Jahrhunderte hin in dieser alten, ‚ewigen' und sich ewig wandelnden Stadt.

Die italienische Regierung verfolgte nach dem 20. September 1870 in der römischen Angelegenheit eine Doppelstrategie: staatsrechtlich schnellstens vollendete Tatsachen zu schaffen, dabei aber so behutsam vorzugehen, dass ausländische Mächte keinen Anlass fänden, zugunsten des Papstes zu intervenieren. Pius IX., der sich mitsamt der Kurie im Vatikan eingeschlossen hatte, wurde unter diskrete, aber lückenlose Beobachtung gestellt. Man wollte nicht von spektakulären Aktionen seitens des Papstes überrascht werden – etwa seinem protestierenden Auszug aus Rom; man wollte aber vor allem auch sicherstellen, dass nicht patriotische und anti-klerikale Hitzköpfe durch provokative Akte gegen kuriale Würdenträger das Ansehen Italiens kompromittierten.[7]

Die von General Cadorna, dem Hauptstadteroberer und interimistischen Stadtkommandanten eingesetzte provisorische Stadtregierung unter dem liberal gesinnten Herzog von Sermoneta, Michelangelo Caetani, machte sich unverzüglich an die Vorbereitung der Volksabstimmung, die den Anschluss Roms an das italienische Königreich besiegeln sollte. Dieses Plebiszit fand bereits am 2. Oktober 1870 statt, also nur zwölf Tage nach der Einnahme der Stadt. Das Ergebnis auf der Basis des allgemeinen Wahlrechts der volljährigen männlichen Bevölkerung war eindeutig: 40 785 Ja-Stimmen standen nur 46 Nein-Stimmen gegenüber. Ein kritischer Blick auf die konkreten Umstände der Abstimmung freilich ist geeignet, den Anschein völliger Einstimmigkeit doch ein wenig zu relativieren. Zum einen musste man sich für die Abstimmung registrieren lassen, was nur etwa zwei Drittel der Wahlberechtigten taten. Zum andern war die Stimmabgabe nicht geheim: Man musste beim Wahlgang *coram publico* einen der vorbereiteten Stimmzettel mit ‚Ja‘ bzw. mit ‚Nein‘ verlangen und dann in die Urne einwerfen. Unter diesen Umständen wird man annehmen müssen, dass die meisten derer, die dem Anschluss Roms und des Kirchenstaates an das Königreich Italien ablehnend gegenüberstanden, gar nicht erst an der Abstimmung teilnahmen, um sich nicht dem Druck der Straße auszusetzen. Und schließlich konnten auch die eilig zurückgekehrten Emigranten und Exulanten abstimmen, deren Anteil an den 40 000 Ja-Stimmen auf 12- bis 14 000 geschätzt wird. Aber auch unter Berücksichtigung dieser einschränkenden Faktoren ist nicht daran zu zweifeln, dass beim Plebiszit in der Tat eine breite Mehrheitsstimmung für die Vereinigung Roms mit Italien zum Ausdruck kam. Von einer politisch handlungsbereiten papsttreuen Opposition war nicht einmal ansatzweise etwas zu erkennen.[8] So konnte eine Deputation unter Führung des Herzogs von Sermoneta als Präsidenten der provisorischen Stadtregierung dem König in Florenz stolz das pro-italienische Votum der Römer zu Füßen legen. Es wurde am 9. Oktober huldvoll angenommen und in Form eines königlichen Dekretes vollzogen. Noch am gleichen Tag wurde General Cadorna von General La Marmora als Statthalter des Königs und damit als oberste staatliche Autorität in der Stadt abgelöst.[9]

Rom war damit definitiv italienisch geworden, das Risorgimento, die nationale Wiedergeburt, in den Augen der meisten Italiener zu einem krönenden Abschluss gelangt. Die ‚römische Frage‘ freilich, also das Problem der künftigen staatsrechtlichen Stellung des Papsttums und damit auch die Frage, wie sich der alte und der neue Souverän in dieser Stadt künftig begegnen sollten, bestand noch auf Jahrzehnte fort und blieb eine Quelle italienischer Verlegenheiten.[10] Die Aufgabe schließlich, die neue Hauptstadt Rom sowohl ideell wie materiell in Besitz zu nehmen, sich in ihr einzurichten und ihr den Stempel nationalitalienischer Repräsentation aufzuprägen – das große Projekt der *Roma Capitale* konnte jetzt beginnen. Der erste Schritt musste der Umzug der zentralen Staatsorgane – König, Parlament, Regierung – von Florenz nach Rom sein.

Dass die Hauptstadt nun, nachdem Rom endlich gewonnen war, auch faktisch und praktisch verlegt werden sollte, stand für die meisten außer Frage. Nur über das Wann und Wie gab es in der Regierung des Ministerpräsidenten Lanza Differenzen. Quintino Sella, der mächtige Finanzminister, der schon im September 1870 die Einnahme Roms am entschiedensten vorangetrieben hatte, trat auch jetzt für rasches und entschlossenes Handeln ein. Die Römer dankten ihm seine Haltung mit einem begeisterten Empfang, als er im Oktober als erster Minister der Regierung die Stadt besuchte.[11] Der schon berufsmäßig zur Vorsicht neigende Außenminister Visconti-Venosta, der nach wie vor internationale Komplikationen aus der ‚römischen Frage‘ befürchtete, hatte es demgegenüber mit dem Umzug gar nicht eilig.[12] Einig war man sich in der Regierung darin, dass vor einer offiziellen Hauptstadtverlegung das ‚Garantiegesetz‘ verabschiedet werden musste, welches die Stellung des Papstes und der Kurie durch den italienischen Staat liberal und großzügig regeln sollte.

In Rom selbst wuchs indes mit dem Stolz und der Begeisterung über die neue Hauptstadtwürde auch die Ungeduld. Man wollte den König und möglichst bald auch Regierung und Parlament in seinen Mauern haben.[13] Der König aber zögerte – nicht nur, weil er wie sein Außenminister das Risiko diplomatischer Konflikte mit europäischen Mächten scheute, sondern auch aus sehr persönlichen Motiven: Vittorio Emanuele II. war, wie es den Traditionen der sabaudischen Dynastie entsprach, gläubig und kirchenfromm. Dass er und seine Regierung dem Papst mit der Einnahme Roms einen schweren Tort hatten zufügen müssen, auf den der Pontifex unversöhnlich bis hin zur Exkommunikation reagierte, belastete das Gewissen des Königs sehr. Wider alle realistische Erwartung hoffte er auf ein versöhnliches Einlenken der Kurie, und er wollte diese Hoffnung keinesfalls durch ein voreilig auftrumpfendes Auftreten in Rom gefährden.[14] Es kennzeichnet das Durcheinander der Stimmungen und Erwartungen hinsichtlich des (mehrfach als unmittelbar bevorstehend erwarteten und dann doch wieder ausgebliebenen) ersten Besuches des Königs in der neuen Hauptstadt, dass bei den in Florenz und in Rom akkreditierten ausländischen Diplomaten sogar das Gerücht aufkam, Vittorio Emanuele wolle sich um eine persönliche Audienz beim Papst bemühen und auf diesem Wege die Aussöhnung – um nicht zu sagen: die Absolution – zu erlangen.[15]

Außerhalb der von den gemäßigten Liberalen – den *moderati* – getragenen Regierung, und teilweise in offener Konfrontation gegen sie agitierend, drängten nicht nur die radikalliberal-demokratischen und republikanischen Kräfte mazzinischer Observanz auf eine antiklerikal-patriotische Demonstration: Der König sollte als Triumphator in Rom einziehen, am besten hoch zu Ross, und damit aller Welt vor Augen führen, dass nunmehr auch in Italien die moderne Macht des laizistisch-nationalen Staates endgültig über Pfaffenregime und kirchlichen Obskurantismus gesiegt habe. Eine städtische Kommission geschichtstrunkener Patrioten wollte den König auf der Via Triumphalis der antiken Imperatoren einreiten sehen wie weiland Kaiser Karl V. nach seinem Sieg bei Tunis – am Kolosseum vorbei, durch die Triumphbogen des Konstantin, des Titus und des Septimius Severus, übers Forum Romanum empor zum Kapitol.[16]

Bei Italiens Regierung stießen diese hochfliegenden Pläne auf wenig Verständnis – zu phantastisch erschienen solche demonstrativen Anleihen beim Triumphgebaren längst versunkener Zeiten in der Situation von 1870. Die Minister sahen dem unausweichlich herannahenden Einzug des Monarchen in Rom, der nach längerem Hin und Her schließlich für den 10. Januar 1871 angesetzt worden war, mit ausgesprochenem Unbehagen entgegen, wohl ahnend, dass der König einen äußerst schmalen Grad würde wandeln müssen zwischen den Erwartungen der antipäpstlichen Patrioten auf der einen und den Empfindlichkeiten der Kurie und der internationalen Diplomatie auf der anderen Seite. In dieser Verlegenheit kam Ende des Jahres ein Ereignis von unbestreitbar ‚höherer Gewalt' zu Hilfe. Tagelang anhaltende schwere Regenfälle in Mittelitalien ließen den Tiber anschwellen und führten in Rom zu einem der mächtigsten Hochwasser seit Menschengedenken. Die tieferliegenden Stadtteile im Tiberknie standen in den letzten Tagen des Jahres 1870 gänzlich unter Wasser, und die Fluten des ‚blonden Flusses', wie man den hochwasserführenden Tiber wegen seiner gelben Lehmfracht poetisch zu umschreiben liebte, überschwemmten selbst den Corso von Piazza del Popolo bis Piazza Colonna. In der Via de' Banchi Nuovi und der Via dell'Orso erreichte das Wasser das zweite, an einigen Häusern im Ghetto sogar das dritte Stockwerk, und selbst die gewaltigen Säulen der Vorhalle des Pantheon standen tief im Wasser.[17]

Bei der Regierung in Florenz aber erfasste man sogleich die mit der Naturkatastrophe sich bietende Chance, dem diplomatischen Dilemma zu entfliehen: Man würde mit einem improvisierten Auftritt des Monarchen in der Rolle des sorgenden Landesvaters die Erwartungen der Römer befriedigen und gleichzeitig allzu aufdringlichen Jubel und Festeslärm vermeiden können. Auch Vittorio Emanuele war von der Idee eines informellen Kurzbesuchs höchst angetan: Er willigte sofort ein, obwohl ihn angesichts der katastrophalen Wetterverhältnisse – die hochwasserbedingte Unterbrechung der Eisenbahnlinie bei Orte zwang zu beschwerlichen Umwegen – eine höchst anstrengende Reise erwartete.[18]

Um fünf Uhr nachmittags des 30. Dezembers erfolgte die Abreise des königlichen Zuges von Florenz zunächst nach Pisa und von dort über Civitavecchia nach Rom, wo der König mit kleinem Gefolge – darunter Ministerpräsident Lanza, Finanzminister Sella und Außenminister Visconti Venosta sowie der Minister für öffentliche Arbeiten Gadda – gegen vier Uhr morgens in Stazione Termini eintraf, bei völliger Dunkelheit und immer noch strömendem Regen, der allerdings, wie aus Respekt vor der königlichen Majestät, bald aufhörte. Die Verantwortlichen der Stadt hatten es trotz der kurzen Vorbereitungszeit und der ungewöhnlichen Stunde geschafft, den Platz vor dem Bahnhof mit bengalischen Feuern und mit Fackeln magisch zu beleuchten. Vittorio Emanuele aber unterstrich mit einer Haltung ostentativer Pflichterfüllung den Charakter eines landesväterlichen Arbeitsbesuchs, indem er sich noch auf dem Bahnsteig nach dem Ausmaß der Hochwasserschäden erkundigte. Dann fuhr er im vierspännigen Landauer zum Quirinalspalast, der erst im November unter Inkaufnahme internationaler Verwicklungen als Residenz für den König von den italienischen Behörden beschlagnahmt worden war. Dort unterzeichnete er ein Dekret, welches ein weiteres Mal die Annahme des Anschluss-Plebiszits in aller Form bestätigte. Am Vormittag machte der Monarch eine Ausfahrt, bei der auch überschwemmte Stadtteile inspiziert wurden, und stattete danach den Munizipalhonoratioren auf dem Kapitol einen knappen Besuch ab.

Soweit unter den Bedingungen des unfreundlichen Wetters mit Regen, Wind und Graupelschauern und der allgemein schwierigen Lage in der Stadt die Bevölkerung ihres Monarchen bei dessen hektischem Hin und Her ansichtig wurde, ließ sie es an lauter Begeisterung nicht fehlen. Auch der freigiebig gespendete Jubel seiner Untertanen freilich konnte den König nicht davon abhalten, sich schon um fünf Uhr nachmittags wieder zum Bahnhof zu begeben und die Rückreise anzutreten. Es drängte ihn, am Neujahrstag für die Feierlichkeiten von Regierung und Parlament in Florenz zu sein. *Torni presto, Maestà!* – „Kommen Sie bald wieder!“, riefen ihm die Römer auf dem Bahnsteig nach.[19]

Ob Vittorio Emanuele das noch hören konnte – und hören wollte –, wissen wir nicht, und genauso wenig wissen wir, ob die Rückfahrt des Königs, wie es der Berliner Gesandte beim Heiligen Stuhl mit gewohnt ätzendem Spott unterstellte, von dem „freudigen Bewusstsein“ begleitet war, „für die nächsten sechs Monate zu keiner zweiten Reise nach Rom genötigt zu sein“.[20] Völlig abwegig erscheint diese Mutmaßung nicht, immerhin sollte es – in diesem Punkt erwies sich von Arnims Annahme als zutreffend – ein halbes Jahr dauern, bis Vittorio Emanuele dann auch offiziell in der neuen Hauptstadt seines Reiches Einzug hielt. Die Florentiner Regierung jedenfalls konnte mit dem Verlauf des Kurzbesuches zum Jahresende durchaus zufrieden sein: Man hatte den Römern ihren König, wie es später eine Erinnerungstafel am Kapitol festschrieb, in bedachtsamer Regie als „wohltätigen Vater“ präsentiert.[21] Damit waren, wie vom Wiener Gesandten in Florenz mit erfahrenem Diplomatenblick vorausgesehen, alle Sorgen und Skrupel hinsichtlich Schicklichkeit und Etikette, die den Hof und die Regierung im Vorfeld der geplanten Rom-Fahrt des Königs umgetrieben hatten, hinfällig geworden.[22] Desgleichen hatte sich die Furcht, Pius IX. könnte das Erscheinen seines weltlichen Rivalen um die Souveränität in Rom zum Anlass nehmen für eine brüske Abreise aus der Stadt[23], als gegenstandslos erwiesen. Vittorio Emanuele hatte sofort nach seiner Ankunft in Rom durch einen persönlichen Kurier ein Billet in den Vatikan bringen lassen, in welchem er den Heiligen Vater seiner Ergebenheit versicherte und darlegte, dass er nur gekommen sei, um sich ein Bild von den durch die Überschwemmung verursachten Verwüstungen zu machen. Der Papst hatte den König mit dem schlechten Gewissen zwar keiner Antwort gewürdigt, aber er war in Rom geblieben.

Allerdings hat die Art und Weise dieses ersten Besuchs des Königs in Rom, von Zeitzeugen mit feinem Sprachwitz als *fugace apparizione*, als „flüchtige Erscheinung“ apostrophiert, im Lager der entschiedenen Patrioten auch entschiedenes Missfallen erregt. Von Verfechtern eines selbstbewusst auftretenden laizistisch-liberalen Staates wurde der hastig absolvierte und jeglichen Anspruch zeremonieller Würde geflissentlich vermeidende 12-Stunden-Auftritt vielfach als kleinmütig und verschämt getadelt. Giosuè Carducci, entflammter Seher und Sänger einer großen imperialen Idee von Rom, die dem jungen Königreich eine Aura von Macht und Majestät verleihen sollte, goss all seine lyrische Meisterschaft in ein bitter höhnendes Spottgedicht über diese ängstliche *Italia* des *dottor Lanza*, die, um nur ja kein Aufsehen und kein Ärgernis zu erregen, sich im schwachen Schein des Mondes heimlich wie der Dieb in der Nacht aufs Kapitol schlich und dort die sprichwörtlichen Gänse beschwor, doch um Himmels willen kein Geschrei zu erheben – *che non senta Antonelli* –, nicht dass es noch der Antonelli hört, der Kardinalstaatssekretär von Pius IX.[24] Das fügte sich genau in das wenig schmeichelhafte Bild, das auch Alfredo Oriani vom ersten König

Italiens und seiner Haltung zu Rom zeichnete: Wäre Vittorio Emanuele am 20. September 1870 an der Spitze seiner Truppen durch die von der Artillerie eröffnete Bresche an der Porta Pia in Rom eingeritten, er wäre „die epischste Figur des Jahrhunderts geworden, würdig, sich neben Garibaldi zu stellen". So aber, mit seinem kläglichen Abbittebrief an den Papst, seinen diplomatischen Verrenkungen und seinem zähen Widerstand gegen die Inbesitznahme Roms habe er gezeigt, dass er „doch nur der kleine König von Piemont war, dem die nationale Revolution wohl Italien hatte schenken können, nicht aber das große Bewusstsein einer neuen Ära".[25]

Ein Königreich zieht um

Bei aller Zurückhaltung auf der Ebene des symbolisch-zeremoniellen Handelns unternahm die italienische Politik doch auch in den ersten Wochen und Monaten nach dem 20. September schon konkrete Schritte, um die Hauptstadtrolle Roms mit Leben zu erfüllen. Ende November 1870 war auf der Basis des nunmehr um das Patrimonium Petri vergrößerten Staatsgebiets das Parlament neu gewählt worden. Und schon Ende Dezember verabschiedete es in seinen beiden Kammern, der Deputiertenkammer und dem Senat, ein Gesetz über die Verlegung der Hauptstadt von Florenz nach Rom. Bis spätestens Ende Juni 1871 sollte der Umzug abgeschlossen sein – wobei, wie sich von selbst verstand, zunächst nur an die obersten Staatsorgane zu denken war und nicht bereits an eine komplette Verlagerung der zentralen Staatsmaschinerie in ihrer organisatorischen Tiefe und Breite.[26] Auf der Grundlage des Umzugsgesetzes wurde ein mit umfänglichen Vollmachten ausgestatteter Königlicher Kommissar für die Hauptstadtverlegung bestellt, der den Statthalter des Königs, La Marmora, als höchste staatliche Autorität in Rom ablöste. Es war der Minister für die öffentlichen Arbeiten Giuseppe Gadda, der die ebenso titanische wie undankbare Aufgabe schulterte, in der Stadt des Papstes als Quartiermacher Platz zu schaffen für Hof, Parlament und Regierung des Königreichs Italien.[27]

Auch wenn man von der Regierung zunächst nur die Spitzen der Ministerien zu verlegen beabsichtigte und nicht den gesamten Beamtenapparat, konnte in der kurzen verfügbaren Zeit der enorme Raumbedarf natürlich nur aus dem vorhandenen Bestand und nicht durch Neubauten gedeckt werden. Da man die großenteils traditionell papsttreue römische Aristokratie in ihren gewaltigen Palästen offenbar nicht behelligen wollte – wohl weil der junge Staat sich scheute, mit dieser gesellschaftlich und politisch mächtigen Elite in einen fundamentalen Konflikt zu treten – blieb Gadda allein der umso freihändigere Zugriff auf kirchlichen Besitz. So wurden die bislang von der päpstlichen Administration belegten Gebäude sowie die über die ganze Stadt verteilten Häuser religiöser Orden und Korporationen nun für die Unterbringung der Institutionen des italienischen Staates beschlagnahmt.[28] Die Ermächtigung für diese Enteignungen lieferte zunächst ein auf dem Hauptstadtumzugsgesetz basierendes Dekret, ehe dann 1873 die im übrigen Italien schon seit 1865 bestehende gesetzliche Regelung für die ‚Säkularisation', d. h. die Verstaatlichung kirchlichen Grund- und Immobilienbesitzes, auch auf Rom übertragen wurde.[29]

In den vormals vom Papst genutzten Quirinalspalast zog der königliche Hof ein, Palazzo Montecitorio, bisher Sitz der päpstlichen Finanzverwaltung, wurde durch die Überdachung des Innenhofs als Sitzungssaal für die zweite Kammer des Parlaments hergerichtet, und Palazzo Madama wurde zum Sitz der ersten Kammer, des Senats. Viele Ministerien kamen in aufgelassenen Konventen unter, so etwa das der Finanzen, der Öffentlichen Arbeiten, des Inneren, der Bildung, der Marine und andere mehr. S. Maria Regina Coeli in Trastevere beherbergt seither eines der beiden großen Gefängnisse in der Stadt. Mit der Aufhebung der Klöster kamen auch viele der bedeutendsten Kirchen Roms an den Staat: S. Maria in Vallicella (die sog. Chiesa Nuova am Corso Vittorio Emanuele), S. Maria sopra Minerva, Il Gesù, SS. XII Apostoli, SS. Silvestro e Stefano, S. Agostino, S. Andrea della Valle und S. Maria in Aracoeli oben auf dem Kapitol sind bis heute in Staatsbesitz. Insgesamt wurden zwischen 1871 und 1875 in Rom 50 Klostergemeinschaften enteignet und 134 von 221 Ordenshäusern aufgehoben.[30] Der italienische Staat kroch also, so kann man sagen, als Herr seiner neuen Hauptstadt ins gewaltsam entleerte Gehäuse der Römischen Kirche. Was man darin an Einrichtungen und Kulturgütern vorfand, kam dem notorisch finanzschwachen jungen Königreich zumeist sehr gelegen. So sollten etwa die in den Ordensbibliotheken beschlagnahmten wertvollen Buchbestände zum Grundstock für die italienische Nationalbibliothek ‚Vittorio Emanuele' werden.[31]

Nur durch die massive Inanspruchnahme des in der Tat ja immensen kirchlichen Immobilienbesitzes in der Stadt vermochte Umzugskommissar Gadda seine dornenvolle Aufgabe der Quartierbereitung immerhin soweit zu bewältigen, dass zum vorgesehenen Termin um die Jahresmitte 1871 die politisch sichtbaren Exponenten der ministeriellen Hierarchie nach Rom verlegt werden konnten. Der größte Teil des bürokratischen Apparats musste noch auf Jahre hin per Eisenbahn zwischen Florenz und Rom pendeln[32] – eine interessante Parallele dies zum deutschen Hauptstadtumzug von Bonn nach Berlin, nur dass hier nicht mehr die Bahn, sondern das Flugzeug diesen Pendelverkehr trägt. Dass es somit, wenn auch unter enormen Schwierigkeiten und mit einer zur Bewunderung nötigenden Improvisationsleitung gelang, zumindest der Form – oder sollte man sagen: dem Schein? – nach die erste Etappe der Hauptstadtwerdung Roms einigermaßen fahrplanmäßig über die Bühne zu bringen, war sowohl nach außen, gegenüber den europäischen Mächten, wie auch nach innen ein wichtiges symbolisches Signal.

Die Stimmung in der neuen Hauptstadt hatte sich nämlich in diesem ersten Halbjahr 1871 durchaus ambivalent entwickelt: Auf der einen Seite verstärkte sich bei den Römern in eigenartiger kollektivpsychologischer Dynamik der antiklerikale Affekt und eine auch zu krawalliger Tätlichkeit tendierende Unduldsamkeit gegenüber Reminiszenzen und Repräsentanten des überwundenen päpstlichen Regimes. Auf der anderen Seite war man aber auch über die neue Ordnung nicht uneingeschränkt glücklich. Man begann es dem König übelzunehmen, dass er sich nach seinem silvesterlichen Flut- und Fluchtbesuch nicht wieder sehen ließ; dass das Kronprinzenpaar, Umberto und seine Gemahlin Margherita, seit Januar in der Stadt residierte und sich mit großem Engagement um die Repräsentation der Monarchie in Politik und Stadtgesellschaft bemühte, wurde dankbar registriert, war aber kein vollwertiger Ersatz für die Präsenz des Souveräns.[33] Vor allem aber lernten die Römer nun auch die prosaischen und eher lästigen Seiten einer verdichteten zentralstaatlichen Herrschaft in der *Italia unita* kennen: Eine Flut neuer Gesetze, neuer Steuern, neuer Behörden brach über die einstigen Untertanen des Papstes herein und ließ wohl auch so manchen Pfaffenfresser mit uneingestandener Wehmut an die notorische Immobilität und Ineffizienz der päpstlichen Administration zurückdenken.[34] Lässigkeit und Trägheit, die man als unvereinbar mit den modernen, fortschrittlichen Zeiten verachtet hatte, mochten im Kontrast zu den strengeren Saiten, welche die neuen Herren aufzogen, durchaus auch ihre Vorteile und Annehmlichkeiten erkennen lassen.[35]

Aber nicht nur bei den eingeborenen Römern, auch bei den ‚Italienern', ‚Piemontesen' oder *buzzurri*, wie der römische Volksmund die großenteils aus dem Norden stammenden neuen Herren nannte, machte sich nach den ersten Wochen des Freudentaumels und des nationalen Deliriums eine gewisse Ernüchterung breit. An Frankreich (im Falle der Piemontesen) oder an Österreich (im Falle der Lombarden, Veneter und Toskaner) geschulte Akkuratesse und das Pochen auf Gesetzmäßigkeit des Verwaltungshandelns mussten sich nicht selten unverstanden und unerwünscht vorkommen im soziokulturellen Ambiente und Milieu Roms, das in mancherlei Hinsicht eben doch dem *Mezzogiorno* näher war als Mitteleuropa.[36]

Nachdem das sogenannte Garantiegesetz, welches für das Verhältnis Italiens zu Papst und Kurie nach dem Cavourschen Grundsatz von der ‚freien Kirche im freien Staat' eine durchaus großzügige Regelung anbot, im Mai 1871 alle parlamentarischen Hürden genommen hatte, waren auch die letzten Voraussetzungen für die Verlegung der italienischen Hauptstadt von Florenz nach Rom erfüllt.[37] Am 2. Juli gegen Mittag hielt der König, von Neapel kommend, offiziell Einzug in Rom, begleitet vom Hof und den Ministern seiner Regierung. Die Römer empfingen ihn mit lebhaften Ovationen, obwohl sich Vittorio Emanuele auch diesmal dem triumphalen Gestus eines herrscherlichen Einzugs zu Pferde verweigert und die lokalen Zelebritäten in ihrem Hang und Drang zu Pomp und großer Pose etwas gebremst hatte. Vittorio Emanuele fuhr in der Kalesche, neben sich den Ministerpräsidenten Lanza und den Fürsten Pallavicini, Bürgermeister Roms, vom Bahnhof zum Quirinalspalast: Beim feierlichen Empfang mit den Ministern, den Präsidenten der beiden Kammern des Parlaments, den Häuptern der Stadtverwaltung und den Bürgermeistern aller größeren Städte des Landes erklärte Ministerpräsident Lanza, dass Rom nunmehr offiziell Hauptstadt Italiens sei, und Vittorio Emanuele soll bei dieser Gelegenheit die danach als königliches Treuebekenntnis zur neuen Hauptstadt so häufig zitierten Worte gesprochen haben: *A Roma ci stiamo e ci resteremo*.[38] Es gibt freilich aus der persönlichen Erinnerung eines Zaunzeugen auch eine andere, sehr viel prosaischere Anekdote zur Entstehung dieses geflügelten Worts: *Finalment i suma* – „Endlich sind wir da", soll der nach der anstrengenden Reise sichtlich entnervte König bei seinem Silvesterbesuch in piemontesischem Dialekt erleichtert zu Stadtkommandant La Marmora gesagt haben, als er in den Hof des Quirinals einrollte – woraus dann legendenbeflissene Höflinge das berühmte Motto gemacht hätten „Endlich sind wir hier und wir werden hier bleiben."[39]

Des Königs Programm war dichtgedrängt, und wer sich trotz der allgemeinen Hochstimmung seinen skeptischen Sinn bewahrte, mochte vielleicht den Eindruck gewinnen, dass es der Monarch auch dieses Mal wieder eilig hatte wegzukommen – gewissermaßen ein Besuch mit Rückfahrtkarte – *andata e ritorno*: Am späten Nachmittag des Ankunftstages eröffnete der König ein großes Schützenfest vor den Toren der Stadt, nicht ohne dabei selbst – leidenschaftlicher Jäger, der er war – Beweise seiner Treffsicherheit zu geben. Der Abend brachte dann ein hochoffizielles Bankett mit den ausländischen Diplomaten im Quirinal und anschließend eine Gala-Aufführung von Bellinis ‚Norma' im Theater Apollo. Am nächsten Morgen empfing Vittorio Emanuele eine Abordnung der Universität zu Rom, und am Nachmittag nahm er vom Pincio aus eine Truppenparade auf der Piazza del Popolo ab, die man für diesen Zweck mit großen künstlerischen Darstellungen der risorgimentalen Ruhmestaten seiner Majestät geschmückt hatte. Dann ging es geschwind zurück zum Quirinal, wo neuerliche Huldigungsbezeigungen einer Deputation mit Ehrenstandarten auf den König warteten, bevor er am Abend gegen 10 Uhr schließlich noch aufs Kapitol eilte, um einen zu seinen Ehren von der Stadtregierung ausgerichteten Ball wenigstens für ein Stündchen mit seiner Anwesenheit zu erhöhen. Um 11 Uhr dann begab sich Vittorio Emanuele mit Eskorte direkt vom Kapitol zum Bahnhof und trat die Rückreise nach Florenz an.

34 Stunden – vom bayerischen Gesandten beim Vatikan genau nachgezählt[40] – hatte der zweite Aufenthalt des italienischen Königs in Rom gedauert. Immerhin war, wie ein zeitgenössischer Chronist im Rückblick zufrieden feststellen konnte, aus Anlass des königlichen Expressbesuchs die Verteilung von Orden und Ehrungen (damals wie heute ein wohlfeiles Mittel gouvernementaler Loyalitätsgewinnung) reichlich und großzügig ausgefallen[41], was freilich auch nicht überraschen kann bei einem Monarchen, dem die leutselig-staatskluge Maxime nachgesagt wurde, „eine Zigarre und ein Ritterkreuz dürfe man niemandem verweigern".[42] Wer allerdings annahm oder hoffte, mit dem Akt dieses zweiten und offiziellen Einzugs, bei dem man doch auch an die feierliche Inbesitznahme der Stadt nach der Tradition des päpstlichen *possesso* hatte denken können, sei das Eis zwischen dem Savoyer und seiner neuen Hauptstadt gebrochen worden, sah sich enttäuscht. Zu seinem nächsten Besuch konnte sich

Vittorio Emanuele II. erst vier Monate später aufraffen, als ihm die Eröffnung des italienischen Parlaments am 27. November 1871, das nun zum ersten Mal in Rom tagte, gar keine andere Wahl ließ. Und so sollte es bis zum Tod des Monarchen im Jahre 1878 auch im wesentlichen bleiben: Vittorio Emanuele kam, wenn seine verfassungsmäßige Rolle als Souverän und oberster Repräsentant des Königreichs es erforderte, pflichtgemäß nach Rom, aber er hielt sich nie länger als nötig in der Stadt auf, zu der er nun einmal kein engeres Verhältnis fand. Da half es auch nichts, dass die Regierung für viereinhalb Millionen Lire vom herzoglichen Haus Grazioli das riesige Besitztum *Castel Porziano* erwarb, um ihrem unstet das geregelte Hof- und Staatsleben fliehenden und am liebsten als Nimrod umherschweifenden Monarchen gleich vor den Toren der Hauptstadt ein standesgemäßes Revier für seine Jagdleidenschaft zu bieten.[43]

Roma Capitale im Reich der Ideen

„Das unermeßliche Ereignis: Rom zur Hauptstadt eines italienischen Reiches heruntergesetzt, Rom, die kosmopolitische Stadt seit 1500 Jahren, das moralische Zentrum der Welt, zum Sitz eines Königshofs geworden, wie alle anderen Hauptstädte, will mir gar nicht recht begreiflich sein. Ich ging mit diesem Gedanken durch Rom, und fand, daß man hier auf jedem Schritt nur Erinnerungen und Monumente der Päpste sieht, Kirchen, Klöster, Museen, Fontänen, Paläste, Obelisken mit dem Kreuz, die Kaisersäulen mit St. Peter und Paul auf ihren Gipfeln, tausend Bildsäulen von Päpsten und Heiligen, tausend Grabmonumente von Behörden und Äbten – eine von dem Geiste der Ruine, der Katakomben und der Religion durchdrungene Atmosphäre, kurz ganz Rom ein Monument der Kirche in allen ihren Epochen, von Nero und Konstantin hinab bis zu Pius IX. […] Die Luft Roms taugt nicht für ein frisch auflebendes Königtum, welches an seiner Residenz eines leicht zu behandelnden Stoffes bedarf, dem es sich schnell eindrücken kann wie Berlin und Paris oder Petersburg. Der König von Italien wird hier nur die Figur machen wie einer der dakischen Kriegsgefangenen vom Triumphbogen des Trajan; größer wird er hier nicht aussehen."

(Ferdinand Gregorovius, Römische Tagebücher, Eintrag vom 4. April 1861)

Von Benedetto Croce, dem idealistischen Philosophen und einem der ersten Geschichtsschreiber der *Italia liberale* stammt die kluge Beobachtung, dass mit der Einnahme Roms 1870 „die heroische Periode des neuen Italien beendet war und dass man in eine normale Zeit wirtschaftlicher Arbeit eintrat, dass der Poesie die Prosa gefolgt war".[44] Dies galt auch – und mehr vielleicht als für alles andere – für Rom, für die Hauptstadtfrage. Jahrzehntelang hatte man sich in edlem Sehnen nach der Unerreichbaren verzehren, hatte die unter dem Pfaffenjoch des *dominio temporale* schmachtende *Roma* bedauern und von ihrer Befreiung und Gewinnung für das wieder auferstandene Italien alle Glückseligkeiten nationaler Erfüllung und Vollendung erhoffen können. Nun war die Heilstat vollbracht und die zinnengekrönte *Italia* in ihrer ‚unvermeidlichen' Hauptstadt angekommen; ja, man war da – und fand alles wie verheißen, und doch auch wieder nicht: Sankt Peter groß und das Kolosseum erhaben, die Straßen eng, das Pflaster schlecht, die Häuser alt und im Winter feucht, den Tiber tückisch aufbrausend und die Römer auch. Das Schlimmste aber: Man war zwar da, doch man war nicht allein. Der päpstliche Vorbesitzer Roms war in seiner Stadt geblieben, saß klagend und anklagend im Vatikan, ‚als Gefangener', wie Pius IX. sich selbst stilisierte, als ostentativ leidende und im Leiden Verlegenheit verbreitende Verkörperung des heillosen Unrechts, welches Italien ihm, dem Stellvertreter Christi, und der ganzen katholischen Kirche angetan hatte. Wie um seiner risorgimentalen *via crucis* noch eine weitere Station hinzuzufügen, musste der 79jährige kränkliche Mann auf dem Petersthron im Juni 1871, nur wenige Wochen vor dem offiziellen Einzug der zentralen Institutionen des italienischen Königreichs, das 25. Jubiläum seiner Wahl zum Papst begehen – in den Augen vieler Katholiken (und wohl auch des Jubilars selbst) ein historischer Moment von bitterer Tragik, der zugleich die beklemmende Präsenz des spirituellen Gegenprinzips dem liberalen Nationalstaat in dessen neuer Kapitale eindringlich vor Augen führte. Und die Geschichte trieb dies doppelte Spiel – wenn man es denn so sehen wollte – noch ein ganzes Stück weiter: Pius IX. hielt lange aus, und als er schließlich am 7. Februar 1878 verstarb, hatte er nicht nur seinen siegreichen, aber dieses Sieges nicht froh werdenden Rivalen um die Herrschaft über Rom, den ersten italienischen König, um einen Monat überlebt, sondern auch das (bis heute!) längste Pontifikat der Kirchengeschichte vollendet. Das fortdauernde Nebeneinander, die unbehagliche Kohabitation – *la difficile convivenza* – von kirchlichem Oberhaupt und nationalem Souverän in der einen Stadt Rom hat es den Italienern zunächst nicht leicht gemacht, hier ihre eigene Linie zu finden und ihren Gestaltungsanspruch programmatisch prägend zum Ausdruck zu bringen.[45]

Ferdinand Gregorovius hatte das Dilemma der Italiener in ihrer nunmehr real eroberten Hauptstadt in der eingangs zitierten Impression aus seinen ‚Römischen Tagebüchern' schon wenige Tage nach der Hauptstadtproklamation Roms im März 1861 hellsichtig erkannt und benannt, und auch dass Vittorio Emanuele II. Mühe haben würde, hier die Figur eines Königs zu machen, hatte Gregorovius präzise vorhergesehen. Zehn Jahre später durfte er sich bestätigt sehen, übrigens auch von einem liberalen, pro-italienischen Römer wie Michelangelo Caetani, dem blinden Herzog von Sermoneta und ersten Stadtoberhaupt der *Roma italiana.* Dieser hatte Anfang 1871 exakt denselben skeptischen Gedanken lakonischer formuliert, wenn er mitleidsvolles Verständnis bekundete für das Zögern der Regierung Lanza, das kommode, sich selbst genügende Florenz gegen das unwägbare Abenteuer Rom einzutauschen.[46] Wollte man diesen Gedanken fortspinnen, so könnte man am Ende noch in der gigantomanischen Überhöhung des kleinen Königs im Nationaldenkmal an der Piazza Venezia einen kompensatorischen Reflex des liberalen Italiens erkennen gegen die übermächtige Präsenz der Geschichte, vor der die Gegenwart sich mächtig aufbauen musste, um überhaupt zu bestehen. Eine pointierte Bemerkung von Francesco Crispi – erst Mazzinianer und Garibaldiner, später starker Mann der parlamentarischen Linken und Verfechter eines nationalen Königtums – spricht für diese Deutung: Der König von Sardinien-Piemont habe für Rom eine zu kleine Statur. Rom, die Hauptstadt der Welt, müsse der Sitz einer großen Monarchie sein oder des Papsttums.[47] In der ‚Ewigen Stadt', inmitten des monumentalen Erbes der Antike und neben der noch kaum vergangenen Vergangenheit der päpstlichen Herrschaft einem neuen, ‚dritten', säkularen Rom der italienischen Nation Ausdruck zu schaffen und einen Platz zu behaupten – das war eine bleibende Herausforderung; und je mehr es dem Königreich an realen Machtmitteln gebrach, umso größer wurde für seine politischen Führer die Versuchung, den Mangel an Machtsubstanz hinter den pompösen Machtkulissen einer Hauptstadt zu verbergen, deren Nimbus seit zwei Jahrtausenden von dem Gedanken zehrte, einstmals die Beherrscherin des Erdkreises gewesen zu sein.[48]

Rom als finaler Sehnsuchtsort der risorgimentalen Bewegung (oder jedenfalls eines maßgeblichen und mit der Zeit an Gewicht noch zunehmenden Teils von ihr) war stets viel mehr gewesen als die konkrete Stadt, die diesen Namen trug: wenn nicht geradezu eine ortlose Vision, eine *Utopie*, so doch ein für Höheres und Höchstes stehendes *Prinzip*, eine *Idee*, eben der *Mythos* Rom. Der ideologische Überschuss, der sich mit dem Wort und der Vorstellung ‚Rom' unabsonderbar verband, war es, was nun den politischen Eliten Italiens zu schaffen machte. Wenn, wie Mazzini verkündet hatte, das Rom der Cäsaren für die *Tat* stand, welche große Teile Europas und der Mittelmeerischen Welt zusammengefasst, und das Rom der Päpste für den *Gedanken*, welcher die Alte und die Neue Welt, Europa und Amerika vereinigt hatte, wofür sollte nun das von dem Nationalrevolutionär beschworene ‚dritte' Rom, das ‚Rom des Volkes' stehen?[49] Was war seine große, tragende, treibende Maxime, worin bestand seine historische Mission?

Die Verlegenheit begann schon, wenn man das Subjekt dieser ‚Großen Erzählung' identifizieren sollte – denn wer war dieses ‚Volk' der *Terza Roma*? Die einheimische Bevölkerung der Stadt, diese „Nation von Fürsten, Gastwirten und Lohndienern", von ausländischen wie von den italienischen Zeitgenossen mehr bestaunt als bewundert, eher verachtet denn verehrt, kam als Träger der historischen Mission eines säkularen Roms kaum in Frage. Also das *italienische* Volk als ganzes? Auch dieses war kein überzeugender Anwärter auf die hohe Rolle, bestand es doch in seiner Mehrheit aus Analphabeten, war in seiner bäuerlichen Breite überwiegend tief katholisch und papstfromm und hatte, verhaftet und befangen in seinen lokalen Traditionsmilieus, in familialen Solidarbindungen und den Loyalitätsstrukturen eines archaischen Klientelismus, von der ebenso erhabenen wie abstrakten Idee jener italienischen ‚Nation', die nun in Rom und mit Rom triumphieren wollte, überhaupt keinen Begriff. Im übrigen war es in seiner Gesamtheit an der Gestaltung des neuen Staatswesens kaum beteiligt: Das hochgradig selektive Zensuswahlrecht der ersten zwanzig Jahre der *Italia liberale* erlaubte gerade einmal zwei (!) Prozent der Italiener die politische Partizipation.[50]

Nein, jenes ideale ‚Volk', das im Sinne der emphatischen Heilsverheißung Mazzinis von Rom aus eine neue Epoche der Menschheitsgeschichte verwirklichen sollte – es existierte nicht. Mit der 1860 vollbrachten Gründung des Nationalstaates und seinen glücklich erlangten territorialen Abrundungen von 1866 und 1870 hatte der komplexe Prozess der Nationsbildung in Italien nicht etwa seinen Abschluss erlangt, sondern recht eigentlich erst begonnen. Die schmale (und alles andere als homogene) liberale Elite, die das Risorgimento getragen und die Errichtung des italienischen Königreichs zuwege gebracht hatte, war sich dieser Tatsache auch bewusst. *Fatta l'Italia bisogna fare gli Italiani* – Italien habe man ins Werk gesetzt, nun gelte es, die Italiener zu schaffen – in diesem vielzitierten, wenn auch nur glücklich erfundenen Motto kam das Bewusstsein zum Ausdruck, dass der neugeschaffene Staat nicht mehr als den institutionellen Rahmen abgab für die nun erst anstehende Aufgabe nationaler Identitätsstiftung und Integration.[51]

Die *Destra storica*, jener gemäßigt liberale, konstitutionell-monarchische Teil der italienischen Nationalbewegung, der mit Cavour 1860 an die Regierung des eben begründeten Königreichs gelangt war und sich dort bis zur parlamentarischen ‚Revolution' von 1876 halten konnte, war ihrer ganzen Kultur nach wenig dafür anfällig, sich an der Idee und dem Mythos von Rom zu berauschen. Die meisten Skeptiker einer Hauptstadtoption Rom waren ohnehin aus den Reihen der *moderati* gekommen. Gute, sparsame Regierung nach den Grundsätzen von Rechtlichkeit und Zivilität war ihr Programm, das ein aristokratisches und meritokratisches und teils auch plutokratisches Programm war, aber kein demokratisches, denn es meinte eine Regierung *für* das Volk, nicht *durch* das Volk. Für imperiale Visionen von Größe und Macht, die sich seit der Antike mit dem Namen Roms verbanden, für neue Anmaßungen von Präpotenz und Primat, die nicht wenige Neu-Römer daraus ableiten wollten, hatten diese nüchternen, kultivierten Männer weder Sinn noch Bedarf.

Massimo d'Azeglio etwa, klassischer Vertreter des piemontesischen Moderatismus und politischer Weggefährte des Grafen Cavour, hat auf der Basis urliberaler Grundsätze jeglicher Vergötzung des antiken Roms und jeder machtberauschten Berufung auf das römische Erbe durch das neue Italien mit engagierten Worten eine Absage erteilt: „Was war nun wirklich dieses Rom […], und warum verharren wir knieend und mit geschlossenen Augen vor diesem kolossalen Monument menschlicher Überheblichkeit, welches man das antike Rom nennt? […] Nicht das Gefühl für Recht und Gerechtigkeit ist das wahre Erbe des antiken Roms: sein wahres und trauriges Erbe […] ist die Verherrlichung der Gewalt auf Kosten des Rechts. […] Alle Größe und aller Ruhm Roms, wie überhaupt alle Größe in der Welt, wiegen nicht einen einzigen Akt der Ungerechtigkeit und der Gewalt auf; und wenn sie nur um den Preis menschlichen Unglücks und Schmerzes zu haben waren, waren sie zu teuer bezahlt. Lernen wir also, uns nicht blenden zu lassen von Geist und Ruhm und falschem Glanz. Loben wir den, der die Menschen glücklich macht, und verdammen wir die, die sie elend und unglücklich machen."[52] Wenn Italien die Gleichheit vor dem Gesetz hochhalte und die Legitimität politischer Herrschaft auf der Basis des Konsenses der Bürger, das Prinzip nationaler Repräsentation und der Öffentlichkeit des Verwaltungshandelns, wenn es für den gegenseitigen Respekt der Nationen eintrete und für das Gedeihen des Handels und der Industrie, dann werde es ein neues Kapitol errichten und in den Augen der Welt den Vergleich nicht scheuen müssen mit den Triumphen des antiken Roms, welche die *Via Sacra* mit Sklavenscharen erfüllten und die Amphitheater mit blutigen Greueln.[53]

In den Reihen der gemäßigten Liberalen aus Piemont, der Lombardei und der Toskana, die das Führungspersonal des Königreichs stellten, gab es wohl viele, die ähnlich dachten. Glühende Rombegeisterung fand sich hier selten. Man befürchtete vielmehr von einer Anrufung des imperialen Rom-Mythos eine Überforderung für das junge Königreich, das zwar seiner Bevölkerungszahl nach in die Kategorie der großen europäischen Mächte gehörte, seinem tatsächlichen Gewicht nach aber nicht mehr war als eine mittlere Ohnmacht. Man hatte Rom als Hauptstadt genommen, weil die Agitation der nationaldemokratischen *Sinistra*, der Mazzinianer und Garibaldiner, dem liberalen Establishment schließlich gar keine andere Wahl mehr ließ, wollte es nicht am Ende Revolution und Bürgerkrieg riskieren. Eine hohe, zündende, alle Geister der *Italia unita* vereinigende Idee, die sich nur in Rom und mit Rom als Symbol verwirklichen ließe, verband sich damit aber nicht. Entsprechend unenthusiastisch, unsystematisch und uninspiriert handelte die Regierung in den ersten Jahren der *Roma Capitale*. Ein klares, ausformuliertes Konzept für den Aus- und Umbau der Stadt, ein Hauptstadtprogramm oder Hauptstadtprojekt wurde auch für die restliche Regierungszeit der *Destra* bis 1876 nicht entwickelt. Man richtete sich pragmatisch und behelfsmäßig im Vorgefundenen ein, und im übrigen hatte außenpolitisch die Konfliktvermeidung und innenpolitisch die Sanierung des Staatshaushaltes absoluten Vorrang.[54]

Einzig Quintino Sella, der mächtige Finanzminister und seit je entschiedene Vorkämpfer für Rom als Hauptstadt, stellte sich in Gedanken und Taten der Herausforderung, in und neben dem Rom der Antike und dem Rom der Päpste auch ein Rom der italienischen Nation prägend zur Geltung zu bringen. In seinen Augen war es mit der Würde des neuen Staates nicht vereinbar, nur in enteigneten Klöstern und anderen kirchlichen Gebäuden mit seinen Ministerien und Institutionen ein improvisiertes Unterkommen zu suchen. Das neue Italien musste auch Neues errichten, das sich durch seine sachbezogene Nützlichkeit für das Gemeinwesen legitimierte und damit der Präsenz des modernen liberalen Staates in der ‚ewigen Stadt' sicher und selbstbewusst Ausdruck verlieh.[55] In diesem Sinne ist der von Sella mit großer Energie betriebene Neubau des Finanzministeriums zu verstehen, des ersten Großprojekts des italienischen Staates in Rom. Wir werden uns mit der Entstehung dieses markanten Gebäudes an anderer Stelle noch näher zu befassen haben.

Sella, der von Giosuè Carducci wegen seiner buchhalterischen Strenge verspottete „Weber aus Biella"[56] war es auch, der zumindest den beherzten Versuch unternahm, das Projekt der *Roma Capitale* mit einer eigenen, ins Große wirkenden Idee auszustatten – einer zeitgemäßen Idee, die es erlauben sollte, das ‚dritte Rom' der *Italia unita* von der überschweren Mythenfracht der Vergangenheit zu emanzipieren und ebenbürtig neben das Rom der Imperatoren und das Rom der Päpste zu stellen. Sellas Vorstellung von der Mission der nationalen Hauptstadt der Italiener entsprach der zukunftsgewissen Weltanschauung seiner Klasse, des wirtschaftlich erfolgreichen, dem technischen Fortschritt verpflichteten Bürgertums: Das vom jahrhundertelangen Obskurantismus von Kirche und Papsttum befreite Rom sollte zu einem Leuchtturm von Wissenschaft und Fortschritt werden – derjenigen Kräfte mithin, welche die Religion und den im Volk verbreiteten ‚Aberglauben' als Mächte der Daseinsgestaltung und Sinngebung abgelöst hatten: „Wenn es eine Notwendigkeit gibt in Rom, so ist es nach meiner Überzeugung das wissenschaftliche Gegenprinzip zum Papsttum. Es ist von entscheidender Bedeutung, dass hier die Erörterung aller modernen Ideen ihren Platz findet, auch der kühnsten, dass es hier zum Zusammenprall der Theorien kommt und der wissenschaftlichen Meinungen, auf dass von diesem Anstoß das Licht ausstrahle." Nicht eine im engen Sinne *nationale* Mission war Rom damit zugedacht, sondern, gemäß der tausendjährigen Tradition der Stadt als Zentrum der katholischen Kirche, jedoch gegen deren Dogmen gewendet, eine *universale* Mission, wie Sella das nach einer vielkolportierten Anekdote auch schon gegenüber dem skeptischen deutschen Althistoriker Theodor Mommsen betont hatte[57]; eine universale Mission der Erleuchtung im Dienste des freien, kritischen Geistes der modernen Zeit: „Italien ist hier nicht nur für sich als Nation in der Pflicht, es hat auch eine Ehrenschuld gegenüber der Menschheit; Italien muss sich in jeder Weise dafür einsetzen, dass die Wahrheit ans Licht kommt, die sich unwiderleglich aus den wissenschaftlichen Forschungen ergibt; die Wissenschaft ist für uns in Rom der höchste Auftrag."[58]

Exemplarisch treten uns in diesem emphatischen Appell Sellas der Positivismus und Szientismus als tragende Elemente des bürgerlichen Weltbildes im Europa des späten 19. Jahrhunderts entgegen. Es ist eine säkularisierte Glaubenslehre eigener Art, die mit der quasi naturgesetzlichen Unaufhaltsamkeit des wissenschaftlichen und zivilisatorischen Fortschritts eine gänzlich diesseitige, innerweltliche Sinnerfüllung der menschlichen Existenz zu schaffen verhieß. Sellas Romprogramm erweist damit nur einmal mehr, dass die risorgimentalen Eliten Italiens ungeachtet der strukturellen Rückständigkeit ihres Landes intellektuell und mental durchaus auf der Höhe des Modernitätsdiskurses ihrer Zeit standen.[59] Die Hauptstadtrolle des neuen Roms auf das Prinzip der Wissenschaft zu gründen, war freilich eine kühne Idee und ein bewusst gesetzter ideologischer Kontrastpunkt – und ein radikaler Bruch mit der Vergangenheit obendrein, denn ein Hort der Wissenschaft und des frei streifenden und tabulos forschenden Geistes war das Rom der Kurie und der Päpste, die Zitadelle der religiösen Orthodoxie und des theologischen Dogmatismus, nun wirklich zu keiner Zeit gewesen.

Und es wurde auch nicht dazu in den hundert und mehr Jahren seiner Existenz als italienische Hauptstadt, die nun vor ihm lagen. Wohl schuf man hier, wie von Sella gefordert, nach und nach alle Einrichtungen einer modernen Kulturnation: Archive und Bibliotheken, eine große Universität, wissenschaftliche Sammlungen und Museen für dieses und jenes, Kliniken und Kunsttempel, und auch zur Wiederbelebung der altehrwürdigen *Accademia dei Lincei* kam es (zu deren Präsidenten Sella selbst 1874 ernannt wurde). Eine Kapitale des technischen Fortschritts, der Wissenschaft und ein weithin ausstrahlendes Zentrum der modernen Zivilisation in allen ihren zeitgemäßen Erscheinungen zu werden, wie Sella das ersehnt hatte, war Roms Bestimmung indes ganz offensichtlich nicht. Vielleicht lag doch gerade in der tiefen Kluft zwischen der theokratischen Tradition Roms und dem illuministischen Programm einer *Roma Capitale della scienza* das letztlich übermächtige Fatum, das aus der *Vision* unseres Sella eine *Utopie* machte, ein Wunschbild, für das es im realen Leben keinen Ort der Verwirklichung gab.[60]

Man hat auch andere Erklärungen für dieses Scheitern angeführt, und auch diesen zufolge läge die Verantwortung bei Sella selbst und seinesgleichen. Die marxistisch orientierte Geschichtsschreibung zur *Roma Capitale* hat geltend gemacht, dass die auf Wissenschaft gestützte Hauptstadtkonzeption Sellas, so fortschrittlich sie auf der einen Seite erscheinen mochte, doch auch eine andere, regressive, ja ‚reaktionäre' Seite besessen habe. Man konnte sich dabei auf Antonio Gramsci berufen, den Pontifex maximus einer marxistischen Interpretation des Risorgimento, der einmal festgestellt hatte, um Rom zu einer Hauptstadt der Wissenschaften zu machen, hätte es eines umfangreichen Industrialisierungsprogramms bedurft. Sella und Konsorten aber hätten Rom *partout* nicht als Industriestadt gewollt und sich damit der strukturellen Voraussetzungen für eine wirklich durchgreifende Modernisierung selbst beraubt.[61] Es ist in der Tat richtig, dass Sella, wie viele in der *Destra storica* (und übrigens auch Francesco Crispi mit etlichen anderen in der *Sinistra*), dezidiert eine Kapitale ohne Industrie wollte; das muss auch nicht verwundern bei einer Generation von europäischen Großbürgern, der sich gerade erst das Fanal der Pariser Kommune von 1871 wie überhaupt die wiederholt von den Pariser Unterschichten ausgehenden Revolten und Revolutionen tief ins Klassengedächtnis eingebrannt hatte.

Die Hauptstadt, so begründete Sella seine Haltung 1876 vor der Abgeordnetenkammer, müsse das Gehirn eines Landes sein – *la parte direttiva, la parte intellettuale*, der Ort, an dem die Lebensfragen der Nation kühl und sachbezogen erörtert und entschieden würden. Unruhige Volksstimmungen, wie sie Industrieansiedlungen mit ihren großen Arbeitermassen zwangsläufig mit sich brächten, seien ein beständiges Störungspotential für die gouvernementale Tätigkeit. Nach dieser Kautele handelten (oder genauer: sie handelten eben nicht und unterließen alles, was die Ansiedlung von Industrien in

Rom hätte befördern können) die Regierungen der *Destra* bis 1876, doch auch als danach die *Sinistra* am Ruder war, blieb es, ungeachtet gegenlautender Äußerungen eines Cairoli, eines Depretis oder eines Garibaldi, im ganzen bei dieser Linie.[62] Selbst noch Ernesto Nathan, der progressive Reformbürgermeister Roms an der Wende vom 19. zum 20. Jahrhundert, wollte die Industrie von seiner Stadt fernhalten.[63] Nun mag man ja die unterbliebene Industrialisierung Roms als eine versäumte Modernisierungschance bedauern, und, wie dies Antonio Gramsci getan hat, zu dem Urteil gelangen, Rom sei so nur eine *capitale burocratica* ohne wirklichen Einfluss auf die gesellschaftliche Entwicklung Italiens geblieben[64]; die fehlende Industrie aber als den wesentlichen Grund dafür ins Feld zu führen, dass Rom nie zum wissenschaftlichen Leuchtturm für die ganze Nation werden konnte, erscheint wenig überzeugend; denn ein zwingender Zusammenhang zwischen der Anwesenheit eines starken Industrieproletariats in einer Stadt und deren wissenschaftlichem Potential dürfte bei ideologischer Unvoreingenommenheit in der Geschichte der Urbanisierung schwerlich aufzuweisen sein.[65]

Auch die *Sinistra* – die ja, um dies einmal festzustellen, keine ‚Linke' im Sinne der Sozialdemokratie oder des Sozialismus war, sondern nur der entschiedener ‚demokratische', teils auch republikanische und in der Regel schärfer antiklerikal-laizistische Zweig der großen Familie des Liberalismus in Italien[66] – auch die ab 1876 regierende parlamentarische Linke hatte keine grundsätzlich anderen, und vor allem auch keine schlüssigeren und präziseren Vorstellungen davon, wie Rom in seiner urbanen Struktur umzugestalten sei, um es zur nationalen Hauptstadt der Italiener zu machen. In einem Punkt allerdings unterschieden sie sich doch erheblich von den Moderaten, nämlich in ihrem Faible für hochtönende rhetorische Anleihen beim imperialen Erbe des antiken Rom. Alle nur denkbaren Insignien, Symbole und Mythen römischer Macht wurden bemüht, um Italiens Anspruch und Ansehen zu erhöhen.

Das begann schon bei Goffredo Mameli, dem Dichter der italienischen Nationalhymne, der die *Italia* sich den „Helm Scipios" aufs Haupt setzen ließ (unter vorheriger Ablegung der bekannten Mauerkrone, wird man sich vorstellen), und das ging weiter mit Giuseppe Mazzini, der seiner fraternalistischen Nationsideologie zum Trotz dem ‚Dritten Rom' und der *Italia del popolo* den Weg der erobernden Expansion nach Süden wies, über die See hin zu den Gestaden Nordafrikas, welche die römischen Ahnen ja schon einmal besessen und beherrscht hätten: Denn „auf den Höhen des Atlas wehte die Fahne Roms, als das Mittelmeer nach der Niederwerfung Karthagos ‚Mare nostrum' genannt wurde, und bis zum 5. Jahrhundert waren wir die Herren dieser ganzen Region."[67] Und Giosué Carducci, der Poeta Laureatus der *Italia unita*, pflegte mit scharfem anti-christlichem Affekt den Kult des Heidnisch-Barbarischen und feierte die antike Größe Roms und seines Imperiums mit dem suggestiven Bild vom wiedergekehrten römischen Adler, der zwischen den Alpen und Afrika die Schwingen breite und „rauhe Schreie der Freude" aussende über das Mittelmeer hin, das nun „zum dritten Mal italienisch" geworden sei.[68]

Klassizismen und Romanismen waren als rhetorische Kurantmünzen allenthalben im Umlauf – ja, man könnte von einer regelrechten Romanomanie sprechen in jenen Jahren des heraufziehenden Imperialismus, in denen der 1882 gestorbene Garibaldi nicht einmal mehr seine Einäscherung verfügen konnte, ohne dass ein von Magniloquenz überwältigter Grabredner daraus „den Scheiterhaufen des Pompeius" machte, den der Volksheld für sich bestimmt habe. Das süße Gift des *classicismo* lebte also fort in den Traditionen der risorgimentalen Linken, und nachdem diese Generation mit ihrem letzten Giganten Crispi abgetreten war, nahmen die Pioniere des italienischen Sozialismus – Andrea Costa, Leonida Bissolati, Filippo Turati –, erzogen im Geist der klassischen Bildung und imprägniert mit dem poetischen Patriotismus Carduccis, dieses Banner wieder auf, bis es ihnen noch später vom überschäumenden Schwulst der radikalen *nazionalisti* und des maßlosen D'Annunzio streitig gemacht wurde.[69] Aber das gehört schon in die nächste Phase unserer Geschichte von Rom als Hauptstadt Italiens.

Kapital und Kapitale: Italien macht sich breit in Rom

Römer und Neurömer

Große Ideen von Bestimmung und Mission einer Stadt mögen die Phantasie der Planer beflügeln, doch bringen sie aus sich allein noch keine kohärenten Bauprogramme hervor. Und selbst wenn ausgefeilte Planungen vorliegen, lässt sich die Entwicklung einer Stadt kaum jemals völlig nach Plänen steuern und gestalten. Als im italienisch gewordenen Rom das jahrhundertelang gewahrte Gleichgewicht zwischen monumentaler Repräsentation und beschaulich gelebtem Alltag rasch in die Brüche ging und die Stadt sich binnen zweier Menschenalter zu einer modernen (und damit auch ein wenig beliebigen) Metropole wandelte, waren in der Tat nicht in erster Linie Visionen am Werk, sondern sehr viel handfestere Kräfte. Es waren die politischen, gesellschaftlichen und ökonomischen Bedürfnisse und Interessen der Zeit, die sich über die unterschiedlichsten Akteure und auf den verschiedenen Ebenen der Stadtpolitik geltend machten – jene elementaren Imperative des Lebens, die als schwer entwirrbares Gemenge von Impulsen Eingang finden in die komplexen Prozesse historischer Veränderung. Der Einsicht einzelner niemals vollständig zugänglich und ihrem Wollen und Handeln nur bedingt verfügbar, bestimmten diese Mächte und Tendenzen auch die Geschicke Roms nach dem säkularen Ereignis von Porta Pia.

Nicht nur der politische Status der Stadt hatte sich mit dem 20. September 1870 schlagartig verändert – auch für die römische Gesellschaft, ihre Struktur und ihre Kultur markierte dieses Ereignis den Beginn einer neuen Epoche. Durch die aufgesprengten Mauern und Tore strömten zahlreich die Söhne der *Italia* in die alte Papststadt – *Italias* Töchter folgten in der Regel erst mit einem gewissen Abstand, wenn die Väter und Ehemänner sich im neuen Ambiente installiert hatten. Zwar dominierten die Neuankömmlinge zunächst in Rom noch nicht durch ihre Zahl, aber sie traten doch sichtbar und selbstbewusst in Erscheinung als die Vertreter des triumphierenden Prinzips der Staatsnation, der nach glorreich vollendeter ‚Auferstehung' – Risorgimento – nun die Zukunft gehörte. Die Einheimischen – die in Rom geborenen Römer: *romani de' Roma*, wie sie sich selbst stolz nannten – fanden sich diesen Neu-Römern gegenüber in der etwas subalternen, zu Bescheidenheit und Bewunderung, Duldsamkeit und Dankbarkeit verpflichtenden Lage von ‚armen Verwandten', die, selbstverschuldet oder schuldlos, auf einem Abstellgleis der Geschichte stehengeblieben waren und es sich jetzt gefallen lassen mussten, dass man sie in ihrem verschmockten Salonwagen an den glänzenden Expresszug des nationalen Fortschritts ankoppelte und dabei gar nicht fragte, ob ihnen die Umstände und das Ziel der Reise denn auch genehm seien. Es sollte nur wenige Jahrzehnte dauern, bis die alteingesessenen Römer von den Neu-Römern auch an Zahl übertroffen und in ihrer eigenen Stadt – nein, es war eben nicht mehr ihre eigene Stadt: Rom gehörte ja nun der ganzen italienischen Nation – zu Zuschauern und Zaungästen marginalisiert wurden – *ospiti in casa propria.*[70]

Wer nun waren diese Neu-Römer, die neuen Herren und Schöpfer der *Roma italiana*? Die Einheimischen nannten sie *buzzurri*, und diese Benennung, von der papsttreuen Presse aufgebracht, war abfällig gemeint, obschon das Wort in Florenz und anderswo eigentlich ganz neutral die Verkäufer von Esskastanien bezeichnete, die im Winter aus dem Tessin und den Bergamasker Bergen herab in die Städte kamen. ‚Die Italiener' war eine andere Sammelbezeichnung der Römer für die Neuankömmlinge. Sachlich durchaus zutreffend und ‚politisch korrekt', klang doch auch in ihr eine gewisse innere Distanzierung an, so als spräche man von Eindringlingen eines fremden Volkes, wie die Römer der Vorzeit von den Goten Theoderichs mögen gesprochen haben, einer Nation, der man sich selbst nicht zugehörig fühlte. Und schließlich war noch das Wort von den ‚Piemontesen' im Schwange, eine bewusst verengende und zuspitzende Bezeichnung, aber genau damit entsprach sie der Wahrnehmung der Alteingesessenen. Zwar waren unter den ‚Italienern', die nach 1870 in die *urbs* kamen, auch Lombarden und Emilianer, Romagnolen und Toskaner durchaus prominent vertreten; aber der Kern des unitarischen Führungspersonals stammte doch aus Piemont (unter Einschluss Genuas und Liguriens).

Piemontesisch war der allergrößte Teil des italienischen Militärs, zumal des Offizierskorps; piemontesisch war das Gros der Beamten, welche ja schon 1864/65 den ersten Hauptstadtumzug von Turin nach Florenz mitgemacht hatten und nun neuerlich (und zumeist etwas missmutig) eine Verlegung noch weiter in den ‚Süden' über sich ergehen lassen mussten; piemontesisch(-ligurisch) waren viele der Bankiers, Immobilienspekulanten und Bauunternehmer, die binnen kurzem in der *Roma Capitale* die Realversion eines vorweggenommenen Monopoly-Spiels veranstalten werden. Und wie immer, wenn eine indigene Kultur von einer ‚überlegenen' übernommen und überwältigt wird (und sei es auch gleichsam auf ‚Einladung' wie in der einstigen DDR nach 1989), fehlte es unter den Neu-Römern auch nicht an allerlei halbseidenen Projektemachern, Glücksrittern und Spitzbuben – gleichsam Konquistadoren im Namen des Kapitals, die im ‚befreiten' Rom ihr Eldorado suchten. Es erscheint bezeichnend, dass mehr als ein Jahrhundert nach dem Anschluss Roms die wohl beste Kennerin der Geschichte der Stadt im 19. Jahrhundert das martialische Vokabular von Krieg und Eroberung bemüht, um die erste Phase der Italianisierung ihrer Stadt zu charakterisieren: „Hereingebrochen" sei 1870 aus dem Norden ein neues System über Rom, verkörpert von den großen und kleinen Exponenten der kapitalistischen, industriellen, kommerziellen Welt, hereingebrochen über eine Stadt, die noch über keinerlei Erfahrungen mit der Moderne verfügte und die von den Siegern als „verbrannte Erde, Niemandsland und Eroberungsgebiet" angesehen wurde.[71]

Zumindest für die erste Welle von Zuzüglern nach dem 20. September 1870 also traf es der römische Volksmund vielleicht ein wenig ungenau, aber nicht falsch, wenn er *pars pro toto* von den ‚Piemontesen' sprach und damit zum Ausdruck brachte, dass es sich um *gente del Nord* – Leute aus der fremden Welt jenseits des Apennin handelte. In den folgenden Phasen der anhaltenden Zuwanderung freilich änderte sich dann das Bild und änderten sich auch die sozialen Profile und Relationen. Als Brennpunkt der Bauspekulation übte die neue Hauptstadt einen immensen Sog aus auf die arme kleinbäuerliche Bevölkerung und das landlose Subproletariat des näheren und ferneren Hinterlandes – Latiums, der Abruzzen, Kampaniens –, die als Arbeiter, Dienstboten und Kleingewerbetreibende hier ihr Auskommen suchten. Und noch später wurde dann auch ein wachsender Teil der traditionellen Auswandererströme des festländischen wie des insulären Süditaliens in die Kapitale gelockt von der Hoffnung auf Arbeit und Lohn, ehe die armen Bewohner der *Magna Grecia* dann nach der Wende vom 19. zum 20. Jahrhundert von der in Italien verspätet einsetzenden ‚industriellen Revolution' in die aufblühende Gewerberegion zwischen Turin und Mailand abgesogen wurden. Ebenfalls aus dem Süden kamen sodann auch verstärkt Angehörige des intellektuell gebildeten städtischen Klein- und Mittelbürgertums nach Rom, wo sie als Staatsbeamte, Journalisten und Geschäftsleute, als Ärzte und Advokaten die höheren Funktionsebenen des ungebremst expandierenden tertiären Sektors besetzten. Das relative Gewicht der Norditaliener in diesen bürgerlichen Segmenten ging im gleichen Zeitraum zurück, weil die Bourgeoisie des Nordens für ihre Söhne in den Leitungsfunktionen der entstehenden Industrien attraktivere Berufsperspektiven fand als im Staatsdienst der römischen Zentrale. Die innere Distanz, ja Ablehnung, die heute im nördlichen

Italien der *Roma ladrona*, dem ‚diebischen Rom' entgegengebracht wird und die im Phänomen der *Lega Nord* ihren politisch-institutionellen Ausdruck findet, ist auch ein Reflex auf die Überlassung der wenig attraktiven Posten im zentralen Staatsapparat an die genügsamen Süditaliener durch die norditalienische Bourgeoisie.

Die Bevölkerungsentwicklung in der jungen Hauptstadt war jedenfalls von einer bemerkenswerten Dynamik. Im ersten Jahrzehnt (1871–1880) betrug die Zunahme knapp 54 000 Personen, im zweiten (1881–1890) 124 000, im dritten (1891–1900) 89 000, im vierten (1901–1910) schließlich 105 500. In nur dreißig Jahren – von 1871 bis 1901 – hat sich die Zahl der als ansässig gemeldeten Einwohner von 213 600 auf 425 000 nahezu verdoppelt, wobei 13 Prozent dieses Zuwachses auf natürliches Wachstum, also den Geburtenüberschuss, zurückgingen und 87 Prozent auf Zuwanderung. Die Zuwanderer stammten zu drei Vierteln aus Latium und den benachbarten Regionen – Umbrien, Toskana, Marken, Abruzzen, Kampanien – und zu einem Viertel aus den übrigen Gebieten des Königreichs.[72] Schon zehn Jahre nach dem Anschluss, 1881, waren nicht einmal mehr die Hälfte der Einwohner Roms in der Stadt geboren; 13,6 Prozent stammten aus Latium, gefolgt von den Gruppen der aus den Marken (8,1 %) und aus den Abruzzen (6,8 %) Stammenden sowie den Toskanern (4,5 %), den Umbrern (4,1 %) und den Kampanern (3,9 %). Norditaliener (aus Piemont, der Lombardei, Ligurien und Venezien) waren 6,7 Prozent, während die Zuzügler aus dem festländischen Süden und von den Inseln gerade einmal auf 2 Prozent kamen. Das relative Gewicht der Neu-Römer aus dem Norden war also gegenüber den allerersten Jahren nach dem Anschluss der *urbs* schon deutlich zurückgegangen, während von der später beobachteten (oder jedenfalls behaupteten) Meridionalisierung Roms nach diesen Zahlen noch nicht die Rede sein konnte.[73]

Infolge des gewaltigen Zustroms von außen aber hat sich mit der Zusammensetzung der römischen Bevölkerung in den drei Jahrzehnten bis zur Jahrhundertwende auch der Charakter der römischen Gesellschaft, haben sich ihre Gewohnheiten und Gebräuche, Sitten und Traditionen, ihre Sprache und ihre mentalen Prägungen von Grund auf verändert, so wie sich auch die Gestalt der Stadt und ihre Atmosphäre im Übergang von der *Roma papale* zur *Roma italiana* fundamental wandelten. Als im Jahr 1911 das Jubiläum zum 50-jährigen Bestehen des italienischen Nationalstaates in der Hauptstadt mit Pathos und Pomp begangen wurde, waren das alte Rom der Päpste, wie es bis 1870 bestanden hatte, sein einzigartiges kulturelles Kolorit, seine zeitentrückte Lebensweise fern aller Modernität und seine in ihrer Eigenart und ihrem Eigensinn unverwechselbare Bevölkerung längst verschwunden. Rom war auf dem Weg, eine ‚normale' nationale – und das hieß in vielerlei Hinsicht auch: eine in ihrer Modernität gewöhnliche und banale – europäische Hauptstadt zu werden; und dennoch wurde dieses neue Rom, wie ein kundiger Beobachter festgestellt hat, damit recht eigentlich zum Zentrum der Nation, zu einem Ort der Begegnung, der symbolischen Integration, ja der ‚Versöhnung' der unterschiedlichen Klassenlagen und Kulturen, die es auf der Halbinsel vom subalpinen

Norden bis zum mediterranen Süden gab und die auch nach erfolgter Einigung viel weiter voneinander entfernt waren, als es sich selbst die nüchternsten Architekten des Risorgimento je vorgestellt hatten. Heute ist Rom längst vollständig italianisiert, und die *romani de' Roma* sind zu einem verschwindenden und bedeutungslosen demographischen Rest seiner Einwohnerschaft geworden. Gerade diese Integrationsleistung um den unvermeidlichen Preis der Selbstauslöschung war vielleicht der größte (und gleichwohl zu wenig gewürdigte) Dienst dieser Stadt an der Nationsbildung Italiens. Bis dieser Prozess der Angleichung und Verschmelzung zu einer neuen Hauptstadtgesellschaft sein Wirken spürbar entfaltete, floss freilich viel Wasser den Tiber hinab und verging mehr als die Lebensspanne einer Generation.[74]

Die Aufnahme der Neu-Römer durch die Römer war in der allgemeinen Euphorie der ersten Wochen und Monate nach dem 20. September 1870 überwiegend freundlich, ja teilweise begeistert gewesen. Dieser Enthusiasmus verlor sich freilich bald, als auf die ‚Helden' die ‚Händler' folgten und den Römern deutlich zu werden begann, welche Kosten und Verluste für sie mit dem nationalen Erlösungsereignis der Hauptstadterhebung Roms verbunden waren. Viele büßten mit dem Ende der päpstlichen Herrschaft ihre Stellen in Verwaltung und Wirtschaft ein und damit ihren regulären Broterwerb, auch wenn das Papsttum sich nach Kräften bemühte, seine Getreuen weiterhin zu alimentieren und sich so die Anhänglichkeit des Volkes zu erhalten. Die Pilger und Touristen, deren Ziel das Rom der Kirchen und der kirchlichen Feste gewesen war, blieben der weltlich gewordenen Stadt zunächst fern. Und wer in Rom erwartet hatte, dass für diesen Ausfall der Zuzug von königlichem Hof, Parlament, Regierung und Behörden den ansässigen Geschäften und Gewerben einen Ersatz bieten würde, sah sich ebenfalls enttäuscht: Denn im Tross der Staatsorgane kamen auch Scharen von Turiner und Florentiner Geschäftsleuten und Geschäftemachern an den Tiber, Entrepreneurs aller Art, die an den bestfrequentierten Stellen des Corso und anderen Zentrallagen ihre eleganten Etablissements eröffneten. Sie erlangten im Handumdrehen ein Monopol für die Bedarfsdeckung der gehobenen bürgerlichen Lebensart, denn mit der Weltläufigkeit und dem Savoir-faire dieser erprobten Ausstatter norditalienischer Elitenkultur konnten sich die eingesessenen Römer eingestandenermaßen nicht messen.[75]

Die Aufhebung von Zöllen und sonstigen protektionistischen Vorkehrungen des alten Regimes hatte zur Folge, dass die wenigen einheimischen Gewerbe, die sich in der Hauptstadt des Kirchenstaates, abgeschirmt von der wilden Welt des Marktes, noch hatten behaupten können, binnen kurzem dem Ansturm der überlegenen Konkurrenz von draußen – ob italienisch oder ausländisch – erlagen. So verschwanden etwa von den 18 Wollfabriken des Jahres 1870 zehn bis 1878; und die Zahl der Beschäftigten in dieser einstmals stärksten ‚Industrie' branche Roms schrumpfte im gleichen Zeitabschnitt von 1240 auf 210.[76] Zwar kamen mit der Hauptstadtfunktion nach einer Zeit des Überganges und der Anpassung auch neue Arbeitsmöglichkeiten in das wachsende und expandierende Rom; doch die eingeborenen Arbeiter, und nicht nur die ärmsten unter ihnen, die Tagelöhner, mussten in ihrem Gesichtskreis die Erfahrung machen, dass sich mit dem Zustrom der ‚Italiener' auf allen Ebenen des Wirtschaftslebens auch die Arbeitsmarktkonkurrenz erheblich verschärft hatte. Es war nicht der geringste Vorteil der *buzzurri* in diesem Wettbewerb, dass sie mit den gesamtitalienischen Vorschriften und Usancen, Rechtsnormen und Rechtspraktiken, deren Geltung nun auch auf Rom ausgedehnt wurde, naturgemäß viel besser vertraut waren und besser umgehen konnten als die Einheimischen. Und die Flut neuer Gesetze und Regelungen, unvermeidliche Beifracht moderner Staatlichkeit, welche das neue Regime sogleich über die zu Italienern gewordenen Römer ausgoss, bedrängte diese nicht weniger als die Vielzahl und die Höhe neuer Steuern und Abgaben, die ihnen nun abverlangt wurden.

Schon bevor die Regierung überhaupt nach Rom umgezogen war, hatte Michele Caetani – ein unverdächtiger Zeuge, weil alles andere als ein papsttreuer Gegner der neuen Verhältnisse – mit bitterer Ironie über das eiserne Fiskalregiment geklagt, das mit souveräner Attitüde das abstrakte Wohl Italiens über das konkrete Wohlergehen der Italiener stelle.[77] Einer der besten Kenner der Hauptstadtgeschichte gibt an, dass die kommunale Abgabenlast in den ersten eineinhalb Jahrzehnten nach dem Anschluss Roms an Italien je Kopf der Bevölkerung sich im Durchschnitt vervierfacht und die staatlichen Steuern im gleichen Zeitraum sich mehr als verdoppelt hätten. Und da das neue Italien, wie alle entwickelteren Staaten dieser Epoche, ein bürgerlicher Klassenstaat war, war dafür gesorgt, dass die unteren Volksschichten steuerlich stärker belastet wurden als die höheren, besitzenden Klassen.[78] Soviel Findigkeit im Erheben und Entschlossenheit im Eintreiben von Steuern waren die Römer nicht gewöhnt gewesen in den Zeiten der paternalistischen päpstlichen Herrschaft, die zwar mit abstrakten Freiheiten geizte, aber sonst eher gab anstatt zu nehmen und etwa schon nach einigen die Landarbeit behindernden Regentagen freies Brot an die verdienstlosen Bauern austeilen ließ. Auch wenn die ausgedehnte öffentliche, kirchliche und private Fürsorge im Rom Gregors XVI. und Pius' IX. nur das Komplementär einer ökonomischen Rückständigkeit war, welche fast ein Drittel der erwerbsfähigen Bevölkerung ohne Erwerbsarbeit ließ, erlebten die Armen hier ein Maß an Zuwendungen, von dem ihre Schicksalsgenossen im liberalen Nationalstaat dereinst nur träumen konnten.[79]

So hatten die Römer sehr schnell auch die weniger schönen Seiten der schönen neuen Zeit kennengelernt, und was ihnen dabei wohl noch mehr als die vielen Steuern und Vorschriften zu schaffen machte, war der eklatante Anstieg der Lebenshaltungskosten in allen Bereichen, der mit dem Anschluss Roms an Italien einsetzte. Er war die unmittelbare Folge des starken Zuzugs, der den notorisch knappen Wohnraum in der Stadt ebenso verteuerte wie die Nahrungsmittel, deren Produktion nicht ohne weiteres der gestiegenen Nachfrage angepasst werden konnte. Natürlich litten auch darunter wieder in erster Linie die wenig kaufkräftigen unteren Volksschichten der einheimischen Bevölkerung; aber die Staatsangestellten der mittleren und unteren Ränge mit ihren bescheidenen Gehältern hatten kaum weniger Grund, über die hohen Preise in der neuen Hauptstadt zu klagen. *Carovita* (Teuerung) und *caroalloggi* (hohe Mietpreise) waren denn auch Standardthemen des öffentlichen Diskurses in der ersten Hälfte der 1870er Jahre[80], und der Bedarfsdruck nach erschwinglichen Wohnungen, welche gleichwohl den Ansprüchen der gehobenen bürgerlichen Wohnkultur des Nordens genügen sollten, war eine der wesentlichen Triebkräfte der lebhaften Bauspekulation dieser Jahre.[81]

Expansion ohne Plan: Das erste Jahrzehnt nach *Porta Pia*

Wir haben die Sphären hochfliegender Gedanken und tönender Phrasen jetzt hinter uns gelassen und sind in jene Gefilde römischer Politik und Administration eingetreten, in denen im Ringen mit den Erfordernissen und den Gelegenheiten des Tages das erste Jahrzehnt der *Roma Capitale* gestaltet wurde. Wir fragen nun zunächst, mit welchen institutionellen Akteuren wir es hier zu tun haben werden, und die Antwort erscheint evident: Es ist die Kommune mit ihren Organen, die Stadtregierung, die für die baulichen und organisatorischen Voraussetzungen städtischen Lebens verantwortlich war. Hier ist freilich im Falle Roms gleich eine historische Besonderheit zu vermerken. Es gab eine weit in das Mittelalter zurückreichende Tradition mehr oder minder direkter Lenkung der städtischen Belange durch die kuriale Obrigkeit, welche die ehrwürdigen Institutionen des Senates und der Konservatoren zeitweise nur noch als substanzlose Hüllen fortbestehen ließ. Unter der kurzen Herrschaft der Jakobiner und der nicht sehr viel längeren Herrschaft Napoleons I. hatte es Versuche der französischen Besatzer gegeben, die kommunale Selbstregierung wiederzubeleben. Aber in der Zeit der Restauration waren die Päpste wieder zur alten Bevormundung der Stadtgemeinde zurückgekehrt, so dass der Volksdichter Giuseppe Gioacchino Belli spotten konnte, das aus der Antike überlieferte Signet SPQR – Senatus Populusque Romanus – besage schon längst nichts anderes mehr als ***S**olo **P**reti **Q**ui **R**regneno* – frei übersetzt: „Hier herrschen nur Priester".[82]

Es war schließlich Pius IX. gewesen in der kurzen Reformphase zu Beginn seines Pontifikats, der durch ein Motu Proprio *Sulla organizzazione del Consiglio e Senato di Roma e sue attribuzioni* vom 1. Oktober 1847 für Rom wieder ein eigenständiges Stadtregiment ins Leben gerufen hatte – bestehend aus einem hundertköpfigen *Consiglio* (auch *Centumviri* genannt) als Beratungs- und einer *Magistratura* als Ausführungsorgan, das sich aus einem *Senatore* und acht *Conservatori* zusammensetzte. Dem *Consiglio* gehörten 64 Grundbesitzer an, 32 Vertreter von Professoren und sonstigen *uomini di cultura*, Bankiers, Geschäftsleuten und Händlern, dazu die Vorsitzenden der Zünfte und Gewerke (*capi d'arti o mestieri*) sowie vier Vertreter der

Geistlichkeit.[83] Pius' IX. liberale Reformabsicht ist in dieser Konstruktion insofern erkennbar, als das mittel- und kleinbürgerliche Element nun gegenüber dem Adel sehr viel stärker an der Stadtverwaltung beteiligt wurde als in früheren Zeiten. Die Mitglieder der *Magistratura* wurden vom *Consiglio* nominiert. Die Mitglieder des Rates wurden bei der Ersteinsetzung durch den Papst selbst ernannt, im weiteren Verlauf indes erneuerte der *Consiglio* alle zwei Jahre ein Drittel seiner Mitglieder durch Kooptation. Auch wenn es sich also beim *Consiglio* nicht um eine gewählte Einrichtung handelte, wurde er doch als Repräsentationsorgan städtischer Interessen allgemein begrüßt.[84]

Diese Einrichtung überstand zwar nach dem dramatischen Intermezzo der Römischen Republik in ihren Grundzügen zunächst noch die neuerliche Restauration der weltlichen Herrschaft des Papstes, erfuhr aber 1851 eine nicht unwesentliche konservative Veränderung hinsichtlich ihrer Zusammensetzung und ihrer Selbständigkeit. Der *Consiglio* wurde um die Hälfte verkleinert und das Gewicht der uneingeschränkt papsttreuen Hocharistokratie wieder deutlich gestärkt, während das kleinbürgerliche Element, das sich in Revolution und Republik besonders hervorgetan hatte, vom Papst mit dem Ausschluss aus dem Stadtregiment bestraft wurde.[85] Bis zum Ende des Kirchenstaates verblieb das Kapitol in dieser Form unter der Führung von Mitgliedern des alteingesessenen römischen Adels. Aber auch im Königreich Italien behielt die römische Aristokratie formell oder informell das Heft der Stadtregierung weitgehend unangefochten in der Hand, wobei liberalen Aristokraten wie Michelangelo Caetani oder Emanuele Ruspoli eine Mediatorenfunktion zukam zwischen der traditionellen Herrschaft des Patriziats und den Institutionen der neuen staatlichen Ordnung.[86] Zur römischen Tradition gehörte es auch, dass das kapitolinische Munizip eine politisch schwache und administrativ wenig effiziente Institution war; nicht von ungefähr sprechen Historiker von einer „blutarmen" oder „kraftlosen", ja sogar von einer „fehlenden", „nicht vorhandenen" Kommunalverwaltung.[87] An dieser angeborenen Schwäche änderte sich im übrigen auch durch den Regimewechsel vom 20. September 1870 nicht viel. An die Stelle der päpstlichen Oberaufsicht über die Kommune trat nun die der italienischen Regierung. Noch um die Mitte der 1870er Jahre hatte die römische Kommunalverwaltung kaum mehr als 200 fest bestallte Bedienstete. Notorisch war auch ihre Finanzschwachheit, doch war dies ein allgemeines Los der Kommunen im liberalen Italien.[88]

Da es, wie wir sagten, zum Wesen einer Kapitale gehört, eine gesamtstaatliche Aufgabe zu erfüllen – die zentralen Organe und Institutionen zu beherbergen und damit zugleich den Staat als ganzes zu repräsentieren –, kommt diesem naturgemäß auch ein Mitspracherecht in Fragen der Planung und Gestaltung der Hauptstadt zu. Vor dem Hintergrund des latenten Misstrauens, das bei den Politikern der *Destra* gegen die fremdartige Realität Roms weit verbreitet war, zeigte sich die italienische Regierung in der Wahrnehmung dieses Rechts auf Einfluss und Kontrolle weder zögerlich noch zimperlich. Der logischen Entsprechung dieses Mitspracherechts, nämlich der Mitverantwortung für die hauptstädtischen Belange, stellte man sich allerdings längst nicht mit gleicher Entschiedenheit. In scharfem Kontrast zu der von Rom berauschten Risorgimentorhetorik des Jahrzehnts vor dem Anschluss verweigerte man jetzt der neuen Hauptstadt jeglichen Sonderstatus und behandelte sie wie eine beliebige Stadt des Königreichs. Mit königlichem Dekret vom 15. Oktober 1870 wurden die seit 1865 für alle Kommunen und Provinzen geltenden rechtlichen Regelungen auch auf die *urbs* ausgedehnt.[89] Die Stadtregierung oblag demzufolge einem gewählten *Consiglio comunale* von maximal 60, später 80 Mitgliedern, von denen jährlich ein Fünftel durch Wahl erneuert wurde, und der exekutiven *Giunta comunale*, bestehend aus bis zu acht *Assessori* für die verschiedenen Bereiche der Verwaltung. Geleitet wurde die Stadtregierung von einem Bürgermeister – *Sindaco*, der vom Rat vorgeschlagen, von der Zentralregierung bestätigt und vom König ernannt wurde. Verweigerte die Regierung dem vom *Consiglio* Nominierten die förmliche Bestellung als *Sindaco*, so konnte er, quasi mit staatlicher Duldung, die Aufgaben eines Bürgermeisters geschäftsführend wahrnehmen. Die Regierung konnte aber auch gegen den Wunsch des Gemeinderats eine Persönlichkeit ihrer Wahl zum Bürgermeister bestellen.[90] Viele der römischen ‚Bürgermeister' der ersten beiden Jahrzehnte erlangten die staatliche Ernennung nicht und amtierten nur unter der degradierenden Vorbehaltsformel *ff – facente funzione di Sindaco* (Ausübung der Funktion eines Bürgermeisters). [91]

Kennzeichnend (und belastend) für das Verhältnis des Königreichs zu seiner neugewonnenen Hauptstadt war, aller wohlfeilen Rom-Rhetorik ungeachtet, ein grundständiger Argwohn in der regierenden liberalen Elite gegenüber einem Kapitol, das eine hermetische, den Italienern verschlossene Welt unter der Ägide des stadtrömischen Adels blieb. Nach der ersten Kommunalwahl vom 13. November 1870 zeigte sich der *Consiglio* zwar ‚neu' in seiner personellen Konfiguration, aber ‚alt' in der sozio-kulturellen Zusammensetzung: aristokratische und bürgerliche Grundeigentümer mit Interessen im Finanz-, Bank- und Immobiliengeschäft, bürgerliche Freiberufler mit Präferenzen für das Ancien Régime, Händler und Kaufleute, die nach wie vor ins dichte Netz von Patronage und Protektion aus päpstlicher Zeit involviert waren, dazu einige Persönlichkeiten von künstlerischem und literarischem Renommée. In dieser lokalen Führungsschicht – und zwar keineswegs nur im intransigent papsttreuen Teil des römischen Adels, der sogenannten *aristocrazia nera*, der ‚schwarzen' Aristokratie – herrschte die Tendenz vor, sich gegenüber dem neuen Staat und seinen Vertretern abzuschotten. Mit dem unausgesprochenen und ungreifbaren Einverständnis, durch das sich lokale Milieus nach außen abschließen, verstand es das römische Establishment auch nach dem politischen Garderobenwechsel des *XX settembre*, auf dem Kapitol unter sich zu bleiben. Erleichtert wurde dies pikanterweise durch das gesamtitalienische Gemeindegesetz (Gesetz Nr. 2248 zur Verwaltungsvereinheitlichung) vom 20. März 1865, welches den Kommunalautoritäten weitreichende Kompetenzen verlieh und das Stadtregiment durch ein äußerst restriktives Zensuswahlrecht exklusiv in die Hand der grundbesitzenden Notabelnschicht legte.[92]

Ein informeller Mechanismus sorgte wirksam dafür, dass die *forestieri*, die ‚Ausländer', wie man die Neu-Römer in bezeichnender Distanzierung nannte, nicht auf die Wahllisten gelangten und somit bei den Kommunalwahlen nicht zum Zuge kamen.[93] Nach der Niederlage der katholischen Liste 1872 gelang dann 1873 als erstem prominentem *buzzurro* Benedetto Cairoli der Einzug in den kapitolinischen Rat; einige andere folgten ihm 1874 und später nach – Sella, Garibaldi, Menabrea, Ettore Ferrari, Seismit Doda – große Namen des Risorgimento, deren Bedeutung freilich mehr in ihrer symbolischen Präsenz auf dem Kapitolshügel lag als in konkretem Einfluss auf die kommunale Politik. Dies galt letztlich sogar für Cairoli und Sella, die es zu keiner Zeit an Engagement fehlen ließen und wiederholt als Fürsprecher römischer Anliegen und Bedürfnisse gegenüber den zentralstaatlichen Instanzen auftraten.[94] Das war auch mehr als einmal nötig, denn das wechselseitige Fremdheitsempfinden und ein allezeit waches (auch nicht immer gänzlich unberechtigtes) Vorurteil gegen römischen Schlendrian, engstirnigen Munizipalismus und anti-unitarische katholische Intransigenz sorgten für so manche Rücksichtslosigkeit im Umgang der Regierung mit den Autoritäten ihrer Hauptstadt.[95] Möglichkeiten dazu bot das Kommunalrecht auf vielfältige Weise. Gemäß dem zentralistischen Bauprinzip des italienischen Staates wurden die Gemeinden am kurzen Zügel gehalten, was schon in der erwähnten Tatsache zum Ausdruck kam, dass die von den gewählten Gemeindegremien vorgeschlagenen Bürgermeister noch bis 1889 der Bestätigung und Ernennung durch die Zentralregierung bedurften.

Durch die Bresche an der Porta Pia war mit den Italienern, den ‚Piemontesen', den *buzzurri*, auch der Epochengeist des Liberalismus in Wirtschaft und Weltanschauung ins päpstliche Rom eingezogen.[96] Dieser Geist des Laisser-faire billigte der öffentlichen Gewalt nur eine Art Wächterrolle über einen weit gefassten Verfassungs- und Rechtsrahmen zu, innerhalb dessen die Wirtschaftssubjekte frei und ungehindert ihre Interessen sollten verfolgen können. So ist denn in der neuen Hauptstadt des Königreichs Italien neben den Instanzen von Staat und Kommune stets noch mit einer ‚dritten Gewalt' zu rechnen, wenn es um städtebauliche Projekte und Maßnahmen geht. In der Regel unsichtbar bleibend oder jedenfalls hinter den Kulissen der Politik agierend nach Art eines ‚schweigenden Dritten' oder ‚stillen Teilhabers', ist sie gleichwohl höchst einflussreich. Wir sprechen von der großen Bau- und Bodenspekulation, dem Gemeinschaftswerk jenes krakenhaften Interessenkomplexes, in dem das lukrative Anlage suchende Finanzkapital und die Bauindustrie aus dem Norden zusammenfanden mit den großen römischen Grundbesitzern, denen sich mit dem Hauptstadtausbau phantastische Verwertungsperspektiven eröffneten.

Diese spekulativen privatwirtschaftlichen Initiativen zur Erschließung und Parzellierung großer Areale und zur Errichtung neuer Stadtviertel waren in den ersten Jahrzehnten der römischen Hauptstadtgeschichte in der Tat die wichtigste Trieb- und Gestaltungskraft im städtebaulichen Geschehen, wobei die Anfänge dieses Phänomens noch in die Schlussphase des päpstlichen Roms zurückreichten. Auch damals war es die Höhenzone um die Diokletiansthermen mit dem soeben nach dem Vorbild der Pariser *Gare de l'Est* angelegten Zentralbahnhof Termini, auf welche sich der unternehmerische Eifer neugegründeter Bauentwicklungsgesellschaften richtete. Neben dem Kardinal De Mérode, der sich dort bekanntlich durch Grundstückskäufe und Erschließungsprojekte stark engagiert hatte, war vor dem Bahnhof und entlang der Via De Mérode (der späteren Via Nazionale) auch eine *Società Anonima edificatrice di case per la classe povera* mit Projekten für Wohnbauten aktiv. Dieser 1866 vom Direktor des *Osservatore Romano* gegründeten Aktiengesellschaft gehörten neben etlichen römischen Adeligen (darunter die reichsten von allen, die Torlonia, neuadelige Aufsteiger) auch einige hohe Prälaten (neben De Mérode sogar der päpstliche Staatssekretär Antonelli) und römische wie auswärtige Unternehmer an. Wie eng die Verquickung munizipaler und privater Interessen dabei war, wird durch die Tatsache verdeutlicht, dass etwa die Hälfte der Mitglieder des *Consiglio capitolino*, des 60köpfigen römischen Stadtrates, auch Anteile an dieser Aktiengesellschaft hielten.[97]

Dies freilich waren nur die ersten, noch tastenden Regungen jener gigantischen Bau- und Bodenspekulation, die in den zwei Jahrzehnten nach 1870 dann das Weichbild der Stadt radikal verändern und das neue, das italienische Rom hervortreiben sollte. Seine enorme Schubkraft konnte der Expansionsprozess nicht durch einheimisches Kapital allein entfalten – dazu reichte die Liquidität des alten Adels und des *generone* – der einzigen wirtschaftsbürgerlichen Gruppe in der Stadt – längst nicht aus. Aber der 20. September 1870 öffnete die Schleusen für auswärtiges Kapital, das nun ungestüm auf den römischen Immobilienmarkt strömte und diesen so recht eigentlich erst erschuf. Das Geld kam in erster Linie aus dem Norden Italiens – von piemontesischen, ligurischen, lombardischen Banken und Finanziers; aber auch toskanische Investoren waren mit von der Partie, die aufgrund der Nähe zu der (noch) in Florenz residierenden politischen Führung Italiens zudem einen gewissen Kontakt- und Informationsvorteil besaßen. Das anlagebereite Kapital stand, noch bevor Rom überhaupt italienisch geworden, gleichsam schon Gewehr bei Fuß, wie wir aus einer beiläufigen Bemerkung in den Memoiren des Schöpfers des modernen Paris, des Präfekten Haussmann erfahren. Dieser berichtet, auf einer Italienreise während des deutsch-französischen Krieges mit einem in Florenz residierenden Großfinanzier (dessen Namen Haussmann diskret verschweigt) bekannt gemacht worden zu sein, welcher ihm die Präsidentschaft einer großen Gesellschaft zur Umformung Roms „à l'instar de Paris" – also nach dem Vorbild von Paris – angetragen habe.[98]

Haussmann hat dieses Angebot aus persönlichen Gründen abgelehnt, aber dass der Ausbau Roms zur Kapitale Italiens nach der Neuerschaffung von Paris das zweite Spekulationsprojekt von europäischer Dimension war[99], konnte schon eine einfache Fünf-Finger-Kalkulation zeigen. Rom war zu diesem Zeitpunkt mit seinen gut 200 000 Einwohnern kaum mehr als eine Kleinstadt. Gewiss, es gab hier Baudenkmäler von einer Bedeutung und historischen Dignität wie nirgendwo sonst; es gab unzählige

Kirchen und Klöster, schöne Paläste und Villen, ehrwürdige Ruinen. Doch der Bestand an Gebäuden, die den Lebensbedürfnissen der breiten Bevölkerung dienten, war alt, dürftig und heruntergekommen. An modernen Infrastrukturen und den Errungenschaften zeitgemäßer Urbanität fehlte es ebenso wie an all den selbstverständlichen repräsentativen Einrichtungen einer nationalen Kapitale, die sich im Reigen der Hauptstädte vergleichbarer Staaten behaupten sollte. All dies musste geschaffen werden, und zwar für eine Bevölkerung, deren Zahl sich, so durfte man erwarten, nach dem Anschluss an Italien rasch verdoppeln und verdreifachen und irgendwann auch die Millionengrenze erreichen und überschreiten würde. Quintino Sellas von den Zeitgenossen als allzu kühn empfundene Annahme einer Einwohnerzahl von einer halben Million um 1910 wurde von der Realentwicklung sogar übertroffen.[100] Solche Auspizien waren natürlich nicht nur für italienisches, sondern eben auch für ausländisches Kapital höchst verlockend. In einer Aufzählung von in Rom engagierten Investitionsgesellschaften firmieren unter anderem die Namen von Bankiers in Amsterdam, Antwerpen und Frankfurt, und pikanterweise ist sogar der österreichische ‚Erbfeind' der italienischen Nationalstaatsgründung mit Bankhäusern aus Wien und Triest gut vertreten.[101]

In der Tat waren die Voraussetzungen für eine spekulative Expansion in Rom exzeptionell günstig. Die vorhandene städtische Bebauung bedeckte nicht mehr als 220 Hektar der gut 1400 Hektar des Stadtgebiets innerhalb der Aurelianischen Mauern. Die unbebauten Flächen bestanden großenteils aus den Parks der patrizischen Villen, aus Weinbergen und Schafweiden, die im Besitz einer sehr überschaubaren Zahl hochadeliger Familien sowie von Klöstern und religiösen Bruderschaften waren. Dem römischen Adel gehörte zudem ein erheblicher Teil des *Agro Romano*, der jenseits des Mauerrings ein weiteres, schier unerschöpfliches Reservoir an Bauland und damit die Voraussetzung bot für die breitlaufende Ausdehnung der Stadt *a macchia d'olio* – nach Art eines Ölflecks auf dem Wasser. War es das Bestreben der Liberalen, den Grundbesitz der ‚Toten Hand' zu konfiszieren und in Verkehr zu bringen, so versuchten jetzt Klosterkonvente und Bruderschaften, das Kirchengut vor dem Zugriff des liberalen Staates zu retten, indem sie selbst ins Immobiliengeschäft einstiegen und eilends ihre Liegenschaften an spekulative Interessenten oder auch an Strohmänner veräußerten. Geldbedürftige Angehörige der Hocharistokratie taten es ihnen mit raschen Verkäufen gleich, soweit sie nicht durch Hausgesetze und Fideikommisse noch an der Verschleuderung ihres Grundbesitzes gehindert waren.

In der ‚heißen' Zone des heraufziehenden Immobilienbooms, oben auf den östlichen Höhen um die Diokletiansthermen, dort, wo De Mérode schon Mitte der 1860er Jahre große Flächen aufgekauft hatte, lassen sich diese Mechanismen der spekulativen Verwertung des Bodens beispielhaft aufzeigen. Zwei berühmte römische Villen, zwischen Porta Pia, Castro Pretorio und den Thermen gelegen, wurden von ihren Besitzern, dem Marchese Capranica und dem Herzog Grazioli, bereits in den ersten Monaten des Jahres 1871 an eine in Florenz ansässige Kapitalgesellschaft verkauft. Durch weiteren

Grunderwerb aus dem Besitz des dort begüterten Noviziats der Jesuiten und der Karthäuserbrüder brachte die Florentiner Gesellschaft ein mehr als hundert Hektar großes Areal zur Errichtung eines ganzen Stadtviertels in ihre Hand. Während der Verkaufswert dieses Bodens in der Schlussphase des päpstlichen Roms wohl kaum mehr als zwei Lire pro Quadratmeter betragen hatte, erlösten Capranica und Grazioli jetzt etwa 5–6 Lire. Kurze Zeit später veräußerte die Florentiner Gesellschaft das Areal schon wieder für 15 Lire an eine Immobiliengesellschaft unter der Leitung eines Mailänder Großinvestors. Anfang 1872 schloss dieser einen Vertrag mit der römischen Kommune über die Errichtung eines neuen Wohn- und Geschäftsviertels. Im Zuge weiterer Transaktionen verdoppelte sich dort der Preis je Quadratmeter bis 1876 noch einmal auf 30 Lire und erreichte 1880 sogar 100 Lire.[102] Eine solche Entwicklung der Grundstückspreise stellte im übrigen keine einsame Ausnahme dar. Sie umreißt vielmehr den Rahmen der Wertsteigerung, welche bebaubares Land innerhalb der ersten beiden Jahrzehnte nach 1870 im inneren Stadtgebiet erfahren hat. Auf den Prati di Castello versechzigfachten sich die Quadratmeterpreise von 2,50 Lire Anfang der 1870er auf 150 Lire im Jahr 1885, und an der Via Nazionale, der neuen Magistrale des hauptstädtischen Lebens, stiegen sie im gleichen Zeitraum sogar von 2,50 auf 300 Lire. Insgesamt wurde der Wertzuwachs des Bodens in Rom bis 1885 auf zwei Milliarden Lire geschätzt.[103]

Dass diese Explosion der Grundstückspreise in der Startphase der *Roma Capitale* zu keiner Zeit und an keiner Stelle durch echte Knappheitsrelationen am Markt bedingt war, wurde schon gesagt. Neben den irrationalen Rückkoppelungs- und Selbstverstärkungsmechanismen spekulativer Gewinnerwartungen, wie sie in jeder Hausse wirksam sind, war dieser exorbitante Preisanstieg der singulären Tatsache zuzuschreiben, dass eine kleine Gruppe untereinander verwobener Familien der römischen Hocharistokratie beinahe ein Besitzmonopol auf den Grund und Boden *intra et extra muros* hatte. Fast die Hälfte der 188 000 Hektar der *Campagna Romana* (also des außerhalb der Stadtmauern liegenden Gemeindegebiets), nämlich 91 000 Hektar, waren in der Hand von nur 25 Familien, und die zehn reichsten von ihnen vereinigten wiederum auf sich zusammen 75 000 Hektar. Allein die neuadelige Aufsteigerdynastie der Torlonia, die bei weitem größten Grundbesitzer, besaßen im *Agro Romano* an die 26 000 Hektar. Auf die Torlonia folgen in der Liste der großen Latifundien all die bekannten Adelsnamen der römischen Geschichte und der Papstgeschichte – von den Borghese über die Aldobrandini, die Rospigliosi, die Grazioli Lante della Rovere zu den Chigi, Boncompagni, Doria Pamphili, Sforza Cesarini … und so weiter und so fort, und hinter jedem Namen sind Tausende von Hektar verzeichnet.[104] Diese aristokratischen Grundbesitzer schlossen mit den auswärtigen Investoren eine Interessenkoalition, wobei sie sich nicht nur auf die Rolle der Lieferanten des Bodens beschränkten. Nachdem sie durch erste Verkäufe ihre Schatullen aufgefüllt hatten, beteiligten sich viele von ihnen auch selbst am spekulativen Ringelreihen. So entstand aus der engen Allianz von Grundbesitz und Kapital eine Macht, der die berufenen Sachwalter des öffentlichen Interesses, Kommune und Staat, wenig entgegensetzen konnten – vielleicht auch gar nichts entgegensetzen wollten. Wir werden das sehen, wenn wir uns jetzt wieder den kommunalen Ansätzen für eine Planung des Hauptstadtausbaus zuwenden.

Nach dem Urteil vieler Historiker haben die städtischen Funktionsträger und die italienische Regierung auf die sich nach der Einnahme Roms stellenden Herausforderungen des Hauptstadtausbaus nicht die angemessenen Antworten gefunden. Was ‚angemessen' gewesen wäre ist freilich im Rückblick von fünfzig oder hundert Jahren immer leichter zu erkennen als inmitten einer turbulenten Entwicklung.[105] Was man aber gerechterweise nicht behaupten kann ist, dass die verantwortlichen Instanzen auf kommunaler wie auf nationaler Ebene sich nach dem 20. September 1870 mit ihren Überlegungen zur Hauptstadtplanung ungebührlich lange Zeit gelassen hätten. Nur zehn Tage nach dem Einmarsch der italienischen Truppen setzte die *Giunta Municipale*, die vorläufige Stadtregierung unter Michelangelo Caetani, eine elfköpfige Kommission von Architekten und Ingenieuren ein mit dem Auftrag, die jetzt anstehenden Fragen der Erweiterung und Verschönerung der Hauptstadt zu studieren. Wenige Tage später folgte auch die Regierung in Florenz mit der Beauftragung einer Kommission für die Verlegung der Staatsorgane, die wir nach den Anfangsbuchstaben der Namen ihrer drei Mitglieder Francesco Armellini, Pacifico Barilari und Paolo Comotto die ABC-Kommission nennen wollen. Im Vordergrund stand dabei die Frage, wo – über eine erste, nur provisorische Einquartierung in beschlagnahmten kirchlichen Gebäuden hinaus – die Ministerien angesiedelt werden sollten. Dies war eine Strukturentscheidung ersten Ranges, konnte man doch annehmen, dass mit dieser Ortswahl zugleich der Entwicklungskern des neuen, italienischen Rom festgelegt würde.

Beide Kommissionen arbeiteten schnell und legten schon nach wenigen Wochen ihre Berichte vor. Sie sind für uns von hohem Interesse, weil sich in ihnen bereits alle Probleme und Tendenzen abzeichnen, welche die nächsten Jahrzehnte der urbanistischen Entwicklung der *Roma Capitale* bestimmen werden. Die ABC-Kommission der Regierung ging bei ihren Überlegungen von der Annahme aus, dass für eine räumlich geschlossene Unterbringung der zentralen Institutionen des Staatsapparats eine unbebaute Fläche von 66 000 Quadratmetern benötigt würde. Ein freies Areal dieser Größe stand allerdings im *abitato*, dem bebauten Stadtgebiet, nicht zur Verfügung. Da der italienische Staat auf jeden Fall dort die Fahne seiner Präsenz aufpflanzen musste, um Rom sichtbar ‚italienisch' zu machen, blieben nur zwei zentrumsnahe Optionen: Die eine im Rione Monti, jenem riesigen Stadtbezirk auf den Höhen östlich und südöstlich des alten Zentrums, vom Quirinal über den Viminal bis zum Esquilin, und als Alternative das flache Gelände, welches sich nordwestlich der päpstlichen Altstadt auf dem rechten Tiberufer in weitem Bogen um die Engelsburg herum erstreckte: die Prati di Castello. In der Abwägung der Eignung beider Varianten betonte die Kommission zwar die Vorzüge der östlichen Höhen – die terrassenartig aufsteigende und ‚gesunde', weil gut ventilierte Lage und die Nähe zum neuen Hauptbahnhof –, gab aber letztlich doch den Prati di

Castello den Vorzug. Diese Lösung böte den Vorteil der unmittelbaren Nachbarschaft zum bisherigen Brennpunkt des städtischen und vor allem auch des geschäftlichen Lebens; es würde genügen, zwischen Ripetta und Piazza del Popolo zwei oder drei Brükken über den Tiber zu schlagen, um die Erweiterungszone des neuen Roms mit dem urbanen Kern des alten zu einem funktional integrierten *tessuto urbano* – urbanen Geflecht – zu vereinigen. Durch einen zusätzlichen Bahnhof im Norden ließe sich dieser moderne administrativ-geschäftliche Komplex auch verkehrsmäßig gut anbinden.[106]

Die kommunale 11er-Kommission unter ihrem Vorsitzenden Pietro Camporesi, einem etablierten römischen Architekten, kam in ihrem Urteil indes zu einem anderen Ergebnis. Sie verwarf die Prati als Erweiterungsgebiet aus Gründen der Hochwassergefährdung und der ‚ungesunden', sumpfigen Luft; in einer Stadt, deren Bewohner sich jeden Sommer von der *malaria* – also der ‚bösen Luft' – bedroht fühlten, die draußen vor ihren Mauern todbringend lauerte, war gerade dies ein kaum zu widerlegendes Argument für die Ausdehnung gen Osten. Die ausschlaggebende Rolle dürften freilich auch bei diesem Votum ökonomische Interessen gespielt haben. Wie wir wissen, waren oben auf den Höhen um die Diokletiansthermen und den Hauptbahnhof der unternehmerische Kardinal De Mérode und andere Vertreter des römischen Establishments schon längst durch große Investitionen spekulativ engagiert. Der Minister für öffentliche Arbeiten und königliche Kommissar für die Hauptstadtverlegung Gadda hat diese Interessenverquickung in einem Bericht an die Regierung auch ganz offen als Faktum anerkannt. Er sah für die Regierung des chronisch finanzschwachen Königreichs darin einen doppelten Vorteil: Zum einen bräuchte sie nicht selbst die Verantwortung für Plazierung und Planung der neuen Viertel zu übernehmen, und zum anderen würde so in erster Linie privates Kapital für die Errichtung des neuen Verwaltungszentrums sorgen.[107]

Große Überredungskunst brauchte Gadda nicht aufzuwenden bei seinen Ministerkollegen, denn in der Regierung wurde die Präferenz für eine Erweiterung der Stadt nach Osten ohnehin geteilt. Von Finanzminister Sella wissen wir ja schon, dass er sich längst für ein neues Rom auf den Hügeln entschieden hatte – in gebührender Distanz zum Vatikan und diesem doch selbstbewusst auf gleicher Höhe gegenüberstehend. Sella mit seinem Nimbus als entschiedenster Romfreund in der Regierung und mit der Autorität des Finanzministers war es nun auch, der unbekümmert um die schwebenden Planungsfragen sogleich ein starkes Zeichen aktiver Hauptstadtpolitik setzte.[108] Unzufrieden mit der vorläufigen Unterbringung seines Ressorts in den Konventsgebäuden von S. Maria sopra Minerva und S. Andrea della Valle, betrieb er von der ersten Stunde an das Projekt eines monumentalen Neubaus für das Finanzministerium, und schon im September 1871 setzte er einen entsprechenden Beschluss des Ministerrats durch. Die Bedenken des Umzugskommissars Gadda, der angesichts des gewaltigen Kostenvolumens von sechs Millionen Lire die Zustimmung des Parlaments einholen wollte, wurden ebenso übergangen wie das Mitspracherecht der Kommune bei der Wahl eines geeigneten Bauplatzes auf den östlichen Höhen. Man entschied sich

Via XX Settembre in Blickrichtung stadtauswärts zur *Porta Pia*, Ende des 19. Jahrhunderts; rechts das Denkmal für Quintino Sella vor dem 1877 eingeweihten Gebäude des Finanzministeriums.

für ein riesiges, sieben Hektar umfassendes Grundstück bei der Kartause von S. Maria degli Angeli mit einer langen Front zur Via XX Settembre. Entlang dieser symbolträchtigen Straße, der vormaligen Via Porta Pia, auf der die italienischen Truppen in Rom eingezogen waren, sollten später noch weitere Ministerien angesiedelt und so eine repräsentative Achse des offiziellen gouvernementalen Rom geschaffen werden. In einem Innenhof des 300 Meter langen und 116 Meter breiten Gebäudes plante Sella eine Statue jenes legendären römischen Zenturios aufzustellen, der nach Livius in dem von den Galliern bedrohten Rom das trotzige Wort *Hic manebimus optime!* – ‚Hier werden wir bestens bleiben!' – gesprochen haben soll.[109]

Die Bauarbeiten begannen im Frühjahr 1872 und waren auf zwei Jahre angelegt. Die Fertigstellung verzögerte sich jedoch, weil wegen der Instabilität des Untergrundes die Fundamente sehr viel tiefer gelegt werden mußten als geplant, und entsprechend erhöhten sich auch die Baukosten, die sich am Ende auf nicht viel weniger als zehn Millionen Lire beliefen. Im Oktober 1876 konnte das Gebäude bezogen werden, und da allein das Finanzministerium mehr als die Hälfte des Personals des gesamten Regierungsapparats stellte, hatte sich damit doch innerhalb relativ kurzer Zeit ein erheblicher Teil der staatlichen Institutionen in der neuen Hauptstadt fest etabliert. Das Finanzministerium, neben dem Justizpalast noch heute eines der größten öffentlichen Gebäude Roms, blieb bis zur Fertigstellung des Kriegsministeriums[110] in derselben Via XX Settembre für die ersten eineinhalb Jahrzehnte der *Roma Capitale* der einzige Repräsentationsbau des italienischen Nationalstaates, und so trug dieser riesige und zugleich nüchterne Komplex zunächst allein die gewaltige Symbol-Last der *Italia unita* inmitten der erdrückenden architektonischen Hinterlassenschaft der antiken Kaiser und der Päpste.

Um sowohl die Intention wie die Wirkung dieses Bauwerks zu verstehen, muss man sich bewusst machen, dass es damals, frei auf seiner Höhe stehend und weithin sichtbar, das Stadtbild von Osten beherrschte wie auf der gegenüberliegenden Seite der Vatikan – gleichsam als ein säkular-rationalistisches Pendant zum Petersdom. In den Augen vieler Zeitgenossen konnte der Bau diesen hohen Erwartungen allerdings nicht genügen. Anstatt verpflichtende Maßstäbe zu setzen für einen neuen ‚nationalen Stil' in der neuen Hauptstadt, habe man eine zu groß geratene ‚bürgerliche Mietskaserne' hingestellt, hausbacken und bei aller Größe doch irgendwie kleinlich-knauserig in der Gesamtwirkung. Sella, gegen den sich diese Kritik in erster Linie richtete, fühlte sich unverstanden. Er habe, so suchte er sich zu verteidigen, nur die Raumkapazität und die Raumanlage bestimmt und dafür gesorgt, dass gegenüber dem Entwurf des Architekten die Zahl der Fenster verdoppelt wurde, damit die Angestellten bei ihrer staatstragenden Tätigkeit genügend Licht bekämen. Auf die architektonische Gestaltung des Äußeren habe er ansonsten keinerlei Einfluss genommen. Diese Art der Rechtfertigung ist in vielerlei Hinsicht charakteristisch für den Mann, dem bei aller Rom-Begeisterung theatralischer Gestus und hohle Rhetorik fremd waren. Für ihn sollte der Bau des Finanzministeriums vor allem die rationale Solidität und funktionale Effizienz versinnbildlichen, die über Bestand und Behauptung des neuen, liberalen Italien nach innen wie nach außen entscheiden würden.[111]

Sella empfände gewiss eine späte Genugtuung, wenn er die architekturhistorischen Urteile von heute zur Kenntnis nehmen könnte. Denn unter all den monumental-pompösen Hervorbringungen des Hauptstadtausbaus in der liberalen Ära bis zum Ersten Weltkrieg findet am ehesten noch das Finanzministerium in seinem schlichten, toskanisch anmutenden Stil Gnade vor dem kritischen (manchmal auch hyperkritischen) Tribunal eines Teils der architekturtheoretischen Fachwelt, die in blinder Gefolgschaft zu Adolf Loos jedes Ornament zum Verbrechen erklärt und das Bauhaus-typische Missverständnis, dass die Form stets nur der Funktion zu folgen habe, zum Dogma kanonisiert zu haben scheint.

Ein erster Plan für *Roma Capitale*: Chronik eines Scheiterns

Mit der Errichtung des Finanzministeriums an der Via XX Settembre hatte die Regierung, konkreten Planungen für den Hauptstadtausbau vorgreifend, vollendete Tatsachen zugunsten einer Expansion auf die östlichen Höhen geschaffen. Die Ost-Option passte zur politischen Generallinie der gemäßigten Liberalen in der römischen Frage; sie ermöglichte, das Rom der Italiener ohne allzu engen und konflikthaften Kontakt mit dem Rom der Päpste zu etablieren.

Nach derselben Logik, aber in genau umgekehrter Perspektive, scheint die Prati-Variante das Lieblingskind der demokratischen Linken gewesen zu sein: In unmittelbarer Nähe, quasi in Tuchfühlung, zum Vatikan, zum Borgo Pio und zum Castel Sant'Angelo, der einstigen Trutzburg der Päpste, die neuen Quartiere des laizistisch-nationalen Roms zu errichten, wäre eine herausfordernde Geste des Triumphs über die Vergangenheit gewesen – und dies umso mehr, wenn es gelungen wäre, dort neben den Ministerien auch das gesamte urbanistische Inventar des Industriezeitalters als säkulares Gegenprogramm zur Welt der Papstkirche anzusiedeln.[112] Ob man freilich, wie es in einem Standardwerk zur Geschichte der *Roma Capitale* geschieht, in der Ost-Option auf den Höhen die modernisierungsfeindlichen Vorstellungen sozial konservativer Kräfte von einer ‚ruhigen Hauptstadt' identifizieren und in der Prati-Lösung die zukunftsweisende Gegenkonzeption einer modernen Hauptstadt „mit reicher Industrie und großen Wohnvierteln für Arbeiter" sehen kann[113], erscheint doch fraglich; denn hinter beiden Projekten standen gleichermaßen finanzkapitalistische Interessen, die im übrigen auch dafür zu sorgen wussten, dass schließlich beide Areale bebaut wurden. An der Straßenführung des Prati-Viertels fällt auf, dass von keiner Stelle aus die Peterskirche als perspektivischer Fluchtpunkt zu sehen ist; ob dahinter die politisch motivierte Absicht zu vermuten ist, die Hauptkirche des Katholizismus gleichsam aus dem Stadtbild zu verbannen, ist bis heute Gegenstand der Diskussion unter Historikern.[114]

Nicht nur die italienische Regierung hat bereits im ersten Jahr der *Roma Capitale* irreversible hauptstadtpolitische Weichenstellungen vorgenommen. Auch die kommunalen Autoritäten handelten nicht anders, wenn sie im Februar 1871 die noch aus päpstlicher Zeit stammende Vereinbarung mit Monsignore De Mérode über dessen großes Bauvorhaben bei den Diokletiansthermen bestätigten und binnen eines Jahres vier weitere Vereinbarungen dieser Art für Projekte auf dem Esquilin, bei Castro Pretorio, auf dem Caelius und dem Viminal mit anderen privaten Investoren abschlossen. Dabei räumte die Kommune, dem wirtschaftsliberalen Zeitgeist folgend, den Bau- und Bodengesellschaften mit dem Instrument der Konvention in der Regel die Planungshoheit (und in späteren Fällen oft auch die Enteignungsbefugnis) für das betreffende Areal ein und übernahm gegen die unentgeltliche Überlassung der für Straßen und Plätze reservierten Flächen die Kosten für die Erstellung der Infrastruktur wie Wasserleitungen und Abwasserkanäle. Die Konventionen begünstigten also zumeist einseitig die privaten Interessen; die Kommune lud sich nur Verpflichtungen auf und verzichtete sogar auf die rechtlich mögliche Abschöpfung von Wertsteigerungen im Zuge nachfolgender urbanistischer Planungen.[115]

Privatwirtschaftliche Interessen und Interventionen also, nicht politische Pläne und urbanistische Programme nach Maßgabe des Gemeinwohls haben die Anfänge der *Roma Capitale* bestimmt.[116] Es ist aus heutiger Sicht schwer vorstellbar, dass eine Stadt wie Rom noch über die Mitte des 19. Jahrhunderts hinaus ohne einen kohärenten Stadtentwicklungsplan auskam. Und dennoch war es so, und es war so nicht allein in der stillen, der Zeit entrückten Stadt der Päpste. Auch in Berlin etwa, das als Industriestadt schon in den 1850er Jahren dynamische Expansion erlebte, vollzog sich diese nicht „auf der Grundlage langfristiger Planung"; erst mit dem ‚Hobrechtplan' von 1862 machte man dort den Versuch, den Stadtausbau durch einen ganzheitlichen Bebauungsplan zu steuern.[117] Und selbst der grandiose Um- und Ausbau von Paris unter Napoleon III. und seinem Präfekten Haussmann ab 1853, die schlechthin beispielgebende urbanistische Pioniertat des 19. Jahrhunderts, vollzog sich auf vergleichsweise bescheidener konzeptionell-planerischer Grundlage: Es war ein Exemplar des Stadtplans von Paris, in welches der Kaiser höchstselbst die Durchbrüche und neuen Straßenzüge eingezeichnet hatte, die er sich für die Hauptstadt seines ‚Second Empire' vorstellte. Haussmann ging bei seinem Titanenwerk nach dieser Planskizze vor, die er – doch stets nur nach Rücksprache mit Napoleon III. – durch eigene Ideen ergänzte.[118]

Generell waren Begriff und Idee der ‚Stadtplanung' zu jener Zeit noch nicht fest etabliert; in Preußen etwa verpflichtete erst das ‚Gesetz betreffend die Anlegung und Veränderungen von Straßen und Plätzen in Städten und ländlichen Ortschaften' von 1875, das ‚Fluchtliniengesetz', die Kommunen zur Erstellung von Bauleitplänen. Aber noch um 1900 verfügte erst etwa die Hälfte der größeren Städte im Deutschen Kaiserreich auch tatsächlich über einen solchen.[119] Wie der umständliche Titel des preußischen Gesetzes zeigt, und wie wir es ja beim Arbeitsauftrag für die römische 11er-Kommission gesehen hatten, sprach man eher unpräzise von ‚Veränderung', ‚Erweiterung', ‚Regulierung', ‚Verschönerung'. Systematisch von ‚Townplanning', ‚Städtebau' und dergleichen zu sprechen, wurde nicht vor Ende des 19. Jahrhunderts üblich, „und erst zu dieser Zeit entwickelte sich die moderne Form der Städteplanung, d. h. eine von professionellen Experten ausgearbeitete und für die Grundstückseigentümer bindende Regelung der Bebauung".[120]

In Italien war das Institut des *Piano Regolatore generale (P. R. G.)* – des Generalbebauungsplans oder Stadtentwicklungsplans – als Instrument zur Lenkung und Gestaltung der baulichen Expansion in den größeren Städten durch Gesetz vom 25. Juni 1865 eingeführt worden, zusammen mit dem für jegliche Stadtplanung unerlässlichen Rechtsinstitut der Enteignung im öffentlichen Interesse – *esproprio per pubblica utilità* –, welches es den Kommunen prinzipiell ermöglichte, gegen Entschädigung das Eigentumsrecht über all jene Areale an sich zu ziehen, die von der künftigen urbanistischen Entwicklung betroffen sein würden. Die Geltung dieses Gesetzes war bereits im November 1870 auch auf Rom ausgedehnt worden – die rechtlichen Voraussetzungen für eine aktive städtebauliche Planung lagen mithin vor.[121] Woran es fehlte, war eine übergreifende Konzeption für den Ausbau der jungen Kapitale. Dass ein fundierter Entwicklungsplan erforderlich war angesichts des tiefgreifenden Rollen- und Funktionswandels, der dieser Stadt im Übergang vom Papststaat zum

Nationalstaat bevorstand, das wussten auch die Verantwortlichen im kapitolinischen Munizip, wie uns die sogleich einsetzenden planerischen Bemühungen ja gezeigt haben. Allein, die Entstehungsgeschichte des ersten *Piano Regolatore* der Stadt Rom und ihr Ausgang ist eine äußerst windungsreiche, ja beinahe wunderliche Angelegenheit, die alle Aporien der damaligen Situation in ein grelles Licht setzt.

In der 11er-Kommission gingen die Meinungen, welche Entwicklung Rom nehmen sollte, so stark auseinander, dass das Gremium darüber zerfiel und sein Vorsitzender Camporesi nur mit Mühe die fragmentarischen Ergebnisse der Arbeit im April 1871 zusammenfassen konnte. Auf der Basis dieses Berichts beauftragte der *Consiglio capitolino* Anfang Juni 1871 eine neue Kommission, die bisher vorliegenden Planungsstudien und die von privaten Investoren eingereichten Einzelprojekte zu einem Generalbebauungsplan zu integrieren. Das Planungskonzept der nach ihrem Berichterstatter Canevari[122] benannten Kommission lag schon wenige Wochen später vor und wurde Anfang August im *Consiglio* beraten. Es verdient Interesse für seinen systematischen Ansatz, demzufolge in der künftigen Hauptstadtentwicklung drei unterschiedliche Funktionstypen nebeneinander realisiert werden sollten: die *Roma Antica*, die *Roma Futura* und die *Roma Attuale*.

Das ‚antike Rom' mit dem Forum Romanum und dem Palatin als Kernzone, nach Süden erweitert um eine unbebaut bleibende archäologische Schutzzone bis hinaus zur Via Appia Antica, diente als ständiges Museum der Pflege und Präsenthaltung der Antikentradition. Das erinnert uns natürlich an die Planungen der napoleonischen Verwaltung für Rom und zugleich erkennen wir hier den Vorläufer der heutigen *passeggiata archeologica*. Das neue Rom, die ‚Stadt der Zukunft', war im Grunde nichts anderes als das Rom Quintino Sellas, das im Anschluss an die bisherige Bebauung auf den östlichen Höhen vom Pincio über Quirinal, Esquilin und Viminal bis zum Caelius entstehen sollte. Der *Roma Attuale* schließlich, dem bestehenden Rom im dicht bebauten Gebiet des *abitato,* wurde eine durchgreifende bauliche Auflockerung und verkehrsmäßige Erschließung verordnet. Erweiterung und Verlängerung bestehender Straßen gehörten ebenso zu diesem Programm wie Durchbrüche neuer Verbindungen zwischen dem Zentrum und den entstehenden peripheren Stadtteilen.

Eine besonders ehrgeizige Vision entwickelte die Canevari-Kommission für die Regulierung des Tibers. Vierzehn Meter breite Uferpromenaden auf hohen Kaimauern zu beiden Seiten des Flusses sollten „der schönste Schmuck der Stadt" werden, und tatsächlich sehen wir hier die heutigen Lungoteveri schon vor uns; noch viel kühner aber war die – zum Glück unausgeführt gebliebene – Idee, den Tiber kurz oberhalb der Porta di Popolo in einen Kanal auszuleiten und ihn erst wieder vor dem Vatikan beim Spital S. Spirito in sein ursprüngliches Bett zurückzuführen. Aus der Begründung wird sofort ersichtlich, welche Interessen hinter diesem aberwitzigen Vorschlag standen: Würde man auf der angegebenen Strecke den hindernden Wasserlauf beseitigen, so gewänne man mit den Prati di Castello fünfzig Hektar bebaubaren Landes in unmittelbarer Nachbarschaft zum historischen Zentrum und von diesem nur durch einen Streifen schöner Parkanlagen getrennt, welche man im trockengelegten Flussbett des Tibers anpflanzen könnte.[123] Die Umleitung des Tibers sollte also dem wichtigsten Argument der Gegner des Prati-Projekts – seiner Trennung vom Stadtzentrum durch den Fluss – die Grundlage entziehen. Die Idee führte sich freilich in ihrer Radikalität selbst ad absurdum und wurde nicht weiter verfolgt.

Im übrigen aber fand die Planskizze die grundsätzliche Zustimmung des Rates, der nun den leitenden Ingenieur im *Ufficio d'Arte* (oder *uffcio tecnico*) des Munizips, Alessandro Viviani[124], mit der Ausarbeitung im Detail beauftragte. Am 28. November 1871 lag der von Viviani redigierte Plan dem *Consiglio comunale* wieder vor und wurde mit 27 gegen 15 Stimmen angenommen. Allerdings war auch damit die schwierige Entstehungsgeschichte des ersten Stadtentwicklungsplans des modernen Rom noch längst nicht an ihr Ende gelangt. Der Gemeinderat behielt sich ausdrücklich die Erörterung jedes Teilaspekts des Rahmenplans vor.[125] Und tatsächlich gelang es den Vertretern der Spekulationsinteressen, die von einem umfassenden Stadtentwicklungsplan Einschränkungen ihrer Verfügungsfreiheit zu befürchten hatten, die Verabschiedung mit weiteren Studien und Kommissionsberatungen und der Prüfung neu eingereichter Erweiterungsprojekte noch einmal um zwei Jahre hinauszuzögern. Als Viviani dann im Juli 1873 seinen definitiven Entwurf eines *Piano Regolatore* vorlegte, verfiel der Gemeinderat wieder darauf, eine Kommission einzusetzen für die Schlussredaktion. Ihr Bericht von Anfang Oktober 1873 stellte den vorerst letzten Versuch dar, den Entwicklungsplan für Rom zu sabotieren. Die 5er-Kommission schlug vor, den *Piano Regolatore* in drei Maßnahmenpakete von unterschiedlicher Dringlichkeit aufzuteilen, wohl wissend, dass mit der Preisgabe der Einheitlichkeit des Plans auch das Enteignungsrecht der Kommune hinfällig geworden wäre.[126]

An dieser Stelle ist nun eine neue Figur in das Drama einzuführen – die ein wenig erratische und doch zugleich auch emblematische Gestalt des Bürgermeisters Luigi Pianciani. In seiner Jugend ein eingeschworener Parteigänger Mazzinis und als solcher von 1849 bis 1860 ins Exil gezwungen, blieb Pianciani stets ein engagierter Exponent des linken, dezidiert anti-klerikalen, demokratischen Flügels der Risorgimento-Bewegung, des *Partito d'Azione*, den er über acht Legislaturperioden hin im italienischen Parlament vertrat. In der römischen Kommunalpolitik verkörperte er gleichsam das politische Gegenprinzip zu dem Geflecht aus klerikalen, liberalkapitalistischen und aristokratischen Kräften, welches in unterschiedlichen Kombinationen auf dem Kapitol die Fäden in der Hand hielt. Obschon als Graf selbst dem Adel angehörend und in Umbrien mit Grundbesitz begütert, verstand er sich als Sachwalter, ja man könnte sagen: als Tribun des ,Volkes' gegen die Prärogativen und Privilegien der römischen Aristokratie. Dass dieses ,Volk' als Instanz plebiszitärer Anrufung nur eine ideologische Chimäre war ohne jegliche soziale Substanz[127], tat der Ausstrahlungskraft dieses politischen Kampfbegriffs keinen Abbruch. Pianciani trat für eine entschiedene, mutige, ins Große strebende Hauptstadtpolitik ein, und unter diesem Aspekt könnte man ihn als das Pendant der Linken zu Quintino Sella bezeichnen, auch wenn die Vorstellungen der beiden über den Charakter, den die italienische Kapitale entwickeln sollte, naturgemäß sehr stark auseinandergingen.[128]

Des Grafen Pianciani Wunschbild von der *Roma Capitale* bewahrte viel vom mazzinianischen Ideal der *Terza Roma,* der *Roma del Popolo*, ergänzt allerdings um eine soziale und ökonomische Fortschrittseuphorie, die Mazzini selbst gänzlich fremd gewesen war, die in der nachfolgenden Generation seit den 60er Jahren des 19. Jahrhunderts aber in ganz Europa eine breite modernisierungsbegeisterte Strömung von den Nationalliberalen bis hin zur Sozialdemokratie erfasst hatte. Zumindest das Grundproblem der *Roma Capitale d'Italia* – nämlich das unvermeidlich und radikal Neue, die *Roma moderna*, aus dem Alten, aus der ehrwürdigen und erhabenen Tradition von zwei Jahrtausenden heraus zu legitimieren und zugleich selbstbewusst davon zu emanzipieren, war in Piancianis Hauptstadtkonzeption klar erfasst: „Rom", so schrieb er 1874 im Rechenschaftsbericht zu seiner ersten Amtszeit als Bürgermeister, „Rom ist eine außergewöhnliche Stadt; ihr Name ist verklärt von den Erinnerungen ihrer ruhmreichen Geschicke. Sie repräsentiert die beiden großen Kulturen der Geschichte, sie ist der Inbegriff der Größe unserer Vergangenheit und das erste und älteste Museum der Welt. Rom ist nicht irgendeine Stadt, die man einfach verwaltet; hier ist die bedeutendste Metropole der Antike zu respektieren und zugleich eine moderne Metropole zu schaffen. So, wie wir in unserer Stadt die Zeugnisse der kosmopolitischen Größe der alten Römer und der Päpste bewahren müssen, die uns die vergangenen Generationen hinterlassen haben, so müssen wir für die künftigen Generationen hier die Spur unserer wiedererrungenen nationalen Einheit hinterlassen."[129]

Pianciani plädierte, auch darin Sella ähnlich, für eine dynamische Expansion Roms. Was ihn aber von dem liberalen piemontesischen Staatsmann und Unternehmer trennte, war, dass er diese Expansion auf dem Wege einer bewusst geförderten Industrialisierung vorantreiben wollte. Während seines langen Exils hatte er die großen europäischen Metropolen – allen voran natürlich Paris und London – kennengelernt mit ihren Gewerben, Industrien und Arbeitermassen, und hatte davon die Überzeugung mit nach Hause gebracht, auch Rom könne nur mit Industriekapital und Arbeitsplätzen jene Größe erlangen, die der Größe der italienischen Nation ebenbildlich wäre. Im politischen Ambiente des Roms der 1870er Jahre, mit seiner teils formellen, teils informellen, immer aber höchst effizienten Vorherrschaft konservativ-aristokratischer Kreise, war Pianciani damit zweifellos eine irritierende, eine herausfordernde Figur.

Und dennoch kam in einer bestimmten Konstellation auch seine Konjunktur. Als im Laufe des Jahres 1872 die Zögerlichkeit und Ängstlichkeit der römischen Kommunalpolitik mit ihren nicht endenden Beratungen und dem Hin- und Herschieben von Vivianis Entwurf eines Stadtentwicklungsplans mit immer neuen Einwänden und Einschränkungen allzu lähmend erschien, sah eine Fraktion von investitionsbereiten

Kapitalinteressen im fortschrittsenthusiastischen Pianciani den Mann der Stunde. Im November 1872 wurde er zum Bürgermeister gewählt, und sogleich betrieb er mit Verve die Verabschiedung des *Piano Regolatore*. Dass er sich dabei für die Aufnahme der Prati di Castello in den Entwicklungsplan einsetzte, entsprach den Erwartungen, denn dort (wie auch im Testaccio) sollten schließlich die von ihm geforderten Industrien Ansiedlung finden. Im Oktober 1873 nun setzte Pianciani alles daran, den Plan in seiner Gesamtheit durchzubringen. In sieben langen Sitzungen diskutierte der *Consiglio comunale* die Vorlage, und im Kern kreisten die endlosen Debatten immer nur um den einen Punkt, ob nicht der vorgesehene Stadtentwicklungsplan private Eigentumsrechte der Grundbesitzer verletze. Mit der Drohung seines Rücktritts für den Fall der neuerlichen Vertagung erreichte Pianciani schließlich am 18. Oktober 1873 nach einer leidenschaftlichen Rede im Rat die grundsätzliche Annahme des ersten *Piano Regolatore* für Rom.[130]

Der Plan, dessen Geltungsdauer auf 25 Jahre angelegt war, sah eine Neubebauung von 300 Hektar vor für eine zusätzliche Bevölkerung von 150 000 Menschen (eine klare Unterschätzung des tatsächlichen Bevölkerungswachstums). Das Gros neuer Geschäfts- und Wohnbauten sollte sich, wie längst bekannt, gen Osten über die Hügel hin ausbreiten, mit Teilzentren um die Diokletiansthermen und die große rechteckige Piazza Vittorio Emanuele. Ein maßvoller Ausbau sollte sich auch auf den Prati und in Trastevere vollziehen können. Einen modernen Aspekt stellte die Planung einer Industrie- und Arbeiterzone im Süden des Stadtgebiets, im Viertel Testaccio, dar; ebenfalls ‚modern', das heißt den städtebaulichen Fortschrittsideen des letzten Drittels des 19. Jahrhunderts in ganz Europa folgend, war der vorgesehene Abriss von Armutsquartieren und die Vornahme von Straßenerweiterungen und Durchbrüchen neuer Verkehrsadern durch die dichte Bebauung des historischen Zentrums zur Beschleunigung des innerstädtischen Verkehrs und zur Anbindung der neuen Viertel an der Peripherie – das sind die berüchtigten *sventramenti*, wörtlich ‚Ausweidungen', die in den kommenden Jahrzehnten einen großen Teil des alten, heruntergekommenen Roms unter dem lauten Protest der bildungsbürgerlichen Rom-Enthusiasten aus ganz Europa zum Verschwinden bringen werden.

Der erste Generalbebauungsplan Roms hat vor den strengen Tribunalen der Urbanisten und der Historiker wenig Gnade gefunden. Ein Mangel an Kreativität und Originalität wurde ebenso beanstandet wie das Fehlen eines urbanistisch schlüssigen Gesamtkonzepts – was in der Regel mit bemerkenswerter Einseitigkeit und Voreingenommenheit der professionellen Mediokrität und politischen Schwäche seines Redaktors Viviani angelastet wurde. Doch der Plan war nicht mehr – und konnte angesichts der Vielzahl einander widerstreitender Positionen im Dreieck zwischen einer schwachen Kommune, einem misstrauischen Staat und einer aggressiven Spekulation auch nicht mehr sein – als ein Kompromiss zwischen den öffentlichen Bedürfnissen und den privaten Interessen; wobei die letztgenannten, wie es eben den damaligen gesellschaftlichen und politischen Machtverhältnissen entsprach, zumeist das Übergewicht hatten. In diesem vorherrschenden Kompromisscharakter mag tatsächlich der Eindruck einer epigonalen Mittelmäßigkeit begründet sein. Dem aber, der die Rom-Urbanistik im 19. und im 20. Jahrhundert als Ganzes überschaut, erscheint dieser Plan wie die nachholende Synthese aller nichtverwirklichten Ideen seit Napoleon I., und zugleich nimmt er in Umrissen bereits das Grundmuster aller späteren gestaltenden Eingriffe in die historisch gewachsene Textur der *urbs* vorweg. Darin liegt, jenseits seines banalen Schicksals, von dem gleich noch zu sprechen sein wird, seine historische Bedeutung.

Der Eifer, mit dem Pianciani als Bürgermeister seine Vision eines modernen Roms im Zusammenhang mit dem Bebauungsplan verfolgte, brachte schließlich nicht nur die politischen Gegner des Grafen auf der Seite der Konservativen und des römischen Patriziats gegen ihn auf, sondern auch die lose Koalition derer, die ihm in den Sattel geholfen hatten. Pianciani machte sich nicht nur zum Anwalt von Kapital, Industrie und Stadtexpansion, sondern zeigte auch eine ungewöhnliche Sensibilität in sozialen Fragen. So propagierte er etwa den Bau billiger Arbeiterwohnungen im großen Stil, um der eklatanten Wohnungsnot der unteren Schichten abzuhelfen, und das war kaum nach dem Geschmack der Baugesellschaften, die ihre hohen Profiterwartungen nur mit der wohlhabenden neubürgerlichen Klientel der höheren Staatsbediensteten und der freien Berufe glaubten realisieren zu können. Aber Pianciani hatte aus der Sicht dieser Interessen noch viel bedenklichere Ideen: Er wandte sich dagegen, die exorbitanten Spekulationsgewinne, die aus der Aufnahme unbebauter Areale in den Generalbebauungsplan und später dann noch einmal aus der Bebauung selbst erwuchsen, den privaten Investoren zu überlassen. Um diese gigantische Maschinerie spekulativer Reichtumsgenerierung außer Funktion zu setzen, beabsichtigte der Graf, von den rechtlichen Möglichkeiten der Enteignung beplanten und bebaubaren Terrains in großem Umfang Gebrauch zu machen und so in kommunaler Hand ein Reservoir von Baugrund zu schaffen, dessen Wertsteigerungen und Erlöse wiederum der Kommune zugute kämen. Pianciani lehnte daher die bisher geübte Praxis der *convenzioni*, der Überlassung der Errichtung ganzer Stadtviertel an private Bauträger, ab und befürwortete stattdessen die Stadtentwicklung in kommunaler Eigenregie. Folgerichtig verkündete Pianciani seine Absicht, den gesamten unter die Geltung des neuen *Piano Regolatore* fallenden Stadtraum – und das war Rom innerhalb der Aurelianischen Mauer – unter den Enteignungsvorbehalt des öffentlichen Interesses zu stellen.[131]

Es fällt nicht schwer sich vorzustellen, auf welch erbitterten Widerstand das Vorhaben stoßen musste in dieser Hoch-Zeit eines ungezähmten Wirtschaftsliberalismus, für den jegliche Einschränkung der privaten Verfügungsgewalt über Eigentum ein empörendes Sakrileg und gleichsam einen Verstoß gegen die natürliche Schöpfungsordnung darstellte. Die etablierten Interessen der Kapitalinvestoren, der Baugesellschaften und der Grundeigentümer wandten sich alarmiert von Pianciani ab – und bald auch offen gegen ihn. Als im Frühsommer 1874 ein nach Piancianis Maximen in kommunaler Eigenregie betriebenes Projekt der Baulanderschließung auf dem Esquilin in finanzielle Bedrängnis geriet, war die Stunde der Gegner gekommen. Der Graf verlor die Unterstützung im *Consiglio comunale* und wurde im Juli gestürzt.[132] Mit seinem Fall wurde auch der erste *Piano Regolatore* hinfällig, und die Hauptstadt Rom blieb für ein weiteres Jahrzehnt ohne Bebauungsplan.

Staat und Hauptstadt: Der *Piano Regolatore* von 1883

Mit dem Abgang Piancianis aus dem Bürgermeisteramt war auch das Schicksal des *Piano Regolatore* von 1873 besiegelt. Unter Piancianis konservativen Nachfolgern verzichtete die Kommune darauf, den Stadtentwicklungsplan zur Genehmigung der Regierung vorzulegen. Somit erlangte er nie Gesetzeskraft, und Rom blieb während des ganzen ersten Jahrzehnts seiner Hauptstadtentwicklung ohne ein übergreifendes und rechtlich verbindliches Planungsinstrumentarium. Erst 1883 sollte dann ein gültiger Generalbebauungsplan für Rom zustandekommen.

Der mit dem Herrschaftswechsel vom Kirchenstaat zum Königreich 1871 sogleich einsetzende Aus- und Umbau der Stadt vollzog sich mithin fast ausschließlich auf der Basis knet- und dehnbarer Vereinbarungen zwischen den Bauträgerkonsortien einerseits und dem schwachen Munizip andererseits. Solange die politisch bedingte Sonderkonjunktur auf dem Immobiliensektor anhielt, konnte es den privaten Projektträgern nur recht sein, wenn die Errichtung der neuen Hauptstadtareale weitgehend unbehindert von öffentlichen Planungsvorgaben den Mechanismen eines spekulativ aufgeschäumten Marktgeschehens überlassen blieb. Doch selbst wenn die Stadtregierung sich in einem bestimmten Fall einmal weigerte, eine Konvention abzuschließen, musste das, wie das Beispiel der Prati lehrt, keineswegs bedeuten, dass das Entwicklungsvorhaben damit auf Dauer blockiert war. Auch ohne kommunales Placet fand das Konsortium der Grundbesitzer und Investoren mit Chuzpe und Beharrlichkeit einen Weg, dieses Projekt durchzusetzen. Man begann einfach mit der Errichtung erster Gebäude auf dem Gelände rechts des Tibers, was die Stadt mangels eines verbindlichen Bebauungsplans nicht verhindern konnte, und bot dann an, zur Anbindung des Bebauungsgebiets an das historische Zentrum auf eigene Kosten eine Brücke über den Fluss zu schlagen. Als die Kommune dies ablehnte, wandte sich die Gesellschaft an die italienische Regierung und erlangte dort auch prompt die Genehmigung für den Brückenbau – ein eklatantes Beispiel für die staatliche Missachtung kommunaler Planungsautonomie auf deren ureigenstem Terrain. Mit der politischen Entscheidung zugunsten dieser 1879 eröffneten eisernen Behelfsbrücke Ponte di Ripetta (die 1902 wieder abgerissen und durch den Ponte Cavour ersetzt wurde) war der Weg frei für die komplette Erschließung und Bebauung des Geländes nördlich der Engelsburg. 1883 wurde das im Entstehen befindliche Vorhaben denn auch ganz offiziell in den neuen *Piano Regolatore* aufgenommen.[133]

Weniger ein Mangel städteplanerischer Ideen ist es, was den heutigen Beobachter an diesem ersten, planlosen Dezennium der *Roma Capitale* irritieren muss – dem Entwurf Vivianis lag ja durchaus ein urbanistisches Konzept zugrunde –, als vielmehr die politische Abstinenz der Kommune wie des Staates, ja deren bewusste Weigerung, die Hauptstadtentwicklung stringent unter Gesichtspunkten des allgemeinen Interesses zu planen und zu lenken. Es ist ein bemerkenswertes Faktum, dass der Nationalstaat, der doch seiner ganzen Begründungsidee nach die Existenz eines die Einzelinteressen übersteigenden und auf einer ‚höheren' Ebene zur Einheit formenden Kollektivsubjekts voraussetzt, in liberalistischer Selbstpreisgabe die Gestaltung seiner Hauptstadt weitgehend ökonomischen Privatinteressen überließ. Gerade in der Planlosigkeit dieses Laisser-faire nämlich wurden, das gilt es festzuhalten, die 1870er Jahre das entscheidende, die Entwicklung Roms bis weit ins 20. Jahrhundert hinein vorausbestimmende Jahrzehnt. Mit dem Einzug der Italiener durch die Porta Pia begann, getrieben durch das europäische Spekulationskapital, sogleich die radikale Umwandlung der Stadt. Freunde und Kenner der alten Papststadt verfolgten mit Bestürzung den rasenden Furor des Niederreißens und Aufbauens, der mit der Ankunft der ‚Piemontesen' einsetzte und das vertraute Bild der *Roma Eterna* gleichsam vor ihren Augen Stück um Stück verschwinden ließ.

Nach der hektischen Aktivität der ersten Jahre trat allerdings um die Mitte der 1870er Jahre eine gewisse Verlangsamung in der Erschließungs- und Bautätigkeit ein, die in der zweiten Hälfte des Jahrzehnts vollends in Stagnation mündete. Dies war freilich nicht etwa erschrecktem Innehalten und plötzlicher Besinnung auf die planerische Verantwortung seitens der Kommune zuzuschreiben. Die Gründe für die zeitweilige Verzögerung des Expansionsgeschehens waren in erster Linie finanzieller und ökonomischer Natur. Die politisch und haushälterisch konservativen Nachfolger Piancianis im Bürgermeisteramt, Pietro Venturi und Emanuele Ruspoli, befürchteten von einem Hauptstadtausbau im bisherigen Tempo die ruinöse Überforderung der kommunalen Finanzen. In der Tat erwuchsen der Kommune aus den Konventionen mit privaten Baugesellschaften erhebliche Verpflichtungen und Lasten für die Anlage von Straßen und sonstigen Infrastrukturen auf den zu bebauenden Arealen. Schon gleich zu Beginn der nationalen Ära hatte das römische Munizip daher zur Kreditaufnahme Zuflucht nehmen müssen, und das Defizit im Kommunalhaushalt wuchs von Jahr zu Jahr in beängstigend großen Sprüngen.[134] Unter den gegebenen Umständen blieb den Verantwortlichen in der Stadtregierung kaum eine andere Wahl, als das Engagement der Kommune im Hauptstadtausbau wieder einzuschränken. Nach 1873 gingen Zahl und Umfang neuer Konventionen mit Bauträgergesellschaften deutlich zurück. Aber auch auf seiten der Investoren selbst war nach den spekulativen Fieberwallungen der ersten Jahre eine gewisse Dämpfung eingetreten.

Das hatte nicht nur mit der Überhitzung des römischen Immobilienmarkts zu tun, sondern war auch die Fernwirkung einer wirtschaftlichen Krise, welche, vom deutschen Kaiserreich ausgehend, in unterschiedlicher Stärke die ganze damalige entwickelte Welt erfasste. In Deutschland war es nach der Hausse des von den Milliarden der französischen Kriegsentschädigung angeheizten sog. ‚Gründerbooms' 1873 zum ‚Gründerkrach' gekommen, und dieser wiederum führte zur ersten genuin ‚modernen' Krise des kapitalistischen Wirtschaftssystems. Zwar kam es nicht, wie oft in späteren zyklischen Konjunkturkrisen, zu einer Rezession; die meisten Volkswirtschaften verzeichneten auch weiterhin ein Wachstum, wenn auch deutlich abgeschwächt. Diese Phase einer relativen Wachstumsschwäche, die bis in die 1890er Jahre anhielt, ist als die ‚Große Depression' in die Lehrbücher eingegangen. Heute wissen wir, dass die Krise im Gefolge des ‚Gründerkrachs' letztlich mehr ein psychologisches Problem war denn ein materiell-ökonomisches. Die große Euphorie des ersten kapitalistischen Zyklus des Industriezeitalters mit seinen exorbitanten Wachstumsraten und der daraus resultierenden selbstverständlichen Erwartung einer unbegrenzt sich fortsetzenden Reichtumsmehrung war mit einem Mal gebrochen und machte auf breiter Front der Ernüchterung, ja Verunsicherung Platz. Viele hatten mit den einbrechenden Börsenkursen Geld und damit auch ihre investive Unschuld verloren, und das deutsche Wort ‚Krach' ging sogar in den gemeineuropäischen Wortschatz der Zeit ein als Metapher für den Zusammenbruch einer spekulativ überhitzten Sonderkonjunktur.[135] Man war allgemein vorsichtiger und zurückhaltender – man könnte auch sagen: realistischer – geworden in seinen finanziellen Dispositionen, und das wirkte sich unvermeidlich auch auf den Immobilienmarkt der *Roma Capitale* aus, der in den ersten Jahren nach 1870 der heißeste und hektischste Tummelplatz anlagesuchenden Spekulativkapitals in ganz Europa gewesen war.

In dieser allgemeinen europäischen Vertrauenskrise trat dann 1875 auch die latente Krise der stadtrömischen Finanzen offen zutage, als das Pariser Bankhaus Rothschild der Stadt eine neue Anleihe von 30 Millionen Lire verweigerte. Rom war zwar immer noch voll von Baustellen, aber dem aufmerksamen Beobachter konnte nicht entgehen, dass die Dynamik der Arbeiten erheblich nachgelassen hatte. Am unmittelbarsten spürten das natürlich die 5000 Maurer, die nun in der Flaute keine Beschäftigung mehr fanden.[136] In den folgenden Jahren manifestierte sich die Stagnation immer deutlicher. Ende des Jahrzehnts waren viele Bauprojekte stillgelegt und nicht wenige Finanzierungsinstitute vom Markt verschwunden. Vor diesem Hintergrund ist es zu verstehen, dass erstmals 1875 und von da an immer häufiger und drängender aus dem Munizip die Forderung nach einem substanziellen Engagement des Staates beim Hauptstadtausbau laut wurde, weil die Stadt allein mit dieser Aufgabe ganz offensichtlich überfordert war.

Die italienische Regierung, der strikten Haushaltskonsolidierung verschworen, hatte im ersten Jahrfünft nach ihrem Einzug in Rom über die unmittelbaren Kosten des Umzugs von 17 Millionen und einzelner Staatsbauten wie des Finanzministeriums hinaus keine Verpflichtungen für die Finanzierung des Hauptstadtausbaus übernommen und die Kommune mit dessen gewaltigen Lasten alleingelassen. Auch jetzt zeigte sie sich zunächst wenig geneigt, Rom zu helfen; sie beharrte auf dem Standpunkt, die Hauptstadt habe keinen Anspruch auf Sonderbehandlung und müsse wie alle anderen Städte auch aus eigener Kraft ihre kommunalen Verpflichtungen erfüllen.[137]

Die ideologische Hartleibigkeit, mit der die zentrale Staatsinstanz sich einer finanziellen Beteiligung am Hauptstadtausbau immer noch verweigerte, erscheint umso weniger nachvollziehbar, als die Regierung in der gleichen Zeit die gewaltige Summe von 32 Millionen Lire ausgab für den Bau eines 40 Kilometer langen Ringes von fünfzehn Forts, die sich im Abstand von vier bis sechs Kilometern vor der Aurelianischen Mauer um die ganze Stadt herumzogen. Der militärische Sinn dieser Anlage war schon bei den Zeitgenossen umstritten. Garibaldi als Teilnehmer am deutsch-französischen Krieg machte in der öffentlichen Debatte geltend, was seit der Einschließung, Belagerung und Beschießung von Paris 1870/71 eigentlich jedermann wissen musste – dass solche statischen Befestigungsanlagen angesichts der rapiden technischen Entwicklung der Artillerie für den militärischen Schutz großer Städte weitgehend wertlos waren. Und da es im Rom des 19. Jahrhunderts, anders als in Paris, der Stadt der Revolutionen, keine große aufrührerische Unterschicht gab, gegen die sich die militärische Umzingelung von außen hätte richten können, rätseln die Historiker noch heute über die wahren Motive der italienischen Regierung bei dieser augenscheinlich sinnlosen Großinvestition. Vielleicht kommt die Vermutung, dass es dem Ministerium angesichts der damaligen Flaute auf dem Bausektor (auch) um eine Arbeitsbeschaffungsmaßnahme ging, den Tatsachen noch am nächsten.[138]

Indes setzten die Bürgermeister Venturi und Ruspoli, getrieben von der schieren Not der kommunalen Finanzlage und unterstützt von namhaften Veteranen des Risorgimento wie Sella und Garibaldi, ihre Bemühungen um staatlichen Beistand unverdrossen fort. Der Stern des reinen Laisser-faire-Liberalismus war um diese Zeit in wirtschaftlichen Expertenkreisen bereits im Sinken begriffen[139]. Nachdem 1876 die parlamentarische Linke, bei der Rom und sein Mythos traditionell einen höheren Stellenwert hatten als bei den nüchternen *moderati*, die Regierung übernommen hatte, begann sich die politische Elite des Königreichs dem Anliegen der *urbs* langsam zu öffnen und dem Gedanken einer umfassenden Staatshilfe für den Hauptstadtausbau näherzutreten. Sowohl Agostino Depretis als auch Benedetto Cairoli, zwei führende Figuren der *Sinistra*, sprachen sich in Wahlkampfreden 1876 und 1878 für eine Unterstützung Roms aus.[140] Cairoli, ein Mann mit pro-römischer Familienaureole, der 1867 im Kampf für die nationale Befreiung Roms zwei Brüder verloren hatte, verständigte sich mit Bürgermeister Ruspoli und brachte 1879 den Entwurf für ein Sondergesetz zugunsten der Hauptstadt im Parlament ein. Die häufigen Regierungskrisen dieser Jahre verzögerten zwar immer wieder den Gang der Sache, aber Depretis griff als Ministerpräsident ein Jahr später die Initiative Cairolis von neuem auf. Das Gesetzesvorhaben firmierte als *Concorso dello Stato per le Opere Edilizie della Capitale* – ‚Beihilfe des Staates für die Bauvorhaben der Hauptstadt' –, und unter diesem Titel wurde es in den nächsten eineinhalb Jahren durch alle Untiefen der parlamentarischen Gewässer navigiert.[141]

Den Kern des Projekts bildete eine Vereinbarung, in welcher die Verpflichtungen der Kommune und die Unterstützung des Staates zu einem Paket verschnürt waren. Dem Ideal eines Vertrags zwischen Gleichen und Freien entsprach dieses Abkommen nicht – man wird es im Gegenteil eine recht asymmetrische Angelegenheit nennen müssen: Von der Regierung formuliert und der Stadt zur Annahme vorgelegt, war es vom Munizip nur mit Murren akzeptiert worden. Der Vertrag verpflichtete Rom, bis 1881 einen Generalbebauungsplan zur Genehmigung vorzulegen, und er listete detailliert alle Baumaßnahmen auf, welche die Stadt in Angriff zu nehmen hatte, um ihrer Hauptstadtfunktion gerecht zu werden; denn es fehlte Rom, wie Ministerpräsident Cairoli 1880 bei der Vorstellung des Gesetzesprojekts im Parlament moniert hatte, „in hohem Maße an Gebäuden für die öffentliche Verwaltung, an Quartieren für das Militär, Schulen aller Zweige und Ebenen und überhaupt an jenen Einrichtungen unterschiedlichster Art, welche die moderne Kultur in der Stadt verlangt, in der eine große Nation ihren Regierungssitz hat und die deshalb dazu bestimmt ist, das Zentrum ihres intellektuellen, zivilen und politischen Lebens zu sein".[142] Das mit der Kommune vereinbarte Ausstattungsprogramm für die Hauptstadt sollte diesen strukturellen Defiziten abhelfen.[143]

Der Hauptstadtausbau also war zu einer Frage der Staatsräson geworden, und ein substantieller Beitrag des Staates daher unabdingbar. Die damit verbundenen fiskalischen Verpflichtungen freilich konnte in einem konstitutionellen Staat des 19. Jahrhunderts keine Regierung eingehen, ohne die Zustimmung des Parlaments einzuholen. Die Debatten über das Finanzierungsgesetz waren lebhaft und zogen sich lange hin, so lange, dass in den Wandelgängen des Palazzo Montecitorio bereits ein Spottvers die Runde machte, der selbst dem satirischen Witz des berühmten *Pasquino* zu Ehre gereicht hätte: *Per questa discussione chiaro ciascun discerna/ che la question di Roma è, come Roma/ eterna.*[144] Aber nicht nur die Dauer der parlamentarischen Diskussionen, sondern auch ihr bemerkenswertes argumentatives Niveau machten deutlich, welch hohen Stellenwert Rom als zentraler Schauplatz nationaler Identitätsstiftung für den jungen Einheitsstaat inzwischen gewonnen hatte. Erst jetzt, exakt 20 Jahre nach der formellen Hauptstadtproklamation Roms durch das Turiner Parlament im März 1861 und zehn Jahre nach dem faktischen Anschluss der Stadt an das Königreich, wurde die grundsätzliche Auseinandersetzung über die lange vernachlässigte Frage geführt, wie man die Kapitale ausstatten und gestalten müsse, damit sie das neue Italien angemessen repräsentieren könnte.

Während man das Wie der Hauptstadtgestaltung erörterte, wurden unversehens noch alle möglichen Vorbehalte gegen Rom als Zentralort vorgebracht, die man in der hochgespannten nationalen wie internationalen Entscheidungssituation des Jahres 1870 mit Rücksicht auf die Außenwirkung nicht frei und offen auf dem Marktplatz der

Meinungen hatte artikulieren können. Die ‚römische Frage' hatte seither ihre außenpolitische Brisanz verloren, und auf den Großbaustellen der neuen Stadtviertel zeichneten sich bereits deutlich die Umrisse der künftigen Kapitale ab. Nicht alle waren erbaut von dem, was ihnen da entgegenwuchs, und so entbrannte in der Debatte ein Streit darüber, wie das neue Rom dem Rom seiner großen Vergangenheit gegenübertreten sollte. Dabei wurden sogar Stimmen vernehmbar, die den Sinn und die Notwendigkeit eines starken, symbolträchtigen Zentralorts für das Italien der ‚Hundert Städte', das traditionelle Italien der selbstbewussten, eigenwilligen Städtepersönlichkeiten, ganz grundsätzlich in Frage stellten.[145] Ähnlich in ihrer Ablehnung einer dominanten Hauptstadt, aber anders in Tendenz und Begründung argumentierten die Skeptiker der Moderne, denen Urbanisierung, Verstädterung und Industrialisierung überhaupt suspekt waren. Gegen die regierende Phalanx der Bewunderer der Metropolenzivilisation führten sie die ländliche Welt, das ‚ewige', das rurale Italien ins Feld, in dem sie die eigentliche Bestimmung und das wahre Wesen ihrer Nation sahen: Eine Art ‚Catonismus', so könnte man sagen, der uns wie eine reaktionäre Grille erscheinen mag, der aber durchaus sein gesellschaftliches Fundament besaß in diesem Land, in dem seit jeher auch der Status der bürgerlichen Eliten eng an den Besitz von Land gebunden war.[146]

Anti-zentralistischer, gegen expandierende und absorbierende Hauptstadtmetropolen wie London oder Paris gerichteter Affekt, tiefverwurzelte Abneigung des ‚flachen', papsttreuen Landes gegen das neue, liberal-laizistische Italien oder Wiedergängertum des uralten italienischen Munizipalismus – Stimmungen dieser Art spielten in der Gemengelage der Motive sämtlich eine Rolle. Aber auch eine Kluft zwischen den Generationen wurde in der Debatte zur Hauptstadtfrage erkennbar[147]: Während die alte Garde der Risorgimento-Politiker unverdrossen die überragende Bedeutung Roms für Einheit und Identität der italienischen Nation beschwor, schien für die Epigonen des Einigungswerks die Ausstrahlung Roms tatsächlich blasser geworden zu sein. Die Indifferenz mancher jüngerer Politiker und Parlamentarier gegenüber dem einstigen Schicksalsthema, die im Parlament zutage trat, zwang jedenfalls die Gralswächter der Rom-Idee, noch einmal alle Register ihrer Rhetorik zu ziehen. So stritten denn ein ‚Elder Statesman' der *Destra* wie Sella und der alte Mazzinianer und Garibaldiner Crispi in seltener Eintracht für die Unverzichtbarkeit Roms und die heilige nationale Pflicht, diese Stadt zu einer würdigen, Größe und Stärke Italiens angemessen repräsentierenden Metropole auszubauen. *Destra* und *Sinistra*, rechte wie linke Liberale fanden nun unter dem Banner Roms zusammen zu einer soliden Mehrheit für die *legge speciale*, das Sondergesetz für Rom. Darin kündigte sich, einer gesamtitalienischen Tendenz vorgreifend, die informelle, alte Parteiungen überwölbende und die Parteigrenzen verwischende Zusammenarbeit zwischen linkem und rechtem Flügel des nationalen Liberalismus an, welche dann die Politik der 1880er Jahre prägen sollte. Dieser *trasformismo,* wie das Phänomen schon von den Zeitgenossen genannt wurde, war ein Bündnis zur Verteidigung der risorgimentalen Errungenschaften gegen alte und neue Gegner – Katholiken und Sozialisten – und zur Aufrechterhaltung der sozialen und politischen Hegemonie der liberalen Eliten, die den italienischen Nationalstaat ins Werk gesetzt hatten. Dass diese Defensivallianz erstmals beim Thema ‚Rom' in Aktion trat, zeigt, dass die Hauptstadt tatsächlich zum Brennpunkt des nationalen Diskurses geworden war.[148]

Mit seinen rigiden Vorgaben und dem umfangreichen städtebaulichen Pflichtenheft war das Sondergesetz von 1881 freilich auch ein wirksames Instrument zur Gängelung der kapitolinischen Kommune durch den Staat.[149] Und doch markierte das Gesetz auch in einem konstruktiven Sinne eine Tendenzwende für Rom: Nach einem Jahrzehnt staatlicher Abstinenz und Vernachlässigung der Stadt bei gleichzeitiger finanzieller Überforderung kündigte sich mit dem prinzipiellen Bekenntnis zur Verantwortung der Nation für die Kapitale die Rückkehr des gestaltenden Staates in den urbanen Raum an.[150] Was hier – zunächst noch verhalten und von Rückschlägen begleitet – begann, erfuhr dann nach der Jahrhundertwende in der Reformära, die mit den Namen Giovanni Giolittis auf nationaler und Ernesto Nathans auf kommunaler Ebene verbunden ist, einen kräftigen Schub. Und in dieser Perspektive wird man schließlich auch in der exaltierten Hauptstadtpolitik der Ära Mussolini eher die beschleunigte Fortsetzung der in den 1880er Jahren begonnenen interventionistischen Entwicklung sehen als einen revolutionären Bruch mit der von den Faschisten so geschmähten liberalen Vergangenheit.

In finanzieller Hinsicht zumindest brachte das Sondergesetz für das mit der Hauptstadtrolle ringende Rom eine Wende zum Besseren. Die Kommune hatte seit 1870 für Infrastruktur- und Baumaßnahmen ohne jede Hilfe von seiten des Staates die exorbitante Summe von fast 275 Millionen aufgewendet. Nun wurde ihr für die nächsten 20 Jahre ein jährlicher Staatszuschuss von zweieinhalb Millionen in Aussicht gestellt. Bereits 1883 musste in einem zweiten Sondergesetz die gouvernementale Unterstützung noch einmal ausgedehnt werden durch die Übernahme einer Staatsgarantie für eine kommunale Anleihe über 150 Millionen Lire.[151] Die Erstellung des neuen Generalbebauungsplans, die der Stadt zur Auflage gemacht worden war, wurde wie schon beim ersten Mal dem *Ufficio tecnico* unter Alessandro Viviani übertragen. Es muss nicht verwundern, dass Viviani seinen alten, zwischen den widerstreitenden Interessen versandeten Entwurf von 1873 dafür als Vorlage nahm, die er nur aktualisierte und durch die Vorgaben des Sondergesetzes für die Hauptstadtbauten ergänzte. Dazu gehörten verschiedene Ministerien, ein Justizpalast, ein Ausstellungsgebäude für die Schönen Künste, ein repräsentatives Gebäude für die auf das frühe 17. Jahrhundert zurückgehende mathematisch-naturwissenschaftliche *Accademia dei Lincei*, ein Poliklinikum, ein Nationaltheater, befestigte Uferpromenaden entlang des Tibers, neue Tiberbrücken, ein neuer Flusshafen mit Markthallen, Kasernen für die bewaffnete Macht des Staates in allen ihren Waffengattungen sowie ein zentrales Militärhospital. Nachdem eine Kommission den Entwurf noch einmal leicht überarbeitet hatte, lag

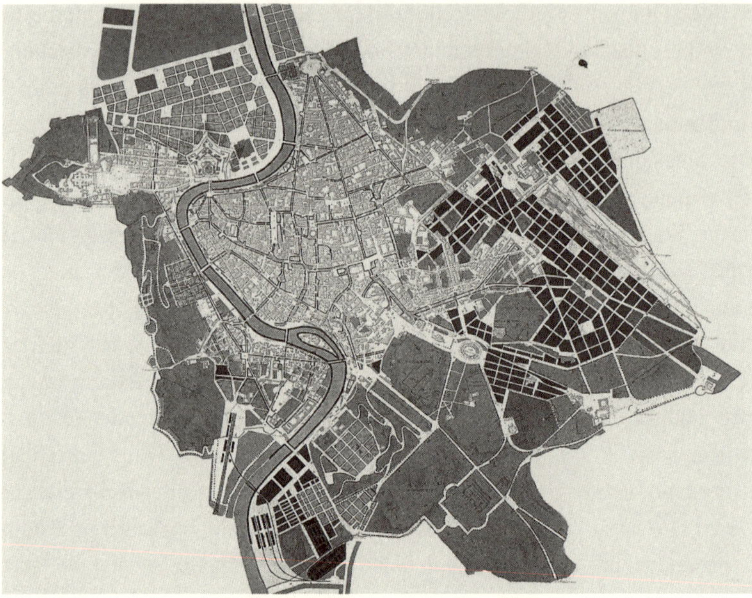

Piano Regolatore 1883: Im Osten des historischen *abitato* die im Bau befindlichen neuen Viertel auf den Höhen des Viminal, Esquilin und Cälius; links oben, im nördlichen Anschluss an den Vatikan und die Engelsburg, das geplante Neubauviertel auf den *Prati di Castello*; im Süden die geplante Industriezone um *Testaccio*.

der zweite *Piano Regolatore* Ende April 1882 dem *Consiglio comunale* zur Beratung vor. Er wurde am 26. Juni verabschiedet, erhielt am 31. August das Placet der Regierung und erlangte endlich am 8. März 1883 durch königliches Dekret Rechtskraft.[152]

Der neue Stadtentwicklungsplan für die *Terza Roma* fußte wie sein Vorläufer zunächst einmal auf den Erschließungsprojekten der privaten Baugesellschaften, die in ihn eingegangen waren. In seinen Grundzügen also war der Plan kaum mehr als die Fest- und Fortschreibung des planerischen und baulichen Status quo. Er sah die Errichtung neuer Wohnviertel auf insgesamt etwa 350 Hektar vor (190 Hektar innerhalb und 160 Hektar außerhalb der Mauern), davon 90 Hektar auf dem nunmehr in den Plan aufgenommenen Areal der Prati di Castello. Zu den Erweiterungszonen des bürgerlichen Roms, die uns von den früheren Diskussionen her schon bekannt sind – Diokletiansthermen, Macao, Castro Pretorio, Viminal, Esquilin – waren neu hinzugekommen ein Villenviertel auf dem Aventin, eine Industrieansiedlung im Testaccio und ein Arbeiterviertel mit eigener Bahnstation in Trastevere. Die beplanten Areale wurden grundsätzlich unter den Vorbehalt der Enteignung im öffentlichen Interesse gestellt. Wie schon im Paris des Barons Haussmann war auch im Rom der liberalen Ära die Enteignung keineswegs eine Strafmaßnahme gegenüber den Grundstücksbesitzern, sondern vielmehr eine probate Methode der Bereicherung. Denn die für die Festsetzung der

Entschädigungen zuständigen Kommissionen begünstigten in der Regel durch überhöhte Schätzungen das Privateigentum gegenüber dem Interesse der Allgemeinheit.[153]

Ein *Déjà-vu* bot der Plan von 1883 auch in anderer Hinsicht: Die schon im *Piano Regolatore* von 1873 enthaltenen Vorstellungen zur Erschließung des hauptstädtischen Raumes durch ein neues Koordinatennetz von Verkehrsachsen waren hier wiederaufgenommen und weiterentwickelt worden. Ohne viel Rücksicht auf die komplizierte Geographie des römischen Stadtgebiets mit seinem bewegten Höhenprofil, der kleinräumigen Vielfältigkeit seines Bodenreliefs und der Vielschichtigkeit des historischen Baubestandes orientierten sich diese Vorgaben am zeittypischen urbanistischen Ideal großer Straßenschneisen zur Verbindung der neuen Viertel untereinander und mit dem Stadtzentrum. Das ehrgeizigste Vorhaben dieser Art im neuen Rom war zweifellos die Ost-West-Magistrale, welche durch Verlängerung der von den Diokletiansthermen ausgehenden Via Nazionale bis zur Piazza Venezia und über diese hinaus westwärts bis an den Tiber führen und so den Hauptbahnhof Termini mit dem neuen Zentrum der Kapitale und mit dem Vatikan verbinden sollte. Von diesem neuen Corso Vittorio Emanuele ließ man später beim Teatro Argentina eine breite Stichstraße nach Süden (Via Arenula) abzweigen, die mit einer neuen Brücke (jetzt Ponte Garibaldi) den Tiber überquerte und sich als geradliniger Boulevard (Viale del Re, heute Viale Trastevere) durch das Viertel Trastevere fortsetzte. Vorgesehen waren ferner als zweite „Arterie“ von der Via del Corso zu den neuen Vierteln auf den östlichen Höhen die Via del Tritone eine östliche Parallele zur Via del Corso von der Piazza Tritone bis zur Piazza SS. Apostoli, eine Reihe weiterer geradliniger Straßen zur Beschleunigung des Verkehrs wie die heutige Via Zanardelli und die Via Tomacelli als Verbindung zum Prati-Viertel, und schließlich die axiale Verlängerung der Via del Babuino über Piazza di Spagna hinaus durch einen Tunnel unter dem Quirinal zur Via Nazionale.

Alle diese großen Straßenprojekte wurden innerhalb der 25jährigen Laufzeit des *Piano Regolatore* von 1883 auch tatsächlich realisiert, genauso wie die sechs in Aussicht genommenen neuen Tiberbrücken zwischen den Vierteln Prati und Trastevere und dem *centro storico*. Nicht verwirklicht wurde fürs erste der kühne Plan einer geraden Verbindungsstraße zwischen der Piazza Venezia und dem Kolosseum – als kühn zu bezeichnen deshalb, weil eine solche Achse das dichtbebaute Pantani-Viertel und einen kleinen Hügelrücken, die Velia, hätte durchschneiden müssen. Dieses Vorhaben wurde als breiter Durchstich mit der Via dell'Impero (heute Via dei Fori Imperiali) dann erst von Mussolini ausgeführt; aber wir wollen doch festhalten, dass die Idee zu diesem radikalen Eingriff aus der liberalen Ära stammte.

Urbanisten und Architekturhistoriker unserer Zeit sind mit dem *Piano Regolatore* von 1883 hart ins Gericht gegangen. Sie rügten seine Einfallslosigkeit, seine Willfährigkeit gegenüber Privatinteressen und die Leichtfertigkeit in der Preisgabe unersetzlicher Kulturbestände.[154] Vieles an dieser Kritik ist zweifellos berechtigt, auch wenn man in Rechnung stellen muss, dass die denkmalschützerische Sensibilität, die aus ihr spricht, sich erst unter dem Eindruck der beispiellosen Bausünden der jüngsten Vergangenheit, namentlich der 60er, 70er und 80er Jahre des 20. Jahrhunderts, herausgebildet hat und dem fortschrittstrunkenen 19. Jahrhundert noch ganz fremd war. Der Historiker, der jede Epoche aus ihren eigenen Voraussetzungen zu beurteilen hat, wird mit apodiktischen Urteilen zurückhaltend sein. Mag der Plan von 1883 auch nur Stückwerk ohne Visionen gewesen sein, so wurde er doch zum Schicksalsbuch Roms. Vieles von dem, was sich bis zum Zweiten Weltkrieg in Struktur und Gestalt der italienischen Hauptstadt verändern und entwickeln wird, war in ihm bereits angelegt und vorgezeichnet. Selbst Mussolini, der sich gerne als pharaonischen Bauherrn für ein ‚Großes Rom' feiern ließ und nach dem Untergang des Faschismus dafür ebenso maßlos verteufelt wurde, war, wie einer der besten Kenner der Hauptstadtgeschichte einmal kaustisch bemerkte, „nur ein autodidaktischer Enkel von Quintino Sella", der in Rom nichts mehr zu erfinden hatte.[155]

„Man baut mit Furie": Rom in Fieber und Krise

Neue Viertel

Es war, wir haben das an anderer Stelle schon erwähnt, eine historisch bedingte Besonderheit des vor-unitarischen, vor-modernen Roms, dass die urbane Struktur hier nicht die von anderen Groß- und Hauptstädten des 19. Jahrhunderts bekannte Unterteilung nach Gesellschaftsklassen spiegelte. Zwar gab es auch zwischen den 14 historischen „Regionen" – *Rioni* –, in die das Stadtgebiet eingeteilt war[156], gewisse Unterschiede in der sozialen Zusammensetzung – so wiesen etwa die *Rioni Monti* und *Trastevere* traditionell einen höheren Anteil an Angehörigen der unteren Volksschichten auf. Aber die für die Epoche der Urbanisierung in den entwickelteren Ländern Europas so charakteristische Quartierbildung nach Kriterien der sozialen Schichtung, die zu einer klaren räumlichen Scheidung in Wohnviertel der Arbeiter, der Handwerker und Kleinbürger und der bürgerlich-aristokratischen Oberschicht führte[157], war Rom bis zum Ende der päpstlichen Herrschaft fremd geblieben.

Es herrschte eine relative Ausgeglichenheit in räumlich enger Kohabitation aller Gesellschaftsschichten, und dieses sozial durchmischte Siedlungsmuster hatte seine Entsprechung auch auf der nächst tieferen Strukturebene der einzelnen Wohnbauten. Diese bestanden im Grunde aus wenigen Varianten ein und desselben Bautypus, der sich über lange Zeiten hin konstant gehalten hatte. Es war der Stadtpalast, je nach Rang und Reichtum des Besitzers – hoher oder weniger hoher Adel, eine religiöse Körperschaft oder, seltener, ein Bürgerlicher – variierend in Größe und Ausstattung, aber gleichartig in Einteilung und Funktion: Ein großes, mehrere Stockwerke hohes Gebäude – ein *isolato*, was man vielleicht am besten mit ‚Block' übersetzt – unterteilt in die repräsentative Wohnung des Eigentümers im ersten Stock (dem *piano nobile*), in bescheidenere Wohnungen zur Vermietung an Familien aus dem Bürgertum und aus dem Handwerk, und mit Werkstätten und Läden im Erdgeschoss. Abgesehen von den vielen Gebäuden älteren, teils noch mittelalterlichen Ursprungs, die durch immer neue ‚wilde' Um-, An- und Zubauten zu unorganisch-irregulärer Gestalt aufgewachsen waren und den Baubestand des *abitato* vor allem im Tiberknie enorm verdichtet hatten, machte der oben beschriebene Typus des Stadtpalais ziemlich regelhaft den jüngeren Baubestand der römischen Innenstadt aus dem 17. und 18. Jahrhundert aus.[158]

Mit dem historischen Haustypus des *palazzo romano* oder *isolato* war in gewisser Weise schon das Modell vorgegeben, dessen sich dann die Architekten der *Roma Capitale* nach 1870 für die Bebauung der von privaten Baugesellschaften erschlossenen Erweiterungsviertel bedienten. Natürlich kam es dabei zu mannigfachen Modifikationen im planerischen Zuschnitt und ornamentalen Detail; doch die relative Einheitlichkeit der von den Investoren angepeilten Klientel – das neue mittlere Bürgertum aus öffentlichen Angestellten und Beamten, das mit der Verlegung der Hauptstadt und des zentralen Staatsapparates als tragende Schicht des tertiären Sektors nach Rom gekommen war – stellte sicher, dass der Standardtypus in den neuen Vierteln die *casa a pigione*, das Miethaus war, je nach Größe unterteilt in zehn bis fünfzehn Wohnungen mit jeweils sechs bis acht Zimmern von unterschiedlichem Ausstattungskomfort. Daneben trat in bestimmten, durch ihre Lage in besonderer Weise privilegierten Zonen als zweiter Wohnbautypus der *villino* bzw. die *palazzina di città* auf, repräsentative Einzelhäuser für den großbürgerlichen Besitzer und seine Familie samt Dienstbotenwohnungen und Remisen für Pferde und Kutschen, von der Straßenfront zurückgesetzt und in einem eigenen, abgegrenzten Gartengrundstück gelegen.

Für die erste Phase des Hauptstadtausbaus in den 1870er und 1880er Jahren blieb indes kennzeichnend das für bürgerliche Mieter konzipierte blockartige Gebäude mit mehreren Wohnungen in jedem der drei bis fünf Stockwerke. Dieser Typus, der im Rom jener Jahre annähernd drei Viertel des Neubauvolumens ausmachte, hatte als solcher nichts spezifisch Römisches; er gehörte vielmehr in der zweiten Hälfte des 19. Jahrhunderts zum Standardrepertoire in den expandierenden Städten in ganz Europa, soweit sie vom Prozess der Urbanisierung erfasst waren. Dass es in Rom in den Jahrzehnten zwischen 1870 und 1890/1900 nur in vereinzelten Fällen zum Bau jener scheußlichen Mietskasernen kam, die für das Berlin und viele andere Großstädte der Zeit so abstoßend typisch waren, hatte im wesentlichen zwei Gründe: Zum einen fehlte es in Rom (noch) an der für diesen Verwertungstypus erforderlichen Mieterschaft einer auf niedrigem Niveau doch einigermaßen regelmäßig zahlungsfähigen

Industriearbeiterschaft; und zum anderen verhinderten gewisse ,altmodische' Mindestauflagen bezüglich Belüftung und Beleuchtung von Mietshäusern in den römischen Bauvorschriften allzu krasse Missstände der Raumausbeutung, wie sie in den wirtschaftlich entwickelteren Ländern nördlich der Alpen längst gang und gäbe waren.

Wenn zeitgenössische Beobachter dennoch für die in den neuen Vierteln emporschießenden Häuserblöcke häufig die Metapher ,Kasernen' gebrauchten, so formulierten sie damit den vorherrschenden Eindruck von Nüchternheit und utilitaristischer Strenge. In der Tat sahen weder die einheimischen Architekten, die nach 1870 bei der Errichtung der neuen Viertel zum Zuge kamen, noch ihre mit den norditalienischen Baufirmen an den Tiber gelangten auswärtigen Kollegen eine Veranlassung, mit konstruktiven oder formalen Innovationen zu experimentieren. Schnell und billig musste gebaut werden, und so nahmen sich die einen den *palazzo romano* als architektonische Matrix, die es nur den größeren Planungsdimensionen ganzer geschlossen zu bebauender Areale und den ,höheren' funktionalen Bedürfnissen und Geschmackspräferenzen einer überwiegend ,buzzurrischen' Mieterklientel anzupassen galt; andere griffen für den gleichen Zweck auf die Basismodule der gemeineuropäischen Gründerzeitarchitektur zurück, die mit kleineren Zugeständnissen an die jeweilige Lokaltradition schon längst auch in den norditalienischen Städten Einzug gehalten hatten.[159]

Auf die Einheimischen wirkten die neuen Quartiere der *Roma Capitale*, die solcherart entstanden, trotz vertrauter architektonischer Grundelemente fremd. Dem römischen Auge ungewohnt war allein schon die Einheitlichkeit der Bebauung mit einer großen Zahl in ihrer Grundkonzeption sehr ähnlicher Gebäude auf einem Raster gerader und zumeist rechtwinklig aufeinandertreffender Straßen (*alla scacchiera* – nach Schachbrettart, wie man dieses Muster nannte). Die gleichzeitige Errichtung ganzer Viertel gewissermaßen ,aus einem Guss', ein charakteristisches Phänomen des Urbanisierungsprozesses des 19. Jahrhunderts, hatte es bis dahin in Rom ja kaum gegeben. Da auch nach der rudimentären Hauptstadtkonzeption der 1870er Jahre die kommunikative, kommerzielle und kulturelle Zentralfunktion der Altstadt Roms erhalten blieb, konnten sich die Planer des Neuen Roms darauf beschränken, die Expansionsareale monofunktional als Wohnquartiere mit beschränkten Konsum- und Dienstleistungseinrichtungen für den täglichen Bedarf zu entwerfen. Dass der an die organisch gewachsene Vielfältigkeit seiner urbanen Textur gewöhnte Römer diese Neubauviertel als eine fade Öde wahrnahm, muss nicht verwundern. Zur Monotonie ihrer Erscheinung trug schließlich auch bei, dass sich die Architekten mangels originärer Stilideen – und dieses Fehlen eines eigenen Stils ist kennzeichnend für den größten Teil der europäischen Architektur des 19. Jahrhunderts – für die Fassadengestaltung eines uninspiriert-gleichförmigen Mischstils bedienten: Über die einheitlich gehaltenen Gebäudeblöcke goss man stets die gleiche epigonale Instant-Stilsauce aus etwa acht Teilen Renaissance-Verschnitt und zwei Teilen an Versatzstücken aus Klassizismus und Barock.

So erstand das neue Rom auf den Hügeln in der den Römern fremdartigen rationalistischen Anmutung der ‚zeitgemäßen' europäischen Stadt jener Epoche – und wurde gerade deshalb von vielen Neurömern als Modell der Moderne gefeiert. *E tutti i fabbricati de'nuovi quartieri ànno questo stesso carattere utilitario che è proprio del genio moderno*, schrieb der liberale Historiker, Ökonom und Abgeordnete zum italienischen Parlament Niccola Nisco; und Giovanni Faldella, piemontesischer Schriftsteller und bekennender *buzzurro*, errichtete der jungen, im Werden begriffenen *Roma borghese* ein mit viel Liebe zum Kolorit gezeichnetes literarisches Denkmal, in welchem er die „neuen Viertel des hochgelegenen Roms, wo man diesen wohltuenden, höchst modernen Eindruck des Offenen und Durchsonnten erfährt", dem in den Niederungen des Tibers liegenden Rom des Papstes auftrumpfend gegenüberstellte: „Die neuen Straßen weiten sich und dehnen sich aus mit Mailänder Jovialität, mit Genfer Frische, mit Turiner Geradlinigkeit und mit dem Gepränge von Paris, von dem die Turiner Geradheit nur die jüngere Schwester ist. Die neuen Viertel des oberen Roms lagern sich hin wie ein Trost, aber auch wie ein Vorwurf und eine Belehrung für das Durcheinander, das Gedränge und den Unrat gewisser Quartiere des unteren Roms, die voller Flöhe sind, verschlossen, und in die kaum je ein Sonnenstrahl gelangt."[160]

Ugo Pesci schließlich, ein weiterer Beobachter aus dem Norden und Zeitgenosse Faldellas, traf den Kern der Sache, wenn er feststellte, das neue Rom sei nicht römisch, sondern durch und durch ‚buzzurrisch'[161] – ein ‚piemontesisches', ein subalpines Rom in Struktur und Erscheinungsbild, ein an den Tiber versetztes Abbild der zwischen Pragmatismus und Pomp changierenden bürgerlichen Urbanität des Nordens. Man konnte beim Anblick der *Terza Roma* geradezu den Eindruck gewinnen, als erbauten sich die *buzzurri* hier in nostalgischer Reminiszenz einen Ersatz für ihr vertrautes Turin, das sie 1865 aus Gründen nationalitalienischer Staatsraison hatten aufgeben müssen. Turin, diese fast schon französisch anmutende Stadt mit der strengen Geometrie der perspektivischen Linien, den weiten, arkadengesäumten Plätzen und den solitären Denkmälern –, deren sprödem metaphysischem Zauber Friedrich Nietzsche zu dieser Zeit ebenso verfallen sollte wie nach ihm der Maler Giorgio De Chirico[162] – erstand als bizarre Replik in den neuen Vierteln der *Roma Capitale*: „In der Tat", schrieb unser Nisco, „wenn du oben auf dem Esquilin stehst denkst du eher an Turin als an die klassische Stätte der Cäsaren und der Päpste."[163]

Vollends unabweisbar war der verfremdende Anklang an die alte piemontesische Hauptstadt dort, wo man die römischen Neubauten auch noch mit endlos umlaufenden Arkadengängen ausstattete wie an der majestätischen Piazza Vittorio Emanuele. Sie war mit ihren 300 mal 180 Metern Seitenlänge das Herzstück der *Roma buzzurra* auf dem Esquilin, ein Platz, dem man in seiner ursprünglichen Konzeption das Prädikat ‚grandios' nicht verweigern wird[164], auch wenn er zuletzt als heruntergekommener Treffpunkt aller Zuwanderungskulturen Roms allenfalls noch den exotischen Charme einer von ihren Problemen überwältigten Metropole der Dritten Welt ausstrahlte.[165]

Zur Ehre des viel gescholtenen Alessandro Viviani muss an dieser Stelle erwähnt werden, dass der Redaktor der ersten beiden Generalbebauungspläne dem Import solcher Anleihen aus der Stadtarchitektur des Nordens skeptisch gegenüberstand. Bogengänge nach Turiner Fasson erschienen ihm für die römischen Innenstadtstraßen ebenso unpassend wie ungeeignet. Die Hauptfunktion dieses Architekturelements, die Passanten vor dem ausdauernden Turiner Regen zu schützen, war in Rom entbehrlich. Zudem wirkten die Laubengänge monoton und verwehrten dem Blick der Flaneure die freie Sicht auf die Fassaden der großen Baudenkmäler. Nur entlang der Uferpromenaden, die auf den neuzuerrichtenden Kaimauern am Tiber geplant waren, hielt er solche *portici* zum Schutz gegen Sonne und Regen für sinnvoll.[166]

Ein paar Zahlen zur Quantifizierung des Hauptstadtausbaus erscheinen nun angebracht: Bis Ende 1878 waren in den neuen Vierteln auf den östlichen Höhenzügen von konzessionierten Immobiliengesellschaften und Privatinvestoren insgesamt 160 große Wohnblöcke mit zusammen 9000 Zimmern und 600 Ladenlokalen im Erdgeschoss errichtet worden. Die Kommune hatte dort für Infrastrukturmaßnahmen und Enteignungen 15 Millionen Lire aufgewendet und die gleiche Summe noch einmal für sanitäre Verbesserungen in den alten Stadtvierteln – insgesamt also einen Betrag von 30 Millionen Lire, der über Anleihen aufgebracht werden musste.[167] In der Altstadt war durch den Neubau von Häusern, durch Restaurierungen und Erweiterungen sowie durch die gleich nach dem Anschluss Roms in großem Umfang genehmigten Aufstokkungen bestehender Gebäude die nicht minder beachtliche Zahl von 11 000 Wohnräumen und 580 Läden gewonnen worden. Wenn man freilich bedenkt, dass in derselben Zeit die Einwohnerzahl Roms um fast 50 000 Personen zugenommen hatte, wird sogleich ersichtlich, dass der Wohnungsbau nicht Schritt halten konnte mit dem Bevölkerungszuwachs. Im übrigen verbergen sich hinter den baren Zahlenrelationen gravierende soziale Verwerfungen. Die Wohnungen auf den Höhen waren für die bürgerlichen Zuwanderer aus dem Norden gedacht, und auch wenn es dieser Klientel aus Angestellten und Beamten nicht immer leicht fiel, die hohen Mieten für das standesgemäße Wohnen aufzubringen, so schätzte sie doch die offene Bauart und das moderne Flair. Die eingessenen Römer, die *romani de'Roma* aber zogen es in aller Regel vor, in den etwas heruntergekommenen Palästen, in den engen, winkeligen Straßen und Gassen, kurz: im vertrauten Ambiente ihrer Altstadt zu bleiben.[168]

Auch dort allerdings konnte sich längst nicht mehr jedermann halten. Viele gerade der ärmeren Bewohner, die als generationenlange Mieter in den dürftigen Erdgeschosslokalen der Adelspalais und der Gebäude von Orden und kirchlichen Stiftungen kaum mehr als einen symbolischen Mietobolus entrichtet hatten, fanden sich jetzt aus den restaurierten Anwesen hinaussaniert. An einen Umzug in die neuen Häuser draußen in der *Roma buzzurra* war für diese Schicht finanziell nicht zu denken. So verschärfte sich für diese Volksteile mit der Hauptstadtwerdung Roms das Wohnungsproblem ganz dramatisch. Die Verantwortlichen auf dem Kapitol waren nicht blind für diese Notlage, doch fehlten die Ideen und mehr noch die rechtlichen und finanziellen Mittel, um Abhilfe zu schaffen. Zwar versuchte die Kommune, private Investoren durch Vergünstigungen zum Bau von Wohnungen für die unteren Bevölkerungsschichten zu bewegen. Die Stadt überließ in solchen Fällen der Immobiliengesellschaft kostenlos den Baugrund und stellte für jede fertige Wohnung einen Zuschuss in Aussicht, wofür im Gegenzug die Mieten für zehn Jahre auf niedrigem Niveau festgeschrieben wurden. Aber – und das ist kennzeichnend für den Wirtschaftsgeist dieser Epoche – ausnahmslos alle Konventionen, welche die Kommune diesbezüglich zwischen 1872 und 1887 abschloss, platzten – mit dem Ergebnis, dass in der *Roma Capitale* der ersten Jahrzehnte nach 1870 so gut wie keine Arbeiterwohnungen gebaut wurden.[169]

Wenn man vom ‚ewigen' Rom sagt, es sei nicht an einem Tag erbaut worden, so muss man für das Neue Rom hinzufügen: nicht an einem Tag, aber doch in unerhört kurzer Zeit. Die Umwandlung der *Roma papale* in das Rom der Italiener vollzog sich mit einer Dynamik, mit einer Radikalität, die vielen Beobachtern – betroffenen Römern ebenso wie von fernher kommenden Besuchern – das Hören und Sehen vergehen ließ. Zunächst mochten ja die Zeichen, mit denen sich an den altehrwürdigen römischen Mauern der Anbruch des strahlenden Zeitalters der *Roma Capitale* ankündigte, bloß bizarr oder gar ein wenig lächerlich erscheinen, aber noch harmlos in ihrer schieren Äußerlichkeit. Kaum zur Hauptstadt erhoben, genierte man sich nämlich auf dem Kapitol der für die Ewige Stadt so charakteristischen Patina der Jahrhunderte – jenes vom Alter geschwärzten und ein wenig verwahrlosten Zustandes der meisten Gebäude. Was von den ausländischen Liebhabern des päpstlichen Roms als romantisch, pittoresk und stimmungsvoll erlebt wurde, empfanden die nüchternen liberalen Eroberer als schäbig und peinlich heruntergekommen – *lo sgradevole aspetto del vecchiume e dell'abbandono*.[170]

Damit sich die Stadt ihrer neuen, nationalen Rolle würdig zeige, ordnete das römische Munizip, auf bestehende, aber selten angewendete Bestimmungen zurückgreifend, schon zu Beginn des Jahres 1871 an, dass Straße um Straße, Platz um Platz, beginnend mit Via del Corso, alle Gebäude der Stadt (bis auf wenige historische Ausnahmen) frisch zu tünchen seien. Um genau zu sein: die Anordnungen des Bürgermeisters sprachen von *imbiancatura*, also vom ‚Weißen', und so unglaublich es klingen mag – genau das scheint auch geschehen zu sein: Das nuancenreiche Kolorit und der Schmutz der Jahrhunderte verschwanden unter einem blendenden, ‚hygienisch' weißen Anstrich, der sich über Verputz und Mauerwerk legte und, glaubt man den entsetzten Klagen kunstsinniger Zeitzeugen, oft auch die Fassadenelemente aus Travertin und behauenem Naturstein nicht verschonte.[171] „Rom ist ein übertünchtes Grab geworden", notierte Ferdinand Gregorovius unter dem 18. Juni 1871 in sein Tagebuch. „Man streicht die alten ehrwürdigen Paläste weiß an; man kratzt den Rost der Jahrhunderte ab, und da zeigt sich erst, wie architektonisch hässlich Rom ist. [...] Dies Umwandeln der heiligen Stadt in eine weltliche ist die Kehrseite jener Zeit, wo das heidnische Rom mit gleicher Leidenschaft in das geistliche verwandelt wurde. [...] Das alte Rom geht unter. In 20 Jahren wird hier eine neue Welt sein. Ich aber bin froh, dass ich im alten Rom so lange gelebt habe."[172]

Urteilt Gregorovius, selbst ein Liberaler und erklärter Befürworter der nationalen Revolution Italiens, zunächst noch mit einigem Verständnis für die Bedürfnisse nationalitalienischer Selbstdarstellung, so wird er die weiteren Veränderungen Roms schon bald mit wachsendem Entsetzen kommentieren. In den ersten großen Gebäudekomplexen, die in De Mérodes Viertel bei den Thermen fertiggestellt wurden, sah der Historiker des mittelalterlichen Roms „nur kasernenartige Häuser", und dieser Topos wird bei ihm des öfteren wiederkehren. Mit Beklommenheit beobachtete er schon Anfang 1873, wie jenes zeitlose Rom, das ihm die Inspiration zu seinem großen Geschichtswerk eingegeben hatte, vor seinen Augen unterging. „Man baut mit Furie: die Viertel, Monti werden ganz umgewühlt. Gestern sah ich die hohe Mauer der Villa Negroni fallen; auch dort legt man Straßen an; im prätorianischen Lager wächst schon ein neuer Stadtteil empor, nicht minder auf den Abhängen des Caelius bei SS. Quattro Coronati. [...] Fast stündlich sehe ich ein Stück des alten Rom fallen. Neu-Rom gehört dem neuen Geschlecht; ich gehöre zum alten Rom, in dessen zaubervoller Stille meine ‚Geschichte der Stadt' entstanden ist."[173]

Und ein weiteres Mal, zwei Jahre später – *Roma Capitale* ist noch keine fünf Jahre alt – stimmt Gregorovius seinen Abgesang auf das alte, das ‚ewige' Rom an: „Die Umwühlung und die Verzerrung Roms ist greuelvoll. Wenn ich den Viminal besuche, wo hundert Arbeiter und hundert Herren im Schutt wühlen und ihn fortschaffen, so kommt mir Rom wie ein alter, zerlumpter Prachtteppich vor, welchen man ausstäubt, während der selbst darüber in Fetzen zerfällt. [...] Alle meine Freunde, die noch das alte oder doch ältere bisherige Rom gesehen und erlebt haben, fühlen wie ich. [...] Der wundervolle Zauber der Geschichtlichkeit ist der modernsten Bauspekulation zum Opfer gefallen. Die majestätische Stille der Stadt hat sich in fieberhafte Unruhe verwandelt. Die republikanische Weltluft ist mit Miasmen höfischer Natur zersetzt, die bürgerliche Physiognomie der Römer selbst hat die massenhafte Invasion aus allen Provinzen verändert." Gregorovius, teilnehmender Beobachter der römischen Verhältnisse seit mehr als zwei Jahrzehnten[174], registriert also auch die gesellschaftlichen Verwerfungen, die mit der neuen Funktion als nationaler Hauptstadt der Italiener einhergehen. Doch bei aller Nostalgie bleibt er als Historiker objektiv genug anzuerkennen, dass diese „Transformation [...] ein notwendiger geschichtlicher Prozeß" ist und „daß es das höchste Interesse gewähren muß, ihn zu erleben und anzusehen. Aber trotzdem macht mir all das neue Wesen nur Pein."[175]

Unser Deutsch-Römer stand mit seinen Wahrnehmungen nicht allein – so wie er empfanden in der Tat viele. Ähnliche Äußerungen gibt es zuhauf, wenn auch bezeichnenderweise zumeist von ausländischen Beobachtern, während römische Stimmen in diesem Klage-Chor eher rar sind.[176] Augustus Hare, berühmter Verfasser von Reiseführern für das Establishment des viktorianischen Englands und als solcher kaum des Papismus verdächtig, begleitete wie Gregorovius schon die erste Phase des italienischen Hauptstadtausbaus in den 1870er Jahren mit alarmierten Kommentaren über die „Plünderung" und die „erschreckende Modernisierung" der *urbs*. Er vermisste – man mag staunen – den Papst, die Kardinäle, die Mönche, beklagte die Schließung der Klöster und den Verlust der großen Zeremonien, und war auch nicht blind für das Elend, das durch die „schrecklichen Steuern" und die Wehrpflicht bei den kleinen Leuten verursacht wurde. Wie Gregorovius geißelte er die „völlige Zerstörung der herrlichen Villa Negroni und so vieler anderer Dinge von Interesse und Schönheit". Und was hatte Rom, hatten die Römer, dafür eingetauscht? Die „hässlichen neuen Straßen in der Nachahmung von Paris und New York", einen bunteren Pincio, einen lebendigen Wolf auf dem Kapitol, einen kleinen Streifen Ausgrabungen auf dem Forum – „and all is said". Noch ein Jahrzehnt später fand Hare nichts auf der Habenseite der Transformation Roms zu verbuchen. Zwölf Jahre „sardischer Herrschaft" hätten mehr zur Zerstörung Roms beigetragen als „alle die Invasionen der Goten und Vandalen", schrieb er 1882, und ein Vierteljahrhundert nach Porta Pia zog der englische Korrespondent schließlich nach nochmaligem Romaufenthalt eine vernichtende Bilanz über den Hauptstadtausbau: Rom sei „ruiniert und zerstört" und richte sich ein in der „minderwertigen Mittelmäßigkeit", zu der es die „sardische Okkupation" heruntergewirtschaftet habe.[177]

Merkwürdig, ja beinahe schrullig mag uns heute diese bittere Klage eines Engländers anmuten über das verlorene Paradies Pius' IX., doch in dem zur selben Zeit erschienenen Buch eines Kollegen Hares, des langjährigen Korrespondenten der Londoner ‚Times', stoßen wir auf einen ganz ähnlichen Befund: Alles, was man habe machen können, um den Zauber des Alten zu zerstören, sei in Rom geradezu vorsätzlich gemacht worden. Alles Neue zeige miserablen Geschmack. „Die neuen Barbaren, die mit dem neuen Regime in Massen von der Gallia cisalpina herabgestiegen sind, mit ihren an Turin und Genua geschulten Idealen, zeigen wenig Sympathie für die monumentalen Zeugnisse des alten Rom, aber sie haben auch keinerlei Vorstellung, wodurch sie zu ersetzen wären. […] Was Rom in den letzten zwei Jahrzehnten an Umformungen erlitten hat, ist einzigartig in der Geschichte, einzigartig in seiner Rohheit, in der Geldverschwendung und in seiner Korruptheit."[178]

Gregorovius, Hare, Stillman – und wir könnten noch den deutschen Kunsthistoriker Herman Grimm hinzufügen, ältester Sohn Wilhelm Grimms, der 1886 in der ‚Deutschen Rundschau', der Hauspostille des deutschen Bildungsbürgertums, die „Vernichtung Roms" anprangerte;[179] das sind allesamt Kulturbürger, denen die Bedürfnisse italienischer Nationalrepräsentation banal und nichtsbedeutend erschienen gegenüber dem heiligen Status des ‚ewigen' Rom als Museum der abendländischen Geschichte. Die liberalen Eliten Italiens und die tonangebenden Kreise in Rom selbst sahen die Dinge naturgemäß aus einem ganz anderen Blickwinkel. Nur vereinzelt gab es auch aus italienischen Federn kritische Stimmen über die Umwandlung Roms in eine moderne Metropole. Eine von ihnen gehörte Rodolfo Lanciani, dem Chefarchäologen Roms. Es sei „unmöglich, sich etwas banaleres, unharmonischeres, erbärmlicheres und geschmackloseres vorzustellen als die neuen Viertel Roms“, schrieb er 1888.[180] Und in dem 1895 erschienenen Roman *Le vergini delle rocce* des nationalitalienischen Dichters Gabriele D'Annunzio heißt es über die Zeit des Großen Baufiebers, „in der die Geschäftigkeit der Zerstörer und Baulöwen auf dem Boden Roms am finstersten wütete“: „In Wolken von Staub raste eine Art von Wahnwitz der Gewinnsucht voran wie ein bösartiger Wirbelsturm, der nicht nur die niederen Menschen ergriff, die im Umgang mit Kalk und Ziegel vertraut sind, sondern auch die hochmütigsten Erben der großen Papstgeschlechter [...]. Es schien, als fauchte über Rom ein Sturm der Barbarei [...]. Die Seuche breitete sich überall aus, mit größter Eile. Im unablässigen Widerstreit der Geschäfte, im wilden Wüten der Gier und der Leidenschaften [...] ging jeder Sinn für Anstand, jeder Respekt vor der Vergangenheit verloren. Der Kampf um Gewinst wurde mit unerbittlicher Verbissenheit geführt, und die Spitzhacke, die Maurerkelle und die betrügerische Absicht [*mala fede*] waren dabei die Waffen. Von einer Woche auf die andere, mit einer beinahe chimärischen Schnelligkeit, erhoben sich auf den mit Schutt verfüllten Fundamenten die riesigen leeren Käfige, wie Siebe durchsetzt mit rechteckigen Löchern, aufgetakelt mit falschen Gesimsen und mit abscheulichem Stuckwerk überkrustet. Wie eine gewaltige weißliche Geschwulst ragte das aus der Flanke der alten *urbs* hervor und saugte ihr das Leben heraus.“[181]

Man mag die suggestive Kraft bewundern, mit der die dannunzianische Impression hier ihre poetischen Bilder von der aufwachsenden Kapitale vor unseren Augen entfaltet. Aber auch D'Annunzio, der egomanische Hohepriester des symbolistischen Subjektivismus und der ästhetizistischen Dekadenz im europäischen Fin de Siècle, ist kein unbefangener Beobachter und Gewährsmann, wenn es um Fragen des architektonischen Zeitgeschmacks geht.[182] Wie bei den oben zitierten ausländischen Zeugen tritt auch bei ihm der ostentative Dégôut des kultivierten, feinsinnigen Bildungsmenschen hervor gegenüber den Erscheinungs- und Ausdrucksformen der heraufziehenden bürgerlichen Massenzivilisation mit ihren philiströsen Idealen von Nützlichkeit und Prosperität, ihren billig rationellen, seriell gefertigten Stil-Platitüden und ihrem mit banausischem Stolz einbekannten unmetaphysischen Materialismus. Sie alle, deren Klagen über die Zerstörung Roms aus dem Geist der Moderne bis heute die Entwicklung der *Roma Capitale* begleiten, verkörperten indes nur eine Minderheit: Jenen elitären Zirkel von Gelehrten und Literaten und Künstlern, die sich im kulturellen Diskurs ihrer Zeit Gehör verschaffen konnten gegenüber einer Mehrheit, die im Einklang mit dem Geist und Geschmack der Epoche ein neues Rom wünschte, ein großes, ein ‚modernes' Rom, eine nationale Metropole nach dem Muster der Hauptstädte der anderen Großstaaten, neben denen man sich als Spätkömmling und Parvenu mühsam genug zu behaupten hatte.

Freilich, selbst ein so entschiedener Befürworter der Umwandlung des päpstlichen Roms in eine moderne Metropole wie Émile Zola zeigte sich betroffen angesichts der Hässlichkeit der neuen Stadtteile. In seinem Roman *Rome* von 1896, also fast exakt zeitgleich mit der Klage seines Kollegen D'Annunzio, findet sich über die Neubauviertel folgendes Verdikt: „Das sind die monströsen Hervorbringungen der Hybris und des Hasardspiels; welch eine Seite der Geschichte, welch eine bittere Lektion, da Rom, ruiniert wie es ist, sich auch noch geschändet sieht von dieser abstoßenden Umgürtung mit großen, bleichen, leerstehenden Gerippen, die meisten noch unfertig, und doch bedecken schon herabgefallene Trümmer die Straßen, in denen überall Gras wächst."[183]

Höchst bezeichnend für die Kluft zwischen kultureuropäischer Außenwahrnehmung und nationalitalienischer Binnensicht auf das entstehende Rom der Italiener erscheint eine kleine Episode, die Ferdinand Gregorovius berichtet: Bei einem Empfang, auf dem auch König Umberto I. und Königin Margherita zugegen waren, nutzte er die Gelegenheit, gegenüber den recht zugänglichen Majestäten „die Ruchlosigkeit des Verfahrens" bei der „Umwühlung Roms" anzuprangern; doch die Majestäten, so teilt uns Gregorovius konsterniert mit, „verstanden [...] das nicht". Dies begab sich 1879. Etliche Jahre später, als auch die zweite Welle des spekulativen Baubooms über die *urbs* hinweggegangen war wie eine Sturmflut, protestierte Gregorovius mehrmals mit der Autorität des römischen Ehrenbürgers in Offenen Briefen an den Präsidenten der Akademie der Schönen Künste gegen die „Zerstörungen" – und sah sich dafür von allen Seiten angefeindet.[184]

Herman Grimm, Berliner Professor mit reicher Rom-Erfahrung und klassischer Bildungsmensch in der Goethe-Tradition, hatte ähnlich ernüchternde Erfahrungen gemacht; resigniert räumte er ein, dass von den Römern selbst keinerlei Unterstützung zu erwarten sei bei dem Versuch, durch Appelle an die Öffentlichkeit das alte Rom vor der völligen Vernichtung zu retten: „Sich an die Römer selbst zu wenden, ich wiederhole es, wäre vergeblich. Man ist überzeugt von der Nothwendigkeit der getroffenen Maßregeln. Eher zu wenig, als zu viel geschehe, meint man. Licht und Luft und Verkehrswege brauche die Stadt. Unterkunft sei zu schaffen für die täglich wachsende Zahl der Bewohner. Rasch und gründlich müsse aufgeräumt werden. Seit tausend Jahren nun stehe das Rom der Päpste auf den Ruinen der ehemaligen Hauptstadt des römischen Kaiserreiches, die Zeiten seien gekommen, wo aufs Neue die Hauptstadt des wiederaufblühenden, geeinigten Italiens hier eine Stelle finden müsse, ein Umschwung, den die Seufzer sentimentaler Geschichtsgelehrten nicht verhindern würden."[185]

Nach dem Zweiten Weltkrieg allerdings ist dann das interessante Phänomen zu beobachten, dass der Chor der italienischen Kulturwortführer, ob Architekten, Urbanisten oder Historiker, mit Verve auf die Linie der strengen Kritiker von einst einschwenkte. Auf einmal gehörte es geradezu zum guten Ton im Rom-Diskurs, die Ergebnisse des Hauptstadtausbaus seit 1870 in Bausch und Bogen zu verdammen. Die kollektive Verunsicherung der italienischen Identität durch die Diktatur des Faschismus mag für diesen zerknirschten Revisionismus auslösend gewesen sein; und die Erfahrungen der 1960er und 1970er Jahre, in denen die musealisierte Altstadt Roms von heillos wuchernden Peripherien eingeschnürt und vom apokalyptischen Individualverkehr der Massenmotorisierung erstickt wurde, haben dann die fundamentale Kritik an den Begleiterscheinungen des Urbanisierungsprozesses für Rom noch bestätigt und bestärkt. Gegen soviel gutgemeinte Entrüstung und kritische Emphase kommt sich der Historiker beinahe ein wenig schnöde vor, wenn er nüchtern daran erinnert, dass jede Vergangenheit billigerweise nur nach den ihr offenen Problemhorizonten und Möglichkeitskorridoren des Handelns beurteilt werden darf. Für die *Roma Capitale* der umbertinischen Epoche bedeutet das: Dieses neue Rom entsprach den materiellen Verwertungsbedingungen und den ästhetischen Vorstellungen der Zeit, deren Kind es war. Andere kulturelle Paradigmen als die einer durch kein Allgemeininteresse eingehegten privatkapitalistischen Wirtschaftsweise hatten sich noch nicht durchgesetzt, und einen besseren Geschmack als den hier vorgezeigten hatte weder die Epoche der ‚Gründer' zu bieten noch die an sie anschließende, sich selbst als ‚schön' bezeichnende Belle Époque. Überall baute man gleichermaßen großspurig, auftrumpfend, pompös, denn man baute im Geiste einer selbstzufriedenen, selbstgefälligen Bourgeoisie – in der Gewissheit des Reichtums, der Macht und der Herrlichkeit, die der säkulare Gott des Fortschritts den Menschen und den Staaten dieser Epoche zu verheißen schien.

Neue Strassen, neue Plätze ... und Denkmäler: Stadtgestalt und Staatssymbolik

Das liberale Credo des 19. Jahrhunderts in seiner Trinität von Nation, Fortschritt und Zivilisation also gab auch dem Umbau Roms zur Hauptstadt des geeinten Italiens die Richtung vor. Im Problemhorizont der Führungsriege von *Destra* wie *Sinistra* rangierte das Paradigma der Modernisierung an herausgehobener Stelle; denn der Vergleich mit den etablierten europäischen Großstaaten ließ die strukturelle Rückständigkeit und Schwäche des jungen Königreichs umso schärfer in Erscheinung treten. Es war eine beständige und mit Empfindlichkeit gepflegte Sorge vieler gebildeter Italiener, ihr Land könnte von den Angehörigen anderer Nationen, die es in so großer Zahl aufsuchten, allein wegen seiner arkadischen Landschaften und seiner Kunstschätze bewundert, in seiner unzulänglichen Gegenwärtigkeit aber gleichsam nur mit ‚musealem Blick' wahrgenommen werden – als pittoreske Requisitensammlung aus großer Vergangenheit.[186]

Daher waren wie überall in Europa auch in Italiens neuer Hauptstadt Sanierung und Verkehrserschließung die urbanistischen Maximen der liberalen Eliten.[187] Neben der Spekulation beherrschte die ‚Philosophie der Hygiene' das Feld und rückte der mittelalterlich verwinkelten und verschachtelten Bebauung des Stadtkerns mit Durchbrüchen und Straßentransversalen zu Leibe. Ein zusätzliches Momentum gewann diese zivilisatorische Mission hier noch durch den Laizismus der staatstragenden Schicht. Technokratischer Reformeifer, antiklerikal-freimaurerischer Affekt und die Bedürfnisse nationalpolitischer Symbolstiftung verbanden sich in der dem Papsttum entwundenen Stadt zu einer Aktionsideologie von rigoroser Durchschlagskraft.[188] So bildete sich schon unter dem liberalen Regime bei der Ausgestaltung Roms zur Kapitale jene Praxis unbekümmerter Eingriffe in den überlieferten Baubestand heraus, die dann vom faschistischen Regime mit imperialer Geste fortgesetzt wurde. Monumente der Antike wurden als verpflichtendes Erbe herauspräpariert aus der immensen Hinterlassenschaft an Überresten und Ruinen, um Römern und Italienern das Maß einstiger Größe vor Augen zu stellen. Die dunklen und engen Quartiere der mittelalterlichen Stadt hingegen, mit ihrer aufs äußerste verdichtenden Bebauung und Nutzung das eigentliche Rom des Volkes, erschienen als schändliche Zeugnisse päpstlicher Vernachlässigung und Gleichgültigkeit, deren fortdauernder Existenz sich eine fortschrittliche Nation zu schämen hatte. Wo immer sie der Vision von einer modernen Metropole im Wege standen, wurden sie ohne soziale Rücksichtnahme und konservatorische Skrupel niedergelegt und beiseite geräumt.

Abbrüche und Durchbrüche großen Stils, im Expertenjargon mit unbekümmerter Offenheit *sventramenti* genannt – „Ausweidungen" –, schlugen gewaltsam Schneisen ins engmaschige Siedlungsgewebe der Altstadt.[189] Ein drastisches, wenn auch keineswegs singuläres Beispiel liefert die vollständige Niederlegung des Ghettos, beginnend mit der Uferfront zum Tiber in den Jahren 1877/78 und fortgesetzt bis in die ersten Jahre des 20. Jahrhunderts. Hier nur vandalistischen Furor am Werk zu sehen, wäre freilich einseitig und ungerecht. Denn die sanitären Zustände und die Wohnverhältnisse im Ghetto wären in ihrer desolaten Verkommenheit auch anderswo intolerabel erschienen.[190] Ohnehin würde man mit dem historisierenden Rigorismus von heute, dem es zuweilen um die Erhaltung des Alten um jeden Preis zu gehen scheint, den Antrieben und Bewegungsgesetzen italienischer Hauptstadtpolitik im ausgehenden 19. Jahrhundert nicht gerecht werden. Selbst Gregorovius, der engagierteste Anwalt des mittelalterlichen Roms, war nicht unempfänglich für den monumentalen Appell der Antike. So heftig der Geschichtsschreiber sonst die „Umwühlung" der Stadt tadelte, meinte er doch im gleichen Atemzug in Bezug auf das Pantheon, „die Häuserumgebung des herrlichen Monuments" sehe „unerträglich jämmerlich" aus – man solle daher „einen großen, des Pantheons würdigen Platz schaffen". Wir werden uns dieses Vorschlages zu erinnern haben, wenn wir später auf Mussolinis urbanistische Visionen zu sprechen kommen.[191]

Die neuen Viertel an der Peripherie veränderten das Weichbild Roms, wie es sich seit Jahrhunderten den Besuchern dargeboten und in die Ikonologie der europäischen Reiseliteratur eingeschrieben hatte. Aber viel drastischer noch griffen die mit der Freilegung großer Denkmäler oder dem Bau neuer Straßen motivierten Durchbrüche im

Zentrum in das gewohnte Erscheinungsbild der ‚ewigen' Stadt ein. Lange, geradlinig verlaufende Straßen hatte es im päpstlichen Rom nur wenige gegeben – die wichtigsten waren der berühmte *Tridente*, der von Piazza del Popolo ausgehende Dreizack aus Via del Corso, Via Ripetta und Via del Babuino, daneben noch die Via Giulia auf der linken und die Via della Lungara auf der rechten Tiberseite, die Via della Porta Pia zur nordöstlichen Peripherie hin, und nicht zuletzt natürlich die grandiose Perspektivenflucht Sixtus' V. von Trinità dei Monti über S. Maria Maggiore zu S. Croce in Gerusalemme. Alle diese Straßen aber waren, wovon wir uns noch heute überzeugen können, für unsere Maßstäbe ausgesprochen schmal; noch die stattlichste unter ihnen, die altrömische Hauptachse der via lata/Via del Corso, war, wie französische Besucher erstaunt vermerkten, nicht breiter als die Rue St. Honoré in Paris.[192] Im vorunitarischen Rom gab es keine einzige Straße von annähernd boulevardeskem Zuschnitt.

Dies zu ändern war ein Hauptanliegen des urbanistischen Programms für die *Roma Capitale*. Schon in seinen Erläuterungen zum ersten *Piano Regolatore* legte Alessandro Viviani Anfang Juli 1873 dem *Consiglio comunale* die weit ausgreifenden Planungen für den Ausbau des städtischen Straßennetzes dar. Er unterschied dabei zwischen Längs- und Querverbindungen „erster" und „zweiter Ordnung", die er „Arterien" nannte, und schon die Wahl dieser Metapher suggeriert, dass es sich dabei gleichsam um die Hauptgefäße für die Lebensströme der expandierenden *urbs* vom ‚Herzen' zu den peripheren Organen, den neuen Vierteln, handeln sollte. Neben Verlängerung *(prolungamento)* und Erweiterung *(allargamento)* zahlreicher schon bestehender Straßen des Zentrums, darunter auch Via del Corso, wurden mit großer planerischer Geste auch gänzlich neue Straßenzüge projektiert. Wir werden einige dieser im Wortsinne einschneidenden Entwicklungsmaßnahmen, an denen die urbanistischen Zielvorstellungen der Stadtplaner besonders deutlich werden, näher zu betrachten haben. Denn auch wenn der Plan von 1873 keine unmittelbare Wirksamkeit erlangte, lebte sein Geist (oder Ungeist) im Nachfolgeplan von 1883 unverändert fort und prägte damit entscheidend – und bis auf den heutigen Tag sichtbar – die Physiognomie der italienischen Kapitale.

Zum Ausgangspunkt unserer Beobachtungen wählen wir dabei jene Stelle, an der die schluchtartig zwischen hohen Gebäuden eingeschnittene Via del Corso nach eineinhalb Kilometern schnurgeraden Laufs von Piazza del Popolo her in die Weite des großen Platzes vor dem Nationaldenkmal für Vittorio Emanuele II. hinaustritt. Aus der schattigen Enge des Corso kommend, findet sich der Besucher in blendender Helle vor einem der eindrucksvollsten Szenarien, welche das heutige Rom zu bieten hat: Auf der gegenüberliegenden Seite des Platzes türmt sich an der Flanke des Kapitolshügels das Marmorgebirge des *Vittoriano* mit seinen Treppenkaskaden, dem ‚Altar des Vaterlandes' und der Reiterstatue des ersten Königs. Rechts davon erkennt man hinter hohen Pinien die Stiege hinauf zum Kapitolsplatz. Links am Denkmal vorbei öffnet sich der spektakuläre Prospekt der Via dei Fori Imperiali mit ihren grandiosen

Das historische Zentrum mit der Achse der *Via del Corso*; rechts unten das Augustusmausoleum und die *Ara Pacis* vor der jüngsten Umgestaltung; oben die *Piazza Venezia* mit dem Nationaldenkmal vor dem Kapitol und den Foren.

Ruinenfeldern zu beiden Seiten, und im perspektivischen Fluchtpunkt dieser majestätischen Achse erhebt sich die steinerne Masse des Kolosseums. Mit einem einzigen Schwenk des Blicks erfasst der Betrachter hier die größten Sehenswürdigkeiten des antiken Roms, und nirgendwo sonst wird ihm der Topos von der Ewigen Stadt so plastisch und plausibel vor Augen geführt wie an diesem Punkt.

Nun aber muss man sich, um die Kühnheit und die Brutalität des städtebaulichen Schöpfungsakts ermessen zu können, der sich hier in den letzten hundert Jahren vollzogen hat, vor der überwältigenden Präsenz dieses urbanen Bühnenraums eines bewusst machen: Nichts von alledem existierte, bevor Rom die Hauptstadt Italiens wurde. Es gab vom Corso keinen Blick zum Kapitol, denn die lange Straßenschneise endete quasi ‚blind' in einer rechteckigen Erweiterung vor dem Palazzo Venezia. Übers Eck an diesen Renaissancepalast Papst Pauls II. aus der zweiten Hälfte des 15. Jahrhunderts angebaut stand, den Corso wie ein Pfropfen verschließend und Sicht und Weg versperrend, der Palazzetto Venezia. Und nur ein schmales Gässchen, die Viuzza della Ripresa, zwängte sich aus der Via del Corso am Palazzetto vorbei in Richtung Kapitol, das indes von einem dichten Gewirr mittelalterlicher Bebauung eingekapselt war. Das Gebiet zwischen dem Forum Romanum und den Trajanischen Märkten, wo heute die Ausgrabungen der Foren des Trajan, des Augustus und des Nerva offenliegen und die Via dei Fori Imperiali mit ihrer Begleitung durch stattliche Pinien zum Kolosseum verläuft, war damals noch das dicht bebaute Quartier der Pantani, durchzogen den von zwei schmalen Straßen Via Cremona und Via Alessandrina. Das Kolosseum aber lag noch verborgen hinter den Häusern und dem kleinen Hügelrücken der Velia.

Das Kapitol mit dem Forum Romanum befand sich vor 1870 abgedrängt am Rande der belebten Stadt, denn das christliche und päpstliche Rom wandte dem kultischen und politischen Mittelpunkt der heidnischen *urbs* gleichsam den Rücken zu. Das Gravitationszentrum des städtischen Lebens, das sich im späten Mittelalter noch beim Campo de' Fiori befunden und sich dann in der Neuzeit zur Piazza Navona verlagert hatte, lag nun am Corso um die Piazza Colonna. Die *Terza Roma* des geeinten Italien aber wird versuchen, sich mit einer monumentalen Platzanlage am Fuße des Kapitols einen neuen Angelpunkt dort zu schaffen, wo einst schon das Rom der Antike ihn hatte.[193] Erste Voraussetzung dafür war, mit Via del Corso zum Kapitol hin durchzustoßen mittels einer deutlichen Verbreiterung des Gässchens della Ripresa. Dies konnte nur mit einem teilweisen Abriss des Palazzetto Venezia oder der gegenüberliegenden Palazzi der Familie Torlonia erreicht werden. Viviani plädierte trotz höherer Kosten für die zweite Variante, um den Palazzetto zu schonen. Wenige Jahrzehnte später musste dieser dann doch dem Wunsch der Stadtplaner nach einer monumentalen Platzanlage weichen. Für das Jubiläumsjahr 1911 wurde das Gebäude Stein um Stein abgetragen und hinter dem Palazzo Venezia wieder aufgestellt, um so auf breiter Front die Sicht auf den Platz zu öffnen und dem inzwischen emporgezogenen Nationaldenkmal einen angemessenen Wirkungsrahmen zu schaffen.

Scopi grandiosi – „großartige Ziele" stellte Viviani mit der Verwirklichung seines Durchbruchsprojekts in Aussicht[194], und in der Tat erkennen wir heute, dass in diesen Vorschlägen all das schon keimhaft angelegt war, was dann bis in die Zeit des Faschismus hinein im Umkreis des Kapitols an urbanistischen Eingriffen verwirklicht wurde. Viviani schwebte vor, von der Piazza Venezia aus einen bequemen Zugang von Osten über S. Pietro in Carcere auf das Kapitol zu eröffnen. Allen Ernstes stellte er außerdem den Vorschlag zur Diskussion, von der merklich verbreiterten Via Cremona aus eine Hochstraße auf Eisenstelzen quer über das Forum Romanum zu schlagen.

Diese moderne Lösung würde es erlauben, die Ausgrabungen ungehindert fortzusetzen, ihre Ergebnisse ungestört von oben zu betrachten und zudem einen leistungsfähigen Verkehrsanschluss herzustellen zur Bocca della Verità und zur Via della Marmorata. Auch eine breite Straßenverbindung zum Kolosseum war bei Viviano schon vorgedacht. Die *grande arteria* der Verlängerungsachse des Corso über die Piazza Venezia hinweg sollte sich nämlich im weiteren Verlauf entlang der Ostseite des Forum Romanum gabeln in zwei „breite, von Bäumen gesäumte Straßen nach Art der bekannten ausländischen Boulevards" – das Vorbild des Haussmannschen Paris lässt hier grüßen. Die eine von ihnen würde an der Konstantinsbasilika vorbei das Kolosseum erreichen und von dort, dem Verlauf der Via Labicana folgend, den Esquilin in weitem Bogen umfangen, um beim Tempel der Minerva Medica (dort, wo heute der Viale Manzoni auf die Via Giolitti trifft) an den Gleisanlagen des Hauptbahnhofs zu enden. Für die zweite „Arterie" sah Vivianis Plan einen Verlauf vor, der ziemlich genau der heutigen Via Cavour von der Torre dei Conti am Largo Ricci (vormals Piazza delle Carrette) beim Forum Romanum den Hang des Esquilin hinauf bis zur Basilika S. Maria Maggiore und weiter zum Platz der Stazione Termini entspricht.

Wie man heute sieht, sind beide Magistralen getreu den Vorgaben von 1873 realisiert worden. Der Bau der Via Cavour, die mit fast eineinhalb Kilometern für einige Zeit die längste Straße der *Terza Roma* war, vollzog sich schon in den ersten Jahrzehnten nach 1870 und brachte die umfangreichsten Durchbrüche und ‚Ausweidungen' in der Geschichte des Hauptstadtbaus mit sich. Das dichtbevölkerte Kleine-Leute-Viertel der neuzeitlichen Suburra wurde darüber fast vollständig zerstört – insgesamt fielen der Trasse zu beiden Seiten mehr als zwei Millionen Kubikmeter umbauten Raums zum Opfer, und ein ebenso großes Volumen in Gestalt mehrstöckiger Mietsbauten für den bürgerlichen Bedarf wurde im gleichen Zuge wieder aufgerichtet. Die Fertigstellung der Via Cavour hinab bis zum Forum bereits Ende der 1880er Jahre ließ dann die Verwirklichung einer leistungsfähigen Verbindung zur Piazza Venezia als Desiderat erscheinen – und das umso mehr, als dieser Platz mit dem inzwischen begonnenen Bau des Nationaldenkmals für Vittorio Emanuele II. eine weitere Steigerung seines zentralen Symbolwerts erfahren hatte. Hier nun gilt es für einen Moment zu verweilen.

Immer stärker machte sich nämlich nach der konzeptionellen Ratlosigkeit des ersten Jahrzehnts in den 1880er Jahren ein Hang zur monumentalen Selbstdarstellung des liberal-monarchischen Nationalstaates auf der Bühne seiner Hauptstadt geltend. Nicht von ungefähr war Francesco Crispi – Mazzinianer, politischer Kampfgefährte Garibaldis und zwischen 1887 und 1893 als Regierungschef Verfechter einer nationalistischen und imperialistischen Politik – in der Hauptstadtdebatte von 1881 mit dem Satz hervorgetreten, Regierungen hätten nicht nur für den Wohlstand ihrer Nation zu sorgen, sondern auch die Verpflichtung, „sich in Marmor und in Monumenten zu verewigen".[195] In der Tat wurden dann binnen eines Jahrzehnts bis zum 25. Jahrestag der Einnahme Roms durch die Italiener 1895 für die Heroen des Risorgimento große

Denkmal für Giuseppe Garibaldi auf dem *Gianicolo*, errichtet 1895.

figurative Denkmäler geplant und aufgestellt: das Denkmal für Camillo Benso di Cavour auf dem gleichnamigen Platz vor dem Justizpalast im neuen Viertel der Prati di Castello, für Quintino Sella vor ‚seinem' Neubau des Finanzministeriums an der Via XX Settembre, für Marco Minghetti auf der Piazza S. Pantaleo am Corso Vittorio Emanuele und – gleichsam als Krönung –, höchst effektvoll und theatralisch postiert, das imposante Reiterstandbild für Giuseppe Garibaldi, der vom Plateau des Gianicolo herab mit gelassenem Triumph die Stadt überschaut, für deren nationale Mission er so lange gekämpft hatte. Die dem gesamten Programm einer national-unitarischen Monumentalsymbolik im einstmals päpstlichen Rom innewohnende anti-kirchliche Stoßrichtung kam besonders pointiert in dem Denkmal für Giordano Bruno zum Ausdruck, das 1889 auf dem Campo de' Fiori aufgestellt wurde. Allein mit der im Sinne post-unitarischer Konsensstiftung sehr umstrittenen Figur Mazzinis hatte auch das liberal-nationale Establishment seine Probleme. Das Denkmal stieß auf vielfältige Widerstände und gelangte, obgleich schon seit 1890 in Planung, erst nach dem Zweiten Weltkrieg am Circus Maximus zur Aufstellung.[196]

Seine eigene Apotheose aber schuf sich das liberal-unitarische Königreich mit der Verklärung Vittorio Emanueles II., des ersten Königs, zur mythischen Symbolgestalt, zum *Padre della Patria,* in dessen sterblicher Person sich das unsterbliche Heldenepos der nationalen ‚Wiedergeburt' Italiens verkörperte. Diese Zuspitzung und Verengung der Großen Erzählung des Risorgimento auf den König als mythisch überhöhte Identifikationsfigur der *Italia unita* entsprach der national-monarchischen Staatsideologie, in der die konkurrierenden Strömungen der ‚moderaten' Rechten und der demokratischen Linken schließlich zusammengefunden hatten. Mit logischer Konsequenz ergab sich daraus nach dem unerwartet frühen Tod Vittorio Emanueles 1878 das Bedürfnis, den König in einem Denkmal zu verewigen, das nach Anspruch und Dimension ein Symbol von gesamtnationaler Ausstrahlung werden sollte. Dass nur Rom als Ort dafür in Frage kam, verstand sich von selbst, nachdem man – Ansprüche Turins auf den erlauchten Leichnam umgehend abwehrend – das Pantheon zur Begräbnisstätte für den König bestimmt hatte. Mit der Vereinnahmung dieses besterhaltenen Zeugnisses der römischen Antike für die Erhöhung der Nationalmonarchie der Savoia manifestierte sich erstmals ganz offiziell, was dann im Übergang vom 19. zum 20. Jahrhundert vollends zum Fundamentalprinzip nationalitalienischer Identitätsfindung avancieren sollte: Die Herleitung eines Großmachtanspruchs und einer imperialen Mission für die *Italia unita* aus der Macht und der Größe des antiken Roms. Der „Schatten Cäsars" habe sich über das junge Königreich gelegt – so kommentierte der Historiker Federico Chabod treffend diesen Vorgang kühn konstruierter Traditionsanknüpfung über eineinhalb Jahrtausende hinweg.[197]

1884 versuchte man dann sogar, die Grablege des ersten Königs zum Ziel patriotischer Wallfahrten aus ganz Italien zu machen[198] – aber als zentrales Symbol und Sanktuarium der in Einheit wiedererstandenen italienischen Nation erwies sich das zum Mausoleum umgewidmete Pantheon (das im übrigen nie aufgehört hat, eine Kirche zu sein: S. Maria ad Martyres) dann doch nicht stark, nicht eigenständig genug. „Es ist nicht ein Grabmal, was Italien jetzt errichten muss", hatte Crispis Zeitung *La Riforma* schon beim Tod des Königs geschrieben, „sondern ein Tempel. Hier geht es nicht um einen Tod, sondern um eine Verwandlung [*trasfigurazione*]: nicht um ein ‚Lebwohl', sondern um ein ‚Heil Dir – sei gegrüßt'".[199]

Ein Grundsatzbeschluss für ein nationales Königsdenkmal passierte schon im Mai 1878 das Parlament. Über Art und Ort desselben aber entspann sich eine lebhafte öffentliche Debatte, die sich über Jahre hinziehen sollte. Natürlich wurde auch jetzt wieder eine Kommission zur Klärung dieser Fragen eingesetzt, und auf der Basis ihres Berichts erstellte die Regierung einen Gesetzentwurf zur Ausschreibung eines internationalen Wettbewerbs. Dabei wurde, wenig überraschend und wenig originell, als Denkmalstyp ein Triumphbogen vorgegeben und als Aufstellungsort die Piazza della Esedra (heute Piazza della Repubblica) – jenes große, später mit dem lebensfrohen Najadenbrunnen geschmückte Halbrund vor den Diokletiansthermen in unmittelbarer Nähe des neuen Hauptbahnhofes. Die politische Semantik dieser Ortswahl erschließt sich aus der Hauptstadtkonzeption des ersten Jahrzehnts nach 1870, wie vor allem Quintino Sella sie vertreten hatte: Ohne wohlfeile Autoritätsanleihen bei der Antike aufzunehmen, sollte die *Terza Roma* aus eigener Kraft und mit eigenen Idealen das neue Italien repräsentieren. Ganz auf dieser Linie hatte 1878 der einflussreiche Architekt und Kunstpublizist Camillo Boito davor gewarnt, das Rom der Gegenwart durch Rückgriffe auf die Vergangenheit erhöhen zu wollen; denn diese Vergangenheit drohe den zu verschlingen, der ihr zu nahe komme. Man solle daher mit den neuen Repräsentationsbauten Distanz halten zur übermächtigen Präsenz der antiken Monumente.[200]

Der windungsreiche Fortgang der Meinungsbildung über die Form des Nationaldenkmals für Vittorio Emanuele und die langwierige Planungs- und Baugeschichte brauchen uns hier nicht näher zu beschäftigen.[201] Was schließlich nach einem Entwurf des aus den Marken stammenden Architekten Giuseppe Sacconi entstanden ist, könnte man wohl am treffendsten als eine Akropolis der Risorgimento-Ideologie kennzeichnen, doch interessiert uns hier weniger der semantische Gehalt des Monuments als seine Funktion im urbanistischen Kontext der Kapitale und im Gesamtsystem nationalpädagogischer Symbolstiftung. Was den Ort des Denkmals anlangte, vollzog sich zu Beginn der 1880er Jahre eine Wende von erheblicher Tragweite. 1882 nämlich kam die Regierung zu dem Schluss, dass nicht die Zone des Hauptbahnhofs der passende Platz für das Königsmal sei, sondern allein das Kapitol. Wie ist das zu deuten?

Die Bahnhöfe, diese ‚Kathedralen des Fortschritts', bezeichneten in der Großstadt des 19. Jahrhunderts materiell wie metaphorisch den Anschluss an den ‚Zug der Zeit', an das Zeitalter der Zukunft. In Rom zumal, der ‚ewigen' Stadt, die nur aus Geschichte bestand, war die Stazione Termini das Einfallstor der Moderne und markierte gleichsam den Gegenpol zur überwältigenden Präsenz der Vergangenheit. Dort

Piazza dell'Esedra (heute *Piazza della Repubblica*) mit dem 1885 geschaffenen Najadenbrunnen und den vier 1901 aufgestellten Bronzegruppen von Mario Rutelli; im Hintergrund *Stazione Termini.*

auf dem Esquilin, in der neu entstehenden Funktionszone der Hauptstadt – *cuore della vita odierna* – auch das Monument für den Staatsgründer zu plazieren, hätte einen gleichsam voraussetzungslosen, ganz nach vorne gerichteten Neuanfang der nationalen Geschichte suggeriert. Die Wahl des kapitolinischen Hügels als Standort hingegen, dieses mythenbeladenen Sakralbezirks mit der Symbolfracht von zweieinhalbtausend Jahren, erhob die Anrufung antiker Macht und Größe geradezu zum programmatischen Prinzip nationaler Selbstdeutung.

Die ideologisch motivierte Entscheidung, den zentralen Memorialkomplex für den jungen Nationalstaat dort aufzurichten, wo schon das antike Rom seinen kultisch-politischen Mittelpunkt hatte, veränderte mit ihren Wirkungen und Weiterungen auf dramatische Weise Gestalt und urbane Struktur der Hauptstadt. Es ging ja nicht um die Einfügung eines figurativen Einzelstandbildes nach Art der dynastischen Denkmalstradition in ein schon bestehendes urbanes Ambiente, sondern um die Errichtung einer nationalen Kultstätte von maßstabsloser Dimension. Wer vom Plateau des Gianicolo herab das Panorama der Stadt überschaut, wird gewahr, wie herrisch sich der weiße Marmorkoloss des Vittoriano mit seinen 70 Metern Höhe über das historische Rom erhebt und wie hinter dem breiten Riegel seiner Säulenhalle die ehrwürdigen Bauten auf dem Kapitol zur Bedeutungslosigkeit herabgedrückt werden – die Kirche von S. Maria in Aracoeli, der Konservatoren- und der Senatorenpalast. Um Platz zu schaffen für das Nationaldenkmal, scheute man auch vor massiven Eingriffen in den alten Baubestand nicht zurück; sogar ein Teil des nördlichen Abhangs des Kapitolshügels wurde abgetragen, um tief in den Untergrund die Fundamente einzusenken für

Die große Kolonnade des Nationaldenkmals für Vittorio Emanuele II. (*Vittoriano*) mit dem Westturm und einer der beiden Quadrigen.

die ungeheuren Massengewichte des Kolosses. Damit verschwand auch ein dichtbewohntes, freilich wenig ansehnliches Viertel mitsamt einem von Papst Paul III. errichteten mittelalterlichen Wohnturm. Und je höher und breiter sich das Monument emporwuchtete, umso mehr Raum beanspruchte es für seine Entfaltung, und Stück um Stück, Ring um Ring, verschlang es alles, was sich in seiner Nähe befand.[202]

Mit der Schaffung des symbolpolitischen Mittelpunkts der Kapitale an der Nordseite des Kapitols lag es fast schon nahe, die von Stazione Termini herabführende Via Nazionale zu verlängern und an der Piazza Venezia ein neues Achsenkreuz der hauptstädtischen Verkehrsführung zu schaffen.[203] So zog man die Linie der Via Nazionale über die Via Plebiscito weiter nach Westen aus und plante mit dem Corso Vittorio Emanuele eine weitere ‚Hauptarterie' durch das Renaissance-Viertel im Tiberknie. Mit dem ersten Abschnitt von der Kirche Il Gesú bis S. Pantaleo wurde 1883/84 begonnen, zwei Jahre später fiel die Entscheidung, diese Querverbindung bis zum Tiber zu verlängern und mit einer neu zu erbauenden Brücke beim Spital S. Spirito in Sassia den Rione Borgo mit dem Vatikan ans neue Rom anzuschließen. Das planerische Konzept dieser Straße, die zu den aufwendigsten urbanistischen Unternehmungen der umbertinischen Ära gehörte, unterschied sich deutlich von dem der Via Nazionale: War diese bis zum Largo Magnanapoli eine schnurgerade Schneise nach Art einer Haussmannschen Avenue[204], so nahm die Trassenführung des Corso Vittorio Emanuele II in gewissem Umfang durchaus Rücksicht auf die gegebenen baulichen Verhältnisse. Zwar verfolgte man auch mit dieser Verkehrsader das Ziel einer hygienischen

Luftaufnahme des historischen Zentrums im Tiberbogen; mit dem Nationaldenkmal rechts unten und dem Justizpalast am oberen Bildrand, den *Lungoteveri* und dem *Corso Vittorio Emanuele II* sind hier sämtliche Großprojekte des liberalen Hauptstadtausbaus versammelt.

und ästhetischen ‚Sanierung' der dicht bebauten Rioni Ponte, Parione, Sant'Eustachio und Pigna, die sie durchquerte, weshalb es auch hier nicht ohne aufwendige Abrisse und Freiräumungen abging. Aber man suchte doch allzu rücksichtslose Durchbrüche zu vermeiden, folgte, wo es ging, den vorhandenen Straßen, die man allerdings auf eine Breite von 20 Metern erweiterte, und schonte die bedeutenderen historischen Bauten, deren Fassaden man szenographisch in die neue Straßenfront integrierte.[205] Die neue Prachtstraße hatte somit nicht den Charakter eines geradlinig den gewachsenen Baubestand durchschneidenden Prospekts, sondern nahm einen leicht gekurvten Verlauf, immer wieder unterbrochen und gegliedert durch platzartige Erweiterungen, durch die man Kirchen und große Adelspalais herausheben und monumental zur Geltung bringen wollte. Nützt man einen Sonntagmorgen – und das ist praktisch die einzige Möglichkeit, den Corso Vittorio Emanuele ohne brüllenden und stinkenden Verkehr in seiner eigentlichen Gestalt wahrzunehmen –, so kann man diese Straße tatsächlich in ihrer theatralischen Wirkung ‚erfahren' wie eine Abfolge von Bühnenbildern, zu denen sich Kirchen, Paläste und Denkmäler gruppieren.[206]

Die Planer der *Roma Capitale* waren stolz auf dieses Konzept, in dem sie einen glücklichen, dem Genius Loci gebührend Rechnung tragenden Kompromiss gefunden glaubten zwischen den funktionalen Bedürfnissen moderner metropolitaner Verkehrsführung, monumentaler Repräsentation in der Hauptstadt und dem konservatorischen Respekt gegenüber dem baulichen Erbe früherer Epochen.[207] Der Corso Vittorio

Emanuele ist auch tatsächlich günstiger beurteilt worden als andere Hervorbringungen und ‚Errungenschaften' des Hauptstadtausbaus. Wenn der heutige Besucher Roms diese wichtige Ost-West-Achse wohl dennoch nicht leicht als ein gelungenes Beispiel mondäner Stadtästhetik und Urbanität wahrnehmen dürfte, so sind dafür seine Schöpfer nur bedingt verantwortlich. Man muss in Rechnung stellen, dass diese und andere Innenstadtarterien seinerzeit für die Befahrung mit Kutschen, Kaleschen, Pferdeomnibussen und elektrischen Tramways geplant wurden. Den motorisierten Massenverkehr, der den Corso Vittorio Emanuele heute in ein lärmtosendes Inferno verwandelt, hat man beim besten Willen nicht vorhersehen können.[208]

Wenn es aber das Ziel der römischen Hauptstadtplanung war, am Kreuzungspunkt der Hauptachsen von Via del Corso, Via Nazionale und Corso Vittorio Emanuele die nationalunitarische Vision einer monozentrischen Kapitale mit monumentaler Mitte zu verwirklichen, so wurde dieses Ziel auch mit der neuen Piazza Venezia nicht erreicht. Die Zentralisierung ist an dieser Stelle gewaltsam und artifiziell geblieben. Der Platz zu Füßen des Nationaldenkmals bietet in seinem heutigen, noch um die Via dei Fori Imperiali und die Via del Teatro di Marcello erweiterten Zustand eine Kulisse von angestrengter Majestät. Das wirbelnde Chaos des zirkulierenden Verkehrs macht ihn zu einem Panikparcours für Fußgänger, duldet kein Innehalten und lässt keinen Raum für urbanes Leben. Hier mag und kann niemand beschaulich verweilen. Welch eine seltsame Ironie der Planungsgeschichte: Der Versuch, am Kapitol einen Mittelpunkt von ganz eigener, die päpstliche Vergangenheit gleichsam auslöschender Symbolkraft zu schaffen, hat sich mit der durchgehenden Transversale von Via Nazionale und Corso Vittorio Emanuele geradezu in sein Gegenteil verkehrt. Auf dieser Strecke verläuft heute die wichtigste und bekannteste Buslinie Roms, die Linie 64, welche tagtäglich Tausende von Touristen von Stazione Termini zu S. Pietro befördert (und wieder zurück). Das uralte Strukturmerkmal der Bipolarität Roms – in altchristlicher Zeit zwischen Lateran und Vatikan, im Hochmittelalter zwischen Vatikan und Kapitol, in der Neuzeit zwischen Vatikan und Quirinal – ist mit den Polen von Petersdom und Hauptbahnhof in säkularisierter Form wiedererstanden und demonstriert damit die unauslöschliche Präsenz der katholischen Kirche auch in der Hauptstadt der italienischen Nation.[209]

Die Zähmung des Tibers

Dass Städte bevorzugt an Flüssen gegründet werden und dass sie mit und von den Flüssen leben, ist eine Urkonstante der menschlichen Siedlungsgeschichte. Drei Funktionen sind es vor allem, auf denen die Beziehung von Stadt und Fluss beruht: Der Fluss ist Wasserspender, Verkehrsweg und – er trägt all das Unerwünschte und Unbrauchbare davon, was das Leben und Zusammenleben der Menschen nun einmal aus sich hervorbringt. Auch dass Rom dort entstand, wo es noch heute steht, hatte mit seinem Fluss zu tun[210], genauer mit jener Furt beim Forum Boarium, welche der uralten Salzstraße von den Salinen von Ostia landeinwärts einen leichteren Übergang bot.[211] Älteste Straßenverbindung mit den Salinen war die Via Campana auf dem rechten Tiberufer. Auch der Bau der ersten Brücke Roms, des hölzernen Ponte Sublicio[212], stand damit in Verbindung. Ein großer Teil des Salzes wurde auch auf dem Fluss transportiert, beim Porto Tiberino etwas unterhalb des Foro Boario angelandet und auf Karren umgeladen, um dann auf der Via Salaria ins Landesinnere, vor allem in die Sabina, transportiert zu werden. Auch die immensen Lasten von Baumaterial für das Rom der Kaiserzeit kamen auf dem Flussweg in die Stadt: Tuff, Travertin, Marmor, Ziegel und Sand. Dazu die täglichen Mengen von Getreide, Öl und Wein zur Versorgung der Bevölkerung: die entleerten oder beim Umladen zerbrochenen Amphoren türmten sich schließlich innerhalb weniger Jahrhunderte bei den *horrea*, den Magazinen des Emporiums, zu einem 50 Meter hohen Schuttberg auf, dem Monte Testaccio. Und nicht vergessen werden sollen als traurige Fracht des Tibers auch die Tausende und Abertausende von Sklaven, welche nach den siegreichen Feldzügen der Römer aus dem ganzen Mittelmeerraum per Schiff in die *urbs* verschleppt wurden.[213]

Im Mittelalter und bis in die frühe Neuzeit war die Abhängigkeit der Römer vom Tiber noch größer als je zuvor, größer als in der Antike; denn seit den Gotenkriegen im 6. Jahrhundert n.Chr. waren die grandiosen Aquädukte und innerstädtischen Versorgungs- und Verteilungssysteme für Frischwasser aus den näheren und ferneren Bergregionen, die das alte Rom als höchste Errungenschaft seiner Zivilisation hervorgebracht hatte, größtenteils zerstört und verfallen, und die Römer darauf angewiesen, ihr Wasser aus dem Tiber zu schöpfen.[214] Deshalb auch konzentrierte sich die verbliebene Besiedlung in den niedrig gelegenen Gefilden des Campo Marzio und entlang der Flussufer im weiten Bogen zwischen Porta del Popolo und der Tiberinsel. Färber und Gerber und andere wasserintensive Gewerbe leiteten ihre Abwässer ein, und auf den entsprechend trüben Fluten des heiligen Flusses[215] brachten auch jetzt Flussschiffe Holz und sonstige Massengüter in die beiden Häfen der Stadt – Ripa Grande auf dem rechten Ufer beim Spital S. Michele für die Frachten von See her, und Ripetta, etwas oberhalb des Augustusmausoleums auf der linken Tiberseite, für die Waren aus der Sabina und aus Umbrien.[216] Die Stadt lebte somit stets in engster Berührung mit dem Fluss. Seine Ufer boten sich in regelloser Vielfalt und Abwechslung dar: offene, ungeböschte Strecken, je nach Wasserstand mit mehr oder weniger ausgedehnten Sand- und Schlammbänken und Bootsländen, wechselten sich ab mit den aufragenden Fundamenten von Kirchen, gras- und buschbewachsene Böschungen mit den Stützmauern von Palästen und vorspringenden Loggien und Terrassen herrschaftlicher Gärten; gleich daneben wieder erbärmliche Hütten, Anbauten, die sich an uraltem Gemäuer festkrallten, und schiefe, wie Schwalbennester in bedenklicher Höhe über dem Wasser schwebende Verschläge, all das in einer Farbenmelange aus Steingrau, Erdbraun und dem feuchten Dunkelgrün von Efeu und Moos. „Ein absurdes Rom ohne jede Ordnung", wie Silvio Negro sein literarisches Genrebild der Ansicht Roms vom Tiber her einleitet[217], aber besser noch als die akkurateste Beschreibung vermögen uns alte Photografien das malerische Durcheinander dieser innigen Symbiose von Stadt und Fluss anschaulich zu machen, die zweifellos, wie die romantisierende Nostalgie von heute gerne betont, ihre eigene ‚Poesie' hatte[218]; unserer olfaktorischen Phantasie aber bleibt es überlassen, sich auch die Gerüche heraufzurufen, welche dieses Leben im und am Fluss zumal bei Niedrigwasser in den heißen Sommern begleitet haben mögen.

Nicht minder selbstverständlich als diese Ausdünstungen gehörten zum Leben der Stadt mit dem Fluss auch dessen immerwiederkehrende Überschwemmungen.[219] Schon die mythische Gründungslegende Roms hatte ja eine Flut zum Hintergrund, welche das Körbchen mit den Zwillingen Romulus und Remus mit sich fortriss und am Fuße des Palatinhügels in den Zweigen eines Feigenbaums anschwemmte.[220] Der Tiber, der in dem 400 Kilometer langen Lauf von seinem Ursprung am Monte Fumaiolo im emilio-toskanischen Apennin südwärts die Wasser eines 17 000 Quadratkilometer großen Einzugsgebiets an der tyrrhenischen Flanke des Gebirgsrückens aufnimmt, war in der Tat ein jäh und heftig aufwallendes Gewässer, wie auch die klaffende Differenz zwischen dem Minimum seiner Wasserführung in Rom von 100 Kubikmeter pro Sekunde und dem Maximum von 3300 m^3/s deutlich ausweist. Einige Regentage in den Bergen genügten schon, ihn mit lehmig-gelben Fluten (daher in der Antike auch *Tiberis flavus* und später *il fiume biondo* genannt) anschwellen und Rom bedrohen zu lassen. Nicht weniger als sechsundzwanzig große Überschwemmungen zählte man allein in vorchristlicher Zeit, und noch einmal doppelt so viele vom ersten nachchristlichen Jahrhundert bis zum Jahr 1000. Schon Caesar hatte den (dann nicht ausgeführten) Plan gefasst, den innerstädtischen Lauf des Tibers zu verlegen, und 15. n. Chr. hatte man nach einer besonders verheerenden Überflutung unter Kaiser Tiberius sogar erwogen, den wasserreichsten Zufluss des Tibers, den umbrischen Nera, abzuriegeln und die Ebene um das heutige Terni mit einem Stausee aufzufüllen, um so die *urbs* zu schützen. Der Widerstand der Bewohner von *Interamna* gegen die Überflutung ihrer Stadt hatte das Projekt aber verhindern können.[221]

Zuletzt waren es die Franzosen gewesen während ihrer kurzzeitigen Herrschaft in Rom, der zweiten Hauptstadt des napoleonischen ‚Grand Empire', die von 1811 bis 1813 eine Lösung des Tiber-Problems von Grund auf geplant hatten: Schiffbarmachung und Hochwasserbekämpfung sowohl durch Vertiefung der Fahrrinne wie durch teilweise Ausleitung in einen Kanal sowie Errichtung hoher Kaimauern mit Promenaden. Das Vorbild hierfür boten ihnen zweifellos die umfangreichen Baumaßnahmen, welche den innerstädtischen Lauf der Seine nach einem Plan von 1769 dann in den Jahren vor der Französischen Revolution mit dem Abriss der uferbegleitenden Bebauung, mit neuen Brücken und Quais urbanistisch umgewandelt und ‚zivilisiert' hatten.[222] Die enormen Kosten solcher Vorhaben, die schon in Paris zu großen Verzö-

Der Tiber mit *S. Giovanni dei Fiorentini.* – Gemälde von Gaspar van Wittel, 1715, in Privatbesitz.

gerungen geführt hatten, und der abrupte Sturz Napoleons ließen aber die Pläne für den Tiber in Rom nicht zur Ausführung kommen.[223]

Ein- oder zweimal im Jahr passierte es, dass der Tiber an den niedrigen Stellen des Stadtgebiets über seine Ufer trat. Die Römer waren daran gewöhnt und sprachen dann von *allagamenti per espansione* – Überflutung durch Ausbreitung. Schlimm wurde es erst, wenn das Hochwasser über die Marke von 16 Metern anstieg, weil dann der Fluss schon nördlich der Milvischen Brücke mit Vehemenz aus seinem Bett trat und sich entlang der Via Flaminia gleichsam einen zweiten Lauf schuf, in dem er sich mit starker Strömung zur Porta del Popolo wälzte und durch diese in die Stadt ergoss, den ‚Straßendreizack' von Via del Corso, Via di Ripetta und Via del Babuino mit ihren Quer- und Nebensträßchen zu einem Netz von Kanälen auffüllend.[224] Das waren die selteneren, aber unheilbringenden *allagamenti per correnti*, und ein solches war auch das gewaltige Hochwasser vom Dezember 1870 gewesen, welches neben vielfältigem Ungemach auch den zögerlichen König erstmals in die neue Hauptstadt gebracht hatte.[225] Und mit dieser Überschwemmung, so verheerend wie ominös, weil just mit der Eroberung Roms durch die Italiener zusammenfallend, beginnt die Geschichte von der Zähmung des Tibers.

Eine politische Kultur wie die des liberalen Italien, welche ihrem ganzen Selbstverständnis nach beanspruchte, Trägerin des neuzeitlichen Fortschritts zu sein, konnte so herausfordernde Eskapaden der Natur nicht hinnehmen. Während fromme und papsttreue Stimmen die Heimsuchung durch den Fluss als die gerechte Strafe für die anti-kirchlichen Frevel der ‚piemontesischen' Eroberer der Papststadt ausdeuteten, gleichsam als promptes Zeugnis für den Zorn Gottes, propagierten die neuen Herren der Stadt das nasse Unheil als einen weiteren Beweis für die Unfähigkeit und Untätigkeit des päpstlichen Regimes, die Bewohner Roms mit den verfügbaren Mitteln der Technik und der modernen Zivilisation vor solchen Unbilden zu schützen. Die ungewohnte Entschiedenheit und Radikalität, mit der man nun dem Problem zu Leibe rückte, deuten in der Tat darauf hin, dass man die ungebärdige und unberechenbare Natur des Tibers in einem elementaren Sinne als Herausforderung und Bewährungsprobe begriff, die man bewältigen musste, um den Römern und der ganzen Welt die Überlegenheit des eigenen kulturellen Paradigmas gegenüber dem überwundenen Papsttum zu beweisen. Mit anderen Worten: Wenn die neue Kapitale den Ansprüchen einer zeitgemäßen Metropole gerecht werden sollte, musste man dem Tiber sein wildes Wesen austreiben und ihn als fügsames Objekt menschlicher Baukunst in den modernen Kulturraum Stadt einpassen. Und so folgte die Reaktion der Regierung der Nemesis der Natur buchstäblich auf dem Fuße: Kaum hatte Vittorio Emanuele nach seinem durchnässten Blitzbesuch in der Hauptstadt den Rück-Zug nach Florenz bestiegen, dekretierte der verantwortliche Minister für Öffentliche Arbeiten schon am 1. Januar 1871 die Einsetzung einer Kommission von Ingenieuren und Architekten, welche die Ursachen der Überschwemmungen ermitteln und binnen zweier Monate Maßnahmen zur Regulierung des Flusses vorschlagen sollte.[226]

Gänzlich unberechtigt waren die Vorwürfe der Vernachlässigung des Tibers zu Papstes Zeiten im übrigen nicht.[227] Es gehört zu den hydrologischen Eigentümlichkeiten eines Flusses mit so starkem Gefälle durch poröses Gebirge, dass der Tiber eine große Sedimentfracht führt. Demzufolge hatte sich seine Sohle im Laufe der Jahrhunderte deutlich erhöht und sein Mündungsdelta um mehrere Kilometer ins Meer hinausgeschoben. Innerhalb der Stadt bildeten die An- und Vorbauten entlang der Ufer an zahllosen Stellen Verengungen des Flusslaufs, die zumal bei Hochwasser der Strömung entgegenstanden und den raschen Abfluss behinderten.

Als besonders sperrige Staufaktoren erwiesen sich in solchen Situationen die schwimmenden Mühlen – *mulini galleggianti*. Seit dem frühen Mittelalter gab es diese mit schweren Ketten am Ufer befestigten hausgroßen Holzbauten, deren Mahlwerke von der durchfließenden Strömung angetrieben wurden. Mitte des 17. Jahrhunderts begegnete man wohl einem Dutzend dieser altertümlichen Kolosse zwischen Ponte S. Angelo und der Marmorata, und auch zur Zeit der Einnahme Roms durch die Italiener waren noch etliche von ihnen in Betrieb. Sie leisteten einen wesentlichen Beitrag zur Versorgung Roms mit billigem Brot, an der der päpstlichen Administration traditionell viel gelegen war. Denn die zentrale Lage der Mühlen erlaubte es, täglich das mahlfrische Mehl mit Maultieren zu den Bäckereien zu bringen und so die Transportkosten niedrig zu halten. Bei Hochwasser aber stellten diese *mulini galleggianti* erhebliche Gefahrenherde dar. Da sie, um die dort stärkere Strömung auszunutzen, oft unter den Brückenbögen stationiert waren, hemmten sie den Durchfluss des Wassers und verstärkten damit die Überflutung der ufernahen Areale. Besonders groß war das

Der Tiber um 1696 (Stich von L. Cruyl) mit Blickrichtung flussaufwärts über den *Ponte Rotto* zur Tiberinsel; rechts *Piazza Bocca della Verità* mit dem Rundbau der Kirche *S. Maria del Sole* im antiken Tempel der Vesta bzw. des siegreichen Herkules, der im Zuge des *sventramento* des *Foro Boario* wieder freigelegt wurde; links und rechts vom *Ponte Rotto* drei schwimmende Mühlen, eine weitere ist hinter dem einbogigen *Ponte Cestio* zu erkennen.

Problem im Abschnitt der Tiberinsel, weil dort auf wenigen hundert Metern allein sieben dieser Mühlen arbeiteten.[228] Zu schwimmenden Rammböcken konnten sie werden, wenn sie bei Hochwasser von der Strömung aus ihrer Verankerung gerissen wurden und unkontrollierbar flussabwärts trieben. So war es etwa bei der Hochflut des Jahres 1598 geschehen, als sich zwölf der damals noch 25 Tibermühlen verselbständigt hatten und mitsamt dem Mahlgut, den Tragtieren und den Mahlknechten zerschellt und versunken waren.[229]

Der erste Vorschlag der Tiber-Kommission galt daher naheliegenderweise der Entfernung aller Hindernisse, welche das freie Strömen des Flusses hemmten. Bei sehr starken Hochwassern, wie sie im Durchschnitt etwa alle zwanzig Jahre auftraten, reichte das freilich nicht aus, um großflächige Überflutungen der niedrig gelegenen Stadtteile auszuschließen. Man sann daher auch auf strukturelle Eingriffe in das hydro-physische Gesamtsystem der Stadt und des Flusses. Folgende Optionen waren in der Diskussion: Eine Ausleitung eines Teils der Wassermenge schon vor Eintritt des Tibers ins Stadtgebiet durch einen Kanal, der von Ponte Milvio aus östlich um die Stadt herumführen und etwa bei S. Paolo fuori le Mura wieder einmünden sollte; eine noch radikalere Variante dieser Idee, für die sich vor allem Giuseppe Garibaldi, 1874 als Parlamentsabgeordneter für Rom und 1875 auch in den römischen Stadtrat gewählt, einsetzte, sah sogar die völlige Umleitung des Tibers und anschließende Trockenlegung und Bebauung seines innerstädtischen Bettes vor.[230] Das hätte freilich die totale Tilgung des Flusses aus der Stadtlandschaft bedeutet – ein so gewaltsamer und maßloser Bruch mit den dreitausendjährigen Grundtatsachen von Geographie und Geschichte der ‚ewigen' Stadt, dass sich selbst in der Hochstimmung der nationalen Hauptstadteroberung für solch technokratische Hybris keine Zustimmung finden ließ. Daher kam schließlich – nach mehrjährigen Debatten und Planspielen – ein Alternativprojekt zum Zuge, das sich mit dem uns schon bekannten Namen des Ingenieurs und Architekten Raffaele Canevari verband.[231]

Canevari (1828–1900), ein gebürtiger Römer, hatte sich nach dem Ingenieursstudium zunächst wie Alessandro Viviani und andere mit dem Eisenbahnbau beschäftigt, der damals größten technologischen Herausforderung. Später richtete er sein Interesse vor allem auf hydrologische Studien und gewann eine über Rom und den Kirchenstaat hinausreichende Reputation als Experte für Wasserbaufragen. Von daher war es nur natürlich, dass er auch in die Tiber-Kommission berufen wurde, wobei die Tatsache, dass er ein enger Vertrauter von Quintino Sella war, verbunden mit seiner unbestreitbaren Sachkompetenz, ihn zu einer der einflussreichsten Figuren der Hauptstadtpolitik in den 1870er Jahren machte. Er war es ja auch, der von Sella mit Planung und Bau des neuen Finanzministeriums beauftragt wurde.[232]

Canevaris Vorschlag zur Regulierung des Tibers zielte nun darauf ab, den Fluss als nicht wegzudenkendes Element der römischen Stadtlandschaft zwar zu erhalten, ihn aber so einzubauen, dass von ihm keine Gefahr der Überschwemmung mehr ausgehen konnte. Dazu sollte das Flussbett von allen Hindernissen freigeräumt und einheitlich auf eine Breite von mindestens hundert Metern ausgebaut werden.[233] Um auch bei einem Jahrhunderthochwasser wie dem von 1870 die Stadt zuverlässig vor Überflutung zu schützen, sah der Plan vor, den Fluss in seinem ganzen innerstädtischen Lauf hinter hohen Kaimauern einzuschließen. Dass dafür die uferbegleitende Bebauung in einem breiten Streifen wegrasiert werden müsste und damit auch viele historisch bedeutsame oder jedenfalls charakteristische Bauwerke aus dem Stadtbild verschwinden würden, löste zwar den Widerstand von Archäologen, Historikern und Denkmalschützern aus; die mit dem mythischen Namen Garibaldis neuerlich in die Debatte geworfene Alternativoption einer Aus- und Umleitung des Tibers aber hätte noch einen viel drastischeren Eingriff bedeutet, und so setzte sich schließlich Canevaris Projekt in seinen Grundzügen durch und wurde 1876 vom Parlament in einer *legge sul Tevere* auf den Weg gebracht.[234] Nur in einem wesentlichen Punkte folgte man Canevari nicht. Dieser hatte für die besonders stauanfällige Stelle der Tiberinsel als Radikallösung ins Auge gefasst, den linken Flussarm trockenzulegen und zu verfüllen. Die Tiberinsel, mit dem Hospital der *Fatebenefratelli* (Barmherzige Brüder) und der Kirche S. Bartolomeo eines der malerischsten Traditionselemente der Rom-Ikonographie, wäre damit aus der römischen Flusslandschaft verschwunden und hätte nur noch in der verfremdeten Schrumpfform einer Halbinsel fortbestanden.

Die Arbeiten zur Realisierung der Tiberregulierung begannen 1877. Es war ein zyklopisches Werk, und es sollte Jahrzehnte dauern, bis das Unterfangen in seinem innerstädtischen Verlauf abgeschlossen war. Der schiere Umfang und die enorme technische Schwierigkeit, die man wohl unterschätzt hatte, dürften die wesentlichen Ursachen der Verzögerungen gewesen sein. Mit einem Gesamtvolumen von über 100 Millionen Lire war der Flussausbau freilich auch eine sprichwörtliche ‚Goldgrube' für die Bauindustrie, die man ausbeutete, solange es nur ging, und zugleich eine wichtige Arbeitsgelegenheit für Tausende gerade in den Jahren der großen Krise des römischen Baumarkts seit den späten 1880er Jahren, auf die wir gleich noch näher eingehen werden.

Im noch jungen Medium der Photographie, die in jener Zeit gerade ihren Kinderschuhen entwachsen war, wurde das Tiber-Projekt ausführlich dokumentiert. Die zahllos überlieferten photographischen Dokumente von den Arbeiten geben eine bessere Vorstellung vom Ausmaß des Eingriffes in die urbane Textur, als die akkurateste Beschreibung dies vermöchte. Wie von riesigen Planierraupen weggefräst zeigen sich die Ufer, und auf beiden Seiten klaffen breite Schneisen der Verwüstung, bevor sich dann die Ufermauern mit ihren gewaltigen Fundamenten gebieterisch abriegelnd zwischen den Fluss und die Stadt schieben. Über viele Jahre hin war das historische Zentrum Roms nichts als eine apokalyptische Baustelle, und in der Tat, man möchte in jener Zeit nicht

Bau des *Lungotevere in Augusta*, um 1890; flussaufwärts der im Bau befindliche *Ponte Margherita*.

in Rom gelebt haben. Nirgendwo wird man eindringlicher nachempfinden können als hier, was Gregorovius meinte, wenn er die ruchlosen „Umwühlungen“ im heiligen Boden der ‚ewigen‘ Stadt geißelte.[235] Auch der französische Großschriftsteller Zola, entschiedener Parteigänger des modernen Roms, zeigte sich beeindruckt, ja sogar ein wenig bedrückt, als er bei seinem Besuch 1894 die ersten fertigen Abschnitte jener „kolossalen Festungsmauern“ besichtigte, hinter denen man die Fluten des Tibers „einsperre“.[236]

Als Richtmaß für die Kaimauern nahm man den Höchstwasserstand bei der Flut von 1870, einer der schlimmsten in der dokumentierten Geschichte der Stadt, und stockte dann, um ganz sicherzugehen, noch um einen guten Meter auf. Mehr als 17 Meter von der Sohle des Flussbettes aus, gemessen am Hydrometer der Ripetta, mussten die Mauern demnach in die Höhe wachsen. Das bedingte auch die Aufschüttung mächtiger Dämme entlang des Ufers, und das Ergebnis war (und ist bis heute) ein erheblicher Höhenunterschied zwischen der Dammkrone, auf der die Uferstraßen verlaufen, und dem alten Straßenniveau der Stadt, ein Unterschied, der an einigen Stellen – etwa in der Via Ripetta oder der Via Giulia, an der Piazza Bocca della Verità oder in Trastevere entlang der Via della Lungara – besonders augenfällig wird. Um die einheitliche Breite von hundert Metern zu erreichen, musste die das alte Flussbett säumende Bebauung vollständig abgerissen werden – an manchen Stellen bis zu einer Tiefe von dreißig oder mehr Metern. Dieser Ausräumung fielen, neben all dem baulichen Wildwuchs, der über die Jahrhunderte hin nach den individuellen Bedürfnissen der Anrainer aufgeschossen war, auch viele bedeutendere Bauwerke zum Opfer: auf

Die Errichtung der Tiberkais auf der Höhe des *Augusteo,* um 1890; auf dem gegenüberliegenden Ufer entsteht das *Prati*-Viertel; im Hintergrund *Monte Mario.*

Der ‚kleine' Tiberhafen *Ripetta* in einer Darstellung aus der *Vedute* des Giovanni Battista Piranesi (1750–1751). An der Wende vom 19. zum 20. Jahrhundert fiel der *Ripetta*-Hafen dem Bau des *Lungotevere in Augusta* und des *Ponte Cavour* zum Opfer.

der linken Tiberseite etwa – um nur einige zu nennen – die Palazzi De Romanis, Caetani, Altoviti und Falconieri, der Garten des Palazzo Farnese, das Teatro Apollo, das Spital der *Mendicanti* beim Ponte Sisto, sowie etliche Kirchen. Auf dem rechten Ufer mussten die Bastionen des Castel S. Angelo weichen (während man dem Ponte S. Angelo wegen der nunmehr größeren Breite zwei neue Bögen hinzufügen musste), ein Flügel des Spitals S. Spirito in Sassia, der gesamte Baubestand zwischen dem Tiber und der Via della Lungara, und ebenfalls einige Kirchen.

Unter kunsthistorischem und szenographischem Aspekt der schwerste Verlust dürfte die Vernichtung des Hafens der Ripetta mit seinen beispielhaft graziös ausschwingenden Treppenanlagen aus dem 17. Jahrhundert gewesen sein. Aber vor dem streng utilitaristischen Geist der Epoche, der kaum von denkmalschützerischen Skrupeln gebremst wurde, fand auch dieses architektonische Juwel keine Gnade. Die ästhetische Integrität dieses Ensembles war freilich schon schwer in Mitleidenschaft gezogen, seit man 1878 den plumpen Eisensteg der Prati-Spekulanten just auf die Uferterrasse der Hafenanlage aufgesetzt hatte.[237] Wie Ripetta wurde auch der flussabwärts liegende Hafen von Ripa Grande preisgegeben. Eine regelmäßige Flussschiffahrt war auf dem regulierten Tiber nicht mehr vorgesehen; ökonomisch war sie durch das Aufkommen des Eisenbahnverkehrs als Güterfrachtträger in der Tat

Die Behelfsbrücke vom *Prati*-Ufer zur Terrasse des *Ripetta*-Hafens, errichtet 1879 von einem privaten Immobilienkonsortium, 1884 von der Kommune übernommen und 1901 durch den *Ponte Cavour* ersetzt.

weitgehend überflüssig geworden. Ein weiterer historischer Frevel dieser Art war die Sprengung des Ponte Rotto unterhalb der Tiberinsel; von den monumentalen Resten des antiken *pons Aemilius* aus dem 2. vorchristlichen Jahrhundert, der ersten aus Stein erbauten Brücke Roms, blieb nur noch ein Bogen übrig.[238]

Zweifellos waren die Verluste an historischer Bausubstanz erheblich, doch was noch mehr ins Gewicht fällt ist, dass sich die Beziehung zwischen Fluss und Stadt in funktionaler wie ästhetischer Hinsicht durch das urbanistische Mammutwerk der Tibereinbauung von Grund auf verändert hat. Es gibt keinen direkten Kontakt mehr zum Wasserlauf, und die Stadt lebt nicht mehr am Strom, sondern *über* dem Strom, dessen Präsenz auch optisch stark zurückgedrängt wurde: Man sieht heute den Tiber nur noch von oben herab, wenn man ihn auf einer der Brücken überquert oder sich über die Brüstung der Uferpromenade lehnt. Solange der Tiber kein Hochwasser führt, kann man über Treppen auch zu den tieferliegenden gemauerten Uferbänken hinabsteigen, die mit einer Breite von acht Metern bei normaler Wasserführung beidseits das engere Flussbett begrenzen und die in Rom sonst spärliche Gelegenheit zu langen ruhigen Spaziergängen bieten. Unter den Brücken kann man dabei leicht auf Obdachlose stoßen, die sich dort mehr oder weniger häuslich eingerichtet haben und die nicht immer sehr freundlich auf Störungen aus der ‚Oberwelt' reagieren.

Alles in allem hat Rom aber mit den acht Kilometern der Lungoteveri, die oben auf der Krone der Tiberkais als 14 Meter breite, prachtvolle Platanenalleen den Fluss

Kaimauern und Uferpromenade am *Lungotevere dei Sangallo/Tebaldi*, Blickrichtung flussaufwärts zum Vatikan.

begleiten, und den acht neuen Brücken, die in diesem Zusammenhang errichtet wurden[239], ganz unbestreitbar ein beeindruckend metropolitanes Gestaltungselement gewonnen, das die italienische Hauptstadt in dieser Beziehung durchaus ebenbürtig neben ihre beiden großen Vorbilder Paris und London stellt.[240] Und auch in bautechnischer Hinsicht ist die Einhausung des Tibers jener gelungene Ausweis von Ingenieurskunst und zivilisatorischer Modernität, als die sie zum Ruhme des jungen Italiens und seiner Kapitale konzipiert wurde.[241] Im gelungenen Werk der Tiberregulierung liegt durchaus eine ins Grundsätzliche weisende zivilisatorische Botschaft. Der positivistische Anspruch des fortschrittsfrohen 19. Jahrhunderts, mittels der Technik auch die ungestümste Naturgewalt unterwerfen und beherrschen zu können, wurde hier eingelöst, die Gefahr der Überschwemmung der *urbs* damit gebannt. Konnte der Tiber bei der Hochflut des Jahres 1900 noch ein letztes Mal seine zerstörerische Kraft austoben und einen Abschnitt der noch nicht ganz fertiggestellten Kaimauern mit sich fortreißen, so hat die nächste Extremflut im Jahre 1937 die Stadt passiert, ohne irgendwelche größeren Schäden anrichten zu können. Der technische Geist des Homo Faber hatte obsiegt, der Tiber war gezähmt – quod erat demonstrandum.

Fieber und Krisis: Die wilden Jahre der ‚Vernichtung Roms'

Der Ausbau Roms zur italienischen Hauptstadt begann, wie wir gesehen haben, nicht erst mit dem *Piano Regolatore* von 1883. Schon in der ersten Hälfte der 1870er Jahre hatte eine furiose Bautätigkeit auf der sprichwörtlichen ‚grünen Wiese' die Konturen der künftigen Kapitale in den ehrwürdigen Boden der *urbs* eingezeichnet, und auch im historischen Baubestand der Altstadt war es zu vielerlei Eingriffen gekommen. Dennoch markieren die Sondergesetze von 1881 und 1883 und der Bauleitplan desselben Jahres den Beginn einer neuen und äußerst folgenreichen Phase in der Umwandlung Roms zur Hauptstadt Italiens.

Das Interesse und Engagement für seine Kapitale, das der Staat jetzt an den Tag legte, brach den zähen Zustand der Stagnation, der Orientierungslosigkeit und Verzagtheit auf, der sich seit Mitte der 1870er Jahre über die Szene gelegt hatte. Die Finanzzusagen der Regierung wirkten wie ein Signal, ein aufmunternder Zuruf an die nach erstem Ansturm ein wenig ermattet, aber noch in voller Montur und nach wie vor kampfbereit am Rande des Schlachtfeldes lagernden Kompanien des Kapitals – ein verlockendes „Enrichissez-vous!" – „Bereichert euch!", das gerne gehört und umgehend befolgt wurde. Jetzt, da hinter der Kommune der Staat als Bürge und zunehmend auch als Bauherr auftrat, kannte der Optimismus der Spekulanten bald keine Grenzen mehr. Die ins Stocken geratene Maschinerie des großen Planens und Parzellierens, Erschließens und Bauens, des Verkaufens, Kaufens und Wiederverkaufens lief neuerlich an und geriet, befeuert durch das in die Stadt gepumpte frische Geld, in vibrierende Bewegung. Geld lockte Geld, und die Aussicht auf raschen Gewinn ließ die Investoren jede kaufmännische Vorsicht vergessen wie eine überholte, hausbackene Krämertugend, die nicht mehr in die neue Zeit passte, eine Zeit, in der man mit den emporschießenden Bauten dem eigenen Reichtum gleichsam beim Wachsen zuschauen konnte und die immer schneller umlaufenden Wechselpapiere die Entréebillets darstellten zum rauschenden Ballfest einer geradezu frivol zukunftsgewissen Bourgeoisie. Rom erlebte die zweite, die eigentliche Phase seines Gründerbooms.[242]

Man schätzt, dass in den sechs Jahren von 1882 bis 1887 unter kräftiger Mithilfe der Banken auswärtige Kredite in Höhe von 300 Millionen Lire in den römischen Baumarkt flossen – bei einem Gesamtinvestitionsvolumen von über einer Milliarde. Im Kielwasser der großen, auf Aktienbasis operierenden Investitionsgesellschaften und der Banken stiegen immer mehr kleine Bauunternehmer und auch Privatleute in den hauptstädtischen Immobilienrummel ein. Kredit war leicht zu haben, und jede eingesetzte Lira versprach einen vielfachen Ertrag. Auf dem Scheitelpunkt der spekulativen Woge waren in Rom mehr als 500 Baufirmen aller Größen aktiv – vom internationalen Konzern bis hinunter zum Aufsteiger-Unternehmer nach dem Muster von Giovanni Vergas Romanfigur *mastro Don Gesualdo*: „Geblendet von der Verheißung fabelhafter Gewinne", so heißt es im Rückblick eines Zeitgenossen auf diese Jahre des Baufiebers, „wurden auch die Ängstlichsten wagemutig, und der Wagemut verwandelte sich in einen Fieberrausch. Rom schien Eroberungsgebiet und Eigentum der Baulöwen geworden zu sein. Bauunternehmer wollten alle werden, Personen jeden Standes und aus allen Lagen – Advokaten, Händler, ein jeder, der ein Grundstück besaß, aber auch Angestellte und Arbeiter und überhaupt Leute bar jeder Kenntnis und jeden Vermögens. Grundstücke zu erwerben und darauf Mietshäuser und Villen zu errichten war jedermanns Traum, und man konnte jede Menge arme Teufel sehen, Hungerleider ihr Leben lang, die sich unversehens in Geschäftsmänner verwandelt hatten und dicke Bündel von Geldscheinen in die Taschen steckten mit der Lässigkeit von Leuten, die nie etwas anderes gemacht hatten."[243] Der vom Bauboom bewirkte Zustrom von Maurern und Arbeitern der einschlägigen Zuliefer- und Begleitgewerbe wie Ziegel- und Kalkbrennern, Zimmerleuten und Malern wurde auf 80 000 geschätzt; das war vielleicht doch etwas übertrieben, aber im höheren fünfstelligen Bereich bewegte sich die Zahl allemal.[244]

Gebaut wurde überall – und keineswegs nur auf den noch freien Flächen innerhalb der Mauern. Es blieben sogar einige der schon begonnenen und ins Stocken geratenen Neubauviertel unvollendet; denn lukrativer erschien es, neue Areale außerhalb der Mauern zu erschließen. Dort waren die Ausgangspreise für Grund und Boden noch niedrig und entsprechend groß die Spielräume für die Spekulation; außerdem entfiel der Verbrauchszoll, der auf alle ins Stadtgebiet eingeführten Güter, also auch die Baumaterialien, erhoben wurde. Und schließlich waren im Rahmen der staatlichen Fördermaßnahmen für die Entwicklung des *Agro Romano* alle außerhalb der Mauern errichteten

Bauten für zehn Jahre von der Steuer befreit. So schwappte das neue Rom in den Jahren des Baufiebers an vielen Stellen über den Tellerrand seines Mauerrings und breitete sich ins Umland aus nach Art eines Ölflecks – *a macchia d'olio*, wie die Römer sagten.[245] Die ästhetisch-ökologische Katastrophe einer völlig ungeregelten, ungezügelten Wucherung der Hauptstadt in den weiten, leeren Raum der römischen *Campagna* hinein hat in diesem Jahrfünft des frenetischen Bauens ihren Ursprung, und mit ihr die unaufhaltsame Entstehung immer neuer, schäbiger, trostloser Peripherien und Vororte, die einen heute in Rom eher an eine der Mega-Cities der Zweiten und Dritten Welt[246] denken lassen als an den Ursprungsort höchster abendländischer Stadtzivilisation.

Diese flächenverzehrende Expansion vernichtete auch, von vielen ausländischen Zeitgenossen beklagt, die Villen der großen Adelshäuser im Nordosten und Südosten der Stadt. Sie fielen der Gewinnsucht ihrer aristokratischen Besitzer und der Gier der Spekulanten zum Opfer. Nach den Festlegungen des Stadtentwicklungsplans von 1883 sollten mit Ausnahme der Villa Massimo, die im wichtigsten Stadterweiterungsgebiet zwischen Stazione Termini und dem Esquilin gelegen war, die meisten der städtischen Adelsvillen mit ihren großen Gärten und Kulturflächen erhalten bleiben – darunter auch die schönste dieser Villen, die der Boncompagni Ludovisi. Doch der Chef des Hauses, Don Rodolfo, Fürst von Piombino, erlag, kaum hatte er 1883 das Erbe seines Vaters angetreten, der Versuchung, diese einzigartige Parkanlage im römischen Immobilienboom zu Geld zu machen. Die *Società Generale Immobiliare* mit Sitz in Turin, an deren Kapital der Vatikan ebenso mit einem nicht unerheblichen Aktienpaket beteiligt war wie an dem der *Compagnia Fondiaria Italiana*[247], hatte dem Fürsten vorgeschlagen, den größten Teil des Villengeländes, im Ganzen an die 200 000 Quadratmeter, auf ihre Kosten nach dem Vorbild des Parc Monceau von Paris zu beplanen und in Parzellen auf den Markt zu bringen. Acht Millionen Lire, also etwa 40 Lire pro Quadratmeter, sollte der Fürst sofort erhalten; die darüber hinausgehenden Erträge aus dem Verkauf der Parzellen sollten im Verhältnis 40:60 zwischen ihm und der Immobiliengesellschaft aufgeteilt werden.[248]

Ehe er freihändig über die Villa verfügen konnte, musste der Fürst freilich seinen Geschwistern ihren Anteil am väterlichen Erbe auszahlen. Um sich die dafür benötigte Liquidität zu beschaffen, wandte er sich unter Vermittlung eines alten Freundes der Familie, des Monsignore Enrico Folchi, an die Finanzkammer des Heiligen Stuhls. Folchi war von Leo XIII. mit der gewinnbringenden Verwaltung des enormen Schatzes von 30 Millionen Lire beauftragt, den der Papst bei seinem Amtsantritt 1878 als Hinterlassenschaft des Staatssekretärs Antonelli vorgefunden hatte. Wie der päpstliche Finanzkommissar gehörte auch Leo XIII. selbst zu den alten Freunden des Hauses Boncompagni Ludovisi, wo er als Kardinal Gioacchino Pecci ein und aus gegangen war.[249] So wurde das erbetene päpstliche Darlehen in der stattlichen Höhe von drei Millionen Lire dem Fürsten ohne weiteres gewährt, und die spekulative Verwertung der berühmten Villa durch die *Società Immobiliare* konnte beginnen.[250]

Die evidente Gewogenheit des Papstes gegenüber der Familie Boncompagni Ludovisi und ihren Unternehmungen[251] dürfte auch nicht ohne Einfluss geblieben sein auf die Haltung der Repräsentanten der katholischen *Unione romana* im römischen Stadtrat zum Projekt der Bebauung der Villa. Schließlich schuf die Kommune mit der Trassierung der splendiden Via Veneto von Piazza Barberini zur Villa Borghese eine wichtige Voraussetzung für die Erschließung des künftigen *Quartiere Ludovisi*. 1886 wurde die Villa durch eine Konvention der Kommune mit der *Società Generale Immobiliare* aus den Schutzvorschriften des *Piano Regolatore* herausgenommen und dann binnen weniger Jahre durch Parzellierung und Bebauung zerstört.[252] Was damit unwiederbringlich dahingegangen ist, mag man bei hinreichender Vorstellungskraft noch ermessen, wenn man Herman Grimms elegischen Hymnus auf dieses verlorene Paradies liest: „Schattengänge der köstlichsten Art aus Lorbeer oder Steineichen gebildet, machten die Villa Ludovisi [...] zu einer der Stellen Roms, die zuerst genannt wurden, wenn vom Zauber der ewigen Stadt die Rede war. Ja, ich glaube, wenn im Hinblick auf die ganze Erde die Frage aufgeworfen worden wäre, welches der schönste Garten der Welt sei, so würden die, die Rom kannten, sofort geantwortet haben: Villa Ludovisi."[253]

Und wie die Villa Ludovisi verschwanden auch die anderen adeligen Villen mit ihren Parks, die in großem Bogen von Porta del Popolo bis Porta S. Giovanni das alte Rom mit einem Gürtel heitersten Grüns umkränzten: Die Villen Albani, Torlonia, Spithover, Massimo, Patrizi, Mirafiori, Buonaparte, Reinach, Peretti Montalto, Giustiniani, Altieri, Wolkonski, Sciarra – um nur die illustren Namen in dieser traurigen Liste unwiederbringlicher Verluste zu nennen – mussten dem neuen Rom weichen bis auf einige verstreute Reste, die auch als kleine Einsprengsel im Häusermeer noch heute etwas von der einstigen Herrlichkeit erahnen lassen. Fassungslos verfolgten die ausländischen Rom-Freunde diesen „Siegeszug des Vandalismus". Theodor Mommsen, der ebenso selbstherrliche wie scharfzüngige deutsche Althistoriker und große Romverehrer, hat einer Anekdote zufolge als Gast des Fürsten Boncompagni Ludovisi die Annahme eines Fotoalbums, welches den Zustand der Villa vor ihrer Zerstörung für die Nachwelt dokumentieren sollte, mit den Worten verweigert, er hätte nicht gedacht, dass die Fürsten Ludovisi ihre eigene Schande auch noch im Bild verewigen lassen würden.[254]

Positiven Widerhall fanden die Proteste der Mommsen, Gregorovius und Grimm freilich kaum, und wer mit der Psychologie einer jungen Nation vertraut ist, wie gerade die Deutschen jener Zeit – nur eineinhalb Jahrzehnte nach der eigenen hochfahrenden Reichsgründung – es hätten sein müssen, dürfte sich darüber eigentlich nicht verwundern. Indigniert verbaten sich die Römer jede Einmischung von außen in ihre Hauptstadtpolitik. Der Präsident der hochangesehenen *Accademia dei Lincei* antwortete den Kritikern, die Umformung Roms in die Hauptstadt der Italiener sei „notwendig und unvermeidlich", Rom sei schließlich zu allen Zeiten zerstört und wiederaufgebaut worden, und die angeblichen ‚Vandalismen' entsprängen bloß der Phantasie der ausländischen Zeitungen. Und der römische Bürgermeister Leopoldo Torlonia (dessen Familie freilich ein manifestes Eigeninteresse hatte an der Politik der Villenverwertung) bekräftigte öffentlich, die Bevölkerung Roms sei kein Museumsinventar für die Wissenschaft und die Kunstgeschichte und sehe ihre Bestimmung auch nicht darin, Modell zu sitzen für die zeitgenössische Künstlerschaft.[255]

Zur Ehre der Römer ist immerhin zu sagen, dass auch einer von ihnen, der bedeutende Archäologe Rodolfo Lanciani, den Mut hatte, den Vandalismus der Boden- und Bauspekulation öffentlich anzuprangern.[256] Die Wurzel des Übels sah er in der verantwortungslosen Gewinnsucht der Hocharistokratie: „Nach meiner Überzeugung muss sich der Hauptvorwurf gegen die römische Aristokratie richten, gegen unsere grundbesitzenden Adeligen, die ihrer großen Namen unwürdig sind; denn sobald diese degenerierte Rasse die Möglichkeit entdeckt hat, mit den großartigen, von ihren Vorfahren erbauten und gepflegten Villen Geld zu machen, hat sie nicht eine Minute gezögert, Meter um Meter den Ruhm und den Stolz ihrer Familien zu verhökern. [...] Wir haben zusehen müssen, wie jede einzelne unserer Adelsvillen [mit Ausnahme der in letzter Minute geretteten Villa Borghese] zerstört wurde: wie die Schlösschen abgerissen und die stupenden mehrhundertjährigen Bäume in Kohlenmeilern verbrannt wurden.“[257] Erstaunlich auch – und im Lichte unserer heutigen Sorgen um das Weltklima beinahe schon beklemmend weitsichtig – ist die frühe Sensibilität für das natürliche Ambiente der Stadt und die Verletzlichkeit ihres Mikroklimas, die uns in Lancianis Schrift aus dem Jahr 1888 entgegentritt: „Es ist unmöglich eine Vorstellung zu geben von der grausamen Hartnäckigkeit, mit der jedes Blatt, jede Form der Vegetation, die Bäume und schlechthin alles, was grünt, in und um Rom herum verfolgt und ausgemerzt wurde. [...] Man muss sich nicht wundern, wenn wir schon jetzt die Folgen dieser kompletten Zerstörung zu spüren beginnen in einem Anstieg der mittleren Sommertemperatur um zwei Grad und in einer Verringerung des durchschnittlichen Sauerstoffgehalts unserer Atmosphäre.“[258]

Villa Ludovisi, auf dem Pincio gelegen und schon durch das abwechslungsreiche Bodenrelief äußerst reizvoll, war in der ersten Hälfte des 17. Jahrhunderts von dem Kardinal Ludovico Ludovisi, einem Nepoten von Papst Gregor XV., angelegt worden. Ihr berühmter Park – die Alleen gigantischer Zypressen galten als Naturdenkmäler von europäischem Rang – war eine Schöpfung des Architekten André Le Nôtre, der auch die Gärten von Versailles geschaffen hatte. Er muss in der Tat eine botanische Kostbarkeit gewesen sein: 1854 zählte der verantwortliche Agronom des Fürstenhauses 52 000 Pflanzen von 250 verschiedenen Arten, die meisten in Exemplaren von kapitaler Größe.[259] Das Areal von knapp 25 Hektar zog sich südlich der Aurelianischen Mauern von der Via di Porta Pinciana bis zur Porta Salaria hin.[260] Es ist im wesentlichen das Gebiet, das heute von der Via (Vittorio) Veneto in Nord/Süd-Richtung und von Via Ludovisi/Via Boncompagni, Via Sicilia und Via Sardegna in West/Ost-Richtung erschlossen wird. Auch wer es sich als Tourist und Rom-Besucher nicht leisten kann, in einem der Grands Hotels an der Via Veneto zu logieren, kennt diesen noblen Boulevard mit seiner elegant ausschwingenden S-Kurve unter majestätischen Platanen und weiß daher, dass wir uns hier im mondänsten Teil der italienischen Hauptstadt befinden. Die Zone, die 1921 als eigener, 16. Rione Ludovisi aus dem Rione Colonna ausgegliedert wurde, war von Anfang an als ein Prestige-Viertel mit großzügigen Privatresidenzen, exklusiven Appartement-Häusern und Luxus-Hotels geplant und wurde als solches bis zum Ersten Weltkrieg auch weitgehend realisiert.[261]

Dem Fürsten Boncompagni Ludovisi indes brachte der schnöde Verkauf des Villen-Juwels für sechs Millionen Lire wenig Glück. Nachdem ein Teil der Parzellen zu spekulativ erhöhten Preisen verkauft worden war, entschloss sich Don Rodolfo, so wurde es Émile Zola berichtet, zu einem Coup, der sich nur aus der irrwitzigen Psychodynamik des kollektiven Spekulationswahns verstehen lässt: Der Fürst kaufte Teile des Villengeländes für 50 Lire pro Quadratmeter zurück in der Hoffnung, sie für 100 Lire wiederverkaufen zu können. Er geriet indes mit diesem verwegenen Spiel in die schon heraufziehende Krise und soll in deren Folge nicht nur die sechs Millionen seines ursprünglichen Verkaufserlöses, sondern weitere zwölf Millionen aus dem Familienvermögen verloren haben.[262] Ein höchst aufwendiger Stadtpalast, den der Fürst sich vom damaligen römischen Star-Architekten Gaetano Koch auf einem Restgrundstück seiner einstmaligen Villa erbauen ließ, überforderte mit seinen exorbitanten Baukosten von fast dreieinhalb Millionen Lire dann offensichtlich die angeschlagenen Finanzen der Familie. 1892 war der Fürst gezwungen, den eben fertiggestellten Bau an die *Banca d'Italia,* seinen Hauptgläubiger, abzutreten.[263] Der spektakuläre Palazzo an der Via Veneto wurde 1900 an die verwitwete Königin Margherita weiterverkauft und dient heute den USA als Botschaftsgebäude.[264]

Die römischen Verteidiger der hauptstädtischen Baupolitik machten gegen die Kritik internationaler Zeitgenossen das Repräsentationsbedürfnis der italienischen Nation und sozio-ökonomische Sachzwänge geltend. Daneben gab es aber noch einen weiteren Punkt, der im Zusammenhang mit der Person Lancianis in der Tat zu prüfen und zu würdigen ist. Lanciani selbst bediente sich in seiner zitierten Schrift dieses Arguments, wenn er darauf bestand, dass bei allen berechtigten Klagen über die kulturellen Kosten und Verluste der Hauptstadtwerdung Roms auch deren positive Begleiterscheinungen anerkannt werden müssten. Er bezog sich dabei auf den fulminanten Aufschwung, den die Archäologie seit 1870 in der Stadt genommen hatte, und auf die in ihrer Menge wie in ihrer Qualität beeindruckenden Ergebnisse der Ausgrabungen antiker Denkmäler, an denen er selbst maßgeblich beteiligt war. Wenn es bei allem Fragwürdigem auch einige urbanistisch weitsichtige Errungenschaften im *Piano Regolatore* von 1883 gab, dann gehören dazu die ausgedehnten archäologischen Schutzzonen und Parkanlagen vom Forum Romanum über den Palatin, den Oppius und den Caelius bis hin zu den Caracalla-Thermen und zur Via Appia, mit denen das antike Erbe der ‚ewigen' Stadt auch über den Prozess ihrer Umwandlung in eine moderne Hauptstadt-Metropole hinweg intakt bewahrt werden sollte.

Dass große zusammenhängende Ausgrabungs- und Erhaltungsareale dieser Art bereits in den Plänen der napoleonischen Statthalter zu Beginn des 19. Jahrhunderts vorgesehen waren, relativiert vielleicht die Originalität der Idee, nicht aber das hohe kulturkonservatorische Verdienst dieses Vorhabens. Guido Baccelli, Kulturminister der *Sinistra* von 1881 bis 1884, und sein konservativer Amtsvorgänger von 1874 bis 1876, Ruggiero Bonghi, trieben gemeinsam das Projekt einer *Zona Monumentale di Roma* voran, das in zwei Gesetzen von 1887 und 1889 seine rechtliche Grundlage erhielt und innerhalb einer Zeitspanne von zehn Jahren verwirklicht werden sollte. Während aber die Ausgrabungen auf dem Forum und an anderen Brennpunkten des antiken Roms zügig vorangingen und zu teilweise spektakulären Funden führten, erlitt die Umsetzung des Vorhabens einer großen geschlossenen archäologisch-musealen Zone vom Kapitol bis zum südöstlichen Mauerring immer neue Verzögerungen. Wie so oft in der römischen Geschichte kam dann aber ein Jubiläum zu Hilfe: 1907 wurden im Hinblick auf die Feiern zum 50jährigen Bestehen des Königreichs 1911 endlich konkrete Maßnahmen zur Realisierung in die Wege geleitet. Eine Kommission unter Beteiligung archäologischer Kapazitäten, darunter Rodolfo Lanciani und der Direktor der Ausgrabungen im Forum Romanum, Giacomo Boni, vergrößerte das zu schützende Gebiet durch Enteignungen auf fast 100 Hektar und ließ jene mehr als 600 Pinien pflanzen, die heute dem Park seinen einzigartigen, fast weihevollen Charakter verleihen (zumindest in den frühen Stunden des Tages, wenn sich noch nicht die tosenden Autoströme durch die Anlage wälzen). Im Jubiläumsjahr konnte die *Passeggiata Archeologica*, die ausgedehnte Areale mit antiken Ruinen und Monumenten für die Nachwelt bewahrt, tatsächlich eröffnet werden.[265]

Unbestreitbar hat sich die archäologische Expertenzunft mit dieser und anderen Einrichtungen große Verdienste um Rom erworben. Der Archäologie kam nach 1870 mit der von ihr geleisteten Vergangenheitsrekonstruktion eine wichtige Funktion im Prozess nationaler Identitätsstiftung zu. Dabei legte sie freilich eine gewisse Einseitigkeit an den Tag, die nicht ohne Folgen blieb für die Hauptstadtgestaltung: Das Interesse der archäologischen Kultur Italiens konzentrierte sich von Anfang an mit ideologischer Verengung auf die Erforschung und Heraushebung des monumentalen und imperialen Erbes der Antike, und in dieser Hinsicht lässt sich im Grunde eine ungebrochene wissenschaftspolitische Kontinuität vom liberalen Regime über den Faschismus bis in die zweite Nachkriegszeit beobachten. Mittelalter und Renaissance als die Hauptepochen des päpstlichen Roms fanden in der neuen Hauptstadt demgegenüber sehr viel weniger Wertschätzung und wurden in öffentlicher Wahrnehmung und Evidenz auch deutlich vernachlässigt.[266]

Als die Bodenspekulation 1886 auch die Villen auf den östlichen Höhen zu erfassen und zu verschlingen begann, hatte das seit 1882 mit neuem Furor in Rom grassierende Bau‚fieber' – den Ausdruck *febbre* verwendeten schon die Zeitgenossen – den Gipfel seiner Virulenz bereits erreicht, wenn nicht überschritten. Herman Grimm registrierte in seinem Anfang 1886 geschriebenen Pamphlet gegen die ‚Vernichtung Roms', dass „bereits von einem bevorstehenden ‚Krach' gesprochen" werde.[267] Und in der Tat: Auf dem Höhepunkt des ‚Fiebers' kam, in der medizinischen Metaphorik der Zeit ausgedrückt, die ‚Krisis'. Die auf Pump finanzierte Hausse überschlug sich, als der rasend beschleunigte Umlauf von Kreditbriefen abrupt ins Stocken geriet, weil ausländische Geldinstitute sich plötzlich weigerten, weiterhin italienische Wechsel zu akzeptieren. Insbesondere französische Banken zogen, beunruhigt von der Außenpolitik von Ministerpräsident Crispi, der Anfang 1887 den Dreibund mit Deutschland und Österreich mit antifranzösischer Spitze erneuert hatte, ihre Kapitalien ab. Daraufhin brachen die Aktienkurse der in Rom engagierten Terrain- und Baugesellschaften ein, und natürlich gerieten als erste all die Möchtegernbaulöwen in Bedrängnis, die mit geliehenem Geld auf den rasenden Spekulationszug aufgesprungen waren und jetzt auf einmal ihre Verbindlichkeiten in bar einlösen sollten. Die kleinen Firmen gingen reihenweise bankrott, aber bald schon griff die Krise auch auf die größeren über, und schließlich erfasste der Abwärtssog selbst die großen Banken und Immobilienfonds. Es fanden sich keine Zeichner mehr für die neuen Obligationen, die sie in ihrer Bedrängnis auf den Markt warfen, keine Käufer für die schon fertiggestellten Häuser, keine Mieter für die zu großen, zu teuren Wohnungen.

Binnen wenig mehr als eines Jahres fiel das Kartenhaus der Spekulation in sich zusammen und die Bautätigkeit kam fast zum Stillstand. 100 Baustellen wurden schon zum Dezember 1887 geschlossen, fast nocheinmal so viele zum Juli 1888, und die übrigen arbeiteten auf deutlich reduzierter Skala, bis auch sie ihren Betrieb einstellten.[268] Die Zeche zahlten, wie meist in solchen ‚Bereinigungskrisen', zuvörderst die kleinen Leute, Sparer, die sich aufs glatte Parkett der Spekulation gewagt hatten, und natürlich all die Beschäftigten in der aufgeblähten Bauwirtschaft, die jetzt von einem Tag auf den anderen auf die Straße gesetzt wurden. Betroffen waren alle, die zuvor von der Sonderkonjunktur profitierten: „Zahllose Ladenbesitzer und kleine Wirte müssen zumachen und sich auf andere Weise den Unterhalt zum Überleben suchen", berichtet ein Beobachter. „Lohnkutscher, Tagelöhner, Schmiede, Zimmerleute und Maler finden keine Beschäftigung mehr, aber auch Spenglereien, Gießereien, Ziegel- und Kalkbrennereien und Steinbrüche müssen schließen, um nicht noch mehr Verluste anzuhäufen."[269] An die 30 000 Arbeiter ohne feste Aufenthaltserlaubnis für Rom werden zwangsweise in ihre Herkunftsgemeinden abgeschoben, weil Stadtverwaltung und Regierung sie als Potential sozialer Unruhen fürchteten.[270]

Mit der ‚großen Krise', die 1887 über die Stadt Rom kam und bis zum Ende des Jahrhunderts andauerte, trat eine veritable Stasis, ein Stillstand auf vielen Gebieten des Wirtschaftslebens ein. Über die eben noch so betriebsamen Neubauviertel innerhalb und außerhalb der Mauern senkte sich eine große Stille. Verlassen und verwaist lagen sie nun, wie erstarrt und eingefroren durch einen bösen Bann. Die bizarre Atmosphäre dieser urbanen Wüstenei eines außer Rand und Band geratenen Konkurskapitalismus hat Émile Zola in seinem Roman *Rome* für die Nachwelt festgehalten. Der Anblick, der sich dem Großmeister des literarischen Naturalismus bei seinem Rom-Besuch 1894 auf den Prati di Castello bot, findet hier eine in der Exaktheit der Beobachtung und der Eindringlichkeit der Schilderung kaum zu überbietende Darstellung[271]:

„Und da stand jetzt, weißlich und wie von der Krätze angefressen, inmitten dieser umgewühlten Fläche, eine ganze Stadt, eine Stadt aus massiven, kolossalen Häusern, regelmäßigen Steinkuben, alle gleich, mit breiten, sich rechtwinklig kreuzenden Straßen, ein immenses Schachbrett mit symmetrischen Feldern. Von einem Ende zum anderen wiederholten sich dieselben Fassaden, wie Reihen von Klöstern, Kasernen oder Krankenhäusern, deren identische Linien sich unendlich fortsetzten. Und die Verblüffung, der ungewöhnliche und schwer zu ertragende Eindruck, den das hervorrief, rührte von der zunächst ganz unerklärlichen Katastrophe, welche diese im Aufbau befindliche Stadt stillgestellt hatte, so als habe eines verfluchten Morgens ein Magier des Verderbens mit einem Schlag seines Stabes die Arbeiten angehalten, die quirligen Baustellen leergefegt und die Gebäude in dem Zustand dieses Augenblicks der traurigen Verlassenheit ausgeliefert. Alle Stadien des Bauens fanden sich hier, vom Aushub und den tiefen Baugruben zur Aufnahme der Fundamente, die gähnend offengeblieben waren und in denen sich das Unkraut breitmachte, bis hin zu fertig dastehenden und schon bewohnten Häusern. Es gab Gebäude, deren Mauern noch kaum aus dem Boden ragten, es gab andere, die schon das zweite, das dritte Stockwerk erreicht hatten, mit den zutage liegenden Eisenträgern ihrer Zwischendecken und offenen Fenstern, durch die der Himmel schaute, und es gab welche, die hochgezogen waren bis einschließlich des Dachs, wie Gerippe dem Wüten des Windes ausgesetzt und an leere Käfige erinnernd. Dann gab es da fertige Häuser, deren Außenmauern man nicht mehr hatte verputzen können, und andere, die noch ohne Türen und Fenster waren. Wieder andere hatten zwar Türen und Fensterläden, aber diese waren vernagelt, wie mit Sargdeckeln, und die Wohnungen tot und seelenlos; einige wenige schließlich waren auch bewohnt, doch von einer Art von Bewohnern, die niemand erwartet und niemand eingeladen hatte. Nichts konnte die grauenvolle Tristesse dieser Situation wiedergeben, dieser Dornröschenstadt, überwältigt von einem todähnlichen Schlaf, noch ehe sie überhaupt gelebt hatte, dahinschwindend unter drückender Sonne in der Erwartung eines Erwachens, welches, so hatte es den Anschein, niemals kommen würde. […] Eine Trostlosigkeit ging aus von diesen jungen Ruinen, diesen hohen, stolzen Bauwerken, die, noch unvollendet und nicht einmal verputzt, ihr Leben als steinerne Riesen noch gar nicht begonnen hatten und dennoch schon von allen Seiten Risse bekamen, und die man mit Zimmermannsgerüsten hatte stützen müssen um zu verhindern, dass sie gleich wieder zu Staub zerfielen. Das Herz krampfte sich zusammen wie beim Anblick einer Stadt, deren Bewohner von einem großen Unheil hinweggefegt wurden, einer Pest, einem Krieg, einem Bombardement […]. Der Gedanke, dass es sich hier eher um eine Totgeburt handelte als um einen Tod, […] verstärkte noch die Melancholie, und man wurde überwältigt von grenzenloser menschlicher Hoffnungslosigkeit. Und dann war da noch die schreckliche, die grausame Ironie prächtiger Marmortafeln mit den Namen der Straßen an jeder Ecke, illustre Namen aus der Geschichte entlehnt – Gracchen und Scipionen, Plinius, Pompeius und Julius Caesar, die da an den unvollendeten und schon wieder bröckelnden Mauern prangten wie ein Spott, wie eine Ohrfeige der großen Vergangenheit für die Ohnmacht von heute."[272]

Neue Impulse und Belle Époque: Rom vor und nach der Jahrhundertwende

Staat und Hauptstadt, 2. Akt

Alle Hoffnungen, die Krise nach dem großen ‚Krach' werde eine kurze, rasch verfliegende Erscheinung sein, wurden enttäuscht. Die römische Bau- und Immobilienbranche verharrte auf Jahre hin in Stagnation, und mit ihr lagen weite Bereiche des Wirtschaftslebens darnieder in dieser Stadt, die außer der Bauindustrie ja keine andere Industrie kannte. Ökonomisch schloß das 19. Jahrhundert in der Hauptstadt mit einem Jahrzehnt der Agonie, und das blieb nicht ohne Folgen für die politische Stimmung und das soziale Klima. Die armen Tagelöhner und Bauarbeiter, die zu Tausenden aus dem nahen und ferneren Umland nach Rom gezogen waren auf der Suche nach Arbeit und Brot, konnte man großenteils abschieben in ihre Heimatdörfer und so aus dem Gesichtskreis der Hauptstadtpolitik verbannen. Angehörige des römischen Establishments, ob aus den hohen Rängen der Aristokratie oder aus den Reihen des alten *generone*, der wenigen Großbürger, die im Rausch der Spekulation große Summen verloren hatten, mochten die Schmälerung ihrer Vermögen beklagen, doch blieb wohl den meisten noch genug an ökonomischer Substanz, um ihren sozialen Status zu wahren. Härter traf die Lähmung indes die mittleren Schichten der hauptstädtischen Gesellschaft und insonderheit die unternehmerischen Elemente eines neueren Bürgertums, das in Rom nie sehr stark gewesen war und sich seit 1870 durch Zustrom vom Norden her gerade erst auszuformen begonnen hatte. Der verunsicherten und orientierungslosen Masse der Kleineigentümer und improvisierten Bauunternehmer, der Architekten, Ingenieure und sonstigen Projektemacher, die nicht ohne weiteres als Geschlagene in ihre Herkunftsstädte zurückkehren konnten, ohne dort ihre Stammfamilien zu kompromittieren, drohte in Rom der soziale Abstieg oder Absturz, die Deklassierung, der Verlust von Ansehen und Ehre. Denn so großzügig, ja bedenkenlos man im Taumel des ‚Fiebers' beim Kreditnehmen und Kreditgeben gewesen war – der Gescheiterte, der Bankrotteur, der seine Wechsel nicht mehr bedienen, seine Schulden nicht bezahlen konnte, durfte auf Gnade seiner Gläubiger nicht rechnen.[273]

Ein bescheidenes Büchlein mit Bittbriefen, die ein aus der Romagna stammender Ingenieur an einen hochmögenden Verwandten seiner Ehefrau, den Politiker und zeitweiligen Senatspräsidenten Domenico Farini, schrieb, breitet vor unseren Augen schonungslos und erschütternd die exemplarische Existenz eines solchen Mitmachers und Opfers des allgemeinen Spekulationswahns aus, deren es im Rom der großen Krise Tausende gegeben haben mag. Es ist ein Leben des mühsam gewahrten Scheins, des forcierten Optimismus und der unheilbaren Illusionen, der großen Worte und der kleinen Lügen – denn für große Lügen fehlte es jetzt doch an Mut und Chuzpe –, der vergeblichen Versprechungen und eingebildeten Auswege aus der Misere, der wider besseres Wissen erhofften sicheren Rettungen, die nie eintraten, der immer neuen, unausweichlichen Demütigungen beim Buhlen und Fechten um einen Auftrag, um ein kleines Geschäft, eine Gefälligkeit, irgendeine Chance. Flehen um Fürsprache, Betteln um einen ‚letzten' Kredit, der nur die kurze Zeitspanne überbrücken soll bis zum gelingenden Durchbruch eines neuen, natürlich ‚großartigen' Projekts, das unfehlbar die Wende der Dinge bringen werde; es ist ein würdeloses Schauspiel der Deklamation und der hohlen Gesten, ein gesellschaftlicher Fassadenbau vor den abgebrannten Ruinen eines Spekulantenlebens, verzweifeltes Festklammern an den Symbolen des einstigen Status – bis dann am Ende doch die Zwangsversteigerung auch des letzten Besitztums eintritt und damit alles zerronnen ist, wie es einstmals gewonnen wurde.[274]

Die sozialen und politischen Spannungen, welche die 1890er Jahre nicht nur in der Hauptstadt Italiens prägten und sich auch in gewaltsamen Unruhen entluden, sind Folge und Ausdruck dieser tiefgreifenden, weit über Rom hinauswirkenden ökonomischen Schieflage. Die soziale Grundproblematik jener Jahre ist freilich kein nur auf Rom beschränktes Phänomen: Sie muss gesehen werden vor dem Hintergrund sich verschärfender Widersprüche und Konflikte der Weltwirtschaft im Zeitalter des Imperialismus, von denen auch das vergleichsweise rückständige, noch in den Anfängen der kapitalistischen Industriewirtschaft steckende Italien erfasst wurde. Zwei punktuelle Ereignisse illuminieren schlaglichtartig diese weitreichenden Zusammenhänge: Die den sozialen Fragen des industriellen Klassensystems gewidmete Enzyklika *Rerum Novarum* Leos XIII. von 1891 und die Gründung einer sozialistischen Arbeiterpartei Italiens im Jahre 1892.[275]

Wie so oft, wenn das ungezügelte ‚Spiel' des Marktes ein Gemeinwesen in die ökonomische Sackgasse geführt hat, wurde auch in Rom nun wieder nach dem Staat gerufen. Die Regierung sah eine willkommene Gelegenheit, das katholisch-aristokratisch dominierte Kapitol an eine kürzere Leine zu legen. Ministerpräsident Crispi, Ex-Mazzinianer, Freimaurer und Autokrat, der 1887 den papstfreundlichen Bürgermeister Torlonia durch königliches Dekret seines Amtes enthoben hatte, setzte eine Untersuchungskommission ein, um die administrative Praxis der Kommune auf Unregelmäßigkeiten, Begünstigungen und Korruption durchleuchten zu lassen. Auch die vage Drohung, die Hauptstadt angesichts der horrenden Verschuldung ihres Haushaltes mit einer *prefettura del Tevere* nach dem Vorbild der Haussmannschen ‚préfecture de la Seine' unter direkte Staatskuratel zu stellen, lebte wieder auf. 1890 löste die Regierung tatsächlich den *Consiglio Comunale* auf und setzte vorübergehend einen Staatskommissar für Rom ein.[276]

Gleichzeitig entlastete der Staat aber die Kommune auch von einer Reihe ihrer überbordenden finanziellen Verpflichtungen und übernahm mit einem weiteren Sondergesetz für Rom[277] die großen hauptstädtischen Bauaufgaben, von denen das Poliklinikum *Umberto I* und der riesenhafte Justizpalast an der Piazza Cavour gerade begonnen worden waren, in eigene Regie. Die Laufzeit des 1881 zunächst auf 20 Jahre befristeten jährlichen Staatszuschusses von 2,5 Millionen Lire wurde weit ins nächste Jahrhundert hinein verlängert. Mit diesem Engagement zur Überwindung des finanziellen Zusammenbruchs begann eine neue „Ära der Staatsbauten" in der Kapitale, und ganz generell eine Phase verstärkter Verantwortung des Staates für seine Hauptstadt. Die Motive waren zum einen nationalpolitischer Natur: Das Italien der Ära Crispi erlebte eine Zeit sich verschärfender sozialer Spannungen und sich zuspitzender ideologischer Gegensätze. Die Radikalisierung des Nationalismus, die dann nach der Jahrhundertwende einsetzte und in Rom einen ihrer Brennpunkte haben sollte[278], kündigte sich unter Crispi schon an, und die Hauptstadt wurde unter diesen Umständen zur zentralen Bühne nationaler Selbstfindung. Ein wichtiger Nebeneffekt der Staatshilfe beim Hauptstadtausbau war freilich auch, dass die großen öffentlichen Bauvorhaben willkommene Arbeitsgelegenheiten boten und damit zu einer Entschärfung der Erwerbslosennot in der Hauptstadt beitragen konnten.[279]

Vor allem aber stellten die mit öffentlichen Geldern gespeisten Bauinvestitionen in der Hauptstadt eine Hilfsaktion für die privaten Kapitalgeber und die großen Geldinstitute dar, die in der selbstverschuldeten Spekulationskrise existenzbedrohende Verluste erlitten hatten. In einem schwer zu entwirrenden Zusammenwirken von Staat, Kommune, dem neugruppierten Banksektor unter der Führung der *Banca d'Italia* und den Nachfolgeinstituten der fallierten Terraingesellschaften gelang es nach und nach, die Folgen der Krise zumindest soweit einzudämmen, dass die bedeutendsten Immobilienvermögen und die großen Finanzgesellschaften über den ‚Krach' hinweggerettet werden konnten. Der italienischen Nationalbank, in deren Besitz im Zuge der Sanierungspolitik ein beträchtlicher Teil der in den Zusammenbruch involvierten Immobilien übergegangen war, wuchs so eine wichtige Rolle für die weitere Entwicklung der Hauptstadt zu.[280]

Die private Bautätigkeit war zu Beginn der 1890er Jahre weitgehend zum Erliegen gekommen – auf dem Tiefpunkt im Jahre 1896 wurden gerade einmal Baugenehmigungen für 1100 Kubikmeter umbauten Raumes erteilt, nachdem es auf dem

Höhepunkt des Booms 1885 weit über 300 000 Kubikmeter gewesen waren. Die unausgelasteten Kapazitäten der Bauindustrie erleichterten es nun aber dem Staat, eine Reihe lange geplanter öffentlicher Großprojekte in Angriff zu nehmen, voranzutreiben und zu vollenden. Unter den damals entstandenen Bauwerken, die die Hauptstadtanmutung Roms bis heute prägen, ist zunächst der Justizpalast an der Piazza Cavour zu erwähnen, der seine machtvolle Fassade über den Tiber hinweg dem alten Stadtzent-

Das Viertel *Prati di Castello* mit seiner schachbrettartigen Bebauung; im Vordergrund der Justizpalast; hinter dem Riegel der großen Kasernenbauten in der Bildmitte das Gelände der ehemaligen *Piazza d'Armi* mit der radial angelegten Wohnbebauung um die *Piazza Mazzini*; am oberen Bildrand der Sportkomplex des *Foro Mussolini* (heute *Foro Italico*) mit dem Olympiastadion.

rum entgegenstellt. 1889 begonnen, wurde das riesige Gebäude mit seinen 900 Räumen und 30 Gerichtssälen auf einer Grundfläche von 1650 Quadratmetern nach quälend langer, von technischen Schwierigkeiten und Skandalen begleiteter Bauzeit 1911 eingeweiht. In seinem pompös-überladenen Mischstil mit Anklängen aus allen denkbaren Bauepochen und Baukulturen (von den assyrisch-babylonischen und ägyptischen über die etruskischen und griechisch-römischen bis zu Renaissance und Barock) drückte der *Palazzaccio*, wie die Römer ihn nannten, in besonders übersteigerter Weise die Idee von der Herrschaft des Rechts aus, mit denen sich der bürgerlich-liberale Staat des 19. Jahrhunderts im Bautypus des ‚Justizpalastes' überall in Europa feierte.[281]

Die neugewonnene Position der *Banca d'Italia* im staatlich koordinierten Kapitalismus brachte der 1892 eingeweihte Sitz der Nationalbank an der Via Nazionale machtvoll zur Geltung. Sein Schöpfer war der Architekt Gaetano Koch, der um die Jahrhundertwende den Löwenanteil der öffentlichen wie privaten hauptstädtischen Prestigebauten verantwortete, darunter auch das Arkadenhalbrund an der Piazza Esedra (heute della Repubblica), dem monumentalen Eingang zur Via Nazionale. Ein weiteres Großprojekt war das Poliklinikum *Umberto I* bei Castro Pretorio – 1888 in Angriff genommen und 1906 in einem ersten Bauabschnitt mit 860 Betten eingeweiht. Der allzeit zu Spott geneigte römische Volksmund mokierte sich über die Lage des Krankenhauses: Die Nähe zum Hauptfriedhof Campo Verano solle wohl Transportkosten sparen für diejenigen, denen die ärztliche Kunst nicht mehr habe helfen können.[282] Ebenfalls 1906 stellte die Versicherungsgesellschaft *Assicurazioni Generali* ihren hauptstädtischen Geschäftssitz als spiegelbildliche Wiederholung des ehrwürdigen Palazzo Venezia an den gleichnamigen Platz beim Nationaldenkmal. In diesem ganzen Zeitraum schritt, wie bereits beschrieben, auch die Tibereinbauung voran, und damit erhielt Rom eine Anzahl neuer Brücken; die verkehrspolitisch bedeutendste war wohl der Ponte Cavour, der 1901 die Behelfsbrücke am Ripetta-Hafen ablöste und die verbreiterte Via Tomaccelli mit dem Quartiere Prati verband.

Neben der Verbesserung der Verkehrsinfrastruktur durch die zusätzlichen Tiberübergänge kam es in den Jahren vor und nach der Jahrhundertwende auch zu einem verstärkten Ausbau des öffentlichen Verkehrswesens. 1893 erhielt Rom mit der Stazione Trastevere an der Piazza Ippolito Nievo, am Ende des Viale del Re (Viale Trastevere) gelegen, einen weiteren Bahnhof. Neue Regionalbahnlinien verbesserten die Anbindung der Kapitale an ihr näheres und ferneres Umland: 1887 wurde eine Bahnstrecke über Tivoli nach Sulmona in den Zentralabruzzen eröffnet, 1890 eine Linie in die Albanerberge, 1894 die Strecke über den Braccianosee bis Viterbo. Noch wichtiger für die Umwandlung in eine moderne Hauptstadt war die Erschließung des rasch expandierenden Stadtgebiets durch ein System öffentlicher Verkehrsmittel. Ein solches hatte es im päpstlichen Rom nicht gegeben, aber im Zuge des Hauptstadtausbaus wurden nach und nach 14 Linien mit Pferdeomnibussen eingerichtet, welche die Innenstadt mit Stazione Termini und den Peripherstationen außerhalb der Mauern, den neuen Wohnquartieren, den großen

Basiliken und den sonstigen Touristenattraktionen verbanden. Seit 1882 war dieses rudimentäre Nahverkehrssystem weiterentwickelt worden mit der Einrichtung von schienengeführten Pferdetrambahnen. 1890 nahm in der *Terza Roma* eine elektrische Trambahnlinie – angeblich die erste Europas – ihren Betrieb auf (von der Piazza del Popolo entlang der Via Flaminia zum Ponte Milvio im Norden der Stadt), und bis 1908 stieg die Zahl elektrischer Tramways im Stadtgebiet auf 19.[283]

Reformzeit in Staat und Hauptstadt: Die Ära Nathan in der Ära Giolitti

In den 52 Jahren als Hauptstadt des liberalen Italiens – 1870 bis 1922 – wurde Rom 45 Jahre lang von einer Notabeln-Elite aus laizistischen Rechtsliberalen und Katholisch-Konservativen beherrscht. In verschiedenen Kombinationen letztlich immer ausschlaggebend waren dabei die Interessen derer, die in der expandierenden Kapitale über den bebaubaren Grund und Boden verfügten – die Familien der römischen Hocharistokratie, die mehr verborgen als offen agierenden Sachwalter der religiösen Korporationen sowie die spekulativen Immobiliengesellschaften, die zusammen Hunderte von Hektar horteten.[284] Dass diejenigen, denen der Boden der Stadt gehörte, auch politisch in den Kommunen des Königreichs dominierten, war kein Zufall, sondern Absicht und Folge des italienischen Gemeinderechts aus dem Jahr 1865 und genuiner Ausdruck liberaler Klassenherrschaft, welche auch die politische Macht den Besitzenden anvertraute. Die Präponderanz von Eigentümerinteressen auf kommunaler Ebene war freilich kein italienischer Sonderfall: Sie war auch in deutschen Stadtverwaltungen und Stadtparlamenten anzutreffen.[285]

In Rom gab der äußerst restriktive Zensuswahlmodus 1871 von den insgesamt etwa 240 000 Einwohnern nur 8000 – also 3,3 Prozent der Bevölkerung – das Wahlrecht; tatsächlich ausgeübt wurde es nur von 3000 Berechtigten – also 1,25 Prozent der Bevölkerung. Diese Exklusivität hat sich in der Folge zwar etwas abgemildert: 1881 waren von 300 000 Einwohnern 11 000 wahlberechtigt, und nach Crispis Reform des Gemeindewahlrechts waren es um die Jahrhundertwende 40 000 aus einer halben Million; aber an den kommunalen Machtverhältnissen hat diese mäßige Verbreiterung der Wählerbasis nichts Entscheidendes geändert.[286]

Da es organisatorisch ausdifferenzierte Parteien im heutigen Sinne nicht gab, waren die Konturen und Konstellationen der Kommunalpolitik für den Nichteingeweihten schwer zu erkennen. Charakteristisch für die vorherrschende Notabeln- und Klientelpolitik war, dass Politik eher informell von einflussreichen Persönlichkeiten gestaltet wurde.[287] Diese konnte man allenfalls bestimmten weltanschaulichen Grundpositionen zurechnen – ‚liberal-konservativ', ‚linksliberal-antiklerikal' oder ‚katholisch-klerikal', nicht aber mit klar definierten politischen Programmen identifizieren.[288] Von den zwei kurzen Intermezzi abgesehen, in denen der Linksliberale und Mazzinianer Pianciani das Amt des Bürgermeisters innehatte, regierten auf dem Kapitol zumeist Vertreter der römischen Aristokratie auf der Basis eines variablen Bündnisses zwischen den katholisch-konservativen Kräften der *Unione romana* und gemäßigten Komponenten aus dem Lager der vereinigten Liberalen.[289] Auch im ersten Jahrfünft des 20. Jahrhunderts herrschte in Rom wieder dieser *trasformismo di fatto* – eine Kooperation zwischen Liberalen und Klerikalen, bei der die liberale Mehrheit im *Consiglio Comunale* auch ohne förmliche Koalition die Verständigung mit der katholischen *Unione Romana* suchte und zumeist auch fand.

Die Ära der *Roma giolittiana* begann mit dem Fürsten Prospero Colonna als Chef der Stadtregierung von Dezember 1899 bis Oktober 1904, und sie endete mit einer weiteren fünfjährigen Amtszeit desselben Mannes von Juli 1914 bis Juni 1919. Das könnte eine Kontinuität suggerieren, die es so freilich in Wirklichkeit nicht gab. Denn zwischen den beiden Amtsperioden Colonnas lagen jene sechs Jahre von 1907 bis 1913, die mit dem klingenden Namen Ernesto Nathans als Bürgermeister der Kapitale verbunden sind. Sie finden in der sonst überwiegend kritischen Historiographie des modernen Roms seit je eine ausgesprochen positive Beurteilung als Periode der demokratischen und sozialen Reform, des urbanistischen Fortschritts, des kommunalen *buongoverno* und der Prosperität. Die Bürgermeisterzeit Nathans ist eingelassen in den größeren Rahmen der nach dem linksliberalen Politiker Giovanni Giolitti benannten national-politischen Reformära. Sie erst hat die Voraussetzungen geschaffen für Nathans Bemühungen um eine durchgreifende Modernisierung in der *Roma Capitale*.[290]

Im letzten Jahrzehnt des 19. Jahrhunderts erlebte das Königreich Italien eine dramatische Zuspitzung der sozialen und politischen Konfliktlage. Im Mai 1898 wurde ein Generalstreik in der gut organisierten Arbeiterschaft Mailands durch die Truppen des Generals Bava Beccaris rigoros niedergeschlagen; 100 Arbeiter wurden dabei getötet, 500 weitere verletzt und anschließend noch viele verhaftet. Wie eine Antwort darauf und ein weithin sichtbares Fanal der explosiven Lage musste die Ermordung von König Umberto durch Anarchisten im Jahr 1900 erscheinen. Für die Verständigen im staatstragenden Establishment war es nun offensichtlich, dass die überzogen harte Politik der rechtsautoritären Regierungen unter der Führung des sizilianischen Großgrundbesitzers Starabba di Rudinì und des Generals Pelloux gescheitert war: Allein mit repressiven Mitteln konnte die offensichtliche Integrations- und Legitimationskrise des liberalen Staates nicht gelöst werden. Am klarsten stand für diese Einsicht Giovanni Giolitti, der flexible und reformbereite Politiker aus dem Piemont, der 1901 im Kabinett des Linksliberalen Zanardelli zunächst Innenminister wurde, ehe er dann 1903 selbst das Amt des Regierungschefs übernahm.[291]

In den Umbrüchen der einsetzenden Industrialisierung hatte sich die gesellschaftliche Basis, auf der das liberale Systems Italiens errichtet war, als zu schmal erwiesen. Giolitti zog daraus den Schluss, dass der liberale Staat nur durch soziale

Reformen und eine breitere Partizipation ihm bislang fernstehender Gesellschaftsgruppen – in erster Linie also der Katholiken und der Arbeiterschaft – stabilisiert werden konnte. Um das zu erreichen, suchte der wendige Politiker politische Zweckbündnisse mit dem gemäßigten Flügel der Sozialisten ebenso wie mit den kooperationsbereiten Richtungen des katholischen Milieus.

Die mit zwei kurzen Zwischenspielen anderer Ministerpräsidenten von 1903 bis 1914 dauernde ‚Ära Giolitti' bietet nicht das Bild geschlossener Programmpolitik aus einem Guss; vielmehr fühlt sich der Beobachter hier in besonders eindringlicher Weise an das Wort von der Politik als der ‚Kunst des Möglichen' erinnert. Undogmatische Reformen waren die eine Seite von Giolittis Krisenbewältigungsstrategie; aber 1911/12 scheute sich der Premier auch nicht, ganz im Sinne der Theorie vom ‚Sozialimperialismus' einen kolonialen Eroberungskrieg in Libyen zur Ableitung der inneren Spannungen nach außen zu benutzen. Bei allen – auch persönlichen – Schwächen hat Giolitti mit vielen Einzelschritten viel geleistet zur Reformierung und Modernisierung des italienischen Nationalstaates. Das neue Wahlrecht von 1912, welches auf einen Schlag die Zahl der Wahlberechtigten von 3,3 auf 8,6 Millionen (und damit knapp ein Viertel der Gesamtbevölkerung) steigen ließ, bildete dabei sicherlich die größte Errungenschaft. Die innere Zerrissenheit Italiens im Streit um Kriegsintervention oder Neutralität 1914/15 und die bürgerkriegsähnlichen Auseinandersetzungen der Nachkriegszeit, die 1922 in die Machtübernahme durch den Faschismus mündeten, haben dann allerdings gezeigt, dass selbst der Virtuose der Reformkompromisse die fundamentalen Probleme von Staat und Gesellschaft Italiens mit parlamentarisch-demokratischen Mitteln nicht überwinden konnte.[292]

Ein punktueller, für unser Thema aber zentraler Aspekt der giolittianischen Modernisierungspolitik ist die neuerliche Hinwendung der Regierung zu den Problemen der Hauptstadt. Während die Gesetze von 1881 und 1883 im wesentlichen die Modalitäten von Regierungsanleihen für Rom geregelt hatten, wurden nun mit einem weiteren Sondergesetz für Rom vom 8. Juli 1904 die Kommunalfinanzen durch Zuführung neuer Mittel überhaupt auf eine solidere Basis gestellt. Damit konnte das aufgelaufene Defizit von über vier Millionen Lire abgetragen und eine Million für konstruktive Ausgaben zurückgelegt werden. Der unmittelbare Nachfolger des Fürsten Colonna im Amt des römischen Bürgermeisters von 1905 bis 1907, Enrico Cruciani Alibrandi, nützte die Gewogenheit Giolittis, um das Augenmerk der Regierung auf weitere drängende Probleme der Stadt zu lenken: die unzulänglichen öffentlichen Dienstleistungen, die hohen Preise für Grundnahrungsmittel, die enormen Energiekosten und schließlich das Erfordernis, einen neuen Bebauungsplan aufzustellen.[293]

Ein lange schon chronisches Übel in der Hauptstadt war, wir wissen es, der Mangel an erschwinglichen Wohnungen, bedingt durch strukturelle Versäumnisse, die weit in die Zeit der päpstlichen Herrschaft zurückreichten.[294] Mit der Dynamik der Hauptstadtexpansion nach 1870 hatte sich das Problem potenziert, und inzwischen galt die

Spekulation auf die Wertsteigerung bebaubaren Bodens als das größte Hindernis einer geordneten und rationellen Stadtentwicklung. Neben den finanziellen Hilfen für den Stadtsäckel war deshalb die wichtigste Neuerung des Sondergesetzes für Rom die Einführung einer Steuer, welche die Eigentümer unbebauter Grundstücke in Höhe von jährlich einem Prozent des Grundstückswertes abzuführen hatten. Diese Baulandsteuer sollte zur Waffe im kommunalpolitischen Kampf des antiklerikalen und entschieden reformorientierten *blocco popolare* aus linken Liberalen, radikalen Demokraten und gemäßigten Sozialisten werden, der sich in den Kommunalwahlen von 1907 gegen das bisher regierende rechtsliberal-katholisch-konservative Lager durchgesetzt hatte. Am 25. November 1907 wählte dieses siegreiche Bündnis mit überwältigender Mehrheit den Mazzinianer und führenden Freimaurer Nathan zum Bürgermeister Roms.

Ernesto Nathan, 1845 in London geboren, entstammte einer reichen jüdischen Familie, die in England lebte. Die Mutter, Sara Levi aus Pesaro in den Marken, war der italienischen Nationalbewegung zugetan und mehr noch deren glühendstem Apostel, Giuseppe Mazzini, dem sie während seines englischen Exils in ihrem Hause Zuflucht bot. So waren die beiden jüngsten Söhne der Familie, Giuseppe und Ernesto, schon früh in den Bann des Gastes geraten, hatten dessen nationalrevolutionäre und republikanische Überzeugungen in sich aufgenommen und die von ihm angezettelten patriotischen Verschwörungsaktionen unterstützt. Als 1859 die historische Stunde der italienischen Einigung gekommen war, übersiedelte die Familie nach Italien und ließ sich in Pisa nieder. Auch hier war Mazzini wieder häufiger Gast, ja man wird sagen können, er sei wie ein Mitglied der Familie gewesen. Im Pisaner Haus der Nathans verbrachte der Revolutionär unter dem Decknamen ‚Doctor Brown' die letzten Monate seines Lebens, und dort starb er, gepflegt von seiner Bewunderin, am 7. Februar 1872.

Ernesto war Mazzini 1870 nach Rom gefolgt und hatte die von diesem gegründete Zeitschrift *Roma del Popolo* geleitet. Später führte Nathan, der 1888 italienischer Staatsbürger geworden war, in der neuen Hauptstadt ein großes Haus in der Via Torino, oben bei Termini, wo, noch von De Mérode begonnen, das erste Viertel der *Terza Roma* entstanden war. Intellektuelle und Politiker der *Sinistra* gingen dort ein und aus – der Dichter Carducci etwa und die Minister Crispi und Zanardelli. Mit der Wahl Nathans zum Bürgermeister 1907 gelangten in seiner Person erstmals seit dem Anschluss Roms 1870 jene progressiven Zeittendenzen auf dem Kapitol zur Geltung, die dem eingesessenen aristokratisch-katholisch-konservativen Gesellschaftsmilieu konträr waren: Nathan war weitgereist und welterfahren, entschieden linksliberal und kämpferisch antiklerikal, ein Freimaurer höchsten Grades (von 1896 bis 1903 und neuerlich von 1917 bis 1919 war er – nicht unumstrittener – *Gran Maestro* der Hauptloge *Grande Oriente d'Italia*), ein mazzinianischer Überzeugungsrepublikaner, der inzwischen zwar seinen pragmatischen Frieden mit der Monarchie gemacht hatte, aber ein bürgerlicher ‚Volksfreund' mit ausgeprägter Sensibilität für die Nöte und Bedürfnisse der wachsenden Unterschichten geblieben war. Dass er ein von fernher Zugewanderter war und ein Jude obendrein, diente seinen Gegnern ebenso zur Polemik wie sein unvollkommenes Italienisch, das den englischen Akzent nie ganz ablegen konnte.[295]

Das Programm des Reformblocks hatte eine weltanschauliche und eine sozialpolitische Stoßrichtung.[296] Der laizistische Charakter der Elementarschule sollte gegen den fortdauernden Einfluss der Kirche durchgesetzt und das Schulwesen insgesamt verbessert werden – in der Tat ein wichtiges Ziel gesellschaftlicher Modernisierung in einer Stadt, deren Bevölkerung immer noch zu mehr als der Hälfte aus Analphabeten bestand. Die öffentlichen Dienstleistungen – die Versorgung mit Trinkwasser und elektrischer Energie sowie der Nahverkehr – wollte man mit der Übernahme der Betriebe in kommunale Regie auf eine neue, nicht mehr von privatem Profitstreben bestimmte Basis stellen. Die dritte Säule des Reformprogramms war eine Baupolitik, welche das private Monopol auf Baugrund aufzusprengen versprach: das erschien dringlich, denn 1907 waren mehr als die Hälfte der 929 Hektar bebaubaren Grundes im Geltungsbereich des *Piano Regolatore* im Besitz von nur acht Banken oder Immobiliengesellschaften. Durch die Abschöpfung der Planungsgewinne und die Schaffung eines Baulandreservoirs in kommunaler Hand wollte man der Wohnungsnot der unteren Bevölkerungsschichten abhelfen.[297]

Das ideologische Bindemittel der heterogenen Koalition, der Nathan als Galionsfigur vorstand, war der Anti-Klerikalismus. Dieser war wieder sehr im Schwange – über Rom und Italien hinaus; denn die Reaktion der kurialen Orthodoxie auf die theologische Reformströmung des sogenannten ‚Modernismus', wie sie in der päpstlichen Enzyklika *Pascendi Dominici Gregis* vom September 1907 formuliert war, schien auf eine fundamentale Abweisung aller modernen Zeitfragen hinauszulaufen. Jenseits des Weltanschaulichen einte die kapitolinischen Mitstreiter Nathans der pragmatische Reformimpuls und das technokratische Expertenethos einer bürgerlichen Leistungselite, wie sie in den Großstädten der fortgeschritteneren Länder Europas schon seit längerem im Kampf gegen die hygienisch-sanitären, sozialen und baulichen Defizite der beschleunigten Urbanisierung hervorgetreten war.

Nathans kommunale Mitstreiter können als idealtypische Vertreter dieses Phänomens gelten, und zweifellos die bedeutendste Figur in dieser Riege war der Sozialist Giovanni Montemartini (1867–1913). Als Wirtschaftswissenschaftler und Theoretiker vertrat er einen Reforminterventionismus, der durch Übernahme städtischer Dienstleistungen in munizipale Regie die Lage in den Städten auch für die breiten Bevölkerungsschichten verbessern wollte. Ein Gesetz der Regierung Giolitti aus dem Jahr 1903 bot hierfür die rechtliche Handhabe. Durch Gründung kommunaler Versorgungsbetriebe – vornehmlich neuer Trambahnlinien – versuchte Montemartini, der in der Administration Nathan für die Versorgung mit Wasser, Gas und Elektrizität, für die öffentlichen Verkehrsmittel und die Schlachthöfe zuständig war, die bisherige Monopolstellung der privaten Anbieter aufzubrechen.[298] Unter den vielen Errungenschaften Montemartinis die bleibendste war freilich das thermo-elektrische Kraft-

Die *Centrale Montemartini*: Das erste, 1911–1913 errichtete thermo-elektrische Kraftwerk Roms an der *Via Ostiense* beherbergt heute in seinen restaurierten Maschinenhallen einen Teil der antiken Skulpturensammlung der kapitolinischen Museen.

werk, das zwischen 1911 und 1913 an der Via Ostiense errichtet wurde. Die *Centrale Montemartini* hat die Stadt bis 1968 mit Strom versorgt. Heute präsentiert sie sich als eine grandiose Mischung aus Industriedenkmal und Antikenmuseum. In den monumentalen Maschinenhallen hat man zum Millenium 2000 antike Skulpturen aus der Sammlung des kapitolinischen Museums aufgestellt, die dort im spannungsvollen Kontrast mit den bestens restaurierten technischen Großinstallationen der einstigen Stromfabrik faszinierend zur Geltung kommen.

Auch die Schulpolitik war, wie im Programm des Nathan-Blocks angekündigt, ein Schwerpunkt der Reformtätigkeit.[299] Sechzehn neue Schulgebäude wurden bis 1912 in der Stadt errichtet, die Zahl der Schüler in den städtischen Schulen von 36 000 auf 45 000 gesteigert; auch die Zahl der Schulen in der zum Stadtgebiet gehörenden *Campagna*, wo der obligatorische Schulbesuch noch sehr im argen lag, wurde erheblich vermehrt. Um die Teuerung der Grundnahrungsmittel einzudämmen, wurde schon im Dezember 1907 die Einrichtung einer kommunalen Ernährungsstelle beschlossen. In der Art, wie man dieses Vorhaben umgesetzt hat, zeigte sich freilich, dass der soziale Reformimpuls des Nathan-Blocks doch im Rahmen privatwirtschaftlicher Ordnungsmodelle verblieb. Nicht ein öffentliches Ernährungsamt sollte die Versorgung mit preiswerten Nahrungsmitteln organisieren, sondern ein Privatunternehmen, welches auf der Basis einer Abmachung mit der Kommune bei den Produzenten Lebensmittel aufkaufen, bevorraten und, unter Ausgleichung saisonaler Angebotsengpässe und Nachfragespitzen, in Rom zu konstant günstigen Preisen auf den Markt bringen sollte. Es ist ein ironisches Aperçu der Romgeschichte, dass mit dieser *agenzia municipale di annona* ausgerechnet die so bekennerhaft laizistische und papstfeindliche Nathan-Administration im Prinzip wieder zu jener ehrwürdigen römischen Tradition der *Annona* zurückkehrte, mit der die Päpste durch eine konsequente Politik des billigen Brotes jahrhundertelang existentielle Notlagen in ihrer Stadt zu vermeiden und den sozialen Frieden zu wahren suchten.[300]

Der *Piano Regolatore* von 1909

Wenn Nathan seine Vision einer modernen, säkularen Hauptstadt in Rom verwirklichen wollte, bedurfte es dazu mehr denn je eines gut ausgearbeiteten Plans. Die Erstellung eines neuen *Piano Regolatore* war umso dringender, als der alte von 1883 bereits 1908 auslief (er wurde schließlich bis 1910 verlängert). Das Technische Büro der Stadtverwaltung hatte noch in der Amtszeit von Bürgermeister Cruciani Alibrandi unter der Federführung des Ingenieurs Rodolfo Bonfiglietti einen Entwurf erarbeitet, der erstmals wenigstens ansatzweise das Höhenrelief berücksichtigte. Das war schon ein qualitativer Sprung, denn die Generalbebauungspläne von 1873 und 1883 hatten mangels entsprechender vermessungstechnischer Vorarbeiten das gerade in Rom so ausgeprägt variable Bodenrelief ignoriert und waren in ihrer Linienführung von der Fiktion eines völlig ebenen Planungsgebiets ausgegangen. Die Vorarbeit Bonfigliettis aus dem Jahre 1906 aber wurde von der *Giunta Nathan* verworfen. Der Entwurf lasse es an Kreativität fehlen, so hieß es, doch ist anzunehmen, dass sich der Volksblock auch aus ideologischen Gründen eine eigene Planungsplattform für seine Stadtpolitik schaffen wollte.

Angesichts des für 1911 anstehenden Jubiläums zur 50. Wiederkehr der Staatsgründung, das die Hauptstadt Rom ins Zentrum der nationalen und internationalen

Aufmerksamkeit rücken würde, hielt es die Nathan-Mehrheit für geboten, auch professionelle Planungskompetenz von außen heranzuziehen. Man gliederte aus dem *Ufficio Tecnico* des Munizips eine eigene Leitplanabteilung aus und unterstellte sie einem ausgewiesenen Experten aus dem Ingenieurskorps der staatlichen Bauverwaltung. Vermutlich ging es Nathan dabei auch darum, einen Fachmann zu gewinnen, der nicht in die eingespielten römischen Klientel- und Interessengeflechte eingebunden war. Seine Wahl fiel auf Edmondo Sanjust di Teulada, Chefingenieur des staatlichen Bauamts in der lombardischen Hauptstadt Mailand. Dieser Spross einer Kleinadelsfamilie aus dem sardischen Cagliari hatte schon eine glänzende Karriere in der staatlichen Bauverwaltung vorzuweisen, mit besonderer Expertise im Straßen-, Fluss- und Hafenbau und internationalen Erfahrungen aus zahlreichen dienstlichen Missionen im Ausland. Sanjust, den die Berufung in den kapitolinischen Dienst auf einem Kongress in St. Petersburg erreichte, setzte nach dem Abschluss des römischen Intermezzos Ende 1909 seine erfolgreiche Laufbahn in vielfältigen Verwendungen und hohen Ämtern fort. Von 1913 bis 1921 vertrat er als liberaler Katholik seine Heimatstadt Cagliari im italienischen Parlament. 1923 wurde er vom König in den Senat berufen.[301]

Sanjust nahm die Arbeit am *Piano Regolatore* im Juli 1908 auf und legte bereits im September einen ersten Entwurf vor. Im November wurde das Planungsinstrument vom Stadtrat gebilligt und im Februar 1909 nach einigen Modifikationen definitiv verabschiedet. Mit der regierungsamtlichen Genehmigung durch königliches Dekret vom 29. August 1909 erlangte der neue Generalbebauungsplan für Rom Gesetzeskraft.[302] Sanjusts Werk gilt in der urbanistischen Fachwelt als mustergültig hinsichtlich seiner technischen Qualität, auch wenn längst nicht alle seine Vorgaben die Zustimmung der Zeitgenossen oder der Nachwelt gefunden haben. Hervorgehoben wird seine professionelle Seriosität und die funktionale Präzision, mit der etwa die vorgesehenen Expansionszonen zu den vorhandenen oder neu zu schaffenden Infrastrukturen des Verkehrs und der sanitären Einrichtungen wie Wasserversorgung und Kanalisation in Bezug gesetzt wurden. Sanjust hatte sich zudem auf eine altimetrisch exakte Karte des römischen Stadtgebietes stützen können, die von den kartographischen Experten der italienischen Armee erstellt worden war und nun endlich eine getreuliche Erfassung des Höhenprofils im Bauleitplan erlaubte. In seinen städtebaulichen Präferenzen wie in der geschwungenen Lineatur der Stadtgestalt lässt dieser Plan – wie schon der Bonfigliettis, von dem Sanjust eigenem Bekunden zufolge wesentliche Anregungen übernahm – deutliche Anklänge an Ideen und Postulate der damaligen Avantgarde der europäischen Stadttheorie sowie der ‚sezessionistischen' Stilsprache des *Liberty* erkennen (wie man in Italien den ‚Jugendstil' nannte).[303]

Die römische Stadtgeschichte nach dem Zweiten Weltkrieg hat von der siebenjährigen Stadtregierung Ernesto Nathans und seines Blocks stets ein überaus – und zuweilen auch übertrieben – positives Bild gezeichnet. Davon hat auch die Arbeit Sanjusts profitiert, dessen *Piano Regolatore* geradezu als eine Offenbarung modern-

Piano Regolatore 1909: Der Plan von Sanjust mit der großen Ringstraße, seinen geschwungenen Lineaturen und radial angelegten Neubauvierteln zeigt deutliche Züge der von Camillo Sitte und anderen Pionieren der modernen Städteplanung beeinflussten Reformideen der Jahrhundertwende.

fortschrittlicher Stadtplanung nach fast vier Jahrzehnten der Unfähigkeit oder Unwilligkeit zur Planung und des ungesteuerten Wildwuchses in der *Roma Capitale* gefeiert wurde. Darüber geriet die – von Sanjust selbst nie bestrittene – Tatsache in Vergessenheit, dass der Plan von 1909 sich in den Grundzügen durchaus an den Planentwurf Bonfigliettis von 1906 anlehnte. Erst die jüngste Forschung hat die mannigfaltigen Abhängigkeiten wieder ins Licht gerückt und damit den „Schattenplan" (*piano ombra*) Bonfigliettis in gewissem Sinne rehabilitiert, ohne damit Sanjusts Leistung abzuwerten.[304]

Um die Wende vom 19. zum 20. Jahrhundert gelangten, Anregungen aus dem neueren europäischen Architektur- und Städtebaudiskurs aufnehmend, auch einige jüngere römische Architekten zu einer kritischen Neubewertung der bis dahin verfolgten Linie des Hauptstadtausbaus. Unter Berufung auf den belgischen Stadttheoretiker Charles Buls, der seinerseits von Camillo Sitte und Hermann Joseph Stübben beeinflusst war, sprachen sie sich gegen die gängige Praxis rigoroser Abrisse und Durchbrüche im Stadtkern und für die Erhaltung und bestandschonende Erneuerung der

Altstadtquartiere aus. Allen voran Gustavo Giovannoni und Marcello Piacentini wandten sich jetzt gegen großflächige *sventramenti* in der historischen Altstadt und plädierten stattdessen für eine Politik des *diradamento*: nicht mehr Niederlegung ganzer dichtbebauter Quartiere und Straßenzüge also, sondern nur behutsame ‚Ausdünnung' oder ‚Auslichtung' des Baubestandes unter weitgehender Schonung und Instandsetzung auch weniger bedeutender, aber organisch geschlossener Baugruppen.[305] Nun ist zwar gerade der spätere Piacentini als Haupt- und Chefarchitekt des *Duce* auch eng mit manchen Planungs- und Bausünden der Mussolinizeit verbunden[306]; dennoch sehen wir ihn hier zu Beginn des 20. Jahrhunderts unter den Vorreitern jener rasch an Einfluss gewinnenden Bewegung, welche den Stadtkern als ‚historische Altstadt' – als *centro storico* – begreift und ihn deshalb grundsätzlich unter Veränderungsbann stellen möchte. Im Falle Roms traf sich diese urbanistische Tendenz durchaus auch mit dem Leitbild der liberalen Eliten, die im monumentalen Zentrum der Hauptstadt den Symbolwert für die Selbstdarstellung des Nationalstaates über die Bewohnbarkeit und den funktionalen ‚Gebrauchswert' der Kapitale stellten.[307]

Auch der Plan Sanjusts lässt Ansätze dieser bewahrenden Haltung erkennen, weist aber insgesamt mehr interventionistische Züge auf als die Planskizze Bonfigliettis. Zwar bekannte sich Sanjust in seinen Leitlinien zu Behutsamkeit: Anpassung der Planung an das natürliche Bodenrelief unter Vermeidung umfangreicher Applanierungen und Aufschüttungen, Respektierung des vorhandenen Baubestandes auch dort, wo er nicht von allerhöchster (kunst)historischer Dignität war, Vermeidung großflächiger Demolitionen. Sein *Piano Regolatore* sah zwar für das Zentrum der *urbs* deutlich weniger substanzzehrende Eingriffe als noch der Plan von 1883 vor, aber er fasste doch auch *sventramenti* ins Auge, die, wären sie verwirklicht worden, zu erheblichen Verlusten geführt hätten. Die Schaffung eines neuen Mittelpunktes der ‚urbanen Eleganz' an der Piazza Colonna etwa, die zu diesem Zweck bis zur Fontana di Trevi erweitert werden sollte, hätte mit den erforderlichen großdimensionierten Verkehrsanbindungen dieses neuen Gravitationspunktes städtischen Lebens in verschiedene Richtungen einschneidende Durchbrüche links und rechts der Via del Corso nach sich gezogen. Das wurde – zum Glück – nicht realisiert; stattdessen entstand an dieser Stelle dann in den Jahren nach dem Ersten Weltkrieg die zweiarmige, in Gestalt eines ‚Y' ausfächernde *Galleria di Piazza Colonna* als mondänes Geschäftszentrum nach dem Muster der *Galleria Vittorio Emanuele II* in Mailand und der *Galleria Umberto* in Neapel.[308]

Der Plan von 1909 ging von der Annahme aus, dass sich die Bevölkerung der Hauptstadt – 1908 zählte Rom 560 000 Einwohner – in den nächsten 25 Jahren auf mehr als eine Million verdoppeln würde. Um diesen Bevölkerungszuwachs aufzunehmen, musste die Stadt um 1300 Hektar expandieren, von denen 800 auf neue Wohnviertel entfallen sollten. Insgesamt umfasste der Geltungsbereich des Bebauungs- und Erweiterungsplans (*Piano Regolatore e di ampliamento di Roma*) ein Gebiet von 5000 Hektar, das von einer 25 Kilometer langen und 60 Meter breiten Ringstraße umgürtet werden sollte. Diese *circonvallazione*, die bereits im Planentwurf Bonfiglietti vorgesehen war, wurde auch weitgehend realisiert und markiert noch heute als baumbestandener Boulevard die Grenze zwischen innerer und äußerer Peripherie der Stadt. Was die Erweiterungszonen anlangte, so unterschied sich der Entwicklungsplan von 1909 nicht grundlegend von seinem fragmentarischen Vorläufer von 1906, den man für die richtungslos allseitige Ausbreitung der Stadt *a macchia d'olio* noch heftig kritisiert hatte. Die geplanten Viertel verteilten sich auch bei Sanjust als neue Siedlungskerne mit vorwiegend radialer Straßenanlage rings um das schon bebaute Stadtgebiet und lagen sämtlich jenseits der Grenzen des bisherigen Bebauungsplans. Die fünf größten Neubauzonen mit Flächen zwischen 60 und 210 Hektar waren vorgesehen an der ehemaligen Piazza d'Armi im nördlichen Anschluss an das *Quartiere Prati* (heute *Quartiere Mazzini*), nördlich der Piazza del Popolo zwischen Via Flaminia und dem Tiber bis zum Ponte Milvio (heute *Quartiere Flaminio*), um die Piazza Verbano (*Quartiere Trieste*), die Piazza Bologna und vor den Mauern zwischen Porta S. Giovanni und Porta Metronia (*Quartiere Appio-Latino* um Piazza Re di Roma). Rechtsseitig vom Tiber, am westlichen Abhang des *Gianicolo*, sollten zwei kleinere Wohngebiete entstehen: Porta Cavalleggieri und Monte Verde.

Ein deutlicher Unterschied und durchaus auch ein urbanistischer Fortschritt gegenüber dem Entwurf von Bonfiglietti lag darin, dass die Erweiterungszonen nach Bautypen strukturiert waren, die bei konsequenter Umsetzung eine funktional sinnhafte und ästhetisch ansprechende Gliederung der Stadtgestalt in ihrer Expansion ermöglicht hätten. Zu den tragenden Ideen Sanjusts gehörte vor allem die bauräumliche Organisation der neuen Viertel auf der Basis zweier unterschiedlicher Gebäudetypen – *fabbricati* und *villini*. Was darunter zu verstehen war, definierten dann die beiden verbindlichen Bauordnungen (*Regolamento generale edilizio* und *Regolamento speciale edilizio*), die vom Stadtrat 1912 für Rom erlassen wurden. Die *fabbricati* waren demnach große Wohnblöcke. Ihre maximale Höhe wurde zunächst auf 24, später dann unter dem Druck der Verwertungsinteressenten auf 28 und schließlich 1923 gar auf 30 Meter festgelegt, was in der letzten Stufe sieben Stockwerken entsprach – einer Höhe, wie wir sie schon bei den *isolati* in den Neubauvierteln der 1870er und 1880er Jahre angetroffen haben. Die *villini* hingegen waren kleinere Wohngebäude von maximal vier bis fünf Stockwerken, die von der Straßenlinie mindestens vier Meter zurückgesetzt und rings von Garten umgeben sein sollten. Den hauptsächlichen Baubestand der neuen Quartiere sollten die *fabbricati* bilden, die auch den Löwenanteil an günstigen Wohnungen zu erbringen hatten; um diese Kerne verdichteter Bebauung herum sorgten Geländestreifen mit *villini* dann für stadtökologische wie soziale und ästhetische Auflockerungszonen. Als eine dritte Bebauungsvariante sah Sanjusts Plan noch sogenannte *giardini* in den Grünzonen vor, großzügige Gartengrundstücke, die mit Einzelhäusern von gehobenem Komfort bebaut werden konnten, sofern diese nicht mehr als ein Zwanzigstel der Grundstücksfläche bedeckten – angesichts der Bodenpreise in der jungen Kapitale ein wahrer Wohnluxus für wenige!

Die Besitzer jener ausgedehnten Areale, für die in Sanjusts Plan nur eine Bebauung mit *villini* vorgesehen war, setzten sich erwartungsgemäß entschieden zur Wehr gegen diese Beschränkung der Wertverdichtung. Unter den Nachfolgern Nathans im Bürgermeisteramt, die den Privatinteressen wieder gewogener waren, kam die Immobilienlobby ihrem Ziel näher, statt der bescheiden dimensionierten *villini* größere und einträglichere Baukörper errichten zu dürfen. Nach dem Weltkrieg, als der Wohnraummangel infolge des kriegsbedingten Investitionsausfalls dramatische Ausmaße angenommen hatte, gelangten diese Bemühungen dann zu durchschlagendem Erfolg. Mit königlichem Dekret vom 16. Dezember 1920 wurden die betreffenden Beschränkungen des *Piano Regolatore* von 1909 im Sinne der Investoren revidiert. Wo der Plan nur die lockere Bebauung mit *villini* ausgewiesen hatte, konnte jetzt ein erheblich größerer Gebäudetypus errichtet werden, die *palazzina*, mit einer Breite bis zu 25 (unter bestimmten Bedingungen sogar 35) Metern zur Straßenfront und einer Höhe von maximal 19 Metern. Auch schon bestehende *villini* durften nach diesen Maßgaben erweitert und aufgestockt werden. Die ursprünglich auf ein Jahr befristete Sonderregelung wurde, wenig überraschend, verlängert, bis der Plan von Sanjust 1925 als ganzer revidiert und damit aus der befristeten Ausnahme der *palazzina* der Regelfall wurde.

Was zunächst wie eine unscheinbare Operation von begrenzter Wirkung und Bedeutung aussah, erwies sich als entscheidende Weichenstellung für das weitere Werden Roms bis in unsere Tage. Denn mit der notgeborenen *palazzina* war eben jener Wohngebäudetypus in die Welt gesetzt, der in den folgenden Jahrzehnten zum allgegenwärtigen architektonischen Element in den Expansionszonen der italienischen Hauptstadt werden sollte. Heute ist die *palazzina* die Standardbauform des bürgerlichen Roms. In Miete zu wohnen ist in Italien längst nicht so selbstverständlich wie in Deutschland; das gesellschaftliche Ideal ist schichtenübergreifend der *proprietario*, und wer immer ein gewisses Maß an Wohlstand erreicht hat, wird um (beinahe) jeden Preis versuchen, Wohneigentum zu erwerben. Nur in den seltensten Fällen handelt es sich dabei um ein eigenes, gar freistehendes Haus.

Farsi casa – das bedeutet in den Städten und damit auch in Rom, eine Eigentumswohnung in einer jener *palazzine* zu erwerben, die zu Tausenden und Abertausenden in den ‚besseren' Neubauvierteln entstanden sind und die heute in dicht gepackter Monotonie das Stadtbild prägen. Das Eigentumsmodell des *condominio*, der Aufteilung eines größeren Wohngebäudes unter mehrere individuelle Eigentümer, hat in der Zwischenkriegszeit, im faschistischen *Ventennio,* seinen Durchbruch erlebt und sich in den Jahrzehnten nach dem Zweiten Weltkrieg dann auf breiter Front etabliert.[309] Der klassische Anwendungsfall dieses Modells war die *palazzina.*

„Die *palazzina* fand nicht nur die Gunst der Grundeigentümer, sondern auch der Bewohner", so hat einer der besten Kenner der Rom-Urbanistik dieses Phänomen und seine sozio-mentale Fundierung kommentiert. „Sie wurde der beliebteste Bautypus des römischen Bürgertums. […] Die *palazzina* ist der typische Kompromiss, der offensichtlich allen Bedürfnissen und Bedeutungen genügt – und wir wissen ja, wie viel das ‚den-Schein-wahren' besonders in Rom zählt. Die auf ein Dutzend beschränkten Bewohner können sich in dem Glauben wiegen, mehr oder weniger in einem eigenen Haus zu leben; die zwölf Meter freien Raums um die *palazzina* herum lassen ihnen die Illusion und den Anschein, sie lebten in einer Villa mit Park, und zwei Büschel Grünzeug im Eingangsbereich zwischen einer Garage und einem Geschäft komplettieren diese Illusion."[310]

Jenseits des Wohnungsbaus knüpfte der *Piano Regolatore* von 1909 an das Projekt einer Industrieansiedlung im Viertel Testaccio an, wo neben Arbeiterwohnungen schon zu Beginn der 1890er Jahre auch der neue Schlachthof entstanden war. Nun sollte die Industriezone ausgeweitet werden in den *Quadrante Ostiense*, das Gebiet also, das sich jenseits der Porta S. Paolo stadtauswärts zwischen Tiber und Via Ostiense meerwärts erstreckte. Entlang dieser alten Ausfallstraße, an der auch die Basilika S. Paolo fuori le Mura liegt, wurden während der Amtszeit Nathans das neue Elektrizitätswerk der Stadt, das Gasometer sowie die zentralen Großmarkthallen errichtet, die *Mercati Generali*. Die Idee umfangreicher Gewerbe- und Industrieansiedlungen in diesem Sektor entsprang einer noch weiter ausgreifenden Entwicklungsperspektive, die für Rom bei Ostia einen eigenen Seehafen schaffen und den Tiber bis vor Testaccio schiffbar machen wollte. Die Vision einer Ausdehnung der Hauptstadt bis zum Tyrrhenischen Meer beflügelte unter dem Schlagwort *Roma città del mare* noch jahrzehntelang die Stadtplaner. Sie fand im faschistischen Weltausstellungs-Projekt E 42 – EUR eine städtebaulich bedeutende Teilrealisation, ehe das große Vorhaben eines eigenen römischen Stadthafens bei Ostia dann definitiv und buchstäblich im Tiberdelta versandete.[311]

Nathans Kampf um Baulandsteuer und Wohnungsbau

Das am härtesten umkämpfte Feld der Nathanschen Reformbestrebungen in der italienischen Hauptstadt war die Bau- und Bodenpolitik zur Bereitstellung bezahlbarer Wohnungen für die weniger bemittelten Bevölkerungsschichten. Auch die Vorgängeradministrationen hatten sich schon mit dem Wohnungsmangel konfrontiert gesehen. Zwischen 1900 und 1907 war der Wohnungsbau wiederum hinter der Bevölkerungszunahme zurückgeblieben, die Lücke zwischen Bedarf und Bestand hatte sich damit weiter vergrößert. Eine erste Antwort darauf war die von der Regierung geförderte Gründung von Wohnungsbaugenossenschaften, allen voran des *Istituto per le case popolari* (*Icp*) 1903/1904 gewesen.[312] Aber auch wenn die Wohnungsnot sich in Rom besonders akut zeigte, war sie doch keineswegs nur ein römisches oder italienisches Spezialproblem.

In allen größeren Ländern Europas war zu Beginn des 20. Jahrhunderts die ‚Wohnungsfrage' Gegenstand einer lebhaft geführten sozialpolitischen Debatte. Die

Masse der Arbeiter, die im Zuge von Industrialisierung und Urbanisierung in die expandierenden Städte geströmt waren, hatte dort unter den Bedingungen eines ausschließlich privatkapitalistisch organisierten Wohnungsmarktes nur ein notdürftiges Unterkommen in düsteren Mietskasernen und Slums gefunden. Sie aus ihrer elenden Situation zu befreien und mit einem Mindestmaß an Wohnstandard zu versorgen, war daher ein Hauptanliegen der gegen Ende des 19. Jahrhunderts aufkommenden bürgerlichen Sozialreform. Die zugrundeliegenden Motive waren nicht nur humanitärer Natur; man war sich vielmehr bewusst, dass der Wohnungsnot ein enormes soziales Konfliktpotential innewohnte, welches entschärft werden musste, um die bürgerliche Gesellschaft gegen die radikale Systemkritik des Sozialismus zu immunisieren.[313]

In diesem europäischen Reformdiskurs, der um die Wende vom 19. zum 20. Jahrhundert einen ersten Höhepunkt erreichte, war mit dem aus Venedig stammenden Wirtschaftswissenschaftler und Schatzminister im zweiten Kabinett Giolitti (1903–1905), Luigi Luzzati, auch Italien prominent vertreten. Luzzati sah in der Schaffung einer kleinbürgerlichen Eigentümerschicht mit bescheidenem Haus- und Grundbesitz ein geeignetes Mittel, die bedrohte bürgerliche Gesellschaftsordnung zu stabilisieren. Er machte die Lösung der Wohnungsfrage zu einem Hauptthema im politischen Reformprojekt Giolittis und legte 1903 ein Gesetz vor, das nach dem Vorbild ähnlicher Maßnahmen in Frankreich, Großbritannien, Belgien, Deutschland und dem Habsburgerreich auch in Italien die Förderung des sozialen Wohnungsbaus und die Verbreitung von Haus- und Grundbesitz in den unteren Bevölkerungsschichten in die Wege leiten sollte.[314]

Die Nathan-Administration konnte für ihre Bau- und Wohnungspolitik auf ein Rechtsinstrumentarium zurückgreifen, das von der Regierung eigens für Rom geschaffen worden war – die Baulandsteuer. Sie richtete sich gegen die spekulative Hortung von Bauland in den Händen privater Grundeigentümer, in der man eine Hauptursache der grassierenden Wohnungsnot und der exorbitant hohen Mieten sah. Wie Ministerpräsident Giolitti bei der Vorstellung des ersten Sondergesetzes für Rom 1904 vor dem Parlament hervorhob, waren zu diesem Zeitpunkt 600 000 Quadratmeter Baugrund in der Hauptstadt in den Händen von nur einem Dutzend personaler und institutioneller Eigentümer konzentriert. Dem Problem abhelfen sollte eine jährlich an die Kommunen abzuführende Steuer auf bebaubare Grundstücke, die für eine Mobilisierung des Bodens sorgen und zugleich den finanziellen Handlungsspielraum der Kommune erweitern würde.[315]

Die abstrakte Logik dieser fiskalischen Maßnahme erscheint zwingend: Wer im Geltungsbereich des *Piano Regolatore* ein Grundstück besaß, wurde verpflichtet, der Kommune gegenüber den Wert zu erklären, den er selbst seinem Grundstück zumaß. Dieser vom Eigentümer angesetzte Grundstückswert diente als Berechnungsbasis für die Steuer, die jährlich zu entrichten war, solange das Grundstück unbebaut blieb. Zum deklarierten Wert konnte die Stadt das Grundstück aber auch jederzeit enteignen, um es einem kommunalen Grundstückspool für Wohnungsbauprojekte zuzuführen. Die

Schaffung eines solchen kommunalen Baulandreservoirs *(demanio municipale)* sollte aus den Erträgen der Baulandsteuer finanziert werden. Der Wirkungsmechanismus der Baulandsteuer war ebenso einfach wie schlüssig: Setzte ein Grundeigentümer den Grundstückswert hoch an, um im Falle der Enteignung eine hohe Entschädigung zu erhalten, so verzichtete die Kommune auf die Enteignung und kassierte stattdessen alljährlich einen erklecklichen Steuerbetrag. Setzte er indes den Wert (zu) niedrig an, um entsprechend wenig Steuer zu zahlen, so konnte es für die Stadt attraktiv sein, den Eigentümer mit dem deklarierten Wert zu entschädigen und das Grundstück dem *demanio municipale* einzuverleiben. Der Besteuerung entgehen konnte nur, wer sein Bauland auf den Markt brachte – und dies würde, so das Kalkül, zu einer Senkung der Baulandpreise führen.

Die Baulandsteuer *(tassa sulle aree fabbricabili)*, deren Satz 1907 in einem weiteren Sondergesetz von einem auf drei Prozent des deklarierten Grundstückswertes angehoben wurde, hat allerdings, wie wir noch sehen werden, in der baupolitischen Praxis nicht den angestrebten Effekt erzielt. Von Interesse ist sie für uns gleichwohl, weil mit ihr ein Novum in die italienische Rechtskultur eingeführt wurde, das in anderen Ländern Europas längst selbstverständlich war: Es war der für ein modernes Stadtplanungsrecht fundamentale Grundsatz, dass die Bebaubarkeit eines Grundstückes nicht als ein dem Boden gleichsam von Natur aus inhärentes Eigentumsrecht zu betrachten sei, sondern (auch) als eine durch Stadtentwicklung und Stadtplanung dem Boden hinzugefügte Qualität. Rechtssystematisch ergab sich daraus die Folgerung, dass die mit der Bebaubarkeit einhergehende Wertsteigerung partiell wieder für die Allgemeinheit abzuschöpfen und der Kommune zuzuführen war.[316]

Was auf den ersten Blick durch steuertechnische Stringenz besticht, zeigte allerdings bei genauerem Hinsehen auch problematische Aspekte, welche die Grundintention, das spekulative Monopol der römischen Grundeigentümer aufzubrechen, gefährden und im Endeffekt sogar konterkarieren konnten. Wenn nämlich, wie das Gesetz es vorsah, alle in Privatbesitz befindlichen Areale innerhalb des Geltungsbereichs des kommunalen Planungsrechts der Baulandbesteuerung unterlagen, implizierte das automatisch auch die Bebaubarkeit dieser Grundstücke. Mit der Festlegung der Baulandsteuer für ein bestimmtes Grundstück erlangte demnach der Eigentümer auch eine grundsätzliche Bebauungsberechtigung. Nach derselben Logik verzichtete die Kommune mit der Veranlagung eines Grundstückes zur Besteuerung auch definitiv auf die Möglichkeit einer späteren Enteignung. Ob die Kommune berechtigt war, bestimmte Areale innerhalb des *Piano Regolatore* von vorneherein von der Besteuerung auszunehmen und damit diesem Dilemma zu entgehen, blieb umstritten.[317]

Es waren nicht zuletzt die Inkohärenzen und Widersprüche in diesem Stadtplanungsinstrumentarium, was es den privaten Bodenverwertungsinteressen ermöglichte, die Reformabsichten von Regierung und Kommunaladministration zu unterlaufen. Die Grundbesitzer sahen in der Steuer einen veritablen Anschlag auf das Privateigentum und setzten sich gegen die Veranlagung mit allen erdenklichen Mitteln zur Wehr. Von knapp 500 Eigentümern, die nach Erlass des ersten Gesetzes von 1904 in die Steuermatrikel eingetragen wurden, legten 400 Widerspruch ein. Der Verband der Grundeigentümer leistete so hartnäckigen Widerstand, dass das Steuerverzeichnis erst 1913 fertiggestellt werden konnte, und zu diesem Zeitpunkt stand der Nathan-Block politisch bereits vor dem Ende. Die Nachfolgeadministration unter Prospero Colonna setzte die Steuer dann für die Dauer des Krieges aus, und als 1919 endlich die erste (es blieb die einzige!) Rate in Höhe von 1,4 Millionen Lire erhoben wurde, war der Betrag durch die kriegsbedingte Inflation bereits stark entwertet. Unter diesen Umständen konnte die Baugrundsteuer, die von der faschistischen Regierung schließlich 1923 ganz abgeschafft wurde, weder für den Aufbau einer kommunalen Baulandreserve noch zur Finanzierung des *Istituto per le case popolari* jenen maßgeblichen Beitrag leisten, den man sich von ihr versprochen hatte.[318]

Ungeachtet aller Widerstände und Schwierigkeiten stand die Reformmannschaft Nathans am Ende ihrer sechsjährigen Amtszeit 1913 gleichwohl nicht mit leeren Händen da. Auch wenn aus der Baulandsteuer keine nennenswerten Erträge flossen, gelang die Schaffung eines Baulandreservoirs in kommunaler Hand von etwa 800 000 Quadratmetern, das meiste davon im stadtnahen Umland, dem sogenannten *suburbio* jenseits der Aurelianischen Mauern gelegen.[319] Aus diesem Reservoir bediente die Stadt mit günstigen Baugrundstücken die verschiedenen Kooperativen, die sich zum Zwecke der Schaffung preiswerten Wohnraums gegründet hatten. Auch in der Verbesserung des Wohnungsangebots für die unteren Einkommensschichten, ein zentraler Programmpunkt des Nathanschen Reformblocks, war man vorangekommen, obwohl es über den Weg zur Erreichung dieses Zieles innerhalb des heterogenen Bündnisses divergierende Ansichten gab. Nathan und seine bürgerlichen Mitstreiter favorisierten bei aller Reformrhetorik ein Vorgehen im Rahmen liberaler Wirtschaftslogik: Privatunternehmerische Initiativen zum Bau billiger Wohnungen sollten durch öffentliche Zuschüsse und Vergünstigungen motiviert werden. Die sozialistische Stadtratsfraktion um Giovanni Montemartini machte dagegen geltend, dass alle bisherigen Versuche dieser Art gescheitert waren, und befürwortete die Errichtung von Sozialwohnungen in kommunaler Eigenregie. Beschritten wurden schließlich beide Wege, mit unterschiedlichen, aber insgesamt doch durchaus vorzeigbaren Resultaten. Auch wenn vieles Stückwerk blieb, konnte der Nathan-Block auf dem Gebiet des sozialen Wohnungsbaus Erfolge erzielen wie keine andere Administration zuvor. Erstmals in der Geschichte der *Roma Capitale* wurde in den drei Jahren von 1910 bis 1912 mehr Wohnraum für die unteren Volksschichten (14 941 Einheiten) geschaffen als für das Bürgertum (14 884 Einheiten) – auch bei knapper Differenz doch eine epochale Trendwende.[319]

Eines der ersten gelungenen Beispiele für ein geschlossen konzipiertes Quartier von einfachem, aber solidem Wohnstandard war das vom *Istituto per le case popolari* in den Jahren zwischen 1906 und 1923 für etwa 2500 Bewohner auf dem kleinen Aventinshügel zwischen den Caracalla-Thermen und der Cestius-Pyramide geschaffene Viertel von San Saba um die gleichnamige Kirche und in unmittelbarer Nachbarschaft zum Arbeiter- und Industriebezirk Testaccio. Insbesondere der erste Bauabschnitt um die Piazza Bernini, zwischen 1906 und 1909 realisiert, lässt mit seinen zweigeschossigen, von Gärten umgebenen Einfamilienhäusern in kurzen Reihen oder lockerer Gruppierung deutlich erkennen, dass dieses Unterfangen von den damals in ganz Europa kursierenden Reform-Ideen der ‚Gartenstadt' beeinflusst war. Der vergleichsweise hohe urbanistisch-architektonische Standard der Anfangszeit konnte zwar nicht gehalten werden – in den folgenden Bauabschnitten wurden aus Kostengründen größere Hauseinheiten (drei bis vier Geschoße mit je drei bis vier Wohnungen) mit entsprechend höherer Wohnverdichtung errichtet. Aber auch so wird dieses Viertel dem heutigen Betrachter noch als eine beneidenswerte Idylle städtischen Wohnens erscheinen angesichts all dessen, was dann vor allem in der zweiten Hälfte des 20. Jahrhunderts im Massenwohnungsbau an Scheußlichkeiten zur Regel wurde. Im Kontrast zur Bebauung in den heutigen Randbezirken Roms markiert das *Quartiere San Saba* auf drastische Weise die Fallhöhe des ‚sozialen' Wohnungsbaus und zeigt in ernüchternder Deutlichkeit den seither eingetretenen Niedergang der Wohnstandards in den modernen Industriegesellschaften.[321]

Spuren hat die Nathansche Wohnungspolitik auch in den beiden älteren Arbeitervierteln Testaccio und San Lorenzo hinterlassen. Letzteres wurde zum Entwicklungskern für die im 20. Jahrhundert immer weiter gen Osten sich ausbreitende Arbeitervorstadt Tiburtino. Beide Viertel waren schon in den 1870er und 1880er Jahren entstanden, mit dürftigen Standards, oft sogar ohne fließendes Wasser und sanitäre Einrichtungen in den Häusern. In den langen Jahren der Stagnation nach der Baukrise beherbergten diese Bezirke in ihrer heruntergekommenen Bausubstanz die verarmten Erwerbslosen der einstmals florierenden Bauindustrie und brotlose Zuzügler aus dem Hinterland. In beiden Vierteln gelangen der Nathan-Administration Sanierungserfolge durch Verbesserung der Infrastrukturen, den Bau neuer Schulen und die Errichtung von Gebäuden für Sozialwohnungen.

Festzuhalten ist freilich, dass es dann in der Regel eine Arbeiter*elite* gewesen ist, welche von den kommunal angestoßenen Neubauprojekten dieser Art in San Saba, im Testaccio und in San Lorenzo profitiert hat – vornehmlich die unteren Angestellten der Gemeinde, des Staates und der Eisenbahnen – nicht aber die einfachsten Volksschichten. Diese fanden zusammen mit den Unglücklichen, deren Behausungen den innerstädtischen Durchbrüchen und Abrissen zum Opfer fielen, oft nur in sogenannten *borghetti* oder *villaggi abissini* Unterschlupf, slumähnlichen Ansammlungen von Baracken, Hütten und notdürftig zusammengezimmerten Verschlägen, welche sich an vielen Stellen am Rande der regulären Siedlungsstruktur oder in deren Zwischenräumen ausbreiteten. Bar wohnungsbaulicher und hygienischer Mindeststandards, ohne fließendes Wasser, ohne Abwasserkanalisation und ohne Anschluss an die Stadtgasversorgung, waren diese Behelfsunterkünfte Stätten der sozialen Verwahrlosung und des zivilen Verfalls, auch veritable Brutstätten für Fieber, Typhus und Cholera. Als das große Jubiläum zum 50jährigen Bestehen des Königreichs Italien mit seinen für Rom geplanten üppigen Feiern und Ausstellungen herannahte, ließ die Nathansche Stadtregierung eilends 4000 *case rapide* bei Porta Metronia, Porta S. Giovanni und bei Ferratella aufstellen, Baracken aus einfachsten Materialien und von dürftigster Bauart. Der Zeitpunkt, zu dem diese Notunterkünfte errichtet wurden, legt den Verdacht nahe, dass es der Stadtregierung in erster Linie darum ging, das weit über die Stadt verstreut lebende Subproletariat an einigen wenigen Stellen zu konzentrieren, wo man es besser überwachen konnte und wo es zugleich den Blicken der illustren Gäste entzogen war, die man im Jubiläumsjahr 1911 zahlreich aus dem In- und Ausland erwartete.[322]

Italiens Hauptstadt im Jubeljahr 1911 – ein Zwischenfazit

„Wenn es nicht die erhabenen Spuren der heidnischen Monumente und den Glanz und die Pracht der mittelalterlichen gäbe, hätte jeder, der am 19. September 1870 Rom verlassen hätte und seither nicht zurückgekommen wäre, größte Mühe, die Stadt wiederzuerkennen. Wenn er heute durch die Straßen streifte, würde er nur ganz wenige von ihnen im Zustand von damals vorfinden. Viele würde er vergeblich suchen, da sie inzwischen für immer verschwunden sind, ohne dass sich von ihnen auch nur der Name erhalten hat. Und andererseits würde er, wo immer er sich hinwendete, zahlreiche Straßen finden, die es vordem nicht gab, und prachtvolle Gebäude von Grund auf neu erbaut, die es zwar manchmal an Eleganz fehlen lassen, niemals aber an Großartigkeit."

Diese knappe und bei aller Nüchternheit so einprägsame Charakterisierung des neuen, des italienischen Roms stammt aus dem Jahr 1895 – ein treuer Diener des römischen Munizips hatte sie verfasst zum 25. Jahrestag des Anschlusses Roms an den italienischen Nationalstaat.[323] Fünfzehn Jahre später, zum Jubiläum des fünfzigjährigen Bestehens des Königreichs, hätte er sie mit neuem und noch größerem Recht wiederholen können. Die Umwandlung der alten *urbs* war vorangeschritten, die Hauptstadt weiter gewachsen, prächtiger geworden, pompöser … und vor allem moderner – eine Stadt ihrer Zeit, eine Metropole wie viele. Das Rom des Jahres 1911 hatte in der Einwohnerzahl die halbe Million deutlich überschritten. Seinen Besuchern und Gästen aus der großen Welt, die es nicht mehr wie in den Tagen Goethes und in all den Jahrhunderten davor durch die Piazza del Popolo betraten, sondern durch die Schwingtüren der Stazione Termini, zeigte es sich mit allen Attributen einer Kapitale der Belle Époque.[324]

Eröffnet wurde das Jubeljahr am 27. März 1911 – einem spezifisch römischen Epochendatum: An jenem Tag hatte 50 Jahre zuvor das erste Parlament des eben errichteten italienischen Königreichs Rom zur Hauptstadt proklamiert. Die Feiern zum 50. Jahrestag der Staatsgründung, dieses „Fest der Feste", mit dem die bürgerlich-liberalen Eliten ihr Werk der Welt präsentieren wollten – vollzogen sich im Rahmen

Rom um 1900 nach einem Plan des Kartographischen Dienstes des italienischen Heeres.

einer jener Weltausstellungen, wie sie seit 1851 den europäischen Nationen periodisch zur Selbstdarstellung in triumphaler Zukunftsgewissheit dienten. Dass die *Roma Capitale* die zentrale Bühne dafür bieten würde, verstand sich von selbst. Aber auch Turin, Ex-Hauptstadt und nun Brennpunkt der noch jungen Industrialisierung Italiens, erhob den Anspruch, sich auf dieser Leistungsschau der Industrie und des technischen Fortschrittes zu präsentieren. So wurde die Weltausstellung 1911 schließlich geteilt: Rom blieb Schauplatz der politischen Selbstdarstellung des Königreichs und der Demonstration nationaler Einheit in ethnischer und kultureller Vielfalt, und Turin durfte seine neue Rolle mit Ausstellungen zu den Themen ‚Industrie' und ‚Arbeit' demonstrieren. Florenz, das ja ebenfalls für einige Jahre die nationale Hauptstadtkrone getragen hatte, wurde bei diesem Arrangement zunächst übergangen, konnte sich schließlich aber mit einer Ausstellung über die italienische Porträtmalerei und einer Blumenschau traditionsgerecht in Szene setzen.

Das 19. Jahrhundert, und das späte zumal, sei, so sagt man gerne, das Jahrhundert der Denkmäler gewesen. Auch wer als Ankömmling aus dem römischen Hauptbahnhof ins Freie trat, sah sich sogleich einem Monument gegenüber auf dem großen Platz, der den 500 toten Helden des ersten italienischen Kolonialdebakels von Dogali[325] geweiht war (und ist). Antike und päpstliche Vergangenheit in romtypischer

Verschränkung präsentierte sich sodann auf der gegenüberliegenden Seite der Piazza dei Cinquecento in Gestalt der grandiosen Ruinen der Diokletiansthermen mit der von Michelangelo in sie hineinkomponierten Kirche S. Maria degli Angeli. Sie galt als Nationalkirche der italienischen Monarchie, seit dort 1896 die Hochzeit des späteren Königs Vittorio Emanuele III. stattgefunden hatte. Vor der Kirchenfassade nahm den Rom-Besucher schon die nächste Platzanlage in Empfang, die halbrunde Piazza dell'Esedra mit dem erst um die Jahrhundertwende vollendeten spektakulären Najadenbrunnen, dessen wohlgeformte nackte Frauenfiguren vom vorurteilslosen Kunstsinn auch der neuen Herren der *urbs* Zeugnis gaben. Das majestätische Halbrund der Gebäude mit den Bogenarkaden von Gaetano Koch lenkte den Ankömmling sodann in die Via Nazionale, die an Grands Hotels (links) und am Palazzo delle Esposizioni (rechts) vorbei hinabführt zur Piazza Venezia.

Dort wurde zur Krönung des Jubiläumsjahres am 4. Juni 1911 das Nationaldenkmal (obschon noch unvollendet – es fehlten unter anderem die beiden krönenden Quadrigen und auch die Statue der *Dea Roma*, die heute in der Mitte des Monuments thront) mit feierlichstem Zeremoniell eingeweiht, in Anwesenheit der königlichen Familie, der hohen Militärs, des Ministerpräsidenten (wieder einmal Giolitti) und der Minister, der Bürgermeister von 6000 italienischen Städten und von Veteranen (auch garibaldinischen) der Unabhängigkeitskriege: Ein Hochamt nationaler Selbstbeschwörung, das in der komplexen Vielfalt seiner Symbolbezüge deutlich werden ließ, dass dieses Denkmal, weit über seine ursprüngliche Funktion hinaus, die Figur des ersten Königs zu ehren, zum Sanktuarium der italienischen Nationalreligion bestimmt war – hier, im Herzen der Stadt, auf dem Kapitol, „diesem Hügel, der den Ruhm und die Größe Roms in die Erinnerung bannt", wie Giolitti in seiner Eröffnungsansprache ausführte.[326]

Am nördlichen Rand der Stadt, auf der an das Prati-Viertel anschließenden Piazza d'Armi, dort, wo heute die gelungene radiale Anlage der Piazza Mazzini ein bleibendes Zeugnis hochbürgerlicher Wohnkultur liefert, konnte der Besucher des Jahres 1911 die ‚Ausstellung der Regionen' und eine *Esposizione Etnografica* bewundern. Das von Marcello Piacentini gestaltete Ausstellungsgelände bot eine wahre Orgie ephemerer Festarchitektur, eklektizistisch und exuberant in der Stilverwendung, synkretistisch bis zum Exzess, ästhetisch unsicher, pompös auftrumpfend, überbordend, hypertroph, dem heutigen Zeitgeschmack ebenso unerträglich wie die Romane D'Annunzios, und doch in den zügellosen Phantasiegebilden der Pavillons von einer sprühenden Kreativität und einer großen künstlerischen Vitalität zeugend. Die römischen Jubiläumsausstellungen von 1911 markierten die äußerste Aufgipfelung und zugleich den Überschlag der bürgerlichen Prunkkultur jenes ‚langen' 19. Jahrhunderts, welches keinen einzigen eigenen Stil hervorbrachte und sich im Überschwang seiner Fortschrittshybris aus allen Kunstepochen der Weltgeschichte wahllos Versatzstücke herausplünderte, um sie wie ein großes, verzogenes Kind monströs aufeinanderzutürmen.

Vom ‚Forum der Regionen' auf der rechten Seite des Tibers konnte man über den neuen Ponte Flaminio (heute Risorgimento), der, in modernster Bautechnik nach der Hennebique-Methode errichtet, mit einem einzigen kühnen Bogen den Fluss überspannte, die Internationale Kunstausstellung in der Valle Giulia erreichen, die den zweiten Schwerpunkt der Jubiläumsattraktionen bildete. Unweit des großen Kunstpavillons, der noch heute die Galleria Nazionale d'Arte Moderna beherbergt, lag der neueröffnete Zoologische Garten, dessen Eingangsensemble von Armando Brasini dem zeittypischen Faible für Exotismen huldigte.[327] Und überall an den vergänglichen wie an den auf Dauer gestellten Bauwerken, die dem Rom des Jubiläums sein Gepräge und sein Gepränge gaben, an Fassaden, auf Turmkronen, auf Säulen und Brückenpfeilern, in Stein und in Bronze oder auch nur in Gips oder gemalt, begegnete dem aufmerksamen Beobachter ein Sinnbild, welches den Geist dieses römischen Feierjahres 1911 besser und treffender kennzeichnete als jedes Königs- oder Heldenmal: Viktorien scharenweise, Siegesgöttinnen – geflügelte, mit allerlei Kriegsgerät hantierende, mit Lorbeer geschmückte, antikisch gekleidete Frauenstatuen, die in alle Welt den glorreichen Aufstieg Italiens zu neuer Größe verkündeten[328] – zu einer Größe, die sich in Vergangenheit und Gegenwart dieser Hauptstadt Rom sichtbar und greifbar repräsentierte.

Kein Zweifel, das Rom des Jubiläums von 1911, die *Terza Roma*, war in der Gegenwart angekommen, eine Stadt auf dem Weg zur mondänen Metropole mit dekorativen Einsprengseln aus zweieinhalb Jahrtausenden Geschichte. Fraglich bleibt, ob die Besucher des Jubeljahres – und zumal die von außerhalb Italiens kommenden Gäste – das moderne Rom der neuen Brücken und der hohen Tiberkais, der Bahnhöfe und Straßenbahnen, der majestätischen Ministerialbauten und prunkvollen Bankpaläste, der großen Denkmäler und der breiten Straßen, der neuen Viertel bis an die alten Mauern und über diese hinaus in den *suburbio* und in die *Campagna* – dieses ganze so zeitgemäße und zeittypische, eben ‚moderne' Rom zur Kenntnis nahmen, überhaupt zur Kenntnis nehmen *wollten*. Einiges spricht dagegen: Die Römer, jahrhundertelang verwöhnt von den päpstlichen Jubeljahren, den *anni santi*, welche Pilger und Geld in Massen in die Stadt schwemmten, klagten über geringes Interesse und einen enttäuschend schwachen Zustrom von Touristen. Vieles spricht dafür, dass der europäische Blick auf Rom immer noch der alte war, geprägt von den traditionellen Erwartungen der klassischen Bildungskultur, vom Programm der ‚Grand Tour' – ein Blick also, der in Rom auch weiterhin die ‚ewige' Stadt suchte und sehen wollte und nicht die fortschrittsstolze Kapitale eines jungen und ehrgeizigen Nationalstaates. Ein deutscher Standardreiseführer aus dieser Zeit nimmt mit keiner Zeile Notiz von den Errungenschaften und Wundern der *Terza Roma*. Das Rom des *Baedeker's* von 1908[329] – und hierin zeigt sich der Bruch zwischen traditionaler und ‚moderner' Wahrnehmung – ist immer noch das ‚ewige' Rom des abendländischen Erbes und nicht das neue der italienischen Nation.

III

La Città avanza: Rom bis zur Mitte des 20. Jahrhunderts

Rom nach dem Krieg und vor dem Faschismus

Krieg und Krise: Italiens Weg in den Faschismus

Kaum ein anderes Großereignis der jüngeren Geschichte hat eindringlicher als der Erste Weltkrieg gezeigt, wie Unfähigkeit und Verblendung von Regierungen und die Verführbarkeit der Massen die Völker und Staaten ins Verderben stürzen können. Auch die Italiener mussten, als im Spätjahr 1918 endlich die Waffen schwiegen, die Erfahrung machen, dass der Große Krieg keines ihrer alten Probleme gelöst, aber zahllose neue geschaffen hatte. Zwar gewann Italien bei der Neuordnung Europas auf der Pariser Friedenskonferenz die *terre irredente*, die ‚unerlösten Gebiete' um Trient und Triest aus der Konkursmasse des untergegangenen Habsburgerreiches und erhielt darüber hinaus sogar die Brennergrenze mit Südtirol, deren Anspruch nur machtgeographisch, nicht aber ethnisch-kulturell zu begründen war. Doch imperialistisch noch weiter ausgreifende Gebietsansprüche wurden von den Hauptsiegermächten zurückgewiesen, und so erschien nicht nur den nationalistischen Hetzern, die das Land in den Krieg getrieben hatten, der Siegespreis viel zu gering angesichts der physischen Zerstörungen, der volkswirtschaftlichen Verarmung und vor allem der mehr als 600 000 Kriegstoten, die Italien zu beklagen hatte. Hatte man sich noch bei Kriegsende an dem militärischen Scheinsieg von Vittorio Veneto über eine bereits zerfallende habsburgische Armee mit einer ins Groteske übersteigerten Triumphrhetorik kollektiv berauscht, so vergiftete schon im Jahr 1919 eine zügellose nationalistische Agitation unter der wortmächtigen Führung des Schriftstellers D'Annunzio das politische Klima mit der Parole von der *vittoria mutilata*, vom ‚verstümmelten Sieg'. Die Nation lag in einem trüben Stimmungsbad aus Selbstüberschätzung und Selbstmitleid, Großmannssucht und Enttäuschung, und gab sich mit Aggressivität nach innen und nach außen der Larmoyanz des vermeintlich Zurückgesetzten und Zukurzgekommenen hin.

Was hatte man sich vom Krieg nicht alles versprochen in der interventionistischen Kampagne von 1914/15?! Er werde Italiens ‚vierter Unabhängigkeitskrieg' (nach den Risorgimento-Kriegen von 1848/49, 1859/60 und 1866) sein und die immer noch nicht zur echten Nation geeinten und gereiften Italiener zusammenschweißen in der blutigen, schicksalshaft-existentiellen Erfahrung solidarischen Kämpfens, Leidens, Sterbens und – Siegens an der Front. Nun, am Ende des großen Völkerschlachtens, waren alle irgendwie enttäuscht: Die überlebenden Frontkämpfer, die erwarteten, als Helden nicht nur rhetorisch gefeiert, sondern auch in gesellschaftlicher und politischer Realität behandelt zu werden, fanden bei ihrer Rückkehr die Heimat ökonomisch zerrüttet vor und verarmt, ein von Krisen geschütteltes, von Arbeitslosigkeit geplagtes, politisch tiefer denn je zerstrittenes Land. Die Arbeiter in den Fabriken, die mit ihrem Einsatz und ihren Entbehrungen die beachtlichen Rüstungsanstrengungen der rückständigen italienischen Volkswirtschaft getragen hatten, erhofften den Lohn des Friedens und erhielten ihn nicht. So schauten sie neidvoll auf die junge Sowjetunion, wo ihre Klassengenossen schon mit einer großen revolutionären Tat die Tür aufgestoßen zu haben schienen in eine strahlende Zukunft jenseits von Kapitalismus und Klassenkampf. Italiens Landbevölkerung – die Kleinbauern, die Halbpächter und die Massen des landlosen Proletariats, denen die abstrakte Idee der Nation immer fremd geblieben und der zentralistische Nationalstaat nur als Rekrutenfänger und Steuereintreiber begegnet war –, hatte mit ihren gefallenen Söhnen den größten Teil des Blutzolls entrichten müssen, und nun schien sich auch nach Sieg und Frieden nicht das geringste an ihrer Lage zu bessern. In den Städten schließlich litten die kleinbürgerlichen Händler und Gewerbetreibenden an den Gängelungen und Einschränkungen der Kriegswirtschaft und die Angestellten unter der schlechten Versorgungslage und der Teuerung.

Die Nachkriegsregierungen versuchten mit den gleichen überholten Mitteln, die schon vor dem Kriege nicht mehr funktioniert hatten, mal entgegenkommend, mal repressiv, die Dinge in den Griff zu bekommen. Doch anstatt sich zu stabilisieren, spitzte sich die soziale und politische Lage mehr und mehr zu. Streiks und Fabrikbesetzungen seitens der Arbeiter in den Industrieregionen des Nordens und die Besetzung großer Landgüter durch die *braccianti*, Landarbeiter, verstörten Bourgeoisie und Mittelstand und beschworen in den Augen der Besitzenden das Gespenst des Bolschewismus herauf. Alles schien noch schlimmer geworden zu sein als vor dem Krieg: Hatte es damals, im Juni 1914, nur eine *settimana rossa,* eine ‚rote' Woche der Streiks, Unruhen und Aufstände in den Marken und der Romagna und in vielen Großstädten des Nordens gegeben, so sahen im *biennio rosso*, den zwei ‚roten' Jahren von 1919 bis 1921 viele schon das Menetekel einer Diktatur des Proletariats nach sowjetischem Muster.

In dieser Situation der Schwäche und der Orientierungslosigkeit des alten liberal-parlamentarischen Systems trat eine neue politische Potenz auf den Plan – neu freilich nur in der Bündelung schon länger vorhandener Tendenzen und Kräfte zu einer Bewegung von bislang nicht gekannter Brutalität und Entschlossenheit im Einsatz destruktiver Energie und Gewalt. Der Ex-Sozialist Benito Mussolini, noch 1914 Anführer der Arbeiter in der *settimana rossa* und bald darauf nach abenteuerlichem Schwenk einer der Hauptwortführer der nationalistischen Agitation für den Kriegseintritt Italiens, gründete im März 1919 die *Fasci di Combattimento*: ‚Kampfbünde' waren das aus enttäuschten Frontkämpfern, ehemaligen revolutionären Syndikalisten, wie Mussolini selbst einer gewesen war, und fanatischen Nationalisten – ein brisantes Gemisch, dem ein paar Futuristen noch den Akzent des radikalen Brechens mit allem Vergangenen und der unbedingten Zukunftsstürmerei beifügten.

Mussolinis *fascismo*, geboren aus dem Geist und dem Ungeist des Weltkrieges, übertrug die Gesetze, Prinzipien und Handlungsweisen des Krieges auf die Auseinandersetzungen innerhalb der Gesellschaft. Das war das Neue, Revolutionäre. Die aktivsten und radikalsten Elemente der *fasci* fanden sich unter der Führung von ehemaligen Offizieren in kleinen, mobilen Trupps zusammen, den sogenannten *squadre d'azione* – Sturmtruppen der Gegenrevolution. Mit Einsätzen von rücksichtsloser Gewalt gegen sozialistische Versammlungen, mit sogenannten ‚Strafexpeditionen' gegen Land- und Fabrikbesetzer empfahlen sich die faschistischen Rollkommandos den traditionellen Eliten als bewaffneter Arm und als Privatarmee für den Klassenkampf. Vor allem in Nord- und Mittelitalien breitete sich der ‚Squadrismus' rapide aus und wurde zum willkürlich herrschenden Faktor im öffentlichen Leben. So war aus dem *biennio rosso* unversehens ein Bürgerkrieg geworden, freilich ein sehr asymmetrischer, in dem der ungezügelte Gebrauch politischer Gewalt fast das ausschließliche Monopol der Faschisten war.

Parteien, Politiker und Regierungen sahen zu, wie der faschistische Terror in den Provinzen sich neben und an die Stelle der staatlichen Institutionen setzte. Uneinigkeit und Unschlüssigkeit im Lager der Sozialisten, Schwäche gepaart mit verhohlener und zuweilen auch offener Sympathie für die Faschisten beim liberal-konservativen Establishment einschließlich des schwachen und kollaborationsbereiten Monarchen Vittorio Emanuele III. (Kg. 1900–1946) lähmten die Widerstandskräfte der verfassungsmäßigen Ordnung. Die Staatsorgane verharrten in Unschlüssigkeit und Untätigkeit, und so lag das System der 1860 begründeten *Italia liberale* bereits in Agonie, als Mussolini Ende Oktober 1922 mit der martialisch inszenierten Drohung eines Marsches seiner Kampfkolonnen auf Rom die Ernennung zum Regierungschef durchsetzte. Dass dies das Ende des liberalen Italien und der Schritt in eine neue Form der Herrschaft war, die ‚totalitär' sein wollte, dürften – wie im Januar 1933 in Deutschland – die meisten Zeitgenossen gar nicht erfasst haben; es dauerte auch noch ein paar Jahre des Übergangs, bis aus der Regierung des Faschistenführers ein faschistisches Regime geworden war. Und doch hatte im Oktober 1922 die *Era Fascista* schon begonnen, und Rom, der Kapitale, sollte in Selbstbewusstsein und Selbstdarstellung des neuen Regimes eine alles überragende Rolle zufallen. Der *Ventennio* – die gut zwanzig Jahre faschistischer Herrschaft von 1922 bis 1943 – markiert in der Entwicklung von Stadtgestalt und Staatssymbolik Roms eine Phase von herausragender und bleibend fortwirkender Bedeutung.

Faschismus und Stadt

Trotz ihrer kurzen Dauer von nur zwanzig Jahren hat die faschistische Ära im Bild der italienischen Stadt tiefe und bleibende Prägungen hinterlassen. Das *Ventennio* war eine Zeit des allgegenwärtigen Bauens – vom gerade gewonnenen Südtirol im äußersten Norden bis in den fernsten Süden der Halbinsel, bis nach Sizilien und Sardinien, und sogar über die Grenzen Europas hinaus zur *altra sponda*, zur Gegenküste des *mare nostrum*, den nord- und ostafrikanischen Kolonien. Architektur und Urbanistik stiegen zur ‚Staatskunst' – *arte di Stato* – auf und setzten die sichtbarsten und dauerhaftesten Zeichen der Herrschaft des Regimes. Alles in allem genommen, und auch etliche massive Fehlplanungen und Bausünden nicht geleugnet, erlebten Architektur und Städtebau im Italien der Zwischenkriegszeit funktional wie stilistisch eine Hoch-Zeit und Blüte, wie sie im ganzen 19. Jahrhundert nicht annähernd – und in der zweiten Hälfte des 20. Jahrhunderts schon gar nicht mehr – erreicht wurde.

Wohl kein anderer Staat hat in der ersten Hälfte des 20. Jahrhunderts mehr politische Energie in öffentliche Bauten jedweder Art und Bestimmung gelenkt als das faschistische Italien. Die Architektur diente dem Regime als Mittel zur monumentalen Manifestation der faschistischen Idee und Identität, zur Gewinnung und Befestigung des gesellschaftlichen Konsenses und darüber hinaus auch zur politischen Erziehung der Massen.[1] Die Bauleistung des Regimes und seine architektonische Hinterlassenschaft sind in der Tat enorm. Der privilegierte Ort solcher ins Große strebender Baupolitik war – und ist immer, denn das liegt in der Natur der menschlichen Zivilisation, die sich nun einmal im gebauten Habitat geschlossener Siedlungen verdinglicht – die Stadt. Dabei hatte der italienische Faschismus, und hier begegnen wir einem scheinbaren Paradox, keineswegs ein durchgängig positives Verhältnis zum Zivilisationsphänomen ‚Stadt'. So wie die faschistische Bewegung schon ihrer Genese nach ein Mixtum compositum höchst unterschiedlicher gesellschaftlicher Kräfte und Strömungen war, zeigte sich auch die faschistische Ideologie äußerst heterogen – ein Gemengsel von Weltanschauungen und kulturellen Leitbildern, politischen Zielvorstellungen und gesellschaftlichen Ressentiments, die sich zudem im Wandel der äußeren Bedingungen auch ihrerseits wandelten und in phasenbedingt unterschiedlicher Form und Stärke zum Ausdruck brachten.[2]

Genaugenommen müsste man von mehreren ‚Faschismen' sprechen, denn die Bewegung wies ein überaus breit gefächertes Spektrum von politischen Haltungen und Tendenzen auf – von ausgesprochen kulturkonservativ-rückwärtsgewandten, ja regressiven bis hin zu solchen, die im Faschismus vor allem einen revolutionären, mit der Vergangenheit brechenden Faktor und den Motor, die Avantgarde der Moderne sahen.[3] Der Faschismus sei, so lautet eine vielbeachtete ‚revisionistische' Interpretation italienischer Historiker, nicht als ein Phänomen der Rückständigkeit, sondern des Fortschritts angetreten.[4] Er stehe damit, wie etwa auch der radikale *Nazionalismo* eines Enrico Corradini, in der Tradition einer ausgesprochen modernisierungsgeneigten Strömung der bürgerlichen Eliten des Landes, welche gerade angesichts der Entwicklungsverzögerung im 19. Jahrhundert in forcierter Industrialisierung und beschleunigtem Wachstum die einzige Chance Italiens sahen, sich als ‚verspäteter' Nationalstaat in der internationalen Mächtekonkurrenz zu behaupten.[5]

Diese progressiven, die Entwicklung einer modernen Industriegesellschaft mit allen ihren sozio-kulturellen Begleiterscheinungen bejahenden und gerade auch für den ‚latecomer' Italien reklamierenden Tendenzen bestimmten zunächst auch die Haltung des Regimes zu so elementaren Begleitprozessen der Industrialisierung wie Urbanisierung und Städtewachstum. Die von Mussolinis Bruder Arnaldo redigierte Tageszeitung *Il Popolo d'Italia,* die zentrale publizistische Plattform der faschistischen Bewegung, propagierte in den ersten Jahren nach 1922 eine dezidiert großstadtfreundliche Linie. *L'ora delle grandi città* – „Die Stunde der Großstädte" sei angebrochen, und insbesondere Mailand, die ‚moralische Hauptstadt' und das wirtschaftliche Herz des Landes, solle wachsen und möglichst schnell eine Metropole mit einer oder zwei Millionen Einwohnern werden. Auch anderen Städten vornehmlich des industriell aktiven Nordwestens wie Turin und Genua war diese Metropolenfunktion zugedacht, aber Mailand wurde geradezu hymnisch gefeiert als *città condottiera* und Anziehungspunkt für alle Italiener – „ein ungeheuerer Schmelztiegel, in dem die Söhne aller Regionen sich vermischen". Von Großstadtfeindschaft, wie sie in fortgeschritteneren europäischen Ländern damals weit verbreitet war, war hier nichts zu spüren – im Gegenteil, man trat der „Legendenbildung" um die idyllische Schönheit des Landlebens, die vermeintlichen *bellezze georgiche delle campagne,* als unvereinbar mit großindustrieller Entwicklung offen entgegen. Wie aber sah die italienische Realität aus? Zu Beginn der 1920er Jahre gab es 20 Großstädte – fünf davon – Mailand, Rom, Neapel, Turin, Genua – hatten mehr als eine halbe Million Einwohner, und die größte von ihnen war in der Tat Mailand mit 800 000 – immer noch eine bescheidene urbane Dimension verglichen mit Paris (knapp 3 Mill.), Berlin (3,8 Mill.) oder gar London (7,5 Mill.).[6]

Die großstadtfreundliche Linie der frühen Jahre des Regimes, als die Großen Fünf nachgerade zu einem edlen Wettstreit um das stärkste Wachstum aufgerufen waren, kippte jäh 1927. Am 26. Mai dieses Jahres, dem Christi Himmelfahrtstag, hielt Mussolini vor dem entmachteten Parlament die wohl bedeutendste programmatische Grundsatzrede seit seiner Regierungsübernahme im Oktober 1922. Im ersten Teil dieser zweieinhalbstündigen Marathonansprache, die als *Discorso dell'Ascensione* in die Annalen eingegangen ist, befasste sich der Regierungschef mit Fragen der

‚Volksgesundheit' – der Sozialhygiene und der Bevölkerungspolitik, und hier fand Mussolini für sich selbst und die faschistische Bewegung viel zu revidieren. Der *Duce*, der leidlich Deutsch konnte, hatte Oswald Spenglers zivilisationskritisches Buch über den ‚Untergang des Abendlandes'[7] gelesen. Der deutsche ‚Kulturphilosoph', der in diesem äußerst einflussreichen Werk eine welthistorische Zyklentheorie entwickelte, sah den Niedergang der Hochkulturen regelhaft mit zivilisatorischen Verfallserscheinungen verbunden, zu denen er an vorderster Stelle ein ausuferndes Städtewachstum und die demographische Auslaugung der ‚gesunden' ruralen Welt durch die sich krakenhaft ausdehnenden Metropolen zählte. Auf den geschichtsphilosophischen Spuren Spenglers, doch sehr viel handfester und konkreter argumentierte auch der aus Regensburg stammende Bevölkerungswissenschaftler Richard Korherr, dessen 1927 erschienenes Werk ‚Geburtenrückgang' Mussolini im Zuge seiner Spengler-Lektüre begegnet war. Er war davon so beeindruckt, dass er 1928 eine italienische Ausgabe des Korherr-Buches veranlasste, zu der er selbst ein Vorwort mit dem sprechenden Titel *Il numero come forza* (‚Die Zahl als Kraft') schrieb.[8]

Der Schwenk von einer großstadtfreundlichen Modernisierungshaltung im italienischen Faschismus zu einem ideologischen Antiurbanismus und damit korresponierender Aufwertung des Landes und der Agrarbevölkerung als Basis und Quell zahlenmäßiger (und damit auch politischer) Stärke einer Nation lässt sich also unmittelbar mit Mussolinis Lektüren in Zusammenhang bringen.[9] Wie sehr dieser plötzliche Gesinnungswandel die italienische Öffentlichkeit verblüffen musste, war dem *Duce* durchaus bewusst: „Seit fünf Jahren", so räumte er in seiner Himmelfahrtsansprache selbstkritisch ein, „ziehen wir herum und predigen von einer italienischen Bevölkerungsschwemme; aber das stimmt gar nicht! Der Fluss tritt nicht mehr über die Ufer". Um etwas zu gelten in der Welt, müsse Italien in der zweiten Hälfte des Jahrhunderts eine Bevölkerung von nicht weniger als sechzig Millionen erreicht haben. Denn wenn die Bevölkerung schwinde, „meine Herren, dann erwirbt man kein Imperium, sondern wird selbst Kolonie!" Für den drohenden Bevölkerungsschwund machte Mussolini eine destruktive Variante des Verstädterungsprozesses verantwortlich – die „industrielle Verstädterung". Diesen *urbanesimo industriale*, der das Volk unfruchtbar mache, werde er deshalb nicht mehr zulassen; er werde in Italien nur noch „gesunde Industrien" erlauben – und gesund seien Industrien, welche ihr Tätigkeitsfeld „auf dem Land und auf dem Meer" haben.[10]

Dieser neue Ruralismus entsprang freilich nicht bloß einem Momenteinfall des *Duce*. Es gab in der ersten Hälfte der 1920er Jahre in der faschistischen Bewegung eine von Intellektuellen und Anführern des sogenannten Agrar- oder Provinzfaschismus getragene Strömung, die in der Rückbesinnung auf die Werte der bäuerlichen Welt einen Ausweg aus den Systemkrisen der industriekapitalistischen Moderne sah. Mit der Losung *Strapaese* wandte sich diese Richtung gegen die gesellschaftliche Dominanz der Großstadtzivilisation, die man mit dem Schlagwort *Stracittà* kennzeichnete. Auch wenn die *Strapaesaner* ebenso wie Mussolini selbst sich gegen antimodernistische Großstadtfeindlichkeit und die romantisierende Verklärung des Landlebens verwahrten, fand die ruralistische Ideologie in den folgenden Jahren dennoch ihren Niederschlag auch in den Grundlinien faschistischer Politik.[11]

Die sogenannte *battaglia del grano* (‚Getreideschlacht') etwa, eine mit großem propagandistischem Aufwand begleitete Kampagne zur Förderung des Getreideanbaus im Jahrzehnt von 1925 bis 1935, führte tatsächlich zur angestrebten Erhöhung des Selbstversorgungsgrades Italiens und zur Verringerung der Getreideeinfuhren.[12] Auch ein weiteres Großprojekt des Regimes, die *bonifica* – also Trockenlegung und Urbarmachung – der Pontinischen Sümpfe südlich von Rom bis zum Capo Circeo gehört in diesen Zusammenhang. Die großangelegte Meliorationspolitik gilt auch bei kritischen Historikern nicht zuletzt wegen der vom Regime mit großer Verve betriebenen städtischen Neugründungen im ländlichen Raum als ein Erfolg der integrierten Agrarpolitik im faschistischen Italien.[13] In diesen Siedlerstädten konkretisierte sich eine ideologische Präferenz für die überschaubare Kleinstadt, welche ihren Bewohnern und denen des Umlandes zwar die essentiellen Urbanfunktionen bot, aber auf alle unproduktiv-‚dekadenten', dem verweichlichenden Müßiggang und der Zerstreuung dienenden Zivilisationsangebote verzichtete. Trotz der antistädtischen Grundhaltung, von der das Projekt seinen Ausgang nahm, hat man unstreitig in Littoria (heute Latina), Aprilia, Pomezia und Sabaudia zu urbanistisch wie ästhetisch überzeugenden Lösungen gefunden.[14]

Hält man, wie es sich im ‚Zeitalter der Ideologien' zwischen den Weltkriegen gerade bei einem diktatorischen Regime in besonderem Maße empfiehlt, Rhetorik und politische Praxis auseinander, so ist freilich festzustellen, dass das faschistische Italien weder auf eine generell industriefeindliche Linie eingeschwenkt ist noch einen antiurbanistischen Kreuzzug verfolgt hat. Kein Land mit außenpolitischen Ambitionen hätte sich im übrigen unter den internationalen Machtverhältnissen des 20. Jahrhunderts eine solche Politik leisten können; sie wäre in Anbetracht der ausgeprägten Fortschrittsorientierung und Technikbegeisterung in den italienischen Eliten (und in wichtigen Teilen der faschistischen Bewegung selbst) auch gar nicht konsensfähig gewesen. Wie neuere wirtschaftsgeschichtliche Studien zeigen, entsprach es vielmehr der Logik einer auf den Primat des Politischen pochenden faschistischen Wirtschaftskonzeption, in einem alle volkswirtschaftlichen Kräfte bündelnden kapitalistisch-korporativistischen System und mit einer auf ökonomisches Wachstum und Autarkie gerichteten gesamtwirtschaftlichen Strategie die industrielle Entwicklung Italiens voranzubringen. Die Agrarisierungspolitik und die Versuche zur Bevölkerungslenkung waren diesem Ziel nicht entgegengesetzt, sondern vielmehr Teil des integralen Modernisierungsprogramms.[15]

Eine ähnliche Diskrepanz zwischen ideologischer Verlautbarung und politischer Pragmatik findet sich im Ergebnis auch in Stadtplanung und Städtebau. Zwar erhöhte Mussolini 1928 den propagandistischen Druck im Sinne einer antiurbanistischen Bevölkerungspolitik. Er publizierte einen Artikel mit dem herausfordernden Titel ‚Die

Städte ausräumen‘, in dem er die starke Zuwanderung in die Städte als Ausgangspunkt eines Teufelskreises geißelte: Zuzug erzwinge den Bau von Wohnungen, und je mehr Häuser gebaut würden, umso mehr Menschen zögen wiederum zu. Die Folge sei die Ausdehnung der Städte ins Monströse und ein gigantischer Flächenverbrauch fruchtbaren Landes, das für alle Zeit unter Beton und Asphalt versiegelt werde. An alle Hierarchieebenen des Regimes erging daher die Order, „mit allen Mitteln, nötigenfalls auch mit Zwangsmitteln, den Wegzug aus den städtischen Zentren zu erleichtern; und mit allen Mitteln, nötigenfalls auch mit Zwangsmitteln, den Wegzug vom Land zu erschweren“.[16] Dem Artikel, der am 22. November 1928 in Mussolinis Haus- und Kampfblatt *Il Popolo d'Italia* erschien, folgte einen Monat später ein Gesetz, welches die Präfekten ermächtigte, Anordnungen zur Eindämmung der Zuwanderung in die Städte zu erlassen. Die konkreten Anwendungen und Auswirkungen in den einzelnen Kommunen sind nicht leicht zu überschauen, doch machten immerhin zwei Drittel aller Präfekten in der einen oder anderen Weise von dieser Ermächtigung Gebrauch.

Effizienter im Sinne einer gesamtgesellschaftlichen Steuerung des Migrationsgeschehens dürfte die Tätigkeit eines 1931 eingesetzten und dem *Duce* direkt verantwortlichen ‚Kommissariats für Wanderung und Kolonisierung‘ gewesen sein, welches Landarbeiter aus übervölkerten Regionen temporär oder dauerhaft in Zonen des Arbeitskräftebedarfs oder in die durch Urbarmachung neugewonnenen Agrargebiete lenkte. Dass der in Teilen der faschistischen Bewegung sehr ausgeprägte antiurbane Affekt keine rasch verfliegende Grille war, zeigte sich noch an dem 1939 erlassenen Gesetz über ‚Vorkehrungen gegen die Verstädterung‘, welches strikte Maßnahmen gegen die Mobilität bestimmter sozial schwacher Bevölkerungsgruppen wie Tagelöhner und Arbeitslose bereithielt. So war u. a. der Zuzug in Provinzhauptorte, in Gemeinden mit mehr als 25 000 Einwohnern und in industrielle Ballungsorte gesperrt. Migrationsgeschichtliche Untersuchungen haben freilich gezeigt, dass dieses ideologisch motivierte Gesetz weitgehend wirkungslos blieb gegenüber den ökonomischen Imperativen einer Zeit, in der die Binnenwanderung auch in Italien neue Höhepunkte ihrer Dynamik erreichte.[17]

Sieht man sich zudem die faschistischen Stadtplanungen der Konsolidierungs- und Konsensphase des Regimes bis etwa 1936 genauer an, so sind keine bündigen Anstrengungen zur Eindämmung des Städtewachstums zu erkennen. Sie wären aller historischen Erfahrung nach ohnehin vergeblich gewesen. Denn es gehört nun einmal in allen Gesellschaften, die wie das Italien des frühen 20. Jahrhunderts in industrieller Entwicklung begriffen sind, zu den unvermeidlichen Begleiterscheinungen, dass Menschen vom Land in die Städte ziehen, weil im Agrarbereich die Wertschöpfung gering ist, während die zumeist in den Städten sich ballenden Produktions- und Dienstleistungssektoren Arbeit und Verdienst verheißen. Gegen die elementare Dynamik solcher gesellschaftlicher Wandlungsvorgänge richtet auch politisches Wollen in aller Regel wenig aus. So wird es nicht verwundern, dass in dieser Phase die Einwohnerschaft der großen Städte Nord- und Mittelitaliens deutlich zunahm – die Zuwachsraten lagen zwischen 14 Prozent in Florenz und 36 Prozent in Mailand. In Rom war der Zuwachs sogar mehr als doppelt so hoch wie in Mailand – aber Rom war, wie wir noch sehen werden, in jeder Hinsicht ein Sonderfall.[18]

Faschismus und *Romanità*

Rom, die Kapitale, war von allen antiurbanen Vorbehalten und Beschränkungen, die das Regime in seiner Propagandarhetorik lauthals verkündete, ausdrücklich ausgenommen. Das Italien Mussolinis gestand seiner Hauptstadt ohne jede Reserve jene herausgehobene Sonderstellung zu, die ihr das liberale Italien so lange verweigert hatte. Giuseppe Bottai, einer der eigenständigsten Köpfe des Regimes, 1936 selbst kurzzeitig *Governatore di Roma* und danach Kulturminister Italiens, hat die Quintessenz der faschistischen Haltung zu Rom formuliert, als er 1937 den ersten nationalen Urbanistik-Kongress in der Hauptstadt eröffnete:

„Es ist wahr, dass die generelle Orientierung des Faschistischen Regimes gegen die Verstädterung gerichtet ist, und es ist gleichzeitig wahr, dass das Regime schon oft durch seinen Führer selbst seine Genugtuung über das Wachstum der Stadt Rom ausgesprochen hat. Das ist so, weil wir Rom die Hauptstadtfunktion zuerkennen, die auch in der Stärke seiner Bevölkerungszahl zum Ausdruck kommen muss. [...] Die faschistische Urbanistik, wie sie von der Politik des Regimes bestimmt wird, verlangt als eine Politik der Kraft und der Einheit, dass der Stadt Rom eine immer größere urbanistische Bedeutung zuwächst; dass man ihre Ausstattung vervollkommnet, damit Rom alle Eigenschaften der modernen Großstadt aufweist, damit sie nach innen ihre Aufgabe als Hauptstadt Italiens erfüllen kann und morgen, wie wir uns wünschen, die Rolle einer Hauptstadt der modernen Welt.“[19]

Die Berufung auf Mussolini in der Rede Bottais war nicht bloß eine servile Floskel des Personenkults. Über alle Vielfalt der ideologischen Positionen hinweg, die sich im italienischen Faschismus vermengten, war unbestritten immer der *Duce* die maßgebliche und letztlich bestimmende Instanz in der Interpretation dessen, was faschistisches Credo und faschistische Politik zu sein hatte. Dies galt im allgemeinen, es galt in besonderem Maße auf dem Feld der Architektur, des Planens und des Bauens, und am allermeisten galt das in Bezug auf Rom.[20] Rom, als Mythos und als Metapher imperialer Macht, war schlechthin fundamental für das politische Selbstverständnis des *Duce* und des von ihm geführten Regimes: Rom war das eine, zentrale Symbol für die Vision eines großen, geschlossenen und mit unwiderstehlicher Energie die Zukunft erobernden Italiens, und war zugleich der konkrete Ort, an dem dieses Italien sich in höchster Verdichtung selbst zur Anschauung und zur Geltung brachte. *Romanità*, als Attribut unübersetzbar, bezeichnete den Identitätskern des Faschismus.[21]

Nicht immer freilich war Mussolini ein Verehrer der Stadt Rom gewesen, und sonderlich geschätzt als urbanen Lebensraum hat er sie, wenn wir seinen Biographen glauben, nie. In seinem ersten Leben als Politiker, als radikalsyndikalistischer Arbeiterführer in der Romagna und dann als eine führende Figur der sozialistischen Partei Italiens, hatte er für die alte Stadt am Tiber nur Geringschätzung und Spott übrig. Rom, diese „parasitäre Stadt der Zimmervermieter und Schuhputzer, der Prostituierten, Priester und Bürokraten, eine Stadt ohne Proletariat, das diesen Namen verdiente, sei nicht das Zentrum der nationalen Politik, sondern allenfalls der Infektions- und Krankheitsherd des nationalen Lebens", hatte er 1910 in einem Zeitungsartikel geschrieben. Geradezu mit Leidenschaft wandte er sich damals gegen das „dumme unitarische Vorurteil, demzufolge alles, aber auch alles in Rom konzentriert sein müsse – in diesem riesigen Stadtvampir, der der Nation ihr bestes Blut aussaugt."[22]

Aber nicht nur *Mussolini il rivoluzionario*[23], Mussolini der radikale Sozialist war von diesem antirömischen Affekt getragen – auch die junge faschistische Bewegung stand der Hauptstadt am Tiber zunächst vielfach in Ablehnung und Verachtung gegenüber. Der frühe Faschismus hatte seine territoriale Basis in der Emilia-Romagna und in Teilen der Lombardei und sein organisatorisches Zentrum in Mailand. Seiner weltanschaulich-politischen Grundhaltung nach war er, bei aller Heterogenität seiner Strömungen, doch unstreitig eine Bewegung der ‚Bewegung', nicht des Stillstandes, eine revolutionäre Kraft, die zum erobernden Aufbruch in eine große, aufregende Zukunft drängte und nicht nostalgisch fixiert war auf eine wie auch immer großartige, doch abgeschlossen in tiefen historischen Fernräumen zurückliegende Vergangenheit. Gegenüber dem intellektuell lebhaften, ökonomisch pulsierenden Mailand, der ‚moralischen Hauptstadt', wie Mussolini selbst sie titulierte, konnte in den Augen vieler junger *fascisti* die politische Hauptstadt, das Rom der Ruinen und Kirchen, das Rom der Priester und Päpste, der Parlamentarier und liberalen Politiker, der Aristokraten und Bürokraten keinen Stich machen.[24] Für sie war (wie heute übrigens für viele Anhänger der norditalienischen *Lega*) dieses Rom ohne ‚echte' Arbeiter, mit seinem zurückgebliebenen Mittelstand und einem archaischen Subproletariat, unproduktiv und parasitär, korrupt und korrumpierend, in Form und Substanz verkommen – *porca Roma*. Und vollends dem, was vom Futurismus als Erbe ins ideologische Sammelbecken des Faschismus eingeflossen war, erschien Rom – neben Venedig und Florenz – als schlagendstes Beispiel jenes museal eingetrockneten ‚Passatismus', der in Italien nur die verstaubte Requisitenkammer der Weltgeschichte sah, die es zur Erbauung europäischer Bildungsreisender möglichst ungestöbert und ungelüftet zu erhalten gelte. Eine junge, tatendurstig und bewährungsgierig in die Moderne strebende Nation konnte sich in diesem Rom weder finden noch wiederfinden.[25]

Nur mit Mühe gelang es Mussolini im November 1921 auf dem dritten nationalen Kongress der *fasci*, den er in der *urbs* versammelt hatte, die Umwandlung der Bewegung in eine Partei und die Verlegung ihres Hauptsitzes von Mailand nach Rom durchzusetzen. Es war eine strategische Wahl des *Duce* gewesen, keine Herzensentscheidung für Rom; doch er hatte erkannt, dass der Faschismus, wollte er von einer revolutionär-terroristischen Sturmtruppe zur nationalen politischen Kraft mit Führungsanspruch aufsteigen, das politische Zentrum des Landes würde erobern müssen. Seit den Zeiten der Agitation für einen Kriegseintritt Italiens, die ihn des öfteren in die Hauptstadt führte, hatte Mussolini auch mental eine Annäherung an Rom vollzogen, ohne dass sich seine antirömischen Vorbehalte deswegen verflüchtigt hätten. Diese Vorbehalte galten weiterhin dem realen Rom, diesem immer noch engen Gewirr dunkler Straßen und Gassen und dem vom Alter geschwärzten, verwinkelten und verschachtelten Baubestand des historischen Zentrums. Für den Faschistenführer war das, was als römisches Lokalkolorit die Fremden bezauberte, nichts als *sudiciume* – „Dreck", den es wegzuräumen galt.

Zugleich aber begann er in Rom ein Plasma zu sehen, einen formbaren ideologischen Stoff, auf den der Faschismus als nationale Mobilisierungs- und Sammlungsbewegung nicht verzichten konnte, wenn er all die lokalen und regionalen, sozialen und kulturellen Partikularidentitäten in seinen Reihen auf eine gemeinsame Losung verpflichten und auf ein gemeinsames Ziel hin bündeln wollte.[26] In der Rom-Idee und im Rom-Mythos erkannte Mussolini nun offensichtlich das einzige Motiv, welches diese einigende und mobilisierende Funktion erfüllen konnte. Der Punkt, an dem Rom und die *romanità* zum Alpha und Omega faschistischer Selbstbeschreibung wurde, lässt sich ziemlich genau bestimmen: Es war das Jahr 1921: Das schon in Agonie liegende liberale Italien hatte mit der Bestattung der Überreste des Unbekannten Soldaten am ‚Altar des Vaterlandes' zu Füßen der *Dea Roma* das Nationaldenkmal am Kapitol in einer emotional hoch aufgeladenen Staatszeremonie zur zentralen Kultstätte geweiht; Mussolini hatte auf dem dritten Kongress der Faschisten die Bewegung auf Rom als Zentrum ihrer Politik eingeschworen, und um diese Weichenstellung zu besiegeln, wurde nun der 21. April, der ‚Geburtstag' der Stadt – *Natale di Roma* (so genannt, weil der Legende zufolge an diesem Tag des Jahres 753 Romulus durch ein von den Etruskern entlehntes Ritual die Stadt gegründet haben soll) – zum alljährlich zu begehenden faschistischen Feiertag erhoben.[27] Besonders neu oder originell war diese pathetische Anrufung der *Roma aeterna*, die von nun an den Faschismus begleiten wird wie ein Glaubensbekenntnis, nicht. Schon das Risorgimento hatte ja, wie wir wissen, von Quintino Sella über Mazzini bis Carducci den Rom-Mythos eifrig strapaziert, und die radikal-nationalistische Propaganda D'Annunzios und Enrico Corradinis hatte an der Wende vom 19. zum 20. Jahrhundert das Ideologem noch mit voluntaristischem und vitalistischem Momentum aufgeladen.

Wie alle Ideologiestifter, die sich aus dem großen Traditionsbestand des kollektiven Gedächtnisses einer Gesellschaft bedienen, um eine programmatische Identität zu konstruieren, musste auch Mussolini das, was er im Rom-Mythos an Sinnfracht vorfand, für seine Zwecke und gemäß den Bedürfnissen der Zeit und der Situation umformen, verändern, anverwandeln. Immer schon war die Rom-Idee, die sich auf das Imperium der Antike berief, in erster Linie eine Botschaft der Macht – einer imperialen, das Mittelmeer überspannenden Herrschaft des geeinten, auf den Spuren der scipionischen Legionäre dynamisch ausgreifenden Italiens. Das war, aller Menschheitsverbrüderungsrhetorik zum Trotz, schon bei Mazzini so gewesen, und genau deswegen hatte sich der Altliberale D'Azeglio, wie wir gesehen haben, von diesem Erbe so nachdrücklich distanziert. Mussolini aber verschärfte nun in seiner Konstruktion noch den Machtaspekt und spitzte den Rom-Mythos antiliberal und antihumanitär zu: Die *romanità* wurde bei ihm, ganz im aktionistischen Sinne seiner Bewegung der *fasci di combattimento*, zu einem Konzept des Kampfes und des Einsatzes schierer Gewalt bei der Durchsetzung des eigenen – seines individuellen oder des nationalen – Willens; alles, was sich diesem Willen entgegenstellte, hatte bedingungslose Überwältigung und Unterwerfung zu gewärtigen. Mussolinis *romanità* meinte und forderte ‚Disziplin', ‚Ordnung', ‚Hierarchie', ‚Diktatur'.

Wenn sich Mussolini dabei auf das Vorbild des antiken Roms berief – des republikanischen, vor allem aber des augusteischen Roms –, so stellte sich für ihn nicht die Frage der historischen ‚Richtigkeit', denn sein Verhältnis zum Rom-Thema war alles andere als antiquarisch. Der Machtmensch Mussolini bediente sich des Rom-Mythos' rein zweckhaft als eines politischen Propaganda-Vehikels und schnitt und modellierte ihn freihändig zurecht, um ihn als zentrales Ideologem für den Faschismus tauglich zu machen. Was immer der *Duce* an Maximen und Zielen seiner Herrschaft verkündete, alles geschah, alles hatte zu geschehen und zu bestehen im Geiste der *romanità*. Und so, wie er das Konzept nach Bedarf (und fast nach Belieben) mit neuen Ingredienzen versah, konnte er nicht minder souverän auch kanonisierte Bestandteile der nationalen Rom-Tradition relativieren oder einfach verschwinden lassen, wo sie nicht in sein politisches Kalkül passten.[28] Die scharf anti-kirchliche, anti-katholische Tendenz etwa, die der freimaurerisch-republikanischen Rom-Anrufung des Risorgimento eigentümlich war und die in Giosuè Carduccis Verherrlichung des Heidentums ihren verdichteten Ausdruck fand, wurde der faschistischen Konsens-Raison geopfert. Im Interesse seiner Integrationsstrategie, die gerade auch das dem liberalen Einheitsstaat entfremdete katholische und ländliche Italien einbezog, und im Interesse der Konziliationspolitik gegenüber dem Vatikan, die in das Konkordat von 1929 mündete, schloss der *Duce* in sein Bild von römischer Größe und Glorie auch das christlich-mittelalterliche Rom wohlwollend ein und rühmte seine großen Baudenkmäler als bleibenden Beitrag zur majestätischen Erscheinung der Kapitale Italiens.[29]

Seiner ganzen Natur und Genese nach legitimierte sich der Rom-Mythos aus der Vergangenheit. Aber all die zeremonielle Beschwörung vergangener Macht diente Mussolini doch immer nur als Fundament und als Widerlager, von dem aus sich der Faschismus und das große Italien, das er zu schaffen verhieß, in die Zukunft hinein entwarf. Auch als Faschist, der seine sozialistischen Überzeugungen und internationalistischen Irrtümer längst hinter sich gelassen hatte, verstand sich Mussolini noch als Revolutionär. Auch wenn er rhetorisch den ‚unvergänglichen Zeugnissen italienischer Kunst und

Kultur' Tribut zollen musste, ließ ihn eine fortwirkende futuristische Ader den italienischen Vergangenheitskult mit all seinen dinglichen Hinterlassenschaften an Ruinen, Monumenten und Kunstwerken im stillen verabscheuen und verachten.[30] Wenn er *romanità* forderte und feierte, meinte das nicht Rückwärtsgewandtheit und reaktionäres Festhalten am Alten und Überlebten, sondern emphatische Offenheit für das Neue. Deshalb durfte, ja musste man sich ohne falsche Pietät vom Ballast solcher Zustände befreien, die nichts für sich geltend machen konnten als ihr Gewordensein, ihr Bestehen seit alters. Nach dem Imperativ der *romanità* zu handeln, verlangte in dieser Deutungsperspektive gerade auch, modern zu sein – im Aufbau des Staates und seiner Einrichtungen ebenso wie im Ausbau und in der Gestaltung seiner Hauptstadt. *Romanità* – das war auch die nur dem Faschismus widerspruchsfrei mögliche Verbindung von Macht und Moderne.

Mythos, Macht, Moderne: Mussolinis Visionen für Rom

Nachdem Mussolini die *romanità* als Wesenskern des faschistischen Regimes kanonisiert und Rom als zentrales Leitsymbol am ideologischen Firmament des faschistischen Italien fixiert hatte, stilisierte er sich konsequenterweise auch selbst als Geistes- und Gesinnungs-Römer schon von Kindesbeinen an. „Seit den Tagen meiner fernen Jugend stand Rom riesengroß vor meinem geistigen Auge", eröffnete er der Festversammlung, als ihm am 21. April 1924, dem ‚Geburtstag' der Stadt, auf dem Kapitol die römische Bürgerwürde verliehen wurde. Sich der *Roma madre*, der „Mutter Rom, die mich unter ihre Söhne aufgenommen hat", an die Brust werfend, bekannte er: „Von der Liebe Roms habe ich geträumt, an der Liebe zu Rom habe ich gelitten, nach Rom habe ich mich stets gesehnt."[31] Wir wissen heute, dass dies nur Teil und Taktik der Selbstdarstellung und Selbsterschaffung des ‚Römers Mussolini' gewesen ist – die allerdings auch von vielen seiner Zeitgenossen nur allzu bereitwillig aufgenommen und fortgesponnen wurde.[32] Diese römische Identitätskonstruktion ging so weit, dass der in Predappio in der romagnolischen Provinz Forlì geborene Mussolini dann als Regierungschef die Gegend um die Tiberquelle am Monte Fumaiolo von der Toskana verwaltungsgeographisch abtrennen und seiner Heimatprovinz zuschlagen ließ, um damit symbolisch zu unterlegen, daß der von Vorsehung vorgezeichnete Weg den *Duce* schicksalhaft und unausweichlich von der Quelle des ‚heiligen Flusses' nach Rom als dem Zielort seiner Bestimmung führen mußte.

Für das reale Rom aber, so wie er es 1922 vorfand, empfand Mussolini keine Sympathie und wenig Achtung.[33] Er machte sich nur den Nimbus der *urbs* zunutze und ließ im übrigen keinen Zweifel daran, dass unter seinen Händen – er sprach von seinem Tun gerne in Metaphern des Homo Faber und des bildenden Künstlers: *forgiare, sagomare, plasmare*[34] (‚schmieden', ‚formen', ‚gestalten') – ein ganz anderes, modernes, eben genuin ‚faschistisches' Rom entstehen werde, das mit dem Rom der katholischen

Kirche und dem der liberalen *Italietta* nicht mehr viel gemein haben werde. Jenseits der hochtönend-hohlen Zelebrationsrhetorik finden wir in der Rede des frischgebackenen *civis romanus* im Kern schon dessen Programm für die künftige Umgestaltung der Stadt. Rom sei die vom Schicksal vorherbestimmte Hauptstadt – *la capitale predestinata* –, weil es die einzige Stadt Italiens, ja der Welt sei mit einer universalen Geschichte. Die Probleme, vor die sich der Faschismus nun in dieser Hauptstadt des 20. Jahrhunderts gestellt sehe, ließen sich in zwei Kategorien einteilen: Probleme der ‚Notwendigkeit' – *necessità* – und Probleme der Großartigkeit – *grandezza.*

Die Probleme der ‚Notwendigkeit' – wir könnten dem Sinne nach auch sagen: der alltäglichen materiellen Bedürfnisse der Menschen –, erwüchsen aus Entwicklung und Expansion Roms, so führte Mussolini weiter aus. Sie ließen sich in zwei Worte fassen: Wohnungen und Verkehrsverbindungen. Die Probleme der *grandezza* dagegen seien von ganz anderer Natur: Es gelte, das antike Rom zu befreien von allen mediokren Verunstaltungen, aber neben dem gereinigten Rom der Antike und des Mittelalters müsse man das monumentale Rom des 20. Jahrhunderts erschaffen. Dieses Rom dürfe nicht einfach eine moderne Stadt im banalen Sinne des Wortes werden, es müsse eine Stadt sein, würdig ihres Ruhmes. Man werde sich diesem Problem stellen und es lösen. Die Vision dieses zukünftigen Roms stehe ihm bereits klar vor Augen. Um es zu schaffen, bedürfe es der „typisch römischen Tugend: der harten, schweigsamen Beharrlichkeit".[35]

Das klang fast wie eine Ermahnung, so als vermisste der *Duce* an Rom und am Italien seiner Tage gerade diese Art tugendhafter Strenge. Und in der Tat war das alte Thema römischen Schlendrians und des Lebens auf Kosten anderer im Subtext proömischer Propaganda immer auch präsent. Wenige Tage vor der Entgegennahme der Ehrenbürgerwürde hatte Mussolini in einer Ansprache ‚An das römische Volk' vom Balkon seines Amtssitzes im Palazzo Chigi herab, seine eigenen Vorbehalte verleugnend sich veranlasst gesehen, die *urbs* gegen den Vorwurf des Schmarotzertums in Schutz zu nehmen, wie er vor allem von Intellektuellen und Lokalpatrioten der ‚moralischen Hauptstadt' Mailand immer wieder vorgebracht wurde. Rom sei nicht bloß die Hauptstadt eines „kleinen Volks von Antiquitätenhändlern", und zu behaupten, es gebe in Rom kein arbeitendes Volk, sei die „schwachsinnigste Lüge": „Rom arbeitet". Aber bei allem Werben um die Römer macht der *capo del Governo* klar, dass die Zukunft mehr von Rom erwarte, als nur eine Kapitale wie andere zu sein: „Das Rom, das wir erträumen, muss nicht nur das lebendige, pulsierende Zentrum der erneuerten italienischen Nation sein, sondern auch die wunderbare Hauptstadt der ganzen lateinischen Welt."[36]

Am Silvestertag 1925 nahm Mussolini den programmatischen Faden wieder auf und die Amtseinführung des ersten *Governatore* als künftigen alleinigen Chefs der Stadtregierung zum Anlass, um seine Vorstellungen zu konkretisieren. Die Probleme der *necessità* seien in den drei Jahren seit dem Machtantritt des Faschismus schon angepackt worden und zum guten Teil auch gelöst, meinte der *Duce* mit souverän die Realität verklärendem Optimismus. Jetzt müssten die Aufgaben der *grandezza* angegangen werden. „Meine Ideen sind klar, meine Befehle präzise“, sagte er, an den neuen *Governatore* Cremonesi gewandt, der vorher schon drei Jahre als Staatskommissar die Stadt regiert hatte: „Binnen fünf Jahren muss Rom wie ein Wunder vor den Völkern der Welt erscheinen: groß, geordnet, machtvoll, wie es zu Zeiten des Augustus gewesen ist.“ Was er damit meinte, fasste der Diktator in wenige Anweisungen von gleichsam lapidarer Brutalität: „Ihr werdet Platz schaffen um das Augustusmausoleum, um das Marcellustheater, um das Kapitol und das Pantheon. Alles, was darum herum aufgeschossen ist in den Jahrhunderten des Niederganges, muss verschwinden. In fünf Jahren muss von Piazza Colonna aus durch eine große Schneise die Baumasse des Pantheons sichtbar sein. Ihr werdet auch die majestätischen Tempel des Christentums von ihren parasitären und profanen Anbauten befreien. Die tausendjährigen Monumente unserer Geschichte müssen sich gewaltig herausheben in gebührender Einsamkeit.“ Und dann folgte, die Expansion Roms gen Ostia zur See hin vorzeichnend, jener programmatische Satz, der später (und bis heute) das erste Gebäude des neuen Weltausstellungsviertels EUR zieren sollte: „Das dritte Rom also wird sich ausbreiten über weitere Hügel, an den Ufern des heiligen Flusses entlang bis an die Gestade des Tyrrhenischen Meers.“[37]

Vieles von dem, was Mussolini hier als städtebauliches Programm für Rom an die Wand der Zukunft projiziert hat, ist auf dem Papier geblieben. Den großen Durchbruch etwa von der Piazza Colonna zum Pantheon hat man denn doch nicht gewagt – aber immerhin wurde diese brachiale Idee von einigen Stadtplanern mit unterwürfigem Eifer in ihre Projektskizzen aufgenommen, wie wir später noch sehen werden. Nicht weniges von Mussolinis herrischem Entwurf aber ist realisiert worden, und zumal die Maxime von den in Einsamkeit aufragenden Denkmälern der Vergangenheit hat tiefe Spuren hinterlassen im heutigen Rom. Was hier im Schlagwort der *romanità* als verpflichtendes Erbe der Geschichte für den Faschismus reklamiert wurde, war das imperiale Rom der Kaiserzeit. In hohem Maße kennzeichnend für Mussolinis Selbstverständnis war dabei die wiederholte Berufung auf Augustus. Augustus, der nach Jahrzehnten des Niedergangs und den Wirren des Bürgerkriegs als *princeps* die *res publica* in Ordnung und Macht wiederherstellte und damit eine Epoche des Friedens und der Prosperität heraufführte, in der Rom als Hauptstadt des Imperiums zu goldenem Glanz erstrahlte – in diesem mythischen Konstrukt eines Herrscherbildes sah der *Duce* sich selbst gleichsam gespiegelt als *Augustus redivivus*. 1938, nach dem (mit knapper Not) erfolgreich bestandenen Abenteuer des Kriegs gegen Äthiopien und der Wiedererrichtung eines ‚Imperiums‘, hat das Regime ein bombastisches Jubiläum des 2000. Jahrestags der Geburt des *princeps* und ersten Imperators inszeniert. In einer großangelegten, mit konzeptioneller Kühnheit und ästhetischer Raffinesse gestalteten *Mostra Augustea della Romanità* im Ausstellungspalast an der Via Nazionale wurde die ideologisch-ikonographische Analogie von Augustus zu Mussolini, vom römischen Imperium der Antike zum Italien des Faschismus zur Evidenz gebracht.[38]

Der weltgeschichtliche Dreischritt, der sich in und mit der Ewigen Stadt vollzog, lag Mussolini klar vor Augen – und er selbst war ein Teil davon: Nach dem Rom der Cäsaren, nach dem Rom der Päpste erstehe jetzt das Rom des Faschismus, das mit der Gleichzeitigkeit von Antike und Moderne die Bewunderung der Welt auf sich ziehen werde, verkündete der *Duce* 1934 stolz in einem Rechenschaftsbericht seines Regimes.[39] Für das Rom des Risorgimento-Italien aber, für die *Roma Capitale*, wie sie seit 1870 erstanden war, gab es in dieser Geschichtsteleologie keinen Platz, nicht einmal einen Zwischen-Raum. So sehr sich auch die liberalen Eliten von Sella bis Nathan bemüht hatten, neben und über dem Rom Pius' IX. dem neuen Königreich und der italienischen Nation eine würdige Hauptstadt zu errichten – das Ergebnis verdiente in den Augen der Faschisten weder Beachtung noch Respekt. Dabei hatten es die liberalen Herren der *Roma Capitale* an Durchbrüchen, Eingriffen und Neuerungen wahrlich nicht fehlen lassen: Wer die fünf Jahrzehnte seit dem Einzug der Italiener in Rom verbracht hatte, hatte die Stadt als ständige Baustelle erlebt; aber wer sie nur *vor* Porta Pia gesehen hatte und dann erst wieder nach dem Weltkrieg hierher gekommen war, erkannte die Stadt wohl nicht wieder. Schon sprach man von der *Roma sparita*, von der *Roma papale*, die verschwunden war. Das mochte nostalgisch übertrieben sein, aber tatsächlich war Rom bereits eine moderne Hauptstadt geworden, ‚modern' freilich nach den Maßstäben und dem Geschmack des 19. Jahrhunderts und daher in einem Stil gehalten, den nicht nur Faschisten als überlebt empfanden.[40]

Mussolini aber ging über das Hauptstadtvermächtnis des liberalen Italien mit revolutionärer Arroganz und totalitärer Geste hinweg und gerierte sich, als finge der Hauptstadtausbau jetzt mit ihm als Bauherrn erst an. In der Tat bescherte der bauende Furor des Faschismus der ‚ewigen' Stadt auch in ihrem Zentrum zwei weitere Jahrzehnte der Durchbrüche und Umbrüche, der offenen Baugruben und Schuttberge, der Grundsteinlegungen, Richtfeste und Einweihungen. Nicht wenige von Mussolinis Helfern bei diesem berserkerhaften Tun allerdings, nicht wenige der Architekten und Stadtplaner der *Roma mussolinea*, hatten an der verachteten *Roma Capitale* des liberalen Königreichs schon kräftig mitgebaut. Der Historiker, der gewohnt ist, selbst bei den scheinbar schärfsten Epochenzäsuren auf untergründige Kontinuitäten zu achten, weiß ohnehin: Auch das Neue kommt nicht aus dem Nichts der Geschichte.

Kriegsmobilmachung und Kriegswirtschaft hatten in den Jahren nach 1915 zum weitgehenden Stillstand der privaten und öffentlichen Bautätigkeit geführt, in Rom nicht anders als in den anderen Städten des Landes. Eine erste, stürmische Phase der Modernisierung war damit abgebrochen worden, aber die strukturellen Veränderungen, die der Weltkrieg in Gesellschaft und Wirtschaft Italiens mit sich brachte, bauten unter dem politisch-administrativen Deckel des Kriegsregimes nur einen umso höheren Modernisierungsdruck auf. Der enorm gesteigerte Regelungsbedarf für die Organisation der Kriegsanstrengungen hatte die staatlichen Verwaltungsapparate in der Hauptstadt weiter anwachsen lassen, die damit in ihrem Sozialprofil noch stärker *impiegatizia* geworden war, das heißt geprägt durch die Schicht der Beamten und Angestellten der Regierungsbehörden. Die kriegsbedingte Ansiedlung von Industriebetrieben, die auch in gewissem Umfang stattgefunden hatte, konnte diese soziostrukturelle Einseitigkeit nicht ausgleichen, wohl aber trug auch sie zur Verschärfung des Wohnraummangels bei. Als dann nach Kriegsende im Zuge der Demobilmachung die entlassenen Soldaten zurückkehrten, um mit ihren zwischenzeitlich bei Verwandten auf dem Land untergekommenen Familien wieder in der Hauptstadt Unterkunft zu nehmen, mussten sie um den knappen Wohnraum mit den Zugezogenen konkurrieren, die jetzt keine Anstalten machten, Rom wieder zu verlassen. Auch diese Situation prägte – und zwar nicht nur in der *urbs* – in erheblichem Maße die soziale Konfliktlage der Nachkriegsjahre. Die aggressive Unzufriedenheit der Kriegsheimkehrer mit den Verhältnissen, die sie in der Heimat vorfanden, war nicht der unwichtigste Nährboden der faschistischen Bewegung.

Die Volkszählung von 1921 ergab, dass die Bevölkerung Roms seit der letzten Vorkriegs-Zählung von 1911 um 150 000 Menschen zugenommen hatte auf nunmehr 692 000. Nur etwa ein Drittel dieser Einwohner lebte noch in den alten, vor-unitarischen *Rioni*, gut 200 000 hatten sich in den neuen Vierteln der *Roma Capitale* innerhalb der Mauern niedergelassen, gut 150 000 waren in den 15 *Quartieri* untergekommen, die man 1911 als neue städtische Verwaltungsbezirke außerhalb der Mauern geschaffen hatte, und der Rest, 60–70 000 Menschen, wohnte stadtnah im *Suburbio* und im *Agro Romano*.[41] Deutlich erkennbar ließ sich die römische Siedlungstopographie nun (wie in den größeren Städten Norditaliens schon längst) nach sozio-ökonomischen Statusmerkmalen ihrer Bewohner differenzieren. Ausgeprägte Prestigeviertel waren Sallustiano, Pinciano, Ludovisi und später auch Parioli; Beamten- und Kommerzbürgertum dominierte in Prati, in Esquilino, Salario, Nomentano, Castro Pretorio und Gianicolense. Die einfache Bevölkerung konzentrierte sich im Borgo, in Trastevere, Ripa, Testaccio, San Saba, Ostiense, Portuense, Trionfale, Prenestino, Tuscolano und Appio-Latino. Immer noch gab es aber auch im neuen Rom die vormals für die Stadt so charakteristische schichtenübergreifende Kohabitation.

Als Trend unverkennbar ist indes für die *Terza Roma*, dass – sieht man einmal von den Palais des römischen Adels ab – die höheren Gesellschaftsklassen die engbebaute Altstadt als Wohnstätte mieden. Diese blieb mit ihrem verdichteten Baubestand und sanitär oft wirklich beklagenswerten Zustand die Domäne eines sozial immobilen, ökonomisch prekären und mental ‚rückständigen', d. h. nicht modernisierungsbereiten städtischen Subproletariats, welches dann am härtesten von der faschistischen Politik des *sfollamento* und der *sventramenti*, der Aussiedlungen und Abrisse betroffen sein sollte. Die Verdrängung des traditionellen *popolino* aus der Altstadt ging dann auch in Rom einher mit der für die Urbanisierung des 20. Jahrhunderts überall kennzeichnenden ‚Tertiarisierung' der Stadtzentren oder, wie man heute auch sagt: der ‚City-Bildung'.[42]

Während des Krieges war per Dekret ein Mietstopp verhängt worden, der bis zwei Monate nach einem Friedensschluss gelten sollte, dann aber 1919 angesichts des katastrophalen Wohnungsmangels noch einmal um zwei Jahre verlängert wurde. Die Maßnahme konnte vorübergehend die sozialen Spannungen im Zaum halten, aber sie änderte nichts an der zuzugsbedingt noch verschärften Wohnungsnot, ja sie verschlimmerte diese sogar, weil sie Investitionen in den Wohnungsbau unrentabel machte und Mobilität auf dem Wohnungsmarkt unterband. Wer in einer Wohnung mit Mietpreisbindung lebte, gab sie unter keinen Umständen auf; wer eine Wohnung suchte, musste, wenn er überhaupt fündig wurde, hohe verdeckte Vermittlungsgebühren und die exorbitanten Schwarzmarktmieten zahlen.

Eine generelle Folge dieser Situation war natürlich eine extreme Überbelegung des vorhandenen Wohnraums. In keiner anderen Stadt Italiens war der Anteil derer, die zu Untermiete lebten, so hoch wie in Rom. In gewisser Weise hatte das Phänomen hier ja Tradition seit alters her. Immer schon hatten bürgerliche, aber auch verarmte adelige Familien die Vermietung der besseren Räume ihrer Wohnungen und Häuser an Romreisende gerne als zusätzliche Einkommensquelle genutzt. Die an den Bedürfnissen des Marktes vielfach vorbeigehende spekulative Bebauung der neuen Hauptstadtviertel mit Wohnungen großbürgerlichen Zuschnitts, die wir in den vorigen Kapiteln kennengelernt haben, hat dann das Phänomen der Untervermietung geradezu strukturell erzwungen, weil die auf dem Markt verfügbaren Wohnungen für die finanziellen Möglichkeiten der nachfragenden Familien einfach viel zu groß dimensioniert waren. All das schlug sich unvermeidlich in einer besonders hohen Belegungsdichte des verfügbaren Wohnraums nieder. 1881, also noch vor dem großen Baufieber, hatte sie bei durchschnittlich 1,66 Personen je Raum gelegen. 1911 war sie auf 1,48 gesunken, was zum einen auf die Überproduktion während der Jahre des Baufiebers, zum anderen aber auch auf den unter Nathan anlaufenden sozialen Wohnungsbau zurückzuführen war. Für 1921 ergab sich aber wieder eine Verschlechterung des Quotienten auf 1,53, und dies obwohl zu diesem Zeitpunkt der staatlich geförderte Wohnungsbau schon wieder in Fahrt gekommen war.[43]

Subventionierter Wohnungsbau von Genossenschaften und gemeinnützigen Körperschaften wie dem *Istituto case popolari* (*Icp*) oder dem *Istituto nazionale case per gli impiegati statali* (*Incis*), welches 1924 aus einer ähnlichen, zunächst nur auf Rom beschränkten Unternehmung hervorging und die Wohnraumversorgung der Staatsbediensteten zur Aufgabe hatte, trug in erheblichem Umfang die verstärkte Bautätigkeit der 1920er Jahre und blieb in der ganzen Zeit des Faschismus ein bedeutender Faktor der baulichen Entwicklung der Hauptstadt. Es ist dies auch die Zeit, in der die *palazzina*, wie schon erwähnt, ihren Siegeszug als Standardbauform in Rom antritt.

Zwei Bebauungsvorhaben im vor-mussolinianischen Rom der ersten Nachkriegsjahre, in jenem schmalen Zeitband zwischen dem Ende des Weltkriegs und der Herrschaftsübernahme des Faschismus angesiedelt, sind hier von besonderem Interesse, weil sie gewissermaßen die letzten Hervorbringungen der liberalen Ära im Hauptstadtausbau darstellen. Es handelt sich um die im Nordosten der Stadt beim Flüsschen Aniene an der Via Nomentana errichtete *città-giardino Monte Sacro* und um das als Arbeiterviertel geplante Projekt *Garbatella* an der Via Ostiense. Beide Initiativen wurden 1920 begonnen, und beiden gemeinsam war, dass sie außerhalb des *Piano Regolatore* von 1909 entstanden, dass die Bauvorhaben vom Staat subventioniert wurden und sich die Rahmenpläne demselben Architekten verdankten: Gustavo Giovannoni. Auch die Anlage der Baugruppen im Gelände und die kurvenreiche Linienführung der Wegenetze lassen Übereinstimmungen erkennen, die darauf verweisen, dass beide Projekte sich an dem damals international schon erfolgreichen, ursprünglich von England ausgehenden Modell der ‚garden city' orientierten.[44]

Während das Viertel Monte Sacro am Aniene eine mittelbürgerliche Klientel ansprach, sollte Garbatella den Arbeitern der unmittelbar benachbarten Gewerbe- und Industriezone an der Via Ostiense angemessene Wohnverhältnisse bieten. Das Quartier gehörte damit in den größeren Planungsrahmen des ehrgeizigen Projekts einer Anbindung der Hauptstadt ans Meer mit einem eigenen Seehafen in Ostia und einer durchgängigen Entwicklungszone entlang der Via Ostiense von Porta S. Paolo bis zur Küste. Zu seiner Verwirklichung hatte man 1919 eigens eine Körperschaft des öffentlichen Rechts mit der Bezeichnung Smir (*Sviluppo marittimo e industriale di Roma*) gegründet und mit einem großen Reservoir an Bauland ausgestattet. Aus diesem Bestand erwarb das Icp die dreieinhalb Hektar Grund, die für den Kern des neuen Viertels um die heutige Piazza Benedetto Brin erforderlich waren.

Gemäß den formalen Grundregeln der Gartenstadt-Idee wurden im ersten Bauabschnitt des bescheiden als *borgata giardino* – Gartenvorstadt – titulierten Unternehmens Einzelhäuser mit eigenen Gärten in aufgelockerter Anlage errichtet, welche sich dem Relief des hügeligen Geländes harmonisch einfügte und mit ihrer geschwungenen Wegeführung geradlinige, offene Straßenfluchten bewußt ausschloss. Die Garbatella übernahm damit ebenso wie das Siedlungsprojekt von Monte Sacro und das etwas frühere von S. Saba für Rom einen urbanistischen Reformansatz, dem es in erster Linie darum zu tun war, typische Fehlentwicklungen der europäischen Urbanisierung in der Hochphase der Industrialisierung zu vermeiden. Auch die weniger bemittelten Bevölkerungsschichten sollten nicht mehr in großen, luft- und lichtarmen Mietskasernen auf engstem Stadtraum zusammengepfercht leben, sondern in den Genuss eigenständiger Wohneinheiten inmitten des vorstädtischen Grüns kommen.[45] Das war eine idealistische Konzeption, die unter freien Marktbedingungen kaum zu realisieren war, weil die angepeilte Arbeiterklientel renditetragende Mieten dafür nicht aufbringen konnte. Die Gartenstadtbewegung war daher von Anfang an auf genossenschaftliche Träger oder auf kommunale und staatliche Bezuschussung orientiert – Organisationsformen, die in unterschiedlicher Ausformung und Kombination dann in den meisten Ländern Europas den städtischen Wohnungsbau der Zwischenkriegszeit bestimmen werden.

Wer heute das (vielfach erweiterte und in Teilen restaurierte) Garbatella-Viertel besucht – und ein Besuch lohnt sich für den urbanistisch Interessierten allemal –, wird nicht ohne einen Anflug von Neid die beschaulich-kleinräumige Wohnidylle inmitten einer inzwischen zu voller Höhe erwachsenen Baumbepflanzung erkunden, die in wohltuendem Kontrast steht zu den Steinwüsten der eng mit fünf- bis siebenstöckigen Palazzine zugestellten Wohnviertel, wie sie ansonsten die Normalität der inneren Peripherie Roms bilden. Auffallen, wenn auch vielleicht nicht immer *ge*fallen wird dem Besucher auch die babylonische Vielfalt der Formensprachen bei den in der Garbatella realisierten Bauten. Es herrscht ein Neben- und Ineinander aller möglichen Stilanleihen von Art nouveau bis Art déco; und dazu kommen als formale Eigenheit Zutaten von beinahe burlesk-folkloristischer Art, die in der Absicht Giovannonis (und etlicher seiner römischen Architektenkollegen) charakteristische Bestandteile einer römischen Volksarchitektur (was immer man sich darunter vorzustellen hat) des 16. bis 18. Jahrhunderts aufgreifen und in die moderne Entwicklung der Kapitale hinübertragen sollten.

Was dabei herauskam, ist ein verspielt-irregulärer, überbordend verschnörkelter Potpourri von Türmchen und Tabernakeln auf stark gegliederten Dächern, von Vorsprüngen und Einzügen, Nischen und Nasen, Pilastern und Balustern, Bögen und Balkönchen, Rundfenstern und Rosetten, Lisenen und Lünetten, Friesen und Frontispizen – eine eklektisch-hybride Kombination aller nur denkbaren Zitate aus dem unermesslichen Repertoire architektonischer Einzelformen, welche die abendländische Baugeschichte hervorgebracht hat. In der Gesamtwirkung findet die krause Vielfalt dann aber interessanterweise doch zu einer eigenwillig-‚gemütlichen' Gestaltanmutung zusammen und bringt so einen identifizierbaren architektonischen Gesamteindruck hervor, den die Zeitgenossen mit bezeichnender Verniedlichung *barocchetto* nannten – also eine Art volkstümliches, etwas rustikales Barock. Man spricht in diesem Zusammenhang auch von einer *architettura vernacolare*, einer ‚Mundartarchitektur', die dem Rom der 20er-Jahre an mehreren Stellen – so etwa auch in den Vierteln Monte Sacro und Coppedé – einen ganz eigenen Stempel aufgedrückt hat. Entwicklungsgeschichtlich lässt sich der römische *barocchetto* gleichsam als ein idiomatisches Verbindungsglied begreifen zwischen dem epigonalen Stilchaos der Belle Époque und der strengen neoklassizistischen Linearität und Monumentalität der Dreißiger Jahre, die man dann gemeinhin (wenngleich reichlich ungenau) als genuin ‚faschistischen' Stil anspricht.

Als die Geschichte dieses Viertels 1920 mit dem Bau der Gartensiedlung für Arbeiter ihren Anfang nahm, lag die Garbatella wie eine einsame Insel in der römischen Campagna. „Schon hatten wir die letzten Häuser der Stadt hinter uns", so liest man darüber in der Autobiographie des Schriftstellers Carlo Levi. „Wir gingen zwischen Zypressen eine verlassene Straße hinan, stiegen rasch wieder zu einem antiken Tor hinunter, einem Bogen zwischen rotgrauen Mauern; wir rannten weiter zwischen Stoppelfeldern durch eine schweigsame Campagna. Dann erschien in der Ferne ein Hügelchen, ein Buckel im Gelände, bedeckt mit Häusern. Die Straße führte darauf zu:

La Garbatella.

Es war die Garbatella.“[46] Das bukolische Bild, das diese Schilderung evoziert, wird der heutige Besucher kaum noch nachempfinden können. Die groß gewordene Garbatella, die jetzt das ganze Geviert zwischen der Via Ostiense, der Circumvallazione Ostiense, der Via Cristoforo Colombo und der alten Pilgerstraße der Sette Chiese ausfüllt, ist von der breit auseinanderlaufenden Bebauung des Stadtgebiets längst vollständig überholt und eingeschlossen worden.

Das Quartier hat sich aber in den Zwanziger Jahren auch selbst stark und dynamisch entwickelt, allerdings nicht auf der ursprünglich konzipierten Linie. Die Idee eines *locus amoenus* für die Industriearbeiterschaft des Quadrante Ostiense nämlich starb schon bald eines stillen Todes. Das Vorhaben, bei Ostia einen Seehafen zu bauen, wurde nach dem Antritt des Faschismus eingestellt, das ganze Projekt einer systematischen Industrialisierung des Südostens der Kapitale aufgegeben, das Unternehmen SMIR aufgelöst. Das Gelände fiel der Kommune zu, die mithilfe des *Istituto per le case popolari* nun – natürlich im Rahmen der politischen Generalvorgaben des Regimes – nach eigenen Bedürfnissen darüber verfügen konnte. So erlebte das Viertel bis in die Dreißiger Jahre hinein immer neue Initiativen und Erweiterungen und entwickelte sich geradezu zu einem Exerzierfeld des Wohnungsbaus.[47]

In einer ersten Etappe zwischen 1925 und 1927 experimentierte man mit dem Bau von sogenannten *case rapide*. Kleine, einfache Häuser aus anspruchslosen Materialien waren das, die mit einer extrem kurzen Bauzeit und geringen Kosten einen raschen

Beitrag zur Linderung der Wohnungsnot leisten sollten; wirtschaftspolitisch verband sich damit zugleich die konsensorientierte Absicht, eine möglichst große Zahl von Architekten und Baufirmen bei der Auftragsvergabe für diese ‚Schnellhäuser' zu berücksichtigen – eine Vorgehensweise, die im Ergebnis auch die Formenvielfalt des ersten Bebauungskerns in der Garbatella unter etwas anderen Vorzeichen zu wahren erlaubte. An diesem Punkt ergibt sich eine unmittelbare Verbindung von der Entwicklung des Garbatella-Viertels zum faschistischen Hauptstadtausbau im Zentrum, dem wir uns als nächstes zuwenden werden. Zielgruppe dieser zwischen 1923 und 1927 realisierten *case rapide* waren nämlich zum einen die Bewohner älterer Barackensiedlungen, die das faschistische Regime als der Hauptstadt unwürdig beseitigen wollte, und zum anderen die armen Bewohner jener Altstadtquartiere, die durch die jetzt mit Macht einsetzenden großflächigen Abrissarbeiten im Zentrum ihre bescheidene Bleibe verloren.[48]

Ein anderer, stadtplanerisch innovativer und sozialpolitisch origineller Ansatz zur Betreuung dieser Gruppe von Betroffenen der faschistischen Hauptstadtpolitik waren vier sogenannte *Alberghi Popolari* oder *Alberghi per gli sfrattati*, die zwischen 1927 und 1929 in der Garbatella errichtet wurden. Hierbei handelte es sich um architektonisch durchaus ansprechend und anspruchsvoll gestaltete Baukomplexe des Chefarchitekten des Icp, Innocenzo Sabbatini, die, wie der Name es schon nahelegte, an große Hotelbauten erinnerten. Sie sollten den durch die *sventramenti* obdachlos gewordenen Familien eine vorübergehende Unterkunft bieten, bis für sie neue dauerhafte Wohnungen gebaut sein würden. Entsprechend dem nur temporären Charakter, den die Unterbringung in diesen auch *Alberghi Suburbani* genannten Sammelunterkünften haben sollte, waren für das Privatleben jeder Familie nur ein oder zwei Schlafräume vorgesehen, während sich alle übrigen Lebensvorgänge in Gemeinschaftseinrichtungen abspielen sollten. Dafür gab es Großküchen, Aufenthaltsräume, Sanitär- und Hygienebereiche zum Waschen und Baden sowie große, repräsentative Speisesäle, deren Ausstattung und Ausgestaltung von beachtlichem ästhetisch-architektonischem Anspruch zeugte. Ähnliche Ideen eines mit Gemeinschaftseinrichtungen kombinierten sozialen Wohnungsbaus hatten damals Konjunktur in der europäischen Architektenavantgarde – so etwa auch bei Le Corbusier; sie entsprachen dem kollektivistischen Menschenbild der Zeit und ihren Vorstellungen von der Wünschbarkeit oder Notwendigkeit sozialer Disziplinierung und ökonomischer Rationalisierung der Lebensführung der industriellen Massen. Der von ‚linken' und ‚rechten' Ideologien und Regimen der Zwischenkriegszeit gleichermaßen propagierte Idealtypus eines selbstlos gemeinschaftsorientierten, seine Individualität bereitwillig dem Kollektiv unterordnenden ‚Neuen Menschen' wies dabei erstaunliche Parallelen auf.

Wenn allerdings die Stadtplaner und Architekten erwartet haben sollten, die aus den Armenvierteln des *centro storico* vertriebenen und in die *Alberghi Popolari* Eingewiesenen der römischen Unterschicht würden hier in freudig akzeptierter Selbstverantwortung und korporativer Solidarität das Glück des Gemeinschaftslebens erfahren (oder

Albergo suburbano (Albergo Rosso), Garbatella, 1927 (Architekt: I. Sabbatini).

zumindest erlernen), so zerschellte diese Hoffnung sogleich an der garbatellischen Wirklichkeit. Für den Kenner des römischen *popolino* wenig überraschend, legten dessen Angehörige nämlich eine unerschöpflich einfallsreiche Renitenz und Resistenz gegen alle Zumutungen an den Tag, sich im Sinne des faschistischen Gemeinschaftsideals disziplinieren und umerziehen zu lassen. Schon nach kurzer Zeit waren die – wie man sich etwas verschämt ausdrückte – ‚sozialen und moralischen' Zustände in diesen Tempeln des stammesbrüderlichen Kollektivismus so untragbar geworden, dass man sich gezwungen sah, das Experiment wieder aufzugeben. Nach und nach wurden die vier Modellherbergen zu normalen Wohnblöcken mit individuellen Wohneinheiten umgebaut.[49]

Hatte man es bei der missglückten volkspädagogischen Versuchsanordnung der *Alberghi Popolari* mit einer Klientel zu tun, die im engeren Sinne der namengebenden Bestimmung eines ‚Instituts für den Bau von Volkswohnungen' entsprach, so hatte sich das Icp mit einem weiteren Projekt in der Garbatella einer eher bürgerlichen Klientel zugewandt. Erwähnenswert ist auch dieses Modell, weil es eine neue Form des öffentlichen Wohnungsbaus repräsentierte und darüber hinaus einen für ganz Italien zukunftsreichen Weg zur staatlich geförderten Bildung von Wohneigentum vorzeichnete: *case* oder *villini a riscatto*. Gemäß der Generallinie des faschistischen Regimes, Privatinitiative und Privateigentum zu fördern, wurden Häuser mit mehreren Wohneinheiten oder auch bescheidene Einzelhäuser gebaut, die von vorneherein dafür vorgesehen waren, von ihren Bewohnern nach und nach abgelöst und zu Eigentum erworben zu werden. Die Baugenossenschaften übernahmen hier also neben den üblichen Funktionen der Planung, Errichtung und Verwaltung von Wohnungen mit finanzieller Unterstützung des Staates quasi die Vorfinanzierung zu günstigen Konditionen. Die ersten Häuser dieser Art wurden in der Garbatella 1926/27 fertiggestellt, doch fand das Modell hier wie an anderen Stellen der Stadt nicht auf Anhieb die erwartete Akzeptanz. Auch die als Klientel für diese Rechts- und Eigentumsform angepeilte angestellte Mittelschicht tat sich unter den Bedingungen der einsetzenden Weltwirtschaftskrise schwer damit, die Ablösungsraten aufzubringen. In vielen Fällen mussten daher die *case a riscatto* vorerst wieder auf die übliche Vergabe als Mietwohnungen umgestellt werden, wobei den Mietern ein verbrieftes Recht auf späteren Erwerb eingeräumt wurde.[50]

Monte Sacro und Garbatella, die ersten nach dem Weltkrieg und noch vor dem Faschismus in Angriff genommenen neuen Erweiterungsprojekte, haben auf ihre je spezifische Art beide die Entwicklung Roms in der Zwischenkriegszeit maßgeblich beeinflusst. Wesentliche Probleme und Tendenzen der Hauptstadtpolitik bildeten sich kleinmaßstäblich und exemplarisch in ihnen ab. Zunächst als isolierte Siedlungskerne weit außerhalb der Mauern entstanden, fungierten sie schon bald als Aggregationszonen für ein rapides Flächenwachstum der Kapitale in die Weite des *Agro Romano* hinaus. Im Falle der Garbatella erlangte dieser Effekt besondere Zugkraft und Dynamik, als dann in den Dreißiger Jahren mit dem Weltausstellungsprojekt E 42 die Entscheidung dafür gefallen war, im Südwesten der Kapitale eine monumentale Satellitenstadt als Gegenpol urbanistischer Moderne neben dem historischen Rom entstehen zu lassen. Der Garbatella kam nun eine Brückenfunktion zu bei der Schließung der Siedlungslücke zwischen der alten Stadt und ihrem avantgardistischen Vorposten EUR.

Rom imperial: Die Hauptstadt im faschistischen *Ventennio*

Faschistische Reorganisation der Hauptstadtpolitik: Die Errichtung des *Governatorato*

Was sich in der Garbatella und anderen Neubauvierteln des Roms der Zwanziger Jahre vollzog und entwickelte, hatte mit faschistischer Stadt- und Hauptstadtpolitik im eigentlichen Sinne noch wenig zu tun. Hier ging es vielmehr um ein wirtschaftliches und soziales Grundproblem in den dynamischen Wandlungsprozessen der entstehenden industriellen Massengesellschaften, mit dem sich die meisten Regierungen im Europa der ersten Nachkriegszeit in ähnlich dringlicher Weise konfrontiert sahen: die angemessene Versorgung einer wachsenden städtischen Bevölkerung mit

Wohnraum. Die Wohnungsfrage gehörte zu jener Kategorie von Aufgaben, die Mussolini als *problemi della necessità* klassifiziert hatte: Imperative des politischen und administrativen Handelns, so würden wir heute sagen, die aus elementaren Bedürfnislagen kommen, Handlungszwänge, die letztlich ideologieunabhängig sind und bei denen Pragmatik vor Dogmatik geht.

Wir haben gesehen, wie noch die liberal-konservativen Stadtadministrationen im Rom der ersten Nachkriegsjahre dieses Problem mit unterschiedlichen Initiativen zur Belebung der Bautätigkeit anzugehen versuchten. Auf dem Feld des Wohnungsbaus markierte der Machtantritt des Faschismus also keine scharfe Zäsur, keinen revolutionären Bruch. Wohl kam es unter faschistischer Ägide auch auf diesem Gebiet zu Akzentverschiebungen, und die vom Regime gesetzten Rahmenbedingungen konnten nicht ohne Auswirkungen bleiben auf einzelne Planungen und Bauvorhaben; aber auch dann spricht viel für die Annahme, dass das Garbatella-Viertel, um bei unserem Beispiel zu bleiben, heute in Struktur und Gestalt nicht grundlegend anders aussähe, wenn es über 1922 oder 1925 hinaus auf dem Kapitol bei jener liberal-konservativ-katholischen Misch-Herrschaft geblieben wäre, die für die *Roma Capitale* schon seit Jahrzehnten kennzeichnend war. Allenfalls würden ein paar schwingenbreitende Adler oder sonstige Machtsymbole der *romanità* weniger an Schulhäusern und sonstigen öffentlichen Gebäuden prangen.

Die ‚große' Rom-Politik spielte sich auf anderen Gebieten ab – dort nämlich, wo Mussolinis Vision einer monumental-modernen Haupt- und Weltstadt eines machtvollen faschistischen Italien verwirklicht werden sollte – auf dem schwer mit Sinn befrachteten und mit Symbolik beladenen Felde der *grandezza*. Hauptstadturbanistik im großen Stil, wie der *Duce* sie forderte – *fate grande! fate grande!* lautete sein ständiger Appell an Planer und Architekten –, Politik für ein imperiales Rom verlangte mehr denn je den direkten Zugriff und Durchgriff des Staates auf die kommunale Entscheidungsebene. Das Problem als solches war ja so alt wie der italienische Nationalstaat selbst: Schon Crispi hatte es mit der Schaffung einer für die Kapitale zuständigen *prefettura del Tevere* nach dem Muster von Haussmanns Paris in einem klaren Unterstellungsverhältnis der Kommune gegenüber der Regierung regeln wollen, doch war das damals unerledigt geblieben. Das Problem bestand also fort, und die Idee wurde von Ivanoe Bonomi, einem der letzten Ministerpräsidenten der liberalen Ära, 1921/22 neuerlich ventiliert. 1925, als die bis dahin noch parlamentarisch verschleierte Alleinherrschaft des Faschismus zur offenen Diktatur konsolidiert war, packte Mussolini die Sache mit der ihm eigenen Rücksichtslosigkeit an und übertrug das faschistische Führerprinzip in der Organisation des politischen Handelns und der Technik der Machtausübung kurzerhand auch auf die Hauptstadt.

Der Boden hierfür war freilich in der *urbs* längst bestellt. Schon vor dem faschistischen ‚Marsch auf Rom' vom Oktober 1922 war Rom faktisch in faschistischer Hand. Eine rechtskonservativ-nationalistische Ad-hoc-Koalition hatte im Juni 1922 den pro-faschistischen Industriellen Filippo Cremonesi zum *sindaco* gewählt, und dieser hatte weitere Nationalisten und Faschisten in die Stadtregierung hineingezogen. Cremonesis Konzept, das eine konsequente Modernisierungspolitik einschließlich der Schaffung einer ausgedehnten Industriezone und eines Hafens in Ostia beinhaltete, stand eigentlich in Widerspruch zu Mussolinis Vorstellungen von der künftigen Entwicklung der Hauptstadt. Doch obwohl das Hafenprojekt mit der Auflösung des SMIR schon bald von höchster Stelle abgebogen wurde, konnte Cremonesi seine kapitolinische Karriere in steilem Aufstieg fortsetzen.[51]

Um Widerstand seitens der oppositionellen Parteien gegen seine Politik auszuschalten, wurde der *Consiglio Comunale* im März 1923 von der Regierung aufgelöst und Cremonesi zum Staatskommissar mit außerordentlichen Vollmachten ernannt. Das erlaubte es ihm, mit harter Hand seine Linie der Sanierung des defizitären Kommunalhaushalts, des Verwaltungsabbaus und der Reprivatisierung kommunaler Dienstleistungen fortzusetzen. Da er in seiner Stadtpolitik nicht nur die Interessen der Haus- und Grundeigentümer, der Unternehmer und der Finanzkreise bediente, sondern auch die Durchdringung kommunaler Institutionen im Schul- und Sozialwesen mit Kadern des *Partito Nazionale Fascista (PNF)* förderte, hatte Cremonesi 1925, wie Mussolini bei dessen Investitur jovial verkündete, gleichsam ein „natürliches Anrecht" auf das neugeschaffene Amt des *Governatore di Roma*.[52]

Dieser *Governatorato di Roma*, als eigene politisch-administrative Organisationsform der Hauptstadt eingerichtet mit Dekret vom 28. Oktober 1925 und danach im Zuschnitt mehrfach geändert[53], versammelte die gesamte Entscheidungsbefugnis in der Hand des *Governatore*. In diesem herausgehobenen Amt, das in der Dignitätenhierarchie des Regimes nur wenig unter dem Rang eines Ministers angesiedelt war, wurden alle Kompetenzen des abgeschafften *Consiglio Comunale* und des Magistrats gebündelt. Hinzu kamen, zumindest auf dem Papier, auch staatliche Befugnisse; der *Governatore* war unmittelbar dem Innenminister unterstellt und empfing von diesem Anweisungen. Und da Mussolini als Regierungschef von 1926 an auch das Ressort des Innenministers mit eigener Hand leitete, war der *Governatore* in letzter Konsequenz auch das Ausführungsorgan des *Duce*. Dem *Governatore* sollten zwei *Vicegovernatori* und zehn *Rettori* für die einzelnen Zweige der Kommunalverwaltung zur Seite stehen, daneben noch ein beratendes Gremium von 80 *Consultori*, die nicht gewählt, sondern von der Regierung ernannt wurden. Aber auch diese Organisationsform erschien nach den Erfahrungen der ersten Jahre noch zu wenig schlagkräftig, weshalb das *Governatorato* mit Gesetz vom 6. Dezember 1928 radikal gestrafft wurde: Die Ämter eines der *Vicegovernatori* und der *Rettori* fielen ganz weg, die Zahl der *Consultori* wurde auf zwölf verringert. Als die *Consulta*, die im weiteren Verlauf keine große Bedeutung erlangte, 1930 erstmals ins Leben trat, wurde sie mit Vertretern des unternehmerischen, freiberuflichen und kulturellen Establishments der Stadt besetzt.[54] Sehr viel bedeutender als diese Änderungen war aber die schon 1926 erfolgte Einrichtung eines Generalsekretariats des *Governatore*. Es überwachte und koordinierte die Tätigkeit der verschiedenen städtischen Behörden und Einrichtungen und kristallisierte sich schon bald als das eigentliche Machtzentrum des *Governatorato* heraus.[55]

Aufschlussreicher als die Papierform des Organigramms ist indes für das tatsächliche Gewicht und den Einfluss einer Institution immer ihr personelles Profil. Auch über die reale Funktion des *Governatore* erfahren wir mehr, wenn wir uns die Figuren ansehen, die Mussolini dann in dieses Amt berufen hat. Auf Filippo Cremonesi, der am 1. November 1925 als erster *Governatore* eingesetzt wurde, folgte schon gut ein Jahr später Fürst Ludovico Veralli Spada Potenziani, auf diesen 1928 Fürst Francesco Boncompagni Ludovisi, der sich fast sieben Jahre, bis Januar 1935, auf diesem Sessel hielt. Dann gab der faschistische *gerarca* Giuseppe Bottai auf dem Kapitol ein illustres Zwischenspiel, bevor er im November 1936 Kulturminister wurde. Bottai, der einer der führenden intellektuellen Köpfe des Regimes und offen für moderne Tendenzen in Kunst, Architektur und Urbanistik war, trat als *Governatore* nur wenig in Erscheinung, weil er sich bereits im Oktober 1935 als Kriegsfreiwilliger nach Abessinien begab, von wo er erst im Mai des darauffolgenden Jahres zurückkehrte. Die beiden letzten *Governatori* der faschistischen Ära waren dann Fürst Piero Colonna von November 1936 bis August 1939 und von September 1939 bis August 1943 dessen Standesgenosse Fürst Giangiacomo Borghese.[56]

Es fällt sogleich ins Auge, dass mit Ausnahme Cremonesis und Bottais sämtliche *Governatori* aus der römischen Hocharistokratie stammten. In dieser Einseitigkeit der Rekrutierung kam die eigentliche Funktion des neuen Amtes deutlicher zum Ausdruck als in allen tönenden Verlautbarungen Mussolinis über den *Governatore* als Diktaturinstrument zur kraftvollen Durchsetzung faschistischer Ziele in der Hauptstadtpolitik. Weder eine besonders ausgewiesene Verwaltungskompetenz noch eine ausgeprägte Überzeugungstreue gegenüber der faschistischen Ideologie hatte für die Vertreter des Hochadels den Ausschlag gegeben. Vielmehr ging es Mussolini mit der Wahl von Exponenten der alten römischen Führungsschicht ersichtlich darum, diese im Sinne seiner übergreifenden Konsenspolitik für das faschistische Regime zu gewinnen. Denn der Diktator war sich der Tatsache bewusst, dass die Einbindung der konservativ-klerikalen grundbesitzenden Elite der römischen Gesellschaft für den Ausbau der Kapitale nach seinen Visionen politisch wie ökonomisch genauso unverzichtbar sein würde, wie sie das vom ersten Augenblick der Hauptstadtwerdung Roms im Jahre 1870 an immer gewesen war.

Andererseits führten auch die gewaltigen Summen, die der faschistische Staat in die Entwicklung der *Roma imperiale* pumpte, allen am römischen Finanz- und Wirtschaftsleben Beteiligten vor Augen, dass es lohnend und lukrativ war, mit diesem Regime zu kooperieren. Zwischen 1926 und 1940 beschloss die Regierung Finanzzuweisungen von fast 150 Millionen Lire, die Jahr für Jahr der römischen Wirtschaft zur Verwirklichung von Mussolinis hochfliegenden Hauptstadtplänen zuflossen: 50 Millionen Lire pro Jahr für die Dauer von 25 Jahren für die Repräsentationsaufgaben und für die Ausführung öffentlicher Bauvorhaben; 10 Millionen auf 25 Jahre für die Verbesserung öffentlicher Einrichtungen im *Agro Romano* (wo, notabene, die großen Güter der Adelsfamilien lagen!); 30 Millionen jährlich auf 15 Jahre für die Durchführung des *Piano Regolatore* von 1931 (von dem gleich zu sprechen sein wird); eine Abschlagszahlung von 350 Millionen für außerordentliche Ausgaben in Straßenbau und öffentlichem Verkehr im Hinblick auf die an Rom vergebene Weltausstellung von 1942; und schließlich nocheinmal 13 Jahresraten von jeweils 54 Millionen für die Bauvorhaben in Verbindung mit dem Weltausstellungsviertel EUR selbst.[57]

Der Wegfall aller gewählten oder durch Wahl legitimierten Organe kommunaler Selbstverwaltung im Rom des *Governatorato* führte, wie ein ausgewiesener Kenner der Hauptstadtgeschichte es formuliert, zu einem „Triumph“ der kommunalen Bürokratie. Sie konnte unter dem Schirm Mussolinischer Aktions- und Effizienzrhetorik weitgehend ungestört ihrer Tätigkeit nachgehen. Dass diese städtische Bürokratie des *Ventennio* ihr administratives Handwerk verstand, ja dass sie offenbar kompetenter und per saldo auch korrekter agierte als ihre Vorgänger in der liberalen Ära und auch als ihre Nachfolger in der republikanischen Nachkriegszeit, ist ein ebenso interessanter wie herausfordernder Befund. Er findet zumindest teilweise seine Erklärung in der Tatsache, dass die Reformen, die im ersten Jahrzehnt des 20. Jahrhunderts bis in die Ära Nathan hinein in der kapitolinischen Administration durchgeführt worden waren, jetzt ihre Früchte trugen. In der Beamtenschaft des Kapitols hatte sich der ‚esprit de corps‘ einer modernen Expertenelite herausgebildet, der sie zwar nicht gegen die faschistische Zeitströmung immunisierte, aber doch für die sozialen Problemlagen und die funktionalen Bedürfnisse der sich herausbildenden Großstadtgesellschaft sensibilisierte. Eine zeitgemäße, auch für internationale Tendenzen offene Gestaltung der Stadtentwicklung lassen die Zwanziger und Dreißiger Jahre unterhalb der politischen Ebene der *Governatori* manchem Beobachter deshalb geradezu als ein „Goldenes Zeitalter der kapitolinischen Bürokratie“ erscheinen.[58] Zwei Namen können exemplarisch für diese professionellen Kommunaldirigenten stehen: Alberto Mancini, der in höchsten Funktionen der Munizipaladministration diente – von 1921 bis 1926 als *Segretario Generale* und damit Chef der Gesamtverwaltung – und der 1925 mit der monatlich erscheinenden Zeitschrift *Capitolium* ein wichtiges Forum für die Diskussion und Dokumentation der Stadtpolitik schuf; und Virgilio Testa, Direktor der kommunalen Planungs- und Bauämter, der unter dem *Governatore* Bottai 1935 Leiter des Generalsekretariats wurde und das bis 1944 – also über den Fall des Faschismus hinaus – blieb. Wir werden Testa, den man durchaus als die ‚graue Eminenz‘ und neben Marcello Piacentini wohl wichtigste Figur der Rom-Urbanistik der Dreißiger und Vierziger Jahre bezeichnen kann, später noch einmal in führender Rolle bei Planung und Bau des *Quartiere EUR* begegnen.[59]

Neue Pläne für die Hauptstadt: Der Weg zum *Piano Regolatore* von 1931

Nach den politisch-administrativen Strukturen im Rom des Faschismus wenden wir uns nun den städtebaulichen Planungen der Regimezeit zu. Der *Piano Regolatore* von 1909 war, wie erwähnt, weitgehend Makulatur geblieben. Mit der Ablösung des Nathanschen Reformblocks durch die konservative *Unione Romana* 1914 hatte unter den nachfolgenden Stadtregierungen sogleich ein Prozess der Aufweichung der Vorgaben und Einschränkungen des Planungswerkes eingesetzt. Nach dem Weltkrieg konnten Grundeigentümer und Bauunternehmer unter dem Eindruck der verschärften Wohnungsnot dann auf breiter Front Ausnahmen und Umgehungen durchsetzen, die praktisch zur Regel wurden. Schon vor dem Machtantritt des Faschismus im Jahr 1922 also war der Plan Sanjusts praktisch tot. Die nach dem Weltkrieg mit großer Vehemenz einsetzende, von Kommune und Regierung gleichermaßen geförderte Bautätigkeit war über ihn hinweggegangen.

Dieser Tatsache trug Filippo Cremonesi Rechnung, der dezidiert wirtschaftsfreundliche Bürgermeister, den Mussolini im März 1923 als außerordentlichen Staatskommissar für die Hauptstadt bestellt hatte. Cremonesi beauftragte eine Kommission, der es nicht an Sachverstand und fachlicher Kompetenz fehlte – neben dem Stadtchef selbst gehörten ihr namhafte Architekten wie Manfredo Manfredi, Rodolfo Bonfiglietti, Gustavo Giovannoni und Marcello Piacentini an –, mit der Überarbeitung des Plans. Ergebnis der Kommissionsarbeit war 1925 die sogenannte *Variante generale* des *Piano Regolatore*. Die Variante bekräftigte einerseits – hierin zeigte sich die Handschrift von Giovannoni und Piacentini – die Unantastbarkeit des *centro storico*, sah aber andererseits in evidentem Widerspruch dazu auch weitläufige *sventramenti* und Durchbrüche vor, in denen wohl Mussolinis Vorstellungen und Visionen von einer großartigen, weiträumig ausgreifenden Gestaltung der Kapitale ihren Niederschlag fanden. Im übrigen schien es das Hauptanliegen der *Variante* zu sein, administrative Hindernisse jeder Art von Bautätigkeit aus dem Weg zu räumen: Expansion und Verdichtung wurden gleichermaßen begünstigt.

Kein Kundiger aber konnte die Augen davor verschließen, dass auch diese Variante nur Provisorium und Stückwerk war. Eine neue, kohärente Planung erschien dringend geboten für eine Hauptstadt, die mit dynamischer Bevölkerungszunahme der magischen Zahl von einer Million Einwohner entgegenwuchs und in der, vom faschistischen Regime gebieterisch gefordert, die nationale Revolution und der neue, imperiale Machtwille Italiens ihren Ausdruck in der Großartigkeit der öffentlichen Bauaufgaben finden sollten. Aber auch der intensive internationale Expertendiskurs über Architektur und Urbanistik, der in der zweiten Hälfte der 1920er Jahre in Italien verstärkt rezipiert wurde, ging in die Überlegungen für einen planerischen Neuansatz ein. Im Selbstverständnis der bauenden Zunft begann sich in diesem Klima ein olgenreicher Wandel zu vollziehen: Der traditionelle Architekt als Baumeister einzelner Gebäude wurde vom Berufsbild des *architetto integrale* abgelöst, der die Ensemblewirkung und den städtebaulichen Kontext in die Planung seines Bauwerks einbezog. Von diesem ‚Integralarchitekten' führte ein weiterer Schritt in logischer Entwicklung zur neuen professionellen Leitfigur des *urbanista*, der die klassischen Aufgaben des Architekten mit der umfassenden Planung urbaner Teilsysteme und Texturen in sich vereinte.[60] Die zahlreichen imperativen Impulse, die Mussolini seit seinem Machtantritt in die Hauptstadtdebatte eingebracht hatte, machten allen Beteiligten deutlich, dass die künftige Ausgestaltung Roms eine zentrale Programmfrage des Regimes war. Die Diskussion darüber, wie das Wesen und die Ziele der faschistischen Revolution in der Stadtgestalt zum Ausdruck gebracht werden könnten, erlangte eine solche Dynamik, dass nun auch ohne offiziellen Auftrag umfangreiche Pläne erarbeitet und der Öffentlichkeit vorgelegt wurden.

Den Anfang machte Armando Brasini, ein 1879 in Rom geborener Ingenieur und autodidaktischer Architekt, den man ohne Gefahr der Übertreibung als den Großmeister des eklektizistischen Schwulstes und des megalomanen Monumentalismus bezeichnen kann.[61] Er hatte schon mitten im Weltkrieg, 1916, seine zügellosen architektonischen Phantasien für eine *Urbe Massima* veröffentlicht, die entlang der Via Flaminia um eine gigantische *Piazza della Latinità* herum eine neue Hauptstadt von ‚unerhörten Dimensionen' vorsahen: eine bizarr, ja geradezu surreal anmutende Ansammlung von Triumphbogen, Ehrensäulen, Kolonnaden, Propyläen, Prunkbrunnen, Thermen, Tempeln und einer 160 Meter hohen Pyramide. Dieser Linie schrankenloser Hybridität folgte auch das Projekt einer Neugestaltung der Innenstadt Roms, das Brasini im April 1925 vorlegte. Die Kernidee war, die *Piazza della Latinità* von 1916 gleichsam ins historische Zentrum zu verpflanzen und die dafür erforderliche riesige Freifläche durch die Abräumung des gewachsenen Baubestandes vom Pantheon bis zur Piazza Colonna und vom Augustusmausoleum bis zum Largo Argentina zu gewinnen. Wenn wir an die Worte Mussolinis bei der Amtseinführung des ersten *Governatore* Ende 1925 denken – *Farete largo attorno all'Augusteo, al teatro Marcello, al Campidoglio, al Pantheon.* Und: „Binnen fünf Jahren muss von Piazza Colonna aus die großartige Baumasse des Pantheons sichtbar sein." –, dann erscheint es durchaus naheliegend, dass Mussolini dabei von den Szenarien Brasinis inspiriert war. Nicht von ungefähr hatte er Brasini bereits 1923 anerkennend als *architetto della Italia imperiale* bezeichnet.[62]

Und dieser Reigen von Impuls und Inspiration ging weiter: Als Brasini 1927 seine Ideen in einem ausgearbeiteten Projektentwurf für das neue Rom des Faschismus präsentierte, konnte der *Duce* darin eine beflissene Aufnahme seiner eigenen Visionen entdecken; kein Wunder also, dass er dem monströsen Plan seine Zustimmung *(approvazione di principio)* erteilte und den *Governatore* Spada Potenziani anwies, die notwendigen Maßnahmen zur Umsetzung einzuleiten.[63] Dem Sog des Faibles, das Mussolini in dieser Phase für einen exzessiven Architekturmonumentalismus nach der Art

Armando Brasinis Entwurf für die Gestaltung des Zentrums von Rom, 1925/26.

Brasinis an den Tag legte, konnten sich auch andere Teilnehmer an den Planspielen für die Kapitale nicht entziehen. Schließlich ging es ja nicht (nur) um die Dominanz in einem akademischen Planungsdiskurs, sondern auch um handfeste ökonomische Interessen: Architekten benötigen, wenn sie nicht in Schönheit sterben wollen, vor allem eins: Aufträge!

Eine Gruppe arrivierter Architekten, die sich nach einem alten römischen Maurerwerkzeug *La Burbera* nannte[64], legte ebenfalls einen Plan für die Neugestaltung des Stadtzentrums vor. Obschon die meisten Mitglieder von *La Burbera* eher traditionalistisch orientiert waren, zeigte sich auch dieses Projekt von kaum zu überbietender Radikalität. Es sah die großräumige Niederlegung des barocken Kernbezirks zwischen Via del Corso, Via Condotti, Via Due Macelli und Via del Tritone vor, an dessen Stelle die Kreuzung zweier großer Straßenachsen treten sollte nach dem Prinzip von *cardo* (Nord-Süd) und *decumanus* (Ost-West-Richtung), dem Grundmuster römischer Stadtgründungen in antiker Zeit. Die Nord-Süd-Achse sollte den Ponte Milvio in gerader Flucht mit der Lateranbasilika verbinden, die West-Ost-Achse den Petersdom mit Stazione Termini. Der Platz, an dem sich beide Transversalen kreuzten (etwa bei S. Silvestro), hätte den neuen, monumentalen Mittelpunkt der Kapitale markiert. Weite offene Flächen und freie Perspektiven sollten ein überwältigendes Raumerlebnis schaffen. In dem angestrengten Bemühen, der solennen Grandiosität eines imperialen Roms monumentalen Ausdruck zu verleihen, erkennt man auch hier unschwer den Widerhall von Brasinis Entwürfen. Und wie bei diesem drängen sich dem Betrachter Visionen des Grotesken, ja des Absurden auf angesichts dieses gewaltigen Platzgevierts nach Art eines Forums. Unwillkürlich kommen einem beim Anblick all der pompös übersteigerten Prunkbauten und trophäenhaften Machtsymbole, die da kulissenhaft zusammengestellt sind, die triumphalistischen Architektur-Ensembles aus der phantastischen Traumwelt eines Giambattista Piranesi (etwa die Frontispizien zu Band II und III seiner *Antichità Romane*) in den Sinn: Die Hauptstadt als einschüchternde, aus einem überbordenden Antikenfundus zusammenstaffierte Bühnendekoration von neo-barocker Bombastik.[65]

Gegen den Plan von *La Burbera* bezog Marcello Piacentini Stellung, und geriet damit in offenen Gegensatz zu seinem alten Meister und langjährigen Partner Giovannoni, der sich mit seinem Renommée für das *Burbera*-Projekt hatte vereinnahmen lassen. Piacentini hatte bereits 1925/26 gegen die Exzesse Brasinis einen eigenen Entwurf für eine *Grande Roma* unterbreitet, der zwar auch nicht mit ausladender Monumentalität sparte, aber doch von der Zerstörung der Altstadt absah und das Neue Rom Mussolinis als moderne Parallelstadt auf den östlichen Höhenzügen ansiedelte.[66] Dieses Projekt brachte er nun in die Planungen einer Gruppe überwiegend jüngerer Architekten um Luigi Piccinato ein. Die Mitglieder dieses *Gruppo Urbanisti Romani* waren größtenteils Absolventen der neugegründeten Architekturakademie *Scuola di architettura di Roma* und sahen sich in ihrem professionellen Selbstverständnis als erste Generation von *architetti integrali*. Viele von ihnen engagierten sich im MIAR, dem *Movimento italiano per l'architettura razionale*, einer Vereinigung, welche sich den Ideen der damaligen internationalen Architektur-Avantgarde nach Art des Bauhauses verschrieben hatte.[67]

Zwischen den ‚Rationalisten' und dem Lager der konservativen Architekten um Ugo Ojetti, den dogmatischen Verfechter eines Stils der *archi e colonne*, der Bogen und Säulen als Leitmotiven einer traditional-mediterranen Stilauffassung, tobte in jenen Jahren ein heftiger Kampf um offizielle Anerkennung (und damit natürlich um Aufträge). Interessant und zugleich überraschend angesichts der provinziellen Vorliebe, die Mussolini zunächst für Brasinis exuberanten Pomp an den Tag gelegt hatte, ist, dass der *Duce* in diesem Streit mehrfach zugunsten der ‚Rationalisten' Stellung bezog. Vielleicht war sein persönlicher Geschmack inzwischen etwas reifer und mondäner geworden, vielleicht war es auch der schulende Einfluss von Leuten wie Piacentini[68] – jedenfalls schien ihm nun Anfang der Dreißiger Jahre die kühl-sachliche Formenstrenge der Architektur‚rationalisten' die von der faschistischen ‚Revolution' beanspruchte Modernität und Fortschrittlichkeit besser zum Ausdruck zu bringen.[69] Überhaupt ist es der größeren Offenheit des italienischen Faschismus in kunstpolitischen Dingen zuzuschreiben, dass in der reichen baulichen Hinterlassenschaft des Regimes moderne Architekturtendenzen sehr viel stärker vertreten sind als dies im Bauen des nationalsozialistischen Deutschlands der Fall war. Die geschlossen ‚rationalistische' Anmutung der städtischen Neugründung Sabaudia ist dafür das überzeugendste Beispiel, aber auch viele bedeutende Einzelbauwerke in moderner Auffassung stehen dafür – der Bahnhofsneubau S. Maria Novella in Florenz etwa, die neuen Postämter in Rom, und vor allem natürlich auch das urbanistisch hochambitionierte Projekt der E 42 – EUR in Rom – doch von all dem wird noch zu sprechen sein.[70]

Marcello Piacentinis Plan für das monumentale Zentrum der *Grande Roma*, 1925/26.

Wie die Planentwürfe Brasinis und der *Burbera*-Gruppe wurde auch das Projekt des *Gruppo Urbanisti Romani* der Öffentlichkeit in einer Ausstellung, der *Mostra dell'Urbanistica e dell'Edilizia,* vorgestellt, die im September 1929 gleichzeitig mit dem Kongress der *International Federation for Housing and Town Planning* in Rom stattfand.[71] Der Plan der ‚Jungen Wilden', denen Piacentini seine etablierte Autorität lieh, war freilich auf seine Art nicht weniger vom Anspruch der Verfügungsallmacht gegenüber der bestehenden Stadt gekennzeichnet als die Konkurrenz-Pläne. Allerdings war hier die Grundtendenz primär funktionalistisch, wo sie bei Brasini und bei *La Burbera* zeremonial und deklamatorisch war. Auch der Entwurf der GUR-Architekten sah ein neues Zentrum für Rom vor, und zwar oben auf den östlichen Höhen, bei Castro Pretorio, um so die historische Altstadt unbehelligt beiseite liegen lassen zu können. Damit genügend Platz wäre für alle Zentralfunktionen einer wahrhaft modernen Kapitale, sollte der gesamte Komplex des Hauptbahnhofs verlegt werden, weg von Termini, weit hinaus in das Viertel um S. Lorenzo. Auf diese einschneidende Schwerpunktverlagerung der Hauptstadtstruktur sollte dann auch ein neues Netz von Straßenverbindungen und U-Bahnlinien ausgerichtet sein, wobei eine breite Straße von der Via Flaminia zum neuen Hauptbahnhof im Osten gleichsam die Achse bildete, welche den historischen Kern der Hauptstadt von deren funktionalen Zonen trennte.[72]

Natürlich war auch dieses Projekt letztlich zu radikal und im Wortsinne zu exzentrisch, um breitere Zustimmung zu finden oder gar offiziell als Entwicklungsplan für Rom adoptiert zu werden. Zudem war inzwischen das planungspolitische Klima umgeschlagen. Mussolini, der noch Anfang 1928 den Plan Brasinis ausdrücklich gebilligt hatte, ließ diesen wenige Monate später fallen.[73] Neben einer ästhetischen Rationalisierung und realpolitischen Disziplinierung des Planungsdenkens schienen nun beim *capo di Governo* auch ökonomische und finanzielle Bedenken stärkeres Gewicht erlangt zu haben. Mussten Brasinis Phantasieplan und der kaum weniger extreme Vorschlag von *La Burbera* in ihrer kapriziösen Willkür maßlos überzogen erscheinen, so war das Vorhaben der GUR-Gruppe schlechterdings nicht finanzierbar. Der spontane Wettbewerb auf dem Markt der Expertenvorschläge für einen Rom-Plan blieb mithin ergebnislos in der Schwebe, und um der Verlegenheit einer offiziellen Entscheidung für oder gegen eine der konkurrierenden Optionen zu entgehen, entschied man sich dafür, die Planungsarbeit unter staatlicher Regie noch einmal von vorne zu beginnen.[74]

Im April 1930 rief *Governatore* Boncompagni Ludovisi dazu eine Kommission ins Leben, besetzt mit den Häuptern des römischen Architekten-Establishments und hochrangigen Vertretern des städtischen und staatlichen Bauwesens.[75] Da der Faschismus – wie der *Duce* in seinen zackigen öffentlichen Auftritten den Italienern täglich vorexerzierte – eine Bewegung von höchster Dynamik und beschleunigter Entscheidungseffizienz zu sein beanspruchte, durfte sich diese Kommission nicht viel Zeit nehmen. In der erstaunlich knappen Frist von sechs Monaten erarbeitete sie einen Entwurf, der Mussolini schon im Oktober vorgelegt und, nach Prüfung und leichter Modifizierung im Geschäftsgang (auf den auch ein ‚revolutionäres' Regime nicht ganz verzichten konnte), im Juli 1931 gebilligt wurde.

Die Stadt, der diese Planungshektik galt, hatte just zu diesem Zeitpunkt einen kategorialen Quantensprung vollzogen: Sie war Millionenstadt geworden – laut Volkszählung vom 21. April 1931 hatte sie nun 1 008 000 Einwohner. Rom war damit nach den statistischen Kriterien der Zeit in den illustren Kreis der ‚Metropolen' getreten. Der neue *Piano Regolatore* ging in seinen Vorgaben davon aus, dass diese Zahl sich innerhalb der nächsten zwei Jahrzehnte verdoppeln würde, peilte also eine Stadt von zwei Millionen an. Sein Geltungsbereich erstreckte sich auf eine Gesamtfläche von 14 500 ha – ziemlich genau das Zehnfache des alten Stadtgebiets innerhalb des Aurelianischen Mauerrings, das der *abitato* vor 1870 – wir erinnern uns – nur etwa zu einem Drittel ausgefüllt hatte. 4000 ha waren für die Errichtung neuer Wohnbauten vorgesehen, davon 580 ha für massive, acht- bis zehnstöckige Wohnblöcke, die sogenannten *intensivi*, 1260 ha für die neue Zwitterform der *palazzina*, 1140 ha für *villini*, der Rest für Mischbebauung, bestehend aus den neu eingeführten Bautypen der *villini signorili*, *ville signorili* und *case a schiera* (letztere eine Art Reihen- oder Kettenhaus).

Den Beteuerungen Giovannonis und Piacentinis zum Trotz, dass die historische Altstadt sakrosankt sei, wurden auch in diesem *Piano Regolatore* umfangreiche Abriss- und Druchbruchsvorhaben ins Auge gefasst. Sie sollten zum einen der Verkehrserschließung des Stadtgebietes durch neue Quer- und Längsverbindungen dienen wie auch der Verbesserung der Wohnqualität durch Auflockerung des Baubestandes, und zum anderen der szenographischen Darbietung bedeutender Denkmäler entlang großer Transversalen. Vieles, beängstigend vieles war in dieser Richtung geplant, verwirklicht davon wurde am Ende doch vergleichsweise wenig, wenn auch, wie noch zu zeigen sein wird, an sehr exponierter Stelle und daher von erheblicher visuell-stadträumlicher Wirkung.

Konzeptionell innovativ, ja von einer gewissen Kühnheit war, was der Plan an neuer Verkehrsinfrastruktur für die Kapitale vorsah. Das Herzstück dieses Teils der Planung war – ähnlich dem Planvorschlag des *Gruppo Urbanisti Romani* – eine Umpolung des hauptstädtischen Eisenbahnnetzes. Stazione Termini sollte die Funktion als Zentralbahnhof verlieren und durch zwei periphere Polbahnhöfe – einen nördlichen an der Via Flaminia, einen südlichen an der Via Casilina etwa zwei Kilometer vor Porta Maggiore – ersetzt werden, in welchen die von Norden bzw. von Süden nach Rom führenden Bahnlinien gebündelt würden. Eine Metropolitanbahn mit hoher Zugfrequenz sollte von diesen beiden Kopfbahnhöfen die Besucher in die Innenstadt bringen, wo der Stazione Termini jetzt die Funktion eines zentralen Verteilungsrelais zugedacht war. Das Herausfordernde an dem Vorhaben war, dass diese Nord-Süd-Trasse in den Untergrund verlegt wurde. Damit sollte es möglich werden, den bisherigen Gleisbereich der Stazione Termini in seiner flächenzehrenden Ausdehnung für die Bebauung mit einem modernen Wohn- und Geschäftsviertel frei zu machen. Der Schwerpunkt der *Roma moderna* hätte sich auf diese Weise gen Osten verschoben (wie es ja ursprünglich schon von Quintino Sella anvisiert worden war) und die Altstadt mit ihrem historischen Bestand wäre von administrativen und kommerziellen Zentralfunktionen und dem damit einhergehenden Verkehrsaufkommen entlastet worden. Auch der gesamte, seit 1870 auf dem Esquilin entstandene Ostteil der *Roma Capitale* hätte mit dem Wegfall des breiten, Verkehr und Kommunikation unterbrechenden Riegels aus Gleiskörpern an urbaner Kohärenz gewonnen.

Dieses revolutionäre Projekt hatte freilich zu keiner Zeit eine Chance auf Realisierung. Die technischen Probleme waren gewaltig und die Kosten gar nicht abschätzbar. Im übrigen gab es kaum Beispiele dafür, dass einmal etablierte Zentralbahnhöfe, deren Gleisanlagen in historisch gewachsenen Metropolen riesige Flächen Baulandes in den teuersten Lagen okkupieren, wieder aufgegeben wurden – der Fall der *Gare d'Orsay* in Paris ist eine seltene Ausnahme. In Rom hat wenig später die Entscheidung des Regimes, mit dem Bau des Weltausstellungsviertels E 42 im Südwesten die Idee einer Ausdehnung der Stadt zum Meer hin wieder aufzunehmen, allen Plänen einer Verschiebung des Zentrums nach Osten ohnehin die Grundlage entzogen.

Der Plan von 1931 hat vor dem Tribunal der Historiker wenig Gnade gefunden. Allein schon die Tatsache, dass er aus der Zeit der faschistischen Diktatur stammte, mithin also wohl ein ‚faschistischer' Plan sein musste, machte ihn den Kritikern in den 1970er und 80er Jahren von vorneherein odios. Natürlich ist es für die städtebaulichen Sehgewohnheiten der parlamentarisch verfassten und politisches Pathos eher scheuenden Gesellschaften der Nachkriegszeit fremd und irritierend, wenn Stadtplanung und Stadtgestaltung so lautstark von ideologischen Prämissen bestimmt werden, wie das im Rom Mussolinis der Fall gewesen ist. Dennoch war auch der *Piano Regolatore* von 1931 – wie seine Vorgänger und seine Nachfolger – in vielem ein Produkt der Normalität, und das heißt ein Kompromiss verschiedenster politischer, ökonomischer und gesellschaftlicher Einflüsse und Interessen. Zu dieser ‚Normalität' gehörte auch, dass man ihn großzügig ignorierte und missachtete, wann immer es opportun war. Er hatte – vielleicht gerade deshalb – weit in die zweite Nachkriegszeit hinein, nämlich bis 1962, formal Bestand und wurde, was die bauliche Expansion der Stadt betraf, von den parlamentarisch legitimierten Instanzen und Institutionen nicht wesentlich besser und strikter gehandhabt als vordem von den faschistischen.[76]

La parola al piccone! – Der Duce und die Spitzhacke: ‚Ausdünnungen', ‚Ausweidungen' und die Einsamkeit der Monumente in Mussolinis Rom

Es ist in der einschlägigen Literatur gang und gäbe, vom Rom der Zwischenkriegszeit als der *Roma di Mussolini* oder der *Roma mussolinea* zu sprechen; womit man zum Ausdruck bringen will, dass die faschistische Diktatur und der Faschismus überhaupt die Stadt am Tiber in ganz bestimmter Weise geprägt habe.[77] Wenn des weiteren der Name des *Duce* gerne mit den Attributen des ‚Architekten' und des ‚Urbanisten' verbunden wird – *Mussolini architetto, Mussolini urbanista* –, dann soll damit des Diktators bekannte Vorliebe für die Baukunst als *Arte dello Stato*, sein intensives Interesse an Fragen des Städtebaus und sein beständiges herrisches Hineinregieren bei der Hauptstadtgestaltung auf den Punkt gebracht werden. Aus alledem aber zu folgern, Mussolini habe gleichsam als pharaonischer Bauherr mit monumentalen Großbauten Rom seinen unauslöschlichen Stempel aufgedrückt, wäre voreilig und ungenau. Streng genommen nämlich hat die Ära des Faschismus ihre Signatur mehr durch Wegnehmen als durch Hinzufügen in die Physiognomie der Stadt eingetragen. Im historischen Zentrum Roms jedenfalls hat das faschistische Regime kein Großbauwerk errichtet, das in seiner maßstablosen Dimension und raumsprengenden Wirkung vergleichbar wäre mit dem Justizpalast oder dem Nationaldenkmal der liberalen Epoche; und es hat auch nichts ins Werk gesetzt, was die Stadtlandschaft derart fundamental in ihren Strukturen verändert hätte, wie die Einbauung des Tibers dies in der liberalen Ära getan hat.[78]

Mehr als um das Aufbauen schien es im Rom des Faschismus um das Niederreißen, das Wegräumen, das Freilegen zu gehen. Es wütete die Spitzhacke, und die Abbruchbrigaden arbeiteten mit ungebremstem Furor. Noch bevor der Faschismus überhaupt richtig im Sattel saß und die Zügel der Herrschaft fest in den Griff genommen hatte, setzten in der ersten Hälfte der 1920er die Abrissarbeiten und Durchwühlungen ein, angestoßen von der antikensüchtigen Zunft der Archäologen, die aus professionellem Ehrgeiz mit maximalistischen Ausgrabungsprogrammen unter dem Rom der Gegenwart nach den Überresten der imperialen Vergangenheit forschten, um diese mit chirurgischen Eingriffen herauszupräparieren. Da wir nun die Geschichte der *Roma Capitale* seit 1870 bereits kennen, wissen wir freilich längst, dass auch dies kein Novum ist. Das liberale System hat nicht minder großflächig Straßenzüge aufgebrochen und Altbauviertel niedergelegt, um in der Hauptstadt Platz zu schaffen für das neue Italien. Der Faschismus erbte diese Praxis und fand sich insofern in einer weit in die liberale Ära zurückreichenden Kontinuität. Neu, da ungewohnt und ungewöhnlich, erscheinen nur die Formen, in denen Mussolini diese Politik fortführte – Formen, die, dem gewaltsamen und zugleich populistischen Charakter seines Regimes gemäß, grob kraftmeierisch daherkommen und mit Begründungen von brutalem Zynismus begleitet werden.

Wie die Generationen geplagter Römer, die seit Beginn der nationalstaatlichen Ära ihre Stadt nur noch als permanente Baustelle erlebt hatten, stießen auch die Bewohner und Besucher des faschistischen Roms in der Innenstadt allenthalben auf niedergerissene Kirchen, Paläste, Häuser, auf aufgerissene Straßen mit gewaltigen Schutthalden und tief ausgeschachteten Grabungsstätten, in denen die Archäologen herumstocherten. *Sventramenti* – ‚Ausweidungen', und ihre mildere Variante, die *diradamenti* – ‚Ausdünnungen' zogen mit der Urgewalt eines Sturms im Bergwald neue Schneisen und Kahlschläge durch die historisch gewachsene Textur. Propagandawirksam führte der *Duce* (der anders als sein körpersprachlich verklemmtes Pendant Hitler bei öffentlichen Auftritten gerne mit berserkerhaft-brachialer Virilität seine massige Körperlichkeit in Szene setzte), hoch auf den morschen Dächern zum Abriss verurteilter Gebäude stehend, oft selbst den ersten Schlag mit dem Pickel; und mit grimmigem Sarkasmus pries er bei jeder Gelegenheit das heilsame Werk der Spitzhacke bei der Verwirklichung seiner Vision eines großen, modernen Roms: *Tutto il pittoresco sudicio è affidato a Sua Maestà il*

Mussolini mit Bauarbeitern bei Abrissarbeiten an der *Via dell'Impero.*

piccone, kündigte er 1932 bei der Vorstellung des neuen Generalbebauungsplans vor dem Senat an, *tutto questo pittoresco è destinato a crollare e deve crollare in nome della decenza, della igiene e, se volete, anche della bellezza della capitale.* – „Der ganze pittoreske Dreck wird Ihrer Majestät der Spitzhacke überantwortet, all dieses Malerische wird verschwinden und muss verschwinden im Namen des Anstandes, der Hygiene und, wenn man so will, auch im Namen der Schönheit der Hauptstadt.“[79]

Im Zuge dieser Ausgrabungs- und Freilegungsorgien verschwanden an die drei Millionen Kubikmeter alter Bausubstanz. Riesige Areale in den geschichtsträchtigsten Teilen des historischen Zentrums erhielten erst in diesem durchgreifenden Prozess der Umformung die Gestalt und das Aussehen, das uns Heutigen so zeitlos charakteristisch erscheint für die Ewige Stadt. Die Piazza della Bocca della Verità etwa, ein klassisches Postkartenmotiv des heutigen Roms, ist mit ihrem bühnenbildhaften Ensemble vor der Kirche S. Maria in Cosmedin und den beiden Tempeln ein Kunstprodukt jener Epoche. 1925 begannen umfangreiche Arbeiten zur Freiräumung des Foro Boario. Ziel der Operation war die Wiederherstellung der beiden wertvollen kleinen Tempel aus republikanischer Zeit, die, in Kirchen umgewandelt und von umstehenden Häusern eingebaut, die Zeiten gleichsam im Verborgenen überdauert hatten: Ein wohl dem Hafengott Portunus geweihter, aber fälschlich nach einer apokryphen Fortuna Virile benannter rechteckiger Tempel war ein seltenes Relikt griechisch-italischer Architektur, das seit dem 9. Jahrhundert n. Chr. als Kirche der S. Maria Egiziaca für den christlichen Kultus genutzt wurde; und das (wiederum irrtümlich) der Vesta zugeschriebene Gegenstück dazu, der Rundbau eines ebenfalls aus der 2. Hälfte des 2. Jahrhunderts v. Chr. stammenden Tempels des Hercules Victor, der die Besonderheit aufweist, der älteste in Rom erhaltene Marmortempel zu sein und der im Mittelalter in eine Kirche des Hl. Stephan (S. Stefano delle carozze) umgewidmet worden war. Die zwei in ihrer äußeren Gestalt wiederhergestellten Tempel präsentieren sich heute im szenischen Ensemble der Platzanlage wie das didaktische Arrangement aus einer architekturgeschichtlichen Lehrsammlung.[80]

Einen weiteren bedeutsamen Fundkomplex aus der spärlich dokumentierten republikanischen Epoche Roms förderte man am Largo Argentino ans Tageslicht. Dass diese Zone antikenhöffig war, wussten die Archäologen seit dem Ausbau des Corso Vittorio Emanuele, und so waren dort schon vor dem Faschismus umfangreiche Grabungen geplant. Nach angemessener Dokumentation der Funde wollte das *Istituto romano dei Beni Stabili,* eines der größten Immobilienunternehmen in der Hauptstadt, das freigeräumte Areal mit großen *palazzi* bebauen. Bei den von 1926 bis 1930 sich hinziehenden Demolitionen stieß man unter den Fundamenten der Kirche S. Nicola ai Cesarini auf einen monumentalen Ruinenkomplex von vier Sakralbauten, deren Entstehungszeit wohl vom 2. bis ins 4. vorchristliche Jahrhundert zurückreicht. Da man Vergleichbares aus dieser frühen Epoche in Rom nicht kannte, wandten sich die Archäologen gegen die vorgesehene Überbauung mit modernen Büro-, Geschäfts- und

Wohngebäuden. Sie stießen bei dem zuständigen Minister für Kultur und Bildung zunächst auf taube Ohren: Dieser bestätigte vielmehr im Hinblick auf die 20 Millionen Lire, welche die Gesellschaft der *Beni Stabili* schon in das Gelände investiert hatte, deren Rechtsanspruch auf gewinnbringende Bebauung. Von Corrado Ricci – Kunsthistoriker, von 1906 bis 1919 Generaldirektor der nationalen Kunst- und Antikenverwaltung und selbst Faschist – um ein persönliches Machtwort gebeten, entschied Mussolini kurzerhand, dass die gesamte *Area sacra* am Largo Argentina als archäologische Insel konserviert und der Öffentlichkeit zugänglich gemacht werden sollte.[81]

Ein besonders lehrreiches Beispiel für das Zusammenwirken von archäologischem Furor, der ideologischen Mythenkonstruktion des Regimes und der Verkehrsplanung des beginnenden Automobilzeitalters bietet schließlich die Freilegung des ‚Augusteums' zwischen Via di Ripetta und Via del Corso. Der monumentale Rundbau des Mausoleums von 88 Metern Durchmesser und 44 Metern Höhe, das Augustus nach seinem Sieg in Ägypten ab 29 v. Chr. für sich und seine Familie hatte errichten lassen, bestand ursprünglich aus mehreren Mauerringen um die eigentliche Grabkammer und vermutlich einer tumulusartigen Aufschüttung darüber, die mit Bäumen bepflanzt und mit einer Statue des Princeps gekrönt war. Im Mittelalter diente er zunächst als Kirche, dann der Familie Colonna als Stadtburg. Auf Befehl von Papst Gregor IX. 1241 geschleift, wurde der Komplex über Jahrhunderte hin als Steinbruch für Travertin geplündert. Mitte des 18. Jahrhunderts wurde die Ruine, um die im Laufe der Jahrhunderte ein engbebautes, belebtes Viertel aufgewachsen war, von der portugiesischen Familie Correa gekauft und für verschiedenste Zwecke genutzt und erhielt im Volksmund die Bezeichnung *Il Corea.* 1907 erwarb die Kommune das Gebäude, versah es mit Aufbau und Dach und nutzte das *Augusteo* als *Politeama* (Schauspielhaus) und *Auditorium.* Das erste Konzert fand hier 1908 statt, das letzte am 13. Mai 1936.[82]

Schon mit dem *Piano Regolatore* von 1909 war diese Zone ins Visier der Stadtplaner geraten, denn inzwischen war jenseits des Tibers das Neubauviertel Prati entstanden und durch den Ponte Cavour an das alte Stadtzentrum angeschlossen worden. Der Gedanke, das Areal um das Augusteum in eine Drehscheibe zur besseren Verteilung dieser Verkehrsströme zu verwandeln, lag da nahe und wurde in der 1925/26 erstellten Variante zum *Piano Regolatore* wieder aufgenommen. Er verband sich mit dem Wunsch der Archäologen, die unter der neuzeitlichen Überbauung des Auditoriums verborgenen Gräber des Augustus und seiner kaiserlichen Nachfolger aus dem claudisch-julischen und dem flavischen Herrscherhaus zu erforschen und der nationalen Öffentlichkeit zu präsentieren. Das berühmte *Farete largo attorno all'Augusteo*, mit dem Mussolini bei der Einsetzung des ersten *Governatore* im Dezember 1925 seinen Programm-Auftrag für die Gestaltung des Neuen Rom einleitete, entsprang also keineswegs nur einer persönlichen Laune des *Duce.* Und je mehr in den Dreißiger Jahren die legitimationsstiftende Parallele zwischen Augustus, dem Begründer des

Das Stadtviertel um das als Auditorium genutzte Augustus-Mausoleum, wie es bis in das 20. Jahrhundert bestand.

Kaiserreichs und Friedenskaiser *(Pax Augusta)*, und dem Wiederhersteller des Imperiums und vorgeblichen ‚Friedensbringer' Mussolini zu einem Leitmotiv von Ideologie und Propaganda des Faschismus wurde, umso mehr rückte der Augustus-Komplex ins Visier ideologischer Legitimationsstiftung seitens des Regimes.[83]

Nach ersten systematischen Grabungen 1926/27 begann 1934 der Abriss des Viertels um das Monument. Mussolini gab persönlich den Startschuss für die Freilegung des Grabes „des ersten Imperators von Rom", die bis zum Beginn der Zweitausendjahrfeiern für Augustus 1937 abgeschlossen sein sollte. Dass das Auditorium Schauplatz eines wichtigen Ereignisses in der frühen Geschichte des Faschismus gewesen war – dort hatte im November 1921 der Gründungskongress der Partei stattgefunden –, konnte den beliebten Zweckbau nicht retten. Nachdem man 120 Häuser in seinem Umkreis niedergelegt hatte, fand 1936 das letzte Konzert in dem nun schon isoliert dastehenden Auditorium statt. Danach wurden alle Aufbauten einschließlich des Konzertsaals entfernt. Was darunter an antiker Bausubstanz zum Vorschein kam, enttäuschte freilich Archäologen wie Ideologen gleichermaßen: Da fand sich keine noch in ihren Rudimenten beeindruckende Baumasse, sondern nur ein Doppelring von Mauerstümpfen, der zudem mehrere Meter unter dem neuzeitlichen Straßenniveau lag – also praktisch in einer Grube. Die Römer mit ihrer bekannt treffsicheren Lästerzunge prägten dafür sogleich die Bezeichnung des *dente cariato*, und in der Tat sah die nackte kaiserliche Ruine aus wie ein kariöser, für die Plombierung präparierter Zahn. In ihrer Verlegenheit pflanzten die Architekten einen Ring von Zypressen um diese Dürftigkeit herum. Die Bäume, mittlerweile zu stattlicher Größe aufgewachsen, verbergen heute das Monument hinter einem dunkelgrünen Vorhang von sepulkraler Düsterkeit. Das Ganze liegt jetzt inmitten eines großen, viereckigen Platzes, der an drei Seiten von öden Funktionsbauten des Regimes eingefasst wird.[84] An der Platzfront zum Tiber wurde zum Abschluss des großen Feierjahrs für Augustus, das von September 1937 bis September 1938 dauerte und von einer aufwendig gestalteten Ausstellung, der *Mostra Augustea di Romanità* begleitet war[85], in einem verglasten Gehäuse die *Ara Pacis* aufgestellt, der von 13 bis 9 v. Chr. von Augustus an anderer Stelle errichtete Friedensaltar.

Platzanlage um das 1934–1937 freigelegte Augustus-Mausoleum, eingerahmt von faschistischen Funktionsbauten und zum Tiber abgeschlossen durch den Ausstellungspavillon der *Ara Pacis* (Architekt: V. Ballio Morpurgo).

Dieser Teil des Ensembles an der Piazza Augusto Imperatore ist in jüngster Zeit Schauplatz eines der wenigen größeren Eingriffe gewesen, welche sich Staat und Kapitol nach dem Zweiten Weltkrieg im Zentrum der Hauptstadt noch geleistet haben. Sein Ziel war, die großvitrinenhafte Einkleidung der *Ara Pacis* aus dem Jahr 1938 durch eine ‚modernere' Konstruktion zu ersetzen. In der jahrelangen öffentlichen Diskussion um dieses umstrittene Vorhaben wurden noch einmal längst überholte ideologische Schlachtordnungen nachgestellt und die Neugestaltung der *Ara Pacis* zu einem späten Akt antifaschistischer Säuberung stilisiert. Ob das Ergebnis der sündhaft teuren Baumaßnahme in Gestalt eines mastodontischen Schuhkartons mit gelüftetem Deckel aus dem Arsenal des amerikanischen Architekten Richard Meier diesem politisch-moralischen Anspruch auch urbanistisch-ästhetisch gerecht wird, mag jeder für sich entscheiden, wenn er begeistert, betroffen oder auch nur perplex vor diesem knallweißen Kolossalschrein steht. Der bestätigt noch einmal, was man schon seit den Sichtbetonorgien der sechziger und siebziger Jahre in den Zentren fast aller europäischen Städte wußte: Daß es keiner ‚faschistischen' oder ‚totalitären' Ideologie bedarf, um in grobklotzigem Brutalismus zu bauen.

Vasta, ordinata, potente – weiträumig, geordnet und machtvoll wollte Mussolini das moderne, imperiale Rom des Faschismus sehen, und an keiner Stelle des Zentrums bricht sich dieser Anspruch durchschlagender Bahn als in der Umgestaltung der antiken Kernzone zwischen Piazza della Bocca della Verità, Piazza Venezia, Kapitol und Kolosseum. Wieder flossen archäologischer Entdeckerdrang, ideologische Selbstüberhöhung der Politik und die Bedürfnisse der Verkehrsoptimierung zu einem brisanten Legitimationskonsens für radikale Eingriffe in die bestehende urbane Textur zusammen. Gerade das letztgenannte Motiv hatte ja schon seit den Zeiten des Generalentwicklungsplans von 1883 immer wieder zu Überlegungen geführt, wie man vom südlichen Ausgang der Via del Corso über die Piazza Venezia hinweg durch Verbreiterung der Via Cremona eine leistungsfähige Straßenverbindung zur neuen ‚Arterie' der Via Cavour herstellen könnte – wir haben an anderer Stelle schon davon gesprochen. Gründe der politischen Repräsentation hatten bereits lange vor dem Faschismus zur Wahl des Kapitols als Standort des Nationaldenkmals mit einem großen zentralen Platz zu dessen Füßen geführt. Und schließlich wussten auch die Altertumsforscher schon lange, dass es in der nordöstlich an das Forum Romanum anschließenden Zone, dort, wo im (spät)antiken Rom die Kaiser sich mit ihren Foren selbst verewigt hatten, unter der neuzeitlichen Überbauung des Pantani-Viertels wohl viel zu entdecken gäbe.[86] Bereits in napoleonischer Zeit waren Ausgrabungen an der Basilica Ulpia begonnen und nach der päpstlichen Restauration auf die Mercati Traianei ausgedehnt worden. Unter liberaler Ägide ging man in den 1880er Jahren daran, das Forum des Augustus auszugraben, und am Vorabend des Ersten Weltkriegs legte der Chefarchäologe Corrado Ricci einen Gesamtplan für die völlige Freilegung der Trajansmärkte und der Kaiserforen vor.[87]

Aber erst der Faschismus und das despotisch-dezisionistische Politikverständnis Mussolinis schufen dann mit einem Schlag die Voraussetzungen dafür, dass alle diese Konzepte ohne Rücksicht auf Kosten und Widerstände binnen eines Jahrzehnts in die Wirklichkeit umgesetzt werden konnten. Dreh- und Angelpunkt dieses radikalsten Akts in der Geschichte römischer *sventramenti* seit 1870 war einmal mehr Piazza Venezia. Hier, wo die *Roma Capitale* bislang nur ihren symbolischen Mittelpunkt hatte, konzentrierte Mussolini nun auch die politische Macht: 1929 verlegte er seinen Amtssitz vom Palazzo Chigi in den Palazzo Venezia. Der strenge, fast schlossartige Renaissancebau aus der 2. Hälfte des 15. Jahrhunderts hatte bis zum Ersten Weltkrieg Österreich-Ungarn gehört und die Botschaft des Kaiserreichs beim Heiligen Stuhl beherbergt; 1916 war er vom italienischen Staat beschlagnahmt und in den Jahren danach aufwendig restauriert worden. In der *Sala del Mappamondo* im ersten Stock richtete der Diktator nun seinen Regierungssitz ein, und er gefiel sich fortan darin, von dem berühmten Balkon über dem Hauptportal herab zu den *adunate oceaniche* zu sprechen, den ‚ozeanischen' Massenversammlungen, die das Regime zu wichtigen Anlässen mit Aufmärschen und Paraden zelebrierte.[88] Es war nicht allein die symbolhafte Nähe zum nationalen Sanktuarium des Vittoriano mit dem ‚Altar des Vaterlandes' und dem Grab des Unbekannten Soldaten, was der *Duce* dort suchte, sondern mehr wohl noch die assoziative Verbindung des Machtzentrums des Regimes mit dem Kapitol und den Foren als der politisch-sakralen Herzkammer des römischen Imperiums, – jenes *Impero*, das der Faschismus dann 1936 mit der Eroberung Äthiopiens in moderner Form zu erneuern beanspruchte.

Der Kapitolshügel, schon in der liberalen Ära durch die Aufrichtung der ungeheuren Baumasse des Nationaldenkmals schwer in Mitleidenschaft gezogen, sollte, wie eine von Rodolfo Lanciani und Gustavo Giovannoni verantwortete Denkschrift von 1920 vorschlug, noch weiter herauspräpariert und vollständig isoliert werden. Das geschah nun in der zweiten Hälfte der Zwanziger Jahre im Zuge des Durchbruchs einer breiten Straße, die von der Piazza Venezia rechts am Kapitol vorbei und

Das Nationaldenkmal *Il Vittoriano* um 1920; rechts und links davon steht noch die historische Bebauung, die dann in den 1920er Jahren für die Anlage der *Via del Mare* und *Via dell'Impero* abgerissen wurde.

Abriss des *Quartiere dei Pantani* über den Kaiserforen, Ende 1920er/ Anfang 1930er Jahre.

hinab zur Bocca della Verità führte und beim Forum Boarium auf den zum Meer hinstrebenden Tiber stieß. Ihr fiel auch die stimmungsvoll-geschlossene Piazza Aracoeli zum Opfer. Auf der dem Kapitol gegenüberliegenden Seite der neuen Via del Mare (heute Via del Teatro di Marcello) bildete das von allen mittelalterlichen Ver- und Überbauungen befreite Marcellustheater eine im Wortsinne theatralische Kulisse, während im weiteren Verlauf dann machtdräuende Verwaltungsbauten für das *Governatorato* bis heute die weniger ansprechenden Seiten faschistischer Herrschaftsarchitektur präsent halten.[89]

Aber selbst diese großangelegten Demolitionen und Durchbrüche auf der Westseite des Kapitolshügels waren ein Nichts gegen das, was zur selben Zeit auf der anderen Seite ins Werk gesetzt wurde. Für die vollständige Freilegung der Kaiserforen[90] musste ein ganzes dichtbebautes Viertel weichen – das *Quartiere dei Pantani*, so benannt nach den Sümpfen (*pantani*), die sich im Mittelalter auf dem Gelände gebildet hatten. Erst mit der Wiederherstellung der Cloaca Maxima in der zweiten Hälfte des 16. Jahrhunderts konnte das Areal allmählich trockengelegt und schließlich bebaut werden – ein Beispiel frühneuzeitlichen Spekulationswesens gewissermaßen, wie wir es dann aus der Geschichte des liberalen Roms ja zur Genüge kennen. Eine attraktive Wohngegend wurde freilich nie daraus, der Untergrund blieb feucht und morastig und das Gebiet galt als ungesund, und entsprechend bescheiden, ja stellenweise dürftig war die Bebauung. Wenn man nicht schlichtweg alles und jedes für unantastbar erklären will, was es einmal geschafft hat, in einer Stadt länger als fünfzig oder hundert Jahre zu überdauern, kann man auch hier gegen die Advokaten der Totalkonservierung das Gestaltungsrecht jeder Gegenwart ins Feld führen: Mit dem Mut des Ketzers mag man sogar behaupten, dass der Preis, der mit dem Verschwinden dieses Sumpfviertels bezahlt werden musste, vielleicht doch nicht zu hoch war angesichts der archäologisch-kunsthistorischen Einsichten, die man mit der Aufdeckung der Foren des Caesar und des Trajan, des Augustus und des Nerva gewann, und der grandiosen urbanen Szenarien, die sich über die freigelegten Foren hinweg nunmehr dem Blick darboten.

Hinter der urbanistischen Radikaloperation des Abrisses des Pantani-Viertels stand aber nicht nur archäologische Neugier und Entdeckerfreude. Diese verband sich vielmehr mit der alten Absicht, die noch fehlende Verkehrsverbindung von der Piazza Venezia zur Via Cavour und damit hinauf zum Bahnhof Termini und den Neubauvierteln auf dem Esquilin herzustellen. Aber auch dieses sachlich-funktionale Motiv wurde schließlich noch überlagert, ja überwältigt von dem letztlich ausschlaggebenden stadtgestaltenden Faktor jener Ära: dem schrankenlosen Bedürfnis des Faschismus und seines *Duce* nach propagandistischer Selbstinszenierung vor der mythenbeladenen Kulisse der *romanità*. Dieser Haltung entsprang eine Idee, welche dem gesamten Ausgrabungs- und Demolitionsprojekt eine gleichsam finale Sinnperspektive verlieh – ein urbanistischer Streich, der – Ironie der Geschichte – in seiner bleibenden, gleichsam eternellen Wirkung die trivialen Intentionen seiner faschistischen Urheber heute längst transzendiert und hinter sich gelassen hat: Man fasste in der römischen Stadtverwaltung den kühnen Plan, die Verbindungsstraße von Piazza Venezia zur Via Cavour in schnurgerader Linie bis zum Kolosseum fortzuführen und so eine spektakuläre Perspektive zu eröffnen vom Platz des Nationaldenkmals (und vom Balkon des *Duce*!) zum Flavischen Amphitheater, der gewaltigsten Hinterlassenschaft des antiken Roms.[91]

Was daraus folgte, war eine veritable Revolution der Stadtlandschaft des antiken Zentrums, denn für diese freie Blickachse musste nicht nur ein Teil der soeben freigelegten Kaiserforen wieder unter einer Asphaltdecke versiegelt werden. Es war darüber hinaus notwendig, den 30 Meter hohen Hügelrücken der Velia, der die Sicht auf das Kolosseum wie ein Riegel versperrte, auf einer Länge von 200 Metern und einer Tiefe von 60 Metern zu durchstoßen. Dieser Hügelausläufer vom Esquilin herab bis zur Maxentius-

Durchbruch des *Velia*-Hügels Anfang der 1930er Jahre; im Hintergrund wird erstmals das Kolosseum sichtbar.

Basilica am Forum Romanum trug auf seinem Rücken verwilderte Gärten und barg in seinem Untergrund antike Ruinen. Für die archäologische Erfassung dieser Substruktionen blieb, als der Durchbruch wie bei einem Tunnelbau von beiden Seiten her angegangen wurde, keine Zeit, denn die 1931 begonnenen Arbeiten zur Eröffnung der Prachtstraße zwischen der Piazza Venezia und dem Kolosseum sollten bis zum zehnten Jahrestag der ‚faschistischen Revolution' im Oktober 1932 abgeschlossen sein. Bis zu den Fundamenten der Maxentius-Basilika wurde das Terrain von zwei Arbeitertrupps mit Pickel und Schaufel abgetragen. Die dabei anfallenden 300 000 Kubikmeter an Erdreich, Fels, Mauerresten und Trümmern wurden auf Lastwagen geworfen und weggefahren.[92]

Damit war freie Bahn geschaffen für einen Straßenprospekt von 30 Metern Breite und 900 Metern Länge, der vom Foro dell'Impero Fascista am Fuß des Nationaldenkmals zum Kolosseum eine symbolgeladene Paradeachse für die Selbstinszenierungen des Regimes auszog. Dabei bildete die Via dell'Impero (heute Via dei Fori Imperiali) das Herzstück einer *via triumphalis*, die weiter am Flavischen Amphitheater vorbei und durch den Triumphbogen des Konstantin über die bezeichnend in Via dei Trionfi umbenannte Via di S. Gregorio am Palatin entlang zum Circus Maximus führte. Dieses Tal zwischen Palatin und Aventin, in dem man zur Zeit Pius' IX. die wenigen Industrieanlagen Roms angesiedelt hatte, wurde ebenfalls von allen neuzeitlichen Verwendungen befreit und in die Zona Archeologica einbezogen. Das Ergebnis war eine einzigartige Aneinanderreihung monumentaler Reminiszenzen und Evokationen einer mythisch verklärten imperialen Vergangenheit.[93]

Die Frage nach den Antrieben hinter diesem gigantischen Projekt der Umgestaltung, das den sakralpolitischen Zentralbezirk des alten Roms zu einer einzigen Bühne der *romanità* machte, führt über den imperialen Vergangenheitskult des faschistischen Regimes doch hinaus. Sogar ein ferner Nachhall des futuristischen Wütens gegen den ‚Passatismus', der die Nation lähmend an der freien Gestaltung ihrer Zukunft hindere, scheint vernehmbar, wenn Mussolini feststellt, bei den *sventramenti* gehe es „nicht um rein archäologische Arterien, sondern um große Straßen, in denen eindrucksvoll und kontinuierlich das Leben der Stadt dahinströmt".[94] Die für die Hauptstadt des faschistischen Italien geforderte Symbiose von *romanità* und *modernità* bedeutete auch: Monumente plus Motorisierung der Massen. Wie sonst hätte der *Duce* selbst an der hochrepräsentativen, mythenbeladenen Via dell'Impero rühmen können, dass sich auf ihr schon jeden Tag 20- bis 25 000 Automobile bewegten. Das waren, wie wir heute wissen, nur die bescheidenen Anfänge einer Entwicklung, die dann nach dem Zweiten Weltkrieg in den Jahrzehnten des italienischen Wirtschaftswunders dazu führte, dass die Via dei Fori Imperiali zu einer der wichtigsten Verkehrsadern der *urbs* avancierte, bis sie 1981 zumindest sonntags zur Fußgängerzone erklärt wurde.

Neben der „Poesie der tausendjährigen Erinnerungen und der ruhmreichen Denkmäler" stand in der faschistischen Hauptstadtpolitik gleichberechtigt die Prosa der Nützlichkeitserwägungen: Den Italienern, die sich jetzt „gedankenvoll und stolz"

Die Paradeachse der *Via dell'Impero* (heute *Via dei Fori Imperiali*) zwischen Kaiserforen und *Forum Romanum*, vom Nationaldenkmal *Vittoriano* aus gesehen.

zwischen Piazza Venezia und dem Kolosseum bewegten, rechnete der *Duce* vor, sie hätten mit den Gesamtkosten von 112 Millionen Lire für die Straßensequenz von Via del Mare, Via dell'Impero und Via dei Trionfi nicht zuviel bezahlt angesichts des damit gewonnenen Panoramas, das nirgendwo auf der Welt seinesgleichen habe. Auch den sozialpolitischen Aspekt der umfangreichen Baumaßnahmen in der weltwirtschaftlich schwierigen Phase der Großen Krise vergaß Mussolini nicht zu erwähnen: Tausende von Arbeitern hätten hier über Jahre hin Beschäftigung und Verdienst gefunden. Und schließlich sollten die Italiener die Neugestaltung der antiken Monumentalzone auch als eine ökonomische Zukunftsinvestition begreifen, die sich für die ganze Nation „zwanzigfach" amortisieren werde durch die „Millionen von Fremden, die schon gekommen sind und noch kommen werden, um dieses Wunderwerk zu bestaunen".[95]

Gegenüber dieser uneingeschränkt positiven Bilanz, die alle Passiva geflissentlich ausblendete, müssen wir freilich auch die verschwiegenen Kosten und die vergessenen Opfer dieser Politik in Erinnerung rufen. Es liegt auf der Hand, dass mit dem Abriss ganzer Stadtviertel im Zentrum auch Wohnraum in großem Umfang vernichtet wurde. Allein für die Öffnung der Via dell'Impero ist wohl ein Verlust von mehr als 1000 Wohnungen (mit mehr als 5000 Wohnräumen) anzusetzen – an die 1000 Familien oder mehr als 4000 Personen waren dadurch unmittelbar in ihrer sozialen Existenz betroffen. Sie wurden, oft mehr oder weniger zwangsweise, ausquartiert und umgesiedelt – viele von ihnen in Behelfsunterkünfte draußen vor der Stadt, die sich dann zu den weit ausgestreuten Vorortsiedlungen der sogenannten *borgate* verfestigten und zu den Entwicklungskeimen einer wild wachsenden Peripherie wurden. Die Gesamtzahl der Evakuierten lässt sich nur schätzen: Sie dürfte in etwa der Zahl von 18 000 Personen entsprechen, um die sich die Einwohnerschaft der zentralen Stadtbezirke zwischen

1921 und 1936 vermindert hat.[96] Dieser rücksichtslose Umgang mit einer traditionsgebundenen, modernisierungsresistenten städtischen Unterschicht, die von der Konsenspolitik des Regimes ausgeschlossen war und die man als soziales Problempotential aus dem Zentrum der *Grande Roma di Mussolini* entfernen wollte, gehört zu den problematischen Begleiterscheinungen der Hauptstadtpolitik im *Ventennio*.[97]

So berechtigt, ja notwendig in diesem Punkt die unbestechliche Rechnungsprüfung der Geschichtswissenschaft ist, so überzogen erscheint andererseits die dogmatische Verurteilung des Stadtumbaus als Akt des Vandalismus, wie sie nach dem Zweiten Weltkrieg nicht selten ohne Blick für die Sache nur aus ideologisch-moralisierendem Eifer vorgetragen wurde. Für den Historiker ist es eine professionelle Herausforderung, das Objektivitätsgebot auch gegenüber den kulturellen Hervorbringungen eines politisch verwerflichen Regimes in Anschlag zu bringen. Tut man das, so wird man, nachdem der italienische Faschismus längst im Orkus der Geschichte versunken ist, doch gelten lassen müssen, dass mit der freien Gestaltung der archäologischen Zentralzone Roms ein urbanistisches Ensemble von bleibend grandioser Gesamtwirkung entstanden ist. Was Mussolinis Archäologen und Architekten hier geschaffen haben, ist längst ein ikonisches Stereotyp geworden, das in der ganzen Welt das Bild der Ewigen Stadt repräsentiert.[98] Dass darüber auch so manches kunsthistorisch interessante Bauwerk aus Mittelalter, Renaissance oder Barock verloren gegangen ist, mag man bedauern. Aber es gilt andererseits eben auch, dass Totalkonservation im Städtebau unvermeidlich zu Sterilität und Stillstand führt. Ein pauschales Vandalismus-Verdikt gegenüber jeder Form von kreativer Zerstörung im städtischen Raum führt sich letztlich selbst ad absurdum: Denn es müsste am Ende auch die Schöpfer unserer gotischen Kathedralen treffen, deren raumsprengender Errichtung ja in den meisten Fällen ein romanischer Vorgängerbau zum Opfer fiel.

Mit Mussolinis Rom-Politik wurde für die italienische Hauptstadt nachholend vollendet, was Napoleon III. und sein Präfekt Haussmann in der Mitte des 19. Jahrhunderts mit der Verwandlung von Paris zur paradigmatischen Weltstadt der Moderne vorexerziert hatten – und was nach 1870 auch schon die liberalen Herren der *Roma Capitale* ohne viel Federlesens in Angriff nahmen: die Durchsetzung einer neuen Dimension des innerstädtischen Raums. Das verwirrende Dickicht enger Straßen und verwinkelter Gassen in übervölkerten Altstadtquartieren aufzureißen, offene Räume mit freien, weiten Perspektiven zu schaffen, in denen die Leere selbst durch einsam ragende Denkmäler monumental wird, ist ein spezifisch neuzeitliches, spezifisch modernes Phänomen. Wie der physikalische Raum ist auch der urbane Raum eine Funktion von Massen: Er konstituiert sich in der Spannung zwischen den Massenkörpern der Gebäude und der Leere, die sie trennt.

Noch ein weiterer zeittypischer Modernitätsaspekt ist an Mussolinis Rom hervorzuheben: Wie ein Beobachter klug bemerkt hat[99], erschlossen die breiten Straßenparcours das historische Zentrum Roms mit seinen antiken Monumenten und Ruinenfeldern in einer neuen, den beschleunigten Wahrnehmungsweisen und technisch-medialen Möglichkeiten des industriellen Massenzeitalters angepassten Präsentation. Angesichts der außergewöhnlichen Wertschätzung und Förderung, die der Faschismus dem Film als Medium der Massenkultur und Massenlenkung angedeihen ließ – man denke nur an den mit allen technischen Möglichkeiten ausgestatteten Produktionskomplex der *Cinecittà* – erscheint dieser Hinweis stimmig und plausibel: Nicht mehr das absichtslos schweifende Auge des bummelnden Flaneurs, auch nicht die beflissen die Kulturobjekte aus der Nähe studierende Betrachtung des gebildeten Kunstliebhabers ist der Adressat dieser neuartigen Präsentation. Die monumental aufbereitete Stadtlandschaft wird vielmehr zum statischen Großpanorama, an dem der Blick des vorbeifahrenden Automobilisten entlanggleitet wie eine in Parallelfahrt bewegte Filmkamera. Die mit lapidarer Eindrücklichkeit dargebotenen Ikonen der Antike legen es nicht mehr auf die didaktisch-belehrende Rezeption an, sondern finden gleichsam ‚beiläufig' als Engramme imperialer Größe ihren Weg ins Bewusstsein der Italiener.

Mit den großen Abbruch- und Freilegungskampagnen im Zentrum Roms war der erste Teil des faschistischen Hauptstadtprogramms weitgehend abgearbeitet. Um das Kapitol und die Foren und vom Kolosseum bis zum Palatin waren Ruinen und Monumente des antiken ‚Schaubezirks', wie Krautheimer die politisch-sakrale Kernzone

Das Nationaldenkmal für Vittorio Emanuele II. nach den großen *sventramenti* für *Via del Mare*, *Foro dell'Impero Fascista* und die Achse der *Via dell'Impero* zum Kolosseum.

nennt, freigelegt, und das verpflichtende Erbe der *romanità* bot sich, wie der *Duce* es 1925 gefordert hatte, in ‚einsamer Größe' den Blicken dar. Nimmt man noch einige kleinere Umgestaltungen wie etwa die ‚Ausdünnung' der Zone östlich der Piazza Navona mit dem Durchbruch eines geradlinigen Corso di Rinascimento und den Durchbruch der Via della Conciliazione durch die *spina del Borgo* hinzu, die 1936 begonnen, durch den Krieg unterbrochen und dann erst Anfang der 1950er Jahre vollendet wurde, so war die Umgestaltung der historischen Altstadt Roms damit im wesentlichen abgeschlossen. Das *centro storico* hatte im wesentlichen bereits Ende der 1930er Jahre jene ‚endgültige', fortan museal gleichsam eingefrorene Form angenommen, in der es uns heute noch mit der Anmutung des Zeitlos-Unvergänglichen entgegentritt.

Mussolini baut

Wenn ein römischer Historiker kürzlich feststellte, das faschistische *Ventennio* sei in seiner Stadt ein ‚Goldenes Zeitalter' für die Architektur gewesen[100], so mag uns das auf den ersten Blick überraschen, denn wir haben dafür bisher nicht viele Anhaltspunkte gefunden. Dort, wo wir uns umgesehen haben, wurde abgerissen, ausgegraben, freigelegt und planiert, aber wenig gebaut. Was wie ein Widerspruch erscheint zwischen beiden Beobachtungen, ist indes leicht aufzulösen: Denn bei den faschistischen Umgestaltungen im historischen Zentrum beherrschten nicht die Architekten, sondern die Archäologen die Szene, mit Antonio Muñoz, dem Hauptideator des Monumentalparcours Via del mare / Via dei Monti, als allgegenwärtigem Spiritus rector, und das Regime hielt sich mit großdimensionierten Bauvorhaben dort auffallend zurück. Wo neue Gebäude errichtet wurden – die Kopfbauten am Eingang zum Corso di Rinascimento gegenüber S. Andrea della Valle etwa, die Bürohäuser um die Kirche S. Giovanni dei Fiorentini am Ende des Corso Vittorio Emanuele und an der Piazza Augusto Imperatore oder der von Mussolini selbst mit sarkastischem Wortspiel als ästhetisches ‚Unglück' (*un infortunio*) bezeichnete Palazzo des *Istituto Nazionale per gli Infortuni* in der Via IV Novembre – handelte es sich fast durchwegs um wenig innovative, wenig herausfordernde Architekturen, erkennbar um wuchtig auftretende Monumentalität bemüht, aber stilistisch uninspiriert und ohne gestalterische Kraft. In der Massivität der Baukörper wie in der Materialität des Mauerwerks aus horizontal geschichteten rostbraunen Flachziegeln ist das Bemühen erkennbar, Anklänge an die Bauweise der Antike zu suggerieren. Fenstereinfassungen aus hellem Travertin sorgen für eine kontrastierende Strukturierung der Fassaden, ohne doch den Eindruck der Monotonie aufheben zu können. Kaum eines dieser Gebäude hatte das kreative Potential, im öffentlichen Raum der Hauptstadt prägende Merkzeichen zu setzen.

Gleichwohl ist die Rede vom ‚Goldenen Zeitalter' der Architektur nicht aus der Luft gegriffen. Das Regime hat auf der Suche nach einem angemessenen Stil und einer genuin faschistischen Formensprache in der Hauptstadt eine riesige Maschinerie des Entwerfens und Planens in Gang gesetzt. An die 40 Architekturwettbewerbe wurden zwischen 1925 und 1940 für Projekte aller Art ausgeschrieben und durchgeführt, an denen sich Hunderte von Architekten und Ingenieuren beteiligten – so gut wie alle, die auf diesem Feld Rang und Namen hatten, aber auch ganze Kohorten von jungen, erfolgshungrigen Novizen der Zunft. Dieser enorme Planungsaufwand fand seinen Niederschlag in einem breiten öffentlichen Diskurs über die Architektur als ‚Staatskunst' und ihre Ausdrucksmittel. Hier eröffnet sich ein in der Dichte der Dokumentation außergewöhnlich fruchtbares Untersuchungsfeld für die Architekturhistoriker.

Der erstaunlichste Aspekt an diesem Phänomen aber bleibt doch, dass die intensive Planungstätigkeit kein annähernd dem Aufwand entsprechendes Ergebnis in der gebauten Wirklichkeit Roms hinterlassen hat. Der reiche Ertrag an Ideen stand in krassem Missverhältnis zu den mageren Resultaten an realisierten Projekten. Man hat hier eine „gigantische Verschwendung intellektueller und ökonomischer Ressourcen" konstatiert, doch das ist allenfalls eine Beschreibung, aber keine Erklärung dieses merkwürdigen Phänomens.[101] Eine solche könnte vielmehr in der Einsicht liegen, dass auch faschistisches Bauen vor der (über)mächtigen Überlieferung der großen Vergangenheit, die man im Stadtbild des Zentrums herauspräpariert hatte, nicht standhalten konnte. So resignierte man schließlich vor der Herausforderung, im Bannkreis der hieratisch inszenierten *romanità* dem eigenen Anspruch von Macht *und* Modernität mit repräsentativen Bauwerken Geltung zu verschaffen.

Kein anderer Vorgang lässt das Dilemma des Regimes deutlicher hervortreten als das windungsreiche Schicksal des ‚faschistischsten' aller Bauvorhaben – des Projekts des Palazzo del Littorio. Nach der Fertigstellung der symbolbefrachteten Paradeachse der Via dell'Impero sollte dort auf dem Dreiecksareal zwischen Via Cavour und Via del Cardello, der Maxentiusbasilika direkt gegenüber und in Blicknähe zum Kolosseum, das Hauptquartier des *Partito Nazionale Fascista* errichtet werden. Man schrieb 1934 einen Wettbewerb aus, an dem sich – nicht verwunderlich angesichts der Ranghöhe der Bauaufgabe – die Crème der italienischen Architektenzunft beteiligte, insgesamt mehr als 100 Planungsteams. Nicht nur die Ortswahl belegt den ideologisch-politischen Anspruch des Projekts: Neben Verwaltungs-, Repräsentations- und Versammlungsräumen für die Partei und ihre Gliederungen sollte in einem Baukomplex von gewaltiger Dimension auch die 1932 zum zehnten Jahrestag der Machtübernahme gezeigte *Mostra della Rivoluzione Fascista* dauerhafte Aufstellung finden. In dieser ‚Ausstellung der faschistischen Revolution' hatte sich das Regime unter Mitwirkung avantgardistischer Architekten und Künstler mit einem dezidiert modernen, ja geradezu futuristischen Image als revolutionäre Bewegung präsentiert. Auch dass 1933 bei den Wettbewerben für den neuen Hauptbahnhof in Florenz und für den Gesamtplan von Sabaudia sich die Entwürfe rationalistischer Architekten durchgesetzt hatten, schien eine Affinität des Faschismus zur künstlerischen und architektonischen Moderne zu bestätigen.

In gleicher Weise versuchten die in die engere Auswahl gelangten Vorschläge für den Palazzo Littorio mit zumeist mehr oder weniger ausgeprägt rationalistischen Stilelementen den Modernitätsanspruch des Faschismus zum Ausdruck zu bringen. Vielen dieser Projekte würde man in formaler Hinsicht noch heute attestieren können, innovative und ästhetisch qualitätvolle Beispiele zeitgemäßer Architektur präsentiert zu haben (etliche freilich wird man geradezu monströs nennen müssen). Gerade die demonstrativ ahistorisch-avantgardistische Formensprache der interessanteren Vorschläge aber hat dann wohl die Unvereinbarkeit des Projekts mit dem überwältigenden Symbolanspruch des Standorts umso deutlicher hervortreten lassen. Keiner der Entwürfe konnte überzeugend dartun, wie sich ein moderner Monumentalbau vor der weihevollen Aura des antikisierten Ambientes behaupten sollte.[102]

So verwarf man schließlich den ersten Wettbewerb und schrieb 1937 einen neuen für einen weniger stark befrachteten Ort aus: Der Palazzo del Littorio sollte nun jenseits der Piazza di Porta Capena am Viale Aventino errichtet werden, gleichsam als monumentaler Abschluss für die triumphale Paradestrecke von der Piazza Venezia über das Kolosseum und die Via dei Trionfi zum Circus Maximus. Dieser zweite Wettbewerb fand in einem von Grund auf veränderten politisch-kulturellen Klima statt. Der Äthiopienkrieg war erfolgreich beendet, das *Impero*, wie Mussolinis Propaganda in grotesker Hybris verkündete, war ‚wiedererrichtet'. Das Regime wähnte sich unangreifbar und war nun weniger auf die Selbstdarstellung von Veränderung und Bewegung, von Umbruch und Erneuerung bedacht als auf die einschüchternde Demonstration unerschütterlicher Autorität, festgefügter Ordnung und unbedingter Behauptung im Besitz der Macht.

Neben dem Wandel der politischen Großwetterlage forderten aber auch die Zwänge der Wirtschaftslage ihren planerischen Tribut. Im Italien des Embargos und der Autarkie war Stahl, wie er für die kühnen, freitragenden Konstruktionen des modernen Bauens notwendig war, ein rares Gut, die Verwendung von Stahlbeton demgemäß auf ein Minimum zu beschränken zugunsten des Einsatzes von Ziegel und Massivstein. Die materiell-konstruktiven Erfordernisse begünstigten daher ebenso wie die ideologischen Ausdrucksbedürfnisse dieser Phase schwer lastende, wuchtige Baukörper aus hermetisch sich verschließendem, von Fenstern nur sparsam durchbrochenem Mauerwerk, wie sie das siegreiche Projekt des zweiten Wettbewerbs in der Tat aufwies. Nicht von ungefähr zeigte der Entwurf der Architekten Del Debbio, Foschini und Morpurgo frappierende Anklänge an den nationalsozialistischen Reichskanzlei- und Reichsparteitagsstil. Er ‚passte' damit zweifellos in seine Zeit: Die späten 1930er waren die Jahre der innenpolitischen Verhärtung und Radikalisierung der faschistischen Diktatur und des immer engeren Anschlusses Italiens an das Deutschland Hitlers – von der ‚Achse Rom-Berlin' 1936, dem Staatsbesuch des ‚Führers' in Rom und den Rassegesetzen nach deutschem Muster im Jahr 1938 bis zum ‚Stahlpakt' von 1939 eine Allianz des Verbrechens, die Mussolinis Italien schließlich mit in den Abgrund des Zweiten Weltkrieges riss.

Indes, obwohl nun ein ‚passender' Stil für die Casa del Littorio gefunden schien, wurde auch der Ausweichstandort am Viale Aventino für das Projekt wieder verworfen. An seiner Stelle sollte hier das ‚Ministerium für das italienische Afrika' entstehen, dessen Errichtung allerdings vom Krieg unterbrochen wurde. Der später fertiggestellte Bau beherbergt heute den Sitz der Welternährungsorganisation FAO. Das Parteigebäude aber verlegte man schließlich ganz aus dem Zentrum hinaus in die freien Gefilde der Peripherie. Der Palazzo del Littorio entstand nach dem modifizierten Entwurf von Del Debbio und Partnern weit im Norden vor der Stadt, ohne aber jemals seiner ursprünglichen Bestimmung als Parteiquartier zu dienen. Auch hier erzwang der Krieg 1943 die Einstellung der 1938 begonnenen Bauarbeiten; sie wurden erst 1956 wieder aufgenommen und 1959 abgeschlossen. Seither ist die kolossal dräuende, grobschlächtige Baumasse, die in der Tat, wie einmal gesagt wurde, einen „Tiefpunkt" italienischer Architektur in der Zwischenkriegszeit markiert,[103] Sitz des italienischen Außenministeriums.

Dass das Regime mit seinem ideologieträchtigsten Bauvorhaben, dem Hauptquartier der faschistischen Partei, am Ende gleichsam aus dem Zentrum floh, ist von weittragender Bedeutung. Die frühe Warnung des ‚rationalistischen' Architekten und Architekturtheoretikers Giuseppe Pagano schien sich damit bewahrheitet zu haben: Es sei unmöglich, so hatte Pagano zur ersten Ausschreibung für einen Palazzo del Littorio bei den Ruinen der Foren an der Via dell'Impero skeptisch bemerkt, etwas wirklich Modernes zu bauen „inmitten der erlauchtesten Kadaver, die einem von allen Seiten auf die Schultern fallen".[104] Und in der Tat: Wenn wir sehen wollen, wie und was der Faschismus in Rom gebaut hat, so müssen wir uns vom Zentrum wegbewegen, hinaus zu den inneren und äußeren Ringen der Peripherie. Dort, wo die Archäologen schwiegen, hatten die Architekten das Wort, und dort finden wir die Bauwerke, mit denen das Regime seinen urbanen Gestaltungsanspruch einzulösen versuchte – in der baulichen Repräsentation seiner Macht und der Stärke des Neuen Staates ebenso wie in der Lösung der *problemi della necessità*, der Aufgaben der materiellen Notwendigkeit und der funktionellen Modernität für eine Neue Gesellschaft.

Wir beginnen diese Erkundungsfahrt zu den Brennpunkten des faschistischen Hauptstadtausbaus mit dem Foro Mussolini im Norden der Stadt. Der Ausweichstandort, den man zuletzt auch für den Palazzo del Littorio auserkoren hatte, war peripher, aber durchaus nicht marginal. Am Scheitelbogen des Tibers westlich der Milvischen Brücke, in der Ebene zu Füßen des Monte Mario, die sich bis zum *Quartiere di Piazza d'Armi* (heute Piazza Mazzini) erstreckt, war seit 1928 ein bedeutender Komplex faschistischer Großarchitektur entstanden. Auf einem Areal von fast 300 Hektar errichtete die Jugendorganisation der Partei einen Sportpark mit einer Akademie für Körperertüchtigung, Wettkampfstätten für verschiedene Sportdisziplinen und zwei Stadien. Das eine, *Stadio dei Marmi* genannt nach den 60 überlebensgroßen Athletenfiguren aus Carraramarmor, die seine Tribünen krönen, ist heute noch weitgehend

Foro Italico: *Stadio dei Marmi*, rechts im Hintergrund der zunächst als Hauptquartier des *Partito Nazionale Fascista* bestimmte Großbau, seit 1956 Sitz des italienischen Außenministeriums.

unverändert zu besichtigen; das andere, größere, das *Stadio dei Cipressi*, hat erst in nachfaschistischer Zeit seine große Karriere erlebt: Es wurde zum Olympiastadion für die 1960 in Rom stattfindenden Sommerspiele umgebaut und 1990, mit einer ästhetisch verheerenden Dachkonstruktion versehen, als Hauptstadion bei der Fußballweltmeisterschaft genutzt.[105]

Der gesamte Komplex, ursprünglich als Sport- und Freizeitinfrastruktur für die Bewohner der nördlichen Viertel Prati, Piazza d'Armi und Flaminio gedacht, erfuhr im Zuge der Erbauung eine funktionale Umpolung und propagandistische Aufladung. Das Regime gestaltete die Anlage nahe der Via Flaminia immer aufwendiger zu einem Forum faschistischer Selbstdarstellung, quasi einem Empfangssalon, der die von Norden nach Rom kommenden Besucher mit der neuen, modern-monumentalen und der *romanità* verpflichteten Urbanästhetik der Hauptstadt beeindrucken sollte. Diese offizielle Repräsentationsfunktion des Foro Mussolini wurde akzentuiert durch die Aufstellung eines 18 Meter hohen Obelisken mit der (noch heute erhaltenen) Inschrift Mussolini Dux, der als der größte je verarbeitete Marmormonolith mit einem eigens dafür gebauten Schiff in einer spektakulär inszenierten Transportaktion auf dem Flusswege herangeschafft wurde. Überhaupt fand der weiße Marmor aus Carrara überreichlich Verwendung in der Ausgestaltung des Foro Mussolini, was einen banalen Grund auch darin hatte, dass der Präsident der als Bauherrin firmierenden *Opera Nazionale Balilla*, Renato Ricci, aus der Carrara-Gegend stammte und in eine Familie von Steinbruch-Besitzern eingeheiratet hatte. Man kann darin eine pikante Parallele zum Vittoriano sehen, für den aufgrund vergleichbarer persönlicher Interessenverflechtungen der weiße, marmorähnliche *Botticino* aus Brescia im Übermaß verwendet wurde. Was die Durchschlagskraft von Klientelbeziehungen anlangt, hatte sich, wie man sieht, im angeblich so ‚revolutionären' Übergang vom liberalen zum faschistischen Italien nichts geändert.[106]

Sofern man nicht aus ideologischen oder moralischen Gründen prinzipiell jedwede Form ‚faschistischen' Bauens reflexhaft verdammen will, wie dies lange Zeit zum ‚antifaschistischen' Habitus der italienischen Intellektuellen des republikanischen ‚Verfassungsbogens' gehörte, wird man allerdings dem Ensemble des Foro Mussolini (das nach dem Sturz seines Namensgebers 1943 in Foro Italico umgetauft wurde) ästhetisch-urbanistische Qualität nicht absprechen können. Seinem Schöpfer Enrico Del Debbio – es ist derselbe Architekt, der später in unmittelbarer Nähe den scheußlichen Parteipalast erbauen wird, in dem heute das Außenministerium residiert – war hier unstreitig ein Wurf mit eigenständigem Stilausdruck gelungen. Die bichromisch kontrastreiche Plastizität seiner Gebäude aus blutrotem Mauerwerk mit weißen Portal- und Fensterlisenen zeigte wie die beiden von ihm gebauten, an antike Theater erinnernden Stadien eine kreative, zwischen Serenität und Solennität gekonnt die Schwebe haltende Anverwandlung klassischer griechisch-römischer Stilformen. Auch die behutsame Einpassung der weitläufigen Anlage in das landschaftliche Ambiente vor den grünen Hängen des Monte Mario als Kulisse ist zurecht gerühmt geworden. Mit der unprätentiös-spielerischen, durch klare Lineatur und sicheres Gespür für Proportionen überzeugenden Klassizität

Das Gebäude der Sportakademie am *Foro Mussolini* (heute *Foro Italico*; Architekt: E. Del Debbio) mit dem monolithischen Obelisken für Mussolini.

Die *Casa delle Armi* von Luigi Moretti auf dem Gelände des *Foro Mussolini*, erbaut 1925/26.

der Schöpfungen Del Debbios kontrastierten und korrespondierten auf faszinierende Weise die geometrisch wunderbar equilibrierten, ganz dem streng rationalistischen Formenkanon des internationalen Bauhaus-Stils verpflichteten Baukörper der Casa delle Armi oder Accademia dello Schermo des jungen Architekten Luigi Moretti, eines Hauptvertreters der modernen Architekturbewegung in Italien, der beim Foro Mussolini mehrfach mit Aufträgen zum Zuge kam. Nimmt man noch die in der Gestaltung stilvollen und von den verwendeten Materialien her hochwertigen Innenausstattungen der meisten Gebäude, nimmt man die Wandmalereien und großflächigen Bodenmosaiken von der Hand namhafter Vertreter des römischen *Novecento* hinzu, so ist dem Foro Mussolini zweifellos der Rang eines Gesamtkunstwerks der klassischen Moderne zuzuerkennen – selbst wenn man dabei über einige penetrante Details wie plump kraftprotzende Kämpfer-Standbilder hinwegsehen muss. In seltener Geschlossenheit wird an diesem Komplex sichtbar, dass die architektonische Kultur Italiens in den Dreißiger Jahren erstmals zu einer neuen und eigenständigen Formensprache gefunden hat, nachdem noch bis Mitte und vereinzelt sogar bis zum Ende der 1920er im wesentlichen nur der „Maskenball der Architektur" (Nikolaus Pevsner), das heißt der Stileklektizismus des selbst völlig stillosen späten 19. Jahrhunderts – bestenfalls in spielerischer oder selbstironischer Brechung – fortgepflegt worden war.[107]

Der Vorwurf des Banausentums und des ‚Vandalismus', der nach dem Zweiten Weltkrieg oft gegen die Baupolitik des *Ventennio* erhoben wurde, wäre im Falle des Foro Italico eher gegen die kunstpolitisch Verantwortlichen der Nachkiegsjahrzehnte zu richten. Es ist kaum nachzuvollziehen, mit wieviel Nachlässigkeit und Ignoranz dieses Ensemble im republikanischen Italien der Verwahrlosung und dem Verfall preisgegeben wurde. Noch verheerender in ihren Folgen aber war die technokratische Rücksichtslosigkeit, mit der man einzelne Bauwerke in ihrer künstlerisch-historischen Integrität verstümmelt und durch substanzzerstörende Eingriffe für bestimmungsfremde Zwecke umfunktioniert hat. So wurde, um nur die gröbsten Frevel zu nennen, die einst für ihre perfekten Proportionen nach dem Goldenen Schnitt gerühmte Accademia dello Schermo von Moretti im Innern zu einem Hochsicherheits-Gerichtssaal für die Terroristenprozesse der 1980er Jahre umgebaut. In den Palazzo delle Terme von Costantino Costantini mit seinen marmornen Schwimmhallen und verglasten Fassaden wurde nach der Entkernung ein riesiges kastenförmiges Volumen als Pressezentrum für die Fußballweltmeisterschaft implantiert. Aber der schlimmste, weil weithin sichtbare Akt (kunst)politischer Eingriffswillkür war, dass man zum gleichen Anlass dem Olympiastadion eine optisch niederdrückende, wie von Troglodytenhänden zusammengeschraubte Röhrengitterkonstruktion aufsetzte, die in ihrer technizistischen Scheußlichkeit das Gesamtbild und das Ambiente der Anlage schwer in Mitleidenschaft zieht.[108] – In den letzten Jahren hat man nun begonnen, einige Teile zu restaurieren; vieles ist unwiederbringlich verloren oder zerstört, aber ein Besuch lohnt sich, trotz alledem, noch immer.

Während beim Foro Italico der Repräsentationszweck schließlich die Oberhand gewann über die funktionale Bestimmung des Ensembles, nehmen wir nun ein Projekt des Hauptstadtausbaus in den Blick, bei dem der praktische Zweck immer im Vordergrund stand. Dennoch werden wir feststellen, dass den Fragen des Stils und der Gestaltwirkung der Gebäude auch hier große Aufmerksamkeit zuteil wurde – einen formlosen oder formindifferenten Funktionalismus sollte es eben im faschistischen Bauen nicht geben. Denn nach der Maxime Marcello Piacentinis, des architektonisch-urbanistischen Großwesirs des *Duce*, war jedes Bauwerk ein Mittel von direkter Erziehungswirkung und musste deshalb etwas ‚bedeuten' oder ‚ausdrücken'.[109]

Es war ein gezieltes Bekenntnis zur maßgeblichen Rolle des Staates bei der Modernisierung der Gesellschaft, wenn Anfang der 1930er Jahre für die Hauptstadt die Errichtung von vier neuen Postämtern in Angriff genommen wurde. Einer Zeit wie der unsrigen, in der hochentwickelte Staaten geradezu darum wetteifern, sich ihrer Verantwortung für die nationalen Kommunikationssysteme durch Veräußerung und Privatisierung möglichst rasch und gründlich zu entledigen, ist es vielleicht nicht mehr auf Anhieb verständlich, dass die Post mit ihren verschiedenen Einrichtungen noch in der ersten Hälfte des 20. Jahrhunderts einen zentralen Bereich funktionierender Staatlichkeit darstellte. Der Befund als solcher fügt sich plausibel in den kommunikationstheoretischen Erklärungsansatz der Nationsbildung nach Karl W. Deutsch: Er hat gezeigt, dass Begegnung und Austausch, Verbindung und Verkehr zwischen Individuen und Gruppen elementare Voraussetzungen sind für die Schaffung nationaler Identitäten und für die Integration nationaler Gesellschaften. Gerade in der Krisenzeit nach dem Ersten Weltkrieg waren Verbesserung und Verdichtung der Kommunikationssysteme durch Ausbau des Post- und Fernmeldewesens aber auch ein unabdingbares Vehikel für die Modernisierung der nationalen Volkswirtschaften. Viele Staaten lenkten daher in der Zwischenkriegszeit erhebliche Ressourcen und Energien in diesen

Sektor; und die Postämter wurden zu dem emblematischen Ort, an dem der Staat seinen Bürgern ganz konkret und landesweit allgegenwärtig als Träger und Garant funktionaler Modernität begegnete. Gerade die Zwanziger und Dreißiger Jahre brachten daher in vielen Ländern eine ganze Welle neuer, architektonisch anspruchsvoller Postbauten hervor, weshalb man diese Epoche mit feinem Wortwitz auch schon als ‚Post-Moderne' bezeichnet hat.[110]

Es ist unter diesem Aspekt aufschlussreich, dass auch Mussolini schon 1924 die ‚Probleme der Notwendigkeit', die es bei der Entwicklung Roms zu lösen gälte, auf den simplen binomischen Nenner von *case e comunicazioni* glaubte bringen zu können – Wohnungen und Kommunikationsmittel.[111] 1925 wurde ein nationales Programm für den Ausbau des Post-, Telephon- und Telegraphensystems aufgelegt und für seine Umsetzung ein eigenes Kommunikationsministerium und ein selbständiges Staatsunternehmen für den Post- und Telegraphiebetrieb eingerichtet. Ein fiskalisches Ziel war dabei, die privaten Postdienstleister aus dem Markt zu drängen und so das einträgliche Geschäftsfeld für den Staat zu monopolisieren. Die weitergehende gesellschafts- und strukturpolitische Strategie zielte gemäß der ideologischen Präferenz des Faschismus für ein rurales Italien darauf ab, durch ein engmaschiges Kommunikationsnetz auch das flache Land als Lebensraum attraktiver zu gestalten und damit die ländliche Bevölkerung von der Abwanderung in die Städte abzuhalten. 1930 wurden zusätzliche Finanzmittel zur Beschleunigung des Programms bereitgestellt, und 1935 konnte der zuständige Minister als stolze Bilanz der neuen Postpolitik verkünden, dass in 54 Provinzhauptorten neue Postämter errichtet worden und weitere zehn noch im Bau seien.[112]

Die Idee, zusätzlich zu dem bestehenden römischen Zentralpostamt an der Piazza S. Silvestro vier weitere Hauptpostämter an expansionsstrategisch wichtigen Punkten am Rande des historischen Stadtgebiets zu plazieren, ging wohl auf Mussolini selbst zurück (jedenfalls wurde sie dem *Duce* von dessen Kommunikationsminister Ciano zugeschrieben). Es war eine stadtplanerische Perspektiventscheidung zur Erschließung des hauptstädtischen Raumes durch neue Kerne urbaner Modernität. Sie trug der Tatsache Rechnung, dass mit der Monumentalisierung und Musealisierung des *centro storico* sich die Entwicklungsdynamik der *Grande Roma* notwendig weiter zu den Peripherien verlagern würde; einer ähnlichen Logik folgte dann übrigens die breitgestreute Errichtung neuer Gebäude auch für andere staatliche Einrichtungen wie Präturen und Vizequästuren.[113]

Das Projekt der Postbauten stand in engem Zusammenhang mit der Erstellung des Generalentwicklungsplans von 1931. Die Standorte für die neuen Palazzi Postali markierten die Hauptexpansionszonen einer Stadt, deren Planungshorizont auf eine Einwohnerzahl von zwei Millionen ausgelegt war: Ein Postamt Milvio am Viale Mazzini für den nordwestlichen Sektor vom Borgo und den Prati über Piazza d'Armi bis zum Ponte Milvio und jenseits des Tibers von der Via Flaminia bis zur Valle Giulia; ein zweites im Osten, Nomentano genannt, an der Piazza Bologna zur Versorgung des

Viertels Nomentano-Salario bis Acqua Acetosa; das dritte, Appio, im Südosten vor Porta S. Giovanni im spitzen Winkel von Via Taranto und Via La Spezia, für den riesigen Sektor Appio-Prenestino-Tuscolano; und schließlich das vierte, genannt Aventino, an der Via della Marmorata zu Füßen des Aventin, für die Erschließung des südwestlichen Quadranten von Trastevere über Testaccio und weiter entlang der Via Ostiense bis S. Paolo fuori le Mura und darüber hinaus.

Von Anfang an war klar, dass diese vier neuen Postgebäude nicht nur allen funktionalen Aufgaben zeitgemäßer Kommunikationsdienste zu genügen hatten, sondern dass sie auch als monumentale Repräsentationsbauten des faschistischen Regimes und des Neuen Staates zu konzipieren waren. Ihre hohe symbolische Bedeutung kam schon in der Tatsache zum Ausdruck, dass Entwurf und Planung nicht dem Bauamt der zentralen Postverwaltung überlassen blieben, das sonst mit architektonisch-technischer Professionalität die Errichtung von Postbauten im ganzen Land verantwortete. Vielmehr wurde, um das größtmögliche Kreativpotential zu aktivieren, 1932 eine nationale Ausschreibung über das Projekt veranstaltet. Der Wettbewerb fiel just in jene kulturpolitische Phase, in der Mussolini und sein Regime eine bemerkenswerte Aufgeschlossenheit für die formalen Tendenzen der sogenannten ‚rationalistischen' oder ‚funktionalistischen' Architekturmoderne an den Tag legten. Diese Offenheit fand ihren Niederschlag auch in der Zusammensetzung der Jury, der mit Giuseppe Pagano und Giuseppe Vaccaro zwei Exponenten des Rationalismus angehörten; Vaccaro hatte zudem mit dem 1931 fertiggestellten neuen Postamt in Neapel gerade selbst sein Meisterstück im modernen Postbau geliefert.[114]

Auch die Auswahl der siegreichen Entwürfe sollte bestätigen, dass die architektonische Moderne durchaus wohlgelitten war in Mussolinis Italien der frühen Dreißiger Jahre. Drei der vier Sieger standen in mehr oder weniger enger Beziehung zum

Postamt *Aventino* an der *Via della Marmorata*, errichtet 1933–1935 (Architekt: A. Libera).

MIAR, keiner freilich so deutlich wie Adalberto Libera, der mit Mario De Renzi als Koautor den Wettbewerb für das Projekt Aventino gewonnen hatte. Der Libera-Bau für den Standort an der Via della Marmorata bei der Cestius-Pyramide (der wegen seiner isolierten Lage auch die größten planerischen Freiheiten bot), beeindruckt noch heute mit der linearen Klarheit seiner Volumina. Zusammen mit dem bei aller kompakten Geschlossenheit elegant schwingenden Baukörper von Mario Ridolfi für den Postpalast Nomentano an der Piazza Bologna gehört er zu den ersten großen Beispielen genuin moderner Architektur in der italienischen Hauptstadt. Auch der von Alberto Samonà für den planerisch schwierigen Standort Appio an der Via Taranto geschaffene Bau lässt sich noch dieser Kategorie zurechnen, während Armando Titta mit seinem Entwurf für das Postamt Milvio eher im konventionelleren Rahmen eines wuchtig verknappten Monumentalstils verharrte.

Als die neuen Postämter nach zweijähriger Bauzeit 1935 eingeweiht wurden, hatte sich, wie am Fall des Palazzo del Littorio schon dargelegt, der Wind gedreht, und die stilistischen Präferenzen des Regimes gingen mehr auf Monumentalität als auf Modernität der Formensprache, ein Wandel, der dann im ausgereiften ‚Littorischen Stil' Marcello Piacentinis seinen gängigsten Ausdruck fand. Die vier römischen Postbauten, die man mit Fug und Recht als ‚Postpaläste' bezeichnen kann, lassen sich – wie übrigens viele ähnliche in den Provinzen – mit der anspruchsvollen stilistischen Gestaltung ihrer Innenräume und der gediegenen, ja hochwertigen Materialität ihrer Ausstattung in der Tat als *palazzi pubblici*, mithin als ‚Paläste für das Publikum' bezeichnen – beinahe in der Art der prachtvollen Moskauer U-Bahn-Stationen der Stalinzeit, welche den Volksmassen an den Stätten des täglichen Lebens jenen verschwenderischen Prunk und Luxus bieten sollten, der vor der bolschewistischen Revolution nur dem Adel vorbehalten war.[115]

Ebenfalls an der inneren Peripherie, knapp außerhalb der Aurelianischen Mauer, nicht allzu weit von Piazza Bologna entfernt und in unmittelbarer Nähe zum Castro Pretorio, wo schon vor dem Ersten Weltkrieg mit dem Poliklinikum eine wichtige Infrastrukturmaßnahme des liberalen Hauptstadtprogramms verwirklicht worden war, stoßen wir auf ein weiteres bedeutendes Projekt des funktionalen Hauptstadtausbaus der Zwischenkriegszeit. In diesem entwicklungsstarken Gebiet östlich des Hauptbahnhofs wurde 1930 auf einem gut 20 Hektar großen Gelände zwischen Viale della Regina und Via Tiburtina endlich das Projekt eines kompletten Universitätsneubaus in Angriff genommen. Bereits im *Piano Regolatore* von 1909 war an gleicher Stelle die Errichtung einer Universitätsstadt vorgesehen, und im Gespräch war dieses Vorhaben noch viel länger, im Grunde schon seit den Anfängen der *Roma Capitale* im Jahr 1870. In der Tat, wenn man, wie Quintino Sella und seine *Destra* es propagierten, Rom ernsthaft als Hauptstadt der Wissenschaften etablieren wollte, konnte man sich nicht mit der Übernahme der alten päpstlichen *Sapienza* begnügen; dann war die Errichtung einer neuen, nationalen Universität in der *urbs* in der Tat unverzichtbar.

Postamt *Nomentano* an der *Piazza Bologna*, errichtet 1933–1935 (Architekt: M. Ridolfi).

Dennoch hat, und das beweist einmal mehr die innere Schwäche des Sellaschen Konzepts, das liberale Italien diese Aufgabe nie zur Ausführung gebracht.[116]

Der lebhafte Expertendiskurs über Architektur und Städtebau in Mussolinis Italien war in einem besonders hitzigen Stadium, als Marcello Piacentini 1932 den Auftrag erhielt, einen Gesamtplan für eine *Città Universitaria* auf dem vorgesehenen Areal zu erstellen. Der ‚Streit der Fakultäten' über den ‚richtigen' faschistischen Baustil hatte gerade seinen Höhepunkt erreicht. Das MIAR, die Organisation der ‚Jungen Wilden' in der italienischen Architektenschaft, die in kompromisslos moderner, ‚rationalistischer' Formensprache den allein angemessenen architektonischen Ausdruck für den Erneuerungs- und Gestaltungsanspruch des Faschismus sahen, war aufgelöst worden, aber nach wie vor gab es eine starke Richtung in Partei und Regime, die der architektonischen Moderne zuneigte. Mussolini selbst konnte für diese immer wieder Sympathien bekunden, denn auch die entschiedensten Anhänger der konstruktivistischen Avantgarde wie Giuseppe Pagano und Giuseppe Terragni bekannten sich in dieser Zeit zu Ideologie und Politik des Faschismus.

In dieser Situation kam nun Piacentini die Aufgabe zu, im Projekt der *Città Universitaria* die verschiedenen Lager und Tendenzen zur Kooperation und nach Möglichkeit auch zum Ausgleich zu bringen. Denn – und das war überhaupt kennzeichnend für den Faschismus in dieser Phase seiner Herrschaft – dem Regime war hier wie anderswo vor allem daran gelegen, im Rahmen seiner Konsenspolitik allzu schroffe Brüche zu vermeiden, sich nicht einseitig auf eine Kunstrichtung festlegen zu lassen und alle Strömungen irgendwie im Spiel zu halten. Piacentini legte mit der Leitung dieses prestigeträchtigen Großprojekts das Gesellenstück seiner ausgeprägten Kompetenz zu Kompromiss und Vermittlung ab – ein unbestreitbarer Erfolg, der ihn wenige Jahre später dafür prädestinieren wird, noch sehr viel größere und gewichtigere Aufgaben dieser Art übertragen zu bekommen. Wir werden dem obersten Architekten Mussolinis in ähnlicher Funktion wiederbegegnen, wenn es um die Realisierung des ehrgeizigsten urbanistischen Vorhabens des faschistischen Italiens gehen wird – nämlich um die Neugründung der Kapitale aus dem Geist des Faschismus in dem Projekt E 42, der für 1942 in Rom geplanten Weltausstellungs-Kunststadt.

Zur Mitarbeit an Planung und Errichtung der Universitätsstadt berief Piacentini eine ganze Reihe jüngerer Architekten, und zwar sowohl solche, die sich zum Rationalismus bekannten (Pagano, Capponi, Michelucci), wie auch Vertreter eher traditioneller, ‚akademischer' Stilrichtungen (wie Foschini und Rapisardi), und dazwischen auch einige Architekten mit vermittelnden Positionen (Aschieri, Giò Ponti). Klugerweise versuchte Piacentini gar nicht erst, aus den unterschiedlichen Vorstellungen und Handschriften einen gemeinsamen Mischstil zusammenzurühren. Unter der Bedingung, dass die Teilnehmer an dem prestigeträchtigen Universitätsprojekt einige wenige gemeinsame Linien akzeptierten und darauf verzichteten, ihre persönlichen Formprinzipien in allzu zugespitzter Weise in das Projekt hineinzutragen, überließ er jedem ein Gebäude zu eigenständigem Planen und Entwerfen.

Auf diesem Wege erreichte Piacentini im Gesamtkomplex der im Oktober 1935 eingeweihten *Città Universitaria* eine konstruktive Balance zwischen der monumentalen Uniformität eines konventionellen *stile littorio* und der Individualität formaler Lösungen nach den divergierenden Ausdruckspräferenzen der beteiligten Architekten:

Die *Città Universitaria.*

Es entstand ein bei allen Unterschieden der ästhetischen und funktionalen Qualität der einzelnen Gebäude relativ geschlossenes Architekturensemble, das gemäß der kontinentaleuropäischen Universitätstradition die Würde von Wissenschaft und Wissensvermittlung als Staatsaufgabe zur Geltung brachte. Auch wenn die römische Universitätsstadt sich heute infolge ihrer Überlastung als Massenuniversität und der Vernachlässigung ihrer baulichen Substanz in einem beklagenswerten Zustand darbietet, bleibt sie doch ein sehenswertes Beispiel für jene gebauten Ordnungen zwischen Klassizität und Moderne, welche die Baukultur der Zwischenkriegszeit nicht nur in den totalitären Diktaturen, sondern in so gut wie allen entwickelten Ländern kennzeichneten.[117]

Das Rom der Bürger – und der Baracken

Das Rom Mussolinis, das in den 1930er Jahren entsteht, ist aber nicht nur die antikisierte Schaubühne des Regimes, das Rom der grandiosen Raumszenarien und der staatlichen Repräsentationsprojekte, das wir bisher kennengelernt haben. Neben und außerhalb der *Roma imperiale* wächst weiterhin die *Roma borghese*, die Stadt als Wohn- und Lebensraum ihrer Bürger, und an den äußersten Rändern der Peripherie ersteht, versteckt und verleugnet, ein weiteres Rom, das Rom der Vororte und der Barackensiedlungen – der *borgate* und *baraccate*. Der Motor dieser Expansion ist unverändert derselbe seit 1870: Es ist das dynamische demographische Wachstum der Stadt, die Zunahme ihrer Bevölkerung infolge der Zuwanderung Hunderttausender. Zwischen 1923 und 1939 verzeichnete Rom einen Wanderungsgewinn von 533 700 Personen.[118] Da die Hauptstadt im gleichen Zeitraum auch einen natürlichen Geburtenüberschuss von 168 300 Köpfen aufwies[119], ergab sich in der Summe der beiden Wachstumsfaktoren eine Bevölkerungszunahme um 700 000 Personen. Das bedeutete eine Verdoppelung der Stadtbevölkerung in den Herrschaftsjahren des Faschismus bis zum Ausbruch des Zweiten Weltkrieges, wenn man die Ergebnisse des Zensus von 1921 zur Ausgangsbasis nimmt.[120] Rom, das schon in den Dreißiger Jahren Mailand überholte hatte, zählte am Ende der faschistischen Ära eineinhalb Millionen Einwohner.

Dieses Wachstum war durchaus vom Regime gewollt, denn die Hauptstadt war das ‚Schaufenster' der Nation und sollte mit den großen Metropolen konkurrieren können.[121] In der gezielt betriebenen Verstärkung der Hauptstadtrolle lag wohl auch die Hauptursache der exorbitanten Zuwanderung. Die großangelegten Bau- (und Abriss-) programme für die *Roma imperiale*, die Konzentration neuer Regierungs- und Verwaltungsfunktionen, aber ebenso der Ausbau des Hotel- und Gastgewerbes und die Zunahme des Romtourismus in Verbindung mit der Automobilisierung übten einen beständigen Sog auf Arbeitssuchende aus. Obwohl das faschistische Regime in gewissem Umfang zudem die Ansiedlung von Industrien förderte, akzentuierte sich im *Ventennio* doch ganz eindeutig der Charakter Roms als des tertiären Zentrums des Landes.[122]

Wie wir es – regimeunabhängig – von vielen stark wachsenden Städten kennen, hechelte die Politik beständig hinter den Problemen her. In dem Maße, wie die lebhafte Bautätigkeit das Bevölkerungswachstum vorantrieb, verschärfte dieses wiederum den chronischen Wohnungsmangel und stellte Kommune und Regierung vor große Herausforderungen. Als 1928 der Mietpreisstopp vollständig aufgehoben wurde, sorgte zwar die Verbesserung der Renditeaussichten für eine Belebung der Bautätigkeit, doch erfuhr gleichzeitig die Wohnungsfrage eine neuerliche Zuspitzung. Vielen Mietern wurde gekündigt, weil die Wohnungseigentümer einen höheren Zins erzielen wollten. Für das Regime aber ergab sich daraus ein Zielkonflikt, denn wenn die Freigabe der Mieten einerseits die Immobilienwirtschaft begünstigte, so belastete sie über die Verknappung und Verteuerung des Wohnungsangebots andererseits gerade jene Schicht, auf deren Konsens es dem Faschismus ganz wesentlich ankam: das kleine und mittlere Bürgertum, die öffentlichen Angestellten und die Beamten, die kleinen Gewerbetreibenden und die Freiberufler. Die Wohnungsbaupolitik wird daher eines der Hauptfelder faschistischer Sozialpolitik vor allem in der Hauptstadt bleiben, doch dominieren jetzt im Vergleich zu den ersten Nachkriegsjahren die durch staatliche Anreize geförderten privaten Bauträger gegenüber den gemeinwirtschaftlichen Baukooperativen.

Prägend für das Stadtbild werden in der Zwischenkriegszeit vor allem zwei Typen von Wohnungsbauten. Da ist zum einen die schon erwähnte *palazzina*, welche nach und nach den etwas großzügigeren Typus des *villino*, der seine Zeit vor dem Weltkrieg hatte, verdrängt. Mit ihren drei bis fünf Stockwerken und zehn oder zwölf Wohneinheiten findet die *palazzina* ihre soziale Zielgruppe vornehmlich im mittleren Bürgertum. Gut ein Viertel des zwischen 1924 und 1938 in Rom geschaffenen Wohnraums entfällt auf diese Wohngebäudeform.[123] Freilich ist diese kompakte Mehrfamilienanlage mit ihrem immer noch relativ großen Grundflächenbedarf und den gehobenen Baustandards weder geeignet noch in der Lage, die eigentliche Massennachfrage nach Wohnraum zu befriedigen. Hierzu bedarf es intensiverer Bauformen, wie etwa der vom *Istituto Case Popolari,* verschiedenen Kooperativen und den Körperschaften für Wohnungen der Staatsbediensteten und den Bediensteten des *Governatorato* gebauten größeren Wohnblöcke von 50 oder mehr Wohneinheiten, die aber mit sechs bis acht Zimmern einen immer noch recht großzügigen Zuschnitt hatten. Diese Wohnungsbaugesellschaften für einzelne Berufsgruppen im Staats- oder Kommunaldienst stellten nicht nur Mietwohnungen zur Verfügung, sondern förderten auch die Bildung von Wohneigentum in den Händen ihrer Klientel. Oft sahen die Überlassungsverträge nach 20- oder 25jähriger Nutzung auf Mietbasis den Erwerb der Wohnung seitens des Mieters zu einem günstigen Ablösungspreis vor *(case a riscatto)*.

Dass der *decoro* – also Schicklichkeit und Würde – der Behausung in der römischen Gesellschaft traditionell einen hohen Stellenwert hatte, fand auch in diesen Wohnungen für das mittlere Bürgertum noch seinen Niederschlag. Ihr Standard in

Größe und Ausstattung war deutlich höher als der Wohnstandard vergleichbarer Sozialschichten im damaligen Deutschland. Während in den 1920er Jahren in Rom noch überwiegend kleinere Wohnungen (von zwei bis drei Zimmern) für die unteren Volksschichten gebaut wurden – ihr Anteil am Bestandsaufwuchs betrug 1928 58,5 Prozent und stieg auf 69,3 Prozent im Jahr 1930 –, kehrte sich dieses Verhältnis in den 1930er Jahren zugunsten der mittleren Größenklasse (Wohnungen mit vier bis sechs Zimmern) um, deren Anteil schon 1933 bei 72,7 Prozent lag und sich für den Rest des Jahrzehnts auch in etwa auf dieser Höhe hielt. Die Kleinwohnungen hingegen kamen über einen Anteil von 20 Prozent nicht mehr hinaus. Die restlichen 10 Prozent entfielen auf großbürgerliche Behausungen mit mehr als sieben Räumen.[124]

Die sozioökonomische Entwicklungstendenz, die in diesen nüchternen Zahlen zum Ausdruck kommt, ist klar und eindeutig: Das Rom Mussolinis wurde immer mehr ein Rom der Mittelschichten, ein bürgerliches Rom. Und in der Tat: Noch heute wird ein deutscher Besucher, dem das (sparsam gewährte) Privileg zuteil wird, in Rom oder einer anderen Stadt Italiens in eine Privatwohnung eingeladen zu werden, mit Erstaunen (und vielleicht nicht ganz ohne Neid) registrieren, dass unsere südlichen Nachbarn merklich höhere Platz- und Komfortansprüche an ihre Behausungen stellen als wir. So manches Klischee deutscher Selbstüberschätzung hinsichtlich des privaten Wohlstands, des Wohnstils und der häuslichen Sanitärhygiene fällt nach einer solchen Erfahrung haltlos in sich zusammen.

Für die Wohnraumversorgung der weniger bemittelten Bevölkerungsschichten, die an der enormen Zuwanderung der Dreißiger Jahre naturgemäß den größten Anteil hatten, mussten aber noch kostengünstigere Lösungen gefunden werden. Dies führte dann in den Dreißiger Jahren zur Errichtung sogenannter *intensivi* oder *superblocchi*. Wie schon aus diesen Bezeichnungen erkennbar, waren das riesige Gebäude mit zehn und noch mehr Stockwerken, komplexe Gebilde mit mehreren Treppenhäusern und bis zu hundert Wohneinheiten von eher bescheidenem Zuschnitt, dazu mit Innenhöfen und Gartenanlagen. Dieser Wohngebäudetypus stellte im faschistischen *Ventennio* schließlich den Löwenanteil des Wohnungsbaus in Rom: 60 Prozent der zwischen 1924 und 1938 genehmigten Wohnräume entfielen auf solche Großanlagen. Sie bildeten damit die breite Basis der römischen Immobilienwirtschaft, denn sie eröffneten den großen Bau- und Bodengesellschaften ebenso attraktive wie sichere Renditemargen.[125]

Planung, Errichtung und Verwertung dieses in der Dimension neuen Typus des Massenwohnungsbaus erfolgte auf Grundlage einer vertraglichen Vereinbarung (daher auch der Name *casa convenzionata*, zu übersetzen etwa mit ‚Vertragsbau') zwischen dem *Governatorato* und der Baugesellschaft. Die Kommune gewährte für jeden fertiggestellten Wohnraum einen verlorenen Zuschuss und erhielt dafür im Gegenzug ein Belegungsrecht. Außerdem verpflichtete sich der Bauträger, die Wohnungen für von fünf Jahre zu einem festgelegten Mietzins auf den Markt zu bringen. Attraktiv war diese Form der Kooperation für die Bau- und Bodenwirtschaft nicht zuletzt deshalb, weil die Kommune, der es auf eine möglichst schnelle und zahlreiche Errichtung solcher *superblocchi* ankam, in vielen Fällen rechtliche Erleichterungen und Befreiungen von den Beschränkungen des *Piano Regolatore* gewährte. Außerdem übernahm die Stadt für diese Areale die Erschließungskosten durch Straßen, Wasser-, Elektrizitäts- und Gasversorgung, Kanalisation. Von den so geschaffenen Infrastrukturen profitierten dann natürlich auch die Eigentümer der noch unbebauten Grundstücke in der betreffenden Zone. Auf diese Weise beförderten und beschleunigten die *superblocchi* vor allem im Osten und Süden der Stadt als Entwicklungskerne die Entstehung neuer peripherer Agglomerationen für die unteren Klassen der Mittelschicht und die Arbeiter in den *Quartieri* Africano, Tiburtino, Prenestino, S. Lorenzo, Pigneto, Tuscolano, Appio, Appio Latino und Ostiense.

Entlang der großen Tangential- und Ausfallstraßen prägen diese *fabbricati intensivi* mit ihren gewaltigen Baumassen das Stadtbild: Blockbebauung mit langen Fronten und hohen, schlichten Fassaden, wobei durchaus etliche dieser Großbauten in ihrer formalen Gestaltung die könnerische Handschrift modern empfindender Architekten der jüngeren Generation erkennen lassen. Das Höhenprofil des Weichbildes folgt in Rom einem ganz eigenen Rhythmus: Während in vielen modernen Metropolen die Traufhöhen von den Rändern her bis zu der sich auftürmenden City mehr oder weniger kontinuierlich ansteigen, begegnen einem in Rom die höchsten Gebäude oft in den Außenbezirken. Die Bauordnung von 1934 hatte die maximale Gebäudehöhe an der Peripherie von 24 auf 35 Meter angehoben, während sie in den inneren Bezirken und zumal im historischen Zentrum auf ein niedrigeres Niveau begrenzt blieben.[126] Man braucht heute freilich nicht mehr bis zum aktuellen Stadtrand zu fahren, um diese hochverdichtete Wohnbebauung kennenzulernen. Beson-

Superblocco (Intensivo) des kommunal geförderten Wohnungsbaus (Ende der 1920er Jahre) in *Viale Eritrea.*

Superblocco (Intensivo) von M. De Renzi in *Viale XXI Aprile*, errichtet 1931–1937.

ders eindrucksvolle Beispiele für die damals entstandene neue urbane Struktur lassen sich etwa im Umkreis der Piazza Bologna und entlang des Viale XXI Aprile besichtigen. Dort wurde auf einem Grundstück von 15 400 Quadratmetern unter der Planung von Mario De Renzi mit 5800 Quadratmetern auch der größte Wohnkomplex dieser Art errichtet, in einer fast an die futuristischen Hochhausentwürfe von Antonio Sant'Elia erinnernden Anmutung, mit 440 Wohnungen, dazu 70 Geschäften, einer Autogarage und einem Kino für 1600 Zuschauer.[127]

Die ‚Verbürgerlichung' Roms im Zuge des Ausbaus und der Expansion zur *Grande Roma*, zur *Roma imperiale* der faschistischen Ära hatte als Kehrseite die Vertreibung oder Ausgrenzung der untersten Schicht der sozialen Hierarchie, des städtischen Subproletariats. Stark vereinfacht ausgedrückt, lassen sich in dieser Bevölkerungsgruppe im wesentlichen zwei Komponenten unterscheiden: Da waren zum einen jene Teile des alten *popolino romano*, die beim Übergang der Stadt von der vormodern-päpstlichen zur liberal-nationalitalienischen, kapitalistischen Gesellschafts- und Lebensordnung den Anschluss verloren, den Weg in die neue Zeit nicht gefunden hatten – ihn vielleicht mit dem beharrenden Eigen-Sinn traditionaler Mentalitäten und Lebensformen auch gar nicht hatten finden wollen. Und zum anderen jene Elemente der aus der bitteren Armut des ländlichen Italien, vor allem aus den kargen Bergregionen der Abruzzen in die Stadt Zugewanderten, die es im Auf und Ab der Baukonjunkturen und Baukrisen nie schafften, sich in einer bei aller Dürftigkeit doch auskömmlichen Existenz zu etablieren. Für diese Verlierer oder Verweigerer von Fortschritt und Modernisierung entstand draußen vor dem neuen Rom der Bürger, der kleinen Angestellten und der Arbeiter, in den weiten Öden des *Agro Romano* ein Rom der Barackensiedlungen und der Elendsquartiere.

Es handelte sich also um Menschen, die das zur Kapitale Italiens aufsteigende und sich aufbauende Rom ausgeworfen oder gar nicht erst aufgenommen hatte. Aber noch in ihrer sozialen und geographischen Emargination sind auch sie Rom, bleiben sie ein genuiner Aspekt seiner Probleme, und gerade der dynamische Modernisierungs- und Wachstumsprozess, der sie zunächst vertrieben hat, wird im weiteren Gang der Geschichte mit unerbittlicher Dialektik dafür sorgen, dass sie wieder Teil der Stadt werden, in einem ganz wörtlichen Sinne: die Streusiedlungen der Ausgestoßenen sind heute längst eingewachsene Stadtteile Roms. Das uferlose Auseinanderfließen des römischen Siedlungsbreis in den Jahrzehnten nach dem Zweiten Weltkrieg hat sie wieder eingeholt, umflossen und umschlossen.

Diese *Roma della borgate* war zwar ein genuines Phänomen der Zwischenkriegszeit und eine unablösbare Begleiterscheinung der faschistischen Stadtentwicklung. Aber die Wurzeln des Problems reichten doch weit in die liberale Ära zurück. Wir haben gesehen, wie unter der fortschrittlichen Administration Nathan jene verstreuten Gruppen von Stadtarmen, die sich an vielen Punkten zwischen Ruinen und Baustellen und an den Nahtstellen von alten und neuen Vierteln in notdürftigen Verschlägen eingerichtet hatten, für das große Feierjahr 1911 vor die Mauern der Stadt evakuiert und in eilig aufgeschlagenen Baracken versteckt wurden. So entstanden noch vor dem Weltkrieg und vor dem Faschismus die *borgate* oder *borghetti* Tor Pignattara an der Via Casilina, Quadraro an der Tuscolana sowie weitere vor Porta Maggiore, Porta S. Giovanni und hinter S. Pietro. Mit den großen *sventramenti* des faschistischen Regimes zur Schaffung einer pathetisch-monumentalen Leere in den archäologischen Kernzonen der Antike erreichte aber dann die Entvölkerung des historischen Zentrums eine ganz neue Dimension, und die Verlagerung der Bewohner der niedergerissenen Stadtteile an die äußerste Peripherie würde zu einem prägenden Zug der Hauptstadtentwicklung. Aus den seit Ende der 1920er Jahre behelfsmäßig von den Obrigkeiten geschaffenen Unterkünften für die *sfrattati* wurden so die Kerne der ersten zwölf Vororte der *urbs*: Acilia, S. Basilio, Prenestina, Gordiani, Trullo, S. Maria del Soccorso bzw. Tiburtino III, Pietralata, Tufello, Val Melaina, Primavalle, Tor Marancio und Quarticciolo.

Die vom *Istituto per le case popolari* in Schnellbauweise errichteten *borgate* bestanden in der Regel aus ein paar hundert ‚Häusern', die diesen Namen kaum verdienten: ebenerdige Lokale mit einem einzigen Raum, ohne sanitäre Anlagen und ohne Wasseranschluss. Die elementaren Versorgungseinrichtungen waren nur in einer oder zwei Gemeinschaftsbaracken vorhanden, und entsprechend jämmerlich waren die sozialen und hygienischen Zustände. Da die dorthin Ausquartierten sich nun viele Kilometer außerhalb der Stadt wiederfanden, waren sie selbst von den dürftigen Verdienstmöglichkeiten abgeschnitten, die sich ihnen im Zentrum gelegentlich geboten hatten. [128] Noch weitaus schlechter als die Situation der offiziell Evakuierten war allerdings die Lage derer, die in der Stadt auch nicht temporär hatten Fuß fassen können. Für sie wurden nicht einmal primitive Unterkünfte der oben beschriebenen Art von den Behörden bereitgestellt. Man überließ es ihnen vielmehr selbst, sich aus dem in die Campagna hinausbeförderten Abrissschutt der *sventramenti* des Zentrums Hütten und Verschläge zusammenzuzimmern, wobei die Behörden geflissentlich darauf achteten, dass solche Slums nur an Stellen entstanden, die von den großen Zufahrtsstraßen aus nicht sichtbar waren.[129]

Man hat im kritischen Rückblick die Vermutung geäußert, dass das Regime die Bewohner der *borgate* und der Barackensiedlungen nicht zuletzt deshalb so gefühllos behandelte, weil es in ihnen ein sozial verwahrlostes und für die Ziele des Faschismus ohnehin nicht zu gewinnendes Bevölkerungselement sah. In der Tat fehlt es nicht an stigmatisierenden und diskriminierenden Äußerungen, die diese Annahme stützen können. Aber weder die Verantwortlichen des Staates noch der kapitolinischen Kommune konnten auf Dauer die Augen davor verschließen, dass die Politik der Problemverschiebung hinaus in die *borgate* Zustände gezeitigt hatte, die unhaltbar und untragbar waren. So bemühte man sich in der zweiten Hälfte der 1930er Jahre zum einen, die schlimmsten baulichen und sanitären Missstände in den frühen Vorstadtsiedlungen zu beseitigen, und begann zum anderen, beim Bau neuer *borgate* von vorneherein höhere Mindeststandards zu realisieren. Noch dringlicher war freilich das Problem der ‚wild' entstandenen Barackenslums, in denen, wie man schätzt, Anfang der Dreißiger immerhin zwischen 30 und 40 000 Menschen vegetierten. Mussolini selbst kam dann zu dem Schluss, dass gegen dieses unwürdige Phänomen sozialer und politischer Vernachlässigung nur ein grundlegender Politikwechsel Erfolg verhieß. *Per sbaraccare, occorre baraccare*, schrieb er 1933 dem *Governatorato* ins Merkheft – „um die Baracken abzuschaffen, muss man Baracken bauen", und erläuterte auch gleich, wie sein paradoxes Wortspiel gemeint war: Man müsse das Problem umfassend und zupackend angehen und anständige, ordentliche Behausungen jenseits der äußersten Sparsamkeitsgrenze errichten.[130] Beide Tendenzen, sowohl der Bau besser ausgestatteter *borgate* als auch die Sanierung der Barackensiedlungen durch Umwandlung in *borgate* zeitigten in der zweiten Hälfte der Dreißiger Jahre auch gewisse Erfolge; aber vor allem leistete diese Politik auf mittlere Sicht der Verfestigung der Streusiedlungen im *Agro Romano* Vorschub und bereitete damit die regellose Ausdehnung Roms in den Jahrzehnten des italienischen ‚Wirtschaftswunders' nach dem Zweiten Weltkrieg vor.

Monumental und modern: *E 42 / EUR* – Ein Viertel für ein Viertes Rom

„Architektur ist eine Art Macht-Beredsamkeit in Formen, bald überredend, selbst schmeichelnd, bald bloß befehlend. Das höchste Gefühl von Macht und Sicherheit kommt in dem zum Ausdruck, was großen Stil hat. Die Macht, die keinen Beweis mehr nöthig hat; die es verschmäht, zu gefallen; die schwer antwortet; die keinen Zeugen um sich fühlt; die ohne Bewußtsein davon lebt, daß es Widerspruch gegen sie giebt; die in sich ruht, fatalistisch, ein Gesetz unter Gesetzen: Das redet als großer Stil von sich. –“
(Friedrich Nietzsche, Götzen-Dämmerung, KSA 6, S. 118f.)

„Italien hat endlich sein Imperium.“

L'Italia ha finalmente il suo impero. – Am späten Abend des 9. Mai 1936 verkündete Benito Mussolini vom Balkon des Palazzo Venezia herab den Italienern und Italienerinnen überall in der Welt, dass „nach fünfzehn Jahrhunderten das Imperium wieder über den schicksalshaften Hügeln Roms erschienen“ sei. Was war geschehen? Italien hatte seinen im Oktober 1935 begonnenen Angriffskrieg gegen das abessinische Kaiserreich des Großkönigs – *negus negesti* – Haile Selassie unter Einsatz von einer halben Million Soldaten und von Giftgasbomben am 5. Mai mit der Einnahme von Addis Abeba abgeschlossen. Italiens kleiner König Vittorio Emanuele III. durfte sich fortan mit dem Titel eines ‚Kaisers von Äthiopien‘ schmücken, und dem *Duce* dankte der faschistische Großrat mit der Ehrenbezeichnung des ‚Reichsgründers‘ – *fondatore dell'Impero*.[130]

Mit der dröhnenden Dramaturgie jener ‚ozeanischen‘ Massenversammlungen, bei denen eine ausgeklügelte Propagandaregie die ganze Piazza Venezia in ein Meer von Köpfen und salutierend zum *Duce* hochgestreckten Armen verwandelte, inszenierte das Regime diesen Sieg in deliriöser Selbstvergessenheit: „Rom hat einen weiteren seiner denkwürdigen Tage durchlebt, einen Tag, den man zu den glücklichsten zählen kann in seinem tausendjährigen Leben. Und mit ihm ist die Seele der Nation erzittert in einem einzigen gemeinsamen Beben des Jubels, des Stolzes und der Leidenschaft. Es ist die große Stunde eines großen Volkes.“ – Man könnte, aus dem seitenlangen Bericht des obersten faschistischen Parteiorgans zitierend, noch endlos fortfahren mit solchen Blüten exuberanter Triumphrhetorik – von der „magischen Vision der wiedererstehenden imperialen Majestät Roms“, vom „wiedererstandenen Reich über den Schicksalshügeln Roms“, von der „Volkstaufe für das Imperium Italiens“. Die auffällige Häufung sakral eingefärbter Auferstehungs-Vokabeln –

risorgente, *risorta* und dergleichen mehr – verrät, dass man an das nationale Heldenepos des Risorgimento anzuknüpfen trachtete.[132]

Dieser Sinnsuggestion ist mit einem nüchternen Blick auf die Realitäten zu begegnen. Italien war nach ersten, unter Francesco Crispi eklatant gescheiterten Anläufen 1912 schließlich als letzter der europäischen Staaten zu territorialem Besitz in Afrika gelangt. Naturgemäß waren die fetteren Beutestücke längst unter den alten imperialistischen Mächten aufgeteilt, und so hatte sich Rom damit begnügen müssen, dem dahinsiechenden osmanischen Reich Tripolitanien und die Cyrenaica zu entreißen, zwei wenig ergiebige Küstenstriche zwischen Tunesien und Ägypten. Der eher symbolisch denn machtpolitisch oder ökonomisch relevante nordafrikanische Kolonialbesitz Libyen war nun mit der Eroberung Äthiopiens durch ein weiteres unfruchtbares und armes Territorium im fernen Ostafrika ergänzt worden.[133]

In der Lesart der faschistischen Geschichtsmythologie stellte sich dies freilich ganz anders dar: Indem er den Sanddünen der Libyschen Wüsten die entlegenen Gebirgsplateaus des äthiopischen Hochlandes hinzufügte, hatte Mussolini gleichsam das antike Weltreich und mit ihm die italische Herrschaft über das Mittelmeer, das *mare nostrum* neu begründet. So verquer diese Konstruktion dem historisch Kundigen vorkommen muss – vom Regime wurde der gewaltsame Analogieschluss vom antiken zum faschistischen ‚Imperium', von Augustus zum *Duce* auf allen Ebenen und mit allen Mitteln propagiert. Nicht von ungefähr sprach Mussolini in Bezug auf die Soldaten der italienischen Expeditionsarmee in Afrika von seinen heldenhaften ‚Legionären': Wie einst durch die Centurionen Scipios, das war die Botschaft, so herrschte ‚Rom' auch nun wieder über ein großes afrikanisches Reich. Die faschistische Verheißung einer *Roma imperiale* schien damit eingelöst: Durch Mussolini war Rom ein zweites Mal zum Mittelpunkt eines Imperiums worden.

Für diese Rolle hergerichtet und herausgeputzt hatte man die Stadt ja seit langem. Schon 1932 hatte man die *urbs* – im Vorgriff auf des Fatums sichere Fügung – mit der Via dell'Impero vom Kapitol zum Kolosseum geschmückt, die Foren freigelegt, die ehrwürdigen Ruinen „in gebührender Einsamkeit" herausgestellt. Mussolinis Vision von 1925 war nach einem Jahrzehnt der Ausgrabungen und Ausweidungen fast vollständig verwirklicht. Rom war ‚imperial', wie vom *Duce* gefordert – „weiträumig, geordnet, mächtig" wie zu Zeiten des Augustus.[134] Rom war wieder ‚römisch' geworden, doch Verbindung von *romanità antica* und *romanità moderna,* in welcher der Rom-Mythus des Faschismus – Vergangenheit, Gegenwart und Zukunft in einer einzigartigen *forma urbis* verschmelzend – seine ganz eigene, neue Ausprägung hatte finden sollen – sie fehlte noch. Wo war, jenseits der pathetischen Leere der antiken Szenographien, das Rom Mussolinis? Wo waren die großen, monumentalen Bauwerke des Faschismus als unverwechselbare, die Zeiten überdauernde Zeichen seiner Herrschaft? Der Versuch, mit einem Palazzo del Littorio an der Via dell'Impero den innersten Kreis der antiken Macht faschistisch zu besetzen, war im ersten Anlauf eklatant gescheitert. Ein zweites Scheitern auch an weniger symbolträchtiger Stelle stand bevor.

Gewiss, da war das Foro Mussolini, gleichermaßen ‚römisch‘ wie ‚modern‘, in dessen zeittypischer, verhalten klassizistischer Formensprache sich das Regime am ehesten wiedererkennen mochte; aber dieses Ensemble lag weit draußen am Rande der Stadt. Natürlich gab es ‚römisch‘ interpretierte Funktionsbauten in der charakteristischen Architektursprache der Dreißigerjahre – gelungene (gelegentlich) und weniger gelungene (zumeist). Und es gab als bedeutende Errungenschaften die vier Postbauten, in der Balance von Funktion und Ästhetik beachtliche architektonische Meisterwerke ihrer Zeit. Sie waren zweifellos ‚modern‘, doch was an ihnen war spezifisch ‚faschistisch‘, was genuin ‚römisch‘?

Man mochte es drehen und wenden – architektonisch stand das Regime im Innenbezirk der Kapitale mit weitgehend leeren Händen da. Schon das Dritte, das Sabaudisch-piemontesische Rom des liberalen Italien, das nach 1870 entstand, hatte gezeigt, dass die Vergangenheiten, die nicht vergehen wollten, dass die übermächtigen Überlieferungen des ersten Roms (der Imperatoren) und des zweiten Roms (der Päpste) in ihrem Bannkreis etwas wahrhaft Neues und Eigenes nicht aufkommen ließen. Nun hatte auch das faschistische Regime die Erfahrung gestalterischer Ohnmacht vor der Omnipräsenz und Omnipotenz der Symbole in der Ewigen Stadt gemacht, und es zog daraus eine ebenso resignierte wie radikale Konsequenz: Ein neues, ein Viertes Rom musste gegründet werden, in Korrespondenz mit der *romanità antica,* doch fernab der *urbs*, weit draußen im *Agro*, auf halbem Weg des Tibers zum Meer, wenn denn die Vision einer *romanità moderna* noch verwirklicht werden sollte. So entstand die Idee einer letzten Gründungsstadt des Faschismus nach all den *città di fondazione*, die im *Agro Pontino* und anderswo übers Land verstreut schon geschaffen worden waren, die kühne Idee einer Neustadtgründung Roms außerhalb der historischen Stadtstruktur und damit frei von dem Zwang zu Auseinandersetzung mit oder Anpassung an das Bestehende: Es begann das ehrgeizigste Projekt in der Geschichte des Hauptstadtausbaus: das Weltausstellungsprojekt E 42 – EUR, das in einem geschlossenen urbanistischen Entwurf Machtgestus und Modernität des Faschismus endlich in einem Vierten Rom vereinen sollte.[135]

Es lohnt einen Blick auf die Vorgeschichte: Im November 1935 – die faschistische Aggression gegen das äthiopische Kaiserreich hatte gerade begonnen – reichte Italien beim ‚Bureau International des Expositions‘ in Paris seine Bewerbung um die Weltausstellung des Jahres 1941 ein. Die Idee, Rom vor den Augen der ganzen Welt zum Schauplatz einer Demonstration der Errungenschaften des Faschismus und des technischen und kulturellen Primates Italiens zu machen, war Mussolini von Giuseppe Bottai (seit Anfang 1935 *Governatore di Roma*) eingegeben worden.[136] Dem *Duce* gefiel diese Idee, passte sie doch perfekt in sein außenpolitisches Konzept, nach einem Sieg in dem schmutzigen Krieg in Abessinien vor der Weltöffentlichkeit wieder das Image Italiens als Kulturnation im friedlichen Wettstreit um Fortschritt und Zivilisation zur Geltung zu bringen. Schon bei der Proklamation des *Impero* am 9. Mai 1936 hatte er im Sinne der Konsenswerbung nach innen wie nach außen betont, dieses werde ein „Imperium des Friedens und der Kultur“ sein.[137]

Roma al Mare! – „Rom ans Meer!“

Als hätte die Weltgemeinschaft nur auf die Gelegenheit gewartet, das faschistische Italien zu rehabilitieren, nahm das Internationale Ausstellungsbüro die italienische Bewerbung schon wenige Wochen nach dem Ende des Abessinienkrieges – und noch bevor die vom Völkerbund wegen des Aggressionskrieges verhängten Sanktionen aufgehoben worden waren – einstimmig an und erteilte dann im Oktober 1936 Italien offiziell den Zuschlag für die 1941 anstehende Weltausstellung. Der Termin wurde später auf Wunsch Mussolinis um ein Jahr verschoben, um mit dem internationalen Großereignis das Jubiläum des zwanzigjährigen Bestehens der faschistischen Herrschaft zu begehen. Darauf bezog sich das suggestive Kürzel E 42 für *Esposizione del 1942*, während die alternative Sigle EUR, unter der das für die Weltausstellung erbaute Viertel bis heute firmiert, die Abkürzung für die offizielle, auch in den einschlägigen Gesetzestexten verwendete Bezeichnung des Projekts als *Esposizione Universale di Roma* war.[138]

Weltausstellungen waren seit dem 19. Jahrhundert stets Arenen des zivilisatorischen Wettbewerbs und Leistungsschauen des wissenschaftlichen und technischen (auch rüstungstechnischen) Fortschritts zwischen den teilnehmenden Nationen. Daran hatte sich nichts geändert, wie die Motti der Weltausstellungen der 1930er Jahre erkennen lassen: Die Schau von Chicago 1933 verhieß ‚A Century of Progress‘, die Weltausstellung von 1937 in Paris hieß ‚Arts et Techniques‘, und die von New York 1939 beschwor ‚The World of Tomorrow‘. Gerade bei der Pariser Ausstellung des Jahres 1937, als sich die beiden antagonistischen Großmächte der Epoche, das Deutschland Hitlers und die Sowjetunion Stalins, mit ihren monumentalen Pavillons zu Füßen des Eiffelturms wie Faustkämpfer gegenüberstanden, trat der agonale Charakter besonders scharf hervor.[139] Die systematische Art und Weise, in der das nationalsozialistische Deutschland die Doppelolympiade von 1936 in Berlin und Garmisch zur propagandistischen Selbstinszenierung genutzt hatte, hatte nicht nur die Italiener beeindruckt. Es entsprach mithin dem Trend und dem Geist der Zeit, wenn für die 1942 in Rom geplante *Esposizione Universale* das Motto ‚Olympiade der Kulturen‘ gewählt wurde.[140]

Für unsere Geschichte der Stadt Rom auf ihrem Weg in die Moderne freilich wäre die für 1942 geplante Weltausstellung höchstens einer beiläufigen Erwähnung wert, hätte auch sie sich auf die traditionelle Funktion einer internationalen Universalmesse beschränkt. Vom Beginn der Planungen an aber verfolgte das Projekt E 42, wie eine programmatische Denkschrift vom Juni 1937 hervorhob, neben der „Bestätigung der Macht und des Prestiges des faschistischen Italiens auf allen Feldern“ noch ein weiteres, eigenständiges Ziel: *Realizzazione del progetto mussoliniano di ‚Roma al mare‘ e la creazione di un nuovo quartiere monumentale* – also die „Verwirklichung des mussolinianischen Projekts ‚Rom ans Meer‘ und die Schaffung eines neuen, monumentalen Viertels". Von Marcello Piacentini stammte die Anregung, die von Italien für die Ausstellung errichteten Gebäude und Infrastrukturen dauerhaft zu gestalten, während die Pavillons der Gastnationen, wie generell bei Weltausstellungen üblich, nur als temporäre Konstruktionen ausgeführt werden sollten. Die permanenten Anlagen würden nach dem Ende der *Esposizione* den Kern eines neuen Stadtviertels bilden, und nicht nur die Beständigkeit der dafür verwendeten Baumaterialien, sondern die Gestaltung der Bauten selbst würde von dieser großen Zukunftsaufgabe Zeugnis ablegen: Ein eigener Stil war hier zu schaffen – *lo stile definitivo della nostra epoca: lo stile dell'anno XX dell'Era Fascista: lo stile „E 42"* – ein Stil, „der noch nach fünfzig oder hundert Jahren nicht veraltet oder überholt wirken dürfe". *Grandiosità e monumentalità* waren die Kriterien, denen die ‚endgültige' Ausdrucksform der faschistischen Epoche zu gehorchen hatte. ‚Großartigkeit' und ‚Monumentalität' nämlich entsprächen dem Wesen Roms, welches gleichbedeutend sei mit dem „Ewigen und Universalen".[141]

Als Standort für die Ausstellung wurden verschiedene Areale im sogenannten *Quadrante Ostiense*, also dem südöstlich des Tibers von St. Paul vor den Mauern zum Meer hin sich erstreckenden Sektor vorgeschlagen. Mussolini selbst entschied dann bei einem Ortstermin im Dezember 1936 für ein so gut wie völlig unbebautes, etwa zwei Kilometer südlich der Paulsbasilika Richtung Ostia Antica gelegenes hügeliges Gelände bei der Zisterzienserabtei Tre Fontane.[142] Das insgesamt mehr als 400 Hektar umfassende Areal wurde sogleich provisorisch beschlagnahmt, nach Schaffung der gesetzlichen Grundlagen im Laufe des Jahres 1937 den rechtlich-administrativen Prozeduren der Enteignung unterworfen und dann der für Bau und Organisation der Weltausstellung errichteten Körperschaft *Ente EUR* übertragen.[143] Aus der vom Staat an die etwa 50 Eigentümer gezahlten Entschädigung von über 13 Millionen Lire errechnet sich ein Quadratmeterpreis von etwas mehr als 3 Lire. Es war zum ersten Mal in der Hauptstadtentwicklung Roms, dass ein für Erschließung und Bebauung vorgesehenes Terrain von solcher Größenordnung durch entschiedenen Zugriff der öffentlichen Hand dem spekulativen Spiel privater Interessen entzogen wurde.[144]

Die Ortswahl im *Quadrante Ostiense* und die Entscheidung, das Gelände der Weltausstellung von 1942 als dauerhafte urbane Struktur in der römischen Stadttopographie zu etablieren, war eine planerische Weichenstellung von großer Tragweite. Sie legte den Südwesten als vorrangige Entwicklungsrichtung der Hauptstadt fest und kehrte damit die Vorgaben des *Piano Regolatore* von 1931 um, der die Hauptrichtung der Expansion nach Osten vorgesehen hatte. Die Parole *Roma al mare* – ‚Rom ans Meer', die diese Strategie auf eine suggestive Formel brachte, nahm eine alte Forderung Mussolinis auf. Dieser hatte, wir erinnern uns, schon bei der Ernennung des ersten *Governatore* im Dezember 1925 vorhergesagt, das neue Rom werde „sich über weitere Hügel entlang des heiligen Flusses ausbreiten bis an die Gestade des Tyrrhenischen Meers".[145]

Die Idee einer Ausdehnung Roms zum Meer hin freilich war keine Erfindung Mussolinis. Der Gedanke – zeitweise auch in Verknüpfung mit einem Seehafen im Tiberdelta – war im römischen Stadtplanungsdiskurs schon seit dem späten 19. Jahrhundert präsent. Das Hafenprojekt war zwar bald nach dem Machtantritt der Faschisten aufgegeben worden, doch hatten gleichzeitig verstärkte Aktivitäten zur Erschließung der tyrrhenischen Küste für die Tourismus- und Freizeitbedürfnisse der Römer eingesetzt: 1924 war die Eisenbahnlinie Rom– Ostia eröffnet worden, 1926 ein Wasserflughafen an der Tibermündung, und 1928 hatte man mit dem Bau einer Autostraße nach Ostia begonnen, die im Stadtzentrum von der Via del Mare beim Kapitol ihren Ausgang nahm.

Im gleichen Jahr stellte Virgilio Testa auf dem Ersten Nationalkongress für römische Studien das Konzept der ‚linearen Stadt' vor. Die Idee des spanischen Urbanisten Arturo Soria y Mata aufgreifend, skizzierte der Chef des kapitolinischen Planungsamts die *città lineare* als moderne Alternative zur Gartenstadt. Gartenstädte waren nach Testas etwas abschätziger Beschreibung nichts als „kleine Ansiedlungen von verstreuten Häusern im anämischen Grün irgendwelcher Gärtchen" – gleichsam grüne Stadtflucht-Inseln von parkähnlicher Idylle abseits bestehender städtischer Agglomerationen. Mit der ‚linearen Stadt' hingegen sollten eigenständige suburbane Strukturen entstehen, die, durch einen leistungsfähigen Kommunikationsstrang mit dem nahen (groß)städtischen Zentrum verbunden, unmittelbar an das pulsende Leben der modernen Zivilisation angeschlossen und ihrer Errungenschaften teilhaftig wären.[146] Eine große, von Bäumen begleitete, durch Einbuchtungen und platzartige Erweiterungen gegliederte Straße bildete dabei das Rückgrat der Vorstadt, die ihren Bewohnern entlang dieser Achse (*un magnifico ‚boulevard'*) alle wichtigen Verwaltungs- und Versorgungseinrichtungen bot, während sich in den Querstraßen auf großzügigen Gartengrundstücken die Wohngebäude verteilten. Als geeignete Trasse schlug Testa schon damals die neue Verbindungsstraße von Rom nach Ostia vor und bezog sich dabei ausdrücklich auch auf den Willen des Regierungschefs, die Hauptstadt mit dem Meer zu verbinden.[147]

Testa, der schon seit den Zwanziger Jahren zu den einflussreichsten Figuren im Hintergrund des römischen Stadtplanungsdiskurses gehört und 1935 unter Bottai das Generalsekretariat des *Governatorato* übernommen hatte, konnte einige dieser Vorstellungen in das Weltausstellungsprojekt einbringen, doch zeigte die E 42 in ihrer konkreten Ausgestaltung zu einem solennen Monumentalkomplex dann vor allem die Handschrift Marcello Piacentinis.[148] Nach dem Zweiten Weltkrieg wird dann Testa, der als kommunaler Fachbeamter politisch offensichtlich durch Zusammenarbeit mit dem faschistischen Regime wenig kompromittiert erschien, eine entscheidende Rolle bei der Rettung und Vollendung des EUR-Viertels zukommen.[149]

Grundelemente der ‚linearen Stadt' fanden ihren Niederschlag auch im Projekt der Via Imperiale, die das Ausstellungsviertel an die *urbs* anbinden sollte. Eine Gruppe von Architekten, die 1936 sogleich mit der Planung begann, fasste dafür eine Arterie südlich der schon bestehenden Via Ostiense/Via del Mare ins Auge. Nicht Gesichtspunkte urbanistischer Zweckmäßigkeit standen bei der Wahl der Trasse im Vordergrund, sondern die Symbolpolitik, welche die faschistische Rekonstruktion der Antike im Herzen der Ewigen Stadt mit dem Modernitätsanspruch des neuen Viertels – *romanità* und *modernità* – sinnfällig zur Einheit führte: Man ließ die Via Imperiale an der Piazza Venezia beginnen, leitete sie über die Via dell'Impero entlang der Ruinenfelder der Foren, vorbei am Kolosseum und über die *Zona Archeologica* bei den Caracalla-Thermen zur Porta Ardeatina. Jenseits der Aurelianischen Mauer verlief die Via Imperiale zunächst ein kurzes Stück geradewegs nach Süden, schwenkte dann mit leichtem Knick nach Südwesten, nahm beim ehemaligen Forte Ostiense eine von Norden über den Tiber herangeführte Tangentialstraße auf, bevor sie als magistraler Prospekt in das Ausstellungsgelände einlief, dem sie als Längsachse diente, um schließlich über die E 42 hinaus der Küste bei Ostia zuzustreben.

Die symbolische Aufladung dieser Straßenführung ist evident: Programmatisch verband die Via Imperiale das antike Rom der Imperatoren mit dem modern-monumentalen Rom Mussolinis, welches mit der Weltausstellung entstehen sollte, und demonstrierte darüber hinaus den Anspruch des faschistischen *Impero* auf Dominanz im mediterranen Raum – *mare nostro*. Piacentini entwarf dazu eine flankierende Bebauung mit grandios-szenographischen Architekturen für Ministerien und Großunternehmen, welche die Fahrt vom Stadtzentrum hinaus zur E 42 wie eine filmische Zeitreise aus der imperialen Vergangenheit Roms in seine strahlend moderne faschistische Zukunft erscheinen lassen sollte: Eine Stadt werde sich vor den Ankommenden eröffnen, „aus weißem Marmor und goldenem Travertin, von Wasser und Grün belebt", verkündete der Generalkommissar Cini in einem hymnischen Artikel in seiner Zeitschrift *Civiltà*, „eine neue Stadt, würdig neben der antiken zu stehen, aber mit einem Vorsprung vor dieser: Dass sie in ihrem Rahmen von strenger und machtvoller Architektur geschaffen sein werde, das vielseitige dynamische Leben von heute und von morgen aufzunehmen".[150]

Der Krieg und der Fall des Faschismus 1943 haben diese schönen Pläne zunichte gemacht, und die urbane Wirklichkeit gestaltete sich, wie so oft, sehr viel prosaischer als die Visionen: Links und rechts der großen Straße, die heute als Via Cristoforo Colombo fortbesteht, füllte sich in den Nachkriegsjahrzehnten der leere Raum zwischen der Stadt und dem EUR-Viertel mit gesichtslosen Wohn- und Geschäftsbauten. Die Straße selbst aber, ein vielspuriges Band mit ein- und ausschwingenden Zu- und Abfahrten, durchgehend begleitet von mehreren Reihen mächtiger Pinien, die bereits 1937 gepflanzt wurden, lässt noch einiges von dem ursprünglichen Entwurf erahnen, und wer im schräg einfallenden Licht der Morgensonne auf ihr hinausfährt, bis vor ihm die weißen Kuben und Quader der EUR-Bauten aufscheinen, wird sich dem Appell eines ‚großen Stils' nicht ganz entziehen können.[151]

Planung und erste Bauten

Mit der dem italienischen Faschismus eigentümlichen, in Mussolinis Habitus wie in seinem Auftreten regelmäßig zelebrierten Dynamik wurde 1937 auch bereits mit der konkreten urbanistisch-architektonischen Planung des Ausstellungsviertels begonnen. Cipriano Efisio Oppo, Maler und faschistischer Kunstfunktionär, Vizepräsident und künstlerischer Direktor des *Ente EUR*, hatte dazu eine Planungskommission von fünf Architekten-Urbanisten eingesetzt. Mit Giuseppe Pagano, Marcello Piacentini, Luigi Piccinato, Ettore Rossi und Luigi Vietti gehörten ihr sowohl Vertreter der ‚rationalistisch' orientierten Architekturauffassung wie solche der eher traditionell-akademischen Richtung an. Die Gruppe legte Anfang April 1937 einen ersten Entwurf vor, der, von Mussolini gebilligt, zur Blaupause aller weiteren Planungen wurde. Obwohl wir den Plan nur vage aus einer kursorischen Beschreibung Paganos und von einigen Zeichnungen und Photographien einer Modellplastik kennen, ist er bis heute von der Aura einer Legende umflort.[152] Die Urbanistikgeschichtsschreibung der 70er und 80er Jahre, die im ‚Neuen Bauen' der ‚rationalistischen' Architektur-Internationale die ‚demokratische' Alternative zum ‚totalitären' Bauen sehen wollte, hat aus den Ausführungen Paganos geschlossen, daß es sich hierbei um einen ‚rationalistischen' (also im ‚guten' Sinne ‚modernen') Plan für das Weltausstellungsprojekt gehandelt habe. Dass der Entwurf dann 1938 von Mussolinis Chefarchitekt Marcello Piacentini überarbeitet und modifiziert wurde, hat man als fatalen Sündenfall und ‚verlorene Gelegenheit' beklagt.[153]

Tatsache ist, dass schon der erste Plan alle jene urbanistischen Gestaltungselemente enthielt, die dann das bleibende Gerüst und den Charakter des EUR-Viertels ausmachen sollten. Die das ganze Ausstellungsquartier erschließende und ordnende Struktur ist die Via Imperiale, welche das trapezförmige Planungsareal der Länge nach durchläuft. Querachsen eröffneten nach links und rechts grandiose Perspektiven auf architektonische Monumentalkomplexe, in denen nach dem Motto von der ‚Olympiade der Kulturen' Ausstellungen, Museen, Kultur- und Sporteinrichtungen den ganzen Reichtum von drei Jahrtausenden ‚italienischer' Zivilisation vor dem nationalen und internationalen Publikum in umfassender Weise ausbreiten sollten. Auch Pagano strich in seiner knappen Beschreibung des Plans immer wieder den grandios-monumentalen Charakter heraus, den man der gesamten Anlage geben wollte. Erkennbar ist, dass die angestrebte Monumentalität nicht allein durch Größe und Wucht der Baukörper, sondern auch durch ein alternierendes Spiel mit weiten Plätzen und großzügigen Grünanlagen als Enklaven einer pathetischen Leere im urbanen Raum erreicht werden sollte.[154]

Modern mutet daran vor allem die Gestaltung der großen Traversale der Via Imperiale an, wie Pagano sie skizziert hat.[155] Die Straße war funktional als Kommunikationsader für den unbehinderten Fluss und die effiziente Verteilung des Automobilverkehrs konzipiert. Offensichtlich war an eine Kombination von Hoch- und

Tiefstraße mit Rampen und Unterführungen gedacht, wie wir sie aus avantgardistischen Idealstadtvisionen von Ludwig Hilberseimer[156] und Le Corbusier kennen – eine Lösung, die im übrigen auch von dem abwechslungsreichen Profil des Terrains der Tre Fontane gefordert wurde. Hier hat dann die Revision des Plans durch Piacentini mit der Nivellierung des Straßenbetts der Via Imperiale und dem Verzicht auf unterschiedliche Fahrbahnebenen eine einschneidende Veränderung gebracht. Auch in dieser Form aber war und blieb die Hauptstraße in erster Linie eine leistungsfähige Durchfahrts- und Verteilungsstruktur für den motorisierten Verkehr. Von spektakulär technizistischer Modernität war ein Element, welches dem ersten Projektentwurf auf Vorschlag des ‚rationalistischen' Architekten Adalberto Libera im März 1937 hinzugefügt wurde: ein gigantischer, elegant-dynamisch aufstrebender, im Inneren begehbarer Metallbogen von 600 Metern lichter Weite und einer Scheitelhöhe von 240 Metern, der den südlichen Ausgang des Ausstellungsgeländes überspannen und eine strahlende, meerwärts gewandte Zukunftsperspektive symbolisieren sollte.[157]

Einige Architekturskizzen von Teilansichten des E 42-Projekts, die möglicherweise aus der könnerischen Zeichenfeder des Kommissionsmitglieds Vietti stammen, zeigen neben Hochhäusern in avantgardistischer Stahl-Glaskonstruktion vor allem linear angeordnete, strenge Gebäudekuben und -quader mit Säulen- oder Pfeilerfronten, die sich in der Grundidee kaum von dem unterscheiden, was dann auch tatsächlich verwirklicht wurde.[158] Insofern dürfte der erste Entwurf zunächst kaum mehr als ein einvernehmlich definierter planerischer Orientierungsrahmen gewesen sein, den jeder der beteiligten Architekten in der Phantasie gemäß seinen persönlichen Stilpräferenzen auf- und ausfüllen mochte. Dass es dann Piacentinis Vorstellungen von zeitgemäß modern-monumentaler Architektur waren, die sich in der konkreten Planung und Gestaltung des EUR-Komplexes weitgehend durchsetzten, hatte mit der Autorität, der Erfahrung, dem Geschick dieses Mannes in der Behandlung von Menschen und Konfigurationen zu tun – und natürlich auch mit seiner dominierenden Stellung und dem persönlichen Ansehen, das er bei Mussolini genoss. Wie Piacentinis Vision der E 42 – EUR aussah, deutet ein an den Ausstellungskommissar Cini gerichteter Brief vom Januar 1937 an: „Die größten Gebäude der Ausstellung, die dann permanent sein werden, sollten sich nach meiner Meinung wie zu einem immensen Forum zusammengruppieren. Stellen Sie sich vor, Sie stünden inmitten des Forum Romanum, zwischen Plätzen, Säulengängen, Triumphbogen und gestalteten Landschaften, und Sie sähen im Hintergrund links das Kolosseum und rechts das Kapitol – eine analoge klassische Vision [schwebt mir vor], aber modern, höchst modern!"[159]

In diesem mit wenigen Strichen hingeworfenen Bild ist das EUR-Viertel auch in seiner heutigen, durch spätere Eingriffe und Neubauten vielfach veränderten Gestalt zu erkennen. Piacentini, der nominell nur ein den anderen Architekten gleichgestelltes Mitglied der Fünfer-Kommission war, gewann in der Folgezeit maßgeblichen Einfluss auf Planung und Ausführung, was sich im Dezember 1937 auch offiziell in seiner

Stilisierte Darstellung des von A. Libera als Wahrzeichen für die E 42 vorgeschlagenen *Arco dell'Impero* auf einem offiziellen Plakat.

Ernennung zum *Sovrintendente ai servizi dell'architettura* im *Ente EUR* niederschlug. Diese herausgehobene Rolle galt ebenso für die Wettbewerbe, die schon ab 1937 für die fünf wichtigsten Gebäudekomplexe des Projekts ausgeschrieben wurden, wie für den von Piacentini überarbeiteten und von Mussolini im März 1938 definitiv gebilligten Gesamtplan. Die Grundkonzeption mit der das gesamte Ausstellungsgelände durchschießenden Via Imperiale mit ihren Querachsen blieb erhalten, aber die Anlage unterschiedlicher Fahrbahnebenen à la Hilberseimer auf Wunsch Mussolinis wurde aufgegeben und die Magistrale ebenerdig geplant, was zusätzliche Nivellierungsmaßnahmen mit Erdbewegungen großen Umfangs nach sich zog. Die axialsymmetrische Gliederung der Gesamtanlage wurde noch akzentuiert, und ebenso das Spiel mit seitwärts auf einsam ragende Großbaukörper hinfluchtenden Perspektiven. Der zeremoniell-monumentale Charakter des Gesamtprojekts wurde zusätzlich verstärkt durch einen von halbkreisförmigen Kolonnaden eingefassten Platz gleich nach dem Hauptzugang der Porta Imperiale und eine daran anschließende rechteckige Platzanlage mit der gewaltigen Fläche von 40 000 Quadratmetern, um die sich forumartig markante

Museums- und Ausstellungsbauten gruppierten. Die von Piacentini als ‚neo-romantisch' empfundenen Anklänge an die Gartenstadtidee wurden zurückgedrängt, indem die zahlreich eingestreuten Vegetationsinseln zu strengeren parkähnlichen Anlagen zusammengefasst wurden.[160]

Wer sich, von den ehrwürdigen Denkmälern und Ruinengefilden des antiken Stadtzentrums ‚imperial' eingestimmt, auf der kilometerlangen Prachtstrecke der Via Imperiale dem Monumentalkomplex des Weltausstellungsgelände näherte, sollte dort gebührend empfangen werden. Die wichtige Aufgabe, für den Eingangsbereich die angemessene Lösung zu finden, vertraute man einer Dreier-Gruppe von Architekten unter der Führung des hochrenommierten Giovanni Muzio an, dem man zwei jüngere Kollegen – Mario Paniconi und Giulio Pediconi – aus der römischen Architekturschule zur Seite stellte. Muzio, ein Mailänder, der nach dem Ersten Weltkrieg mit vielen bedeutenden Bauwerken eine führende Rolle in der Architekturszene seiner Heimatstadt einnahm und weit darüber hinaus den urbanistischen Diskurs in Italien mitprägte, war in seiner Auffassung von zeitgemäßer Stadtgestaltung stark von den ‚metaphysischen' Stadtvisionen Giorgio De Chiricos beeinflusst. Und wie der Maler forderte auch der Architekt nach den fauvistischen, expressionistischen und futuristischen Exaltationen der Moderne zu Beginn der Zwanziger Jahre eine ‚Rückkehr zur Ordnung' im künstlerischen Ausdruck. In der Architektur bedeutete das für ihn die Besinnung auf die ‚ordnungstiftenden' Qualitäten des klassischen Formenkanons – freilich nicht im Sinne epigonaler Imitation des längst Vergangenen, sondern als kreativ-moderne, zeitgemäße Interpretation, und das konnte nur heißen: die sachlich-ernste, strenge und schnörkellose Anverwandlung, deren sich er selbst und die anderen Vertreter des Mailänder *Novecentismo* befleißigten.[161]

Es ist vor diesem Hintergrund leicht nachzuvollziehen, dass der Mailänder Meister für Marcello Piacentini ein ‚kongenialer' Partner bei der Findung und Gestaltung eines eigenen *stile E 42* sein konnte. Muzio gestaltete den Bereich des Hauptzugangs zur Ausstellung als eine Art feierliches Vestibül, indem er links und rechts der 76 Meter breiten Via Imperiale zwei spiegelbildliche Gebäude mit halbkreisförmigen Kolonnaden von ebenfalls 76 Metern Durchmesser plazierte.[162] Inspiriert war diese Lösung vom Atrium des römischen Hauses: Der Besucher könne, wie Piacentini in einem enthusiastischen Artikel rühmte, bei aller Feierlichkeit der Anlage eine geradezu „bürgerliche Behaglichkeit" empfinden in dem von Apsiden umfriedeten Ambiente dieses Platzes, das an die *Mercati Traianei* erinnere oder an die Prokuratien des Markusplatzes in Venedig. Wie diese hielten auch die in äußerster Abstraktion gestalteten Säulengänge Muzios alles bereit, was das Alltagsleben an urbanen Nützlichkeiten und Annehmlichkeiten verlangte: Banken, Geschäfte, ein Hotel, ein Café, Kioske und dergleichen mehr. Der Platz mit seinen Exedren verband nach Piacentinis Urteil in idealer Weise die Kunst mit dem Leben, *venustas* mit *utilitas*, und erfüllte damit die höchste Forderung, die seit Vitruv an öffentliche Bauten zu stellen ist.[163]

Wer die heute nach den Vereinten Nationen benannte Platzanlage in Augenschein nimmt, wird vielleicht von der ästhetischen Qualität der beiden die Halbkreise bildenden Gebäude mit ihren Säulenordnungen beeindruckt sein, aber von der verheißenen urbanen Lebensqualität schwerlich etwas entdecken können. Zu breit ist die Straße, zu laut und hektisch der Autoverkehr auf ihren sechs bis acht Fahrspuren: Sie teilt den Piazzale delle Nazioni Unite unerbittlich in zwei galaktisch getrennte Hälften, die in ihrem Getrenntsein zwar noch visuell als Einheit erfassbar sind, das anheimelnde Platzgefühl eines umschließenden urbanen Innenraums aber niemals aufkommen lassen. Und Geschäfte oder sonstige dem Passanten oder Flaneur dienstbare Einrichtungen sucht man in den Zwillingsgebäuden vergeblich. Man wird sich nach einem staunenden Rundblick rasch weiterbewegen wollen – um an der nächsten Straßenecke sogleich von neuem Staunen erfasst zu werden.

Schon die erste große Querachse eröffnet zu beiden Seiten den Ausblick auf die markantesten Bauwerke des EUR: nach links auf den *Palazzo dei Congressi e*

Das monumentale Zentrum der E 42/ EUR um 1955 mit der Achse des *Viale della Civiltà del Lavoro*; ganz vorne der *Palazzo dei Congressi*, gegenüber ganz oben der *Palazzo della Civiltà Italiana*; rechts der *Piazzale delle Nazioni Unite* mit den halbkreisförmigen Exedrengebäuden des Architekten G. Muzio, dahinter der *Palazzo dell'Ente EUR* von G. Minnucci.

Ricevimenti und nach rechts, tief im Hintergrund der hier leicht ansteigenden Straße, auf das fremdartig kolumbarienhafte Gebäude des *Palazzo della Civiltà Italiana* (auf älteren Stadtplänen noch als *Palazzo della Civiltà del Lavoro* verzeichnet). Der *Palazzo dei Ricevimenti e Congressi*, in dem während der Weltausstellung Tagungen und die großen Staatsempfänge stattfinden sollten, war die erste jener fünf hochrepräsentativen Bauaufgaben, die ihrer herausgehobenen zeichenhaften Bedeutung für das Gesamtprojekt wegen in Architekturwettbewerben ausgeschrieben wurden. Der Siegerentwurf von Adalberto Libera sah ein breit hingelagertes quadratisches Gebäude von annähernd hundert Metern Seitenlänge als Basis vor und, in dieses eingesenkt, einen Kubus, dessen Dach aus der modernen, schwebend leichten Interpretation einer *volta a vela*, eines flachen, nur an den Eckpunkten auf dem Baukörper aufruhenden Gewölbes aus überkreuzten Segelschalen bestand. Libera hat nach dem Krieg, von sich und den anderen Wettbewerbssiegern sprechend, das EUR als „den Friedhof unserer Niederlagen bezeichnet, wo jeder verloren hat so gut er konnte". Ein Projekt ohne Säulen sei nicht akzeptiert worden, und auch er habe nachträglich Säulen an der Front seines Kongresspalastes einfügen müssen, um den offiziellen Erwartungen nach *romanità* der Formensprache zu genügen.[164] Trotz der erzwungenen Kompromisse ist Libera mit diesem Bauwerk eine beeindruckend eigenständige und ästhetisch überzeugende Lösung der Aufgabe gelungen. In der Klarheit seiner Linien und der schlichten Eleganz der Konturen wirkt der *Palazzo dei Congressi* mit den formalistisch streng reduzierten Säulen aus weißem Granit und den glatten Fassaden aus geädertem Marmor trotz seines enormen Volumens von 216 000 Kubikmetern weder schwer noch dräuend. Der Bau wurde 1939 begonnen, 1943 unterbrochen, 1952 wieder aufgenommen und 1954 beendet.[165]

Palazzo dei Congressi, EUR (Architekt: A. Libera).

Palazzo della Civiltà Italiana, EUR.

Dem Kongresspalast gegenüber erhebt sich am westlichen Pol der Querachse auf einer Anhöhe über dem Tiber, die mit 46 Metern den höchsten Punkt des Ausstellungsgeländes markiert, jenes Gebäude, welches dem gesamten Projekt der E 42 bis heute seine emblematische Signatur verleiht: der *Palazzo della Civiltà Italiana*. Es ist ein rätselhaftes, in der Anmutung geheimnisvolles, verstörend funktionsfernes, nur auf visuelle Wirkung bedachtes Bauwerk, ein einzigartiges Bau*kunst*werk, das markanteste nicht nur im EUR-Projekt, sondern im Rom des *Ventennio* überhaupt. Wer es – am besten nachts, wenn es, magisch illuminiert, über dem EUR beinahe zu schweben scheint, als sei es, aus fernen und fremden Sphären kommend, noch nicht gelandet – zum ersten Mal erblickt, wird sich seiner atemberaubenden Wirkung nicht entziehen können. Wen aber dieser Anblick kaltlässt, der verlasse das EUR sogleich wieder, denn er hat hier nichts zu gewinnen.

Die Sieger in einem Wettbewerb von 53 Projekten[166] – die Architekten Ernesto Bruno La Padula, Mario Romano und Giovanni Guerrini – ersannen und entwarfen den Geniestreich eines Kubus von 51 Metern Seitenlänge, dessen vier vollkommen gleichartige Fassaden über alle Stockwerke hin nur aus identischen, glatt und ornamentlos eingeschnittenen Mauerbogen bestehen. Die formale Referenz zum Kolosseum ist offenkundig; sie wurde leitmotivisch auch in dem Motto angesprochen, unter dem der Entwurf antrat: *Colosseo quadrato*. In höchster Einfachheit und Klarheit und mit lakonischem Ernst beschränkte sich das Gebäude, wie eine zeitgenössische Programmschrift rühmend hervorhob, auf die beiden Konstruktionselemente, die seit der Antike über alle Epochen hinweg die Essenz römisch-mediterraner Baukultur darstellten: den Rundbogen und den Arkadengang, die Loggia.[167]

Wenn wir den *Palazzo della Civiltà Italiana* hier umstandslos ein ‚Gebäude' nennen, so reflektiert diese Wortwahl unser Wissen, aber nicht unser Sehen. Wir *wissen*, dass es sich hier um etwas Konstruiertes, etwas Gebautes handelt mit den üblichen funktionalen Eigenschaften und Attributen eines Gebäudes im Innern: Treppen, Stockwerke, Flure, Säle, Fenster, durch die man nach draußen blicken kann. Was wir *sehen*, ist indes etwas ganz anderes: nicht ein ‚Gebäude', sondern ein ‚Gebilde', ein Semaphor gleichsam, ein monumentales, monolithisches Zeichen, das nur ein Außen hat – ein Block von Stein, in den ein titanischer Bildhauer mit endloser Geduld und mechanischer Akkuratesse die Bogen eingeschnitten hat, einen wie den anderen, alle gleich, jeder 6,40 Meter in der Höhe und 4,20 Meter in der Weite – 216 an der Zahl. Es ist die unwirkliche, ja surreale Zeichenhaftigkeit des monologischen Bogenmotivs, was die magische Suggestivkraft dieser bizarren Schöpfung ausmacht und vor unserem Auge die enigmatischen Architekturen in De Chiricos *pittura metafisica* heraufruft.

Die programmatische *romanità* der Erscheinung des *Palazzo della Civiltà Italiana* verbindet sich im übrigen auf spannungsvolle Art und Weise mit der Modernität seiner Konstruktion. Das Gebäude-Gebilde, dessen Fundament des wenig tragfähigen Untergrundes wegen auf 900 Betonpfähle gegründet werden musste, war gerade in seiner monolithischen Gestalt nur mit den fortschrittlichsten Bautechniken der Zeit realisierbar. Sein Kern, seine tragende Struktur besteht aus Stahlbeton, der dann mit Travertin verkleidet wurde. Der Palast, der nach dem Willen der Auftraggeber der ‚spirituelle Mittelpunkt' der Weltausstellung werden sollte, wurde gegenüber dem ursprünglichen Entwurf in einem sehr wesentlichen Punkte verändert: Seine Schöpfer hatten ihn als absoluten Würfel von acht Stockwerken umlaufender, völlig identischer Mauerbogen konzipiert.[168] Die Verantwortlichen des EUR, allen voran wohl Marcello Piacentini, bestanden indes darauf, dass das letzte Geschoß blind ausgeführt wurde, um an dem so gewonnenen Fries auf allen vier Seiten eine Inschrift anbringen zu können, die den Italienern in Erinnerung rief, dass sie ein „Volk von Poeten und Künstlern, Helden und Heiligen, Denkern und Wissenschaftlern, Seefahrern und Auswanderern" seien.[169]

Die drei Architekten, so heißt es, hätten sich mit dieser Verfälschung ihrer Gestaltidee niemals abgefunden. Gleichwohl ist ihre Schöpfung zum Emblem für das ganze E 42-Projekt und zur Architektur-Ikone für das Italien des 20. Jahrhunderts geworden. Der Bau (der im republikanischen Italien bis vor wenigen Jahren politisch korrekt nur *Palazzo della Civiltà del Lavoro* heißen durfte), mit Basis und Aufstockung am Ende 68 Meter hoch, wurde im Juni 1938 begonnen und nach exakt zweieinhalb Jahren Bauzeit im November 1940 fertiggestellt.[170] Er gehört zusammen mit dem Verwaltungsgebäude

Palazzo del Ente, EUR (Architekt: G. Minnucci).

des *Ente EUR* und der Kirche SS. Pietro e Paolo zu den wenigen Projekten der E 42, die noch während der faschistischen Herrschaft vollendet werden konnten.

Zu den Bauten, die bis heute den besonderen Charakter des EUR-Viertels mitprägen, zählt zweifellos auch der von Gaetano Minnucci entworfene *Palazzo degli uffici dell'Ente EUR* am Ende einer kleineren Straße gleich rechts nach der Einfahrt in das Gelände der *Esposizione 42*. Der aus zwei ineinandergreifenden, in L-Form angeordneten Teilen bestehende Komplex, der sich durch elegante Proportionen und eine zurückhaltende, elementarklassizistische Formensprache auszeichnet, wurde von 1937 bis 1939 errichtet und war das erste fertiggestellte Bauvorhaben des E 42-Projekts. Neben dem *Palazzo Ente EUR*, im letzten Abschnitt des Viale della Civiltà Italiana vor dem *Colosseo Quadrato*, schuf der Architekt Ettore Rossi das zentrale Ausstellungsrestaurant. Auf drei Seiten sind dem eigentlichen Baukörper Kolonnaden mit schlichten, schlanken Pfeilern vorgelagert, die das langgestreckte Gebäude leicht und transparent wirken lassen. Die originäre, als sehr gelungen gerühmte Gestaltung des Bauwerks ist allerdings nach verschiedenen Ein- und Umbauten heute kaum noch zu erkennen. An seine ursprüngliche Bestimmung der Restauration erinnert nur noch die *Bar Palombini* im östlichen Rez-de-chaussée. Auf ihrer Terrasse kann man sich zu einem Espresso unter die feingewandeten Beamten und Angestellten der umliegenden Ministerien und Behörden mischen und wird auch als Fremder die sichere Genugtuung erfahren, von den Kellnern als *dottore* angeredet zu werden.

Folgt man weiter der Via C. Colombo, so erreicht man das große, durch Baumgruppen gegliederte Geviert der Piazza Imperiale mit einer Breite von 300 und einer Tiefe von 130 Metern. Der Platz ist heute nach dem Erfinder Guglielmo Marconi benannt, dem auch der in der Mitte aufgestellte moderne Obelisk gewidmet ist. Die hier versammelten Gebäude für Kultureinrichtungen wie Museen, ein Theater und ein Kino sind uniform in dem von Piacentini gewünschten Monumentalstil auf der Basis des traditionellen, aber ‚rationalistisch' reduzierten neoklassischen Formenrepertoires gestaltet. Durch einen Portikus von sehr hohen und mächtigen Säulen eröffnet sich in östlicher Richtung der Prospekt des Viale della Civiltà Romana, der in zwei parallelen Straßen zum *Museo della Civiltà Romana* hinaufführt. Es besteht aus zwei einander gegenüberliegenden, in ihrem Frontalaspekt identischen Baukörpern, die durch einen monumentalen Säulenportikus als Abschluss der Platzanlage verbunden sind. Das Ensemble fällt weniger durch seine ästhetische Qualität auf als durch die nachgerade pharaonische, mauerblinde Massivität, mit der es sich aufbaut. Aus dem großen Platzgeviert, das die beiden abweisenden, hermetisch nach außen sich verschließenden Gebäude einfassen, gelangen die Besucher durch zwei schluchtartig tiefe Einschnitte, von gewaltigen Säulen wie von urzeitlichen Wächtern drohend beobachtet und begleitet, zu den hohen Eingangstüren des Museums. Der zyklopische Komplex im düsteren Umbrabraun des Tuffsteins, mit dem das Mauerwerk verkleidet wurde, ist eine Stiftung des Automobilherstellers FIAT. Er wurde Ende 1939 begonnen und nach kriegsbedingter Unterbrechung erst 1952 fertiggestellt. Den Betrachter wird es nicht verwundern, wenn er erfährt, dass der führende Kopf der Architektengruppe, die den Bau entworfen hat, Pietro Aschieri, sich schon einen Namen als Filmarchitekt in der szenischen Ausstattung monumentaler Historien- und Schlachtenschinken gemacht hatte.[171]

Zu den Projekten, die in den drei Jahren hektischen Planens und Bauens auf dem E 42-Gelände von 1937 bis 1940 noch Gestalt gewannen, ehe dann der verlorengehende Krieg die Einstellung der Bauarbeiten erzwang, gehörte auch die Kirche SS. Pietro e Paolo von Arnaldo Foschini. Sie schließt als pathetischer Akkord die

Museo della Civiltà Romana, EUR (Architekt: P. Aschieri).

dritte und längste Querachse des Ausstellungsgeländes (heute Viale Europa) nach Westen ab und markiert damit den Gegenpol zu dem dreigliedrig-theatralischen Komplex der einstigen Piazza delle Forze Armate an deren östlichem Ende (heute Sitz des Zentralen Staatsarchivs). Der sehr geschlossen, ja gesammelt wirkende Zentralbau der Kirche St. Peter-und-Paul besteht aus einem Kubus, dem an allen vier Seiten hohe quaderförmige Vorbauten angegliedert sind, und einer mächtigen, auf einem hohen Tambur aufruhenden und in origineller Weise mit einer glatt anliegenden Haut aus Dachziegeln verkleideten Kuppel – der zweitgrößten in Rom nach der des Petersdoms. Wie der *Palazzo della Civiltà Italiana*, der sich auf demselben Höhenzug über dem Tiber erhebt, sollte auch die Kirche den Besuchern schon von fernher den monumentalen Anspruch des neugegründeten Viertels verkünden.[172] Man kann in dieser säkular-sakralen Doppelung der urbanistischen Zeichensetzung durchaus eine Manifestation der 1929 mit den Lateranverträgen besiegelten Verständigung zwischen dem faschistischen Regime und der katholischen Kirche sehen, die im übrigen ja auch mit dem Projekt der Via della Conciliazione, der auf Petersplatz und Petersdom hinfluchtenden Prunkachse, monumental ins Stadtbild Roms eingeschrieben wurde. Wir stoßen dabei auf die interessante Parallele, dass es wie im großen Projekt des EUR so auch im kleineren der ‚Straße der Versöhnung' die Figur Marcello Piacentinis war, welche über die Zäsur von Kriegsende und Zusammenbruch hinweg eine untergründige Kontinuitätslinie der römischen Urbanistik vom faschistischen Regime zum republikanischen Nachkriegsitalien der *Democrazia Cristiana* verkörperte.

Agonie und Ende der E 42

Im Juni 1940 – Dänemark und Norwegen waren von deutschen Truppen besetzt, die Armeen Frankreichs, Belgiens und Englands auf dem Festland geschlagen – war Italien an der Seite des nationalsozialistischen Deutschlands in den Krieg „gegen die plutokratischen und reaktionären Demokratien des Westens" – Frankreich und Großbritannien – eingetreten.[173] Mussolinis Kalkül, mit einem symbolischen Militäreinsatz der letzten Minute gegen das schon besiegte Frankreich die Ernte eines billigen Triumphs einfahren zu können, weil der europäische Krieg dann zu Ende wäre, sollte indes nicht aufgehen. Der Konflikt ging weiter, aus dem europäischen Krieg wurde zum zweiten Mal in der Lebensspanne einer Generation ein Weltkrieg, und das faschistische Italien musste schon beim gescheiterten Eroberungsfeldzug gegen das kleine Griechenland und bei seinen Operationen gegen die britischen Positionen in Nordafrika die Erfahrung machen, dass es militärisch, wirtschaftlich und organisatorisch den Herausforderungen in keiner Weise gewachsen war.

Dass unter den Auspizien des Weltkonflikts aus der für 1942 geplanten Weltausstellung nichts werden würde, war spätestens seit dem Juni 1940 klar, als die

‚Olympiade der Kulturen' auf unbestimmte Zeit vertagt wurde. Die Arbeiten an den Bauten des Ausstellungsgeländes aber wurden zunächst fortgesetzt, wenn auch mit reduziertem Einsatz von Geld, Menschen und Material. Zu groß war selbst in diesen schwierigen Zeiten noch das Gewicht der vielfältig verflochtenen Interessen von *Governatorato*, Grundeigentümern, Bauunternehmern, den Lieferanten der ungeheuren Mengen Materials, von kapitalkräftigen Institutionen und Familien des römischen Establishments, als dass man auf das knirschende Weitermahlen der gigantischen Geldmaschine der E 42 hätte verzichten wollen.[174] Und als fiele nicht auf den Schlachtfeldern Europas und Afrikas mit den italienischen (und bald auch deutschen) Niederlagen die Utopie einer nationalsozialistisch-faschistischen Weltherrschaft in Trümmer, überwies der italienische Fiskus weiterhin Jahr um Jahr Millionenbeträge von (freilich einem rapiden Wertverfall unterliegenden) Lire an den *Ente EUR*: 140 Mill. waren es 1940, 90 Mill. 1941, 60 Mill. 1942, und selbst 1943, dem Jahr des Sturzes des faschistischen Regimes, noch einmal 50 Millionen.[175]

Da das gesamte für die Ausstellung benötigte Areal bereits enteignet worden war und sich im Besitz des *Governatorato*, also der Stadt Rom befand, richtete sich die Begehrlichkeit der Bodenspekulanten auf die noch unbebauten Flächen zwischen der alten Siedlungsgrenze der *urbs* im Südwesten und dem neuen Ausstellungsviertel, für welche ja unter der Maxime einer Expansion der Hauptstadt zum Meer eine enorme Wertsteigerung durch Bebauung zu erwarten stand. Nicht zuletzt diese Interessen drangen nun darauf, den alten, längst überholten *Piano Regolatore* von 1931 durch Aufnahme des Projekts der E 42 und die damit notwendig werdende *saldatura*, die Schließung der Besiedlungslücke zwischen Stadt und Ausstellung, zu revidieren und zu aktualisieren. Und so werden wir Zeugen des paradoxen Phänomens, dass die Rom-Urbanistik einem bis dahin nie erreichten Höhepunkt an Intensität, Qualität und Konsistenz zustrebt, während gleichzeitig die Fundamente des faschistischen Regimes und des italienischen Staates unter der Wucht der Kriegsschläge zu zerbröckeln beginnen. Eine Planungskommission, der mit Marcello Piacentini, Cipriano Efisio Oppo und Virgilio Testa die drei wichtigsten Figuren des E 42-Unternehmens angehören, erarbeitet eine *Variante generale del Piano Regolatore*, faktisch die Neufassung eines Generalentwicklungsplans, die schon im Januar 1941 durch Dekret angenommen, aber dann nicht mehr, wie vorgesehen, 1942 auch in ein Gesetz übergeführt und daher mit dem Fall des Faschismus rechtlich gegenstandslos wird.

Der Plan hat gegenüber allen seinen Vorgängern den auch heute noch von Experten anerkannten Vorzug, dass er erstmals eine klare Entscheidung für eine bestimmte Ausrichtung der künftigen Entwicklung Roms trifft und damit die bis dahin selbstläufige und ungerichtete Ausbreitung der Stadt ‚nach Art eines Ölflecks' zu konterkarieren versucht. Für welche Entwicklungsrichtung sich die Planvariante entscheidet, kann nicht überraschen: Sie tendiert nach Südwesten, Richtung Meer, dorthin also, wo die E 42 im Entstehen begriffen ist – und bedient damit wie selbstverständlich auch die Interessen derer, die in dem großen freien Zwischenraum entlang der Via Imperiale mit Grundbesitz gesegnet sind. In diesem Zusammenhang ist die Erweiterung der Viertel Garbatella und Ardeatino vorgesehen und der Ausbau der *città militare* bei Cecchignola im südöstlichen Anschluss an das Weltausstellungsareal. Diesem Erweiterungskonzept tragen auch die Pläne für eine deutliche Verstärkung und Modernisierung der hauptstädtischen Verkehrsinfrastruktur Rechnung mit dem Bau einer U-Bahnlinie (der heutigen Linea B) vom Bahnhof Termini zum E 42-Viertel und weiter zur Laurentina sowie einer Potenzierung des Autoverkehrs durch eine Querspange von der Via Cassia zum neuen Expansionsschwerpunkt im Südwesten (in der sich schon die spätere Via Olimpica ankündigt) über den heutigen Viale Marconi, der kurz vor dem Eingang zur E 42 in die Via Imperiale / Via Cristoforo Colombo einmündet.[176]

Dieser Plan, dem man (bei allen bleibenden Defiziten) Entschiedenheit und Weitsicht nicht absprechen kann, steht im übrigen genetisch wie konzeptionell im größeren Rahmen der *legge urbanistica*, welche das Regime noch im August 1942 verabschiedet hat. Mit diesem Gesetz, als dessen Inspirator uns wiederum Virgilio Testa begegnet, setzte sich in der unübersichtlichen und bizarren Konstellation der faschistischen Götzendämmerung das progressiv-professionelle Lager in der italienischen Urbanistenzunft durch: Es war ebenso ‚modern' wie folgenreich, denn es lieferte die erste zusammenhängende und geschlossene Regelung und Kodifikation des rechtlichen Instrumentariums von Stadtplanung und Städtebau in Italien und wurde damit zum „Grundgesetz italienischer Stadtplanung", das nach dem Zweiten Weltkrieg noch für ein halbes Jahrhundert den Wiederaufbau des Landes und die Entwicklung seiner Städte bestimmen sollte.[177]

Auf dem Gelände der E 42 waren die Arbeiten 1942 vollends zum Erliegen gekommen. 38 von insgesamt 40 Bauvorhaben des Projekts waren bis dahin in Angriff genommen, einige – wie der *Palazzo Civiltà Italiana* und der *Palazzo dell'Ente EUR* – auch fertiggestellt worden. Die Mehrzahl der Bauwerke auf dieser größten Baustelle Italiens aber waren in den unterschiedlichsten Stadien des Werdens stehengeblieben; dazwischen lagerten riesige Mengen oft wertvollster Materialien, Marmor und anderer Naturstein in allen Farben und aus allen Teilen des Landes, bestellt und bezahlt (mit abgewerteten Lire) und daher ein kostbares Kapital, sollte irgendwann an Fortführung und Vollendung des großen Vorhabens zu denken sein.[178] Aus den Photographien, die das Ausstellungsgelände in diesem Zustand der Erstarrung zeigen, kann man mit etwas Vorstellungskraft den gespenstischen Eindruck von Aufgabe und Verlassenheit erahnen, den dieser mastodontische Friedhof monumentaler Illusionen und Utopien erwecken musste – ein Bild der Tristesse wohl ähnlich dem, das uns Émile Zola von seinem Besuch des Prati-Viertels im Stillstand der Großen Krise der 1880er Jahre so eindringlich geschildert hat. Im Herbst 1943, als nach dem Seitenwechsel des postfaschistischen Badoglio-Regimes zu den von Süden her vorrückenden Alliierten die deutschen Truppen Rom besetzten, kam es in dem Gebiet von EUR, Cecchignola,

Das Weltausstellungsgelände E 42 bei Kriegsende 1945.

Garbatella und Quartiere S. Paolo zu Kampfhandlungen. Nach dem Abzug der Deutschen im Juni 1944 okkupierten alliierte Verbände das Areal. Später kamen italienische Evakuierte, Kriegsflüchtlinge und Obdachlose und suchten in einigen der halbfertigen Paläste Unterschlupf.

Die Geschichte der E 42–EUR war damit freilich nicht zu Ende; sie war nur suspendiert, stillgestellt in den bewegten Jahren nach dem Zweiten Weltkrieg, als Italien aus seinem prekären Status zwischen Mittäter und Opfer des nationalsozialistischen Deutschlands in eine neue Zukunft zu finden trachtete, sich seiner hundertjährigen monarchischen Konstitution entledigte und eine parlamentarische Demokratie schuf unter dem weiten Bogen eines republikanischen Verfassungskonsenses, der alle nicht- und anti-faschistischen Parteien unter der faktischen Vorherrschaft der *Democrazia Cristiana* umfasste. Man hatte jetzt anderes zu tun, als sich um die urbanistische Konkursmasse des untergegangenen Mussolini-Staates zu kümmern, und so blieb auch die aufgegebene Großbaustelle im Südwesten der Hauptstadt zunächst sich selbst überlassen.

Ende 1944 hatte die Übergangsregierung unter der Führung des Reformsozialisten Bonomi die alte EUR-Verwaltung durch einen Sonderkommissar abgelöst. Noch herrschte Krieg und Bürgerkrieg im Land, aber die Deutschen hatten sich im Herbst aus Mittelitalien nach Norden auf die ‚Gotenlinie' (von La Spezia bis Rimini) zurückgezogen, und so konnte sich auch in Rom das Leben langsam normalisieren – sofern man angesichts von Not, Wirtschaftsverfall und Schwarzmarkt von ‚Normalität' sprechen will. Der Sonderkommissar Severi konnte unter diesen Bedingungen seine Aufgabe zunächst nur darin sehen, den momentanen Zustand des ihm anvertrauten Geländes für eine spätere Neubestimmung seiner Verwendung zu erhalten, und schon das war kein Leichtes: Auch im milden mediterranen Klima Roms setzt rasch der Verfall ein, wenn halbfertige Gebäude ungeschützt dem Wechsel der Witterung ausgesetzt sind; außerdem mussten Installationen und frei lagerndes Baumaterial mannigfache

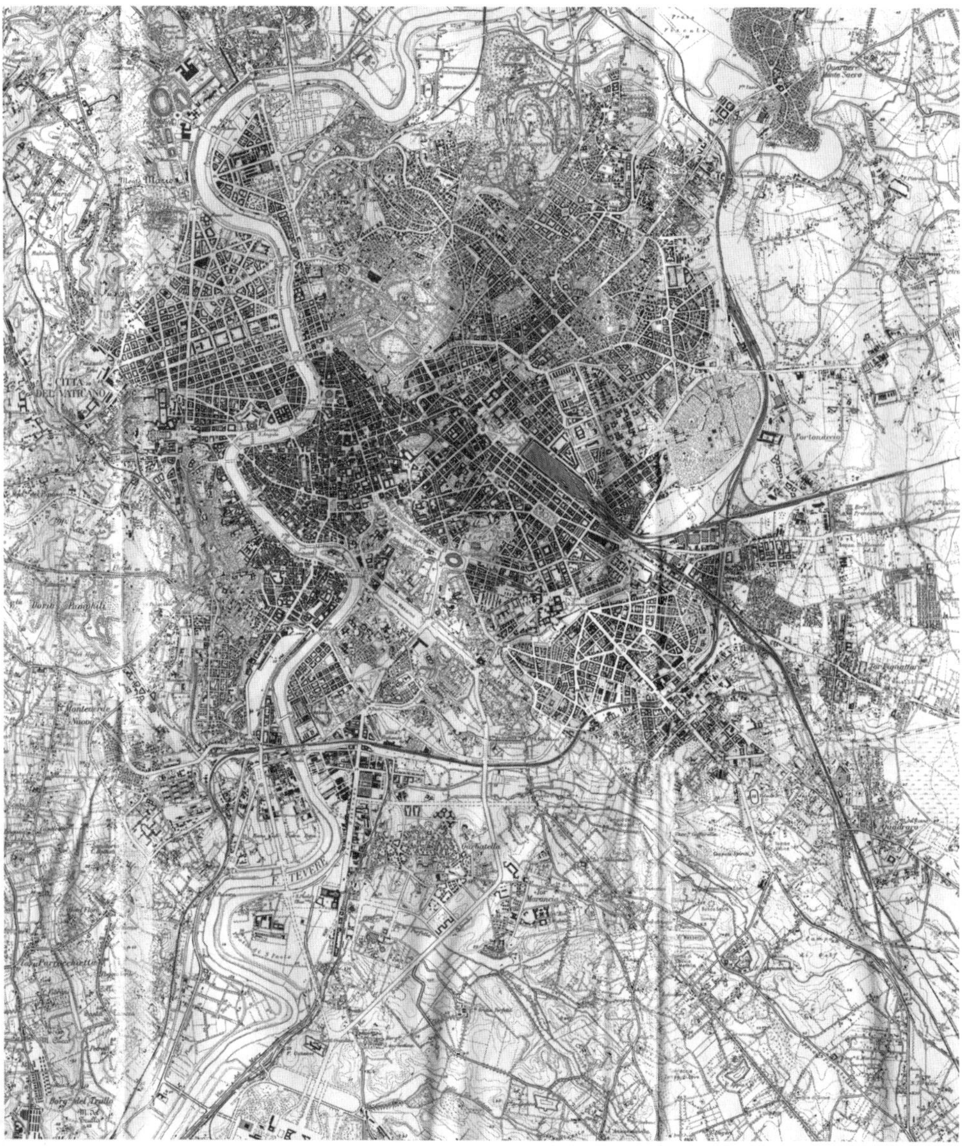

Rom um 1949 nach einem Plan des Geographischen Instituts des italienischen Heeres.

Begehrlichkeiten wecken in einer Zeit, in der der Wert des Geldes gering und der brauchbarer Dinge dafür umso höher war. Mehrere Vorstöße des Sonderkommissars und der Stadt Rom in der zweiten Hälfte der 40er Jahre, die Regierung für das weitere Schicksal des ehemaligen Ausstellungsgeländes zu interessieren, blieben ohne Resonanz.[179] Vom damaligen Zustand des E 42-Geländes zeichnet uns ein zeitgenössischer Beobachter ein beinahe apokalyptisches Bild: „1951 war das EUR ein enormes Ruinenfeld; eine Staunen und Furcht erregende Totenstadt, über die sich, so schien es, die Lava des Schreckens ergossen hatte. Trümmer zerbrochenen Marmors lagen überall auf dem Gelände herum, Unkraut und Brombeerranken überwucherten die Rabatten; und zwischen ihnen verstreut in völliger Unordnung die schaurig verstümmelten Häupter marmorner Statuen, Bruchstücke von Travertin aus den Materiallagern und kostbare Marmorplatten, zerschellt wie nach einem Sturm der Verwüstung.“[180]

Epilog: Phönix EUR

Der Zufall ist schließlich – glaubt man einer hübschen Anekdote – dem in Verwahrlosung und Verfall darniederliegenden Großprojekt zu Hilfe gekommen. Zu Beginn der 50er Jahre soll es gewesen sein, als der damalige Ministerpräsident De Gasperi und sein Unterstaatssekretär Andreotti im Auto das EUR-Gelände passierten und dabei beobachteten, wie man Marmorblöcke auf einen Lastwagen lud. Der Chauffeur der beiden Politiker, näher an den römischen Realitäten als diese, konnte ihnen erklären, dass das EUR schon seit Jahren als Steinbruch und Abhollager für alle Arten von Baumaterialien diente. Erbost soll De Gasperi Andreotti beauftragt haben dafür zu sorgen, dass diesem Raubbau am Staatseigentum umgehend Einhalt geboten und für den gesamten Komplex eine sinnvolle Verwendung gefunden werde.[181]

Die Entrüstung des Trentiners De Gasperi über die die Steine der E 42 verschleppenden Römer, wenn sie denn zutreffend überliefert ist, erscheint zwar ehrenwert – aber ein vertieftes Verständnis römischen Wesens offenbart sie nicht. Schließlich taten die Trümmerverwerter nichts anderes, als ihre Vorfahren durch all die Jahrhunderte stadtrömischer Geschichte immer schon getan hatten: Sich die herrenlos gewordenen Hinterlassenschaften untergegangener Reiche und Regime nüchtern und pragmatisch anzueignen, um sie dem Leben, das schließlich weitergehen will, von neuem und in neuer Form nützlich und dienstbar zu machen. Fasst man die kleine Anekdote in diesem geschichtserfahrenen Sinne ‚römisch‘ auf, so liegt ihr besonderer Reiz darin, dass sie die Wiederaneignung und Wiederverwertung des EUR geradezu gleichnishaft vorwegnimmt.

Die detaillierten Untersuchungen der Stadthistoriker[182], die uns mittlerweile vorliegen, lassen vermuten, dass alles doch komplizierter (und zugleich weniger ‚zufällig‘) vonstatten ging auf den verschlungenen Wegen der römischen Institutionen. Aber was hier zählt, ist das Resultat des Vorganges, und das bestand in der Berufung Virgilio Testas, des kompetentesten Experten für die Stadtplanung Roms schon seit fast drei Jahrzehnten und besten Kenners der ganzen Problematik um die E 42, zum neuen Sonderkommissar im Januar 1951. Damit beginnt die Geschichte von Wiedererweckung und Vollendung des *Quartiere EUR*.

In Abstimmung mit der Regierung und dem kapitolinischen Munizip setzte sich Testa das Ziel, die liegengebliebenen Bauvorhaben wieder aufzunehmen, nach den ursprünglichen Planungen fertigzustellen und das gesamte Viertel mit den erforderlichen Infrastrukturen auszustatten, damit es dann im Rahmen der allgemeinen Nachkriegsrekonstruktion einer neuen, tragenden Funktion für die Hauptstadt zugeführt werden könne – *un quartiere moderno in una Roma moderna*, wie er nach seinem Amtsantritt programmatisch verkündete. Und noch einen weiteren alten Bekannten werden wir jetzt wiederbegegnen, denn als leitenden Architekten, der ihm bei der Bewältigung dieser Aufgabe zur Seite stehen sollte, berief Testa den Mann, der dem EUR im Guten wie im Schlechten seine Gestalt gegeben hatte – Marcello Piacentini. Der Chefarchitekt des *Duce* hatte nach 1945 die Überprüfung seiner politisch-professionellen Vergangenheit während des Faschismus durch die dafür zuständige ministerielle Reinigungskommission einigermaßen glimpflich überstanden. Dabei geholfen hatten ihm seine guten Kontakte zu Politikern der neuen Ordnung, etwa zum jungen Giulio Andreotti, aber auch die Wertschätzung, die der Schöpfer der Via della Conciliazione in hohen Vatikankreisen genoss und die ihm gleich 1945 die Mitgliedschaft in der Päpstlichen Kommission für die sakrale Kunst in Italien eingebracht hatte. Der allezeit habile Mann, der in den späten 1940er Jahren schon wieder bedeutende Bauaufgaben im In- und Ausland hatte wahrnehmen können und seit 1949 auch dem Obersten Denkmalsrat im Bildungsministerium angehörte, war längst ‚rehabilitiert' und konnte sich nun mit gewohnter Verve der Rettung seines Lieblingsprojektes widmen.[183]

Die bemerkenswerte Kontinuität, die sich in diesen beiden Figuren verkörperte, hatte ihre Entsprechung auch auf institutioneller Ebene. Um das EUR im geplanten Rahmen, wenn auch unter geänderten politisch-ideologischen Vorzeichen als Teil der öffentlichen Rom-Urbanistik weiterführen zu können, musste juristisch die Fiktion einer Fortexistenz des Projekts samt seiner spezifischen Organisationsstruktur aufrechterhalten werden. Hätte man die Folgerung zugelassen, dass mit dem faschistischen Regime auch dessen Weltausstellungsvorhaben E 42 im Krieg untergegangen sei, so wäre die rechtliche Prämisse für die „im öffentlichen Interesse" erfolgte Enteignung der 400 Hektar des Areals hinfällig geworden. Die ehemaligen Eigentümer hätten daraus den Anspruch auf Restitution ihrer Grundstücke ableiten können, was entweder den Verlust der bereits vom Staat getätigten Bauinvestitionen bedeutet oder einen neuerlichen Erwerb des Bodens zu sehr viel höheren Preisen erfordert hätte. Staat und Kommune stellten sich daher auf den – in langwierigen gerichtlichen Verfahren schliesslich auch höchstinstanzlich bestätigten – Standpunkt, dass die eigentliche Bestimmung des EUR-Viertels immer die Expansion Roms zum Meer gewesen sei und diese unverändert fortbestünde, während die hinfällig gewordene Nutzung für die Weltausstellung ohnedies nur eine nicht wesensbestimmende Zwischenverwendung gewesen sei. Daraus wurde auch das Fortbestehen des *Ente EUR* unter dem Dach der Kommune abgeleitet.[184]

Mit Ausnahme des Jahres 1944, als der Staatszuschuss an den *Ente EUR* fast ganz ausgefallen war, hatte der Staat weiterhin zweistellige Millionenbeträge (freilich stark abgewerteter Lire) für den Erhalt des Status quo angewiesen – zuletzt 1951 dann sogar das Dreifache des Üblichen, nämlich 150 Millionen.[185] Mit dem Amtsantritt Testas als Staatskommissar sollte sich das Finanzregime des Projekts aber von Grund auf ändern. Testa hatte versprochen, die Rettung und Vollendung des Viertels sogar ganz ohne Mittelzuflüsse seitens der notleidenden Staatskasse zu bewerkstelligen. Seine Zauberformel lautete: Veräußerung eines Teils des ja vollständig im Besitz des *Ente EUR* (und damit nun der Stadt Rom) befindlichen EUR-Geländes an private Interessenten zur Bebauung mit Wohn- und Geschäftsbauten. Um die Attraktivität des Angebotes für Investoren zu steigern, wurde sogleich ein Teilbebauungsplan erstellt, der die weitere Entwicklung des Viertels schlüssig und vielversprechend in die Hauptstadtplanung integrierte. Die werbewirksamen Motti, die man dafür propagierte, änderten sich zwar alle paar Jahre: Hieß es zunächst, man werde eine ‚Parkstadt' (also wohl die größere, noblere Version einer Gartenstadt) verwirklichen, so folgte bald die Parole von der ‚Stadt der Wissenschaft und des Fortschritts', bis man schließlich bei der Idee landete, im EUR und zwei weiteren peripheren Stadtteilen einen Großteil der staatlichen Regierungs- und Verwaltungsstrukturen (Ministerien, Dienststellen und Behörden) zu konzentrieren und damit das historische Zentrum vom Verkehr zu entlasten.

Aber das interessierte Publikum schien ohnehin unabhängig von den jeweils gerade ausgerufenen Leitmotiven unbeirrbar in seiner Überzeugung, dass das EUR ein Stadtteil mit Zukunft sei. Wir befinden uns in den 1950er Jahren und damit auch in Italien in einer Phase, in der sich das große ‚Wirtschaftswunder' der Nachkriegsära vorbereitet und ankündigt mit zuvor nie gekannten volkswirtschaftlichen Wachstumsraten und ungebremster Zukunftszuversicht bis weit hinein in die Schichten des Kleinbürgertums und der Arbeiterschaft. So brachte der Verkauf von 150 Hektar des EUR-Areals als Bauland an Private, darunter auch Alteigentümer, große Summen in die Kassen der EUR-Gesellschaft, Beträge, die Jahr für Jahr ein Vielfaches dessen darstellten, was in den Jahren von 1937 bis 1951 an Staatsgeldern geflossen waren.

Testas Coup der Reprivatisierung erwies sich somit in der Tat als eine höchst erfolgreiche Strategie, die es ermöglichte, in vergleichsweise kurzer Zeit das E 42-Projekt nach den ursprünglichen Plänen fertigzubauen und darüber hinaus mit einer leistungsfähigen Infrastruktur auszustatten. So konnte schon 1955 die Metro-Linie Termini – EUR in Betrieb genommen werden, und mit der Einweihung der Kirche SS. Pietro e Paolo im gleichen Jahr und ihrer Erhebung zur Pfarrkirche 1958 wurde demonstriert, dass das EUR dazu bestimmt war, ein lebendiger Teil des Hauptstadtorganismus zu werden. Das als monumentale Modellstadt zur Selbstverherrlichung des faschistischen Regimes geplante Quartier kehrte somit zurück in die Normalität der Entwicklung Roms zur modernen Metropole, wie wir sie in diesem Buch über fast ein Jahrhundert hin verfolgt und beobachtet haben; dazu gehörte freilich auch die Rückkehr zur säkularen Tradition einer spekulationsgetriebenen Expansion. Die zukunftsweisende Leistung bei der Rettung des EUR-Projekts lag dabei in der kühnen Zweigleisigkeit des Unternehmens: Zum einen ging es Testa darum, mithilfe Piacentinis die große architektonische Gestaltungsidee der ursprünglichen Planung, von deren zeitlosem Wert er überzeugt war, in ihren formalen Konturen zu bewahren; das allein wäre freilich nur ein – politisch wie moralisch – fragwürdiger Versuch steriler Restauration geblieben, wäre es ihm nicht auch gelungen, das ganze Projekt, von der schwer lastenden mythisch-ideologischen Sinnfracht der mussolinischen Rompolitik gereinigt, in die entstehende bürgerliche Wohlstandsgesellschaft des demokratischen Italien hinüberzuführen.

Die ehrgeizige Operation fand, so könnte man sagen, ihren auch symbolisch eindrucksvollen Abschluss in dem ganz der Architektursprache des zweiten Nachkriegsjahrzehnts verpflichteten Sportpalast für die Olympischen Spiele von 1960 am künstlichen See beim südlichen Ausgang des Ausstellungsgeländes. Der kreisrunde Bau mit flacher Kuppel und einem Durchmesser von rund 100 Metern wirkt trotz seiner riesigen Dimension leicht und transparent dank seiner filigranen Konstruktion aus Stahlbetonrippen und Glas. Auch in der Zusammenarbeit der beiden Architekten dieses *Palazzo dello Sport*, des jüngeren, konstruktivistischen Pier Luigi Nervi, der auch die spektakuläre Eingangshalle zum Bahnhof Termini entworfen hatte, und des nun schon 75jährigen Piacentini kann man, wenn man will, ein Sinnbild der urbanistisch-architektonischen Stabübergabe, der *translatio* von der faschistischen zur demokratischen Ära und der gleitenden Verschränkung von Tradition und Neuanfang sehen. Das mag diejenigen enttäuschen und sogar empören, die harte Schnitte und glatte Brüche mit belasteten Vergangenheiten für das unabdingbare moralische Gebot idealer Geschichtspolitik halten. Den Imperativen des Lebens, das weitergehen und weitergeben muss, und den Befriedungsbedürfnissen einer Gesellschaft, die immer und unentrinnbar auch aus denjenigen besteht, die vor der Wende lebten und von der Vergangenheit belastet sind, entspricht es zumeist mehr, das untergegangene Alte im aufgehenden Neuen aufzuheben. Auch unsere eigene, vielfach gebrochene Geschichte hat das gezeigt.

Das *Quartiere EUR*, das in den 1950er Jahren von Virgilio Testa und Marcello Piacentini nach den Plänen und Entwürfen der Vorkriegszeit vollendet wurde, war nicht völlig identisch mit dem Projekt E 42 des *Commissariato*. Was an Gebäuden nicht schon begonnen war, wurde auch nicht mehr gebaut, einige andere, die im Rohbau steckengeblieben und durch Kriegseinwirkungen beschädigt worden waren, wurden nur zu Teilen fertiggestellt oder wieder abgerissen, wie etwa der *Palazzo dell'Agricoltura e della Bonifica* und der Bau des *Istituto Forestale*, für den Armando

Brasini einen Entwurf in seinem bekannten Stil eines romano-piranesischen Monumentalismus geliefert hatte. So gut es ging, verzichtete man bei der Rekonstruktion und Wiedererweckung des neuen Viertels auf jene Gestaltungselemente, die allzu auftrumpfend dem politischen Machtanspruch und dem Repräsentationsbedürfnis des faschistischen Systems Ausdruck verleihen sollten. Was so bis Anfang der 1960er Jahre entstand, war ein in der nachhallenden ‚Ungleichzeitigkeit' seiner Erscheinung vielleicht ein wenig bizarres, aber in jedem Falle faszinierendes urbanistisches Ensemble. Erhalten blieb der monumental-zelebrative Grundcharakter sowohl der Gesamtanlage wie der einzelnen Bauwerke, beeindruckend in der Geschlossenheit einer Architektursprache, welche die basalen Elemente des klassischen Strukturen- und Formenkanons – Säule, Pfeiler und Architrav, Bogen und Arkade, Atrium und Exedra, Portikus, Peristyl und Propyläen – in strenger, gleichsam ernüchterter Anverwandlung zu einer gemessenen Ästhetik der Moderne verschmolz. Die Sprache des EUR zeigt eine andere Modernität als die der rationalistischen Architektur, aber Modernität gleichwohl; sie gehorcht, wie ein kluger Beobachter festgestellt hat, nicht der Logik des linearen Zeitpfeils des säkularen Fortschrittsparadigmas, sondern der Logik einer zirkulären Wiederkehr unter immer wieder anderen Umständen, ganz im Sinne des ursprünglichen Begriffs von ‚Revolution'.[186]

Es war die schon in der Ausschreibungs- und Planungsphase immer wieder ausgleichend, aber auch korrigierend und angleichend eingreifende Hand Marcello Piacentinis, welche die Generallinie dieser *Classicità dell'E 42* vorgezeichnet hatte: „Wie die drei grossen geschichtlichen Teilbezirke des ewigen Roms" sollte das künftige Vierte Rom „auch in seinem eindeutig neuzeitlichen Baustil nur klassische Ruhe und Weite atmen und ein ausgesprochen römisches Gesicht haben".[187] Piacentini war es nun auch, der nach Wiederaufnahme der Bauarbeiten darüber wachte, dass bei allem Synkretismus diese Einheitlichkeit der Stilidee erhalten blieb. In der Tat wird der Besucher, wenn er sich in der verkehrsarmen Stille eines sonnigen Sonntagvormittags ins EUR begibt, noch heute, nach Jahrzehnten weiterer Transformationen, die über den Stadtteil hinweggegangen sind, diesen Gestalteindruck wiederfinden und nachempfinden können. Er offenbart sich nicht nur in der solitären Ausdruckskraft der frühen Gebäude, sondern ebenso in der „Geschlossenheit der Auffassung, nach der sie dem Rhythmus der klassischen Baukunst entsprechend miteinander verbunden" und die perspektivischen Ansichten so aufeinander abgestimmt wurden, „dass die verschiedenen Raumformen harmonisch und architektonisch wirken".

Was man heute indes nur noch in besonders atmosphärischen Momenten und Lichtstimmungen entfernt erahnen kann, ist jene magisch-metaphysische, an die traumhaften Stadtvisionen der *Piazze d'Italia* Giorgio De Chiricos gemahnende Ausstrahlung, die dem EUR in den stillen Jahren seiner Reifung und Vollendung zu eigen gewesen sein muss.[188] Große Filmregisseure haben sich von den schweigenden, leeren Straßen und weiten Plätzen und den wie Kulissen aus dem Nichts aufragenden Groß-

Das EUR nach seiner ‚Vollendung‘ in den1960er Jahren: In der Mitte ragen die drei Hochhaustürme des Finanzministeriums (1958–1962) auf (die derzeit abgerissen werden), links davon ist der Hochhausriegel der ENI erkennbar und am linken Bildrand der für die Olympiade von 1960 errichtete Sportpalast von P. L. Nervi und M. Piacentini.

bauten, aber auch von den seit den 60er Jahren entstehenden kühl-mondänen Wohnanlagen faszinieren und inspirieren lassen. Insgesamt mehr als 100 italienischen und internationalen Filmprojekten lieferte das EUR mit seiner beinahe surrealen Anmutung der schwebenden Verlassenheit, des zeit- und ziellosen Wartens ideale Schauplätze für verfremdende Szenen und Episoden. Diese starke cineastische Rezeption der piacentinischen Kunststadt vor den Toren Roms hat nichts mit dem allgemeineren Phänomen der gleichzeitigen Entdeckung der römischen Neubau-Peripherie durch viele sozialkritische Filmemacher zu tun.[189] Das EUR als konkrete Utopie und Ort realistisch inszenierter Unwirklichkeit bot in enigmatischer Präsenz einen Rahmen für die Entfremdungserfahrungen, von denen diese Jahre und Jahrzehnte des ökonomischen Booms und des forcierten gesellschaftlichen Wandels begleitet waren.[190] Filmische Meisterwerke wie *La dolce Vita* und *8½* von Federico Fellini, dessen satirische Anekdote *Le tentazioni del dottor Antonio* im 2. Akt des Episodenfilms *Boccaccio 70* sowie *L'Eclisse* von Michelangelo Antonioni, alle aus den frühen 1960er Jahren, aber auch neuere und neueste Produktionen wie *Tenebre* von Dario Argento 1982, die Shakespeare-Verfilmung *Titus* von Julie Taymor 1999, *Equilibrium* von Kurt Wimmer 2002 und *Manuale d'amore* von Giovanni Veronesi 2005 sind nur eine kleine Auswahl aus einer langen Liste. Von Fellini gibt es zudem eine höchst aufschlussreiche, im Filminterview mit Luciano Emmer aus dem Jahr 1972 festgehaltene Liebeserklärung an das EUR und seinen *spirito metafisico*.[191]

Doch während das von Testa und Piacentini nachholend vollendete architektonische Gesamtkunstwerk zu einem der prominentesten Kunstorte der Filmgeschichte wurde, verfiel es gleichzeitig der *damnatio memoriae* der Architektur- und Urbanistikhistoriker, wurde zum Schmähobjekt einer dogmatisch erstarrten Faschismuskritik. Seit den späten 60er Jahren gab es nur zwei Haltungen gegenüber ‚faschistischer' Architektur im allgemeinen und dem EUR im besonderen: Entweder hat man es in einer ideologisch motivierten Generalabrechnung mit allen Hinterlassenschaften und Hervorbringungen des faschistischen *Ventennio* in den Orkus der Geschichte verwünscht; oder es wurde in dickfelliger Ignoranz aus der Architekturgeschichte des 20. Jahrhunderts gleich ganz ausgeblendet.[192]

Was Abrechnung und Verdikt betrifft, so lag es in der Natur der Sache, dass sich die Kritik vor allem gegen Marcello Piacentini richtete, den fraglos einflussreichsten unter ‚Mussolinis Architekten' und wo nicht Schöpfer, so doch Designer des E 42-Projekts. Er wurde zum großen Schurken des Stücks abgestempelt, zum Schuldigen der ‚verlorenen Gelegenheit', der mit den Machinationen seines machtservilen Mittelwegs dafür gesorgt habe, dass die E 42-Anlage nicht ‚rationalistisch' entworfen und gebaut wurde, sondern im ‚mussolinianischen' Monumentalstil. Giuseppe Pagano, der sich nach anfänglich begeisterter Zusammenarbeit eine erbitterte, öffentlich ausgetragene Fehde mit Piacentini geliefert hatte, nachdem er bei der EUR-Planung ausgebootet worden war, wurde für diese Interpretation gerne zum Kronzeugen genommen und avancierte so zum positiven Helden des Dramas – eine Rolle, für die er umso mehr prädestiniert erschien, als er nach langen Jahren des aktiven Bekenntnisses zum Faschismus diesem zuletzt abgeschworen hatte und 1944 im Konzentrationslager von Mauthausen gestorben war.[193]

Nun kann es gewiss nicht darum gehen, Piacentinis politische Haltung und sein professionelles (Fehl-)Verhalten während der faschistischen Herrschaft zu beschönigen. Unstreitig ein Mann von intellektuellem Format und von beachtlicher historisch-ästhetischer Kultur, war er zugleich ein ehrgeiziger Opportunist und allezeit wendiger Mitmacher beim jeweils mächtigen, jeweils herrschenden Paradigma. Aber die hagiographische Stilisierung der ‚funktionalistischen' oder ‚rationalistischen' Architekten als Gralshüter eines ‚guten', nämlich demokratischen, weltoffenen, fortschrittlichen und daher einzig ‚modernen' Gegenentwurfs zum ‚totalitären' Bauen der Klassizisten ist historisch einseitig und falsch.[194] Sie unterschlägt, dass Pagano, Terragni und die Mehrzahl ihrer ‚rationalistischen' Zunftgenossen nicht minder engagierte und enragierte Anhänger des Faschismus und willige Auftragnehmer Mussolinis waren. Auch ist daran zu erinnern, dass die europäischen Kirchenväter der ‚funktionalistischen', ‚rationalistischen' oder ‚internationalistischen' Architekturströmung – sei es der Verfechter der sozialtechnologischen ‚Wohnmaschine' Le Corbusier, der Bauhaus-Gründer Gropius oder Mies van der Rohe (und viele andere) – sich quer durch Europa den Diktatoren von Franco und Pétain über Mussolini und Hitler bis Stalin andienten und dass sie durchaus bereit waren, sich deren architektonischen Stilvorlieben anzuschmiegen, um bei den monumentalen Bauaufgaben des jeweiligen Regimes ins Geschäft zu kommen.[195]

Irgendjemand hat die These aufgestellt, Piacentini habe ab 1938 mehr und mehr unter dem Eindruck der Speerschen Pläne für Hitlers ‚Welthauptstadt' Berlin-Germania gestanden, und dieser Einfluss habe sich in seiner immer monumentaleren Gestaltung des EUR-Viertels niedergeschlagen.[196] Nun ist tatsächlich das Mussolini-Regime in den späten 1930er Jahren zusehends in den Bann Hitler-Deutschlands geraten, und auch bei Piacentini finden sich von da an häufiger Anleihen bei der brachialen Herrenmenschen-Rhetorik des Nationalsozialismus. Aber es gibt auch aus dieser Zeit kritisch-distanzierte Äußerungen Piacentinis zur damals beim großen Verbündeten nördlich der Alpen herrschenden, als genuin nordisch-teutonisch verstandenen und daher für das mediterrane Italien als wesensfremd empfundenen Architektursprache.[197] Im übrigen hatte Piacentini an der Gestaltung der E 42 zwar einen wesentlichen Anteil, doch sind in das Projekt die kreativen Energien vieler Architekten eingegangen, die zu den größten und originellsten Talenten ihres Landes und seiner hochentwickelten architektonisch-urbanistischen Kultur zählten.

Aus ihren Beiträgen formte Piacentini den eigenständigen Architekturstil des Italiens der 1930er Jahre, monumental-repräsentativ zwar, doch nicht auf Überwältigung angelegt, sondern vielmehr mit einer „bewusst gepflegten, persuasiven Rhetorik" – und entsprechend konsensfähig.[198] Die formalen Merkmale, die Piacentini für diesen Idealstil postulierte, haben ihren gemeinsamen Zielpunkt in einer equilibrierten Synthese von klassischer Tradition und Moderne: Sie hätten, so definierte er noch 1941, „einfach, sauber, klar, anti-dekorativ, anti-romantisch, anti-pittoresk, logisch, ungesucht, ungekünstelt, konstruktivistisch, präzise, von gespannter Kraft und essentiell" zu sein. „Kein Romantizismus und kein Baröckeln, sondern klassizistisch dem Geist nach und höchst modern in der Ausführung": *attualismo italiano*.[199]

Und so zeichnen sich die EUR-Bauten (mit der wesentlichen Ausnahme des erwähnten Kolosses des *Museo della Civiltà Romana*) in der Tat bei aller solennen Monumentalität durch eine gemessene, helle, alle einschüchternde Düsterkeit vermeidende, mediterran luzide Klassizität aus. Sie dem Speer-Stil zurechnen kann nur, wer das international vorherrschende Architekturschaffen jener Epoche nicht kennt oder nicht zur Kenntnis nehmen will. Wenn Piacentinis EUR ‚speerig' sein soll, dann müsste dies in gleicher Weise etwa vom Neubau der University of London oder von der Sheffield Memorial Hall gelten wie vom Gebäude des finnischen Reichstags in Helsinki, von den Bauten für die National Archives, den Federal Reserve Board oder den Supreme Court in Washington, und im Paris der Volksfront für das Palais Chaillot am Trocadero, das Musèe des Traveaux Publics und selbst für das wunderbare Ensemble des Palais de Tokyo (Musée d'Art Moderne de la Ville de Paris). Sie alle sind in dem Jahrzehnt zwischen 1930 und 1940 entstanden, sie alle basieren auf einer axialsymmetrischen Ordnung und bedienen sich des klassizistischen Formenkanons mit mächtig aufstrebenden Steinfassaden oder reichlicher Verwendung majestätischer Säulenfronten, und sie unterscheiden sich in ihrem Ausdrucksgestus in nichts von den großen Bauwerken für die E 42.[200]

Öffentliches Bauen erfolgt in den 30er Jahren des 20. Jahrhunderts rund um die Welt – von den USA des New Deal bis in die Sowjetunion Stalins (wo man die ‚rationalistische' Revolutionsarchitektur der Konstruktivisten längst in Acht und Bann getan hatte) – im Stil des Klassizismus, weil dieser Stil ganz offensichtlich dem gemeinsamen Ausdrucksbedürfnis der Epoche entspricht und genau jene Konstanzvergewisserung im Gewand der Moderne leistet, die der Internationale Stil des ‚Neuen Bauens' einfach nicht zu vermitteln vermag.[201] Das Formenprogramm des Klassizismus mit seinen Prinzipien klarer Hierarchie und proportionaler Harmonie ist – Zeiten und Regime übergreifend – mit den Valenzen von Dauer, Ordnung und Maß konnotiert. Es vermittelt Autorität und Beständigkeit. Mit dem Einsatz dieses Programms im urbanen Raum demonstrieren Staat und Gesellschaft Stabilität und Präsenz, suggerieren ihren Willen und ihre Fähigkeit, den Mächten des Ungewissen und Unsicheren rational und verlässlich zu steuern. Diese Semantik befähigte den Klassizismus, zur architektonischen *langue commune* einer Epoche zu werden, die seit 1914 in Weltkrieg und Revolution, in Inflation und Weltwirtschaftskollaps eine Systemkrise nach der anderen durchlebte, die ihre politischen und ökonomischen, sozialen und kulturellen Fundamente erschüttert sah, die aus ebendieser existentiellen Verunsicherung heraus umso stärker das Bedürfnis nach Sicherheit und Konstanz verspürte und diesem Bedürfnis in der monumentalen Projektion seiner Bauten auch dinglichen Ausdruck gab. Deshalb geht es am Kern des Problems vorbei, von ‚faschistischer' Architektur zu sprechen; es gibt sie so wenig wie eine ‚kommunistische' oder ‚demokratische'. Die 1930er Jahre waren stilgeschichtlich einer gemeinsamen Internationale der ‚monumentalen Ordnung' verpflichtet, welche nichts anderes war als die dialektische Antwort auf die Krisenerfahrungen des vorangegangen Jahrzehnts.[202]

Im ersten Jahrzehnt nach dem Zweiten Weltkrieg war dies dem kollektiven Unbewussten noch präsent, weshalb das demokratisch gewendete und parlamentarisch regierte Italien in den 50er Jahren das EUR ohne Skrupel fertigbauen konnte. Danach kam dieses Verständnis abhanden und machte in der italienischen Gesellschaft dem hypokritischen Bedürfnis Platz, durch einen rüden und tendenziell destruktiven Umgang mit den materiellen Hinterlassenschaften der Zwischenkriegszeit sich selbst vom eigenen Mittun und Mitlaufen im Faschismus zu exorzieren. Man sprach den Architekturen des EUR jeden Wert, jede Dignität ab, weil sie nicht in das reduktionistische Schema des zur Herrschaft gelangten Neo-Funktionalismus passten. Man begriff nicht mehr, dass das Geheimnis ihrer magisch-metaphysischen Ausstrahlung eben darin begründet war, dass sie gar keine nützliche ‚Wirklichkeit' vorspiegeln wollten, sondern sich zur gleichsam geträumten Künstlichkeit einer Bühnenwelt bekannten. Man bemä-

Fortdauernde Entwicklung des EUR: Das INAIL-Gebäude (davor der nördliche Flügel des Zentralen Staatsarchivs), *Piazzale Giulio Pastore*, EUR; das 1965 eingeweihte Hochhaus, das ursprünglich die Zentrale der *Alitalia* beherbergte, wurde 1991–1994 von dem Architekten G. Valle in seiner Außenansicht völlig umgestaltet.

kelte (in der Tat vorhandene) architektonisch-funktionale Schwächen und verstand dabei nicht, dass die spezifische Qualität des EUR-Ensembles auf seiner ‚Bildkraft' beruhte, dass diese großen Bauwerke in der kristallinen Kühle ihres ‚visionären Klassizismus' es nur auf ästhetische Wirkung gegenüber dem Betrachter anlegten, auf die bezwingende Suggestion ihrer inszenierten Erscheinung.[203]

Die symbolische Bildkraft – *forza dell'immagine architettonica e simbolica* – des EUR, die damals anscheinend nur noch der kreativen Sensibilität der großen Filmregisseure zugänglich war, erwies sich freilich immer noch als stark genug, um im Gesamteindruck auch die zahlreichen funktionalistischen Großbauten im *International Style* zu neutralisieren, die man dann seit den 1970er Jahren in die szenischen Leerräume des Viertels hineinstellte als gelte es, damit Geist und Ungeist des Faschismus auszutreiben. Man begann, das Gelände mit den Verwaltungs- und Bürogebäuden von Ministerien, Parteien, Unternehmen und Organisationen anzufüllen und schuf so neben dem EUR Piacentinis ein zweites EUR – gleichsam einen Versuchs- und Demonstrationspark für alle möglichen Architekturvarianten jenes „sprachlosen Pluralismus der Nachkriegszeit"[204], der die zweite Hälfte des 20. Jahrhunderts baulich zu globaler Beliebigkeit uniformierte. Manche dieser neuen Architekturen, wie etwa das

ENI-Gebäude am Ostende des künstlichen Sees, waren von unbestreitbarer formaler Qualität und stellten sich ebenbürtig neben die Kreationen des ‚alten‘ EUR; andere, und sie sind leider in der Mehrzahl, waren (oder sind) so scheußlich, dass man einige inzwischen durch Umgestaltung erfolgreich ‚entschärft‘ und ästhetisch aufgewertet (etwa das INAIL-Hochhaus), bei anderen aber sich zum Abriss durchgerungen (die Hochhaustürme des Finanzministeriums) hat.[205]

So ist das EUR von heute ein Synkretismus moderner Architektur von den 1930er Jahren bis ins neue Jahrtausend. Mit und neben dem *centro direzionale*, dem Verwaltungsviertel, zu dem man es umfunktioniert hat, ist es in dieser Zeit auch ein bürgerliches Wohnviertel geworden, begehrt wegen der vergleichsweise lockeren Bebauung einer *urbanistica leggera* und der vielen, immer noch großzügigen Parkanlagen. Was als ultimatives Projekt zur Konstruktion des römischen Mythos geplant und gebaut worden war, ist heute integriert in das urbane Leben von Italiens Hauptstadt, und dass dies gelang, ist keine geringe Leistung. Die ursprüngliche Gestaltungsidee hat sich weitgehend in dieser Normalität des Nachkriegsitaliens verloren – das gehört zum unvermeidlichen, lebensvollen Gang einer Geschichte, die keinen Stillstand kennt. Aber auch in ihrem Aufgehen war diese Idee noch stützend und prägend genug, um das EUR-Viertel vor der amorphen, trostlosen Tristesse, vor den Verwirrungen und Verwahrlosungen nach Art eines *Corviale* zu bewahren, wie sie in den Jahrzehnten der ungebremsten und ungelenkten Expansion Roms zur Dreimillionenstadt an vielen Stellen ihrer Peripherie bedrückende Realität geworden sind. Das EUR bleibt eine der faszinierendsten Schaustätten der Architekturgeschichte des 20. Jahrhunderts, und nirgendwo ist das mythenferne Rom unserer Tage moderner und mondäner als hier.

Hier endet Rom: Die äußerste Peripherie gegen Westen.

Anmerkungen

Zu Prolog und Teil I: Die Welt-Stadt – Roma caput mundi, S. 7–75.

1 Zur Kanonisierung des Ausdrucks *Roma aeterna* in augusteischer Zeit als Sinnbild für das ‚goldene Zeitalter' vgl. MARTINI, Roma Aeterna, in: DERS., Architektur und Erinnerung, S. 15ff.

2 Wie KOCH, Roma Aeterna, S. 142–148, gezeigt hat, war in der Vorstellung der Römer der Kaiserzeit die göttliche Ewigkeitsgarantie für das Imperium untrennbar mit dem konkreten Ort der Verheißung, dem heiligen Boden Roms und damit dem Bestand der Stadt, ihrer Mauern, Straßen und Kultplätze verbunden.

3 Vgl. M. FUHRMANN, Die Romidee der Spätantike, und H. RAHNER, Vom Ersten bis zum Dritten Rom, beide in: KYTZLER, Rom als Idee, S. 86–123 und S. 188–204.

4 Über die Mannigfaltigkeit der Aspekte, unter denen sich das ‚ewige' Rom ins Kollektivgedächtnis Europas eingeschrieben hat, vgl. auch die Skizze von ESCH, Archäologie des Ewigen.

5 D'AZEGLIO, I miei ricordi, S. 220–223.

6 GOETHE, Italienische Reise, S. 130.

7 KRAUTHEIMER, Rom, S. 20.

8 Vgl. CHABOD, Storia della politica estera italiana, Teil 1, Kap. 2.

9 Diese auf Maurice Halbwachs fußenden Überlegungen weiter ausgeführt bei BAUER, Gehalt und Gestalt, S. 5ff.

10 Vgl. ZANKER, Augustus und die Macht der Bilder (Zitat S. 28), sowie W. MARTINI in seiner Einleitung (Zitat S. 9) und in seinem Beitrag ‚Prospektive und retrospektive Erinnerung' in: DERS., Architektur und Erinnerung, S. 9–12 und S. 19–44.

11 Zu den Symbolfunktionen von Hauptstädten allg. CHARLE/ROCHE, Capitales symboliques, capitales culturelles.

12 JORDAN, Die Neuerschaffung von Paris.

13 BAUER, De Chirico baut.

14 GOETHE, Italienische Reise, S. 130.

15 SUETON, Kaiserbiographien, Aug. 28.

16 VITRUV, Zehn Bücher über Architektur, S. 20: *ut civitas per te non solum provinciis esset aucta, verum etiam ut maiestas imperii publicorum aedificiorum egregias haberet auctoritates.*

17 So ZANKER, Augustus und die Macht der Bilder, S. 161. Zum hauptstädtischen Bauprogramm des Augustus ausführlich ebd., S. 144ff. und S. 157ff. Vgl. auch KOLB, Rom, Kap. IX u. X.

18 Über die Bevölkerungszahl Roms in der Kaiserzeit fehlt es weitgehend an exakten Primärdaten. Es liegen aber methodisch anspruchsvolle Schätzungen vor, etwa auf der Basis der Wohngebäudezahl oder der öffentlichen Getreideversorgung, die allerdings z.T. weit auseinanderklaffen und mit ihren Maxima zwischen 800 000 und 1,2 Mill. liegen (die Sklaven noch nicht eingerechnet); vgl. Topografia e urbanistica di Roma, Teil I, S. 43ff. und 161ff. LUGLI, Urbanistica di Roma, S. 39f., gelangt für die Zeit der größten Ausdehnung Roms im 4. Jahrhundert n. Chr. durch Hochrechnungen und Schätzungen auf der Basis der verfügbaren Daten für den Gebäudebestand zu einer Gesamtbewohnerzahl von „nicht weniger als 1 400 000". KOLB, Rom, Kap. XI, hingegen „erscheint die Annahme von etwa 1 Million Einwohner plausibel" (S. 454). Jüngste Revisionen dieser Berechnungsansätze kommen zu etwas vorsichtigeren Ergebnissen. Tantillo sieht in 700 000 bis 1 Mill. Menschen eine Annahme *del tutto plausibile* für die Einwohnerzahl des spät-kaiserzeitlichen Rom etwa bis zum Beginn des 5. Jahrhunderts n. Chr. und weist darauf hin, dass diese Größenordnung im neuzeitlichen Europa erst wieder von London am Ausgang des 18. Jahrhunderts erreicht wurde; TANTILLO, Gli uomini, le risorse, S. 92. KRAUTHEIMER, Rom, S. 14, nimmt demgegenüber schon für die Zeit Konstantins nur noch ca. 800 000 Einwohner an.

19 Zu Geschichte und Wirkung von Rom-Mythos und Rom-Idee siehe neben GIARDINA/VAUCHEZ, Il mito di Roma, auch die Beiträge von FR. KLINGER, H. HOMMEL, M. FUHRMANN, W. HAMMER, M.SEIDLMAYER und H. RAHNER in KYTZLER, Rom als Idee (dort auch weiterführende Literaturangaben), sowie BONDANELLA, The Eternal City.

20 SENNETT, Fleisch und Stein, S. 114–124.

21 Zu Verlauf und Ausstattung der Mauer vgl. KOLB, Rom, S. 662–667, sowie KRAUTHEIMER, Rom, S. 16f. Eine umfassende analytische Dokumentation und Beschreibung des Bauwerks bietet jetzt MANCINI, Le mura aureliane di Roma.

22 Für das Folgende vgl. KRAUTHEIMER, Rom, S. 28–50.

23 Vgl. A. BERGER, Konstantinopel, die erste christliche Metropole?, in: Konstantin und das Christentum, S. 204–215.

24 Vgl. FRANZ J. BAUER, Von Tod und Bestattung in alter und neuer Zeit, in: Historische Zeitschrift 254 (1992) S. 1–31, sowie PAPENHEIM, *Caput Mundi – Caput Mortuorum.*

25 Vgl. BRANDENBURG, Die frühchristlichen Kirchen Roms, Kap. III. Ebd., S. 41.

26 KRAUTHEIMER, Rom, S. 47.

27 Vgl. GIRARDET, Die Konstantinische Wende, Kap. V und VI.

28 Für das folgende MARAZZI, L'ultima Roma antica, S. 355–359, 366–370, 377f.

29 Vgl. Il. Trionfo dell'Acqua. Acque e Acquedotti a Roma.

30 Marazzi, d'ultima Roma antica, S. 367.

31 Vgl. Vauchez, Roma medievale, Introduzione.

32 Etwa bei Krautheimer, Rom, S. 78.

33 Zum Spolienwesen Esch, Spolien, mit vielen sprechenden Beispielen für alle Grade der Verwertung.

34 Krautheimer, Rom, S. 79.

35 Vgl. Hubert, L'organizzazione territoriale, S. 173f.

36 Abgedruckt bei P. Klopsch (Hg.), Lateinische Lyrik des Mittelalters, Stuttgart 1995, S. 276–283; zu Interpretation und Kontext Rehm, Europäische Romdichtung, Kap. III.

37 Vgl. Giardina/Vauchez, Il mito di Roma, S. 16f..

38 Ebd., S. 35. Kurzinformation zu den ‚Mirabilia Romae' in: Die deutsche Literatur des Mittelalters: Verfasserlexikon, Bd. 6 (2. Aufl.) 1987, Sp. 602–611; grundlegend und erschöpfend zu dieser komplexen Gattung und ihrer unübersichtlichen Überlieferungsgeschichte jetzt Miedema, Die *‚Mirabilia Romae'*.

39 Vgl. Brandenburg, Die frühchristlichen Kirchen Roms, S. 167ff., 176ff., 200ff.

40 Krautheimer, Rom, S. 58 (Zitat) sowie für das Folgende S. 212f. und 217.

41 Vgl. Sanfilippo, Le tre città, Kap. II.

42 Krautheimer, Rom, S. 253.

43 Vgl. zusammenfassend Gualandi, „Roma resurgens".

44 Über den intensiven Dialog der rinascimentalen Eliten Roms mit der Antike vgl. den Beitrag von Franzoni, „Urbe roma in pristinam formam renascente".

45 So B. Sacchi, genannt Platina, in seiner 1480 publizierten Biographie Martins V.: *Urbem Romam adeo diruptam et vastam invenit, ut nulla civitatis facies in ea videretur. Collabentes vidisses domos, collapsa templa, desertos vicos, cenosam et oblitam urbem, laborantem rerum omnium caritate et inopia. Quid plura? nulla urbis facies, nullum urbanitatis indicium in ea videretur. Dixisses omnes cives aut inquilinos esse, aut ex extrema omnium hominum fece eo commigrasse.* Platynae Historici Liber de vita Christi ac omnium pontificium, hg. von G. Gaida, S. 310.

46 Topografia e urbanistica di Roma, S. 352.

47 Vgl. Kennedy, The Contribution of Martin V, sowie ‚Alle origini della nuova Roma'.

48 Vgl. Paschini, Roma del Rinascimento, S. 117f.

49 Vgl. Pinelli, Roma del Rinascimento, S. XXIIf., und Gualandi, „Roma resurgens", S. 128–135.

50 Zum Ponte Sisto U. Schwarz in: Quellen und Forschungen aus italienischen Archiven und Bibliotheken 71, S. 340–395, und allg. zu Martin V. der Sammelband ‚Alle origini della nuova Roma'. Auch der Bau der Sixtinischen Kapelle im Vatikan geht auf Sixtus IV. zurück. Sie bleibt hier indes außer Betracht, weil sie im äusseren Stadtbild nicht in Erscheinung tritt. Ihre spektakuläre Ausmalung durch Michelangelo erfolgte im übrigen erst unter Julius II.

51 Gualandi, Roma resurgens, S. 137–140.

52 Dazwischen eingestreut – so etwa im Tiberknie um S. Agostino und S. Luigi de'Francesi, aber auch um SS. Apostoli – finden sich aristokratische Subzentren, bestehend aus den Palastburgen der großen Familien und den Behausungen ihrer Klienten und Handwerker, die sich darum herumlagern – eine für Rom teilweise bis in die heutige Zeit charakteristische Siedlungsstruktur.

53 Topografia e urbanistica di Roma, S. 362–366.

54 Vgl. Tönnesmann, Kleine Kunstgeschichte Roms, S. 89–116.

55 Esch, Ein Gang durch das Rom der Hochrenaissance, vermittelt davon einen plastischen Eindruck.

56 Dies betont zu recht Birindelli, Roma italiana, S. 12.

57 Vgl. Visceglia, La città rituale, Kap. IV.1: „Aspettandosi da un papa un imperatore": il trionfo di Carlo V, bes. S. 193f. Diese Streckenführung ist nicht zu verwechseln mit der von Norden (vom etruskischen Veji) nach Rom hineinführenden *via triumphalis* der Antike, vgl. Lexicon Topographicum V, S. 147. Sie wurde aber bis zum Kapitol dann im wesentlichen wiederaufgenommen in der *via trionfale* Mussolinis, vgl. Bauer, Roma Capitale, S. 175.

58 Vgl. dazu mit vielen krassen Beispielen Paschini, Roma nel Rinascimento, S. 6–9, und Pecchiai, Roma nel Cinquecento, S. 410–414.

59 Mailand 1957; in deutscher Übersetzung 1961.

60 Topografia e urbanistica di Roma, S. 405ff.

61 Gualandi, Roma resurgens, S. 153ff.

62 Von dem zu Recht als ‚pharaonisch' bezeichneten städtebaulichen Werk, das Sixtus V. mit visionärer Energie in unvorstellbar kurzer Zeit realisierte, konnten hier nur die urbanistisch bedeutsamsten Elemente vorgestellt werden. Für viele weitere Merkzeichen, die bis heute das Bild Roms prägen, ist auf die reiche kunst- und architekturgeschichtliche Literatur zur epochalen Leistung dieses Papstes zu verweisen, die zuletzt aus Anlass des 400jährigen Pontifikatsjubiläums erschienen ist, so etwa Simoncini, „Roma restaurata".

63 Zum Fortwirken der von Sixtus V. gelegten urbanistischen Struktur in späteren Entwicklungsphasen Roms Guidoni, L'urbanistica di Rom, Kap. IV.

64 Zu Rom in der Barockzeit und im 18. Jahrhundert exemplarisch die Beiträge von M. Gori Sassoli, M. Gargano und G. Curcio in: Ciucci, Roma moderna.

65 Treitschke, Cavour, S. 378f.

66 Vgl. die Beispiele bei Altgeld, Das Ende des Kirchenstaates.

67 Galasso, La capitale inevitabile.

68 Vgl. Bauer, Roma e Berlino.

69 Von der „natürlichen" Hauptstadt sprach beispielsweise auch General Cadorna, der im Spätsommer 1870 die militärische Anschlussoperation des italienischen Heeres befehligte; Cadorna, La liberazione di Roma, S. 14 und passim.

70 G.P. Brunetta, Cent'anni di cinema italiano, Bd. 1, Rom-Bari 1995, S. 1f.

71 Vgl. Verrucci, Il XX settembre.

72 Die Rivalität gerade mit Mailand hielt über die Hauptstadterhebung Roms hinaus bis in unsere Tage an; eine eingehende historische Analyse des Verhältnisses beider Städte bietet jetzt Bartolini, Rivali d'Italia.

73 Einen differenzierten Überblick über die Ausfächerungen der Rom-Idee im national-italienischen Diskurs des 19. Jahrhunderts bieten Treves, L'idea di Roma, sowie Chabod im 2. Kap. des 1. Teils seines Standardwerks *Storia della politica estera italiana.*

74 Vgl. Caracciolo, Roma Capitale, Kap. 1.3.: Una città ‚neutrale'; Zitat S. 47.

75 *Roma è la sola città d'Italia che non abbia memorie esclusivamente municipali; tutta la storia di Roma dal tempo dei Cesari al giorno d'oggi è la storia di una città la cui importanza si estende infinitivamente al di là del suo territorio, di una città, cioè, destinata ad essere la capitale di un grande Stato.* Cavour, Discorsi Parlamentari, Bd. XV, S. 482f.

76 Zum aktuellen Stand der Diskussion über den ideellen Einfluss Mazzinis vgl. die aus Anlass seines 200. Geburtstages erschienenen Beiträge von A. Scirocco, M. Millozzi, N. Dell'Erba und M. Ingrassa in: Rassegna Storica del Risorgimento, 92. Jg., H. 4, Okt.-Dez. 2005.

77 Vgl. Bartolini, Roma nella scuola degli italiani.

78 Die ganze Breite unterschiedlicher Haltungen zur Rolle Roms im Kontext der nationalen Einigung Italiens wird aufgefächert bei Aquarone, Le forze politiche italiane e il problema di Roma.

79 Die italienische Literatur zur Geschichte des Risorgimento als des großen Gründungsepos des modernen Italien ist inzwischen längst ins Unüberschaubare gewachsen. Einen ersten Einstieg für den deutschen Leser ermöglicht der Beitrag von Wolfgang Altgeld in: Kleine italienische Geschichte, Stuttgart 2002, S. 257–324. Zum Revolutionsjahr 1848/49 in Italien siehe Dipper, Revolution und Risorgimento.

80 Einen kritischen Überblick über die in den letzten Jahrzehnten zur Römischen Republik von 1849 erschienene Forschungsliteratur gibt De Nicolò, Gli studi sulla Repubblica Romana negli ultimi cinquanta anni, in: Rassegna Storica del Risorgimento, anno LXXXVI, Numero speciale per il 150° anniversario della Repubblica Romana del 1849, Rom 2000, S. 115–150. In diesem Band, der die Ergebnisse zweier Tagungen des Jahres 1999 dokumentiert, finden sich auch weitere Studien zu zahlreichen Aspekten dieses historischen Komplexes.

81 Ara, La fase liberale e riformatrice di Pio IX.

82 Aus der Sicht der europäischen Hauptmächte beleuchtet in: ‚Il problema di Roma nella politica europea'.

83 Sehr aufschlussreich der persönliche Brief Napoleons an den italienischen König vom 12. Juli 1861, in dem der Kaiser seine Reserve gegenüber der allzu schnell erfolgten staatlichen Einigung Italiens offen aussprach und die Gründe darlegte, die ihn bestimmten, auch weiterhin zum Schutz des Papstes französische Truppen in Rom zu belassen; DDI I, Bd. I, Nr. 212.

84 Mazzini, Ai Giovani d'Italia, S. 720f.

85 Cavour am 25. März 1861 in der Abgeordnetenkammer, Cavour, Discorsi Parlamentari, Bd. XV, S. 481. Dazu allgemein auch Ghisalberti, L'idea di Roma Capitale nel Risorgimento, S. 672f.

86 Cavour, Discorsi Parlamentari, S. 484. Cavours Haltung und Politik in der römischen Frage ist bis ins kleinste dokumentiert in den beiden Bänden von ‚La questione romana negli anni 1860–1861'.

87 Text des Vertrages zwischen Italien und Fankreich vom 15. September 1864 mit erläuternder Begleitnote gleichen Datums des italienischen Gesandten in Paris, Nigra, an Außenminister Visconti Venosta siehe DDI I, Bd. V, Nrr. 225 u. 226. Die Motive der italienischen Regierung und die Hintergründe ihrer Entscheidung für den Abschluss der September-Konvention werden transparent in folgenden Dokumenten desselben Bandes: Nrr. 197, 206, 207, 215, 217, 222, 243, 250. Für die französische Interessensicht und Argumentation vgl. Rey, Turin, Florence ou Rome.

88 DDI I, Bd. IX, Nrr. 462, 471, 472.Vgl. auch die minutiöse Chronik der Krise von 1867 bei Cadorna, La liberazione di Roma, S. 20–31.

89 Berichte des italienischen Gesandten in Paris, Nigra, an Ministerpräsident und Außenminister Menabrea, vom 6. und 7. Dezember 1867, DDI I, Nrr. 655 und 660. Die Antwort des Ministerpräsidenten vom 10. Dezember 1867 spiegelt die niederschmetternde Wirkung der Rede Rouhers in Florenz, ebd. Nr. 671.

90 Zum Konflikt zwischen König und Regierung Di Nolfo, Monarchia e governo.

91 Entscheidungsgang und Entscheidungsstand der italienischen Politik in dieser außen- wie innenpolitisch höchst kritischen Phase werden offengelegt in einer Note des italienischen Außenministers Visconti Venosta an den Gesandten in Paris, Nigra, vom 29. August 1870, DDI I, Bd. XIII, Nr. 582. Der entscheidende Satz in Bezug auf Rom lautete: „Nicht nur die Garibaldiner, sondern die öffentliche Meinung generell spüren, dass die aktuellen Ereignisse eine Gelegenheit bieten können, welche Italien ergreifen müsste, und dass Bedingungen wie die gegenwärtigen sich vielleicht in fünfzig Jahren nicht mehr darbieten." [Übers. d. Verf.]

92 Erklärung Sellas im Senat vom 24. August 1870, in: Sella, Discorsi parlamentari, Bd. 1, Rom 1887, S. 191f.

93 Zirkularnoten des italienischen Außenministers an die italienischen Vertreter bei den europäischen Mächten vom 29.8. und 7.9.1870, DDI I, Bd. XIII, Nr. 580 und 681. Dem italienischen Gesandten in Paris erklärte der französische Außenminister Favre noch am Abend des 7. Septembers, „il lui semble préférable de laisser agir le Gouvernement du Roi [Vittorio Emanuele, d. Verf.] et de ne pas engager l'action et l'opinion publique de la France"; Bericht des Gesandten Nigra an Außenminister Visconti Venosta, 8.9.1870, DDI I, Bd. XIII, Nr. 700.

94 Der Brief des Königs ist im Wortlaut abgedruckt in DDI I, Bd. XIII, Nr. 693. Zur Aufnahme des Briefes durch den Kardinalstaatssekretär Antonelli und Pius IX. siehe Martina, Pio IX (1867–1878), S. 238.

95 Für die politischen Vorbereitungen und militärischen Operationen im Zusammenhang mit der Einnahme Roms vgl. Cadorna, La liberazione di Roma, sowie Calogero, Le operazioni militari. Eine faktenreiche und farbige Schilderung der politischen und militärischen Aktionen in deutscher Sprache gibt Seibt, Rom oder Tod; mit dem Buch Seibts liegt auch eine gut lesbare Darstellung der Gesamtproblematik der ‚römischen Frage' vor, so dass wir uns hier auf die Grundzüge der Entwicklung beschränken konnten, die Rom zur Hauptstadt Italiens machte. Auf die bei Seibt verzeichnete reiche Erinnerungsliteratur, die aus der Feder von Teilnehmern der römischen Kampagne von 1870 vorliegt, kann an dieser Stelle nur hingewiesen werden.

96 In dem persönlichen Handschreiben des Papstes an General Kanzler, den Befehlshaber der päpstlichen Truppen, vom 14. September 1870 hieß es: „In quanto alla durata della difesa sono in dovere di ordinare che questa debba unicamente consistere in una protesta atta a constatare la violenza, e nulla più: cioè di aprire le trattative per la resa appena aperta la breccia [...]". Martina, Pio IX (1867–1878), S. 240.

97 Der Bericht von Giuseppe Guerzoni erschien 1870 in der Nuova Antologia unter dem Titel *L'ultima spedizione di Roma. Ricordi di un volontario*; wieder abgedruckt in: XX settembre 1870. Tre testimonianze, hg. von Rodolfo De Mattei, Rom 1972, S. 33–62, Zitat S. 35.

98 Bartoccini, Roma nell'Ottocento, S. 62f., und Dies., Il problema di Roma Capitale e i Romani, S. 598f.

99 Vgl. Lavedan, Histoire de l'Urbanisme, S. 43, in dem Kapitel mit dem bezeichnenden Titel ‚Napoléon Ier urbaniste'..

100 Unübertroffen zu dieser faszinierenden Episode der römischen Geschichte ist in seinem Materialreichtum das Werk von Madelin, La Rome de Napoléon. Hervorragend, nicht nur wegen seiner Illustrationen, auch La Padula, Roma e la regione nell'epoca napoleonica.

101 Für die kurze, aber intensive Phase napoleonischer Rom-Planung und Rom-Politik vgl. auch zu den im folgenden nur angerissenen Einzelaspekten Bartoccini, Roma nell'ottocento, S. 98–107; Brice, La Roma dei „francesi"; Boutry, La Roma napoleonica; Nardi, La prefettura romana e la politica napoleonica; Guidoni, L'urbanistica di Roma, Kap. V, S. 177–209, sowie Ders., La politica urbanistica a Roma (1809–1814). Aufschlussreich auch Insolera, Roma moderna, S. 319–335.

102 Trotz seiner kurzen Dauer von nur fünf Jahren in der Tat „eines der interessantesten Kapitel der Rom-Urbanistik" (Topografia e urbanistica di Roma, S. 473). Brice (a.a.O. S. 365f.) und Guidoni (a.a.O. S. 429f.) warnen davor, das napoleonische Intermezzo zu einseitig unter dem Aspekt eines revolutionären Bruchs zu sehen und verweisen auf mannigfaltige personelle wie stilistische Kontinuitäten sowohl zum Pontifikat von Pius VI. wie zur Restaurationszeit.

103 Vgl. Madelin, La Rome de Napoléon, 3. Buch, Kap. VI. Der Rapport Tournons wird in seinen wichtigsten Elementen wiedergegeben in: ‚Topografia e urbanistica di Roma', S. 537–540.

104 Die beiden diesbezüglichen Dekrete Napoleons vom 27. Juli und vom 9. August 1811 sowie weitere Dokumente abgedruckt bei La Padula, Roma e la regione nell'epoca napoleonica, S. 221ff.

105 Lavedan, Histoire de l'Urbanisme, S. 46f.

106 Zum Umgang mit den Antiken im Rom des 18. Jhs. vgl. Pasquali, Roma antica: memorie, materiali, storia e mito.

107 Dass die Franzosen – durchaus in einem immanenten Widerspruch zu ihren römischen Absichten – viele gerade der wertvollsten Fundstücke nach

Paris schickten, um damit die Pariser Museen zu bestücken, soll hier nicht verschwiegen werden.

108 Vgl. Marino, Cultura archeologica e cultura architettonica a Roma nel periodo napoleonico.

109 Vgl. Buonora, L'incameramento dei beni dei conventi romani.

110 La Padula, Roma e la regione nell'epoca napoleonica, S. 131f.

111 So Brice, La Roma dei ‚francesi', S. 369.

112 ‚Topografia e urbanistica di Roma', S. 479–482.

113 Zu den Phasen und Problemen der sog. Restaurationszeit im einzelnen s. Boutry, La Restaurazione.

114 Ebd., S. 393ff.

115 Vidotto, Roma contemporanea, S. 14f. Zur in Rom traditionell staatlich regulierten und subventionierten Versorgung der Bevölkerung mit Grundnahrungsmitteln s. Bartoccini, Roma dell'Ottocento, S. 183–190.

116 Auch wenn der sperrige und allzu einschränkende Titel dies nicht erkennen lässt, liegt uns mit dem Buch von Ch. Weber, Kardinäle und Prälaten, eine umfassende sozialgeschichtliche Analyse der stadtrömischen Gesellschaft in der ersten Hälfte des 19. Jahrhunderts vor, auf die wir uns auch im weiteren immer wieder stützen; vgl. des weiteren Pescosolido, Il mondo economico romano e la sfida della modernizzazione, und Travaglini, Ceti, politiche e conflitti sociali.

117 Monsagrati, Roma nel crepuscolo del potere temporale, S. 1025.

118 Einer bei Weber, Kardinäle und Prälaten, S. 74, abgedruckten Tabelle über die soziale Zusammensetzung der Stadt Rom im Jahre 1845 lassen sich bei einer Gesamteinwohnerzahl von 170 700 etwa folgende Gruppenstärken entnehmen: über 6000 Kirchenleute jeglicher Art (von den 56 Kardinälen, Erzbischöfen und Bischöfen bis herab zu den mehr als 4000 Ordensleuten), knapp 6000 *nobili e possidenti*, 10 562 Angehörige des Bürgertums in seinen verschiedensten Kategorien (einschließlich der in Rom traditionell zahlreichen Künstler), 43 400 Angehörige des Kleinbürgertums, v. a. Ladenbesitzer und Handwerker; der größte Teil der restlichen Kategorie, knapp 105 000 Personen, die in ihrem genaueren sozioökonomischen Status schwer zu erfassen sind, gehören dem sog. ‚niederen Volk' an. Rechnet man aber die hier im ‚Kleinbürgertum' zusammengefassten bescheidenen Existenzen noch hinzu, so ist man nicht mehr weit entfernt von den oben genannten 90 % der Gesamtbevölkerung.

119 Harry Graf Arnim an Bundeskanzler Bismarck, 15. 12. 1870, in: Miko, Das Ende des Kirchenstaates, Bd. 3, Nr. 2841.

120 Vgl. Bauer, Wie ‚bürgerlich' war der Nationalstaat?

121 Eine differenzierte soziographische Analyse des römischen Bürgertums bietet Weber, Kardinäle und Prälaten, Teil I, 2. Kap.

122 Sanfilippo, La costruzione di una capitale, Bd. 1, S. 38f.

123 Zu den *mercanti*, ihrer Stellung und ihrer Funktion im römischen Wirtschafts- und Sozialgefüge vgl. Sombart, Die römische Campagna, S. 65–83, sowie Weber, Kardinäle und Prälaten, S. 59–70.

124 Die genealogische Verflechtung dieser 60 Familien untereinander war so eng, dass nach Sombart, Die römische Campagna, S. 59, „der gesamte römische Adel gleichsam nur e i n Baum ist, mit vielen kraus durcheinander laufenden Ästen, [...], e i n e große Familie, die in der Anzahl ihrer Mitglieder unvariabel ist".

125 „Riche ou pauvre, un prince romain est forcé de tenir son rang. Paraître est le premier des ses devoirs. Il faut que la façade du palais soit réparée, que les appartements de réception aient grand air, que la galerie n'exite point par son délabrement la compassion des étrangers. Il faut que les laquais soient nombreux, que les livrées ne manquent pas de galon, que les carrosses soient peints à neuf et les chevaux bien nourris, le maître dût-il retrancher un plat de son diner. Il faut que les clients de la maison soient assistés en cas de besoin et que les mendiants bénissent la générosité du seigneur. Il faut que la toilette de monsieur et de madame soit non-seulement élégante, mais riche: car enfin la noblesse ne doit pas être confondue avec le *mezzo ceto*. [...] Si l'on manquait á quelqu'une de ces obligations, on tomberait au rang des seigneurs déchus, *caduti*, qui se chachent et se font oublier." About, Rome contemporaine, S. 212.

126 Nisco, Roma prima e dopo del 1870, S. 19f.

127 Die Zahlen bei Bartoccini, Roma nell'Ottocento, S. 84.

128 Edmond About, Rome contemporaine, Paris 1861; für das vorangehende Zitat s. Negro, Seconda Roma, S. 49.

129 Sombart, Die römische Campagna, S. 5.

130 Neben den bedeutenden älteren Werken zum *Agro Romano* von W. Sombart, Die römische Campagna, und Tomassetti, La Campagna Romana, liegt uns mit Bortolotti, Roma fuori le mura, eine neuere Darstellung vor, die sich nicht nur durch hohen Informationsgehalt, sondern auch durch vorzügliche Illustrationen auszeichnet. Dort finden sich auch weiterführende bibliographische Verweise. Reich an dichten Impressionen auch das Kap. *La Campagna* bei Negro, Seconda Roma.

131 Sombart, Die römische Campagna, S. 52–57. Im späten 18. Jahrhundert waren von den 205 000 ha der *Campagna Romana* 126 000 ha im Besitz von

13 Familien und 64 000 ha im Besitz von kirchlichen Körperschaften gewesen; vgl. WEBER, Kardinäle und Prälate, S. 13.

132 Vgl. BRILLI, Reisen in Italien, hier v.a. das Kap. Die romantische Wiederentdeckung Italiens, S. 69–79. Grundsätzlich auch ELISABETH u. JÖRG GARMS, Mito e realtà di Roma nella cultura europea, Kap. 3. Illuminismo, rivoluzione e Restaurazione.

133 TAINE, Voyage en Italie, Bd. I, S. 122.

134 CHARLES DICKENS, American Notes and Pictures From Italy, London 1903, S. 317f. [Übers. d. Verfs.]

135 Das Grabes- oder Todesmotiv in Bezug auf Rom kursierte in der Schlussphase der päpstlichen Herrschaft in unzähligen, mehr oder minder makabren Varianten bis hin zur ‚Mumie' (so etwa Ferdinand Gregorovius) und zum ‚verwesenden Leichnam', vgl. MONSAGRATI, Roma nel crepuscolo del potere temporale, passim.

136 Zit. bei BIRINDELLI, Roma italiana, S. 6.

137 TAINE, Voyage en Italie, Bd. I, S. 327 [Übers. d. Verf.].

138 Vielfältige Beispiele an zeitgenössischen Äußerungen bietet NEGRO, Seconda Roma, in den Kapiteln *Fascino e repulsione* und *Una metropoli paesana*.

139 GREGOROVIUS, Geschichte der Stadt Rom im Mittelalter. Vom V. bis zum XVI. Jahrhundert.

140 GREGOROVIUS, Römische Tagebücher, Eintrag vom 10. 11. 1852, S. 45. Das unten folgende Zitat ist dem Eintrag vom 11. 5. 1859 entnommen, ebd., S. 79.

141 TALAMO, Die römische Gesellschaft zur Zeit von Gregorovius, S. 217.

142 BIRINDELLI, Roma italiana, S. 6f.

143 Vgl SANFILIPPO, La costruzione di una capitale, Bd. 1, S. 22ff. und 33ff.

144 Topografia ed urbanistica di Roma, S. 482–488.

145 Vgl. ASCARELLI, Ferrovie e tramvie, und INSOLERA, Roma, S. 381f. mit detaillierten Informationen der Streckenführung der ersten römischen Eisenbahnen, sowie SANFILIPPO, La costruzione di una capitale, Bd. 1, S. 82. An den genannten Stellen finden sich auch Abbildungen des Bahnhofs mit seiner großen Gleishalle in Eisenkonstruktion und den beiden flankierenden Steinbauten im Stil der Neo-Renaissance, der bis auf kleinere Änderungen in dieser Form Bestand hatte, bis 1938 mit dem heute existierenden Neubau begonnen wurde.

146 Vgl. LAI, Finanze e finanzieri vaticani, S. 71ff.

147 *L'Italia [...] si rovescia nella sua capitale*: BOITO, Il monumento, S. 270.

148 SANFILIPPO, La costruzione di una capitale, Bd. 1, S. 27, und INSOLERA, Roma, S. 366 Sp. 2.

Zu Teil II: Die Hauptstadt Rom und das liberale Italien, S. 76–196.

1 Vgl. BARTOCCINI, La „Roma dei Romani", Introduzione.

2 Frei übersetzt etwa: *Egal, ob Frankreich oder Spanien herrscht – Hauptsache ist, man hat zu essen!*

3 TAINE, Voyage en Italie, Bd. I, Kap. ‚La Société'.

4 Diese in ihrer Schärfe schwerlich zu überbietende Philippika gegen die Gesellschaft des vor-unitarischen Roms findet sich in dem 1895 verfassten Vorwort CARDUCCIS zu UGO PESCI, Come siamo entrati in Roma, S. 8f. [Übers. d. Verf.]

5 Beispielhaft die Schilderungen bei PESCI, Come siamo entrati in Roma, Kap. VII u. VIII, und DE AMICIS, Roma Capitale, S. 23–53 passim.

6 DE AMICIS, Roma Capitale, S. 95–107 (‚Una mattinata all'albergo').

7 Vgl. die Erinnerungen des mit der Überwachung des Vatikans beauftragten hohen Polizeibeamten der italienischen Regierung MANFRONI, Sulla soglia del Vaticano, Bd. 1: 1870–1878.

8 Vgl. die Berichte des preußischen Gesandten Arnim und des bayerischen Gesandten Cetto vom 3.10. und 8.10.1870, MIKO, Das Ende des Kirchenstaates, Bd. III, Nrr. 2473 und 2516.

9 PERODI, Roma italiana, S. 51ff.; PESCI, Come siamo entrati, Kap. X.; VIDOTTO, Roma contemporanea, S. 38.

10 Zu den politischen Aspekten sei noch einmal auf die farbige Darstellung von SEIBT, Rom oder Tod, verwiesen.

11 Vgl. die Chronik bei PERODI, Roma italiana, S. 65f., sowie grundsätzlich BARTOCCINI, Quintino Sella e Roma.

12 Vgl. Berichte des österreichischen Gesandten bei der Regierung in Florenz, Kübeck, vom 22.10.1870 und seines bayerischen Kollegen, Doenniges, vom 19.11.1870, MIKO, Das Ende des Kirchenstaates, Bd. III, Nrr. 2593 und 2727.

13 Wie PESCI, Come siamo entrati, S. 170ff., berichtet, gab vor allem der Besuch Sellas den Römern Gelegenheit, ihre Forderungen nach dem baldigen Erscheinen des Königs vorzutragen.

14 Vgl. den Bericht des preußischen Gesandten beim Vatikan, Arnim, vom 11.11.1870, und des bayerischen Gesandten in Florenz, Doenniges, vom 31.12.1870, MIKO, Das Ende des Kirchenstaates, Bd., 3, Nrr. 2682 und 2899.

15 Zum Hintergrund die Berichte der Gesandten Arnim und Kübeck vom 14., 16. und 19.11.1870, MIKO, Das Ende des Kirchenstaates, Bd., 3, Nrr. 2696, 2707 und 2726.

16 Vgl. CHABOD, Storia della politica estera italiana, S. 307ff., mit sehr kritischen Urteilen über einen römischen Hang zur großen, auch überzogenen Festesgeste, sowie TOBIA, Una patria per gli Italiani, Kap. 1.

17 PESCI, Come siamo entrati, S. 207–215. Es war – mit einem Wasserstand von 17,22 m beim Hafen Ripetta – das schwerste Hochwasser seit 1637 und das letzte dieses Ausmaßes: DI MARTINO/BELATI, Qui arrivò, S. 129ff.

18 Vgl. DDI, 2ª serie, vol. I, Dok. Nr. 773, insbes. Fn. 2 und 3.

19 PERODI, Roma italiana, S. 78.

20 Arnim an Bundeskanzler Bismarck, 3. 1. 1871, MIKO, Das Ende des Kirchenstaates, Bd. IV, Nr. 2909.

21 Diese Sichtweise wurde auch kanonisiert in der Erinnerungstafel, die man an der Fassade des Kapitols anbrachte, vgl. Fig. 62 in: DI MARTINO/BELATI, Qui arrivò, S. 132.

22 „Ainsi tombent d'elles-mêmes", hatte der Gesandte Kübeck unter dem Datum des 30. 12. 1870 anspielungsreich an seinen Außenminister Beust geschrieben, „pour ne pas dire dans l'eau, les considérations de convenances et d'étiquette qui avaient si fortement préoccupé la Cour et le public [...]; ainsi est tombée inopinément la question plus grave, si l'arrivée du Roi ne serait pas le signal du départ du Pape." MIKO, Das Ende des Kirchenstaates, Bd. III, Nr. 2892.

23 Schon am 28. 9. 1870 hatte Ministerpräsident Lanza den Militärstatthalter Cadorna angewiesen, alles zu tun, um den Papst von einem Auszug aus Rom abzuhalten: „Geben Sie alle Versicherungen, daß seine Freiheit und Unabhängigkeit respektiert werden. Sollte er sich dennoch nicht umstimmen lassen, so bitten Sie ihn, in einer Weise abzureisen, die nicht nach Flucht aussieht. [...] Vielleicht könnte auch eine Abordnung von Notabeln, die den Papst zu bleiben bittet, hilfreich sein." DDI II, Bd. 1, Nr. 103.

24 Die erste Strophe des berühmten, von Carducci auf den 12. 11. 1871 datierten *Canto dell'Italia che va in Campidoglio* lautet: *Zitte, zitte! Che è questo frastuono/ Al lume della luna?/ Oche del Campidoglio, zitte! Io sono/ L'Italia grande e una*; GIOSUÈ CARDUCCI, Edizione Nazionale delle Opere, Bd. III, Bologna 1957, S. 85–88. Eine gelungene deutsche Übersetzung des Gedichts findet sich in: GIOSUÈ CARDUCCI, Gesammelte Gedichte, Zürich o. J., S. 94–96.

25 ORIANI, La lotta politica in Italia, S. 678.

26 Gesetz vom 3. 2. 1871 betr. *Trasferimento della Capitale del Regno da Firenze a Roma*, abgedruckt bei LUCENTE, La legislazione sul comune di Roma, S. 5ff.

27 Zur Person und zum Wirken Gaddas, der nach seinem schwierigen Amt als königlicher Kommissar für die Hauptstadtverlegung bis 1876 noch die Funktion des Präfekten für Rom innehatte, vgl. DE NICOLÒ, Diplomazia e fermezza.

28 Vgl. den Bericht des Gesandten Bayerns und des Norddeutschen Bundes Tauffkirchen an Bundeskanzler Bismarck über Motive und Rechtsgrundlagen der Expropriationsmaßnahmen, 15. 3. 1871, MIKO, Das Ende des Kirchenstaates, Nr. 2999.

29 Das Umzugsgesetz vom 3. 2. 1871 ermächtigte in Art. 4 die Regierung, in der Stadt liegende Gebäude und Immobilien religiöser Körperschaften bei Bedarf für Hauptstadtzwecke ohne Umstände zu besetzen und zu enteignen; vgl. MELOGRANI, La liquidazione dell'asse ecclesiastico a Roma.

30 Ein detailliertes Verzeichnis der für die Unterbringung der italienischen Staatsorgane und Regierungsstellen beschlagnahmten Immobilien religiöser Körperschaften gibt VANNELLI, Economia dell'architettura in Roma liberale, S. 66.

31 VIDOTTO, Roma contemporanea, S. 56–60.

32 SEIBT, Rom oder Tod, gibt an (S. 212f.), dass mit 400 Umzüglern zunächst nur etwa ein Zehntel der insgesamt 4000 Ministerialbeamten und -bediensteten nach Rom transferiert wurde.

33 Bericht des Umzugskommissars Gadda an Außenminister Visconti Venosta vom 8. 2. 1871, DDI II, Bd. 2, Nr. 143; zum Empfang der Prinzen der Bericht des Adjutanten Cugia an Ministerpräsident Lanza vom 26. 1. 1871, DDI II, Bd. 2, Nr. 88. Vgl. auch BARTOCCINI, Roma nell'Ottocento, S. 482f.

34 Bezeichnend hierfür die Beobachtung im Bericht eines Vertrauten des italienischen Außenministers über eine ausgeprägte Unzufriedenheit in der römischen Mittelschicht, weil viele Existenzen zerstört wurden und viele Familien darunter litten: „Die [italienische] Regierung hat oft eine harte Hand gezeigt, und zwar, was die Sache noch schlimmer macht, nicht einmal so sehr mit den Päpstlichen, die von uns oder vom Vatikan noch rasch in Pension geschickt wurden; sondern mit vielen der Unsrigen oder derjenigen, die sich vom Vatikan lossagten, um unserer Sache zu folgen." Diomede Pantaleoni an Visconti Venosta, 10. 5. 1871, DDI II, Bd. 2, Nr. 428.

35 Zur Stimmungslage in Rom exemplarisch erhellend die in der Tendenz gleichlautenden Berichte des preußischen Gesandten, Arnim, und des österreichischen Botschafters, Trautmannsdorff, beim Heiligen Stuhl vom 3.2. resp. 3. 5. 1871, MIKO, Das Ende des Kirchenstaates, Nrr. 2940 und 3049.

36 Vgl. SEIBT, Rom oder Tod, S. 201f.

37 Das zweiteilige Gesetz vom 13. 5. 1871, veröffentlicht in der *Gazzetta Ufficiale* unter dem Datum

des 15.5.1871, war gehalten im Geist des Kompromisses und der Konzilianz. Es regelte in seinem ersten Teil (Art. 1–13) die Prärogativen des Papstes und des Heiligen Stuhls und im zweiten Teil (Art. 14–19) die Beziehungen zwischen Staat und Kirche; vgl. MARGIOTTA BROGLIE, La legge delle Guarantigie, sowie SEIBT, Rom oder Tod, S. 180–183. – Das Gesetz garantierte die völlige Unabhängigkeit des Pontifex in der Ausübung der spirituellen Autorität des Heiligen Stuhls, listete die unverbrüchlich im Eigentum des Vatikans verbleibenden Gebäude auf und sprach dem Papst eine unbefristete jährliche Rente von 3225000 Lire zu, die in das offizielle Schuldenregister des Königreichs eingetragen wurde. Dieser Betrag entsprach den Einnahmen, welche der Papst vormals als Staatsoberhaupt aus dem Budget des Kirchenstaates gezogen hatte. Da Pius IX. den italienischen Staat als Aggressor verdammte und den katholischen Gläubigen mit dem *Non expedit* die Teilnahme am italienischen Staatsleben untersagt hatte, verweigerte er konsequent auch die Annahme dieser Dotation. Von italienischer Seite war festgelegt, dass die nicht abgerufenen Summen der Dotation nach Ablauf von fünf Jahren verfallen sollten. Die erheblichen Einnahmen aus den Kollekten des Peterspfennigs in den katholischen Ländern erlaubten es aber Pius IX. und seinem Nachfolger Leo XIII. ohne weiteres, auf die italienische Staatsrente zu verzichten und dennoch die Gehälter der ehemaligen Angestellten des Kirchenstaates weiterzuzahlen, und ermöglichten es darüber hinaus Kardinalstaatssekretär Antonelli, in den Jahren von 1870 bis zu seinem Tod 1876 einen erklecklichen Kirchenschatz anzuhäufen; LAI, Finanze e finanzieri vaticani, S. 54–65.

38 PERODI, Roma italiana, S. 105.

39 ORIANI, La lotta politica, S. 682.

40 Tauffkirchen an Ludwig II., 5.7.1871, MIKO, Das Ende des Kirchenstaates, Bd. IV, Nr. 3119.

41 PERODI, Roma italiana, S. 107.

42 CROCE, Storia d'Italia, S. 126.

43 PERODI, Roma italiana, S. 111.

44 Das vielzitierte Wort findet sich gleich am Anfang des ersten Kapitels von Croces 1927 erschienener ‚Storia d'Italia dal 1871 al 1915' (1928 auch in dt. Übers.); zum politischen Kontext dieses wichtigen Buches vgl. F.J. BAUER: Philosophie, Geschichte, Geschichtsphilosophie. Croce, Volpe und die Geschichte des liberalen Italien, in: Quellen und Forschungen aus italienischen Archiven und Bibliotheken 73 (1993), S. 682–695.

45 Fast gleichlautend sprechen Andrea Riccardi und Bruno Tobia diesbezüglich in ihren Beiträgen zu VIDOTTO, Roma Capitale, S. 269ff. und 361ff., von „Le due Rome" und „Le due città". Die in den Figuren des Papstes und des Königs verkörperte politisch-weltanschauliche Bipolarität Roms war fürs erste zweifellos eine Tatsache; andererseits deutet vieles darauf hin, dass sich nach dem fast gleichzeitigen Tod der beiden Protagonisten 1878 die Gegensätze allmählich abgeschliffen haben und in Leben und Erscheinungsbild der Stadt von den dynamischen Prozessen der Modernisierung mehr und mehr überlagert wurden.

46 „Quitter ce séjour paisible pour venir se camper au milieu des ruines de Rome en présence de la Gorgone ecclésiastique est une grande violence que le ministère doit s'imposer." Caetani an Adolphe de Circourt, 23.2.1871, Lettere di Michelangelo Caetani, S. 200.

47 Das Zitat im Wortlaut, aber ohne Quellenangabe und Datierung wiedergegeben bei GIARDINA/VAUCHEZ, Il mito di Roma, S. 196: *Il re di Sardegna è troppo piccola cosa per Roma. Roma, capitale del mondo, dev'essere la sede d'una grande monarchia, o del pontificato.*

48 Wie eng, ja geradezu konstitutiv von jeher mit dem Namen Roms die Topoi von Kraft, Macht und Herrschaft verbunden waren, zeigen HILDEBRECHT HOMMEL, Domina Roma, und ILONA OPPELT, Roma = Ρωμη und Rom als Idee, beide in: KYTZLER, Rom als Idee, S. 31–71 und 72–85.

49 Vgl. die Skizze bei BELARDELLI, CAFAGNA et al., Miti e storia dell'Italia unita, Kap. I: La terza Roma.

50 BAUER, Wie bürgerlich ...?, S. 118ff.; ROMANELLI, Il comando impossibile.

51 Vgl. BAUER, Nation und Moderne, Kap. I; ferner SOLDANI/TURI, Fare gli Italiani. Weitere Beiträge zur Diskussion: GALLI DELLA LOGGIA, L'identità italiana, und ROSATI, Il patriottismo italiano.

52 D'AZEGLIO, I miei ricordi, S. 215, 217, 224f. (Übers. des Verfs.).

53 In freier Übersetzung des Verfs. zit. nach TREVES, L'idea di Roma, S. 95.

54 Vgl. allg. CAMMARANO, Storia politica dell'Italia liberale, 3. Kap.: La ‚prosa' della Destra (1871–1876).

55 PESCI, I primi anni, S. 96f.

56 In der dritten und vierten Strophe seines Gedichts *‚Roma'* vom Herbst 1881 nimmt Carducci den damaligen Premierminister Depretis als ‚Weinhändler' und den ‚Weber' Sella aufs Korn: *Che importa a me se l'irto spettral vinattier di Stradella/mesce in Montecitorio celie allobroghe e ambagi?//e se il lungi operoso tessitor di Biella s'impiglia,/ragno attirante in vano, dentro le reti sue?* In: Edizione nazionale delle opere di GIOSUE CARDUCCI, Bd. IV: Odi Barbare e Rimi e Ritmi, Bologna 1950, S. 30f.

57 Der vielfach zitierten, von Sella selbst überlieferten Anekdote zufolge hatte Mommsen von Sella zu wissen begehrt, was die Italiener mit Rom vorhätten; denn in dieser Stadt könne man nicht sein ohne kosmopolitische Absichten. SELLA, Discorsi parlamentari, Bd. I, S. 292.

58 In freier Übersetzung des Verfs. zit. nach BARTOCCINI, Quintino Sella e Roma, S. 256; zu Sellas Hauptstadtkonzeption auch CHABOD, Politica estera italiana, S. 201–206.

59 Vgl. dazu VERUCCI, L'Italia laica, Kap. II: Lavoro e scienza nelle initiative di educazione popolare, sowie BAUER, Nation und Moderne, Kap. IV: Nationalstaat und Modernisierung.

60 Vgl. QUAZZA, L'utopia di Quintino Sella, Kap. 19.

61 Vgl. GRAMSCI, Gefängnishefte, Bd. 2, H. 2, § 41. Diese Kritik findet sich bei CARACCIOLO, Roma Capitale, der im übrigen (S. 83–90) eine informative Darstellung der wichtigen Rolle Sellas in der Hauptstadtpolitik bietet.

62 Detailliert dazu CARACCIOLO, Roma Capitale, S. 247ff.

63 TORELLI LANDINI, Nathan e il sistema misto, S. 105.

64 Zit. bei CARACCIOLO, S. 298, Fn. 82.

65 Vgl. hierzu auch das abgewogene Urteil bei VIDOTTO, Roma contemporanea, S. 43.

66 Vgl. ULLRICH, Der italienische Liberalismus; ROGARI, Alle origini del trasformismo.

67 Mazzini schrieb dies 1871 in einem Aufsatz zum Thema ‚Politica internazionale' in der Zeitschrift ‚Roma del Popolo', in: Scritti politici editi ed inediti di GIUSEPPE MAZZINI, Bd. XXIX, Imola 1941, S. 167f. DOMENICO SETTEMBRINI, Storia dell'idea antiborghese in Italia 1860–1989, Rom-Bari 1991, S. 57–74, weist darauf hin, dass bei Mazzini bereits manche der Ideologeme angelegt waren, die später zum Kernbestand faschistischer Ideologie gehören sollten.

68 GIARDINA/VAUCHEZ, Il mito di Roma, S. 196ff.

69 Vgl. TREVES, L'idea di Roma, S. 90ff.

70 BIRINDELLI, Roma italiana, S. 27f.; vgl. auch BARTOLINI, Condizioni di vita e identità nazionali, Kap. 3: Romani e italiani: la costruzione della nuova capitale.

71 *Appariva terra bruciata, terra di nessuno, terra di conquista.* BARTOCCINI, Roma nell'Ottocento, S. 509f.

72 Vgl. SERONDE BABONAUX, Roma, Tab. 2, S. 21; FRIZ, Popolazione di Roma, S. 133f. und Tab. XXVII, S 169. In der römischen Bevölkerungsstatistik (so auch bei FRIZ) wird zuweilen unterschieden zwischen der als ansässig registrierten Bevölkerung (*popolazione residente*) und der zum Zeitpunkt der Erhebung insgesamt anwesenden Bevölkerung (*popolazione presente*), wobei in dieser auch temporäre Besucher wie Reisende und Pilger sowie das in Rom stationierte Militär eingerechnet werden. Die im Text genannten Zahlen beziehen sich auf die *popolazione residente*.

73 Vgl. die aufschlussreichen Zahlenreihen für die Stichjahre 1881, 1901 und 1911, die hierzu CARACCIOLO, Roma Capitale, S. 66, Fn. 14 bietet.

74 Ebd., Kap. II: *Fra Nord e Sud.*

75 Eine grobe Skizze der wirtschaftlichen Veränderungen in den ersten Jahrzehnten der Hauptstadtentwicklung gibt der schmale Band ‚Roma Capitale: il commercio dal 1870 al 1911'.

76 Ebd., S. 525.

77 „Pourvu que l'Italie soit satisfaite, il [le ministère] se soucie fort peu que les Italiens soient contents. Cette distinction entre Italie et Italiens doit être attribuée au talent spéculative du ministre Sella", schrieb der Herzog von Sermoneta am 15. 6. 1871 an den Großherzog von Sachsen-Weimar, CAETANI, Lettere, S. 203f.

78 Vgl. CARACCIOLO, Roma Capitale, S. 69, der an dieser Stelle zur Illustration der Klagen über die ausufernde Besteuerung auch ein hübsches Spottgedicht vom Januar 1871 aus der katholischen Zeitschrift *La Frusta* abdruckt.

79 Vgl. BIRINDELLI, Roma italiana, S. 6. Für die ad hoc angeordnete Brotverteilung vgl. die ebd., S. 11, abgedruckte Anordnung der *Reverenda Camera Apostolica* vom 2. 1. 1848. Zur Lage der unteren Volksschichten in der ausgehenden päpstlichen wie dann in der nationalstaatlichen Ära Roms siehe ferner BARTOCCINI, Roma nell'Ottocento, Teil 1, Kap. VI, und Teil 2, Kap. IV und V.

80 Vgl. BIRINDELLI, Roma italiana, S. 30f.

81 Vgl. BARTOCCINI, Roma nell'Ottocento, S. 516ff., und CARACCIOLO, Roma Capitale, S. 68ff.

82 BARTOCCINI, Roma nell'Ottocento, S. 166f.

83 Vgl. SALONE, Una riforma „moderata", wo im Anhang das *Motu Proprio* Pius' IX. auch abgedruckt ist; ebenso bei LA MARCA, La nobiltà romana, Bd. 3, S. 1135–1145.

84 Vgl. allg. ALVAZZI DEL FRATE, Caratteri dell'amministrazione pontificia; CIAMPANI, Municipio capitolino e governo nazionale, S. 40ff.; BARTOLINI, L'amministrazione di Roma, S. 36ff.

85 Ebd., S. 48ff.

86 CIAMPANI, Municipio capitolino e governo nazionale, S. 49.

87 Vgl. BARTOLONI/DE NICOLÒ, Il Municipio anemico, und ALLEGREZZA, L'amministrazione assente.

88 Einen guten Überblick über die kommunale Situation in Rom nach dem 20. September 1870 gibt DESTEFANIS, Sulle vicende municipali di Roma.

89 Vgl. DE NICOLÒ, Città multipla, S. 58ff.

90 Zum Verhältnis von Kommunalautonomie und Staatszentralismus im jungen Königreich Italien grundlegend DE NICOLÒ, La legislazione comunale e provinciale, *passim*.

91 Vgl. den bei LUCENTE, Legislazione, S. IXff., abgedruckten *Elenco dei Sindaci, Commissari, Governatori succedutisi nell'amministrazione capitolina dal 1870*.

92 Vgl. BOCQUET, Rome ville technique, S. 67–71. Allgemein zum Verhältnis von Staat und Gemeindeautonomie im liberalen Italien vgl. ROMANELLI, Il comando impossibile, bes. Kap. 1 und 2.

93 BARTOCCINI, Capitale e Paese, S. 78.

94 Vgl. BARTOCCINI, Quintino Sella, S. 253.

95 BARTOCCINI, Roma nell'Ottocento, S. 478f.

96 *Irrompevano nel 1870 a Roma un nuovo sistema di interessi e di attività, una nuova maniera di produzione e di lavoro*, schreibt Fiorella Bartoccini in ihrer monumentalen Stadtgeschichte (Roma nell'Ottocento, S. 509): *Cominciarono ad arrivare, dal Nord, gli esponenti – piccoli e grandi – del mondo capitalistico, industriale, commerciale*.

97 Vgl. BARTOLINI/DE NICOLÒ, Municipio anemico, S. 245ff.

98 HAUSSMANN, Mémoires, S. 766.

99 Glaubt man BIRINDELLI, Roma italiana, S. 39, so gab es nie zuvor in der Geschichte Europas und in keiner anderen Stadt des Kontinents ein vergleichbares Gesamtvolumen spekulativer Immobiliengeschäfte und ähnlich hohe Spekulationsgewinne auf Grund und Boden wie in Rom in den ersten eineinhalb Jahrzehnten nach Porta Pia.

100 Vgl. MIANO, Figure e voci, S. 28. Zur demographischen Entwicklung vgl. SERONDE BABONAUX, Roma, S. 159ff.

101 Vgl. CARACCIOLO, Roma Capitale, S. 80.

102 Ebd., S. 78f.

103 Vgl. MAZZANTI, I lavori edilizi, S. 21.

104 Vgl. das Standardwerk zum Gesamtkomplex der römischen Bau- und Bodenspekulation von DELLA SETA, I suoli di Roma, hier Kap. 1: La speculazione edilizia alle sue origini.

105 BONADONNA RUSSO, Il primo decennio di Roma italiana, S. 247.

106 Vgl. mit allen Details RACHELI, La città dei ministeri, S. 64f.

107 Vgl. FERRARA, Il trasferimento della capitale a Roma, S. 38f.

108 Über Sellas Engagement für den Hauptstadtausbau und insbesondere für den Neubau des Finanzministeriums informiert detailliert, wenn auch etwas distanzlos QUAZZA, L'Utopia di Quintino Sella, S. 345–353.

109 Zum Gesamtkomplex des Finanzministeriums vgl. ‚Palazzo delle Finanze di Roma Capitale'; PESCI, I primi anni, .S. 96ff.; RACHELI, La città dei ministeri, S. 70; SANTANGELI, Il Ministero delle Finanze; SANFILIPPO, La costruzione di una capitale, Bd. 1, S. 80f.

110 Die beiden Ministerien der Finanzen und des Krieges sind alles, was von Sellas Idee verwirklicht wurde, die zentralen Exekutivorgane des Königreichs entlang der Via XX Settembre unterzubringen und somit hier einen gouvernementalen Gegenpol des säkularen italienischen Staates gegenüber der überwundenen Papstmacht im Vatikan zu installieren. Das Kriegsministerium wurde in drei Phasen auf dem Gelände zweier Nonnenorden (der Unbeschuhten Karmeliterinnen und der Barberinen) errichtet, die dafür zwangsenteignet wurden, und nach 12-jähriger Bauzeit im Jahre 1888 fertiggestellt. Vgl. CUCCIA, Urbanistica, Edilizia, Infrastrutture, S. 62.

111 Hierzu und zur Frage eines spezifischen Nationalstils gerade am Beispiel des Finanzministeriums QUAZZA, L'Utopia di Quintino Sella, S. 348f.; Palazzo delle Finanze di Roma Capitale, S. 95–103; PASQUALI, Tradizione romana.

112 Vgl. RACHELI, La città dei ministeri, S. 63.

113 So CARACCIOLO, Roma Capitale, S. 97.

114 LUGLI, Urbanistica di Roma, S. 128.

115 CARACCIOLO, Roma Capitale, S.100ff.

116 Vgl. INSOLERA, Roma moderna, S. 18.

117 Vgl. WOLFGANG RIBBE (Hg.), Geschichte Berlins, Bd. 2: Von der Märzrevolution bis zur Gegenwart, München 1987, S. 656 u. 662ff. Trotz der evidenten Unterschiede in Stadtstruktur und Ausgangslage weisen die Probleme und Entwicklungen in Berlin und Rom, den beiden ‚gleichzeitigen' Hauptstädten, in dieser Phase erstaunliche Parallelen auf sowohl hinsichtlich der eklatanten „Planungsschwächen" wie auch des Stadtausbaus vorwiegend nach Gesichtspunkten ökonomischer Rentabilität.

118 PINON, Atlas du Paris hausmannien, Kap. II: Le projet de Napoléon III et d'Haussmann pour Paris.

119 KUCK, Sviluppo dell'edilizia popolare e politica della casa, S. 111–114.

120 HALL, Planung europäischer Hauptstädte, S. 7; s. ferner SICA, Storia dell'urbanistica, Bd. II,1: L'Ottocento, Kap. I.5a: Gli strumenti di controllo e pianificacione urbanistica; und FEHL, Öffentlicher Raum, Öffentlichkeit, Städtebau, S. 57–65.

121 Vgl. CARACCIOLO, Roma Capitale, 98f., und ALLEGREZZA, L'amministrazione, S. 138f.

122 Raffaele Canevari (1828–1900), diplomierter Ingenieur, gehörte der schmalen technischen Funktionselite Roms an und war zu päpstlicher Zeit im *Ufficio tecnico* u. a. mit der Planung der Bahnlinie nach Civitavecchia befasst. Neben seinen Vorarbeiten für den *Piano Regolatore* leistete Canevari,

der als enger Vertrauter Sellas galt, wichtige Beiträge zum Hauptstadtausbau durch seine Pläne für den Neubau des Finanzministeriums an der Via XX Settembre und die Kaimauern entlang des innerstädtischen Tiberlaufs. Vgl. MIANO, Figure e voci, S. 30f.

123 Vgl. den bei INSOLERA, Storia del primo piano regolatore, S. 78ff., im Wortlaut abgedruckten Bericht der Kommission vom 22. Juli 1871; ferner CUCCIA, Urbanistica, edilizia, infrastrutture, S. 18.

124 Alessandro Viviani (1825–1903/1905?), wie Canevari gebürtiger Römer, weist in seiner beruflichen Laufbahn deutliche Parallelen zu diesem auf: Auch Viviani war im Eisenbahnbau des Kirchenstaates tätig, und zwar als leitender Ingenieur für den Bau der Strecke Orte-Ancona. Dass er 1848/49 auf seiten der nationalen Revolution gekämpft hatte und danach für einige Zeit ins politische Exil hatte gehen müssen, dürfte seiner Karriere nach 1870 nicht abträglich gewesen sein. Für die Redaktion des *Piano Regolatore* war er nicht nur als Chef des *Ufficio tecnico* prädestiniert, sondern auch durch seine Mitarbeit an den Hauptstadtplanungen von der ersten Stunde an in der 11er-Kommission Camporesis. Die scharfe Kritik Insoleras an Vivianis Generalbebauungsplan – *mediocrissimo piano* – (Roma moderna, S. 28) erscheint aus heutiger Sicht überzogen, denn zum einen war Vivianis Planungsspielraum begrenzt, und zum anderen weiß man heute vorsichtige Urbanisten mit Respekt vor den Leistungen der Vergangenheit deutlich mehr zu schätzen als dies in der Hoch-Zeit des architektonisch-städtebaulichen ‚Brutalismus' der 1960er Jahre der Fall war. Zur Biographie Vivianis vgl. die Skizze bei MIANO, Figure e voci, S. 29f.

125 Vgl. INSOLERA, Storia del primo piano regolatore, S. 80.

126 Zur *Commissione dei Cinque* vgl. ebd., S. 88.

127 Vgl. CARACCIOLO, I sindaci di Roma, S. 8.

128 Über Berührungspunkte und Gemeinsamkeiten zwischen Pianciani und Sella in Bezug auf Rom informiert MAZZONIS, Luigi Pianciani, S. 77–94.

129 PIANCIANI, Diciotto mesi di Amministrazione Municipale, zit. nach MIANO, Figure e voci, S. 28.

130 Die Rede Piancianis ist abgedruckt bei INSOLERA, Storia del primo piano regolatore, S. 87f.

131 Vgl. die bei INSOLERA, Roma moderna, S. 30f., ausführlich zitierte Begründung und Verteidigung Piancianis vor dem *Consiglio comunale* vom 6. Oktober 1873.

132 Vgl. CARACCIOLO, Roma Capitale, S. 92–95, und INSOLERA, Roma moderna, S. 32f., sowie INSOLERA, Storia del primo piano regolatore di Roma, S. 89f., der hier überhaupt die wohl detaillierteste und durch den Abdruck relevanter Quellentexte bestens dokumentierte Darstellung der äußerst komplexen Geschichte dieses Planungsinstruments bietet.

133 Vgl. SANFILIPPO, La costruzione di una capitale, Bd. 1, scheda 1.

134 Zur Problematik der städtischen Finanzen vgl. im Detail TORRI, Indagine sulle finanze, und COLZI, Il Campidoglio e le sue finanze.

135 Herman Grimm berichtet 1886 aus dem Rom des großen Baufiebers, man raune schon von einem bevorstehenden *„krach"*, und auch Émile Zola gebrauchte in seinen Schriften über Rom das deutsche Wort genau in dem gleichen Sinne; s. u. Abschnitt *Fieber und Krisis*.

136 Vgl. BARTOCCINI, Roma nell'Ottocento, S. 527.

137 Für die Hintergründe hier und im folgenden vgl. allg. CARACCIOLO, Roma Capitale, Kap. VI, Pkt.1, sowie CARAVALE, Le leggi speciali per Roma nell'ottocento, bes. S. 135ff.

138 Zum Gesamtprojekt des militärischen Sperrgürtels um Rom detailliert FRANCESCO PAOLO FIORE, Le fortificazioni di Roma Capitale, in: Roma Capitale 1870–1911, Bd. 12: Architettura e urbanistica, S. 152–157; CUCCIA, Urbanistica, edilizia, infrastrutture, S. 64; SANFILIPPO, La costruzione di una capitale, Bd. 1, S. 106; Topografia e urbanistica di Roma, S. 576f.

139 CARAVALE, Le leggi speciali per Roma nell'ottocento, S. 136, bringt den interessanten Hinweis, dass sich eine Reihe jüngerer italienischer Nationalökonomen um Luigi Luzzati der Einsicht geöffnet hatten, dass sich angesichts der strukturellen Rückständigkeit ihres Landes die ökonomische Modernisierung nicht ohne fördernde Eingriffe des Staates würde bewerkstelligen lassen.

140 BONADONNA RUSSO, Il primo decennio, S. 264, Fn. 44; auch BARTOCCINI, Capitale e paese.

141 CIAMPANI, Municipio capitolino e governo nazionale, S. 56ff., und DERS., La convenzione per il concorso dello Stato nelle opere edilizie di Roma, sowie BOCQUET, Rome ville technique, S. 81ff.

142 Zit. bei BARTOCCINI, Quintino Sella, S. 250f.

143 Eine Auflistung der zwischen Staat und Kommmune vereinbarten *Opere edilizie e di ampliamento della Capitale del Regno* findet sich bei VANNELLI, Economia dell'architettura in Roma liberale, S. 63.

144 Das hübsche Epigramm findet sich zitiert bei BONADONNA RUSSO, Il primo decennio, S. 266, Fn. 50; ohne Wiedergabe des Reims, der freilich dem Vers erst seinen Charme gibt, ist er wie folgt zu übersetzen: „Aus dieser Diskussion kann jeder klar ersehen, dass die römische Frage, wie Rom selbst, ewig ist." – Der *Pasquino* ist der Torso einer anti-

ken Marmorfigur in der Via Pasquino/Piazza Pasquino, die im 16. Jahrhundert an der Ecke des Palazzo Orsini (Pal. Braschi) aufgestellt wurde. Der *Pasquino* zählt zu den berühmten ‚sprechenden Statuen' Roms. An ihm wurden (und werden) regelmäßig satirische Spottverse (*pasquinate*) befestigt, in denen man sich aus der Sicht des Volkes auf eine meist recht scharfsinnig-geistreiche Weise über Vertreter der Obrigkeit und sonstige etablierte Autoriäten lustig macht(e). Der Brauch existiert im Prinzip noch heute.

145 Zum Problem fehlender Zentralität als Grundkonstante der italienischen Geschichte vgl. die Skizzen von Ernesto Galli della Loggia, L'identità italiana, Kap. III: Le mille Italie, und Kap. V: L'assenza storica di Stato.

146 Vgl. Banti, Storia della borghesia italiana, Kap. IV: Possedere la terra; Mario Isnenghi, Il ruralismo nella cultura italiana, in: Storia dell'agricoltura italiana in età contemporanea, Bd. III, Venedig 1991, S. 877–910.

147 Vgl. die ausführliche Analyse und Interpretation der parlamentarischen Rom-Debatten des Jahres 1881 bei Vanelli, Lo Stato e le opere edilizie per la Capitale, passim; Tobia, Una patria, S. 19ff.; De Nicolò, Città multipla, S. 64ff.; Vidotto, Roma contemporanea, S. 74ff.; Bartoccini, Capitale e paese, S. 81ff., äußert Skepsis gegen die Annahme einer *schiera guelfo-rural*.

148 Bartoccini, Capitale e paese, misst der Hauptstadtpolitik diesbezüglich eine wichtige Vorreiterrolle für die Entwicklung des nationalen politischen Diskurses zu, wenn sie schreibt: *Dal Campidoglio si diffuse una forma di pretrasformismo che dette un importante contributo allo sviluppo del linguaggio politico nazionale.* S. 79.

149 Vgl. Vidotto, Roma contemporanea, S. 75f.

150 Vgl. De Luca, La ‚metafora sanitaria' nella costruzione della città moderna in Italia, S. 43f.

151 Man spricht daher zumeist im Plural von den *leggi speciali per Roma*, denn dem Gesetz Nr. 209 vom 15.5.1881 folgte zwei Jahre später das Gesetz Nr. 1482 vom 8.7.1883; vgl. Caravale, Le leggi speciali, sowie De Nicolò, Città multipla, S. 66.

152 Vgl. Vannelli, Economia dell'architettura in Roma liberale, S. 50–56; Lugli, Urbanistica di Roma, S. 126ff; Casciato, Lo sviluppo urbano, S. 45f.

153 Vgl. Caracciolo, Roma Capitale, S. 183ff.

154 Vgl. etwa das Verdikt von Massimo Birindelli (Roma italiana, S. 42), einem der unnachsichtigsten Kritiker der Hauptstadtentwicklung, die römischen Generalbaupläne hätten immer nur die Wünsche und Forderungen der großen Baugesellschaften aufgenommen und exekutiert, und das kapitolinische Munizip sowohl in seinen politischen wie in seinen technisch-administrativen Exponenten habe sich zum willigen Werkzeug der Spekulation gemacht.

155 Sanfilippo, La costruzione di una capitale, Bd. 1, S. 48 (Bildlegende).

156 Die *Rioni*, die zum Teil bis ins 4. Jh. n. Chr. zurückreichten, waren zum Zeitpunkt des Anschlusses Roms an das Königreich Italien folgende: I – *Monti*, II – *Trevi*, III – *Colonna*, IV – *Campomarzo*, V – *Ponte*, VI – *Parione*, VII – *Regola*, VIII – *Sant'Eustachio*, IX – *Pigna*, X – *Campitelli*, XI – *Sant'Angelo*, XII – *Ripa*, XIII – *Trastevere*, XIV – *Borgo*. Bis zum Ersten Weltkrieg gab es in dieser Einteilung nur wenige Änderungen: 1874 wurde aus dem *Rione Monti* das Neubaugebiet um den Hauptbahnhof als *Rione XV – Esquilino* ausgegliedert; auch änderte sich mehrfach der Status des *Rione Borgo* – u. a. 1921 durch Ausgliederung eines eigenen *Rione Prati*, ehe dann 1929 infolge des Konkordates zwischen der katholischen Kirche und dem italienischen Staat der Rest des *Rione Borgo* in den völkerrechtlich souveränen Vatikanstaat (*Stato della Città del Vaticano* – SCV) überging; vgl. Roma, Popolazione e territorio, S. 18.

157 Zur sozialräumlichen Segregation durch Quartierbildung vgl. die Beiträge von W. Hardtwig, H. Reif, S. Fisch, B. Fritzsche u. S. Bleek in: W. Hardtwig/K. Tenfelde (Hgg.), Soziale Räume und Urbanisierung. Studien zur Geschichte Münchens im Vergleich, München 1990.

158 Hier und für das Folgende s. Fraticelli, Tipologia e stile dell'abitazione.

159 Vgl. u. a. Bartoccini, Roma nell'Ottocento, S. 764–768, sowie Strappa, Tradizione e innovazione, Introduzione.

160 Nisco, Roma prima e dopo, S. 123; Faldella, Roma Borghese, S. 20 (Übers. d. Verfs.).

161 Pesci, I primi anni, S. 193.

162 Vgl. Bauer, De Chirico baut, S. 333–338.

163 *E davvero, stando sull'Esquilino ti ricordi più di Torino che della classica dimora de'Cesari e de'Papi.* Nisco, Roma prima e dopo del 1870, S. 126f.

164 Für Details zur Gestaltung dieses als parkähnliche Erholungsinsel geplanten Platzgevierts vgl. Sanfilippo, La costruzione di una capitale, Bd. 1, S. 107f.

165 In den letzten Jahren der linksdemokratischen Stadtregierung Veltroni haben sich mit einem gewissen Erfolg Bemühungen bemerkbar gemacht, der Piazza Vittorio Emanuele etwas von ihrer einstigen bürgerlichen Urbanität zurückzugeben.

166 Vgl. Viviani, Relazione intorno al progetto di un Piano Regolatore, S. 85.

167 Vgl. den bei Caracciolo, Roma Capitale, S. 170, Fn. 2, in Auszügen wiedergegebenen Rechenschaftsbericht von Bürgermeister Ruspoli vom Ende des Jahres 1878. Eine detaillierte Aufstellung der von der Kommune von 1871 bis 1879 ausgeführten *Grandi lavori edilizi di ampliamento e bonificamento* in einem Gesamtvolumen von 30,2 Millionen Lire gibt Vannelli, Economia dell'architettura in Roma liberale, S. 42.

168 Pesci, I primi anni, S. 193f. Zum Problem der hohen Mieten Bonadonna Russo, Il primo decennio, S. 252, Fn. 10.

169 Vgl. Ferreti, Comune e privati, S. 201–207.

170 Nisco, Roma prima e dopo, S. 125f.

171 Vgl. Pallottino, Tutela e restauro delle fabbriche, S. 86ff.

172 Gregorovius, Römische Tagebücher, S. 306f.

173 Ebd., 12.1.1873, S. 329. Das vorhergehende Kurzzitat ist vom 18.3.1872, ebd., S. 321.

174 Zu den vielfältigen Aspekten der römischen Existenz Gregorovius vgl. den Sammelband von Esch/Petersen, Ferdinand Gregorovius und Italien.

175 Gregorovius, Römische Tagebücher, 9.6.1875, S. 356f.

176 Zum folgenden Birindelli, Roma italiana, S. 28f., sowie Ragionieri, Italia giudiate.

177 Die Zitate finden sich in der gekürzten Version von Hares zwischen 1896 und 1900 veröffentlichten Memoiren: Hare, In My Solitary Life, S. 22, 42, 272 (Übers. d. Verfs.).

178 W.J. Stillman, zit. bei Birindelli, Roma italiana, S. 30 (Übers. d. Verfs.).

179 Herman Grimm, Die Vernichtung Roms.

180 Lanciani, L'antica Roma, S. 18f. (Übers. d. Verfs.).

181 Gabriele D'Annunzio: Le vergini delle rocce, in: Ders., Prose di romanzi, Bd. 2, Mailand 1989, S. 1–193, hier S. 42f. (Übers. d. Verfs.).

182 Zu den vielfältigen Rom-Bezügen in Leben und Werk D'Annunzios siehe *D'Annunzio a Roma. Atti del Convegno Roma 18–19 maggio 1989*, Rom 1990.

183 Zola, Rome, S. 520 (Übers. d. Verfs.).

184 Gregorovius, Römische Tagebücher, S. 415, 422, 427. Die Briefe an die Akademiepräsidenten sind abgedruckt bei De Seta, Gregorovius und die Polemiken über den Wandel des römischen Stadtbildes, S. 212–216.

185 Grimm, Vernichtung Roms, S. 321f.

186 Vgl. Bauer, Nation und Moderne, Abschnitt IV.

187 Vgl. De Luca, La ‚metafora sanitaria' nella costruzione della città moderna in Italia.

188 Vgl. hierzu Tobia, Una patria, Kap. III.

189 Neben anderen hierzu Petersen, Rom als Hauptstadt, S. 276ff.

190 Zu Abriss und ‚Sanierung' des Ghettos s. Sanfilippo, La costruzione di una capitale, Bd. 1, S. 101–104, sowie Racheli, Demolizione e ricostruzione. Der Neubau der Synagoge, der heute an dieser Stelle die Stadtfront zum Tiber hin dominiert, wurde 1904 fertiggestellt.

191 Gregorovius, Römische Tagebücher, Eintrag vom 31.5.1857, S. 350. Vgl. dazu auch De Seta, Gregorovius und die Polemiken über den Wandel des römischen Stadtbildes, passim.

192 Vgl. Catini, Roma dopo la crisi edilizia, S. 547.

193 Seronde-Babonaux, Roma, S. 44–55; Bauer, Roma Capitale, S. 4f.

194 Vgl. die ausführliche Beschreibung des Straßenprogramms bei Viviani, Relazione intorno al progetto di un Piano Regolatore, S. 84.

195 Zit. bei Miano, Figure e voci, S. 46, Anm. 38.

196 Vgl. Piantoni, I Monumenti di Roma Capitale; umfassend in Information und Illustration hierzu Berggren/Sjöstedt, L'Ombra dei Grandi. Zu grundsätzlichen Fragen politischer Semantik von nationalen Symbolsystemen im öffentlichen Raum s. Bauer, Gehalt und Gestalt in der Nationalsymbolik. Wenig ergiebig Mayer, Mythos und Monument.

197 Vgl. Chabod, Storia della politica estera, S. 284–314.

198 Zu diesem bemerkenswerten Vorgang ausführlich Tobia, Una patria per gli Italiani, Kap. 7.

199 Zit. bei Tobia, L'Altare della Patria, S. 19.

200 Boito, I monumenti a Re Vittorio Emanuele.

201 Die schwierige Entstehungsgeschichte des Nationaldenkmals und die sich wandelnden und einander überlagernden Bedeutungsgehalte, die ihm über die Jahrzehnte hin von Politikern und Publizisten aufgeladen wurden, werden mit allen Details beschrieben bei Tobia, L'Altare della Patria.

202 Eingehende symbolpolitische Analysen verbunden mit einer umfangreichen bautechnischen Dokumentation bieten die beiden von der staatlichen Denkmalsverwaltung herausgebrachten Bände ‚Il Vittoriano. Materiali per una storia'; vgl. darin v.a. die Beiträge von C. Brice, L'immaginario della Terza Roma, und von A. M. Racheli, Un monumento nella città, sowie die Chronologie der Planungs- und Baugeschichte, in Bd. 1.

203 Eine Übersicht über die Gestaltung dieses Platzes in 100 Jahren Hauptstadtgeschichte bietet Vanelli, Piazza Venezia. Analisi morfologica; zur Konzeption des Platzes im Sinne des antiken *cardo-decumanus*-Schemas vgl. Manieri Elia, Roma Capitale, S. 518f.

204 Zur Via Nazionale vgl. Pasquarelli, Le vicende urbanistiche.

205 Diese urbanistische Konzeption war in allen wesentlichen Zügen schon in dem begleitenden Bericht Alessandro Vivianis zum *Piano Regolatore*

von 1873 vorgegeben; vgl. VIVIANI, Relazione intorno al progetto di un Piano Regolatore, S. 85. Eine historische Bestandsskizze der von dem Eingriff betroffenen Zone gibt MARIO SANFILIPPO, L'area del futuro Corso Vittorio Emanuele dal XV secolo al 1870, in: Corso Vittorio Emanuele II tra urbanistica e archeologia, S. 33–40.

206 Treffend beobachtet von RENATO NICOLINI, Corso Vittorio Emanuele: storia dell'asse di Roma Moderna che fu lasciato a mezzo, in: Corso Vittorio Emanuele II tra urbanistica e archeologia, S. 23–32, hier S. 24. Informativ im gleichen Band auch die Beiträge von ALBERTO M. RACHELI, Corso Vittorio Emanuele II: restauro urbano e stile nazionale. Dal Nazionalismo al localismo romano, S. 13–22.

207 So etwa in Topographia e urbanistica di Roma, Teil IV, S. 578.

208 Zu Planungsintention und Ausführung des Corso Vittorio Emanuele vgl. RACHELI, Il tracciato, und DERS., Nuove ricerche.

209 SANFILIPPO, La costruzione di una capitale, Bd. 1, S. 48, sowie ebd. die *schede* 4, 5 und 6.

210 D'Onofrio vertritt die These, der Name Roms (wie der seines Gründers Romulus) leite sich ab von dem des Flusses, an dem es lag, und der neben dem italo-sabinischen Namen *Tiberis* auch den (wohl etruskischen) Namen *Rumon* trug; D'ONOFRIO, Il Tevere, Teil I, Kap. 2.

211 Einen synthetischen Überblick (mit reicher Dokumentation und Illustrierung) über die plurisäkulare Beziehung zwischen der Stadt und ihrem Fluß bietet jetzt SEGARRA LAGUNES, Il Tevere a Roma, S. 17–67.

212 Vgl. Lexicon Topographicum Urbis Romae, Bd. 4, S. 112f.

213 Zur Fluss-Situation im antiken Rom vgl. Art. ‚Tiberis' von M. MAISCHBERGER in: Lexicon Topographicum Urbis Romae, Bd. 5, S. 69–73, sowie KOLB, Rom, S. 84ff. und 209ff., und FILIPPO COARELLI, I santuari, il fiume, gli empori, in: GIARDINA/SCHIAVONE, Storia di Roma, S. 24–47.

214 Zur Verwendung des Tiberwassers als Trinkwasser u. a. D'ONOFRIO, Il Tevere, Teil I, Kap. 10.

215 Exemplarisch zum Abfallproblem MEGNA, „Acque & immonditie del fiume"… .

216 Exemplarisch COLZI, Il Tevere e il commercio del legno a Roma nel XVIII secolo.

217 NEGRO, Seconda Roma, S. 27f.

218 So LUGLI, Urbanistica di Roma, S. 125.

219 Für einen ersten Überblick vgl. ESPOSITO, Le inondazioni del Tevere tra tardo Medioevo e prima età moderna, und ENZI, Le inondazioni del Tevere tra il XVI e XVIII secolo.

220 Vgl. D'ONOFRIO, Il Tevere, Teil I, Kap. 1.

221 Vgl. BRIZZI, Il Tevere, S. 9ff. und passim; SORBELLO, Il problema delle alluvioni.

222 Die Geschichte der *aménagements* der Seine wird detailliert rekonstruiert bei BACKOUCHE, La trace du fleuve, Zweiter Teil: La Seine en traveaux.

223 Vgl. LAVEDIN, Histoire de Urbanisme, S. 44.

224 Reiche Dokumentation zum Überschwemmungsproblem durch die Jahrhunderte bieten DI MARTINO/BELATI, Qui arrivò il Tevere. Eine chronologische Zusammenstellung der Daten zu den einzelnen Überflutungen der Stadt anhand der überlieferten Wasserstandszeichen und Gedenktafeln findet sich ebd., S. 145–149; des weiteren SEGARRA LAGUNES, Il Tevere a Roma, Kap. I.

225 Vgl. LELO/PALAZZO, L'alluvione di Roma 1870: una ricostruzione con techniche G. I. S.

226 Vgl. DI SABATINO, I lavori della commissione governativa 1871.

227 Charakteristisch für diese Sichtweise etwa NISCO, Roma primo e dopo, S. 130–142. Nisco gibt einen ausführlichen Bericht über den Gang der Beratungen aus der Sicht eines Zeitgenossen und weist darauf hin, dass das Projekt der Tiberregulierung auch in dem größeren Zusammenhang einer Melioration des *Agro Romano* zwischen Rom und dem Meer erörtert wurde. Wir können diesen Aspekt vernachlässigen, da er für unsere Darstellung ohne Relevanz ist. Ausführlich zur Pflege und Instandhaltung (auch zur vernachlässigten) jetzt SEGARRA LAGUNES, Il Tevere a Roma, Kap. II und III.

228 Vgl. BRIZZI, Il Tevere, S. 25f.

229 Reichhaltiges Material zur Geschichte der Tibermühlen bietet D'ONOFRIO, Il Tevere, in den Kapiteln 4–8; ferner DI MARTINO/BELATI, Qui arrivò il Tevere, S. 59ff., sowie jetzt SEGARRA LAGUNES, Il Tevere a Roma, Kap. IV, sowie SEGARRA LAGUNES, Le attività produttive del Tevere nelle dinamiche di trasformazione urbana: i mulini fluviali, und LAURA GIUSTINI, I molini lungo il Tevere a Roma agli inizi dell'Ottocento.

230 Vgl. MOROLLI, 1875. Garibaldi e l'ultima difesa di Roma.

231 Zur Person Canevaris s. oben Anm. 123.

232 Eine eingehende Analyse der politisch-administrativen Entscheidungsfindung für das römische Tiberprojekt im Rahmen des zeitgenössischen Diskurses technischer ‚Verbesserung' und Modernisierung bietet jetzt BOCQUET, Rome ville technique, v. a. in den Kapiteln IV, V und V.

233 Dazu ausführlich D'ONOFRIO, Il Tevere, Teil III, Kap. 4. Interessant ist, dass ganz ähnliche Vorstellungen schon zu Anfang des 17. Jahrhunderts von päpstlichen Experten formuliert wurden, vgl. ebd., Teil I, Kap. 8.

234 Mit Gesetz Nr. 3201 vom 30. 6. 1876 werden Finanzmittel für den Bau der Kaimauern bereitgestellt. Die Arbeiten zur Tiberregulierung werden

von einem schon im Januar 1876 eingerichteten *Ufficio Speciale per il Tevere* geleitet.

235 Über Baudenkmäler, die der Tiberregulierung zum Opfer fielen, vgl. GREGOROVIUS, Römische Tagebücher, Sammeleintrag „Romfahrt, 1879", S. 415.

236 Er verwendet die Festungsmetapher zweimal kurz hintereinander: „ces gigantesques murs de forteresse" und „les deux colossales murailles de forteresse, hautes et blanches"; ZOLA, Rome, S. 552.

237 Vgl. DI MARTINO/BELATI, Qui arrivò il Tevere, S. 23.

238 Seit dem Jahr 1000 etwa ist die Brücke auch unter dem Namen *pons Senatorum* (*Sanctae Mariae*) bekannt; vgl. Lexicon Topographicum Urbis Romae, Bd. 4, S. 106f. und 110.

239 Im päpstlichen Rom gab es seit dem teilweisen Einsturz des antiken Ponte Emilio/Senatorio/S. Mariae im 16. Jahrhundert nur die drei Flussübergänge des Ponte S. Angelo, des Ponte Sisto und der Doppelbrücke Cestio/Fabrizio bei der Tiberinsel. Die Brücken, die zusammen mit den Kaimauern und den auf ihnen verlaufenden Uferstraßen errichtet wurden, verklammerten nun wirksam die beiden Seiten der expandierenden Stadt und kanalisieren bis heute die Verkehrsströme im Netz der Straßenverbindungen des historischen Zentrums. Es handelt sich um Ponte Risorgimento (1911), Ponte Regina Margherita (1885), Ponte Cavour (1902), Ponte Umberto I (1896), Ponte Vittorio Emanuele (1911), Ponte Mazzini (1904), Ponte Garibaldi (1888) und Ponte Palatino (1882 – an Stelle des gesprengten Ponte Rotto). Nach dem Ersten Weltkrieg kamen noch der Ponte Sublicio oder Aventino (1918), Ponte Matteotti (1929), Ponte Testaccio (1930), Ponte Duca d'Aosta (1939), Ponte Principe Amadeo (1942), Ponte Marconi (1952) und Ponte Tor di Quinto (1962) hinzu. Vgl. mit geringfügigen Abweichungen der Jahreszahlen auch die Auflistung der Tiberbrücken im innerstädtischen Verlauf bei D'ONOFRIO, Il Terere, S. 354.

240 Vgl. CATALANO, L'intervento realizzato.

241 Das gilt gerade auch für die nicht sichtbaren strukturellen Verbesserungen. So wurden zu beiden Seiten des Flusses die städtischen Abwässer in unterirdisch in den Fundamenten der Kaimauern verlaufenden Kanälen gesammelt, um erst außerhalb des Siedlungskerns flussabwärts eingeleitet zu werden. Auf diese Weise reduzierte man die Verschmutzung des Flusses in seinem innerstädtischen Lauf und verhinderte zugleich, dass die Abwässer bei Hochwasser über das Kanalsystem in die Straßen und Häuser zurückgedrückt wurden.

242 Ein plastisches Bild der Zustände auf der Basis zeitgenössischer Beobachtung zeichnet SILVAGNI, Le vicende di Roma, im VIII. Kap. La *curée* di Roma.

243 Zit. bei BARTOCCINI, Roma nell'Ottocento, S. 527.

244 Vgl. CARACCIOLO, Roma Capitale, S. 198.

245 Ebd., S. 181ff.

246 Zur typologischen Einordnung der ‚Megastadt' „als Steigerungsform der Metropole" mit der „Kennzeichnung einer durch (planloses) Wachstum, durch ‚Wuchern' erzeugten inhumanen Stadtlandschaft" vgl. SOHN/WEBER, Hauptstädte und Global Cities, Einleitung, S. 11.

247 Die Anteile an der 1862 gegründeten *Società Generale Immobiliare* waren vom päpstlichen Schatzamt auf dem Wogenkamm der römischen Bauspekulation zwischen 1882 und 1887 durch den damaligen Kardinalstaatssekretär Jacobini erworben worden. Als die *Società* 1892 fallierte, verlor auch der Vatikan erhebliche Summen; LAI, Finanze e finanzieri vaticani, S. 105, Fn. 3.

248 BARBERINI, Rione XVI Ludovisi, Introduzione S. 8/10.

249 Zu Zustandekommen und Zusammensetzung des päpstlichen Patrimoniums der 30 Millionen s. LAI, Finanze e finanzieri vaticani, S. 76. Leo XIII. hatte eine ausgeprägte merkuriale Ader und war sehr auf die Mehrung des päpstlichen Vermögens bedacht. So hatte er sich auch mit einer persönlichen Einlage von drei Millionen Lire am *Banco di Roma* beteiligt; ebd., S. 118f. Ein besonderes Anliegen war Papst Leo auch die gewinnbringende Anlage der erheblichen Eingänge aus dem Peterspfennig, um die sich sein Vorgänger Pius IX. wenig gekümmert hatte. Daher beauftragte der Pontifex seinen Vertrauten Folchi, sich um lukrative Investitionen der Kapitalien aus dem *obolo di S. Pietro* auf dem Aktien- und Anleihenmarkt zu kümmern. Folchi tat dies sehr erfolgreich unter geschickter Ausnützung der spekulativen Konjunktur der 1880er Jahre, fiel aber schließlich, als auch die riskante Seite dieser Operationen in der großen Krise nach 1888 offenbar wurde, einer Kardinalsintrige zum Opfer und wurde kaltgestellt; das ausgesprochen weltliche Finanzgebaren Leos XIII. und die Rolle Folchis habe eine detail- und kenntnisreiche Darstellung gefunden in dem Buch von LAI, Affari del papa, welches auf den unveröffentlichten Memoiren und sonstigen Quellen aus dem Nachlass Folchis beruht.

250 Zum Gesamtkomplex der Verwertung der Villa Ludovisi und der Involvierung vatikanischer Kreise bis hinauf zum Papst vgl. LAI, Affari del papa, S. 105–111. Papst Leo zeigte dem Monsignore seine Dankbarkeit für die erwiesenen Dienste, indem er ihm ein persönliches Darlehen über 100 000 Lire zum Erwerb eines Grundstücks aus dem Bestand der Villa Ludovisi für einen standesgemäßen palazzo zur Verfügung stellte.

251 Zu den persönlichen Beziehungen des Kardinals Pecci und späteren Papstes Leo XIII. und des Monsignore Folchi zu den Boncompagni Ludovisi und anderen Familien des römischen Hochadels s. LAI, Finanze e finanzieri vaticani, S. 86, Fn. 2.; zur Person Folchis ebd., S. 85, Fn. 3.

252 Die Details dieser Transaktionen legt PALERMO, Le strategie patrimoniali dei Boncompagni Ludovisi, S. 458f. und 461f., offen.

253 GRIMM, Vernichtung Roms, S. 327.

254 Zit. von ANTONIO CEDERNA in seinem Vorwort zu LANCIANI, L'antica Roma, S. XVII, und bei CASCIATO, Lo sviluppo urbano, S. 149f. Die Anekdote wird überliefert von CARLO DOSSI, Note Azzurre, [1885], Mailand 1964.

255 Vgl. ANTONIO CEDERNA in seiner Einführung zu LANCIANI, L'antica Roma, S. XIIIf.

256 Rodolfo Lanciani (1845–1929), der Ausbildung nach Ingenieur, folgte früh seiner Berufung zur Archäologie. Nach Einrichtung der kommunalen *Commissione archeologica* 1872 wurde er deren ständiger Sekretär und Direktor der Ausgrabungen in Rom. Als führender Experte für die archäologische Rekonstruktion der antiken Bauten auf dem Forum, in Tivoli und in Ostia erhielt er 1882 den Lehrstuhl für römische Topographie an der Universität der Hauptstadt. Internationale Berühmtheit erlangte er mit dem zwischen 1893 und 1901 in 46 Tafeln unter dem Titel *Forma Urbis Romae* publizierten Stadtplan des antiken Rom. Da er wichtige Teile seiner ausgedehnten Publikationstätigkeit in englischer Sprache gestaltete, wirkte Lanciani weit über die Grenzen Italiens hinaus. Auch das hier zitierte Werk erschien ursprünglich auf Englisch (*Ancient Rome in the Light of Recent Discoveries*, 1888) – ein Rezeptionsfilter gegenüber dem italienischen Publikum jener Zeit, das allenfalls Französisch als Fremdsprache kannte, der Lanciani die harsche Kritik an der römischen Hocharistokratie wohl etwas erleichterte. Zur Person vgl. *Nota su Rodolfo Lanciani*, in: LANCIANI, L'antica Roma, S. XXXVf.

257 LANCIANI, L'antica Roma, Prefazione S. 19f.

258 Ebd., S.21 (Übers. d. Verfs.).

259 MARINO, Fare una capitale, S. 385.

260 DELLA SETA, I suoli di Roma, Kap. III. *Le terre dell'aristocrazia: ‚passione e morte' delle ville romane*, S. 72ff.

261 Vgl. BARBERINI, Rione XVI Ludovisi, und FERRETTI/GAROFALO, Un quartiere per la borghesia. Lesenswert und amüsant die wort- und windungsreiche Beschreibung des Viertels und seiner historischen Bezüge bei ZEPPEGNO, I Rioni di Roma, S. 902–918.

262 Soweit der Bericht Zolas in seinen römischen Reisenotizen: ZOLA, Mes Voyages, S. 148. An den Spekulationen des Hauses Boncompagni Ludovisi, das zur papsttreuen *aristocrazia nera* Roms gehörte, soll auch Leo XIII. selbst beteiligt gewesen sein – und ebenso an den enormen Verlusten; vgl. TERNOIS, Zola et son temps, S. 470.

263 PALERMO, Le strategie patrimoniali dei Boncompagni Ludovisi, S. 464–469, bestätigt die Reinvestitionen des Fürsten in den Grundstücksmarkt und auch die massive Involvierung vatikanischen Kapitals, wenngleich nicht speziell den von Zola behaupteten Sachverhalt. Palermos eingehende Analyse des Finanzgebarens und der Investitionspolitik des Fürsten Rodolfo und seiner Söhne Ugo und Luigi in der Zeit von ‚Fieber und Krise' legt nicht nur die komplizierten Mechanismen des Spekulationsgeschehens an einem signifikanten Beispiel offen, sondern zeigt auch eindrucksvoll, wie eines der größten Vermögen der römischen Hocharistokratie – zum Zeitpunkt des Erbanfalls 1885 wurde das Gesamtvermögen des Hauses Boncompagni Ludovisi an gebundenem und freiem Besitz auf fast 24 Millionen Lire veranschlagt, denen Verbindlichkeiten von 1,2 Millionen gegenüberstanden – binnen weniger Jahre auf dem ungewohnten Parkett internationaler Finanzjongleure verwirtschaftet wurde.

264 Vgl. SANFILIPPO, La costruzione, Bd. 1, scheda 14, S. 110, und MARINO, Fare una capitale, S. 385–388.

265 *Legge n. 4730* (Bonghi/Baccelli) vom 14.7.1887 und *legge n. 6211* vom 7.7.1889. Die *Zona Archeologica di Roma* umfasste das Forum, den Palatin, das Kolosseum, die Trajansthermen, den Tempel des Claudius und die Via Appia Antica bis zur Porta S. Sebastiano; vgl. BOCQUET, L'Archéologie à Rome après 1870, S. 770; ferner SANFILIPPO, Costruzione I, scheda 20; La città degli scavi e la Passeggiata Archeologica; LUGLI, Urbanistica di Roma, S. 129f.

266 Vgl. INSOLERA/PEREGO, Archeologia e città, Einführung: *Ingegneri e archeologi di fronte all'antico in Roma Capitale*; BARTOLINI, Gli intellettuali tra Stato e società, Kap. 3: Roma umbertina: ricostruzione del passato e formazione del pubblico borghese. Aufschlußreich zum Zusammenwirken von Archäologie und Altertumswissenschaften in der nationalen Identitätskonstruktion Italiens auch die Beiträge von C. BRICE, Antiquités, Archéologie et Construction Nationale en Italie, M. BARBANERA, Il sorgere dell'archeologia in Italia, und C. NARDI, Archeologie e costruzione nazionale in Italia nei secoli XIX e XX.

267 GRIMM, Die Vernichtung Roms, S. 331.

268 INSOLERA, Roma moderna, S. 59ff.; zu den sehr

komplexen Ursachen und Zusammenhängen von Baufieber und anschließender Baukrise, die hier nur ganz summarisch angedeutet werden können, vgl. Caracciolo, Roma Capitale, Kap., VI; Vannelli, Economia dell'architettura in Roma liberale, S. 71–80: Pagnotta, L'economia, S. 221–225.

269 Silvagni, Le vicende di Roma, S. 83.

270 Zu den sozialen Folgeerscheinungen der großen Baukrise vgl. Caracciolo, Roma Capitale, S. 197ff.

271 Der Roman *Rome* erschien 1896 im Rahmen der Trilogie *Trois Villes* (*Lourdes* 1894, *Rome* 1896, *Paris* 1898) und basierte auf Informationen, die Zola im Herbst 1894 in einem mehrmonatigen Aufenthalt vor Ort gesammelt hatte; über die persönlichen Kontakte und die Informationsquellen, die der gefeierte Schriftsteller bei seinen Recherchen nutzte, seine Methode und die dabei erreichte Dokumentationsdichte informiert eingehend Ternois, Zola et son temps, Kap. XIV u. XV; s. ferner Cattini, Roma dopo la crisi con gli occhi di Émile Zola. – Inzwischen sind auch die zunächst unveröffentlichten Tagebücher Zolas über die der Vorbereitung dieser Romane dienenden Reisen erschienen. Der Herausgeber dieser Tagebücher, René Ternois, betont, dass Zola in Rom wegen seiner kirchenkritischen Haltung keinen Zugang zu katholischen Kreisen fand. „Le monde noir lui est fermé." Ternois in seiner Einleitung zu Zola, Mes Voyages, S. 131. Ebenfalls wieder abgedruckt, aber ohne kritischen Annotationsapparat, sind die Tagebücher jetzt in Zola, Œuvres Complètes, Tome 16.

272 Zola, Rome, S. 523f. [Übers. d. Verfs.]. Auch wenn man die Einkleidung des Sachverhalts in die dichterische Sprache des Romans in Rechnung stellt, bleibt für den Historiker der Quellenwert dieser Schilderung des neuen Roms unzweifelhaft. Vergleicht man die zitierten Passagen aus dem Roman mit den Notizen in den Reisetagebüchern, in denen Zola seine Eindrücke für die spätere literarische Verarbeitung skizzenhaft fixiert hat, so ist unverkennbar, dass die Substanz der beobachteten Zustände unverändert übernommen wurde. Zola war von der Krise der neuen Viertel Roms so fasziniert, dass er diese toten Stadtteile mehrmals aufsuchte.; vgl. Zola, Mes Voyages, S. 147ff., 162f; 166.

273 Zu den Auswirkungen des Zusammenbruchs s. die eindringliche Schilderung des Zeitzeugen Silagni, Le vicende di Roma, im IX. Kap. ‚La catastrofe economico-edilizia: Le vittime – I ruderi moderni di Roma'.

274 Foschini/Farini, Lettere a Domenico Farini. La crisi edilizia di Roma Capitale.

275 Allg. zur ökonomischen Krise und Depression in Italien von den späten 1880er Jahren bis zum Ende des Jahrhunderts vgl. Toniolo, Storia economica dell'Italia liberale, v. a. Kap. IX; Pescosolido, Unità nazionale e sviluppo economico, Kap. III, 1–5.

276 Die politischen Hintergründe und Zusammenhänge dieser Konfrontation, auf die hier nicht näher einzugehen ist, werden durchleuchtet bei Caracciolo, Roma Capitale, Kap. VII, 2 u.3; Bartoccini, Roma nell'Ottocento, S. 722–733; Ciampani, Municipio capitolino e governo nazionale, S. 64ff.

277 *Provvedimenti speciali per la città di Roma* vom 20. Juli 1890.

278 Vgl. Rocucci, Roma Capitale del Nazionalismo.

279 Bartoccini, Roma nell'Ottocento, S. 534ff.

280 Die Logik der finanztechnischen Maßnahmen und die politische Ökonomie der staatlichen Intervention in der Hauptstadt analysiert akribisch Vannelli, Economia dell'architettura in Roma liberale, S. 80–87. Zur Rolle der Banken beim Hauptstadtausbau vgl. Bocci, Banche e edilizia a Roma tra Otto e Novecento; der umfangreiche Immobilienbesitz der *Banca d'Italia* in Rom detailliert aufgelistet ebd., Tab. 2, S. 145; speziell zur Rolle der Nationalbank s. Marino, Fare una capitale.

281 Zu den kulturellen Implikationen des Bautypus' des Justizpalastes vgl. Werner Gephart, Versteinerte Rechtskultur. Zur kulturhistorischen und kultursoziologischen Analyse von Gerichtsbauten, in: H. Mohnhaupt/D. Simon (Hgg.): Vorträge zur Justizforschung, Frankfurt/M. 1992, S. 401–431, sowie K. Klemmer et al., Deutsche Gerichtsgebäude. Von der Dorflinde über den Justizpalast zum Haus des Rechts, München 1993.

282 Sanfilippo, La costruzione di una capitale, Bd. 1, S. 139f. und 147f.

283 Zur organisatorischen und technischen Entwicklung des römischen Nahverkehrssystems vgl. Ascarelli, Ferrovie e tramvie, sowie Cuccia, Urbanistica, edilizia, infrastrutture, S. 28, 71, 79.

284 Vgl. Bocquet, Rome ville technique, S. 66–71 und 73–77.

285 Vgl. Kuck, Sviluppo dell'edilizia popolare e politica della casa nel *Reich* tedesco, S. 116ff.

286 Talamo/Bonetta, Roma nel Novecento, S. 109f.

287 Es bedarf sehr aufwendiger prosopographischer Untersuchungen, um das kapitolinische Führungspersonal der gewählten *consiglieri* im Hinblick auf das soziale Profil, die weltanschaulichen Positionen und die politischen Präferenzen zu analysieren. Das Ausgangsmaterial hierfür findet sich in den Verzeichnissen der in den einzelnen kommunalen Teilwahlen Gewählten für die ersten beiden Jahrzehnte nach 1870 abgedruckt in: ‚Il municipio della Terza Roma'.

288 Zu den widerstreitenden laizistisch-antiklerikalen und katholischen Tendenzen in der Politik der *Italia liberale* nach 1870 vgl. allg. VERUCCI, L'Italia laica, und DE ROSA, Il movimento cattolico.

289 Vgl. CIAMPANI, Municipio capitolino e governo nazionale, und BOCQUET, Rome ville technique, Kap. III.

290 TALAMO/BONETTA, Roma nel Novecento, S. 110ff.

291 Zur *crisi di fine secolo* vgl. CAMMARANO, Storia politica dell'Italia liberale, S. 395–519.

292 Vgl. dazu allgemein GAETA, La crisi di fine secolo e l'età giolittiana; GENTILE, L'Italia giolittiana; BARBAGALLO, Da Crispi a Giolitti. Eine prägnante Zusammenfassung der wichtigsten Aspekte für den deutschen Leser bietet LILL, Die ‚Ära Giolitti', in: ALTGELD, Kleine Geschichte Italiens, S. 343–353.

293 Vgl. TALAMO/BONETTA, Roma nel Novecento, S. 111–115.

294 Vgl. NERI, Abitare a Roma.

295 Zur Person Nathans vgl. UGOLINI, Ernesto Nathan, sowie C. CECCUTI, Ernesto Nathan e la Massoneria, in: Roma nell'età giolittiana, S. 121–153 und 253–303; zur Einordnung Nathans ins politische Spektrum Italiens um die Jahrhundertwende und insbesondere seiner Stellung im *neotrasformismo* Giolittis s. CARLIZZA, Ernesto Nathan.

296 TALAMO/BONETTA, Roma nel Novecento, S. 116–120.

297 Vgl. die detaillierten Angaben bei INSOLERA, Roma moderna, S. 87, Fn. 1 (unter Verweis auf CARACCIOLO, Roma Capitale).

298 Detailliert zur Munizipalisierung der öffentlichen Dienstleistungs- und Versorgungseinrichtungen in Nathans Bürgermeisterära TORELLI LANDINI, Nathan e il sistema misto di gestione dei pubblici servizi. Speziell zur bedeutenden Rolle Montemartinis s. BARBALACE, Riforma e governo locale a Roma in età giolittiana, Kap. 1: Consumatori, monopoli, economia pubblica: Giovanni Montemartini, a Roma, nel 1907.

299 Allgemein zur Reformpolitik der Nathan-Administration vgl. VIDOTTO, Roma contemporanea, Kap. IV; Talamo/Bonetta, Roma nel Novecento, Teil I, Kap. II.3.; SANFILIPPO, Costruzione di una capitale, Bd. 1, S. 61–72.

300 Für die Bemühungen der päpstlichen Administration um Sicherung der Nahrungsmittelversorgung im 18. Jahrhundert vgl. STRANGIO, Crisi alimentari e politica annonaria.

301 Zur Person Sanjusts (1858–1936) wie zu den Zusammenhängen und Hintergründen seiner Berufung vgl. MIANO, Figure e voci, S. 43f., und ZAMPA, Sanjust di Teulada e il piano di Roma.

302 PALAZZO/ZAMPA, Cronologia.

303 ZAMPA, Sanjust di Teulada e il piano di Roma, S. 181ff.

304 Neben ZAMPA (vorige Anm.) vgl. etwa PALAZZO, Pianificazione e politica delle aree fabbricabili.

305 SICA, Storia dell'urbanistica III: Il Novecento, S. 59–65 u. 389f.; ferner VANNELLI, Economia dell'architettura in Roma liberale, S. 95 und 151. – Charles Buls war von 1881 bis 1899 Bürgermeister von Brüssel und als solcher sowohl mit den theoretischen wie mit den praktischen Problemen der Städteplanung vertraut; sein einflussreiches Hauptwerk von 1893, betitelt *Esthétique des villes*, erschien 1898 in deutscher, 1899 in englischer und 1903 auch in italienischer Sprache.

306 Zur zentralen Rolle Piacentinis in der Baupolitik der faschistischen Ära vgl. CIUCCI, Gli architetti e il fascismo; LUPANO, Marcello Piacentini; NICOLOSO, Gli architetti di Mussolini; SCARROCCHIA, Albert Speer e Marcello Piacentini;

307 VANNELLI, Economia dell'architettura in Roma liberale, S. 95f.

308 Während die in Mailand in den 1870er Jahren und in Neapel Ende der 1880er Jahre erbauten Galerien in ihrer monumentalen Stahl-Glas-Konstruktion noch als genuiner, und das meint auch: ‚moderner' architektonischer Zeitausdruck gelten können, ist das analoge römische Bauwerk zum Zeitpunkt seiner Entstehung nur ein epigonaler Nachklapp. Die Galleria di Piazza Colonna ist übrigens nicht zu verwechseln mit der berühmten Gemäldegalerie im Palazzo Colonna an der Piazza SS. Apostoli.

309 Zur Durchsetzung der *formula del condomino* als Wohn(eigentums)form in den 1930er Jahren vgl. CUCCIA, Urbanistica, edilizia, infrastrutture, S. 124f.

310 INSOLERA, Roma moderna, S. 93–97 (Zitat S. 96).

311 Zum gesamten Problemkomplex der geplanten Industriezone zwischen Rom und Ostia und einer *Roma verso il mare* vgl. VANELLI, Economia dell'architettura in Roma liberale, S. 153ff.; NERI, Sviluppo produttivo ed espansione urbana; PALAZZO/RIZZO, La destinazione industriale del quadrante Ostiense, S. 129–133; STEMPERINI, La questione di un unico mercato alimentare; D'ERRICO, La navigazione sul Tevere a valle di Roma; für den weiteren Verlauf des Projekts s. BERTELLI, La Prima Zona industriale e il porto marittimo di Ostia.

312 Vgl. TALAMO/BONETTA, Roma nel Novecento, Kap. I.1, und Pacifici, L'amministrazione Nathan, S. 226f.

313 Zur Wohnungspolitik in Frankreich, England, Deutschland und Belgien s. die Beiträge von S. MAGRI, B. DE MEULDER, H. PORFYRIOU und G. KUCK in dem Tagungsband von CALABI, La politica della casa all'inizio del XX secolo.

314 Zur Rezeption der europäischen Debatte im Italien der Jahrhundertwende und zu den Initiativen

Luzzatis s. ebd. die Beiträge von D. CALABI, „I miracoli di un'idea", und G. ZALIN, Luigi Luzzati e la politica della casa, sowie CALÒ/ERNESTI, Casa e città nell'Italia giolittiana.

315 Vgl. PARISELLA, Leggi speciali, passim. PACIFICI, L'amministrazione Nathan, S. 218; detaillierte Zahlen bei CARACCIOLO, Roma Capitale, S. 283.

316 Vgl. INSOLERA, Roma moderna, S. 80ff.; VANNELLI, Economia dell'architettura in Roma liberale, S. 136ff.; TALAMO/BONETTA, Roma nel Novecento, S. 122f.

317 Auf die kontraproduktiven Nebeneffekte der Baulandsteuer weist hin PALAZZO, Pianificazione, S. 205ff.

318 Vgl. PACIFICI, L'amministrazione Nathan, S. 218f. und 253f.; CARACCIOLO, Roma Capitale, S. 279f.; DE SETA, I suoli di Roma, S. 98f.

319 DE SETA, I suoli, S. 99, Tab. 4.1. Die noch sehr viel umfangreicheren Ländereien, die sich die Stadt Rom im Hinblick auf die Pläne für einen Seehafen und eine Industriezone längs des Unterlaufs des Tibers bis zum Meer bei Ostia gesichert hatte – immerhin eine Fläche von knapp sieben Millionen Quadratmetern –, sind hierbei noch gar nicht eingerechnet.

320 Vgl. TOSCHI, Edilizia economica e popolare, passim, dem auch die genannten Zahlen entnommen wurden (S. 69).

321 Vgl. SANFILIPPO, Costruzione di una capitale, Bd. 1, scheda 26, und DERS., Costruzione di una capitale, Bd. 2, scheda 1.

322 Vgl. SANFILIPPO, Costruzione di una capitale, Bd. 1, schede 21, 22, 23, 24; ROSSI, Roma, Nr. 2.

323 ARBIB, Sommario degli atti del Consiglio Comunale di Roma, Prolog, S. 3.

324 Zum kulturellen Klima im Rom des *Fin de siècle*, dessen emblematische Figur Gabriele D'Annunzio war, vgl. die Skizzen in: Il Decadentismo e Roma.

325 Am 26. 1. 1887 war bei dem Ort Dogali in Eritrea ein 500 Mann starkes italienisches Expeditionskorps von abessinischen Kräften unter Führung des *ras* Alula niedergemacht worden.

326 Vgl. die Beschreibung der Eröffnungsfeier bei TOBIA, L'Altare per la Patria, S. 10–15.

327 Die für das Staatsjubiläum von 1911 in Rom aufgebauten temporären Prunkarchitekturen und die in Zusammenhang organisierten Ausstellungen und Festveranstaltungen sind umfassend (auch photographisch) dokumentiert in dem Band ‚Roma 1911'.

328 Allein am Nationaldenkmal für Vittorio Emanuele hat VIDOTTO, Roma contemporanea (S. 136f.), 15 dieser Siegesgöttinen gezählt; vgl. auch DERS., La vittoria e i monumenti ai caduti, S. 505–508.

329 KARL BAEDEKER, Italien von den Alpen bis Neapel, Leipzig 1908, Teil III: Rom und seine Umgebung.

Zu Teil III: *La Città avanza:* Rom bis zur Mitte des 20. Jahrhunderts, S. 197–298.

1 Das betonte, neben vielen anderen Vertretern der neueren Forschung, zuletzt wieder NICOLOSO, Mussolini architetto, Introduzione.

2 Vgl. MIONI, La città e l'urbanistica durante il fascismo.

3 Die verwirrende Vielfalt von weltanschaulichen Ideenfragmenten, politischen Traditionskomponenten und avantgardistisch-revolutionären Krisendiagnosen, die in der Ideologie des Faschismus zusammenliefen, wird in akribischer Analyse aufgefächert bei GENTILE, Le origini dell'ideologia fascista.

4 So etwa S. LANARO, Nazione e Lavoro. Saggio sulla cultura borghese in Italia 1870–1925, Venedig 1979, S. 9: *che il fascismo italiano non nasce dall'arretratezza ma dallo sviluppo*. Im Prinzip ähnlich argumentiert D. SETTEMBRINI, Storia dell'idea antiborghese in Italia 1860–1989, Rom-Bari 1991; vgl. auch GENTILE, Le origini dell'ideologia fascista. Eine Gegenposition vertritt W. SCHIEDER, Die Geburt des Faschismus aus der Krise der Moderne, in: DERS., Faschistische Diktaturen, S. 353–375.

5 Allgemein zum Modernisierungsdiskurs im Italien des späten 19. und frühen 20. Jahrhunderts BAUER, Nation und Moderne; GENTILE, La grande Italia, Kap. V: Italianismo e modernità; BEN-GHIAT, La cultura fascista.

6 Vgl. GÖPPNER, „Le grandi babeliche città", Kap. I.3. und II.1; ebd., S. 20, auch die Zitate.

7 O. SPENGLER, Der Untergang des Abendlandes. Umrisse einer Morphologie der Weltgeschichte, 2 Bde., München 1923. Eine italienische Fassung des Buches, übersetzt durch den rechtskonservativen Kulturphilosophen Julius Evola, erschien erst 1957.

8 Zum Einfluss Spenglers und Korherrs auf Mussolini vgl. THÖNDL, Die Rezeption Oswald Spenglers in Italien, S. 591–597. Das umfangreiche Vorwort zu Korherrs Buch ist unter diesem Titel abgedruckt in: OPERA OMNIA XXIII, S. 209–216.

9 Die Bevölkerungspolitik des faschistischen Regimes, so bekannte Mussolini, habe „ihre ideologische Basis bei zwei Deutschen, Spengler und Korherr"; zit. bei THÖNDL, Die Rezeption Oswald Spenglers in Italien, S. 592.

10 Opera Omnia XXII, S. 360–367.

11 Vgl. allg. Treves, La politica antiurbana del fascismo.

12 Zu Ruralismus und faschistischer Agrarpolitik grundlegend Nützenadel, Landwirtschaft, Staat und Autarkie, v. a. die Kap. II, V, VII und VIII.

13 So das Urteil von Lupo, Il Faschismo, S. 349.

14 Vgl. R. Mariani, Fascismo e „città nuove", Mailand 1976; D. Ghirardo/K. Forster, I modelli delle città di fondazione in epoca fascista, in: Storia d'Italia. Annali 8: Insediamento e territorio, Turin 1985, S. 627–674; R. Besana et al. (Hgg.), Metafisica Costruita. Le Città di fondazione degli anni Trenta dall'Italia all'Oltremare, Mailand 2002.

15 Zu den Strukturbedingungen und langfristigen, auch regimeübergreifenden Prozessstrategien hinter der ökonomischen Entwicklung Italiens im 20. Jahrhundert vgl. grundlegend Petri, Von der Autarkie zum Wirtschaftswunder, Kap. III, und Ders., Storia economica d'Italia, Kap. III.

16 ‚Sfollare le città', in: Opera Omnia XXIII, S. 256ff.

17 Vgl. Sica, Storia dell'urbanistica. Il Novecento, S. 326f., und Göppner, „Le grandi babeliche città", Kap. IV.1.

18 Sica, Storia dell'urbanistica. Il Novecento, S. 383.

19 Zit. ebd., S. 471, Fn. 59.

20 Noch 1943 brachte das *Governatorato di Roma* eine autorisierte Sammlung der Äußerungen Mussolinis zu Rom heraus: Montemaggiori, Roma nel pensiero del Duce.

21 „Rom ist unser Ausgangs- und Zielpunkt; es ist unser Symbol und, wenn man so will, unser Mythos.", hatte Mussolini am 21. April 1922 – noch vor dem Marsch auf die Hauptstadt also – verkündet; ebd., S. 39.

22 ‚Il Giornalismo della Capitale', 17.9.1910, in: Opera Omnia III, S. 190f.

23 Diesen Titel gibt Renzo De Felice dem ersten, bis 1920 reichenden Band seiner monumentalen siebenbändigen Mussolini-Biographie.

24 Vgl. dazu jetzt eingehend Bartolini, Rivali d'Italia, Kap. VIII-XI.

25 Der wohl beste Kenner der faschistischen Ideologie, ihrer Entstehung und Entwicklung dokumentiert diese vielfach feindselige Haltung des frühen Faschismus gegenüber Rom in seinem neuesten Buch: Gentile, Fascismo di pietra, Kap. 1.

26 Zur langsamen Annäherung an den Rom-Mythos, seine Anverwandlung und schließliche Adoption als Zentralelement der faschistischen Ideologie durch Mussolini s. ebd., Kap. 3; forschungsgeschichtlich interessant ist dabei, dass in Gentiles 1996 erschienenem grundlegenden Werk über die faschistische Ideologie (Emilio Gentile, Le origine dell'ideologia fascista) diese Zentralität des *romanità*-Motivs nicht in Erscheinung tritt.

27 Ebda., S. 43 und 48, sowie Tobia, L'Altare della Patria, Kap. 3 und 4.

28 Vgl. Schieder, Rom – die Repräsentation der Antike im Faschismus, in: Ders., Faschistische Diktaturen.

29 Weitere Belege zur Roma, città sacra e imperiale, bei Broglio, Dalla Conciliazione al giubileo, S. 1163–1174, sowie bei Belardelli, Il mito fascista della romanità, S. 343–346.

30 Cederna, Mussolini urbanista, S. 24ff.

31 ‚Per la cittadinanza di Roma', in: Opera Omnia XX, S. 234ff.

32 Dass es nicht nur unter den italienischen Adulatoren, sondern auch unter vielen ausländischen Beobachtern regelrecht zum Topos wurde, Mussolini in Geist, Physiognomie und Körperlichkeit genuin ‚römisches' Wesen zu attestieren, wird mit vielen Belegen untermauert bei Giardina/Vauchez, Il mito di Roma, Kap. IV.7: Mussolini il romano.

33 Zur Ambivalenz von Mussolinis Romwahrnehmung zwischen *disprezzo ed esaltazione* vgl. Cederna, Mussolini urbanista, S. 28–37.

34 Ebd., S. 12.

35 ‚Per la cittadinanza di Roma', in: Opera Omnia XX, S. 234ff.

36 ‚Al popolo di Roma', in: Opera Omnia XX, S. 227–230.

37 *Quindi la terza Roma si dilaterà sopra altri colli, lungo le rive del fiume sacro, sino alle spiaggie del Tirreno.* Die am 31. Dezember 1925 auf dem Kapitol gehaltene Rede ist abgedruckt unter dem Titel ‚La nuova Roma', in: Opera Omnia XXII, S. 47ff.

38 Vgl. Scriba, Augustus im Schwarzhemd?

39 Ansprache ‚Sintesi del Regime', gehalten am 18. März 1934, in: Opera Omnia XXVI, S. 185–193, hier 187. Mit fast den gleichen Worten hatte *Il Popolo d'Italia* den *Piano Regolatore* von 1931 gefeiert, zit. bei Nicoloso, Mussolini architetto, S. 39.

40 Für die Nachkriegssituation in Rom vgl. Sanfilippo, Costruzione di una capitale, Bd. 2, S. 19f.; Talamo/Bonetta, Roma nel Novecento, Kap. III. Roma dalla „grande guerra" all'avvento del fascismo; Fraticelli, Roma 1914–1929, Kap. 6 u. 7.

41 Für die Ergebnisse der Volkszählung von 1921 s. Roma – popolazione e territorio, tav. 23; für die Quartiereinteilung von 1911 ebd. Plan 8, 14, 15, 17 u. 23. Die Zählung dieser *Quartieri* begann im Norden mit dem *Quartiere I – Flaminio* zwischen Tiber und Via Flaminia, an das sich, im Uhrzeigersinn das ummauerte Stadtgebiet umlaufend, die folgenden *Quartieri* anschlossen: *Qu. II – Parioli, Qu. III – Pinciano, Qu. IV – Salario, Qu. V – No-*

mentano, Qu. VI – Tiburtino, Qu. VII – Prenestino-Labicano, Qu. VIII – Tuscolano, Qu. IX – Appio-Latino, Qu. X – Ostiense, Qu. XI – Portuense, Qu. XII – Gianicolense, Qu. XIII – Aurelio, Qu. XIV – Trionfale, Qu. XV – Milvio. Diese Einteilung besteht, auch nach mehreren Flächenerweiterungen der *Quartieri* und der Einrichtung dreier neuer, bis nach dem Zweiten Weltkrieg (*Qu. XVI – Monte Sacro, Qu. XVII – Savoia/Trieste, Qu. XVIII – Tor di Quinto*) im wesentlichen noch fort. Ihre Kenntnis erleichtert die Orientierung bei der Annäherung an die inneren Bezirke der Hauptstadt über den Autobahnring des Grande Raccordo Anulare. 1926 wurde das bis dahin pauschal als *Suburbio* bezeichnete, um den Ring der *Quartieri* nach außen in den *Agro* sich fortsetzende Territorium zu Verwaltungszwecken in einen weiteren Ring von zunächst 12, dann 11 *Suburbi* untergliedert, deren jedes den Namen des *Quartiere* erhielt, an das es sich anschloß; ebd. Plan 12 u. 16.

42 Vgl. Sanfilippo, Costruzione di una capitale, Bd. 2, S. 23, Insolera, Roma moderna, S. 103f., und Sica, Storia dell'urbanistica. Il Novecento, S. 387.

43 Für die römische Wohnungssituation in den Jahren nach dem Ersten Weltkrieg unverzichtbar in Analyse und Faktenreichtum ist Bartolini, Roma borghese, hier bes. Kap. I. Die Entwicklung Roms in der Zeit zwischen der Ära Nathan und dem Machtantritt des Faschismus behandelt auch Sanfilippo, Costruzione di una capitale, Bd. 2, S. 15–24.

44 Vgl. Sanfilippo, Costruzione di una capitale, Bd. 2, schede 14 u. 15; Rossi, Roma. Guida all'architettura moderna, Nr. 12 u. 13; Fraticelli, Roma 1914–1929, Kap. 8. Die Garbatella hat jetzt eine erschöpfende und äußerst materialreiche Behandlung gefunden in der Monographie von Sinatra, La Garbatella a Roma.

45 Zu den vielfältigen Aspekten der Gartenstadtidee und Gartenstadtbewegung vgl. die Beiträge in dem Band von Tagliaventi, Città giardina / Garden City.

46 Zit. bei Sinatra, La Garbatella, S. 9.

47 Zum wirtschafts- und finanzpolitischen Kontext der Auflösung des SMIR, die eine der ersten Aktivitäten des faschistischen Wirtschaftsministers De Stefani war, vgl. Fraticelli, Roma 1914–1929, S. 239–242.

48 Vgl. Sinatra, La Garbatella, S. 27ff.

49 Zu den *Alberghi popolari* vgl. neben Sinatra, La Garbatella, S. 39ff., auch Rossi, Roma. Guida all'architettura moderna, Nr. 18.

50 Zum Phänomen der *case a riscatto* in der Garbatella vgl. Sinatra, La Garbatella, S. 36ff. sowie allg. Toschi, Gli enti per le abitazione popolari. Die Bevorzugung der Staatsbediensteten bei der Wohnungsbauförderung begann schon vor dem Faschismus, vgl. Bartolini, Una casa per gli impiegati statali.

51 Der 1872 in Rom in gutbürgerlichen Verhältnissen geborene Cremonesi war jung nach Südamerika ausgewandert und hatte dort in verschiedenen Finanz- und Handelsaktivitäten Erfahrungen gesammelt, die ihm nach seiner kriegsbedingten Rückkehr als Exponent des *Nazionalismo* auf unterschiedlichen Posten in der römischen Kommunalpolitik zugutekamen. Das Amt des *Governatore* musste er nach nur einem Jahr unter dubiosen Umständen wieder abgeben, was aber seiner weiteren politischen Karriere keinen Abbruch tat. 1928 wurde er Präsident des italienischen Roten Kreuzes, das er mit Entschiedenheit in ein para-staatliches Instrument faschistischer Politik umwandelte; vgl. Dizionario Biografico degli Italiani, Bd. 30, S. 616ff. – Zur schwankenden, aber letztlich ablehnenden Haltung Mussolinis zur Industrialisierungs- und Hafenfrage für Rom vgl. Bertelli, La Prima Zona industriale e il porto marittimo, S. 158ff.

52 Vgl. De Nicolò, Il Campidoglio liberale, S. 84–91. Zur Person Cremonesis vgl. auch Caracciolo, I sindaci di Roma, S. 33ff. – Das Mussolini-Zitat ist aus der Ansprache *La Nuova Roma* in: Opera Omnia XXII, S. 47.

53 Die das *Governatorato di Roma* betreffenden umfangreichen Rechtssatzungen sind abgedruckt bei Lucente, La legislazione sul comune di Roma, Kap. III. – Die Aufhebung der Kommunalautonomie und die Zentralisierung der kommunalen Lenkungsfunktionen blieb nicht auf Rom beschränkt. Nur kurze Zeit nach der Einrichtung des *Governatorato* für die Kapitale wurden auch in allen anderen Kommunen Italiens die drei Organe kommunaler Selbstverwaltung – Gemeinderat, Magistrat, Bürgermeister – abgeschafft und ihre Funktionen und Befugnisse in der Hand eines *podestà* zusammengefasst; zu diesem weiteren Kontext vgl. etwa Aimo, Stato e poteri locali, Kap. 4.

54 Vgl. Vidotto, Roma contemporanea, S. 175f. Die Namen der ersten Garnitur von *Consultori* werden aufgelistet ebd., S. 412, Anm. 14.

55 Gesetzesdekret vom 9. Dez. 1926, abgedruckt bei Lucente, La legislazione sul comune di Roma, S. 34f. Ein Generalsekretariat gab es in der kapitolinischen Verwaltung schon seit September 1870. Die mit Dekret vom 9. Dez. 1926 geschaffene Funktion eines *Segretario Generale del Governatorato di Roma* hatte aber als Stabsstelle nach Status und Kompetenzausstattung ein ungleich größeres Gewicht.

56 Vgl. die Liste aller römischen Stadtoberhäupter von 1870 bis 1946 im Anhang bei Vidotto, Roma

Capitale, S. 485f., sowie die um die Generalsekretäre der kapitolinischen Administration ergänzte Auflistung bei LUCENTE, La legislazione sul comune di Roma, S. XIX-XXI; ferner CARACCIOLO, I sindaci di Roma, Kap. 9–11.

57 Vgl. TALAMO/BONETTA, Roma nel Novecento, S. 218–225.

58 *La scomparsa degli organi elettivi si traduceva a Roma nel trionfo della burocrazia, disciplinata nell'eseguire e garante del bene amministrare. [...] Per l'organizzazione dei servici e per le competenze concentrate nell'amministrazione, gli anni Venti e Trenta rappresentarono l'età d'oro della burocrazia capitolina, anche se non si può ipotetizzare una conduzione lineare e priva di conflitti.* VIDOTTO, Roma contemporanea, S. 176f. In der Grundtendenz des Urteils übereinstimmend SANFILIPPO, Costruzione di una capitale, Bd. 2, scheda 19.

59 Vgl. CARACCIOLO, I sindaci di Roma, S. 37–41.

60 Zur disziplinären Ausdifferenzierung und Professionalisierung der Urbanistik in Italien allg. ERNESTI, La formazione dell'urbanistica in Italia (1900–1950), FALCO, La formazione della disciplina, sowie CIUCCI, Gli architetti e il fascismo, S. 9ff.; des näheren zur römischen Szene SANFILIPPO, Costruzione di una Capitale, Bd. 2, schede 22 u. 23.

61 Zur Biographie Brasinis s. dessen Eintrag in: Dizionario Biografico degli Italiani, Bd. 14, S. 64ff.

62 NICOLOSO, Mussolini architetto, S. 36ff. u. S. 152.

63 Vgl. CEDERNA, Mussolini urbanista, S. 56.

64 Es handelte sich dabei um eine einfache, flaschenzugähnliche Vorrichtung zum Vertikaltransport von Lasten am Bau.

65 JOHN WILTON ELY, Giovanni Battista Piranesi. Vision und Werk, München 1978, Abb. 82 u. 82; zur Hybridisierung von Antike und Moderne im römischen Ikonokosmos Piranesis vgl. NORBERT MILLER, Archäologie des Traums. Versuch über Giovanni Battista Piranesi, München – Wien 1978, S. 101–116.

66 Marcello PIACENTINI, La Grande Roma, in: Capitolium I (1925) Nr. 7, S. 413–420.

67 Vgl. BRUNETTI, Architetti e fascismo, Kap. 5, und CIUCCI, Gli architetti e il fascismo, Kap. IV.

68 Zur herausgehobenen Stellung Piacentinis und seinem maßgeblichen Einfluss bei Mussolini vgl. u. a. NICOLOSO, Mussolini architetto, Kap. 5, sowie generell zur Werkbiographie LUPANO, Marcello Piacentini. Marcello Piacentini, geb. 1881 in Rom als Sohn des maßgeblich am Hauptstadtausbau beteiligten Architekten Pio P. (u. a. *Palazzo delle Esposizioni*), fand über den Vater früh Zugang zum politisch-architektonischen Establishment der Kapitale; geschickt im Umgang mit Menschen, vielseitig in seinen Fähigkeiten und wendig bis zum Opportunismus, war er über alle politischen Umbrüche hinweg – vom liberalen über das faschistische Italien bis in die Republik der zweiten Nachkriegszeit – der einflussreichste römische Architekt der ersten Hälfte des 20. Jahrhunderts. P. starb 1960.

69 Vgl. CIUCCI, Gli architetti e il Fascismo, S. 89ff.

70 Für die wechselvollen Geschicke des architektonischen Rationalismus im Italien der Zwischenkriegszeit und die keineswegs konstante Haltung Mussolinis in diesem ‚Streit der Fakultäten' vgl. DANESI/PATETTA, Il Razionalismo e l'architettura in Italia durante il Fascismo; CIUCCI, Gli architetti e il Fascismo; PFAMMATTER, Moderne und Macht.

71 Vgl. LUGLI, Urbanistica di Roma, S. 144, und FRATICELLI, Roma 1914–1929, Kap. 14.

72 Zu den Planentwürfen von *La Burbera* und GUR vgl. INSOLERA, Roma Moderna, S. 122–125, und ROSSI, Roma, S. 63f.

73 Vgl. CEDERNA, Mussolini urbanista, S. 56f. – Brasini, der in seiner Enttäuschung noch hartnäckig versuchte, für seinen vergeblichen Planungsaufwand und die Kosten des Entwurfs finanziell entschädigt zu werden, erhielt 1931 gleichsam als immaterielle Gutmachung die Ernennung zum Akademie-Mitglied und wurde auch in die Kommission zur Erarbeitung eines offiziellen *Piano Regolatore* berufen. 1932 sah er sich aber von Mussolini düpiert, als dieser ein von Brasini verantwortetes Gebäude öffentlich als misslungen (*un infortunio*) verspottete. Brasini erhielt aber auch weiterhin wichtige Bauaufgaben übertragen, an denen sich die Eigenheiten seines Stils noch heute beobachten lassen, so der Konvent des *Buon Pastore* an der Via Bravetta. Die deutlichste Ahnung davon, wie Brasinis Rom in der Verwirklichung ausgesehen hätte, verschafft man sich aber zweifellos an der 1927/28 erbauten unbeschreibbaren Kirche des Unbefleckten Herzens Mariae (*Immacolato Cuore di Maria*) an der Piazza Euclide am Rande des Viertels Parioli und an dem von ihm noch 1951 (!) nach Plänen der 1920er Jahre gestalteten Ponte Flaminio im schwelgerisch auftrumpfenden Ornat seiner Säulen, Adler und Kandelaber. Zu Biographie Brasinis vgl. Dizionario Biografico degli Italiani, Bd. 14, S. 64ff.

74 Zu den Direktiven Mussolinis für einen neuen *Piano Regolatore* CEDERNA, Mussolini urbanista, S. 59ff.

75 Der Kommission gehörten neben Piacentini als Berichterstatter und damit faktischem Leiter an die Architekten Bazzani, Brasini , Calza Bini, Del Bufalo, Giovannoni, Muñoz und Salatino, außerdem einige Ingenieure und ein Archäologe.

76 Zum P. R. G. 1931 vgl. ROSSI, Roma, Nr. 33; SANFILIPPO, Costruzione di una capitale, Bd. 2, scheda 28;

CIUCCIA, Urbanistica, edilizia, infrastrutture di Roma Capitale, S. 111ff.; LUGLI, Urbanistica di Roma, S. 145–149; Topografia e urbanistica, S. 662–666. – Die mit schärfster Polemik vorgetragene, durchwegs vernichtende Kritik bei CEDERNA, Mussolini urbanista, lässt das wissenschaftlich gebotene Bemühen um Objektivität vermissen und ist selbst Ausweis ideologischen Eiferertums. Eine abwägende sachlich-kritische Beurteilung findet der Plan unter Berücksichtigung seiner Entstehungsumstände etwa bei AVARELLO, Il piano del 1931.

77 Um unter vielen möglichen nur zwei ganz rezente Beispiele zu nennen: PAINTER, Mussolini's Rome, und GENTILE, Fascismo di pietra, Kap. 5: Roma mussolinea.

78 Es ist bezeichnend, dass auch der der Hauptstadt gewidmete, 340 (doppelspaltige) Seiten lange Artikel *Roma* in der hochoffiziellen Enciclopedia Italiana von 1936 nur drei „große Komplexe“ zu nennen weiß, von denen (neben dem Foro Mussolini und der Città Universitaria) obendrein einer (die neue Stadtgründung Guidonia in der Nähe von Tivoli) weit außerhalb der *urbs* liegt; vgl. Roma, S. 849.

79 OPERA OMNIA XXV, S. 86.

80 Zur Aedes Hercules Victor vgl. die Beiträge von F. COARELLI u. D. PALOMBI in: Lexicon Topographicum Urbis Romae III, S. 22–25; zur Aedes Portunus den Beitrag C. BUZZETTI in: ebd., IV, S. 153f.

81 Selbst der unerbittlich kritische Antonio Cederna erkennt in diesem Punkt das Verdienst Mussolinis an: CEDERNA, Mussolini urbanista, S. 97–102; ferner INSOLERA, Roma fascista, S. 81ff., sowie MANCIOLI, L'area Sacra di Largo Argentina.

82 Vgl. die Chronologie der Verwendungen seit der Antike bei INSOLERA/SETTE, Roma tra le due Guerre, S. 98.

83 Zum Mausoleum Augusti und den dort bestatteten Kaisern vgl. die Beiträge von H. v. HESBERG u. M. MACCIOCCA in: Lexicon Topographicum Urbis Romae III, S. 234–239; zu den urbanistischen Umgestaltungen ROMANIELLO, Trasformazioni del tessuto urbano; SANFILIPPO, Costruzione di una Capitale, Bd. 2, scheda 27.

84 Mit zahlreichen Illustrationen dazu INSOLERA, Roma fascista, S. 161–179 (nach CEDERNA, Mussolini urbanista).

85 Der Gesamtkomplex des Augusteischen Mythos als Propagandamotiv des Faschismus ist bestens erschlossen und dokumentiert bei SCRIBA, Augustus im Schwarzhemd? Ferner RINALDI, Il volto effimero della città.

86 Vgl. hierzu PANELLA, Le trasformazioni del centro archeologico-monumentale della città in Roma Capitale, sowie die Beiträge von FRATICELLI, „Pensieri antichi“ e progetti moderni, und RACHELI, Teorie del restauro e interventi urbanistici dopo il 1870.

87 Zu den verschiedenen Aspekten dieses Problemkomplexes vgl. die Beiträge von G. PISANI SARTORIO, S. RIZZO und P. CIANCIO ROSSETTO in: La Capitale a Roma 1870–1945, S. 149–165; ferner VANNELLI, Roma, architettura, Kap. III u. IV; ferner SANFILIPPO, Costruzione di una Capitale, Bd. 2, schede 25 u. 26.

88 64 dieser Massenveranstaltungen wurden auf dem Foro dell'Impero Fascista, wie die Freifläche vor dem Palazzo Venezia nun genannt wurde, in der Zeit der faschistischen Herrschaft abgehalten, allein ein Drittel davon in den Jahren 1936 und 1937; ausführlich zu Geschichte und Bedeutung des Palazzo Venezia als Amtssitz Mussolinis INSOLERA/PEREGO, Archeologia e città, Teil I, Kap. III.

89 Ausführlich und mit vielen Illustrationen zur Isolierung des Kapitolshügels, zur Freilegung der Foren und zur Trasse der Via dell'Impero INSOLERA, Roma fascista, S. 81–159.

90 Mit reicher photographischer Dokumentation dieser Freilegungsmaßnahmen vgl. jetzt LEONE/MARGIOTTA Fori Imperiali. Demolizioni e scavi, sowie L'invenzione de Fori Imperiali.

91 Eine umfassende Dokumentation dieser Maßnahmen findet sich bei INSOLERA/PEREGO, Archeologia e città, Teil I, Kap. IV.

92 Neben INSOLERA/PEREGO, Archeologia e città (vorige Anm.) s. auch INSOLERA, Roma fascista (auf der Basis von CEDERNA, Mussolini urbanista), S. 127–131.

93 Vgl. die reiche fotographische Dokumentation dieses gewaltigen Freilegungsprojekts bei INSOLERA/SETTE, Roma tra le due Guerre, Kap. V.

94 Mussolini bei der Eröffnung der Arbeiten ‚Per l'isolamento dell'Augusteo', in: OPERA OMNIA XXVI, S. 367f.

95 *Sintesi del Regime*, eine Art Rechenschaftsbericht, den Mussolini am 18. März 1934 vor einer Versammlung faschistischer *gerarchi* im Teatro reale dell'Opera abgab: OPERA OMNIA XXVI, S. 185–193, Zitat S. 187.

96 Vgl. CUCCIA, Urbanistica, edilizia, infrastrutture, S. 114.

97 Vgl. dazu SALSANO, Conseguenze sociali degli sventramenti nella Roma fascista.

98 Vgl. die abgewogene Beurteilung des urbanistisch-ästhetischen Ranges in: Topografia ed urbanistica, S. 667f.

99 Vgl. VIDOTTO, Roma contemporanea, S. 201.

100 Ebd., S. 194.

101 Vgl. ausführlich MUNTONI, I concorsi di architettura (Zitat S. 653).

102 Höcker, Rom, erweckt durch unscharfe Formulierungen (S. 24 u. 250) den falschen Eindruck, als sei der Palazzo del Littorio an der Via dell'Impero tatsächlich errichtet worden.

103 Muntoni, I concorsi di architettura, S. 686.

104 Zit. bei Ciucci, Gli architetti e il fascismo, S. 142.

105 Vgl. Sanfilippo, La costruzione di una Capitale, Bd. 2, scheda 31; Rossi, Roma. Guida all'architettura moderna, Nr. 19; Cuccia, Urbanistica, edilizia, infrastrutture, S. 158.

106 Comitato dei Monumenti Moderni, Il Foro Italico, passim.

107 Es bedurfte noch des Mutes des revisionistischen Provokateurs gegenüber den Tabus und Dogmen eines konformistischen *mainstream*, als Carlo Fabrizio Carli 1980 eine unvoreingenommene Würdigung der Leistungen von Architektur und Urbanistik des *Ventennio* einforderte; vgl. Carli, L'architettura durante il fascismo tra razionalisti e Piacentini, in: Ders., Architettura e Fascismo, S. 5–54.

108 Eine fotographische Dokumentation der vernichteten Kunstwerke und Kunstwerte mit engagiert-kritischem Kommentar bietet der Band ‚Il Foro Italico' des Comitato dei Monumenti Moderni, das sich der Rettung der Architekturen der Klassischen Moderne in Rom verschrieben hat.

109 Zit. bei Nicoloso, Gli architetti di Mussolini, S. 67.

110 Für Bayern, aber durchaus paradigmatisch und weitgefasst, vgl. den Ausstellungskatalog von Florian Aicher u. Uwe Drepper (Hgg.), Die klassische Moderne der Post. Robert Vorhoelzer – Ein Architektenleben, München 1990. Übergreifende Aspekte des Themas, das auch die italienischen Postbauten der Zwischenkriegszeit einbezieht, zeigt der Beitrag von Friedrich Kurrent, Die Münchener Postbauten im internationalen Vergleich, ebd. S. 137–143.

111 Mussolini beim Empfang des römischen Bürgerrechts am 21. 4. 1924, in: Opera Omnia XX, S. 234.

112 Poretti, Progetti e costruzione dei palazzi delle Poste a Roma, S. 11ff.

113 Muntoni, I concorsi di architettura, S. 666ff.

114 Poretti, Progetti e costruzione dei palazzi delle Poste a Roma, S. 16–24.

115 Zu der großartigen (und nicht erst durch den Faschismus begründeten) italienischen Tradition der Postbauten als staatliche Repräsentationsräume und öffentlicher Paläste vgl. Giuseppe Strappa u. Giorgio Di Giorgio (Hgg.), Palazzi storici delle Poste Italiane, Mailand 1996, mit den einführenden Beiträgen der beiden Herausgeber und einer exzellenten photographischen Dokumentation.

116 Bis zur Mitte der 1920er Jahre waren nur drei Institutsgebäude entlang des Viale dell'Università gebaut worden; Rossi, Roma. Guida all'architettura moderna, Nr. 44.

117 Zur Città Universitaria vgl. neben Rossi (vorige Anm.) auch Sanfilippo, La costruzione di una Capitale, Bd. 2, scheda 32, und Ciucci, Gli architetti e il Fascismo, S. 131–136.

118 Diese Angabe bei Seronde Babonaux, Roma, S. 196.

119 Errechnet aus den Zahlen für die einzelnen Jahre in Roma. Popolazione e territorio, Teil I, Kap. II, Tav. 9.

120 Ebd., Teil I, Kap. I, Tav. 2 gibt für 1921 eine *popolazione presente* von 691 700 und eine *popolazione residente* von 666 400 Personen an.

121 Sanfilippo, La costruzione di una Capitale, Bd. 2, S. 30f.

122 Zur Veränderung der römischen Sozial- und Siedlungsstruktur durch die Zuwanderung vgl. Talamo/Bonetta, Roma nel Novecento, Teil II, Kap. 2, S. 245–250.

123 Vgl. Bartolini, Roma borghese, S. 135f. u. 146.

124 Diese und weitere aufschlussreiche Angaben bei Talamo/Bonetta, Roma nel Novecento, S. 253–256; ebenfalls detailliert zur Siedlungs- und Sozialgeographie der römischen Expansionszonen der Zwischenkriegszeit Seronde Babonaux, Roma, Teil I, Kap. IV.

125 Bartolini, Roma borghese, S. 149.

126 Vgl. Vidotto, Roma contemporanea, S. 196; Cassetti, Roma e il Lazio, S. 141ff.

127 Sanfilippo, La costruzione di una Capitale, Bd. 2, schede 18 u. 36; Rossi, Roma. Guida all'architettura moderna, Nr. 61.

128 Zur Entstehung und zur Situation der offiziellen *borgate* vgl. Seronde Babonaux, Roma, Teil I, Kap. IV, S. 146–150; Sanfilippo, La costruzione di una Capitale, Bd. 2, scheda 20; Talamo/Bonetta, Roma nel Novecento, Teil II, Kap. 2, S. 265–269.

129 Seronde Babonaux, Roma, S. 375f. gibt eine diesbezügliche Äußerung des Sozialamts des *Governatorato* aus dem Jahr 1930 wieder.

130 Zum Problem der ‚wilden' Barackensiedlungen ausführlich und aufschlussreich Talamo/Bonetta, Roma nel Novecento, Teil II, Kap. 2, S. 269–275.

131 ‚La proclamazione dell'Impero', Il Popolo d'Italia Nr. 131 vom 10. 5. 1936, in: Opera Omnia XXVII, S. 268f. ‚163ª Riunione del Gran Consiglio del Fascismo' vom 9. 5. 1936, abgedruckt ins Opera Omnia XXVII, S. 267.

132 Vgl. die Berichte ‚Lo storico evento celebrato nella Capitale' aus Il Popolo d'Italia Nr. 127 vom 6. 5. 1936, der von einer halben Million Menschen in Piazza Venezia und den angrenzenden Straßen spricht, und ‚La grandiosa adunata per le storiche dichiarazioni' aus Il Popolo d'Italia Nr. 131 vom

10. 5. 1936, beide abgedruckt in OPERA OMNIA XXVII, S. 382–388 u. S. 390–396.

133 Vgl. jetzt THÖNDL, Der Abessinienkrieg.

134 Nur der Abriss der *spina del Borgo* fehlte noch, um mit der Via della Conciliazione auch den Petersdom in den Kreis erhabener Bühnenbilder einzubeziehen; dieses Werk, im Jahr 1937 begonnen, konnte erst nach dem Zweiten Weltkrieg vollendet werden. Federführend war auch hier Marcello Piacentini.

135 Vgl. PRISCO, E 42 – EUR: L'ultima fondazione, in: E 42 – EUR. Segno e sogno, S. 18f.

136 Bottai wiederum griff dabei auf ein Programm zurück, welches Federico Pinna-Berchet, ein Experte für Ausstellungen und Messen, erarbeitet hatte; vgl. FERRARA, L'EUR: Un Ente per l'E 42.

137 Wie o. Anm. 1.

138 Zu den Vorüberlegungen und ersten Vorbereitungen vgl. CIUCCI, Gli architetti e il Fascismo, Kap. 10, S. 177–181; INSOLERA/DI MAJO, L'Eur e Roma, Kap. 2, S. 9–18; GUIDONI, L'E 42, città della rappresentazione.

139 Vgl. W. KRETSCHMER, Geschichte der Weltausstellungen, Frankfurt/M. 1999; A. GARN/ P. ANTONELLI (Hg.), Weltausstellungen 1933 – 2005. Architektur, Design, Grafik, München 2008.

140 Vgl. die offizielle Erläuterung und Interpretation des Themas in: Esposizione Universale di Roma, S. 21–24; ferner GODOLI, L'E 42 e le Esposizioni universali, und FIORAVANTI, Olimpiade delle Civiltà. Der umfassende kulturpolitische Anspruch, eine „noch nie dagewesene panoramische Synthese aller Formen der geistigen, moralischen, ökonomischen, künstlerischen, wissenschaftlichen und technischen Entwicklung der Menschheit in allen Epochen und allen Ländern" zu bieten, manifestierte sich auch in der eigens für die Weltausstellung geschaffenen offiziellen Zeitschrift *Civiltà*, welche von April 1940 bis Juli 1942 in 10 jeweils an die hundert Seiten starken, aufwendig gestalteten und bebilderten Heften erschien.

141 Das ‚Programma di massima', vorgelegt vom Generalkommissar für die E 42, Vittorio Cini, am 25. Juni 1937, ist als Faksimile abgedruckt im Anhang zu E 42. Utopia e scenario del regime, Bd. I, S. 153–165.

142 Eine Beschreibung des Geländes mit seiner abwechslungsreichen Oberflächengliederung gibt VALENTI, I luoghi dell'E 42.

143 Mit Gesetz Nr. 2174 vom 26. 12. 1936 wurden zur Planung und Durchführung der Weltausstellung ein Kommissariat und eine autonome Anstalt öffentlichen Rechts (*Ente Esposizione universale di Roma – Ente EUR*) installiert, die beide direkt dem *Capo di Governo*, also Mussolini, unterstellt waren. Der Leiter des Kommissariats – *commissario generale* – war zugleich Präsident des *Ente EUR*. Auf diesen Posten wurde, auf Empfehlung Bottais, Vittorio Graf Cini berufen. Mit Gesetzesdekret vom 14. 1. 1937 (als reguläres Gesetz Nr. 126 bestätigt am 3. 2. 1938) wurden alle mit der Weltausstellung verbundenen Dispositionen als im öffentlichen Interesse erfolgend erklärt und damit die rechtlichen Voraussetzungen für die Enteignung des erforderlichen Terrains geschaffen. Mit Gesetzesdekret vom 21. 8. 1937 (in reguläres Gesetz Nr. 2408 umgewandelt 30. 12. 1937) wurde dem *Governatorato di Roma* vom Staat der Betrag von 350 Mill. Lire für Straßenbau- und Infrastrukturmaßnahmen auf dem auch das Ausstellungsgelände umfassenden Gebiet zwischen der Hauptstadt und dem Lido bewilligt; die genannten Rechtsnormen sind abgedruckt bei INSOLERA / DI MAJO, L'Eur e Roma, Appendix 2, Nr. I – III.

144 Für die Eigentümer und die Besitzverhältnisse des für die Weltausstellung beanspruchten Geländes und die Finanzierung des Projekts im Detail s. ebd., Appendix 4 u. 5.

145 Von daher überrascht es nicht, den Satz Mussolinis *La Terza Roma si dilaterà sopra altri colli lungo le rive del fiume sacro sino alle spiagge del Tirreno* auf dem Fries des ersten im EUR fertiggestellten Gebäudes, des Verwaltungsbaus für die autonome Ausstellungsgesellschaft *Ente EUR*, eingemeißelt zu finden.

146 Zu zeitgenössischen Varianten des Konzepts der ‚linearen Stadt' bei sowjetischen Urbanisten, aber auch bei Le Corbusier vgl. FRAMPTON, Architektur der Moderne, Kap. 19 u. 20.

147 Virgilio TESTA, La costruzione di un quartiere lineare in Roma, in: Atti del I° Congresso nazionale di Studi Romani, Bd. 2, S. 31ff.

148 Vgl. auch TESTA, L'EUR. Centro direzionale e quartiere moderno. Testas *città lineare* war freilich nur eine von vielen verschiedenen Stadtkonzeptionen, die sich im E 42-Projekt überschnitten und vermischten; vgl. GUIDONI, L'E 42, città della rappresentazione, S. 28f.

149 Wie so vieles an Antonio Cedernas Buch über *Mussolini urbanista* ist auch die Kurzbiographie zu V. Testa (S. XXIIIf.) nur in ihrem faktiziösen Kern zu gebrauchen, in ihren ideologischen Bewertungen aber einseitig, ungerecht, ja verzerrend.

150 V. CINI, Significato e aspetti dell'Esposizione Universale di Roma, in: Civiltà. Rivista bimestrale della Esposizione Universale di Roma, 1. Jg., Nr. 1 vom 21. 4. 1940, S. 11–14.

151 Zur Via Imperiale s. S. QUILICI, L'espansione di Roma verso il mare: La Via Imperiale, in: E 42 – EUR. Segno e sogno del Novecento, S. 38–40, sowie ebd., S. 64.

152 Der Entwurf, der nur die Planimetrie des Viertels darbietet, aber keine näheren Rückschlüsse auf Stil und Charakter der vorgesehenen Gebäude erlaubt, ist u. a. abgedruckt bei INSOLERA/DI MAJO, L'Eur e Roma, S. XII; vgl. auch die Abbildungen bei MARIANI, E 42 – un progetto per l'„Ordine Nuovo", S. 42–46. Selbst in seiner ‚rationalistischen' Version entbehrt die assoziativ an Visionen wie Hilberseimers ‚Großstadtarchitektur' gemahnende Planung für das Weltausstellungsprojekt im übrigen keineswegs der ins Große strebenden, monumentalen Dimension.

153 Kritisch dazu INSOLERA/DI MAJO, L'Eur e Roma, S. 51f.

154 Dass Haine und Grünflächen hier als konstitutive urbanistische Gestaltungselemente angesehen wurden, zeigt auch der große Aufwand, mit dem man gleich zu Beginn der Bauphase ausgewachsene Pinien und Steineichen gepflanzt hat. Bis heute hebt sich das EUR-Quartier nicht zuletzt durch Parke und Vegetationszonen in seinem Wohnwert positiv von anderen neueren Vierteln der römischen Peripherie ab; vgl. MINUCCI, I giardini dell'Esposizione Universale di Roma, sowie Vico FALLANI, Parchi e giardini dell'EUR.

155 Für die Skizze Paganos aus *Casabella* Nr. 114 vom Juni 1937 s. PAGANO, Architettura e città, S. 42–46.

156 Vgl. die Entwurfskizzen in Ludwig HILBERSEIMER, Großstadtarchitektur, Stuttgart 1927, S. 18f.

157 Für diesen *Arco dell'Impero*, der wie der Eiffelturm bei der Pariser Weltausstellung von 1890 eine Demonstration der technologischen Leistungsfähigkeit der gastgebenden Nation sein sollte, hatte Libera zunächst als Material eine aus dem Flugzeugbau stammende Hartaluminiumlegierung vorgesehen. Nach Kriegseintritt Italiens musste er seine Anforderungen aber auf eine Stahlverbindung zurückschrauben, und so wurde das kühne Projekt dann im Januar 1941 tatsächlich noch genehmigt. Zur Ausführung kam es nicht mehr; vgl. INSOLERA/DI MAJO, L'Eur e Roma, S. 72, Fn. 2; E 42. Utopia e scenario del Regime, Bd. II, S. 467–470; LIBERA, S. 107ff.

158 Vgl. die Abbildungen bei GUIDONI, L'E 42, città della rappresentazione, S. 40f., und MARIANI, E 42 – un progetto per l'„Ordine Nuovo", S. 42–45.

159 Zit. bei GUIDONI, L'E 42, città della rappresentazione, S. 37, Sp. 1, sowie ausführlicher bei MARIANI, E 42 – un progetto per l'„Ordine Nuovo", S. 64f.

160 Vgl. ebd., S. 70ff. Die neue Variante des Plans ist abgedruckt bei INSOLERA/DI MAJO, L'Eur e Roma, S. XIII.

161 Vgl. BRUNETTI, Architetti e Fascismo, Kap. 3; Vittorio GREGOTTI, Milano e la cultura architettonica tra le due Guerre, in: DANESI/ PATETTA, Il Razionalismo e l'architettura in Italia, S. 16–21; sowie CIUCCI; Gli architetti e il Fascismo, Kap. 3.

162 Zur Baugeschichte mit den konstruktiven Details s. E 42. Utopia e scenario del Regime, Bd. II, S. 472–480.

163 Marcello PIACENTINI, La Piazza a esedre dell'Esposizione universale di Roma, in: DERS., Architettura moderna, S. 264–268.

164 Diese Äußerung Liberas aus dem Jahr 1959 zit. in: E 42 – EUR. Segno e sogno, S. 114.

165 Zur Planungs- und Baugeschichte des Kongresspalastes im Detail vgl. E 42. Utopia e scenario del Regime, Bd. II, S. 320–352.

166 Der Jury gehörten neben Oppo und Piacentini auch Pagano und Michelucci an; vgl. MARIANI, E 42 – un progetto per l'„Ordine Nuovo", S. 67.

167 Esposizione Universale di Roma, S. 48f.; zur zeitgenössischen Interpretation s. auch E. CECCHI, Il Palazzo della Civiltà Italiana, in: Civiltà, 1. Jg., Nr. 3 vom 21. 10. 1940, S. 5–9.

168 Der intendierte Gestalteindruck wird eindringlich vermittelt durch den ursprünglichen Entwurf der Architekten, wie er abgebildet ist in E 42. Utopia e scenario del Regime, Bd. II, S. 90.

169 Die Inschrift, die jetzt nach gründlicher Restaurierung des Gebäudes wieder gut lesbar ist, lautet: *Un Popolo di Poeti di Artisti di Eroi di Santi di Pensatori di Scienziati di Navigatori di Trasmigratori.*

170 Zu den planerischen und konstruktiven Problemen im Detail vgl. ebd., S. 353–370.

171 So war Aschieri an der Ausstattung des den Abessinienkrieg propagandistisch metaphorisierenden Streifens *Scipio l'Africano* aus dem Jahr 1936 beteiligt; vgl. E 42. Utopia e scenario del Regime, Bd. II, S. 481–485.

172 Zur Baugeschichte auch in ihren technischen Einzelheiten und zur Sakralkunst der Innenausstattung ebd., S. 441–466, sowie CIPRIANO E. OPPO, La chiesa dei SS. Pietro e Paolo all'Esposizione Universale, in: Civiltà, 2. Jg., Nr. 4 vom 21. 1. 1941, S. 5–13.

173 Ansprache Mussolinis am Abend des 10. 6. 1940 vom Balkon des Palazzo Venezia: ‚Popolo Italiano! Corri alle armi', in: OPERA OMNIA XXIX, S. 403ff. Zuvor war bereits dem britischen und dem französischen Botschafter in Rom die italienische Kriegserklärung überreicht worden.

174 Vgl. INSOLERA/DI MAJO, L'Eur e Roma, S. 65f.

175 Für Details der Finanzierung des Weltausstellungsprojekts vgl. ebd. Appendix 5, hier S. 264, Tab. B.

176 Vgl. ROSSI, Roma. Guida all'architettura moderna, Nr. 77.

177 Zur *legge urbanistica* (Ges. Nr. 1150) vom 17. 8. 1942 vgl. LUGLI, Urbanistica di Roma, S. 150; SANFILIPPO, Costruzione di una Capitale, Bd. 2, scheda 37.

178 Ein ‚Emporium für Marmor' sei die Baustelle der E 42 geworden wie in der Antike der Stapelplatz zu Füßen des Aventin, wo Rom Baumaterialien aus allen Teilen des Reiches angesammelt hatte: ALBERTO FRANCINI, Marmi e marmorari all'Esposizione universale di Roma, in: Civiltà, 2. Jg., Nr. 6 vom 21. 7. 1941, S. 37–41.

179 Vgl. INSOLERA/DI MAJO, L'Eur e Roma, S. 75–78.

180 So ein Bericht des römischen Stadtrats und Lokalchronisten Guglielmo Ceroni in der Zeitung *Messaggero* vom 23. 5. 1953, zit. nach INSOLERA/DI MAJO, L'Eur e Roma, S. 94.

181 Das berichtet Giorgio BIUSO, Una storia sconosciuta, in: E 42. Segno e sogno, S. 45.

182 Auch hier ist wieder zu verweisen auf die wertvolle Arbeit von INSOLERA/DI MAJO, L'Eur e Roma, Kap. VI.1 u. 2.

183 Vgl. die biographische Skizze bei LUPANO, Marcello Piacentini, S. 157ff. u. S. 181–188.

184 Vgl. die gründliche Analyse und Explikation dieses komplexen juridischen Sachverhalts bei INSOLERA/DI MAJO, L'Eur e Roma, Appendix 1.

185 Bis zu diesem Zeitpunkt waren seit 1937 insgesamt 773 Mill. Lire staatliche Gelder in das Projekt geflossen; die Summe ist allerdings nominal, nicht inflationsbereinigt, und daher nur begrenzt aussagekräftig; aus diesem Grund kann sie auch nicht einfach mit den im folgenden genannten Zahlen für die Finanzvolumina des Ente EUR in den 1950er und 1960er Jahren korreliert werden.

186 Vgl. dazu die aufschlussreichen Interpretationen und anregenden Thesen bei Giuseppe STRAPPA, La lingua dell'E 42, in: E 42 – EUR. Segno e sogno, S. 28f.

187 Dieses und die folgenden Zitate aus MARCELLO PIACENTINI, Classicità dell'E 42, in: Civiltà, 1. Jg., Nr. 1 vom 21. 4. 1940, S. 23–31.

188 Die frappierende dechirichianische Anmutung des ursprünglichen EUR entspringt nicht einer assoziativen Willkür des Betrachters, sondern basiert auf evidenter Affinität: Nicht zufällig zeigte das dritte Heft der offiziellen E 42-Zeitschrift *Civiltà* vom 21. 10. 1940 auf dem Titelblatt das Bild *Paesaggio Romano* von Giorgio De Chirico.

189 Man denkt dabei natürlich sogleich an Pasolinis *Mamma Roma*, der über weite Strecken an der frischen Nahtstelle zwischen den Neubauvierteln und dem ruinenbestückten *Agro Romano* situiert ist. Zu diesem anders gelagerten filmgeschichtlichen Aspekt vgl. den interessanten Beitrag von FERZETTI, Città e cinema. Vgl. auch MARCO BERZOTTI (Hg.) Il cinema, l'architettura, la città, Rom 2001.

190 Zum Thema ‚Film und EUR' vgl. neben GIANNI MERCURIO, Il primato dell'Immagine, in: E 42 – EUR. Segno e sogno, S. 21, den Artikel von NESE MARCO, Fellini, Scola, Muccino: il cinema gira all'Eur, in: *Corriere della Sera* vom 8. 2. 2006, S. 9.

191 Die Filmgeschichte des EUR jetzt exzellent dokumentiert bei DELLI COLLI, EUR, si gira.

192 Ein besonders krasses Beispiel für diese Ignoranz liefert das hochrepräsentativ auftretende Werk von PETER GÖSSEL/GABRIELE LEUTHÄUSER, Architektur des 20. Jahrhunderts, Köln 1990, in dem weder das E 42-Projekt noch irgendein anderes Beispiel der neo-klassizistischen Monumentalmoderne der Zwischenkriegszeit auch nur Erwähnung findet. Noch gravierender freilich ist diese ideologische Blindstelle beim italienischen Architekturpapst BRUNO ZEVI, der in seiner synoptischen *Storia e controstoria dell'architettura in Italia* (Rom 1997) die Moderne völlig auf ‚Rationalismus' und Internationalen Stil reduziert und kein einziges der neo-klassizistischen Meisterwerke der Zwischenkriegszeit berücksichtigt.

193 Zu dieser öffentlichen Kontroverse, bei der Pagano mit größter Schärfe gegen die offizielle Baupolitik des Regimes polemisieren konnte, ohne Repressalien zu erleiden, vgl. BRUNETTI, Architetti e fascismo, Kap. 20; LUPANO, Marcello Piacentini, Kap. V.1; PAGANO, Architettura e città, Teil I: Programmi e polemiche.

194 Diese methodisch wie materiell gleichermaßen verfehlte Deutungsstrategie der „Hof-Historiker des Neuen Bauens" hat HARTMUT FRANK am analogen Beispiel der NS-Architektur schon 1985 mit stichhaltigen Argumenten zurückgewiesen; vgl. dessen Einführung ‚Welche Sprache sprechen Steine?' zu dem von ihm herausgegebenen Sammelband ‚Faschistische Architekturen', S. 7–21.

195 Vgl. zu dieser überfälligen Klarstellung IGNAZ MILLER, Im Gleichschritt ins Bauhaus. Architektur im Italien Mussolinis, in: Neue Zürcher Zeitung, Nr. 122 vom 28. / 29. 5. 1994, S. 77–79, sowie die in diesem Punkt weithin zutreffende Analyse bei ESTERMANN-JUCHLER, Faschistische Staatsbaukunst, Kap. 4.

196 So TIMMERMANN, Repräsentative „Staatsbaukunst", Teil II, Kap. 5; Timmermann ist sich über die Allgemeingültigkeit eines rationalisierten Klassizismus als epochenspezifische Architektursprache der 1930er Jahre gar nicht im klaren. Ihre These von der Nachahmung der Speer-Planungen im EUR gründet sich mehr auf Mutmaßungen als auf Belege. Dass Mussolini beeindruckt war von den Plänen Speers, die er bei seinem Staatsbesuch in Deutschland im September 1937 kennengelernt

hatte, ist zwar zutreffend; aber andererseits hat Hitler selbst, wie auch Timmermann erwähnt, Speer dazu gedrängt, seine Pläne im ‚römischen' Sinne zu revidieren.

197 In dem Artikel ‚Premesse e caratteri dell'architettura attuale tedesca' vom August 1939 lässt Piacentini, der ein guter Kenner der deutschen Architektur und Architekturgeschichte war, deutliche Vorbehalte gegen den militaristisch-grobschlächtigen Charakter und die Maßstabslosigkeit der zeitgenössischen deutschen Staatsarchitektur erkennen und stellt klar, dass sie kein Vorbild für die aktuell italienische Architektur mit ihren *speciali sensibilità e particolarissime rievocazioni di solidi tradizioni e sane convinzioni* sein könne; Piacentini, Architettura moderna, S. 242f. – Eine *differenza fondamentale tra le opere di Piacentini e Speer* konstatiert und analysiert auch Scarrocchia, Albert Speer e Marcello Piacentini, S. 339ff.

198 Estermann-Juchler, Faschistische Staatsbaukunst, S. 249f.

199 Piacentini, Onore all'architettura italiana, in: Ders., Architettura moderna, S. 255–263, Zit. S. 259.

200 Zahlreiche Beispiele in einem schlüssigen Erklärungszusammenhang bieten Borsi, Monumentale Ordnung, sowie Ciucci, Classicismo – Classicismi; interessante vergleichende Aspekte ferner bei Noever, Tyrannei des Schönen. Kunst und Macht im Europa der Diktatoren; Golomstock, Arte totalitaria.

201 Estermann-Juchler hat mit begrüßenswerter Deutlichkeit klargestellt, dass die ‚Rationalisten' nicht etwa an ihrer ‚sozialen Subversivität' oder einer politischen Oppositionshaltung zu Faschismus und Totalitarismus gescheitert sind, sondern „weil ihre Architektur als Mittel der Massenkommunikation versagte, bzw. die durchaus konformen ideologischen Gehalte vom Zielpublikum nicht verstanden wurden"; Estermann-Juchler, Faschistische Staatsbaukunst, S. 261.

202 Bauer, De Chirico baut, Kap. 5.

203 Vgl. Mercurio, Il primato dell'immagine (wie Anm. 190), und Sergio Poretti, Lo stile E 42, in: E 41 – EUR: Segno e sogno, S. 34.

204 Die von Werner Durth, Die geplante Moderne, in: J. Harten/ W.-W. Schmidt/ M. L. Syring (Hgg.): „Die Axt hat geblüht…", S. 358–367, hier S. 367, auf die (bundes)deutsche Nachkriegsarchitektur gemünzte treffende Formulierung gilt ohne Abstriche auch für das republikanische Italien.

205 Zur Entwicklung des EUR-Viertels in den letzten Jahrzehnten s. neben Insolera/Di Majo, L'Eur e Roma, Kap. IX u. X; EUR: guida degli istituti culturali; E 42 – EUR: Segno e sogno, S. 172–181; Sanfilippo, Costruzione di una capitale, Bd. 3, scheda 1.

206 Das *Quartiere di Corviale* ist ohne Zweifel das extremste Beispiel einer völlig entgleisten Urbanistik auf der Basis einer inhumanen sozialtechnokratischen Ideologie in dem an solchen Experimenten reichen Rom der letzten Jahrzehnte. An der äußersten südwestlichen Peripherie zwischen Casetta Mattei und Via Portuense wurde von 1972 bis 1982 vom *Istituto case popolari* ein neues Viertel für 8500 Menschen geplant und gebaut, von denen 6000 in einem einzigen durchgängigen Betonriegel von einem Kilometer Länge zusammenleben sollten. Wie eigentlich nicht anders zu erwarten, endete das aberwitzige Projekt in einer kompletten sozialen Katastrophe, wovon sich heute jeder Besucher dieser Apokalypse durch eigenen Augenschein überzeugen kann. Vgl. Sanfilippo, Costruzione di una capitale, Bd. 3, scheda 9, S. 123–127; Rossi, Roma, S. 321ff.; Campanella, Roma, nuovo Corviale.

Anhang

Dank

In seinen fernen Anfängen geht das vorliegende Buch auf ein Forschungsprojekt über italienische Nationalsymbolik zurück, das ich als Förderstipendiat am Historischen Kolleg München in Angriff nehmen konnte. Das Thema fand das Interesse von Jens Petersen, dem Stellvertretenden Direktor des Deutschen Historischen Instituts Rom, und ihm habe ich es zu verdanken, dass ich vom damaligen Direktor des DHI, Arnold Esch, als Gastdozent nach Rom eingeladen wurde. Für dieses Glück, ein Jahr meines Lebens in der Stadt der Städte verbringen und dabei in vollkommener Freiheit forschen zu können, bin ich bis heute dankbar. Damals entstand die Idee, das neue Rom selbst, dieses größte Symbol, das die italienische Nation sich geschaffen hat, zum Gegenstand eines Buches zu machen. Das Institut an der Via Aurelia Antica hat mir auch späterhin immer wieder großzügige Gastfreundschaft geboten. Seine hilfsbereiten Mitarbeiter und die Freunde dort haben dafür gesorgt, dass meine zahlreichen römischen Forschungsaufenthalte ebenso ertragreich wie angenehm waren.

Großzügige Förderung habe ich auch von der Deutschen Forschungsgemeinschaft erfahren: Ein von ihr finanziertes Forschungssemester hat gewährt, was im Berufsleben eines universitätsbestallten Wissenschaftlers am knappsten und deshalb am wertvollsten ist: freie Zeit. Die Gerda-Henkel-Stiftung hat durch einen Reisekostenzuschuss ermöglicht, dass ich einen Teil dieser Zeit wieder – in Rom verbringen konnte.

Meinem Verleger Fritz Pustet und der Lektorin Frau Heidi Krinner-Jancsik danke ich für ihr Vertrauen in das Projekt und für ihr Engagement bei seiner Realisierung. Die Mitarbeiter der Universitätsbibliothek Regensburg waren mir oftmals mit unbürokratischer Initiative bei der Literaturbeschaffung behilflich. Beim Korrekturlesen und bei der Erstellung der Register schließlich haben mich die Mitarbeiter meines Lehrstuhls mit großem Einsatz unterstützt.

Franz J. Bauer

Verzeichnis der benützten und zitierten Literatur

About, Edmond: Rome contemporaine, Paris 1861.

Aimo, Piero: Stato e poteri locali in Italia 1848–1995, Rom 1998 (1. Aufl. 1997).

Alle origini della nuova Roma. Martino V (1417–1431). Atti del convegno Roma, 2–5 marzo 1992, hg. von Maria Chabò u. a., Rom 1992.

Allegrezza, Paolo: L'amministrazione assente. Uffici e burocrazia municipali a Roma da Pio IX alla febbre edilizia (1847–1882), Rom 2000.

Altgeld, Wolfgang: Das Ende des Kirchenstaates im Urteil liberaler deutscher Zeitgenossen, in: Pius IX. und der Kirchenstaat in den Jahren 1860–1870, hg. von Titus Heydenreich, Erlangen 1995, S. 27–39.

Altgeld, Wolfgang (Hg.): Kleine italienische Geschichte, Stuttgart 2002.

Alvazzi Del Frate, Paolo: Caratteri dell'amministrazione pontificia nell'Ottocento, in: Marco De Nicolò (Hg.): L'amministrazione comunale di Roma, Bologna 1996, S. 11–33.

Aquarone, Alberto: Le forze politiche italiane e il problema di Roma, in: La fine del potere temporale e il ricongiungimento di Roma all'Italia, Rom 1974, S. 215–279.

Ara, Angelo: La fase liberale e riformatrice di Pio IX (1846–1848), in: Pius IX. und der Kirchenstaat in den Jahren 1860–1870, hg. von Titus Heydenreich, Erlangen 1995, S. 9–25.

Arbib, Edoardo: Sommario degli atti del Consiglio Comunale di Roma dall'anno 1870 al 1895, Rom-Florenz 1895.

Ascarelli, Giovanni: Ferrovie e tramvie nello sviluppo dei trasporti urbani ed interurbani, in: Roma Capitale 1870–1911, Bd. 12: Architettura e urbanistica, Venedig 1984, S. 129–141.

Atti del I° Congresso nazionale di Studi Romani, 2 Bde., Rom 1929.

Avarello, Paolo: Il Piano del 1931 e la legge urbanistica del 1942, in: Ders. u. a. (Hgg.), Il Quadrante Ostiense tra Otto e Novecento [= Roma moderna e contemporanea, Jg. XII, Nr. 1–2, Jan.-Aug. 2004], S. 215–236.

Backouche, Isabelle: La trace du fleuve. La Seine et Paris (1750–1850), Paris 2000.

Baedeker, Karl: Italien von den Alpen bis Neapel. Kurzes Reisehandbuch, 6. Aufl. Leipzig 1908.

Banti, Alberto M.: Storia della borghesia italiana. L'età liberale, Rom 1996.

Banti, Alberto M.: La nazione del Risorgimento. Parentela, santità e onore alle origini dell'Italia unita, Turin 2000.

Barbagallo, Francesco: Da Crispi a Giolitti. Lo Stato, la politica, i conflitti, in: Storia d'Italia. Bd. 3: Liberalismo e democrazia 1887–1914, hg. von Giovanni Sabatucci und Vittorio Vidotto, Rom-Bari 1995, S. 3–133.

Barbalace, Giuseppe: Riforme e governo municipale a Roma in età giolittiana, Neapel 1994.

Barbanera, Marcello: Il sorgere dell archeologia in Italia nella seconda metà dell'Ottocento, in: Antiquités, Archéologie et Construction Nationale au XIXe Siècle. Journées d'études, Rome 29–30 avril 1999 et Ravello 7–8 avril 2000, Mélanges de l'École Française de Rome. Italie et Méditerranée 113 (2001), S. 493–505.

Barberini, Giulia (Hg.): Rione XVI Ludovisi [= Guide rionali di Roma, Bd. 34], Rom 1981.

Bartoccini, Fiorella: La „Roma dei Romani", Rom 1971.

Bartoccini, Fiorella: Roma nell'Ottocento. Il tramonto della ‚città santa'. Nascita di una capitale [= Storia di Roma. XVI], Bologna 1985.

Bartoccini, Fiorella: Quintino Sella e Roma: idea, mito e realtà, in: Quintino Sella tra politica e cultura 1827–1884. Atti del Convegno Nazionale di Studi, Torino 24–26 ottobre 1984, Turin [1986], S. 245–265.

Bartoccini, Fiorella: Capitale e paese: la prima „legge speciale" per Roma nella discussione parlamentare del 1881, in: Studi in onore di Paolo Alatri, hg. von C. Corini und P. Melograni, Bd. II: L'Italia contemporanea, Neapel 1991, S. 77–96.

Bartolini, Emiliano: L'amministrazione di Roma sotto il pontificato di Pio IX (1846–1870), in: De Nicolò, Marco (Hg.): L'amministrazione comunale di Roma, Bologna 1996, S. 35–54.

Bartolini, Francesco: Roma nella scuola degli italiani. L'idea della città nei manuali di storia tra 1870 e 1914, in: Dimensioni e problemi della ricerca storica, 1 (1996), S. 127–162.

Bartolini, Francesco: Una casa per gli impiegati statali. In finanziamenti pubblici alle cooperative edilizie romane nel primo dopoguerra, in: Roma: la capitale e la città [= Roma moderna e contemporanea, Jg. VII, Nr.1–2, Jan.-Aug. 1999], S. 147–177.

Bartolini, Francesco: Roma borghese. La casa e i ceti medi tra le due guerre, Rom-Bari 2001.

Bartolini, Francesco: Condizioni di vita e identità sociali nascita di una metropoli, in: Vittorio Vidotto (Hg.): Roma Capitale, Rom-Bari 2002, S. 3–36.

Bartolini, Francesco: Gli intellettuali tra Stato e società: la modernizzazione della vita culturale, in: Vittorio Vidotto (Hg.): Roma Capitale, Rom-Bari 2002, S. 415–450.

Bartolini, Francesco: Rivali d'Italia. Roma e Milano dal Settecento a oggi, Rom-Bari 2006.

Bastéa, Eleni: The Creation of Modern Athens. Planning the Myth, Cambridge (University Press) 2000.

BAUER, FRANZ J.: Gehalt und Gestalt in der Monumentalsymbolik. Zur Ikonologie des Nationalstaats in Deutschland und Italien 1860–1914 [= Schriften des Historischen Kollegs. Vorträge. 30], München 1992.

BAUER, FRANZ J.: Nation und Moderne im geeinten Italien (1861–1915), in: Geschichte in Wissenschaft und Unterricht 46 (1995), S. 16–31.

BAUER, FRANZ J.: Roma Capitale. Geschichtsverständnis und Staatssymbolik in der Hauptstadt Italiens (1870–1940), in: HELMUT ENGEL/WOLFGANG RIBBE (Hgg.): Via triumphalis. Geschichtslandschaft „Unter den Linden" zwischen Friedrich-Denkmal und Schloßbrücke, Berlin 1997, S. 159–180.

BAUER, FRANZ J.: De Chirico baut. Der Raum und die Leere in der Stadt des Faschismus, in: Quellen und Forschungen aus italienischen Archiven und Bibliotheken 83 (2003), S. 319–362.

BAUER, FRANZ J.: Wie ‚bürgerlich' war der Nationalstaat in Deutschland und Italien?, in: CHRISTOPH DIPPER (Hg.): Deutschland und Italien 1860–1960. Politische und kulturelle Aspekte im Vergleich [= Schriften des Historischen Kollegs. Kolloquien. 52], München 2005, S. 107–120.

BELARDELLI, GIOVANNI/CAFAGNA, LUCIANO/GALLI DELLA LOGGIA, ERNESTO/SABBATUCCI, GIOVANNI (Hgg.): Miti e storia dell'Italia unita, Bologna 1999.

BELARDELLI, GIOVANNI: Il mito fascista della romanità, in: Il Classico nella Roma contemporanea, Bd. II, Rom 2002, S. 325–358.

BEN-GHIAT, RUTH: La cultura fascista, Bologna 2000.

BENZ, HARTMUT: Finanzen und Finanzpolitik des Heiligen Stuhls. Römische Kurie und Vatikanstaat seit Papst Paul VI., Stuttgart 1993.

BERDINI, PAOLO: La città in vendita. Centri storici e mercato senza regole, Rom 1908.

BERGGREN, LARS/SJÖSTEDT, LENNART: L'Ombra dei Grandi. Monumenti e politica monumentale a Roma (1870–1895), Rom 1996.

BERTELLI, PIETRO: Note sull'industria a Roma, dalla fine del regime pontificio alla seconda guerra mondiale, in: Storia urbana, Jg. XV, Nr. 57, Okt.-Dez. 1991, S. 29–41.

BERTELLI, PIETRO: La Prima Zona industriale e il porto marittimo di Ostia nel dibattito tra le due guerre (1914–1942), in: PAOLO AVARELLO u.a. (Hgg.): Il Quadrante Ostiense tra Otto e Novecento [= Roma moderna e contemporanea, Jg. XII, Nr. 1–2, Jan.-Aug. 2004], S. 145–174.

BIRINDELLI, MASSIMO: Roma italiana. Come fare una capitale e disfare una città, Rom 1978.

BOCCI, MARCO: Banche e edilizia a Roma tra Otto e Novecento, in: Roma: la capitale e la città [= Roma moderna e contemporanea, Jg. VII, Nr.1–2, Jan.-Aug. 1999], S. 125–146.

BOCQUET, DENIS: Technique, espace et société. Réflexion sur les infrastructures urbaines de Rome Capitale, 1870–1922, in: Roma: la capitale e la città [= Roma moderna e contemporanea, Jg. VII, Nr.1–2, Jan.-Aug. 1999], S. 107–123.

BOCQUET, DENIS: L'archéologie à Rome après 1870. Une lecture politique et spatiale, in: Antiquités, Archéologie et Construction Nationale au XIXe Siècle. Journées d'études, Rome 29–30 avril 1999 et Ravello 7–8 avril 2000, Mélanges de l'École Française de Rome. Italie et Méditerranée 113 (2001), S. 759–773.

BOCQUET, DENIS: Rome ville technique (1870–1925). Une modernisation conflictuelle de l'espace urbain, (= Bibliothèque des Écoles Françaises d'Athènes et de Roma. 334), Rom 2007.

BOITEUX, MARTINE: Parcours rituels romains à l'époque moderne, in: Cérémonial et rituel à Rome (XVIe-XIXe siècle), hg. von MARIA ANTONIETTA VISCEGLIA und CATHERINE BRICE, Rome 1997, S. 27–87.

BOITO, CAMILLO: I monumenti a Re Vittorio Emanuele, in: Nuova Antologia 42 (1878), S. 328–337.

BOITO, CAMILLO: Il Monumento nazionale a Vittorio Emanuele, in: Nuova Antologia 64 (1882), S. 640–662.

BOITO, CAMILLO: Il monumento a Vittorio Emanuele in Campidoglio, in: Nuova Antologia 89 (1886), S. 251–270.

BONADONNA RUSSO, Maria Teresa: Il primo decennio di Roma italiana e la legge speciale del 1881, in: Archivio della Società romana di Storia patria, Bd. XCII, 1970, S. 247–275.

BONDANELLO, PETER: The Eternal City. Roman Images in the Modern World, Chapel Hill – London 1987.

BORGHESE, GIAN GIACOMO: Urbe – urbanistica – urbanesimo [= Quaderni della Roma di Mussolini: Il Piano Regolatore di Roma Imperiale, serie II, n. XV], Rom 1943.

BORSI, FRANCO: Die Monumentale Ordnung. Architektur in Europa 1929–1939, Stuttgart 1987.

BORTOLOTTI, LANDO: Storia della politica edilizia in Italia. Proprietà, imprese edili e lavori pubblici dal primo dopoguerra ad oggi (1919–1970), Rom 1978.

BORTOLOTTI, LANDO: Roma fuori le mura. L'Agro romano da palude a metropoli, Rom-Bari 1988.

BORUTTA, MANUEL: Die Kultur des Nationalen im liberalen Italien. Nationale Symbole und Rituale in Rom 1870/71 und 1895, in: Quellen und Forschungen aus italienischen Archiven und Bibliotheken 79 (1999), S. 480–529.

BOSSAGLIA, ROSSANNA (Hg.): Ritratto di un'idea. Arte e architettura nel Fascismo [Ausst.-Kat. Rom 2002], Bologna 2002.

BOTTAI, GIUSEPPE: La funzione di Roma nella vita culturale e scientifica della nazione [= Quaderni di Studi Romani. VII], Rom 1940.

BOTTINI, FABRIZIO: Dall'utopia alla normativa. La formazione della legge urbanistica nel dibattito teorico 1926–1942, in: GIULIO ERNESTI (Hg.): La costruzione dell'utopia. Architetti e urbanisti nell'Italia fascista, Rom 1988, S. 207–222.

BOUTRY, PHILIPPE: La Roma napoleonica fra tradizione e modernità (1809–14), in: Roma, città del Papa [= Storia d'Italia. Annali. 16], hg. von LUIGI FIORANI und ADRIANO PROSPERI, Turin 2000, S. 937–973.

BOUTRY, PHILIPPE: La Restaurazione (1814–1848), in: GIORGIO CIUCCI (Hg.): Storia di Roma dall'antichità a oggi: Roma moderna, Rom-Bari 2002, S. 371–413.

BOYARIN, JONATHAN: Space, Time and the Politics of Memory, in: DERS. (Hg.): Remapping History. The Politics of TimeSpace, Minneapolis (University of Minnesota Press) 1994.

BRANDENBURG, HUGO: Die frühchristlichen Kirchen Roms vom 4. bis zum 7. Jahrhundert. Der Beginn der abendländischen Kirchenbaukunst, Mailand-Regensburg 2004.

BREUER, RÜDIGER: Das Bau- und Bodenrecht als Instrument des Stadt-Umbaus. Vergleiche zwischen deutschen Ländern und europäischen Staaten, in: GERHARD FEHL/JUAN RODRIGUEZ-LORES (Hgg.): Stadt-Umbau. Die planmäßige Erneuerung europäischer Großstädte zwischen Wiener Kongreß und Weimarer Republik, Basel et al. 1995, S. 289–317.

BRICE, CATHERINE: Pouvoirs, liturgies et monuments politiques à Rome (1870–1911), in: Cérémonial et rituel à Rome (XVIe-XIXe siècle), hg. von MARIA ANTONIETTA VISCEGLIA und CATHERINE BRICE, Rome 1997, S. 369–391.

BRICE, CATHERINE: Antiquité, archéologie et construction nationale en Italie: Quelques pistes de recherche, in: Antiquités, Archéologie et Construction Nationale au XIXe Siècle. Journées d'études, Rome 29–30 avril 1999 et Ravello 7–8 avril 2000, Mélanges de l'École Française de Rome. Italie et Méditerranée 113 (2001), S. 475–492.

BRICE, CATHERINE: La Roma dei „francesi": Una modernizzazione imposta, in: GIORGIO CIUCCI (Hg.): Storia di Roma dall'antichità a oggi: Roma moderna, Rom-Bari 2002, S. 349–370.

BRILLI, ATTILIO: Reisen in Italien. Die Kulturgeschichte der klassischen Italienreise vom 16. bis 19. Jahrhundert, Köln 1989.

BRIZZI, BRUNO: Il Tevere. Un secolo di immagini, Rom 1999.

BRUNETTI, FABRIZIO: Architetti e Fascismo, Florenz 1993.

BUDILLON, PASCALE: L'immagine di Roma nella narrativa italiana della prima generazione dell'unità, in: Archivio della Società di Storia patria XCIII (1970), S. 203–246.

BUONORA, PAOLO: L'incameremento dei beni dei conventi romani nella vita della città e nei progetti di trasformazione urbana, in: Villes et territoire pendant la période napoléonienne (France et Italie). Actes du colloque organisée par l'École française de Rome, Rome 3, 4, et 5 mai 1984, Rom 1987, S. 473–497.

CADORNA, RAFFAELE: La liberazione di Roma nell'anno 1870 ed il plebiscito, hg. von GIUSEPPE TALAMO, Mailand 1970.

CAFIERO, MARINA: La maestà del papa. Trasformazioni dei rituali del potere a Roma tra XVIII e XIX secolo, in: Cérémonial et rituel à Rome (XVIe-XIXe siècle), hg. von MARIA ANTONIETTA VISCEGLIA und CATHERINE BRICE, Rome 1997, S. 281–316.

CAETANI: Lettere di Michelangelo Caetani, duca di Sermoneta. Cultura e politica nella Roma di Pio IX, a cura di FIORELLA BARTOCCINI, Rom (Ist. di Studi Romani) 1974.

CAIMI, GIUSEPPE: Le camicie rosse di Marsala, Trapani 2002.

CALABI, DONATELLA (Hg.): La politica della casa all'inizio del XX secolo. Atti della prima giornata di studio „Luigi Luzzatti" per la storia dell'Italia contemporanea (Venezia, 3 dicembre 1993), Venedig 1995.

CALABI, DONATELLA: „I miracoli di un'idea": risparmio, cooperazione e casa popolare nei primi anni del Novecento. Luigi Luzzati e I progetti di riforma in europa, in: DIES. (Hg.): La politica della casa all'inizio del XX secolo, Venedig 1995, S.11–37.

CALÒ, ANTONIO/ERNESTI, GIULIO: Casa e città nell'Italia giolittiana: questione urbana e case popolari, in: Storia Urbana, Jg. XXII, Nr. 82/83, Jan.-Juni 1998, S. 177–266.

CALOGERO, GIOVANNI BATTISTA: Le operazioni militari per l'occupazione dello Stato Pontificio e la presa die Roma (luglio–20 settembre 1870), in: Roma Capitale, Rom 1972, S. 79–95.

CALZA BINI, ALBERTO: Il Piano Regolatore e le abitazioni in Roma [= Quaderni della Roma di Mussolini: Il PianoRegolatore di Roma Imperiale, serie II, n. XI], Rom 1940.

CAMMARANO, FULVIO: Storia politica dell'Italia liberale. L'età del liberalismo classico, 1861–1901, Rom-Bari 1999.

CAMPANELLA, NICOLETTA: Roma, nuovo Corviale. Miti, utopie, valutazioni, stato dei servizi, condizioni di vita degli abitanti di un sistema residenziale della periferia, Rom 1995.

CAMPOS VENUTI, GIUSEPPE/ OLIVA, FEDERICO (Hgg.): Cinquant'anni di urbanistica in Italia, 1942–1992, Rom-Bari 1993.

CARACCIOLO, ALBERTO: Roma Capitale. Dal Risorgimento alla crisi dello Stato liberale, Rom, 3. Aufl. 1984.

CARACCIOLO, ALBERTO: I sindaci di Roma, Rom 1993.

CARAVALE, MARIO: Le leggi speciali per Roma nell'Ottocento, in: MARCO DE NICOLO (Hg.): L'amministrazione comunale di Roma, Bologna 1996, S. 131–162.

CARDILLI, LUISA (Hg.): Gli anni del Governatorato (1926–1944). Interventi urbanistici, scoperte archeologiche, arredo urbano, restauri, Rom 1995.

CARLI, CARLO FABRIZIO (Hg.): Architettura e Fascismo, Rom 1980.

Carlizza, Stefano: Ernesto Nathan, un sindaco nell'Italia giolittiana, in: Giornale di storia contemporanea, Jg. IV (2001), S. 36–59.

Carusi, Paolo (Hg.): Roma in transizione. Ceti popolari, lavoro e territorio nella prima età giolittiana, Rom 2006.

Casciato, Maristella: Lo sviluppo urbano e il disegno della città, in: Vittorio Vidotto (Hg.): Storia di Roma dall'antichità a oggi: Roma Capitale, Rom-Bari 2002, S. 125–172.

Casella, Mario: Roma fine Ottocento. Forze politiche e religiose, lotte elettorali, fermenti sociali (1889–1900), Neapel 1995.

Cassetti, Roberto: Roma e Lazio 1870 – 1945. La costruzione della capitale e della sua regione, Rom 2005.

Catalano, Maria: La costruzione dei muraglioni del Tevere. L'intervento realizzato, in: Roma Capitale 1870–1911, Bd. 12: Architettura e urbanistica, Venedig 1984, S. 431–435.

Catini, Raffaella: Roma dopo la crisi edilizia con gli occhi di Émile Zola, in: La Costruzione della Capitale. Architettura e città dalla crisi edilizia al Fascismo nelle fonti storiche della Banca d'Italia [= Roma moderna e contemporanea, Jg. X, Nr. 3, Sept.-Dez. 2002], S. 543–558.

Cavour, Camillo Benso di: Discorsi Parlamentari. Nuova ed., Bd. XV: 1859–1861, Florenz [1973].

Ceccuti, Cosimo: Nathan e Giolitti. La legislazione in favore di Roma nel dibattito a Montecitorio, in: Roma nell'età giolittiana. L'amministrazione Nathan, Rom 1986, S. 304–333.

Cederna, Antonio: Mussolini urbanista. Lo sventramento di Roma negli anni del consenso, Rom 1979.

Chabod, Federico: Storia della politica estera italiana dal 1870 al 1896, Rom-Bari 1990.

Charle, Christophe/Roche, Daniel (Hgg.): Capitales culturelles, capitales symboliques. Paris et les expériences européennes, XVIIIe-XXe siècles, Paris 2002.

Ciampani, Andrea: La convenzione per il concorso dello Stato nelle opere edilizie di Roma tra politica nazionale e amministrazione locale (1879–1880), in: Roma moderna e contemporanea 4 (1996).

Ciampani, Andrea: Cattolici e liberali durante la trasformazione dei partiti. La „questione di Roma" tra politica nazionale e progetti vaticani (1876–1883), Rom 2000.

Ciampani, Andrea: Municipio capitolino e governo nazionale da Pio IX a Umberto I, in: Vittorio Vidotto (Hg.): Roma Capitale, Rom-Bari 2002, S. 37–71.

Ciampi, Gabriella: L'amministrazione Nathan: i servizi, in: Roma nell'età giolittiana. L'amministrazione Nathan, Rom 1986, S. 154–197.

Ciccone, Filippo: Roma: capitale senza piano, in: Campos Venuti/ Oliva, Cinquant'anni di urbanistica in Italia, 1942–1992, Rom-Bari 1993, S. 241–258.

Città assente [La]: la via Alessandrina ai Fori imperiali, hg. von Bruno Toscano, Rom 2006.

Ciucci, Giorgio: Gli architetti e il fascismo. Architettura e città 1922–1944, Turin 1989.

Ciucci, Giorgio: Il concorso per il Palazzo del Littorio, in: Raffaele Panella (Hg.): Roma città e Foro. Questioni di progettazione del centro archeologico monumentale della Capitale, Rom 1989, S. 365–370.

Ciucci, Giorgio (Hg.): Classicismo – Classicismi. Architettura: Europa/ America 1920–1940, Mailand 1995.

Ciucci, Giorgio (Hg.): Storia di Roma dall'antichità a oggi: Roma moderna, Rom-Bari 2002.

Civiltà. Rivista bimestrale della Esposizione di Roma, 1. Jg. 1940 – 3. Jg. 1942, Nr. 1 – 10.

Classico [Il] nella Roma contemporanea. Mito, modelli, memoria. 2 Bde., Rom 2002.

Cofrancesco, Dino: Appunti per un'analisi del mito romano nell'ideologia fascista, in: Storia contemporanea XI (1980), S. 383–411.

Coiro Cecchini, Francesca: L'architettura del Ventennio a Roma, Rom 2001.

Colzi, Francesco: Il Campidoglio e le sue finanze in anni di trasformazione (1851–1881), in: Roma moderna e contemporanea, Jg. IV, Nr. 1, Jan.-April 1996, S. 443–449.

Colzi, Francesco: Il Tevere e il commercio del legno a Roma nel XVIII secolo, in: Il Tevere: Sistema idraulico e asse produttivo (XVe – XIXe siècle), S. 35–43.

Corso Vittorio Emanuele II: luoghi e personaggi 1880–1930, hg. von Maria Gabriella Cimino, Maria Grazia Massafra und Maresita Nota Santi, Neapel 1997.

Corso Vittorio Emanuele II tra urbanistica e archeologia. Storia di uno sventramento, hg. von Maria Gabriella Cimino und Maresita Nota Santi, Neapel 1998.

Costruzione [La] della capitale. Architettura e città dalla crisi edilizia al fascismo nelle fonti storiche della Banca d'Italia, hg. von A. Marino, G. Doti, M. L. Neri [= Roma moderna e contemporanea Jg. X, Nr. 3, Sept.–Dez. 2002].

Croce, Benedetto: Storia d'Italia dal 1871 al 1915. A cura di Giuseppe Galasso, Mailand 1991.

Cuccia, Giuseppe: Urbanistica, edilizia, infrastrutture di Roma Capitale 1870–1990, Rom-Bari 1991.

Danesi, Silvia/Patetta, Luciano (Hgg.): Il Razionalismo e l'architettura in Italia durante il Fascismo, Venedig ^{3}1996 (1. Aufl. 1976).

DDI I: Documenti Diplomatici Italiani, prima serie: 1861–1870.

DDI II: Documenti Diplomatici Italiani, seconda serie: 1870–1896.

De Amicis, Edmondo: Roma Capitale, a cura di Ugo Piscopo [entnommen aus E. De Amicis: Speranze e glorie. Le tre Capitali. Torino – Firenze – Roma, Mailand 1911], Neapel 1995.

Decadentismo [Il] e Roma, hg. von Fiorella Bartoccini u. a., Rom 1980.

De Felice, Renzo: Mussolini, 7 Bde., Turin 1965–1997.

Della Seta, Piero/Della Seta, Roberto (Hgg.): I suoli di Roma. Uso e abuso del territorio nei cento anni della capitale, Rom 1988.

Delli, Sergio: La strade di Roma. Una guida alfabetica alla storia, ai segreti, all'arte, al folklore, Rom 1975.

Delli Colli, Laura: EUR, si gira: tra cinema, architettura, fiction e pubblicità la storia e l'immagine di un set unico al mondo, Mailand 2006.

De Luca, Giuseppe: La ‚metafora sanitaria' nella costruzione della città moderna in Italia, in: Storia urbana a. XV n. 57, Okt.-Dez. 1991, S. 43–62.

De Michelis, Marco: Faschistische Architekturen, in: Hartmut Frank (Hg.): Faschistische Architekturen. Planen und Bauen in Europa 1930 bis 1945, Hamburg 1985, S. 22–41.

De Nicolò, Marco: Una persistente ambiguità: Roma città e Roma Capitale, in: Studi Romani, a. XLII (1994), S. 290–309.

De Nicolò, Marco (Hg.): La lente sul Campidoglio. Amministrazione capitolina e storiografia, Rom 1996.

De Nicolò, Marco: La legislazione comunale e provinciale del Regno d'Italia, in: Ders. (Hg.): L'amministrazione comunale di Roma, Bologna 1996, S. 55–111.

De Nicolò, Marco (Hg.): L'amministrazione comunale di Roma. Legislazione, fonti documentarie e a stampa, storiografia, Bologna 1996.

De Nicolò, Marco: Diplomazia e fermezza: il primo prefetto di Roma, Giuseppe Gadda, in: Ders. (Hg.): La prefettura di Roma (1871–1946), Bologna 1998, S. 115–211.

De Nicolò, Marco (Hg.): La prefettura di Roma (1871–1946), Bologna 1998.

De Nicolò, Marco: Città multipla, città dimezzata: la capitale tra Stato e amministrazione locale, in: Roma: la capitale e la città [= Roma moderna e contemporanea, Jg. VII, Nr. 1–2, Jan.-Aug. 1999], S. 57–82.

De Nicolò, Marco: Il Campidoglio liberale, il governatorato, la Resistenza, in: Vittorio Vidotto (Hg.): Storia di Roma dall'antichità a oggi: Roma Capitale, Rom-Bari 2002, S. 73–123.

De Rosa, Gabriele: Il movimento cattolico in Italia. Dalla restaurazione all'età giolittiana, Rom-Bari 1996.

De Rosa, Luigi: Urbanization and Industrialization in Italy (1861–1921), in: The Journal of European Economic History 17 (1988), S. 467–490.

De Rosa, Luigi (Hg.): Storia di Roma dall'antichità a oggi: Roma del Duemila, Rom – Bari 2000.

D'Errico, Rita: La navigazione sul tevere a valle di Roma dall'Unità al secondo dopoguerra, in: Paolo Avarello u. a. (Hgg.): Il Quadrante Ostiense tra Otto e Novecento [= Roma moderna e contemporanea, Jg. XII, Nr. 1–2, Jan.-Aug. 2004], S. 61–96.

De Seta, Cesare: Gregorovius und die Polemiken über den Wandel des römichen Stadtbildes nach 1870, in: Esch / Petersen (Hgg.): Ferdinand Gregorovius und Italien, S. 203–216.

Destefanis, Celso: Sulle vicende municipali di Roma dopo Porta Pia, in: Il Veltro. Rivista della civiltà italiana, XIV (Aug.-Dez. 1970), S. 543–583.

Dickens, Charles: American Notes and Pictures from Italy. A Reprint of the First Editions, with Illustrations, and an Introduction, Biographical and Bibliographical, by Charles Dickens the Younger, London 1903.

Di Majo, Luigi/Insolera, Italo: L'Eur e Roma dagli anni Trenta al Duemila, Rom-Bari 1986.

Di Martino, V./Belati, M.: Qui arrivò il Tevere. Le inondazioni del Tevere nelle testimonianze e nei ricordi storici, Rom 1980.

Di Nolfo, Ennio: Monarchia e governo durante la crisi diplomatica dell'estate del 1870, in: Un secolo da Porta Pia, Neapel 1970, S. 105–142.

Dipper, Christof: Revolution und Risorgimento. Italien 1848/49 aus deutscher Perspektive, in: Dieter Langewiesche (Hg.): Die Revolutionen von 1848 in der europäischen Geschichte. Ergebnisse und Nachwirkungen, München 2000, S. 73–89.

Di Sabatino, Loredana: La costruzione dei muraglioni del Tevere. I lavori della commissione governativa del 1871, in: Roma Capitale 1870–1911, Bd. 12: Architettura e urbanistica, Venedig 1984, S. 429ff.

D'Onofrio, Cesare: Il Tevere. L'Isola tiberina, le inondazioni, i molini, i porti, le rive, i muraglioni, i ponti di Roma, Rom 1980.

E 42. Utopia e scenario del Regime. Bd. I: Ideologia e programma dell'*Olimpiade delle Civiltà*, hg. von Giulio Gregory und Achille Tartaro; Bd. II: Urbanistica, architettura, arte e decorazione, hg. von Maurizio Calvesi, Enrico Guidoni, Simonetta Lux; Venedig ^{2}1992 (1. Aufl. 1987).

E 42 – EUR. Segno e sogno del Novecento, hg. von Carlo Fabrizio Carli, Gianni Mercurio, Luigi Prisco, o. O. o. J. [Rom 2005].

Enzi, Silvia: Le inondazioni del Tevere a Roma tra il XVI e XVIII secolo nelle fonti bibliotecarie del tempo, in: Il Tevere: Sistema idraulico e asse produttivo (XVe – XIXe siècle), S. 13–20.

Ernesti, Giulio (Hg.): La costruzione dell'utopia. Architetti e urbanisti nell'Italia fascista, Rom 1988.

Esch, Arnold: Archäologie des Ewigen. Rom als europäischer Erinnerungsort, in: Frankfurter Allgemeine Zeitung, Nr. 69 vom 23. 3. 2005, N3.

Esch, Arnold: Ein Gang durch das Rom der Hochrenaissance, in: Ders.: Wege nach Rom. Annäherungen aus zehn Jahrhunderten, München 2003, S. 44–64.

Esch, Arnold: Spolien. Zur Wiederverwendung antiker Baustücke und Skulpturen im mittelalterlichen Italien, in: Archiv für Kulturgeschichte 51 (1969), S. 1–64.

Esch, Arnold/Petersen, Jens (Hgg.): Ferdinand Gregorovius und Italien. Eine kritische Würdigung, Tübingen 1993.

Esposito, Le inondazioni del Tevere tra tardo Medioevo e prima età moderna, in: Il Tevere: Sistema idraulico e asse produttivo (XVe – XIXe siècle), S. 7–12.

Esposizione Universale di Roma MCMXLII – Anno XX° E. F., edito a cura del Commissariato Generale nell'anno XVII° [= 1939].

Estermann-Juchler, Margrit: Faschistische Staatsbaukunst. Zur ideologischen Funktion der öffentlichen Architektur im faschistischen Italien, Köln-Wien 1982.

Etlin, Richard: Modernism in Italian Architecture, 1890–1940, Cambridge-London 1991.

EUR. Guida degli istituti culturali, hg. vom Archivio Centrale dello Stato und vom Ente EUR, Mailand 1995.

Fabiani, Pier Giorgio (Hg.): Roma Capitale. Ordinamento amministrativo delle città capitali del mondo. Provvedimenti straordinari per Roma dal 1870 ad oggi, proposte di legge speciale per Roma, Rom 1957.

Fabbri, Fabio: Le trasformazioni di una capitale: Roma porto di mare?, in: Paolo Carusi (Hg.): Roma in transizione. Ceti popolari, lavoro e territorio nella prima età giolittiana, Rom 2006, S. 181–195.

Falasca-Zamponi, Simonetta: Fascist Spectacle. The Aesthetics of Power in Mussolini' Italy, Berkeley u. a. 1997.

Falco, Luigi: La formazione della disciplina e la nascita della ‚corporazione' degli urbanisti, in: Giulio Ernesti (Hg.): La costruzione dell'utopia. Architetti e urbanisti nell'Italia fascista, Rom 1988, S. 197–206.

Faldella, Giovanni: Roma borghese, hg. von Gaetano Mariani, Bologna ^{2}1962.

Faldella, Giovanni: Un viaggio a Roma senza vedere il Papa, a cura e con prefazione di Pier Massimo Prosio, Turin 1988.

Fehl, Gerhard: Öffentlicher Raum, Öffentlichkeit, Städtebau: Eine Skizze ihrer Transformation zwischen Absolutismus und Liberalismus, in: Christoph Bernhardt u. a. (Hgg.): Geschichte der Planung des öffentlichen Raums, Dortmund 2005, S. 29–69.

Ferrara, Patrizia: Il trasferimento della capitale a Roma e la costruzione delle sedi ministeriali: leggi e strumenti organizzativi, in: Roma Capitale 1870–1911, Bd. 13: I Ministeri di Roma Capitale, Venedig 1985, S. 38–51.

Ferrara, Patrizia: L'EUR: Un Ente per l'E 42, in: E 42. Utopia e scenario del Regime. Bd. I, Venedig 1992, S. 73–83.

Ferretti, Laura/Garofalo, Francesco: Un quartiere per la borghesia: lottizazione e costruzione di Villa Ludovisi, in: Roma Capitale 1870–1911, Bd. 12: Architettura e urbanistica, Venedig 1984, S. 172–189.

Ferzetti, Fabio: Città e cinema. La periferia urbana nella filmografia italiana, in: Fausto Fiorentini (Hg.): Città come …, Rom 1988, S. 21–44.

Fine del potere temporale: La fine del potere temporale e il ricongiungimento di Roma all'Italia. Atti del XLV congresso di storia del risorgimento italiano (Roma, 21–25 settembre 1970), Rom 1972.

Fioravanti, Gigliola: L'Olimpiade delle Civiltà: Programmi, strutture, organizzazione, in: E 42. Utopia e scenario del Regime. Bd. I, Venedig 1992, S. 91–100.

Fiorentino, C. M.: Chiesa e Stato a Roma negli anni della Destra storica 1870–1876. Il trasferimento della capitale e la soppressione delle Corporazioni religiose, Rom 1996.

Florio, G. B.: Raccolta completa di regolamenti edilizi e di norme di edilità riguardanti la città di Roma. Dal 1864 ad oggi, Rom 1931.

Fontana, Vincenzo: L'architettura delle case popolari in Italia, in: Donatella Calabi (Hg.): La politica della casa all'inizio del XX secolo, Venedig 1995, S. 173–214.

Fori Imperiali. Demolizioni e scavi. Fotografie 1924/1940, hg. von Rossella Leone und Anita Margiotta, Rom 2007.

Fori Imperiali: L'Invenzione dei Fori Imperiali: demolizioni e scavi 1924–1940, [Ausst.-Kat.] Rom 2008.

Foro Italico [Il], hg. vom Comitato dei Monumenti Moderni, Rom 1990.

Foschini, Antonio/Farini, Placidia: Lettere a Domenico Farini. La crisi edilizia di Roma Capitale. (Saggio introduttivo e cura di Margherita Isnardi Parente), Ravenna 1992.

Frank, Hartmut (Hg.): Faschistische Architekturen. Planen und Bauen in Europa 1930 bis 1945, Hamburg 1985.

Franzoni, Claudio: „Urbe Roma in pristinam formam renascente". Le antichità di Roma durante il Rinascimento, in: Antonio Pinelli (Hg.): Storia di Roma dall'antichità a oggi: Roma del Rinascimento, Rom-Bari 2001, S. 291–336.

Fraticelli, Vanna: Roma 1914–1929. La città e gli architetti tra la guerra e il fascismo, Rom 1982.

Fraticelli, Vanna: Tipologia e stile dell'abitazione per i nuovi ceti emergenti, in: Roma Capitale 1870–1911, Bd. 12: Architettura e urbanistica, Venedig 1984, S. 161–171.

Fraticelli, Vanna: „Pensieri antichi" e progetti moderni per I Fori, in: Raffaele Panella (Hg.): Roma città e Foro. Questioni di progettazione del centro archeologico monumentale della Capitale, Rom 1989, S. 87–99.

Friz, Giuliano: La popolazione di Roma dal 1770 al 1900, Rom 1974.

Frutaz, Amato Pietro (Hg.): Le piante di Roma, 3 Bde., Rom 1962.

Futurismo [Il] e Roma [= Quaderni di Studi Romani, serie I, N. 42], Rom 1978.

GAETA, FRANCO: La crisi di fine secolo e l'età giolittiana [= Storia d'Italia. Dall'unità alla fine della prima repubblica. Bd. 2], Mailand 1996 (Erstausgabe Turin 1982).

GALLAVOTTI CAVALLERO, DANIELA: Monumental Buildings of Rome. From the 14th to the 20th Century, Rom 1990.

GALLI DELLA LOGGIA, Ernesto: L'identità italiana, Bologna 1998.

GARMS, ELISABETH/GARMS, JÖRG: Mito e realtà di Roma nella cultura europea. Viaggio e idea, immagine e immaginazione, in: Storia d'Italia. Annali 5: Il paesaggio, Turin 1982, S. 561–662.

GENTILE, EMILIO: L'Italia giolittiana 1899 – 1914 [= Storia d'Italia. Dall'unità alla repubblica. Bd. 3], Bologna 1990 (Erstausgabe Neapel 1977).

GENTILE, EMILIO: Il culto del littorio. La sacralizzazione della politica nell'Italia fascista, Rom-Bari 1993.

GENTILE, EMILIO: Le origini dell'ideologia fascista (1918–1925), Mailand 1996.

GENTILE, EMILIO: La Grande Italia. Ascesa e declino del mito della nazione nel ventesimo secolo, Mailand 1997.

GENTILE, EMILIO: Fascismo di pietra, Rom-Bari 2007.

GHISALBERTI, ALBERTO M.: L'idea di Roma Capitale nel Risorgimento, in: La fine del potere temporale e il ricongiungimento di Roma all'Italia, Rom 1972, S. 659–675.

GIANNETTO, MARINA: I prefetti di Roma negli anni 1919–1929, in: MARCO DE NICOLÒ (Hg.): La prefettura di Roma (1871–1946), Bologna 1998, S. 553–652.

GIARDINA, ANDREA/VAUCHEZ, ANDRÉ: Il mito di Roma. Da Carlo Magno a Mussolini, Rom-Bari 2000.

GIARDINA, ANDREA/SCHIAVONE, ALDO (Hgg.): Storia di Roma, Turin 1999.

GIOVANNONI, GUSTAVO: I piani regolatori e la fondazione di nuove città, in: Dal Regno all'Impero, 17 marzo 1861 – 9 maggio 1936-XIV, Rom 1937, S. 471–483.

GIRARDET, KLAUS M.: Die Konstantinische Wende. Voraussetzung und geistige Grundlagen der Religionspolitik Konstantins des Großen, Darmstadt 2006.

GIUSTINI, LAURA: I molini lungo il Tevere a Roma agli inizi dell'Ottocento, in: Il Tevere: Sistema idraulico e asse produttivo (XVe – XIXe siècle), S. 53–59.

GIUVA, LINDA: Gli anni Trenta e la guerra, in: MARCO DE NICOLÒ (Hg.): La prefettura di Roma (1871–1946), Bologna 1998, S. 653–692.

GODOLI, EZIO: L'E 42 e le Esposizioni universali, in: E 42. Utopia e scenario del regime, Bd. II, Venedig 1992, S. 147–155.

GÖPPNER, ANDREA: „Le grandi babeliche città". Antiurbanismus im faschistischen Italien, [unveröffentl. Magisterarbeit] Universität Regensburg 2001.

GOETHE, J. W. v.: Italienische Reise (Goethes Werke. Hamburger Ausgabe in 14 Bänden, Bd. XI), München 1981.

GOLOMSTOCK, IGOR: Arte totalitaria nell'URSS di Stalin, nella Germania di Hitler, nell'Italia di Mussolini e nella Cina di Mao, Mailand 1990.

GREGOROVIUS, FERDINAND: Geschichte der Stadt Rom im Mittelalter. Vom V. bis zum XVI. Jahrhundert, 8 Bde., Leipzig 1859–1872 [mehrere Neuauflagen].

GREGOROVIUS, FERDINAND: Römische Tagebücher 1852–1889, herausgegeben und kommentiert von HANNO-WALTER KRUFT und MARKUS VÖLKEL, München 1991.

GRIMM, HERMAN: Die Vernichtung Roms. Ein Brief, in: Deutsche Rundschau Bd. XLVI (Jan.-März 1886), S. 321–333.

GUALANDI, MARIA LETIZIA: „Roma resurgens". Fervore edilizio, trasformazioni urbanistiche e realizzazioni monumentali da Martin V Colonna a Paolo V Borghese, in: ANTONIO PINELLI (Hg.): Storia di Roma dall'antichità a oggi: Roma del Rinascimento, Rom-Bari 2001, S. 123–160.

GUERRI, GIORDANO BRUNO: Giuseppe Bottai, fascista, Mailand 1996.

GUIDONI, ENRICO: La politica urbanistica a Roma nel periodo francese (1809–1814): giudizi e pregiuizi storiografici, in: Villes et territoire pendant la période napoléonienne (France et Italie). Actes du colloque organisée par l'École française de Rome, Rome 3, 4, et 5 mai 1984, Rom 1987, S. 425–442.

GUIDONI, ENRICO: L'urbanistica di Roma tra miti e progetti, Rom-Bari 1990.

GUIDONI, ENRICO: L'E 42, città della rappresentazione, in: E 42. Utopia e scenario del regime, Bd. II, Venedig 1992, S. 17–82.

GUIDONI, ENRICO (Hg.): L'urbanistica di Roma dal Medioevo al Novecento. Atti del primo Convegno di Ricerca sulla Storia Urbanistica di Roma dal Medioevo al Novecento (Roma, 10–12 ottobre 2002), [= Storia dell'urbanistica. Annuario nazionale di storia della città e del territorio, Nouva serie 6/2000–2202], Rom 2007.

GUTTRY, IRENE DE: Guida di Roma Moderna. Architettura dal 1870 ad oggi, Rom ²2006 (1. Aufl. 2001).

HALL, THOMAS: Planung europäischer Hauptstädte. Zur Entwicklung des Städtebaues im 19. Jahrhundert, Stockholm 1986.

HARE, AUGUSTUS J. C.: In My Solitary Life. Being an abridgement of the last three volumes of The Story of My Life, edited by MALCOLM BARNES, London 1953.

HARTEN, JÜRGEN/SCHMIDT, HANS-WERNER/SYRING, MARIE LUISE (Hgg.): „Die Axt hat geblüht ..." Europäische Konflikte der 30er Jahre in Erinnerung an die frühe Avantgarde, Düsseldorf 1987.

HASSENPFLUG, DIETER (Hg.): Die Europäische Stadt – Mythos und Wirklichkeit, Münster ²2002.

HAUSSMANN: Mémoires du Baron Haussmann, Édition intégrale, Paris 2000.

HIBBERT, CHRISTOPHER: Rom. Biographie einer Stadt, München 1987.

Höcker, Christoph: Rom [= Reclams Städteführer. Architektur und Kunst], Stuttgart 2008.

Industria e città. I luoghi della produzione fra archeologia e recupero, hg. von M. L. Neri, A. Parisella, A. M. Racheli [= Roma moderna e contemporanea, Jg. VIII, Nr. 1–2, Jan.-Aug. 2000].

Insolera, Italo: Roma moderna. Un secolo di storia urbanistica 1870–1970, Turin 1993.

Insolera, Italo: Roma. Immagini e realtà dal X al XX secolo, Rom-Bari 1996.

Insolera, Italo: Storia del primo piano regolatore di Roma, in: Urbanistica 27–28–29 [= Sonderheft *Roma*], Turin 1959, S. 74–90.

Insolera, Italo/Perego, Francesco: Archeologia e città. Storia moderna dei Fori di Roma, Rom-Bari 1983.

Insolera, Italo: Roma fascista nelle fotografie dell'Istituto Luce, Rom 2001.

Insolera, Italo/Sette, Alessandra Maria: Roma tra le due Guerre. Cronache da una città che cambia, Rom 2003.

Istituto Autonomo per le Case Popolari di Roma, Rom 1953:

[Bd. 1]: Tra cronaca e storia. Contributi critici e realtà operativa.

[Bd. 2]: Documentazione di un periodo. Storia dell'Istituto dal 1903 al 1953.

Italienische Städtebaukunst im faschistischen Regime – Urbanistica italiana in regime fascista, Rom 1937.

Jocteau, Gian Carlo: Nobili e nobiltà nell'Italia unita, Rom-Bari 1997.

Jordan, David: Die Neuerschaffung von Paris. Baron Haussmann und seine Stadt, Frankfurt/M. 1996 (amerik. Originalausgabe 1995).

Kauffmann, Fritz Alexander: Roms ewiges Antlitz. Formschicksal einer Stadt, Berlin 1940.

Kennedy, Ruth W.: The Contribution of Martin V to the Rebuilding of Rome, 1420–1431, in: Leona Gabel u. a. (Hgg.), The Renaissance Reconsidered. A Symposium, Northampton/Mass. 1964, S. 27–52.

Koch, Carl: Roma Aeterna, in: Ders., Religio. Studien zu Kult und Glauben der Römer, hg. von Otto Seel, Nürnberg 1960, S. 142–175.

Kolb, Frank: Rom. Die Geschichte der Stadt in der Antike, München 1995.

Konstantin und das Christentum, hg. von Heinrich Schlange-Schöningen, Darmstadt 2007.

Kostof, Spiro: The Third Rome 1870–1950. Traffic and Glory, Berkeley 1973.

Krautheimer, Richard: Rom. Schicksal einer Stadt, München [2]1996.

Kuck, Gerhard: Italienische Wege zum Sozialismus. Sozialismus und Kommunismuskonzepte im Risorgimento (1765–1857), Frankfurt/M. 1991.

Kuck, Gerhard: Sviluppo dell'edilizia popolare e politica della casa nel *Reich* tedesco (ca. 1870–1918). Il difficile cammino verso intervento dello stato, in: D. Calabi (Hg.): La politica della casa ll'inizio del XX secolo, Venedig 1995, S. 97–129.

Kunst und Macht im Europa der Diktatoren 1930 bis 1945, Ausst.-Kat. 1996.

Kytzler, Bernhard (Hg.): Rom als Idee, Darmstadt 1993.

Lai, Benny: Finanze e finanzieri vaticani tra l'Ottocento e il Novecento. Da Pio IX a Benedetto XV, [Die Verweise in den Anmerkungen beziehen sich auf den Darstellungsband. Gleichzeitig erschien unter demselben Titel ein zweiter Band ‚Atti e documenti'.] Mailand 1979.

Lai, Benny: Affari del papa. Storia di cardinali, nobiluomini e faccendieri nella Roma dell'Ottocento, Rom – Bari 1999.

La Marca, Nicola: La nobiltà romana e i suoi strumenti di perpetuazione del potere, 3 Bde., Rom 2000.

Lanciani, Rodolfo: L'antica Roma, Rom 1970 (Übers. der englischen Originalausgabe *Ancient Rome in the Light of Recent Discoveries*, 1888; mit e. einführenden Essay von Antonio Cederna, Roma: scoperta e distruzione, S. V-XXXIII).

La Padula, Attilio: Roma 1809–1814. Contributo alla storia dell'urbanistica, Rom 1958.

La Padula, Attilio: Roma e la regione nell'epoca napoleonica. Contributo alla storia urbanistica della città e del territorio, Rom [1970].

Lavedan, Pierre: Histoire de l'urbanisme. Époque contemporaine, Paris 1952.

Lavedan, Pierre: L'influence de Haussmann. L'Haussmannisation, in: Urbanisme et habitation. La vie urbaine, n. s. n o. 1, Janvier-Mars 1953, S. 302–317.

Lexicon Topographicum Urbis Romae, 6 Bde., hg. von Eva Margareta Steinby, Rom 1993–2000.

Libera: Adalberto Libera, hg. von Francesco Garofalo und Luca Veresani, Bologna 1989.

Lill, Rudolf: Rom und der italienische Nationalstaat. Zur Geschichte einer Hauptstadt, in: Zibaldone 10 (1990), S. 19–36.

Lucente, Alfredo (Hg.): La legislazione sul Comune di Roma dal 1870 al 1955. Raccolta e coordinata a cura del Direttore Capo di Ripartizione del Comune di Roma, Rom 1955.

Lugli, Piero Maria: Prospettive di sviluppo di Roma nell'ambito della sua area metropolitana [= Quaderni di Studi Romani, serie I, n. 28], Rom 1968.

Lugli, Piero Maria: Urbanistica di Roma. Trenta planimetrie per trenta secoli di storia, Rom 1998.

Lugli, Piero Maria: Il Classicismo dell'urbanistica Romana, in: Il Classico nella Roma contemporanea, Bd. II, Rom 2002, S. 599–617.

Lupano, Mario: Marcello Piacentini, Rom-Bari 1991.

Lupo, Salvatore: Il Fascismo. La politica in un regime totalitario, Rom 2000.

Madelin, Louis: La Rome de Napoléon. La domination française à Rome de 1809 à 1814, Paris 1906.

Magrì, Enzo: I ladri di Roma. 1893 scandalo della Banca Romana: politici, giornalisti, eroi del Risorgimento all'assalto del denaro pubblico, Mailand 1993.

Mancini, Rossana: Le mura aureliane di Roma. Atlante di un palinsesto murario, Rom 2001.

Mancioli, Daniela: L'area Sacra di Largo Argentina, in: La Capitale a Roma. Città e arredo urbano 1870–1945, Rom 1991, S. 158f.

Manfroni, Giuseppe: Sulla soglia del Vaticano 1870–1901. Dalle memorie di Giuseppe Manfroni, a cura del figlio Camillo, vol. I: 1870–1878, Bologna 1920.

Manieri Elia, Mario/Zanella, Caterina: Le trasformazioni della struttura funzionale nei primi quaranta anni di Roma Capitale, in: Roma Capitale 1870–1911, Bd. 12: Architettura e urbanistica, Venedig 1984, S. 115–128.

Manieri Elia, Mario: Roma Capitale: strategie urbane e uso delle memorie, in: Storia d'Italia. Le regioni dall'Unità a oggi: Il Lazio, Turin 1991, S. 513–557.

Manzotti, Fernando: I partiti politici e la presa di Roma, in: Un secolo da Porta Pia, Neapel 1970, S. 143–167.

Marazzi, Federico: L'ultima Roma antica, in: Andrea Giardina (Hg.), Storia di Roma dall'antichità a oggi. Roma antica, Rom-Bari ²2002, S. 349–378.

Margiotta Broglio, Francesco: La legge delle Guarantigie, in: Roma Capitale, Rom 1972, S. 129–140.

Margiotta Broglio, Francesco: Dalla Conciliazione al giubileo 2000, in: Storia d'Italia. Annali 16: Roma, la città del Papa, Turin 2000, S. 1150–1209.

Mariani, Riccardo: E 42 – un progetto per l'„Ordine Nuovo", Mailand 1987.

Marino, Angela: Cultura archeologica e cultura architettonica a Roma nel periodo napoleonico, in: *Villes et territoire pendant la période napoléonienne (France et Italie)*. Actes du colloque organisée par l'École française de Rome, Rome 3, 4, et 5 mai 1984, Rom 1987, S. 443–471.

Marino, Angela: Fare una capitale. Roma e la Banca d'Italia dai piani generali alle tipologie architettoniche (1880–1920), in: La costruzione della capitale. Architettura e città dalla crisi edilizia al fascismo nelle fonti storiche della Banca d'Italia [= Roma moderna e contemporanea Jg. X, Nr. 3, Sept.-Dez. 2002], S. 365–403.

Martina, Giacomo: Pio IX (1867–1878), Rom 1990.

Martina, Giacomo: Roma, dal 20 settembre 1870 all'11 febbraio 1929, in: Roma, città del Papa [= Storia d'Italia. Annali. 16], hg. von Luigi Fiorani und Adriano Prosperi, Turin 2000, S. 1059–1100.

Masi, Alessandro: Un'arte per lo Stato. Dalla nascita della Metafisica alla Legge del 2 %, Neapel 1991.

Masi, Simone: Il credito fondiario della Banca Nazionale nel Regno d'Italia ed il finanziamento dell'edilizia romana (1885–1893), in: Roma fine Ottocento. Società, economia, edilizia [= Roma moderna e contemporanea Jg. VIII, Nr. 3, Sept.-Dez. 2000], S. 487–502.

Mastrigli, Federico: I XXIII rioni della Roma di Mussolini, Rom 1938.

Mattioli, Aram: „Edificare per il fascismo". Macht und Architektur in Mussolinis Italien, in: Geschichte und Region/Storia e regione 17 (2008) H. 1, S. 17–48.

Mazzanti, Ferdinando: I lavori edilizi di Roma, Turin 1885.

Mazzini, Giuseppe: Ai Giovani d'Italia, in: Ders., *Opere*, hg. von Luigi Salvatorelli, Bd. II: Scritti, 3. Aufl. Mailand 1967, S. 697–750.

Mazzonis, Filippo: Luigi Pianciani. Frammenti, ipotesi e documenti per una biografia politica, Rom 1992.

Megna, Laura: „Acque et immonditie del fiume": inondazione del Tevere e smaltimento dei rifiuti a Roma tra Cinque e Settecento, in: Il Tevere: Sistema idraulico e asse produttivo (XVe – XIXe siècle), S. 21–34.

Melograni, Piero: La liquidazione dell'asse ecclesiastico a Roma, in: Rassegna storica del Risorgimento, Jg. XLIV, H. 1, Jan.-März 1957, S. 466–473.

Miano, Giuseppe: Figure e voci per la città capitale, in: Roma Capitale 1870–1911, Bd. 12: Architettura e urbanistica, Venedig 1984, S. 27–48.

Miedema, Nine Robinjtje: Die ‚Mirabilia Romae'. Untersuchungen zu ihrer Überlieferung mit Edition der deutschen und niederländischen Texte, Tübingen 1996.

Miko, Norbert: Das Ende des Kirchenstaates, 4 Bde., München-Wien 196?–1970.

Minucci, Gaetano: I giardini dell'Esposizione Universale di Roma, in: Civiltà. Rivista bimestrale della Esposizione Universale di Roma, 2. Jg., Nr. 7 vom 28. 10. 1941, S. 33–46.

Mioni, Alberto (Hg.): Urbanistica fascista. Ricerche e saggi sulle città e il territorio e sulle politiche urbane in Italia tra le due guerre, Mailand 1980.

Mioni, Alberto: Le città e l'urbanistica durante il fascismo, in: Ders. (Hg.), Urbanistica fascista, Mailand 1980, S. 23–48.

Monsagrati, Giuseppe: Roma nel crepuscolo del potere temporale, in: Roma, città del Papa [= Storia d'Italia. Annali. 16], hg. von Luigi Fiorani und Adriano Prosperi, Turin 2000, S. 1005–1058.

Montemaggiori, Amerigo (Hg.): Roma nel pensiero del Duce, Rom 1943 [vom *Governatorato di Roma* autorisierte Ausgabe].

Moretti, Lidia: L'Agro Romano tra Ottocento e Novecento: una regione „fluida", periferia del centro urbano e „centro" di una periferia depressa, in: P. Carusi (Hg.): Roma in transizione. Ceti popolari,

lavoro e territorio nella prima età giolittiana, Rom 2006, S. 211–230.
Municipio [Il] della Terza Roma 1870–1891, Rom 1891 [Nachdruck 1955].
Muñoz, Antonio: Roma di Mussolini, Mailand 1935.
Muntoni, Alessandra: E 42, I concorsi, in: E 42. Utopia e scenario del regime, Bd. II, Venedig 1992, S. 83–100.
Muntoni, Alessandra: I concorsi di architettura (1925–1940), in: Roma. Architettura e città tra le due guerre [= Roma moderna e contemporanea, Jg. II, Nr. 3, Sept.-Dez. 1994], S. 653–692.
Mussolini, Benito: Opera Omnia di Benito Mussolini, hg. von Edoardo und Duilio Susmel, 44 Bde., Florenz 1951–1963.

Nardi, Carla: Archeologia e costruzione nazionale in Italia nei secoli XIX e XX, in: *Antiquités, Archéologie et Construction Nationale au XIXe Siècle.* Journées d'études, Rome 29–30 avril 1999 et Ravello 7–8 avril 2000, Mélanges de l'École Française de Rome. Italie et Méditerranée 113 (2001), S. 657–663.
Nardi, Carla: La prefettura romana e la politica napoleonica dei lavori pubblici (1811–1813), in: MEFRIM = Mélanges de l'École Française de Rome. Italie et Méditerranée 113 (2001) S. 349–367.
Nasto, Luciano: Le feste civili a Roma nell'Ottocento, Rom 1994.
Negro, Silvio: Seconda Roma 1850–1870, Mailand 1977 (Erstausgabe 1943).
Neri, Maria Luisa: Abitare a Roma. Intervento statale e iniziativa privata nell'ediliza residenziale (1826–1846), in: Roma fra la Restaurazione e l'elezione di Pio IX., Rom u.a. 1997, S. 293–319.
Neri, Maria Luisa: Sviluppo produttivo ed espansione urbana. Le vicende della I zona industriale (1870–1941), in: Industria e città. I luoghi della produzione fra archeologia e recupero, hg. von M.L. Neri, A. Parisella, A.M. Racheli [= Roma moderna e contemporanea, Jg. VIII, Nr. 1–2, Jan.-Aug. 2000], S. 83–141.
Nicoloso, Paolo: Gli architetti di Mussolini. Scuole e sindacato, architetti e massoni, profesori e politici negli anni del regime, Mailand 1999.
Nicoloso, Paolo: Mussolini architetto. Propaganda e paesaggio urbano nell'Italia fascista, Turin 2008.
Nisco, Niccola: Roma prima e dopo del 1870, Rom 1878.
Noever, Peter (Hg.): Tyrannei des Schönen. Architektur der Stalin-Zeit, München – New York 1994.
Nützenadel, Alexander: Landwirtschaft, Staat und Autarkie. Agrarpolitik im faschistischen Italien (1922–1943) [Bibliothek des Deutschen Historischen Instituts in Rom. Bd. 86], Tübingen 1997.

Oriani, Alfredo: La lotta politica in Italia, a cura di A.M. Ghisalberti, Bologna 1956.

Pacifici, Vincenzo G.: L'amministrazione Nathan: il problema edilizio, in: Roma nell'età giolittiana. L'amministrazione Nathan, Rom 1986, S. 198–252.
Pagano, Giuseppe: Architettura e città durante il fascismo, hg. von Cesare De Seta, Rom-Bari 1990.
Pagnotta, Grazia: L'economia, in: Vidotto, Vittorio (Hg.): Storia di Roma dall'antichità a oggi: Roma Capitale, Rom-Bari 2002, S. 203–240.
Pagnotta, Grazia: Roma in movimento nelle fotografie dell'archivio Atac, 1900–1970, Rom 2002.
Painter, Borden W.: Mussolini's Rome: Rebuilding the Eternal City, New York 2005.
Palazzo, Anna Laura: Pianificazione e politica della aree fabbricabili ai primi del Novecento, in: Paolo Avarello u.a. (Hgg.), Il Quadrante Ostiense tra Otto e Novecento [= Roma moderna e contemporanea, Jg. XII, Nr. 1–2, Jan.-Aug. 2004], S. 197–213.
Palazzo, Anna Laura/Zampa, Federica: Cronologia del Piano Regolatore del 1908–1909, in: Paolo Avarello u.a. (Hgg.), Il Quadrante Ostiense tra Otto e Novecento [= Roma moderna e contemporanea, Jg. XII, Nr. 1–2, Jan.-Aug. 2004], S. 347–350.
Palazzo, Anna Laura/Rizzo, Biancamaria: La destinazione industriale del quadrante Ostiense: difficoltà e contraddizioni di una politica urbana, in: Paolo Avarello u.a. (Hgg.), Il Quadrante Ostiense tra Otto e Novecento [= Roma moderna e contemporanea, Jg. XII, Nr. 1–2, Jan.-Aug. 2004], S. 127–144.
Palazzo [Il] delle Finanze di Roma Capitale, Rom 1979 [Verf. Ermanno Polla].
Palazzo Giustizia [Il] di Roma, Roma ^{2}2002 (1. Aufl. 1997).
Palermo, Stefano: Le strategie patrimoniali dei Boncompagni Ludovisi a Roma nel tardo Ottocento, in: Roma fine Ottocento. Società, economia, edilizia [= Roma moderna e contemporanea Jg. VIII, Nr. 3, Sept.-Dez. 2000], S. 455–485.
Pallottino, Elisabetta: Tutela e restauro delle fabbriche. I regolamenti edilizi a Roma dal 1864 al 1920, in: Roma Capitale 1870–1911, Bd. 12: Architettura e urbanistica, Venedig 1984, S. 86–102.
Panella, Raffaele (Hg.): Roma città e Foro. Questioni di progettazione del centro archeologico monumentale della Capitale, Rom 1989.
Papageorgiou-Venetas, Alexander: Hauptstadt Athen. Ein Stadtgedanke im Klassizismus, München–Berlin 1994.
Papenheim, Martin: Caput mundi – caput mortuorum. Rom als Stadt der Toten in der Neuzeit, in: Mark Hengerer (Hg.), Macht und Memoria. Begräbniskultur europäischer Oberschichten in der Frühen Neuzeit, Köln u.a. 2005, S. 209–236.
Parisella, Antonio: Le leggi speciali per Roma del Novecento, in: Marco De Nicolo (Hg.), L'amministrazione comunale di Roma, Bologna 1996, S. 163–199.
Paschini, Pio: Roma nel Rinascimento [= Istituto di Studi Romani (Hg.), Storia di Roma. XIII], Bologna 1940.

PASQUALI, SUSANNA: Tradizione romana e modello europeo, in: Roma Capitale 1870–1911, Bd. 13: I Ministeri di Roma Capitale, Venedig 1985, S. 93–101.

PASQUALI, SUSANNA: Roma antica: memorie, materiali, storia e mito, in: CIUCCI, GIORGIO (Hg.), Storia di Roma dall'antichità a oggi: Roma moderna, Rom-Bari 2002, S. 321–347.

PASQUARELLI, SILVIO: *Via Nazionale*. Le vicende urbanistiche e la sua architettura, in: Roma Capitale 1870–1911, Bd. 12: Architettura e urbanistica, Venedig 1984, S. 295–324.

PECCHIAI, PIO: Roma nel Cinquecento [= Storia di Roma. XIII, a cura dell'Istituto di Studi Romani], Bologna 1948.

PERODI, EMMA: Roma italiana 1870 – 1895, a cura di BRUNO BRIZZI, Rom 1980 (erstm. ersch. 1896).

PERTICA, DOMENICO: Fatti, fattacci e personaggi della Roma umbertina, Rom 1993.

PESCI, UGO: Come siamo entrati in Roma. Prefazione di Giosué Carducci, Florenz 1956.

PESCI, UGO: I primi anni di Roma Capitale 1870–1878, Rom 1971.

PESCOSOLIDO, GUIDO: Arretratezza e sviluppo, in: Storia d'Italia. Bd. 2: Il nuovo stato e la società civile 1861 – 1887, hg. von G. Sabatucci und V. Vidotto, Rom-Bari 1995, S. 217–328.

PESCOSOLIDO, GUIDO: Il mondo economico romano e la sfida della modernizzazione, in: Roma fra la Restaurazione e l'elezione di Pio IX., Rom u. a. 1997, S. 397–409.

PESCOSOLIDO, GUIDO: Unità nazionale e sviluppo economico 1750–1913, Rom-Bari 1998.

PETERSEN, JENS: Rom als Hauptstadt des geeinten Italien 1870–1914. Politische und urbanistische Aspekte, in: Quellen und Forschungen aus italienischen Archiven und Bibliotheken 64 (1984), S. 261–283.

PETRACCONE, CLAUDIA: Le città italiane dal 1860 a oggi, Turin 1979.

PETRI, ROLF: Von der Autarkie zum Wirtschaftswunder. Wirtschaftspolitik und industrieller Wandel in Italien 1935–1963 [Bibliothek des Deutschen Historischen Instituts in Rom. Bd. 96], Tübingen 2001.

PETRI, ROLF: Storia economica d'Italia. Dalla Grande guerra al miracolo economico (1918–1963), Bologna 2002.

PFAMMATTER, ULRICH: Moderne und Macht. ‚Razionalismo': Italienische Architekten 1927–1942, Braunschweig ²1996.

PIANTONI, GIANNA: I Monumenti di Roma Capitale, in: Roma Capitale 1870–1911, Bd. 12: Architettura e urbanistica, Venedig 1984, S. 221–244.

PIANTONI, GIANNA: Arredo urbano di Roma Capitale fra il 1870 e il 1914 come messaggio politico-simbolico, in: La Capitale a Roma. Città e arredo urbano 1870–1945, Rom 1991, S. 19–27.

PIACENTINI, MARCELLO: Architettura moderna, hg. von MARIO PISANI, Venedig 1996.

PICCINATO, GIORGIO: Hygiene und Stadt.Umbau. Das Spannungsfeld zwischen Staat, Gemeinden und privaten Unternehmern, in: GERHARD FEHL/JUAN RODRIGUEZ-LORES (Hgg.), Stadt-Umbau. Die planmäßige Erneuerung europäischer Großstädte zwischen Wiener Kongreß und Weimarer Republik, Basel et al. 1995, S. 97–113.

PICCIONI, LIDIA: Roma e il suo territorio, in: VITTORIO VIDOTTO (Hg.): Storia di Roma dall'antichità a oggi: Roma Capitale, Rom-Bari 2002, S. 173–202.

PINELLI, ANTONIO (Hg.): Storia di Roma dall'antichità a oggi: Roma del Rinascimento, Rom-Bari 2001.

PINON, PIERRE: Atlas du Paris hausmannien. La ville en héritage du Second Empire à nos jours, Paris 2002.

PISANI, MARIO: Il mito di Roma nell'architettura del Novecento, in: Il Classico nella Roma contemporanea, Bd. II, Rom 2002, S. 581–598.

Pius IX. und der Kirchenstaat in den Jahren 1860–1870. Ein deutsch-italienisches Kolloquium, hg. von TITUS HEYDENREICH, Erlangen 1995.

PLATINA: Platynae Historici Liber de vita Christi ac omnium pontificium (A.A. 1 – 1474), a cura di GIACINTO GAIDA (= Rerum Italicarum Scriptores. Raccolta degli storici italiani dal cinquecento al millecinquecento, ordinata da L.A.Muratori, t. III, p.1), Città di Castello s. d.

PORETTI, SERGIO: Progetti e costruzione dei palazzi delle Poste a Roma 1933–1935, Rom 1990.

Problema di Roma [Il] nella politica europea. Tavola rotonda, in: La fine del potere temporale e il ricongiungimento di Roma all'Italia, Rom 1972, S. 281–591.

QUAZZA, GUIDO: L'utopia di Quintino Sella. La politica della scienza, Turin 1992.

Questione [La] romana negli anni 1860–1861. Carteggio del Conte di Cavour con D. Pantaleoni, C. Passaglia, O. Vimercati, Bologna s. d.

RACHELI, ALBERTO M.: Corso Vittorio Emanuele. Il tracciato e i monumenti, in: Roma Capitale 1870–1911, Bd. 12: Architettura e urbanistica, Venedig 1984, S. 325–351.

RACHELI, ALBERTO M.: Corso Vittorio Emanuele. Nuove ricerche archivistiche, in: Roma Capitale 1870–1911, Bd. 12: Architettura e urbanistica, Venedig 1984, S. 352–368.

RACHELI, ALBERTO M.: La demolizione e ricostruzione del quartiere del Ghetto (1885–1911), in: Roma Capitale 1870–1911, Bd. 12: Architettura e urbanistica, Venedig 1984, S. 436–441.

RACHELI, ALBERTO M.: La città dei ministeri nei piani urbanistici di Roma Capitale, in: Roma Capitale 1870–1911, Bd. 13: I Ministeri di Roma Capitale, Venedig 1985, S. 63–78.

RACHELI, ALBERTO M.: Teoria del restauro e interventi urbanistici dopo il 1870 nel centro di Roma, in:

RAFFAELE PANELLA (Hg.): Roma città e Foro. Questioni di progettazione del centro archeologico monumentale della Capitale, Rom 1989, S. 113–122.

RAGIONIERI; ERNESTO: Italia giudicata, Bari 1969.

RAVAGLIOLI, ARMANDO: La capitale incompiuta. Cenni di una storia degli italiani in Roma Capitale, Mailand 1987.

REHM, WALTHER: Europäische Romdichtung, München ²1960.

REHM, WALTHER: Der Untergang Roms im abendländischen Denken. Ein Beitrag zur Geschichte der Geschichtsschreibung und zum Dekadenzproblem, Darmstadt 1966.

REY, RODOLPHE: Turin, Florence ou Rome. Étude sur la Capitale de l'Italie et sur la question romaine, Paris 1864.

RICCARDI, ANDREA: La vita religiosa, in: VITTORIO VIDOTTO (Hg.): Storia di Roma dall'antichità a oggi: Roma Capitale, Rom-Bari 2002, S. 269–321.

RICCI, CORRADO/COLINI, ANTONIO M./MARIANI, VALERIO: Via dell'Impero (Deutsch von Ernst Hohenemser), Rom 1939.

RINALDI, MARCO: Il volto effimero della città nell'età dell'Impero e dell'autarchia, in: La Capitale a Roma. Città e arredo urbano 1870–1945, Rom 1991, S. 118–129.

RIVOSECCHI, VALERIO/TROMBADORI, ANTONELLO: Roma appena ieri nei dipinti degli artisti italiani del Novecento, Rom 2006 (erste Ausgabe 2001).

ROCUCCI, ADRIANO: Roma Capitale del Nazionalismo (1908–1923), Rom 2001.

RODIEK, THORSTEN: Das Monumento Nazionale Vittorio Emanuele II in Rom, Frankfurt/M. 1983.

ROGARI, SANDRO: Alle origini del trasformismo. Partiti e sistema politico nell'Italia liberale 1861–1914, Rom 1998.

Roma, in: Enciclopedia Italiana, Bd. XXIX, Rom 1936, S. 589–928.

Roma Capitale 1870–1911, Bd. 4: Dalla mostra al museo. Dalla Mostra archeologica del 1911 al Museo della Civiltà Romana, Venedig 1983.

Roma Capitale 1870–1911, Bd. 12: Architettura e urbanistica. Uso e trasformazione della città storica, Venedig 1984.

Roma Capitale 1870–1911, Bd. 13: I Ministeri di Roma Capitale. L'insediamento degli uffici e la costruzione delle nuovi sedi, Venedig 1985.

Roma Capitale. Studi di GABRIELE DE ROSA et al., hg. vom Istituto di Studi Romani, Rom 1972.

Roma Capitale d'Italia nel primo centenario, s.l. 1971.

Roma Capitale: il commercio dal 1870 al 1911, Rom 1983.

Roma fine Ottocento. Società, economia, edilizia [= Roma moderna e contemporanea Jg. VIII, Nr. 3, Sept.-Dez. 2000].

Roma fra la Restaurazione e l'elezione di Pio IX. Amministrazione, economia, società e cultura, hg. von ANNA LIA BONELLO, AUGUSTO POMPEO, MANOLA IDA VENZO, Rom – Freiburg – Wien 1997.

Roma: la capitale e la città. 1870–1940, hg. von C. BRICE, B. TOBIA, V. VIDOTTO [= Roma moderna e contemporanea, Jg. VII, n. 1–2, Jan.–Aug. 1999].

Roma Mussolinèa. 299 illustrazione in rotocalcodella Roma del Decennale, con I discorsi di S.E. Benito Mussolini sulla grandezza e sul piano regolatore di Roma, Rom 1932.

Roma nei suoi Rioni. Con introduzione di Giuseppe Bottai, Rom 1936.

Roma nell'età giolittiana. L'amministrazione Nathan. Atti del Convegno di Studio (Roma, 28–30 maggio 1984), Rom 1986.

Roma 1911, [Ausstellungkatalog] hg. von GIANNA PIANTONI, Rom 1980.

Roma. Popolazione e territorio dal 1860 al 1960. Con la distribuzione territoriale dei risultati dei censimenti, Rom 1960.

ROMANIELLO, LUIGINA: Trasformazioni del tessuto urbano attorno all'Augusteo (1931–1942), in: E. GUIDONI (Hg.): L'urbanistica di Roma dal Medioevo al Novecento, Rom 2007, S. 146–178.

ROMANELLI, RAFFAELE: Il comando impossibile. Stato e società nell'Italia liberale, Bologna 1995 (1. Aufl. 1988).

ROMANO, MARCO: Il progetto architettonico e urbanistico nell'Italia fascista, in: G. ERNESTI (Hg.): La costruzione dell'utopia. Architetti e urbanisti nell'Italia fascista, Rom 1988, S. 175–196.

Rom und Umgebung [= Grieben Reiseführer Bd. 172]. Mittlere Ausgabe 11. Aufl. Berlin 1937.

ROSATI, MASSIMO: Il patriottismo italiano. Culture politiche e identità nazionali, Rom-Bari 2000.

SALONE, ALESSANDRO: Una riforma „moderata": il provvedimento di Pio IX sulla nuova organizzazione del municipio romano, in: Roma moderna e contemporanea, Jg. IV, Nr. 1, Jan.-April 1996, S. 423–441.

SALSANO, FERNANDO: Conseguenze sociali degli sventramenti nella Roma fascista: le trasformazioni del tessuto urbano, in: Rivista Storica del Lazio, XI (2003), Nr. 18, S. 173–200.

SANFILIPPO, MARIO: Le tre città di Roma. Lo sviluppo urbano dalle origini a oggi, Rom-Bari 1993.

SANFILIPPO, MARIO: La costruzione di una capitale. Bd1: Roma 1870–1911; Bd. 2: Roma 1911–1945; Roma 1945–1991, Mailand 1992, 1993, 1994.

SANTANGELI, CLAUDIO: Il Ministero delle Finanze, in: Roma Capitale 1870–1911, Bd. 13: I Ministeri di Roma Capitale, Venedig 1985, S. 125–135.

SAVINI, MARTA: Il mito di Roma nella letteratura della nuova Italia, Caltanisetta-Rom 1974.

SCARROCCHIA, SANDRO: Albert Speer e Marcello Piacentini. L'architettura del totalitarismo negli anni trenta, Mailand 1999.

SCHIEDER, WOLFGANG: Faschistische Diktaturen. Studien zu Italien und Deutschland, Göttingen 2008.

SCHÜLLER, SEPP: Das Rom Mussolinis. Rom als moderne Hauptstadt/Roma Mussoliniana. Roma Capitale moderna, dt./it., Düsseldorf 1943.

SEGARRA LAGUNES, MARIA MARGARITA: Le attività produttive del Tevere nelle dinamiche di trasformazione urbana: i mulini fluviali, in: Il Tevere: Sistema idraulico e asse produttivo (XVe – XIXe siècle), S. 45–52.

SEGARRA LAGUNES, MARIA MARGARITA: Il Tevere a Roma. Storia di una simbiosi, Rom 2004.

SEIBT, GUSTAV: Rom oder Tod. Der Kampf um die italienische Hauptstadt, Berlin 2001.

SELLA, QUINTINO: Discorsi parlamentari di Quintino Sella raccolti e pubblicati per deliberazione della Camera dei deputati, Bd. 1, Rom 1887.

SENNET, RICHARD: Zeit und Stein. Der Körper und die Stadt in der westlichen Zivilisation, Frankfurt/M. 1997.

SERNINI, MICHELE: Il controllo amministrativo del territorio, in: A. MIONI (Hg.): Urbanistica fascista. Ricerche e saggi sulle città e il territorio e sulle politiche urbane in Italia tra le due guerre, Mailand 1980, S. 287–312.

SERONDE BABONAUX, ANNE-MARIE: Roma. Dalla città alla metropoli, Rom 1983 [französ. Originalausgabe 1980].

SICA, PAOLO: Storia dell'urbanistica. Bd. III: Il Novecento, Rom-Bari 1996.

SILVAGNI, UMBERTO: Le vicende di Roma durante venticinque anni. Appunti economici-edilizi, Rom 1895.

SIMONCINI, GIORGIO: Aspetti della politica napoleonica dei lavori pubblici in Italia, in: *Villes et territoire pendant la période napoléonienne (France et Italie)*. Actes du colloque organisée par l'École française de Rome, Rome 3, 4, et 5 mai 1984, Rom 1987, S.1–21.

SIMONCINI, GIORGIO: „Roma restaurata". Rinnovamento urbano al tempo di Sisto V, Florenz 1990.

SINATRA, MONICA: La Garbatella a Roma 1920–1940, Mailand 2006.

SOMBART, WERNER: Die römische Campagna. Eine sozialökonomische Studie, Leipzig 1888.

SONNINO, EUGENIO (Hg.): Popolazione e società a Roma dal medioevo all'età contemporanea, Rom 1998.

SORBELLO, ROSETTA: La costruzione dei muraglioni del Tevere, in: Roma Capitale 1870–1911, Bd. 12: Architettura e urbanistica, Venedig 1984, S. 425–428.

SPAGNESI, GIANFRANCO: Edilizia romana nella seconda metà del XIX secolo (1848–1905), Rom o. J.

STEMPERINI, GIUSEPPE: La questione di un unico mercato alimentare all'ingresso nella Roma post-unitaria: la scelta dell'Ostiense, in: PAOLO AVARELLO u. a. (Hgg.), Il Quadrante Ostiense tra Otto e Novecento [= Roma moderna e contemporanea, Jg. XII, Nr. 1–2, Jan.-Aug. 2004], S. 49–60.

STRANGIO, DONATELLA: Crisi alimentari e politica annonaria a Roma nel Settecento, Rom 1999.

STRAPPA, GIUSEPPE (Hg.): Tradizione e innovazione nell'architettura di Roma Capitale 1870–1930, Rom 1989.

Sueton: Die zwölf Cäsaren. Nach der Übersetzung von Adolf Stahr, Berlin [2]1922.

TAGLIAVENTI, GABRIELE (Hg.): Città giardino – cento anni di teorie, modelli, esperienze/Garden City – a century of theories, models, experiences, Rom 1994.

TAINE, HIPPOLYTE: Voyage en Italie. Tome I: Naples et Rome, 13. Aufl. Paris 1907.

TALAMO, GIUSEPPE: Die römische Gesellschaft zur Zeit von Gregorovius, in: ESCH/PETERSEN (Hgg.), Ferdinand Gregorovius und Italien. Eine kritische Würdigung, Tübingen 1993, S. 216–229.

TANTILLO, IGNAZIO: Gli uomini, le risorse, in: ANDREA GIARDINA (Hg.), Storia di Roma dall'antichità a oggi. Roma antica, Rom-Bari [2]2002, S. 85–11.

TERNOIS, RENÉ: Zola et son temps. Lourdes – Rome – Paris, Paris 1961.

TESTA, VIRGILIO: L'urbanistica e il Piano Regolatore di Roma, in: Capitolium. Rassegna mensile del Governatorato, 8 (1932), S. 173–185.

TESTA, VIRGILIO: L'EUR: Centro direzionale e quartiere moderno alla periferia di Roma [= Quaderni di Studi Romani, serie I, n. 32], Rom 1970.

Tevere [Il]: Sistema idraulico e asse produttivo (XVe – XIXe siècle), in: Mélanges de l'École Française de Rome. Italie et Méditerranée 118–1 (2006), S. 5–80 [verschiedene Beiträge].

THÖNDL, MICHAEL: Die Rezeption des Werks von Oswald Spengler (1880–1936) in Italien bis zum Ende des Zweiten Weltkriegs, in: Quellen und Forschungen aus italienischen Archiven und Bibliotheken 73 (1993), S. 572–615.

THÖNDL, MICHAEL: Der Abessinienkrieg und das totalitäre Potential des Faschismus in Italienisch-Ostafrika (1935–1941), in: Quellen und Forschungen aus italienischen Archiven und Bibliotheken 87 (2007), S. 402–419.

TIMMERMANN, NICOLA: Repräsentative ‚Staatsbaukunst' im faschistischen Italien und im nationalsozialistischen Deutschland – Der Einfluß der Berlin-Planung auf die EUR, Stuttgart 2001 (zugleich Diss. Univ. Frankfurt/M. 2000).

TOBIA, BRUNO: Una patria per gli Italiani. Spazi, itinerari, monumenti nell'Italia unita (1870–1900), Rom-Bari 1991.

TOBIA, BRUNO: L'Altare della Patria, Bologna 1998.

TOBIA, BRUNO: Riti e simboli di due capitali (1846–1921), in: VITTORIO VIDOTTO (Hg.): Storia di Roma dall'antichità a oggi: Roma Capitale, Rom-Bari 2002, S. 342–378.

TÖNNESMANN, ANDREAS: Kleine Kunstgeschichte Roms, München 2002.

TOLA, ANNA: Giuseppe Garibaldi. La riscoperta di un eroe, Bergamo 2000.

TOMASSETTI, GIUSEPPE: La Campagna Romana antica, medievale e moderna, 7 Bde., Rom 1910–1926; hier v. a. Bd. 1: La Campagna Romana in genere, Rom 1910.

TONIOLO, GIANNI: Storia economica dell'talia liberale 1850–1918, Bologna 1988.

Topografia e urbanistica di Roma, hg. von FERDINANDO CASTAGNOLI, CARLO CECCHELLI, GUSTAVO GIOVANNONI, MARIO ZOCCA [= Storia di Roma. XXII], Bologna 1958.

TORELLI LANDINI, ENRICA: Nathan e il sistema misto di gestione dei pubblici servizi, in: PAOLO AVARELLO u. a. (Hgg.), Il Quadrante Ostiense tra Otto e Novecento [= Roma moderna e contemporanea, Jg. XII, Nr. 1–2, Jan.-Aug. 2004], S. 97–125.

TORRI, ALBERTO PAOLO: Indagine sulle finanze del Comune di Roma dal 1871 al 1970, in: Roma Capitale, Studi di Gabriele De Rosa et al., Rom 1972, S. 165–189.

TOSCHI, LIVIO: Luigi Pianciani. Venti anni di lotte democratiche in Roma Capitale (1870–1890), in: Studi Romani XXXV (1987), S. 49–68.

TOSCHI, LIVIO: Gli enti per le abitazioni popolari: Dalle case a riscatto alle borgate, in: Roma. Architettura e città tra le due guerre [= Roma moderna e contemporanea, Jg. II, Nr. 3, Sept.-Dez. 1994], S. 817–840.

TOSCHI, LIVIO: Edilizia economica e popolare a Roma durante l'amministrazione Nathan, in: Storia urbana, Jg. XXII, Nr. 82–83, Jan.-Juni 1998, S. 67–86.

TRAVAGLINI, CARLO M.: Ceti, politiche e conflitti sociali, in: Roma fra la Restaurazione e l'elezione di Pio IX., Rom u. a. 1997, S. 411–426.

TREITSCHKE, HEINRICH V.: Cavour, in: DERS., Historische und politische Aufsätze, Bd. 2, Leipzig [7]1913, S. 243–402.

TREVES, ANNA: La politica antiurbana del fascismo e un secolo di resistenza all'urbanizzazione industriale in Italia, in: A. MIONI (Hg.): Urbanistica fascista, Mailand 1980, S. 313–330.

TREVES, PIERO: L'idea di Roma e la cultura italiana del secolo XIX, Mailand 1962.

ULLRICH, HARTMUT: La storiografia su Roma giolittiana – bilancio e proposte di ricerca, in: Roma nell'età giolittiana. L'amministrazione Nathan, Rom 1986, S. 53–90.

ULLRICH, HARTMUT: Der italienische Liberalismus von der Nationalstaatsgründung bis zum Ersten Weltkrieg, in: DIETER LANGEWIESCHE (Hg.), Liberalismus im Neunzehnten Jahrhundert. Deutschland im europäischen Vergleich, Göttingen 1988, S. 378–414.

Un secolo da Porta Pia, Neapel 1970.

Urbanisme et Habitation. La Vie Urbaine, N. S. Nr. 3–4, Juli–Dezember 1953: Numéro consacré à Haussmann, Préfet de la Seine an 1853.

VALENTI, MARIASANTA: I luoghi dell'E 42. Le Tre Fontane, in: E 42. Utopia e scenario del regime, Bd. II, Venedig 1992, S. 191–196.

VANNELLI, VALTER: Economia dell'architettura in Roma liberale, Rom 1979.

VANNELLI, VALTER: Roma, architettura. La città tra memoria e progetto, Rom 1998.

VANNELLI, VALTER: Riferimenti sistini nell'impianto urbano di Roma Capitale, in: DERS., Roma, architettura. La città tra memoria e progetto, Rom 1998, S. 13–79.

VANNELLI, VALTER: Piazza Venezia: analisi morfologica. La piazza, il monumento, il Campidoglio: matrici delle sistemazioni, in: DERS., Roma, architettura. La città tra memoria e progetto, Rom 1998, S. 111–150.

VANNELLI, VALTER: Isolamento del Campidoglio. Preesistenze e trasformazioni degli anni Trenta, in: DERS., Roma, architettura. La città tra memoria e progetto, Rom 1998, S. 151–169.

VANNELLI, VALTER: Roma, architettura. Da città di papi a capitale d'Italia, Rom 2001.

VANNELLI, VALTER: Lo Stato e le opere edilizie per la Capitale. Il dibattito parlamentare del 1881, in: DERS., Roma, architettura. Da città di papi a capitale d'Italia, Rom 2001, S. 53–142.

VARVARO, PAOLO: L'orizzonte del Risorgimento. L'Italia vista dai prefetti, Neapel 2001.

XX settembre 1870. Tre testimonianze. G. Guerzoni – A. M. Bonetti – E. De Amicis, hg. von RODOLFO DE MATTEI, Rom 1972.

VERRUCCI, GUIDO: L'Italia laica prima e dopo l'unità, 1848–1876, Rom-Bari 1996.

VERRUCCI, GUIDO: Il XX settembre, in: MARIO ISNENGHI (Hg.), I luoghi della memoria. Personaggi e date dell'Italia unita, Rom 1997, S. 85–100.

Verso il Vittoriano. L'Italia unita e i concorsi di architettura, hg. von MARIA LUISA SCALVINI, FABIO MANGONE und MASSIMILIANO SAVORRA, Neapel 2002.

VICO FALLANI, MASSIMO DE: Parchi e giardini dell'EUR. Genesi e sviluppo delle aree verdi dell'E 42, Rom 1988.

VIDOTTO, VITTORIO: La vittoria e i monumenti ai caduti, in: Mélanges de l'École française de Rome – Italie et Méditerranée, Jg. 2000, H. 2, S. 505–513.

VIDOTTO, VITTORIO: Roma contemporanea, Rom-Bari 2001.

VIDOTTO, VITTORIO (Hg.): Storia di Roma dall'antichità a oggi: Roma Capitale, Rom-Bari 2002.

VIDOTTO, VITTORIO: La capitale del fascismo, in: DERS. (Hg.), Storia di Roma dall'antichità a oggi: Roma Capitale, Rom-Bari 2002, S. 379–413.

Villes et territoire pendant la période napoléonienne (France et Italie). Actes du colloque organisée par l'École française de Rome avec la participation del la Maison des sciences de l'homme (Paris), Rome 3, 4, et 5 mai 1984, Rome 1987.

VISCEGLIA, MARIA ANTONIETTA: La città rituale. Roma e le sue ceremonie in età moderna, Rom 2002.

Vittoriano [II]. Materiali per una storia, hg. von der Sopraintendenza per i Beni Ambientali e Architettonici del Lazio, 2 Bde., Rom 1986 und 1988.

Vitruv: Zehn Bücher über Architektur, übers.und hg. von Curt Fensterbusch, Darmstadt 1964.

VIVIANI, ALESSANDRO: Relazione intorno al progetto di un Piano Regolatore definitivo della città di Roma (4 luglio 1873), in: Urbanistica 27–28–29, Sonderheft ‚Roma', Turin 1959, S. 83–86.

WEBER, CHRISTOPH: Kardinäle und Prälaten in den letzten Jahrzehnten des Kirchenstaates. Elite-Rekrutierung, Karriere-Muster und soziale Zusammensetzung der kurialen Führungsschicht zur Zeit Pius' IX. (1846–1878), 2 Bde., Stuttgart 1978.

WISEMAN, T. P.: The Myths of Rome, Exeter U. P. 2004.

ZALIN, GIOVANNI: Luigi Luzzati e la politica della casa per i non abbienti (1867–1927), in: D. CALABI (Hg.): La politica della casa ll'inizio del XX secolo, Venedig 1995, S. 131–171.

ZAMPA, FEDERICA: Organizzare l'azione urbanistica: Edmondo Sanjust di Teulada e il Piano di Roma del 1909, in: PAOLO AVARELLO u. a. (Hgg.), Il Quadrante Ostiense tra Otto e Novecento [= Roma moderna e contemporanea, Jg. XII, Nr. 1–2, Jan.-Aug. 2004], S. 175 –196.

ZANKER, PAUL: Augustus und die Macht der Bilder, München [3]1997.

ZEPPEGNO, LUCIANO: I Rioni di Roma. I quattordici Rioni tradizionali e gli otto moderni, più due passeggiate lungo il Corso e su Lungotevere per un affascinante itinerario di riscoperte, Rom 1978.

ZOLA, ÉMILE: Mes Voyages. Lourdes – Rome. Journeaux inédits présentés et annotés par René Ternois, Paris 1958.

ZOLA, ÉMILE: Rome, in: Œuvres Complètes. Tome 16: De Lourdes à Rome. Les Trois Villes 1, Paris 2007, S. 351–759.

ZOLA, ÉMILE: Rome [Journal de Voyage], in: Œuvres Complètes. Tome 16: De Lourdes à Rome. Les Trois Villes 1, S. 815–901.

Register

Orte

Personen

Bildnachweis

Bauer, Franz J.: 144, 148, 161, 181, 217, 219, 250, 251, 255, 257, 278, 279, 281, 282, 297, 298

Benevolo, Leonardo: Roma dal 1870 al 1990, Rom 1992: 149

Brizzi, Bruno: Il Tevere. Un secolo di immagini, Editore Colombo, Rom 1989: 157, 158, 160

Cassetti, Roberto: Roma e Lazio, Gangemi Editore, Rom 2008: 147, 239, 262, 263

Cederna, Antonio: Mussolini urbanista. Lo sventramento di Roma negli anni del consenso, Rom 1979: 237

Di Majo, Luigi/ Insolera, Italo: L'EUR e Roma dagli anni Trenta al Duemila, Rom-Bari 1986: 12, 275, 277, 293

Garms, Elisabeth/ Garms, Jörg: Vedute di Roma. Dal Medioevo all'Ottocento, Electa, Neapel 1995: 73, 155, 159

http://commons.wikimedia.org: 67

Insolera Italo: Le città nella storia d'Italia, Rom 1988: 174

Insolera Italo: Roma moderna. Un secola di storia urbanistica (1870–1970), Turin 1976: 13

Insolera Italo/ Sette, Alessandra Maria: Roma tra le due guerre. Cronache da una città che cambia, Rom 2003: 233

Istituto Nazionale di Studi Romani: 18, 37, 194, 227, 229, 243, 258, 287

Privatbesitz: 153

Sanfilippo, Mario: La costruzione di una capitale. Bd. 1: Roma 1870–1911; Bd. 2: Roma 1911–1945; Bd. 3 Roma 1945–1991, Mailand 1992, 1993, 1994: 53, 54, 65, 75, 110, 236, 240, 241, 252

ullstein bild, Berlin: 17

Urbanistica 27/28/29 (1960), Turin, 1959: 31, 35, 126, 141, 184, 286

Vittoriano [Il]. Materiali per una storia, hg. von der Sopraintendenza per i Beni Ambientali e Architettonici del Lazio, 2 Bde., Rom 1986 und 1988: 245